Flüchtlingsrecht

2. Auflage 2018

LAMBERTUS

Textausgaben zum Sozialrecht (T) 11

Verlag des Deutschen Vereins
für öffentliche und private Fürsorge e.V.
Michaelkirchstraße 17/18, 10179 Berlin
www.deutscher-verein.de

Auslieferung über den Lambertus-Verlag:
www.lambertus.de

Druck: Druckhaus Köthen, 06366 Köthen

Printed in Germany 2018
ISBN 978-3-7841-2947-1
ISBN E-Book 978-3-7841-2948-8

Veröffentlicht mit Förderung durch das Bundesministerium
für Familie, Senioren, Frauen und Jugend (BMFSFJ)

Vorwort

Die Textausgabe enthält die Rechtsgrundlagen für die Einreise und den Aufenthalt ausländischer Flüchtlinge in Deutschland. Neben dem Asyl- und Aufenthaltsrecht werden auch Auszüge aus dem Grundgesetz und aus einzelnen Sozialgesetzbüchern dokumentiert.

Die aufgenommenen Vorschriften sind auf dem Stand 1. Januar 2018.

Zum besseren Verständnis der Flüchtlingspolitik und des Flüchtlingsrechts wird den Rechtsgrundlagen eine Einführung von Dr. Elke Tießler-Marenda, Deutscher Caritasverband, vorangestellt.

Freiburg/Berlin, im Dezember 2017

Inhaltsverzeichnis

Vorwort	3
Einführung	7
I. Grundgesetz (Auszug)	20
II. Genfer Flüchtlingskonvention (GFK)	25
III. Europäische Menschenrechtskonvention (EMRK)	47
IV. AsylbLG	69
V. AsylG (vorher Asylverfahrensgesetz)	92
VI. Aufenthaltsgesetz	175
VII. Bundesmeldegesetz (BMG) (Auszug)	389
VIII. Bundesfreiwilligendienstgesetz (BFDG)	404
IX. SGB II (Auszug)	415
X. SGB III (Auszug)	459
XI. SGB V (Auszug)	481
XII. SGB VIII (Auszug)	497
XIII. SGB XII (Auszug)	532
XIV. Beschäftigungsverordnung (BeschV)	536
XV. Aufenthaltsverordnung (AufenthV)	563
XVI. Dublin III-VO	651
Stichwortverzeichnis	708

Einführung

In Deutschland lebten Ende 2016 rund 10 Millionen Ausländer/innen. Rund 13 % waren in Deutschland geboren, rund 35 % lebten seit mindestens 20 Jahren in Deutschland. Die meisten zuwandernden Ausländer/innen kommen – abgesehen von dem Jahr 2015 – seit Jahrzehnten aus Staaten Europas einschließlich der Türkei. Die Gründe, warum Menschen nach Deutschland kamen und kommen, sind sehr unterschiedlich. Ein erheblicher Teil sind Arbeitsmigrant/innen und ihre Familienangehörigen. Auch die Aufnahme einer Ausbildung oder eines Studiums, der Familiennachzug sowie die Suche nach Schutz vor Krieg oder Verfolgung sind wichtige Motive.

Im 20. Jahrhundert gab es mehrere große Wanderungsbewegungen nach Deutschland. Nach dem Zweiten Weltkrieg wurden Millionen Vertriebene, Flüchtlinge und Displaced Persons aufgenommen. Seit 1955 bis zum Anwerbestopp 1973 waren es vor allem Arbeitsmigrant/innen. Flüchtlinge kamen – in geringer Zahl – vor allem aus dem kommunistischen Ostblock. In den 1980er- und 1990er-Jahren stieg deren Zahl und die Herkunftsländer änderten sich. Die Menschen flüchteten nun infolge von Krisen wie dem Militärputsch von 1980 in der Türkei, den Bürgerkriegen im Libanon oder im auseinanderbrechenden Jugoslawien sowie als Angehörige von Minderheiten wie der kurdischen aus der Türkei. 1993 kamen fast eine halbe Million Asylsuchende nach Deutschland. Darauf reagierte die Politik und schränkte mit dem sogenannten Asyl-Kompromiss von 1993 das Grundrecht auf Asyl ein. Danach ging die Zahl der Asylsuchenden auf unter 20.000 pro Jahr zurück, bis sie seit 2010 wieder deutlich zugenommen hat.

Mit rund 890.000 hat die Zahl der Asylsuchenden im Jahr 2015 einen Höchststand erreicht. Seither ist die Zahl zwar wieder deutlich gesunken, aber das Asyl- bzw. Flüchtlingsrecht beschäftigt nicht mehr nur Spezialist/innen. Die hier vorliegende Sammlung beinhaltet die Gesetze, die den Status von Asylsuchenden und von Schutzberechtigten bestimmen, sowie solche, die die Rahmenbedingungen für Teilhabe, Integration und soziale Versorgung von Flüchtlingen bilden. Sie soll vor allem Beschäftigten in der Sozialen Arbeit oder ehrenamtlich Engagierten als Hilfestellung dienen.

Rechtsgrundlagen

Das deutsche Rechtssystem wendet sich grundsätzlich an alle in Deutschland lebenden Menschen unabhängig von der Staatsangehörigkeit. Allerdings unterscheidet es auch – selbst bei den Grundrechten – zwischen Deutschen und Ausländer/innen. Das Menschenrecht auf Sicherung eines menschenwürdigen Existenzminimums nach Artikel 1 Abs. 1 Grundgesetz (GG) in Verbindung mit dem Sozialstaatsprinzip des Artikel 20 Abs. 1 GG gilt für alle und nach der Rechtsprechung des Bundesverfassungsgerichts (BVerfG) explizit auch für Asylsuchende.[1] Es gibt aber auch Grundrechte nur für Deutsche wie beispielsweise das Freizügigkeitsrecht nach Artikel 11 GG. Das Asylrecht nach Artikel 16a GG hingegen gilt seiner Natur nach nur für Ausländer/innen. Ausländer/innen sind in Deutschland alle, die nicht Deutsche im Sinne des Artikel 116 Abs. 1 GG sind – also alle Personen, die ausschließlich eine ausländische Staatsangehörigkeit haben und Staatenlose.

Das sogenannte Ausländerrecht ist das Regelwerk zur Einreise und zum Aufenthalt von Ausländer/innen und umfasst das Asyl- bzw. Flüchtlingsrecht. Das Ausländerrecht in seiner Gesamtheit ist Bundesrecht, die Durchführung obliegt den Ländern. Es ist traditionell Teil des Ordnungs- und Sicherheitsrechts, die zuständige Behörde ist in der Regel die Ausländerbehörde.

Das Asylrecht beschreibt mit Bezugnahme auf den traditionellen Begriff des Asyls, wie er sich in Artikel 16a GG wiederspiegelt, die Schutzgewährung an Menschen, die im Heimatland politisch verfolgt werden. Artikel 16a GG gibt ein individuelles, einklagbares Recht. Eine Definition der politischen Verfolgung enthält das GG allerdings nicht. Nach der Rechtsprechung des BVerfG können Personen Asyl erhalten, die aus politischen Gründen staatlichen Verfolgungshandlungen ausgesetzt sind, welche eine Gefahr für Leib, Leben oder Freiheit darstellen. Auch nichtstaatliche Verfolgung kann ein Asylgrund sein, wenn der Heimatstaat zur Schutzgewährung nicht bereit oder in der Lage ist. Das Grundrecht auf Asyl gibt Schutzsuchenden in Deutschland das individuelle Recht darauf, dass ein Asylbegehren geprüft und bei Vorliegen einer politischen Verfolgung gewährt werden muss. Dies gilt seit 1993 allerdings nur, wenn die Einreise nicht über einen Staat der Europäischen Union (EU) oder einen anderen sicheren Staat erfolgte. Da

---

[1] BVerfG, 1 BvL 10/10 vom 18.7.2012.

Deutschland nur von solchen Staaten umgeben ist, kann sich praktisch niemand auf das Asylrecht berufen, der auf dem Landweg nach Deutschland gekommen ist.

Die Begriffe Asylrecht und Flüchtlingsrecht werden oft synonym gebraucht. Das Flüchtlingsrecht ist allerdings weiter gefasst als das Recht auf politisches Asyl. Seine Grundlagen liegen in Völkerrechtskonventionen und Regelungen der EU.

Artikel 13 Abs. 2 der Allgemeinen Erklärung der Menschenrechte von 1948 (AEMR)[2] gibt ein Menschenrecht auf Auswanderung. Das korrespondiert aber nicht mit einem Recht auf Einwanderung, da es zu den völkerrechtlich anerkannten Souveränitätsrechten von Staaten gehört, zu regeln, wer ein Land betreten oder sich dort aufhalten darf. Es wird zwar seit Langem diskutiert, ob es nicht wenigstens einen menschenrechtlich begründeten Anspruch auf Asyl geben müsse. Schließlich enthält die AEMR in Artikel 14 das „Recht, in anderen Ländern vor Verfolgung Asyl zu suchen und zu genießen". Bislang gehen die herrschende Meinung in der Literatur und auch die Staatenpraxis aber davon aus, dass dies kein einklagbares individuelles Recht auf Asyl ist. Es ist vielmehr ein Recht der Staaten, Asyl zu gewähren. Diese Auffassung wird auch dadurch gestützt, dass in neueren Menschenrechtskodifikationen wie insbesondere dem Internationalen Pakt über bürgerliche und politische Rechte vom 16. Dezember 1966[3] kein individuelles Asylrecht zu finden ist.

Auch wenn es im Völkerrecht kein explizites Recht auf Asyl gibt, so gibt es doch spezielle Regelungen zum Schutz von Menschen, die vor Krieg, Gewalt oder politischer Verfolgung fliehen. Zu nennen ist hier insbesondere die Genfer Flüchtlingskonvention (GFK)[4]. Flüchtlinge im Sinne der GFK sind Menschen, die aus begründeter „Furcht vor Verfolgung wegen ihrer ‚Rasse'[5], Religion, Nationalität, Zugehörigkeit zu einer bestimmten sozialen Gruppe oder wegen ihrer politischen Überzeugung" Schutz suchen (Artikel 1 A Nr. 2 GFK). Die Verfolgung muss nicht vom Staat ausgehen, auch nichtstaatliche Verfolgung kann ein Grund für einen Schutzan-

---

2 Generalversammlung der Vereinten Nationen, Resolution 217 A (III), 10. Dezember 1948.
3 BGBl. II 1973 S. 1553.
4 BGBl. II 1953 S. 559.
5 Der Begriff „Rasse" wird hier ausschließlich zitierend verwendet. Die Verwendung des Begriffs impliziert nicht die Akzeptanz von Theorien, mit denen versucht wird, die Existenz verschiedener menschlicher „Rassen" zu belegen.

spruch sein. Die Flüchtlingsdefinition der GFK ist bis heute der prägende Flüchtlingsbegriff. Menschen, die nicht vor politischer Verfolgung, sondern vor allgemeiner Gewalt, Armut oder Naturkatastrophen fliehen, werden von ihm nicht erfasst und können sich daher nicht auf die spezifischen Flüchtlingsrechte berufen. Anders als im allgemeinen Sprachgebrauch sind Flüchtlinge im rechtlichen Sinn nur solche, die die Voraussetzungen nach der GFK erfüllen.

Die GFK bestimmt zwar nicht, dass Flüchtlingen Asyl zu gewähren ist. Aber sie bestimmt, dass sie nicht in ein Land zurückgeschickt werden dürfen, wo ihnen Gefahr für Leib, Leben, Freiheit oder eine andere schwerwiegende Verletzung der grundlegenden Menschenrechte droht (Prinzip des Nonrefoulement, Artikel 33 GFK). Aus diesem Refoulement-Verbot leitet sich ein Recht auf Einreise und Prüfung des Schutzbedarfs ab, da es sonst ins Leere liefe. Wer als Flüchtling anerkannt wird, erhält ein Aufenthaltsrecht. Und weil von Personen, die vor Verfolgung fliehen, nicht erwartet werden kann, dass sie bei der Flucht alle Einreisevorschriften einhalten, werden sie wegen illegaler Einreise in das Land, in dem sie Schutz suchen, nicht bestraft (Artikel 31 GFK). Für minderjährige Flüchtlinge sieht die UN-Kinderrechtskonvention vor, dass sie angemessenen Schutz und humanitäre Hilfe bei der Wahrnehmung ihrer Rechte erhalten müssen, unabhängig davon, ob sie sich in Begleitung der Eltern oder anderer Personen befinden oder nicht.[6]

Eine weitere völkerrechtliche Konvention, auf die sich Schutzsuchende berufen können, ist die Europäische Menschenrechtskonvention (EMRK)[7]. Sie schützt unter anderem das Recht auf Leben und körperliche Unversehrtheit und fordert die Achtung des Privat- und Familienlebens. Ein unmittelbares Recht auf Asyl gibt auch die EMRK nicht. Sie verbietet es aber, jemanden in ein Land abzuschieben, wenn dadurch gegen die von der EMRK geschützten Rechte verstoßen wird. Damit geht die EMRK weiter als die GFK, da gegebenenfalls auch Menschen Schutz erhalten, die nicht politisch verfolgt werden. Schutz wird auch gewährt, wenn erniedrigende Behandlung oder Folter aus unpolitischen Gründen drohen. Auch die Gefahr einer wesentlichen Verschlechterung einer bestehenden Erkrankung oder infolge fehlender oder nicht ausreichender Behandlung im Zielstaat kann

---

6 Artikel 22 Übereinkommen über die Rechte des Kindes, verabschiedet von der Generalversammlung der Vereinten Nationen am 20.11.1989, BGBl. II 1992 S. 121.
7 BGBl. II 1952 S. 685.

ein Schutzgrund sein. Die Rechte der EMRK können nach Ausschöpfung des nationalen Rechtswegs mittels einer Individualbeschwerde vor dem Europäischen Gerichtshof für Menschenrechte (EGMR) geltend gemacht werden.

Für die Ebene der EU bestimmt die Richtlinie 2011/95/EU über die Anerkennung von Drittstaatsangehörigen oder Staatenlosen als Personen mit Anspruch auf internationalen Schutz[8], welchen Personen Schutz zu gewähren ist. Diese Richtlinie ist für Deutschland wie für die anderen EU-Staaten bindend. Menschen, die aus der begründeten Furcht vor Verfolgung wegen ihrer „Rasse", Religion, Nationalität, politischen Überzeugen oder Zugehörigkeit zu einer bestimmten sozialen Gruppe ihre Heimat verlassen, erhalten demnach Schutz (Artikel 13 Richtlinie 2011/95/EU). Insoweit entspricht das EU-Recht der GFK. Aber die Richtlinie geht darüber hinaus. Auch Menschen, die nicht die Flüchtlingseigenschaft haben, erhalten demnach (subsidiären) Schutz, wenn sie bei einer Rückkehr die Verhängung der Todesstrafe, Folter, unmenschliche oder erniedrigende Behandlung oder eine ernsthafte individuelle Bedrohung des Lebens oder der Unversehrtheit infolge eines gewalttätigen Konflikts zu befürchten haben (Artikel 15 Richtlinie 2011/95/EU). Damit haben auch Menschen einen Schutzanspruch, die vor einem Bürgerkrieg fliehen. Diese Form des Schutzes wird subsidiärer Schutz genannt. Insgesamt spricht man im EU-Recht nicht von Asyl, sondern von internationalem Schutz (Artikel 2 Nr. a Richtlinie 2011/95/EU).

Aufnahme aus dem Ausland

Deutschland ist also nicht nur auf der Basis des Grundgesetzes, sondern auch durch Völkerrecht und das Recht der EU verpflichtet, Personen, bei denen ein entsprechender Schutzbedarf festgestellt ist, ein Aufenthaltsrecht sowie bestimmte Teilhaberechte zu gewähren. Diese Rechte greifen allerdings erst, wenn Schutzsuchende deutschen Boden betreten oder zumindest die Grenze erreicht haben.

---

8 Richtlinie 2011/95/EU über Normen für die Anerkennung von Drittstaatsangehörigen oder Staatenlosen als Personen mit Anspruch auf internationalen Schutz, für einen einheitlichen Status für Flüchtlinge oder für Personen mit Anrecht auf subsidiären Schutz und für den Inhalt des zu gewährenden Schutzes vom 13.12.2011, Amtsblatt der Europäischen Union L 2011, Nr. 337 S. 9.

Einen sicheren Zugang aus dem Ausland kennt das deutsche Flüchtlingsrecht zwar nicht als rechtliche Verpflichtung. Es gibt aber die Möglichkeit der politisch motivierten Aufnahme aus dem Ausland. In der Vergangenheit wurden immer wieder schutzbedürftige Gruppen aufgenommen, beispielsweise Boatpeople aus Vietnam, jüdische Kontingentflüchtlinge aus den Nachfolgestaaten der Sowjetunion oder Bürgerkriegsflüchtlinge aus den Balkankriegen der 1990er-Jahre. Das Aufenthaltsgesetz (AufenthG), das seit 2004 die Einreise, den Aufenthalt, die Erwerbstätigkeit und die Integration von Ausländer/innen regelt,[9] sieht vor, dass die humanitäre Aufnahme aus dem Ausland möglich ist, wenn es durch Bundes- und/oder Landesinnenminister angeordnet wird (§ 23 Abs. 1 und 2 AufenthG). Auf dieser Basis wurden seit 2008 mehrere Tausend irakische und syrische Flüchtlinge aufgenommen.

Diese national geregelte Aufnahme von Schutzsuchenden aus dem Ausland hat als internationales Pendant das sogenannte Resettlement. Dabei werden besonders schutzbedürftige Personen, die im ersten Zufluchtsstaat vom Hohen Flüchtlingskommissar der Vereinten Nationen (UNHCR) als Flüchtlinge registriert wurden, in einem aufnahmebereiten Land neu angesiedelt. Auch Deutschland hat sich bereits mit kleinen Kontingenten an dem Resettlement-Programm des UNHCR beteiligt. Seit Sommer 2015 gibt es eine spezielle Aufenthaltserlaubnis für Resettlement-Flüchtlinge (§ 23 Abs. 4 AufenthG). Ausländer/innen, die im Rahmen der humanitären Aufnahme oder als Resettlement-Flüchtlinge nach Deutschland kommen, haben von Anfang an eine Aufenthaltserlaubnis und dürfen sofort arbeiten.

Asylverfahren und Aufenthaltsrecht

Schutzsuchende, die nicht im Rahmen eines Aufnahmeprogramms nach Deutschland kommen, müssen ihre Flucht selbst organisieren. Sie reisen (oft ohne legalen Grenzübertritt) ein und können dann einen Asylantrag stellen. Die Prüfung, ob asylsuchenden Ausländer/innen Schutz gewährt wird, erfolgt im Rahmen des Asylverfahrens durch das Bundesamt für Migration und Flüchtlinge (BAMF). Die Regelungen für das Asylverfahren

---

9 Artikel 1 Gesetz zur Steuerung und Begrenzung der Zuwanderung und zur Regelung des Aufenthalts und der Integration von Unionsbürgern und Ausländern (Zuwanderungsgesetz), BGBl. I 2004 S. 1950.

finden sich im Asylgesetz (AsylG), das bis Oktober 2015[10] Asylverfahrensgesetz hieß.

Der erste Schritt im Asylverfahren ist, festzustellen, ob Deutschland überhaupt zuständig ist. Die Dublin III-Verordnung der EU sieht vor, dass Asylsuchende ihren Antrag in dem ersten EU-Staaten, den sie betreten, stellen müssen. Wandern sie in einen anderen EU-Staat weiter, wird im sogenannten Dublin-Verfahren festgestellt, welcher Staat für das Asylverfahren zuständig ist. Meint Deutschland, ein anderer Staat sei zuständig, kann ein Übernahmeersuchen bzw. Wiederaufnahmeersuchen an den betreffenden Mitgliedstaat gestellt werden. Stimmt dieser zu, muss der/die Asylsuchende in das Ankunftsland zurück. Wird die Überstellung nicht binnen sechs Monaten durchgeführt, geht die Zuständigkeit für das Verfahren an den Mitgliedstaat über, in dem sich der Asylsuchende aufhält. Ein ordentliches Asylverfahren und ein angemessener Umgang mit Asylsuchenden ist nicht in allen EU-Staaten gleichermaßen gesichert. Deshalb wird beispielsweise schon seit einiger Zeit nach Entscheidungen des BVerfG und des EuGH in Dublin-Fällen niemand aus Deutschland nach Griechenland zurückgeschickt.[11] Auch ein Zurückschieben nach Ungarn ist derzeit ausgesetzt.[12]

Asylsuchende erhalten nach der Registrierung zunächst einen Ankunftsnachweis (§ 63a AsylG) und nachdem der Asylantrag förmlich gestellt wurde für die Dauer des Verfahrens eine Aufenthaltsgestattung (§ 55 AsylG). Die Unterbringung erfolgt zunächst in einer Erstaufnahmeeinrichtung (§ 47 AsylG). Die regelmäßige zulässige Dauer des Aufenthalts in der Erstaufnahme wurde im Oktober 2015 von drei auf sechs Monate erhöht.[13] Asylsuchende aus sogenannten sicheren Herkunftsstaaten müssen bis zum Ende des Verfahrens dort bleiben. Sichere Herkunftsstaaten sind neben Senegal und Ghana Albanien, Bosnien und Herzegowina, Kosovo, Mazedonien, Montenegro und Serbien. Seit Anfang 2016 laufen Bemühungen, um auch Algerien, Marokko und Tunesien zu sicheren Herkunftsstaaten zu erklären.

Der Aufenthalt ist räumlich auf den Bezirk beschränkt, in dem die Erstaufnahmeeinrichtung liegt (§ 56 AsyG). Um den zugewiesenen Aufenthaltsbereich zu verlassen, benötigen Asylsuchende eine Erlaubnis durch die Aus-

---

10 Artikel 1 Asylverfahrensbeschleunigungsgesetz, BGBl. I 2015 S. 1722.
11 BVerfG, 2 BVR 2780/09 vom 8.12.2009, 2 BVR 2015/09 vom 25.1.2011; EuGH Rs. C-411/10, C-493/10.
12 BVerwG, 1 C 24.15 – Urteil vom 27. April 2016; vgl. Drucksache 18/13428.
13 Artikel 1 Asylverfahrensbeschleunigungsgesetz, BGBl. I 2015 S. 1722.

länderbehörde. Seit einer Gesetzesänderung von Ende 2014 erlischt diese räumliche Beschränkung in der Regel nach drei Monaten.[14] Die Wohnsitzauflage gilt allerdings weiter, solange die Pflicht besteht, in der Erstaufnahme zu wohnen (§ 59a AsylG).

Nach dem Ende der verpflichtenden Unterbringung in der Erstaufnahme werden Asylbewerber/innen einzelnen Kommunen zugewiesen, die dann für die Unterbringung verantwortlich sind. Sie können dann in Wohnungen, sollen aber in der Regel in einer Gemeinschaftsunterkunft untergebracht werden (§ 53 AsylG). Sofern Sozialleistungen bezogen werden, gilt eine Wohnsitzauflage (§ 60 AsylG).

Die Entscheidungen des BAMF können durch die Betroffenen gerichtlich überprüft werden. Für andere Behörden sind sie, wie auch die gerichtlichen Entscheidungen, bindend.

Wird nach Abschluss des Verfahrens ein Schutzbedarf festgestellt, erhalten die Betroffenen auf Antrag eine Aufenthaltserlaubnis nach dem AufenthG als Asylberechtigte (§ 25 Abs. 1 AufenthG), anerkannte Flüchtlinge (§ 25 Abs. 2 AufenthG), subsidiär Geschützte (§ 25 Abs. 2 AufenthG) oder wegen Vorliegen eines Abschiebungsverbots nach der EMRK (§ 25 Abs. 3 AufenthG). Wird keiner der genannten Schutzgründe festgestellt, kann bei Bedarf der Aufenthalt aus anderen humanitären Gründen erlaubt werden. So gibt es etwa auch eine Aufenthaltserlaubnis für Opfer von Menschenhandel oder Arbeitsausbeutung oder für Personen, deren Aufenthalt aus dringenden humanitären oder persönlichen Gründen erforderlich ist. Zu diesen Gründen gehört beispielsweise die Betreuung erkrankter Angehöriger oder der Abschluss einer Ausbildung. Auch wegen Verwurzelung in Deutschland kann eine Aufenthaltserlaubnis erteilt werden (§ 25 Abs. 5 AufenthG in Verbindung mit § 8 EMRK).

Im Aufenthaltsgesetz ist weiter geregelt, was geschieht, wenn im Asylverfahren kein Schutzbedarf festgestellt wurde. Ausländer/innen ohne Aufenthaltserlaubnis sind generell ausreisepflichtig. Reisen sie nicht freiwillig aus, kommt es zu einer Abschiebung. Ist diese aus rechtlichen, tatsächlichen oder humanitären Gründen nicht möglich, wird eine Duldung erteilt (§ 60a AufenthG).

---

14 Gesetz zur Verbesserung der Rechtsstellung von asylsuchenden und geduldeten Ausländern, BGBl. I 2014 S. 2439.

Die mit einer Aufenthaltserlaubnis verbundenen Rechte wie das Recht auf Familienzusammenführung oder die Verlängerung einer Aufenthaltserlaubnis sind ebenso im Aufenthaltsgesetz geregelt wie die Möglichkeiten, aus der Duldung heraus ein dauerhaftes Bleiberecht zu erhalten. Ein Weg in ein solches Bleiberecht ist das Aufenthaltsrecht in Härtefällen. In den Bundesländern arbeiten Härtefallkommissionen zur Prüfung solcher Fälle (§ 23a AufenthG). Weiter gibt es jeweils Bleiberechtsregelungen für Geduldete mit qualifizierter Ausbildung (§ 18a AufenthG), für gut integrierte Jugendliche und Erwachsene (§§ 25a f. AufenthG).

Zugang zu Arbeit

Ausländer/innen dürfen in Deutschland nur arbeiten, wenn es ausdrücklich erlaubt ist (§ 4 Abs. 2 AufenthG). Bei einigen erlaubt die Aufenthaltserlaubnis jede Erwerbstätigkeit kraft Gesetzes. Diesen unbeschränkten Arbeitsmarktzugang haben Asylberechtigte sowie anerkannte Flüchtlinge und subsidiär Geschützte.

Ist die Arbeitsaufnahme nicht kraft Gesetzes erlaubt, muss entweder die Bundesagentur für Arbeit der konkreten Tätigkeit zustimmen oder es ist durch eine Verordnung vorgesehen, dass auf diese Zustimmung verzichtet wird (§ 39 Abs. 1 AufenthG). Die entsprechende Verordnung ist die Beschäftigungsverordnung (BeschV)[15]. Diese erlaubt allen Ausländer/innen mit einer Aufenthaltserlaubnis aus völkerrechtlichen, politischen oder humanitären Gründen die Aufnahme einer Ausbildung oder Beschäftigung (§ 31 BeschV).

Die Regelungen für Asylbewerber/innen finden sich verstreut in der BeschV und dem Asylgesetz. 1993 wurde ein Arbeitsverbot eingeführt. Dieses wurde in den letzten Jahren mehrfach verkürzt und beträgt zurzeit theoretisch noch drei Monate. Tatsächlich kann die Aufnahme einer Arbeit aber erst nach der bis zu sechsmonatigen Pflicht, in einer Erstaufnahmeeinrichtung zu wohnen, erlaubt werden. Daneben gibt es ein dauerhaftes Arbeitsverbot für Asylsuchende aus sicheren Herkunftsstaaten (§ 61 AsylG). Nach Ablauf der Dreimonatsfrist haben Asylsuchende nur einen nachrangigen Arbeitsmarktzugang. Das heißt, sie dürfen eine Beschäftigung nur aufnehmen,

---

15 Vom 6.6.2013, BGBl. I 2013 S. 1499.

wenn keine deutsche oder ausländische Arbeitskraft mit Aufenthaltsrecht zur Verfügung steht (§ 39 Abs. 2 AufentG). Das gilt aber nicht für bestimmte qualifizierte Tätigkeiten, bei denen nach der BeschV generell auf eine Vorrangprüfung verzichtet wird. Im Übrigen gilt bis August 2019 die Vorrangregelung in 133 in einer Anlage zur BeschV genannten Arbeitsamtsbezirken für Asylsuchende nicht. Die Frist für den nachrangigen Arbeitsmarktzugang beträgt seit 2014 15 Monate.[16] Die Aufnahme einer Ausbildung ist auch ohne Zustimmung erlaubt (§ 32 Abs. 4 BeschV).

Auch das Arbeitsverbot beziehungsweise der Arbeitsmarktzugang für Geduldete sind teilweise in der Beschäftigungsverordnung und teilweise im Aufenthaltsgesetz geregelt. Nach § 32 BeschV kann die Arbeitsaufnahme nach drei Monaten Aufenthalt erlaubt werden. Für Geduldete, bei denen aufenthaltsbeendende Maßnahme aus Gründen nicht vollzogen werden können, die diese zu vertreten haben, gilt ein dauerhaftes Arbeitsverbot. Gemeint sind hier unter anderem Personen, die die Ausreise verhindern, indem sie über das Herkunftsland täuschen oder die nicht an der Passbeschaffung mitwirken. Weiter gilt für Geduldete aus sicheren Herkunftsstaaten, deren Asylgesuch nach dem 31. August 2015 gestellt und abgelehnt wurde, ein unbefristetes Arbeitsverbot (§ 60a Abs. 6 AufenthG). Im Übrigen gilt für Geduldete für 15 Monate die Vorrangprüfung und der freie Zugang zu einer Ausbildung wie bei Asylsuchenden (§ 32 BeschV). Nehmen Asylsuchende vor einer Ablehnung oder Geduldete eine Ausbildung auf, haben sie Anspruch auf die sogenannte Ausbildungsduldung. Anders als die sonst auf sechs Monate befristete Duldung wird sie für die Dauer der Ausbildung erteilt (§ 60a Abs. 2 Satz 4 ff. AufenthG).

Ansprüche auf soziale Leistungen

Ausländer/innen sind je nach Aufenthaltsrecht beim Zugang zu Transferleistungen Deutschen gleichgestellt oder sie erhalten diese Leistungen erst nach einer Frist oder gar nicht. Wer welche Leistungsansprüche erhält, ist jeweils in den Leistungsgesetzen geregelt.

Es gibt relativ „offene" Leistungsgesetze wie das Zweite Buch Sozialgesetzbuch (SGB II), das Ausländer/innen mit Aufenthaltsrecht grundsätzlich

---

16 BGBl. I 2014 S. 1683.

erfasst und nur bestimmte Gruppen von Ausländer/innen wie insbesondere Asylsuchende und Geduldete dezidiert ausschließt. Andere wie das Bundesausbildungsförderungsgesetz (BAföG) oder das Bundeselterngeld- und Teilzeitgesetz zählen Anspruchsberechtigte differenziert nach Aufenthaltsstatus und Voraufenthaltszeiten im Einzelnen auf. Die besonderen Regelungen für Ausländer/innen im Sozialrecht werden auch als Ausländersozialrecht bezeichnet.

Asylberechtigte, anerkannte Flüchtlinge oder Ausländer/innen mit subsidiärem Schutz haben in der Regel die gleichen Ansprüche wie Deutsche. Ausländer/innen mit einer anderen humanitären Aufenthaltserlaubnis erhalten Leistungen nach SGB II und XII sowie nach SGB VIII. Von vielen anderen Leistungen wie etwa Familienleistungen oder Ausbildungsförderung nach dem BAföG oder nach SGB III sind sie befristet oder dauerhaft ausgeschlossen. Welche Ansprüche bestehen, muss deshalb jeweils im Einzelfall geprüft werden.

Die Krankenversicherung richtet sich bei Schutzberechtigten mit einer Aufenthaltserlaubnis nach den Regelungen des SGB V, also wie bei anderen Einwohner/innen Deutschlands nach Beschäftigungsstatus, Erwerbstätigkeit oder Leistungsbezug.

In den letzten Jahren waren die Rechte und die soziale Versorgung von Schutzsuchenden während des Asylverfahrens politisch sehr umstritten. Deswegen wurden die Rechtsgrundlagen mehrfach geändert. Bis 1993 erhielten Schutzsuchende, die sich nicht selbst durch Arbeit versorgen konnten, Sozialhilfe. Mit dem sogenannten Asylkompromiss wurde das Asylbewerberleistungsgesetz (AsylbLG)[17] eingeführt. Berechtigte nach diesem Gesetz erhielten Leistungen vor allem in Form von Sachleistungen und ein „Taschengeld" für den persönlichen Bedarf. Die Leistungen lagen insgesamt ca. 30% unter dem Sozialhilfesatz und wurden nie erhöht. Die Leistungen bei Krankheit stellen nur eine Akutversorgung und die Behandlung von Schmerzen sicher (§ 4 AsylbLG). Im Laufe der Zeit wurde der Kreis derjenigen, die Leistungen nach diesen Gesetz erhalten, unter anderem um Geduldete und Bürgerkriegsflüchtlinge erweitert.

Im Jahr 2012 hat das BVerfG die Leistungshöhe des AsylbLG für verfassungswidrig erklärt.[18] In der Folge wurde das Gesetz geändert und dabei

---
17 BGBl. I 1993 S. 1074.
18 BVerfG, 1 BvL 10/10 vom 18.7.2012.

auch der Vorrang des Sachleistungsprinzips beseitigt. Letzteres wurde allerdings durch eine Gesetzesänderung im Oktober 2015 rückgängig gemacht.[19] Seither sollen in der Erstaufnahme sogar die persönlichen Bedarfe durch Sachleistungen oder Gutscheine erbracht werden (§ 3 AsylbLG). Für ausreisepflichtige Ausländer/innen können die Leistungen auf das Notwendigste beschränkt werden (§ 1a AsylbLG). Asylsuchende, die durch eigenes Verschulden keinen Ankunftsnachweis haben, erhalten reduzierte Leistungen (§ 11 Abs. 2a AsylbLG). In der Regel erhalten Berechtigte nach dem AsylbLG nach 15 Monaten Aufenthalt Leistungen analog der Sozialhilfe nach dem SGB XII.

Vermittlungsleistungen nach dem SGB III und Leistungen nach dem SGB VIII stehen auch Asylsuchenden und Geduldeten zu, da sie jeder Person mit rechtmäßigem oder geduldetem gewöhnlichen Aufenthalt offenstehen. Andere Förderleistungen nach dem SGB III als die Ausbildungsförderung erhalten Asylsuchende seit Oktober 2015, wenn sie eine gute Bleibeperspektive haben.[20] Das ist nach Auskunft des Bundesinnenministeriums dann der Fall, wenn die Anerkennungsquote für das Herkunftsland bei über 50% liegt. Ausbildungsförderung nach BAföG oder SGB II erhalten sie generell nicht. Geduldete können ab 1. Januar 2016 nach 15 Monaten Aufenthalt Ausbildungsförderung erhalten (§ 8 BAföG, § 59 SGB III).

Zugang zu Integrationskursen

Eine Vielzahl der in Deutschland lebenden Ausländer/innen hat anknüpfend an die Aufenthaltserlaubnis das Recht und die Pflicht, an einem Integrationskurs teilzunehmen. Das gilt auch für Asylberechtigte, anerkannte Flüchtlinge oder Ausländer/innen mit subsidiärem Schutz sowie für Flüchtlinge, die im Rahmen eines nationalen Aufnahmeprogramms oder des Resettlements nach Deutschland kamen (§ 44 AufenthG). Daneben können Ausländer/innen, die Leistungen nach dem SGB II beziehen, zur Teilnahme verpflichtet werden (§ 44a AufenthG, § 3 Abs. 2b SGB II).

Seit Oktober 2015 können auch Asylsuchende zu einem Integrationskurs zugelassen werden, sofern sie eine gute Bleibeperspektive haben.[21] Auch

---
19 Artikel 2 Asylverfahrensbeschleunigungsgesetz, BGBl. I 2015 S. 1722.
20 Artikel 10 Asylverfahrensbeschleunigungsgesetz, BGBl. I 2015 S. 1722.
21 Artikel 3 Asylverfahrensbeschleunigungsgesetz, BGBl. I 2015 S. 1722.

hier gilt, dass diese dann gegeben ist, wenn die Anerkennungsquote für das Herkunftsland bei über 50 % liegt.

Flüchtlinge im Bundesfreiwilligendienst

Der Bundesfreiwilligendienst als eine spezifische, vom Bund finanzierte Form des Engagements gibt seit Oktober 2015 die dezidierte Möglichkeit, Angebote für Flüchtlinge zu machen. Ein Bundesfreiwilligendienst mit Flüchtlingsbezug liegt demnach vor, wenn die konkrete Tätigkeit der Unterstützung von Asylberechtigten, anerkannten Flüchtlingen oder Ausländer/innen mit subsidiärem Schutz sowie Asylsuchenden dient. Weiter liegt er dann vor, wenn Asylberechtigte, anerkannte Flüchtlinge, Ausländer/innen mit subsidiärem Schutz oder Asylsuchende als Freiwillige eingesetzt werden. Inhaltlich dürfen diese Personen in allen Arbeitsbereichen eingesetzt werden. Hier ist der Bundesfreiwilligendienst mit Flüchtlingsbezug nicht auf die Unterstützung von Flüchtlingen beschränkt. Der Etat wurde entsprechend aufgestockt und das Bundesfreiwilligendienstgesetz geändert.[22]

Freiburg, im Dezember 2017

Dr. Elke Tießler-Marenda

---

[22] Artikel 5 Asylverfahrensbeschleunigungsgesetz, BGBl. I 2015 S. 1722.

I. Grundgesetz (Auszug)

Grundgesetz der Bundesrepublik Deutschland (GG) vom 23. Mai 1949 (BGBl. I S. 1), zuletzt geändert durch Art. 1 des Gesetzes zur Änderung des Grundgesetzes (Artikel 90, 91c, 104b, 104c, 107, 108, 109a, 114, 125c, 143d, 143e, 143f, 143f) vom 13. Juli 2017 (BGBl. I S. 2347)

...

I. Die Grundrechte

Art. 1 [Schutz der Menschenwürde]

(1) ¹Die Würde des Menschen ist unantastbar. ²Sie zu achten und zu schützen ist Verpflichtung aller staatlichen Gewalt.

(2) Das Deutsche Volk bekennt sich darum zu unverletzlichen und unveräußerlichen Menschenrechten als Grundlage jeder menschlichen Gemeinschaft, des Friedens und der Gerechtigkeit in der Welt.

(3) Die nachfolgenden Grundrechte binden Gesetzgebung, vollziehende Gewalt und Rechtsprechung als unmittelbar geltendes Recht.

Art. 2 [Persönliche Freiheitsrechte]

(1) Jeder hat das Recht auf die freie Entfaltung seiner Persönlichkeit, soweit er nicht die Rechte anderer verletzt und nicht gegen die verfassungsmäßige Ordnung oder das Sittengesetz verstößt.

(2) ¹Jeder hat das Recht auf Leben und körperliche Unversehrtheit. ²Die Freiheit der Person ist unverletzlich. ³In diese Rechte darf nur auf Grund eines Gesetzes eingegriffen werden.

Art. 3 [Gleichheit vor dem Gesetz]

(1) Alle Menschen sind vor dem Gesetz gleich.

(2) ¹Männer und Frauen sind gleichberechtigt. ²Der Staat fördert die tatsächliche Durchsetzung der Gleichberechtigung von Frauen und Männern und wirkt auf die Beseitigung bestehender Nachteile hin.

(3) ¹Niemand darf wegen seines Geschlechtes, seiner Abstammung, seiner Rasse, seiner Sprache, seiner Heimat und Herkunft, seines Glaubens, seiner religiösen oder politischen Anschauungen benachteiligt oder bevorzugt werden. ²Niemand darf wegen seiner Behinderung benachteiligt werden.

Art. 4 [Glaubens-, Gewissens- und Bekenntnisfreiheit]

(1) Die Freiheit des Glaubens, des Gewissens und die Freiheit des religiösen und weltanschaulichen Bekenntnisses sind unverletzlich.

(2) Die ungestörte Religionsausübung wird gewährleistet.

(3) ¹Niemand darf gegen sein Gewissen zum Kriegsdienst mit der Waffe gezwungen werden. ²Das Nähere regelt ein Bundesgesetz.

Art. 5 [Recht der freien Meinungsäußerung]

(1) ¹Jeder hat das Recht, seine Meinung in Wort, Schrift und Bild frei zu äußern und zu verbreiten und sich aus allgemein zugänglichen Quellen ungehindert zu unterrichten. ²Die Pressefreiheit und die Freiheit der Berichterstattung durch Rundfunk und Film werden gewährleistet. ³Eine Zensur findet nicht statt.

(2) Diese Rechte finden ihre Schranken in den Vorschriften der allgemeinen Gesetze, den gesetzlichen Bestimmungen zum Schutze der Jugend und in dem Recht der persönlichen Ehre.

(3) ¹Kunst und Wissenschaft, Forschung und Lehre sind frei. ²Die Freiheit der Lehre entbindet nicht von der Treue zur Verfassung.

Art. 6 [Ehe, Familie, nichteheliche Kinder]

(1) Ehe und Familie stehen unter dem besonderen Schutze der staatlichen Ordnung.

I. Grundgesetz (Auszug)

(2) ¹Pflege und Erziehung der Kinder sind das natürliche Recht der Eltern und die zuvörderst ihnen obliegende Pflicht. ²Über ihre Betätigung wacht die staatliche Gemeinschaft.

(3) Gegen den Willen der Erziehungsberechtigten dürfen Kinder nur auf Grund eines Gesetzes von der Familie getrennt werden, wenn die Erziehungsberechtigten versagen oder wenn die Kinder aus anderen Gründen zu verwahrlosen drohen.

(4) Jede Mutter hat Anspruch auf den Schutz und die Fürsorge der Gemeinschaft.

(5) Den unehelichen Kindern sind durch die Gesetzgebung die gleichen Bedingungen für ihre leibliche und seelische Entwicklung und ihre Stellung in der Gesellschaft zu schaffen wie den ehelichen Kindern.

...

Art. 16a [Asylrecht]

(1) Politisch Verfolgte genießen Asylrecht.

(2) ¹Auf Absatz 1 kann sich nicht berufen, wer aus einem Mitgliedstaat der Europäischen Gemeinschaften oder aus einem anderen Drittstaat einreist, in dem die Anwendung des Abkommens über die Rechtsstellung der Flüchtlinge und der Konvention zum Schutze der Menschenrechte und Grundfreiheiten sichergestellt ist. ²Die Staaten außerhalb der Europäischen Gemeinschaften, auf die die Voraussetzungen des Satzes 1 zutreffen, werden durch Gesetz, das der Zustimmung des Bundesrates bedarf, bestimmt. ³In den Fällen des Satzes 1 können aufenthaltsbeendende Maßnahmen unabhängig von einem hiergegen eingelegten Rechtsbehelf vollzogen werden.

(3) ¹Durch Gesetz, das der Zustimmung des Bundesrates bedarf, können Staaten bestimmt werden, bei denen auf Grund der Rechtslage, der Rechtsanwendung und der allgemeinen politischen Verhältnisse gewährleistet erscheint, daß dort weder politische Verfolgung noch unmenschliche oder erniedrigende Bestrafung oder Behandlung stattfindet. ²Es wird vermutet, daß ein Ausländer aus einem solchen Staat nicht verfolgt wird, solange

er nicht Tatsachen vorträgt, die die Annahme begründen, daß er entgegen dieser Vermutung politisch verfolgt wird.

(4) ¹Die Vollziehung aufenthaltsbeendender Maßnahmen wird in den Fällen des Absatzes 3 und in anderen Fällen, die offensichtlich unbegründet sind oder als offensichtlich unbegründet gelten, durch das Gericht nur ausgesetzt, wenn ernstliche Zweifel an der Rechtmäßigkeit der Maßnahme bestehen; der Prüfungsumfang kann eingeschränkt werden und verspätetes Vorbringen unberücksichtigt bleiben. ²Das Nähere ist durch Gesetz zu bestimmen.

(5) Die Absätze 1 bis 4 stehen völkerrechtlichen Verträgen von Mitgliedstaaten der Europäischen Gemeinschaften untereinander und mit dritten Staaten nicht entgegen, die unter Beachtung der Verpflichtungen aus dem Abkommen über die Rechtsstellung der Flüchtlinge und der Konvention zum Schutze der Menschenrechte und Grundfreiheiten, deren Anwendung in den Vertragsstaaten sichergestellt sein muß, Zuständigkeitsregelungen für die Prüfung von Asylbegehren einschließlich der gegenseitigen Anerkennung von Asylentscheidungen treffen.

...

Art. 18 [Verwirkung von Grundrechten]

¹Wer die Freiheit der Meinungsäußerung, insbesondere die Pressefreiheit (Artikel 5 Abs. 1), die Lehrfreiheit (Artikel 5 Abs. 3), die Versammlungsfreiheit (Artikel 8), die Vereinigungsfreiheit (Artikel 9), das Brief-, Post- und Fernmeldegeheimnis (Artikel 10), das Eigentum (Artikel 14) oder das Asylrecht (Artikel 16a) zum Kampfe gegen die freiheitliche demokratische Grundordnung mißbraucht, verwirkt diese Grundrechte. ²Die Verwirkung und ihr Ausmaß werden durch das Bundesverfassungsgericht ausgesprochen.

I. Grundgesetz (Auszug)

...

Art. 20 [Bundesstaatliche Verfassung; Widerstandsrecht]

(1) Die Bundesrepublik Deutschland ist ein demokratischer und sozialer Bundesstaat.

(2) ¹Alle Staatsgewalt geht vom Volke aus. ²Sie wird vom Volke in Wahlen und Abstimmungen und durch besondere Organe der Gesetzgebung, der vollziehenden Gewalt und der Rechtsprechung ausgeübt.

(3) Die Gesetzgebung ist an die verfassungsmäßige Ordnung, die vollziehende Gewalt und die Rechtsprechung sind an Gesetz und Recht gebunden.

(4) Gegen jeden, der es unternimmt, diese Ordnung zu beseitigen, haben alle Deutschen das Recht zum Widerstand, wenn andere Abhilfe nicht möglich ist.

...

II. Genfer Flüchtlingskonvention (GFK)

Abkommen über die Rechtsstellung der Flüchtlinge vom 26. Juli 1951 (BGBl. 1953 II S. 560)

Präambel

DIE HOHEN VERTRAGSCHLIESSENDEN TEILE

IN DER ERWÄGUNG, dass die Satzung der Vereinten Nationen und die am 10. Dezember 1948 von der Generalversammlung angenommene Allgemeine Erklärung der Menschenrechte den Grundsatz bestätigt haben, dass die Menschen ohne Unterschied die Menschenrechte und Grundfreiheiten genießen sollen,

IN DER ERWÄGUNG, dass die Organisation der Vereinten Nationen wiederholt die tiefe Verantwortung zum Ausdruck gebracht hat, die sie für die Flüchtlinge empfindet, und sich bemüht hat, diesen in möglichst großem Umfange die Ausübung der Menschenrechte und der Grundfreiheiten zu sichern,

IN DER ERWÄGUNG, dass es wünschenswert ist, frühere internationale Vereinbarungen über die Rechtsstellung der Flüchtlinge zu revidieren und zusammenzufassen und den Anwendungsbereich dieser Regelungen sowie den dadurch gewährleisteten Schutz durch eine neue Vereinbarung zu erweitern,

IN DER ERWÄGUNG, dass sich aus der Gewährung des Asylrechts nicht zumutbare schwere Belastungen für einzelne Länder ergeben können und dass eine befriedigende Lösung des Problems, dessen internationalen Umfang und Charakter die Organisation der Vereinten Nationen anerkannt hat, ohne internationale Zusammenarbeit unter diesen Umständen nicht erreicht werden kann,

IN DEM WUNSCHE, dass alle Staaten in Anerkennung des sozialen und humanitären Charakters des Flüchtlingsproblems alles in ihrer Macht Stehende tun, um zu vermeiden, dass dieses Problem zwischenstaatliche Spannungen verursacht,

IN ANERKENNTNIS dessen, dass dem Hohen Kommissar der Vereinten Nationen für Flüchtlinge die Aufgabe obliegt, die Durchführung der internationalen Abkommen zum Schutz der Flüchtlinge zu überwachen, und dass eine wirksame Koordinierung der zur Lösung dieses Problems getroffenen Maßnahmen von der Zusammenarbeit der Staaten mit dem Hohem Kommissar abhängen wird,

HABEN FOLGENDES VEREINBART:

Kapitel I. Allgemeine Bestimmungen

Art. 1 Definition des Begriffs „Flüchtling"

A. Im Sinne dieses Abkommens findet der Ausdruck „Flüchtling" auf jede Person Anwendung:

1. Die in Anwendung der Vereinbarungen vom 12. Mai 1926 und 30. Juni 1928 oder in Anwendung der Abkommen vom 28. Oktober 1933 und 10. Februar 1938 und des Protokolls vom 14. September 1939 oder in Anwendung der Verfassung der Internationalen Flüchtlingsorganisation als Flüchtling gilt.
   Die von der internationalen Flüchtlingsorganisation während der Dauer ihrer Tätigkeit getroffenen Entscheidungen darüber, dass jemand nicht als Flüchtling im Sinne ihres Statuts anzusehen ist, stehen dem Umstand nicht entgegen, dass die Flüchtlingseigenschaft Personen zuerkannt wird, die die Voraussetzungen der Ziffer 2 dieses Artikels erfüllen;
2. die infolge von Ereignissen, die vor dem 1. Januar 1951 eingetreten sind, und aus der begründeten Furcht vor Verfolgung wegen ihrer Rasse, Religion, Nationalität, Zugehörigkeit zu einer bestimmten sozialen Gruppe oder wegen ihrer politischen Überzeugung sich außerhalb des Landes befindet, dessen Staatsangehörigkeit sie besitzt, und den Schutz dieses Landes nicht in Anspruch nehmen kann oder wegen dieser Befürchtungen nicht in Anspruch nehmen will; oder die sich als staatenlose infolge solcher Ereignisse außerhalb des Landes befindet, in welchem sie ihren gewöhnlichen Aufenthalt hatte, und nicht

dorthin zurückkehren kann oder wegen der erwähnten Befürchtungen nicht dorthin zurückkehren will.

Für den Fall, dass eine Person mehr als eine Staatsangehörigkeit hat, bezieht sich der Ausdruck „das Land, dessen Staatsangehörigkeit sie besitzt," auf jedes der Länder, dessen Staatsangehörigkeit diese Person hat. Als des Schutzes des Landes, dessen Staatsangehörigkeit sie hat, beraubt, gilt nicht eine Person, die ohne einen stichhaltigen, auf eine begründete Befürchtung gestützten Grund den Schutz eines der Länder nicht in Anspruch genommen hat, deren Staatsangehörigkeit sie besitzt.

B.

1. Im Sinne dieses Abkommens können die im Artikel 1 Abschnitt A enthaltenen Worte „Ereignisse, die vor dem 1. Januar 1951 eingetreten sind" in dem Sinne verstanden werden, dass es sich entweder um
a) „Ereignisse, die vor dem 1. Januar 1951 in Europa eingetreten sind" – oder
b) „Ereignisse, die vor dem 1. Januar 1951 in Europa oder anderswo eingetreten sind",
handelt. Jeder vertragschließende Staat wird zugleich mit der Unterzeichnung, der Ratifikation oder dem Beitritt eine Erklärung abgeben, welche Bedeutung er diesem Ausdruck vom Standpunkt der von ihm aufgrund dieses Abkommens übernommenen Verpflichtung zu geben beabsichtigt.
2. Jeder vertragschließende Staat, der die Formulierung zu a) angenommen hat, kann jederzeit durch eine an den Generalsekretär der Vereinten Nationen gerichtete Notifikation seine Verpflichtungen durch Annahme der Formulierung b) erweitern.

C.

Eine Person, auf die die Bestimmungen des Absatzes A zutrifft, fällt nicht mehr unter dieses Abkommen,

1. wenn sie sich freiwillig erneut dem Schutz des Landes, dessen Staatsangehörigkeit sie besitzt, unterstellt; oder
2. wenn sie nach dem Verlust ihrer Staatsangehörigkeit diese freiwillig wiedererlangt hat; oder

3. wenn sie eine neue Staatsangehörigkeit erworben hat und den Schutz des Landes, dessen Staatsangehörigkeit sie erworben hat, genießt; oder
4. wenn sie freiwillig in das Land, das sie aus Furcht vor Verfolgung verlassen hat oder außerhalb dessen sie sich befindet, zurückgekehrt ist und sich dort niedergelassen hat; oder
5. wenn sie nach Wegfall der Umstände, aufgrund derer sie als Flüchtling anerkannt worden ist, es nicht mehr ablehnen kann, den Schutz des Landes in Anspruch zu nehmen, dessen Staatsangehörigkeit sie besitzt. Hierbei wird jedoch unterstellt, dass die Bestimmung dieser Ziffer auf keinen Flüchtling im Sinne der Ziffer 1 des Abschnittes A dieses Artikels Anwendung findet, der sich auf zwingende, auf früheren Verfolgungen beruhende Gründe berufen kann, um die Inanspruchnahme des Schutzes des Landes abzulehnen, dessen Staatsangehörigkeit sie besitzt;
6. wenn es sich um eine Person handelt, die keine Staatsangehörigkeit besitzt, falls sie nach Wegfall der Umstände, aufgrund derer sie als Flüchtling anerkannt worden ist, in der Lage ist, in das Land zurückzukehren, in dem sie ihren gewöhnlichen Wohnsitz hat.

Dabei wird jedoch unterstellt, dass die Bestimmung dieser Ziffer auf keinen Flüchtling im Sinne der Ziffer 1 des Abschnittes A dieses Artikels Anwendung findet, der sich auf zwingende, auf früheren Verfolgungen beruhende Gründe berufen kann, um die Rückkehr in das Land abzulehnen, in dem er seinen gewöhnlichen Aufenthalt hatte.

D.

Dieses Abkommen findet keine Anwendung auf Personen, die zurzeit den Schutz oder Beistand einer Organisation oder einer Institution der Vereinten Nationen mit Ausnahme des Hohen Kommissars der Vereinten Nationen für Flüchtlinge genießen.

Ist dieser Schutz oder diese Unterstützung aus irgendeinem Grunde weggefallen, ohne dass das Schicksal dieser Person endgültig gemäß den hierauf bezüglichen Entschließungen der Generalversammlung der Vereinten Nationen geregelt worden ist, so fallen diese Personen ipso facto unter die Bestimmungen dieses Abkommens.

E.

Dieses Abkommen findet keine Anwendung auf eine Person, die von den zuständigen Behörden des Landes, in dem sie ihren Aufenthalt genommen hat, als eine Person anerkannt wird, welche die Rechte und Pflichten hat, die mit dem Besitz der Staatsangehörigkeit dieses Landes verknüpft sind.

F.

Die Bestimmungen dieses Abkommens finden keine Anwendung auf Personen, in Bezug auf die aus schwer wiegenden Gründen die Annahme gerechtfertigt ist,

a) dass sie ein Verbrechen gegen den Frieden, ein Kriegsverbrechen oder ein Verbrechen gegen die Menschlichkeit im Sinne der internationalen Vertragswerke begangen haben, die ausgearbeitet worden sind, um Bestimmungen bezüglich dieser Verbrechen zu treffen;
b) dass sie ein schweres nichtpolitisches Verbrechen außerhalb des Aufnahmelandes begangen haben, bevor sie dort als Flüchtling aufgenommen wurden;
c) dass sie sich Handlungen zuschulden kommen ließen, die den Zielen und Grundsätzen der Vereinten Nationen zuwiderlaufen.

Art. 2 Allgemeine Verpflichtungen

Jeder Flüchtling hat gegenüber dem Land, in dem er sich befindet, Pflichten, zu denen insbesondere die Verpflichtung gehört, die Gesetze und sonstigen Rechtsvorschriften sowie die zur Aufrechterhaltung der öffentlichen Ordnung getroffenen Maßnahmen zu beachten.

Art. 3 Verbot unterschiedlicher Behandlung

Die vertragschließenden Staaten werden die Bestimmungen dieses Abkommens auf Flüchtlinge ohne unterschiedliche Behandlung aus Gründen der Rasse, der Religion oder des Herkunftslandes anwenden.

Art. 4 Religion

Die vertragschließenden Staaten werden den in ihrem Gebiet befindlichen Flüchtlingen in Bezug auf die Freiheit der Religionsausübung und die Freiheit des Religionsunterrichts ihrer Kinder eine mindestens ebenso günstige Behandlung wie ihren eigenen Staatsangehörigen gewähren.

Art. 5 Unabhängig von diesem Abkommen gewährte Rechte

Rechte und Vergünstigungen, die unabhängig von diesem Abkommen den Flüchtlingen gewährt werden, bleiben von den Bestimmungen dieses Abkommens unberührt.

Art. 6 Der Ausdruck „unter den gleichen Umständen"

Im Sinne dieses Abkommens ist der Ausdruck „unter den gleichen Umständen" dahingehend zu verstehen, dass die betreffende Person alle Bedingungen erfüllen muss (einschließlich derjenigen, die sich auf die Dauer und die Bedingungen des vorübergehenden oder des dauernden Aufenthalts beziehen), die sie erfüllen müsste, wenn sie nicht Flüchtling wäre, um das in Betracht kommende Recht in Anspruch zu nehmen, mit Ausnahme der Bedingungen, die ihrer Natur nach ein Flüchtling nicht erfüllen kann.

Art. 7 Befreiung von der Gegenseitigkeit

1. Vorbehaltlich der in diesem Abkommen vorgesehenen günstigeren Bestimmungen wird jeder vertragschließende Staat den Flüchtlingen die Behandlung gewähren, die er Ausländern im Allgemeinen gewährt.
2. Nach dreijährigem Aufenthalt werden alle Flüchtlinge in dem Gebiet der vertragschließenden Staaten Befreiung von dem Erfordernis der gesetzlichen Gegenseitigkeit genießen.
3. Jeder vertragschließende Staat wird den Flüchtlingen weiterhin die Rechte und Vergünstigungen gewähren, auf die sie auch bei fehlender Gegenseitigkeit beim In-Kraft-Treten dieses Abkommens für diesen Staat bereits Anspruch hatten.
4. Die vertragschließenden Staaten werden die Möglichkeit wohlwollend in Erwägung ziehen, bei fehlender Gegenseitigkeit den Flüchtlingen Rechte und Vergünstigungen außer denen, auf die sie nach Ziffer 2 und 3 Anspruch haben, sowie Befreiung von dem Erfordernis der Gegenseitigkeit den Flüchtlingen zu gewähren, welche die Bedingungen von Ziffer 2 und 3 nicht erfüllen.

5. Die Bestimmungen der Ziffern 2 und 3 finden nicht nur auf die in den Artikeln 13, 18, 19, 21 und 22 dieses Abkommens genannten Rechte und Vergünstigungen Anwendung, sondern auch auf die in diesem Abkommen nicht vorgesehenen Rechte und Vergünstigungen.

Art. 8 Befreiung von außergewöhnlichen Maßnahmen

1 Außergewöhnliche Maßnahmen, die gegen die Person, das Eigentum oder die Interessen der Staatsangehörigen eines bestimmten Staates ergriffen werden können, werden von den vertragschließenden Staaten auf einen Flüchtling, der formell ein Staatsangehöriger dieses Staates ist, allein wegen seiner Staatsangehörigkeit nicht angewendet. 2 Die vertragschließenden Staaten, die nach dem bei ihnen geltenden Recht den in diesem Artikel aufgestellten allgemeinen Grundsatz nicht anwenden können, werden in geeigneten Fällen Befreiung zugunsten solcher Flüchtlinge gewähren.

Art. 9 Vorläufige Maßnahmen

Keine der Bestimmungen dieses Abkommens hindert einen vertragschließenden Staat in Kriegszeiten oder bei Vorliegen sonstiger schwer wiegender und außergewöhnlicher Umstände daran, gegen eine bestimmte Person vorläufig die Maßnahmen zu ergreifen, die dieser Staat für seine Sicherheit für erforderlich hält, bis dieser vertragschließende Staat eine Entscheidung darüber getroffen hat, ob diese Person tatsächlich ein Flüchtling ist und die Aufrechterhaltung dieser Maßnahmen im vorliegenden Falle im Interesse der Sicherheit des Staates notwendig ist.

Art. 10 Fortdauer des Aufenthalts

1. Ist ein Flüchtling während des Zweiten Weltkrieges zwangsverschickt und in das Gebiet eines der Vertragsstaaten verbracht worden und hält er sich dort auf, so wird die Dauer dieses Zwangsaufenthaltes als rechtmäßiger Aufenthalt in diesem Gebiet gelten.
2. Ist ein Flüchtling während des Zweiten Weltkrieges aus dem Gebiet eines Vertragsstaates zwangsverschickt worden und vor In-Kraft-Treten dieses Abkommens dorthin zurückgekehrt, um dort seinen dauernden Aufenthalt zu nehmen, so wird die Zeit vor und nach dieser Zwangs-

verschickung für alle Zwecke, für die ein ununterbrochener Aufenthalt erforderlich ist, als ein ununterbrochener Aufenthalt gelten.

Art. 11 Geflüchtete Seeleute
Bei Flüchtlingen, die ordnungsgemäß als Besatzungsangehörige eines Schiffes angeheuert sind, das die Flagge eines Vertragsstaates führt, wird dieser Staat die Möglichkeit wohlwollend in Erwägung ziehen, diesen Flüchtlingen die Genehmigung zur Niederlassung in seinem Gebiet zu erteilen und ihnen Reiseausweise auszustellen oder ihnen vorläufig den Aufenthalt in seinem Gebiet zu gestatten, insbesondere um ihre Niederlassung in einem anderen Land zu erleichtern.

Kapitel II. Rechtsstellung

Art. 12 Personalstatut
1. Das Personalstatut jedes Flüchtlings bestimmt sich nach dem Recht des Landes seines Wohnsitzes oder, in Ermangelung eines Wohnsitzes, nach dem Recht seines Aufenthaltslandes.
2. Die von einem Flüchtling vorher erworbenen und sich aus seinem Personalstatut ergebenden Rechte, insbesondere die aus der Eheschließung, werden von jedem vertragschließenden Staat geachtet, gegebenenfalls vorbehaltlich der Formalitäten, die nach dem in diesem Staat geltenden Recht vorgesehen sind. Hierbei wird jedoch unterstellt, dass das betreffende Recht zu demjenigen gehört, das nach den Gesetzen dieses Staates anerkannt worden wäre, wenn die in Betracht kommende Person kein Flüchtling geworden wäre.

Art. 13 Bewegliches und unbewegliches Eigentum
Die vertragschließenden Staaten werden jedem Flüchtling hinsichtlich des Erwerbs von beweglichem und unbeweglichem Eigentum und sonstiger diesbezüglicher Rechte sowie hinsichtlich von Miet-, Pacht- und sonstigen Verträgen über bewegliches und unbewegliches Eigentum eine möglichst günstige und jedenfalls nicht weniger günstige Behandlung gewähren, als

sie Ausländern im Allgemeinen unter den gleichen Umständen gewährt wird.

Art. 14 Urheberrecht und gewerbliche Schutzrechte
Hinsichtlich des Schutzes von gewerblichen Rechten, insbesondere an Erfindungen, Mustern und Modellen, Warenzeichen und Handelsnamen, sowie des Schutzes von Rechten an Werken der Literatur, Kunst und Wissenschaft genießt jeder Flüchtling in dem Land, in dem er seinen gewöhnlichen Aufenthalt hat, den Schutz, der den Staatsangehörigen des Landes gewährt wird. Im Gebiete jedes anderen vertragschließenden Staates genießt er den Schutz, der in diesem Gebiet den Staatsangehörigen des Landes gewährt wird, in dem er seinen gewöhnlichen Aufenthalt hat.

Art. 15 Vereinigungsrecht
Die vertragschließenden Staaten werden den Flüchtlingen, die sich rechtmäßig in ihrem Gebiet aufhalten, hinsichtlich der Vereinigungen, die nicht politischen und nicht Erwerbszwecken dienen, und den Berufsverbänden die günstigste Behandlung wie den Staatsangehörigen eines fremden Landes unter den gleichen Umständen gewähren.

Art. 16 Zugang zu den Gerichten
1. Jeder Flüchtling hat in dem Gebiet der vertragschließenden Staaten freien und ungehinderten Zugang zu den Gerichten.
2. In dem vertragschließenden Staat, in dem ein Flüchtling seinen gewöhnlichen Aufenthalt hat, genießt er hinsichtlich des Zugangs zu den Gerichten einschließlich des Armenrechts und der Befreiung von Sicherheitsleistung für Prozesskosten dieselbe Behandlung wie ein eigener Staatsangehöriger.
3. In den vertragschließenden Staaten, in denen ein Flüchtling nicht seinen gewöhnlichen Aufenthalt hat, genießt er hinsichtlich der in Ziffer 2 erwähnten Angelegenheit dieselbe Behandlung wie ein Staatsangehöriger des Landes, in dem er seinen gewöhnlichen Aufenthalt hat.

Kapitel III. Erwerbstätigkeit

Art. 17 Nichtselbstständige Arbeit

1. Die vertragschließenden Staaten werden hinsichtlich der Ausübung nichtselbstständiger Arbeit jedem Flüchtling, der sich rechtmäßig in ihrem Gebiet aufhält, die günstigste Behandlung gewähren, die den Staatsangehörigen eines fremden Landes unter den gleichen Umständen gewährt wird.
2. In keinem Falle werden die einschränkenden Maßnahmen, die für Ausländer oder für die Beschäftigung von Ausländern zum Schutz des eigenen Arbeitsmarktes bestehen, Anwendung auf Flüchtlinge finden, die beim In-Kraft-Treten dieses Abkommens durch den betreffenden Vertragsstaat bereits davon befreit waren oder eine der folgenden Bedingungen erfüllen:
    a) wenn sie sich drei Jahre im Lande aufgehalten haben;
    b) wenn sie mit einer Person, die die Staatsangehörigkeit des Aufenthaltslandes besitzt, die Ehe geschlossen haben. Ein Flüchtling kann sich nicht auf die Vergünstigung dieser Bestimmung berufen, wenn er seinen Ehegatten verlassen hat;
    c) wenn sie ein oder mehrere Kinder haben, die die Staatsangehörigkeit des Aufenthaltslandes besitzen.
3. Die vertragschließenden Staaten werden hinsichtlich der Ausübung nichtselbstständiger Arbeit Maßnahmen wohl wollend in Erwägung ziehen, um alle Flüchtlinge, insbesondere diejenigen, die im Rahmen eines Programms zur Anwerbung von Arbeitskräften oder eines Einwanderungsplanes in ihr Gebiet gekommen sind, den eigenen Staatsangehörigen rechtlich gleichzustellen.

Art. 18 Selbstständige Tätigkeit

Die vertragschließenden Staaten werden den Flüchtlingen, die sich rechtmäßig in ihrem Gebiet befinden, hinsichtlich der Ausübung einer selbstständigen Tätigkeit in Landwirtschaft, Industrie, Handwerk und Handel sowie der Errichtung von Handels- und industriellen Unternehmen eine möglichst günstige und jedenfalls nicht weniger günstige Behandlung gewähren, als sie Ausländern im Allgemeinen unter den gleichen Umständen gewährt wird.

Art. 19 Freie Berufe
1. Jeder vertragschließende Staat wird den Flüchtlingen, die sich rechtmäßig in seinem Gebiet aufhalten, Inhaber von durch die zuständigen Behörden dieses Staates anerkannten Diplomen sind und einen freien Beruf auszuüben wünschen, eine möglichst günstige und jedenfalls nicht weniger günstige Behandlung gewähren, als sie Ausländern im Allgemeinen unter den gleichen Umständen gewährt wird.
2. Die vertragschließenden Staaten werden alles in ihrer Macht Stehende tun, um im Einklang mit ihren Gesetzen und Verfassungen die Niederlassung solcher Flüchtlinge in den außerhalb des Mutterlandes gelegenen Gebieten sicherzustellen, für deren internationale Beziehungen sie verantwortlich sind.

Kapitel IV. Wohlfahrt

Art. 20 Rationierung
Falls ein Rationierungssystem besteht, dem die Bevölkerung insgesamt unterworfen ist und das die allgemeine Verteilung von Erzeugnissen regelt, an denen Mangel herrscht, werden Flüchtlinge wie Staatsangehörige behandelt.

Art. 21 Wohnungswesen
Hinsichtlich des Wohnungswesens werden die vertragschließenden Staaten insoweit, als die Angelegenheit durch Gesetz oder sonstige Rechtsvorschriften geregelt ist oder der Überwachung öffentlicher Behörden unterliegt, den sich rechtmäßig in ihrem Gebiet aufhaltenden Flüchtlingen eine möglichst günstige und jedenfalls nicht weniger günstige Behandlung gewähren, als sie Ausländern im Allgemeinen unter den gleichen Bedingungen gewährt wird.

Art. 22 Öffentliche Erziehung

1. Die vertragschließenden Staaten werden den Flüchtlingen dieselbe Behandlung wie ihren Staatsangehörigen hinsichtlich des Unterrichts in Volksschulen gewähren.
2. Für über die Volksschule hinausgehenden Unterricht, insbesondere die Zulassung zum Studium, die Anerkennung von ausländischen Studienzeugnissen, Diplomen und akademischen Titeln, den Erlass von Gebühren und Abgaben und die Zuerkennung von Stipendien, werden die vertragschließenden Staaten eine möglichst günstige und in keinem Falle weniger günstige Behandlung gewähren, als sie Ausländern im Allgemeinen unter den gleichen Bedingungen gewährt wird.

Art. 23 Öffentliche Fürsorge

Die vertragschließenden Staaten werden den Flüchtlingen, die sich rechtmäßig in ihrem Staatsgebiet aufhalten, auf dem Gebiet der öffentlichen Fürsorge und sonstigen Hilfeleistungen die gleiche Behandlung wie ihren eigenen Staatsangehörigen gewähren.

Art. 24 Arbeitsrecht und soziale Sicherheit

1. Die vertragschließenden Staaten werden den Flüchtlingen, die sich rechtmäßig in ihrem Gebiet aufhalten, dieselbe Behandlung gewähren wie ihren Staatsangehörigen, wenn es sich um folgende Angelegenheiten handelt:
    a) Lohn einschließlich Familienbeihilfen, wenn diese einen Teil des Arbeitsentgelts bilden, Arbeitszeit, Überstunden, bezahlter Urlaub, Einschränkungen der Heimarbeit, Mindestalter für die Beschäftigung, Lehrzeit und Berufsausbildung, Arbeit von Frauen und Jugendlichen und der Genuss der durch Tarifverträge gebotenen Vergünstigungen, soweit alle diese Fragen durch das geltende Recht geregelt sind oder in die Zuständigkeit der Verwaltungsbehörden fallen;
    b) Soziale Sicherheit (gesetzliche Bestimmungen bezüglich der Arbeitsunfälle, der Berufskrankheiten, der Mutterschaft, der Krankheit, der Arbeitsunfähigkeit, des Alters und des Todes, der Arbeitslosigkeit, des Familienunterhalts sowie jedes anderen Wagnisses,

das nach dem im betreffenden Land geltenden Recht durch ein System der sozialen Sicherheit gedeckt wird) vorbehaltlich
(i) geeigneter Abmachungen über die Aufrechterhaltung der erworbenen Rechte und Anwartschaften,
(ii) besonderer Bestimmungen, die nach dem im Aufenthaltsland geltenden Recht vorgeschrieben sind und die Leistungen oder Teilleistungen betreffen, die ausschließlich aus öffentlichen Mitteln bestritten werden, sowie Zuwendungen an Personen, die nicht die für die Gewährung einer normalen Rente geforderten Bedingungen der Beitragsleistung erfüllen.
2. Das Recht auf Leistung, das durch den Tod eines Flüchtlings infolge eines Arbeitsunfalles oder einer Berufskrankheit entsteht, wird nicht dadurch berührt, dass sich der Berechtigte außerhalb des Gebietes des vertragschließenden Staates aufhält.
3. Die vertragschließenden Staaten werden auf die Flüchtlinge die Vorteile der Abkommen erstrecken, die sie hinsichtlich der Aufrechterhaltung der erworbenen Rechte und Anwartschaften auf dem Gebiet der sozialen Sicherheit untereinander abgeschlossen haben oder abschließen werden, soweit die Flüchtlinge die Bedingungen erfüllen, die für Staatsangehörige der Unterzeichnerstaaten der in Betracht kommenden Abkommen vorgesehen sind.
4. Die vertragschließenden Staaten werden wohlwollend die Möglichkeit prüfen, die Vorteile ähnlicher Abkommen, die zwischen diesen vertragschließenden Staaten und Nichtvertragsstaaten in Kraft sind oder sein werden, so weit wie möglich auf Flüchtlinge auszudehnen.

Kapitel V. Verwaltungsmaßnahmen

Art. 25 Verwaltungshilfe
Würde die Ausübung eines Rechts durch einen Flüchtling normalerweise die Mitwirkung ausländischer Behörden erfordern, die er nicht in Anspruch nehmen kann, so werden die vertragschließenden Staaten, in deren Gebiet er sich aufhält, dafür sorgen, dass ihm diese Mitwirkung entweder durch ihre eigenen Behörden oder durch eine internationale Behörde zuteil wird.

II. GFK

1. Die in Ziffer 1 bezeichneten Behörden werden Flüchtlingen diejenigen Urkunden und Bescheinigungen ausstellen oder unter ihrer Aufsicht ausstellen lassen, die Ausländern normalerweise von den Behörden ihres Landes oder durch deren Vermittlung ausgestellt werden.
2. Die so ausgestellten Urkunden oder Bescheinigungen werden die amtlichen Schriftstücke ersetzen, die Ausländern von den Behörden ihres Landes oder durch deren Vermittlung ausgestellt werden; sie werden bis zum Beweis des Gegenteils als gültig angesehen.
3. Vorbehaltlich der Ausnahmen, die zugunsten Bedürftiger zuzulassen wären, können für die in diesem Artikel erwähnten Amtshandlungen Gebühren verlangt werden; diese Gebühren sollen jedoch niedrig sein und müssen denen entsprechen, die von eigenen Staatsangehörigen für ähnliche Amtshandlungen erhoben werden.
4. Die Bestimmungen dieses Artikels berühren nicht die Artikel 27 und 28.

Art. 26 Freizügigkeit

Jeder vertragschließende Staat wird den Flüchtlingen, die sich rechtmäßig in seinem Gebiet befinden, das Recht gewähren, dort ihren Aufenthalt zu wählen und sich frei zu bewegen, vorbehaltlich der Bestimmungen, die allgemein auf Ausländer unter den gleichen Umständen Anwendung finden.

Art. 27 Personalausweise

Die vertragschließenden Staaten werden jedem Flüchtling, der sich in ihrem Gebiet befindet und keinen gültigen Reiseausweis besitzt, einen Personalausweis ausstellen.

Art. 28 Reiseausweise

1. Die vertragschließenden Staaten werden den Flüchtlingen, die sich rechtmäßig in ihrem Gebiet aufhalten, Reiseausweise ausstellen, die ihnen Reisen außerhalb dieses Gebietes gestatten, es sei denn, dass zwingende Gründe der öffentlichen Sicherheit oder Ordnung entgegenstehen; die Bestimmungen des Anhanges zu diesem Abkommen

werden auf diese Ausweise Anwendung finden. Die vertragschließenden Staaten können einen solchen Reiseausweis jedem anderen Flüchtling ausstellen, der sich in ihrem Gebiet befindet; sie werden ihre Aufmerksamkeit besonders jenen Flüchtlingen zuwenden, die sich in ihrem Gebiet befinden und nicht in der Lage sind, einen Reiseausweis von dem Staat zu erhalten, in dem sie ihren rechtmäßigen Aufenthalt haben.
2. Reiseausweise, die aufgrund früherer internationaler Abkommen von den Unterzeichnerstaaten ausgestellt worden sind, werden von den vertragschließenden Staaten anerkannt und so behandelt werden, als ob sie den Flüchtlingen aufgrund dieses Artikels ausgestellt worden wären.

Art. 29 Steuerliche Lasten
1. Die vertragschließenden Staaten werden von den Flüchtlingen keine anderen oder höheren Gebühren, Abgaben oder Steuern, gleichviel unter welcher Bezeichnung, erheben, als unter ähnlichen Verhältnissen von ihren eigenen Staatsangehörigen jetzt oder künftig erhoben werden.
2. Die Bestimmungen der vorstehenden Ziffer schließen nicht aus, die Gesetze und sonstigen Rechtsvorschriften über Gebühren für die Ausstellung von Verwaltungsurkunden einschließlich Personalausweisen an Ausländer auf Flüchtlinge anzuwenden.

Art. 30 Überführung von Vermögenswerten
1. Jeder vertragschließende Staat wird in Übereinstimmung mit den Gesetzen und sonstigen Rechtsvorschriften des Landes den Flüchtlingen gestatten, die Vermögenswerte, die sie in sein Gebiet gebracht haben, in das Gebiet eines anderen Landes zu überführen, in dem sie zwecks Wiederansiedlung aufgenommen worden sind.
2. Jeder vertragschließende Staat wird die Anträge von Flüchtlingen wohl wollend in Erwägung ziehen, die auf die Erlaubnis gerichtet sind, alle anderen Vermögenswerte, die zu ihrer Wiederansiedlung erforderlich sind, in ein anderes Land zu überführen, in dem sie zur Wiederansiedlung aufgenommen worden sind.

Art. 31 Flüchtlinge, die sich nicht rechtmäßig im Aufnahmeland aufhalten

1. Die vertragschließenden Staaten werden wegen unrechtmäßiger Einreise oder Aufenthalts keine Strafen gegen Flüchtlinge verhängen, die unmittelbar aus einem Gebiet kommen, in dem ihr Leben oder ihre Freiheit im Sinne von Artikel 1 bedroht waren und die ohne Erlaubnis in das Gebiet der vertragschließenden Staaten einreisen oder sich dort aufhalten, vorausgesetzt, dass sie sich unverzüglich bei den Behörden melden und Gründe darlegen, die ihre unrechtmäßige Einreise oder ihren unrechtmäßigen Aufenthalt rechtfertigen.
2. Die vertragschließenden Staaten werden den Flüchtlingen beim Wechsel des Aufenthaltsortes keine Beschränkungen auferlegen, außer denen, die notwendig sind; diese Beschränkungen werden jedoch nur so lange Anwendung finden, wie die Rechtsstellung dieser Flüchtlinge im Aufnahmeland geregelt oder es ihnen gelungen ist, in einem anderen Land Aufnahme zu erhalten. Die vertragschließenden Staaten werden diesen Flüchtlingen eine angemessene Frist sowie alle notwendigen Erleichterungen zur Aufnahme in einem anderen Land gewähren.

Art. 32 Ausweisung

1. Die vertragschließenden Staaten werden einen Flüchtling, der sich rechtmäßig in ihrem Gebiet befindet, nur aus Gründen der öffentlichen Sicherheit oder Ordnung ausweisen.
2. Die Ausweisung eines Flüchtlings darf nur in Ausführung einer Entscheidung erfolgen, die in einem durch gesetzliche Bestimmungen geregelten Verfahren ergangen ist. Soweit nicht zwingende Gründe für die öffentliche Sicherheit entgegenstehen, soll dem Flüchtling gestattet werden, Beweise zu seiner Entlastung beizubringen, ein Rechtsmittel einzulegen und sich zu diesem Zweck vor einer zuständigen Behörde oder vor einer oder mehreren Personen, die von der zuständigen Behörde besonders bestimmt sind, vertreten zu lassen.
3. Die vertragschließenden Staaten werden einem solchen Flüchtling eine angemessene Frist gewähren, um ihm die Möglichkeit zu geben, in einem anderen Lande um rechtmäßige Aufnahme nachzusuchen. Die vertragschließenden Staaten behalten sich vor, während dieser Frist diejenigen Maßnahmen anzuwenden, die sie zur Aufrechterhaltung der inneren Ordnung für zweckdienlich erachten.

Art. 33 Verbot der Ausweisung und Zurückweisung
1. Keiner der vertragschließenden Staaten wird einen Flüchtling auf irgendeine Weise über die Grenzen von Gebieten ausweisen oder zurückweisen, in denen sein Leben oder seine Freiheit wegen seiner Rasse, Religion, Staatsangehörigkeit, seiner Zugehörigkeit zu einer bestimmten sozialen Gruppe oder wegen seiner politischen Überzeugung bedroht sein würde.
2. Auf die Vergünstigung dieser Vorschrift kann sich jedoch ein Flüchtling nicht berufen, der aus schwer wiegenden Gründen als eine Gefahr für die Sicherheit des Landes anzusehen ist, in dem er sich befindet, oder der eine Gefahr für die Allgemeinheit dieses Staates bedeutet, weil er wegen eines Verbrechens oder eines besonders schweren Vergehens rechtskräftig verurteilt wurde.

Art. 34 Einbürgerung
Die vertragschließenden Staaten werden so weit wie möglich die Eingliederung und Einbürgerung der Flüchtlinge erleichtern. Sie werden insbesondere bestrebt sein, Einbürgerungsverfahren zu beschleunigen und die Kosten dieses Verfahrens so weit wie möglich herabzusetzen.

Kapitel VI. Durchführungs- und Übergangsbestimmungen

Art. 35 Zusammenarbeit der staatlichen Behörden mit den Vereinten Nationen
1. Die vertragschließenden Staaten verpflichten sich zur Zusammenarbeit mit dem Amt des Hohen Kommissars der Vereinten Nationen für Flüchtlinge oder jeder ihm etwa nachfolgenden anderen Stelle der Vereinten Nationen bei der Ausübung seiner Befugnisse, insbesondere zur Erleichterung seiner Aufgabe, die Durchführung der Bestimmungen dieses Abkommens zu überwachen.
2. Um es dem Amt des Hohen Kommissars oder jeder ihm etwa nachfolgenden anderen Stelle der Vereinten Nationen zu ermöglichen, den zuständigen Organen der Vereinten Nationen Berichte vorzulegen, verpflichten sich die vertragschließenden Staaten, ihm in geeigneter

Form die erbetenen Auskünfte und statistischen Angaben zu liefern über
a) die Lage der Flüchtlinge,
b) die Durchführung dieses Abkommens und
c) die Gesetze, Verordnungen und Verwaltungsvorschriften, die in Bezug auf Flüchtlinge jetzt oder künftig in Kraft sind.

Art. 36 Auskünfte über innerstaatliche Rechtsvorschriften

Die vertragschließenden Staaten werden dem Generalsekretär der Vereinten Nationen den Wortlaut der Gesetze und sonstiger Rechtsvorschriften mitteilen, die sie etwa erlassen werden, um die Durchführung dieses Abkommens sicherzustellen.

Art. 37 Beziehung zu früher geschlossenen Abkommen

Unbeschadet der Bestimmungen seines Artikels 28 Ziffer 2 tritt dieses Abkommen im Verhältnis zwischen den vertragschließenden Staaten an die Stelle der Vereinbarungen vom 5. Juli 1922, 31. Mai 1924, 12. Mai 1926, 30. Juni 1928 und 30. Juli 1935 sowie der Abkommen vom 28. Oktober 1933, 10. Februar 1938, des Protokolls vom 14. September 1939 und der Vereinbarung vom 15. Oktober 1946.

Kapitel VII. Schlussbestimmungen

Art. 38 Regelung von Streitfällen

Jeder Streitfall zwischen den Parteien dieses Abkommens über dessen Auslegung oder Anwendung, der auf andere Weise nicht beigelegt werden kann, wird auf Antrag einer der an dem Streitfall beteiligten Parteien dem Internationalen Gerichtshof vorgelegt.

Art. 39 Unterzeichnung, Ratifikation und Beitritt

Dieses Abkommen liegt in Genf am 28. Juli 1951 zur Unterzeichnung auf und wird nach diesem Zeitpunkt beim Generalsekretär der Vereinten Nationen hinterlegt. Es liegt vom 28. Juli bis 31. August 1951 im Europäischen Büro der Vereinten Nationen zur Unterzeichnung auf, sodann erneut vom 17. September 1951 bis 31. Dezember 1952 am Sitz der Organisation der Vereinten Nationen.

1. Dieses Abkommen liegt zur Unterzeichnung durch alle Mitgliedstaaten der Organisation der Vereinten Nationen, durch jeden Nicht-Mitgliedstaat, der zur Konferenz der Bevollmächtigten über die Rechtsstellung der Flüchtlinge und Staatenlosen eingeladen war, sowie durch jeden anderen Staat auf. den die Vollversammlung zur Unterzeichnung einlädt. Das Abkommen ist zu ratifizieren; die Ratifikationsurkunden sind beim Generalsekretär der Vereinten Nationen zu hinterlegen.
2. Die in Ziffer 2 dieses Artikels bezeichneten Staaten können diesem Abkommen vom 28. Juli 1951 an beitreten. Der Beitritt erfolgt durch Hinterlegung einer Beitrittsurkunde beim Generalsekretär der Vereinten Nationen.

Art. 40 Klausel zur Anwendung auf andere Gebiete

1. Jeder Staat kann im Zeitpunkt der Unterzeichnung, der Ratifikation oder des Beitritts erklären, dass sich die Geltung dieses Abkommens auf alle oder mehrere oder eins der Gebiete erstreckt, die er in den internationalen Beziehungen vertritt. Eine solche Erklärung wird zu dem Zeitpunkt wirksam, an dem dieses Abkommen für den betreffenden Staat in Kraft tritt.
2. Eine Ausdehnung des Geltungsbereichs zu einem späteren Zeitpunkt erfolgt durch eine an den Generalsekretär der Vereinten Nationen zu richtende Mitteilung und wird am neunzigsten Tage nach dem Zeitpunkt wirksam, zu dem der Generalsekretär der Vereinten Nationen die Mitteilung erhalten hat, oder zu dem Zeitpunkt, an dem dieses Abkommen für den betreffenden Staat in Kraft tritt, wenn dieser letztgenannte Zeitpunkt später liegt.
3. Bei Gebieten, für die dieses Abkommen im Zeitpunkt der Unterzeichnung, Ratifikation oder des Beitritts nicht gilt, wird jeder beteiligte Staat die Möglichkeit prüfen, sobald wie möglich alle erforderlichen Maßnahmen zu ergreifen, um den Geltungsbereich dieses Abkommens auf diese Gebiete auszudehnen, gegebenenfalls unter dem Vor-

behalt der Zustimmung der Regierungen dieser Gebiete, wenn eine solche aus verfassungsmäßigen Gründen erforderlich ist.

Art. 41 Klausel für Bundesstaaten

Im Falle eines Bundes- oder Nichteinheitsstaates werden nachstehende Bestimmungen Anwendung finden:

a) Soweit es sich um die Artikel dieses Abkommens handelt, für die der Bund die Gesetzgebung hat, werden die Verpflichtungen der Bundesregierung dieselben sein wie diejenigen der Unterzeichnerstaaten, die keine Bundesstaaten sind.

b) Soweit es sich um die Artikel dieses Abkommens handelt, für die die einzelnen Länder, Provinzen oder Kantone, die aufgrund der Bundesverfassung zur Ergreifung gesetzgeberischer Maßnahmen nicht verpflichtet sind, die Gesetzgebung haben, wird die Bundesregierung sobald wie möglich diese Artikel den zuständigen Stellen der Länder, Provinzen oder Kantone befürwortend zur Kenntnis bringen.

c) Ein Bundesstaat als Unterzeichner dieses Abkommens wird auf das ihm durch den Generalsekretär der Vereinten Nationen übermittelte Ersuchen eines anderen vertragschließenden Staates hinsichtlich einzelner Bestimmungen des Abkommens eine Darstellung der geltenden Gesetzgebung und ihrer Anwendung innerhalb des Bundes und seiner Glieder übermitteln, aus der hervorgeht, inwieweit diese Bestimmungen durch Gesetzgebung oder sonstige Maßnahmen wirksam geworden sind.

Art. 42 Vorbehalte

1. Im Zeitpunkt der Unterzeichnung, der Ratifikation oder des Beitritts kann jeder Staat zu den Artikeln des Abkommens, mit Ausnahme der Artikel 1, 3, 4, 16 (1), 33, 36 bis 46 einschließlich, Vorbehalte machen.
2. Jeder vertragschließende Staat, der gemäß Ziffer 1 dieses Artikels einen Vorbehalt gemacht hat, kann ihn jederzeit durch eine diesbezügliche, an den Generalsekretär der Vereinten Nationen zu richtende Mitteilung zurücknehmen.

Art. 43 In-Kraft-Treten

1. Dieses Abkommen tritt am neunzigsten Tage nach dem Zeitpunkt der Hinterlegung der sechsten Ratifikations- oder Beitrittsurkunde in Kraft.
2. Für jeden der Staaten, die das Abkommen nach Hinterlegung der sechsten Ratifikations-oder Beitrittsurkunde ratifizieren oder ihm beitreten, tritt es am neunzigsten Tage nach dem Zeitpunkt der Hinterlegung der Ratifikations- oder Beitrittsurkunde dieses Staates in Kraft.

Art. 44 Kündigung

1. Jeder vertragschließende Staat kann das Abkommen jederzeit durch eine an den Generalsekretär der Vereinten Nationen zu richtende Mitteilung kündigen.
2. Die Kündigung wird für den betreffenden Staat ein Jahr nach dem Zeitpunkt wirksam, an dem sie beim Generalsekretär der Vereinten Nationen eingegangen ist.
3. Jeder Staat, der eine Erklärung oder Mitteilung gemäß Artikel 40 gegeben hat, kann jederzeit später dem Generalsekretär der Vereinten Nationen mitteilen, dass das Abkommen auf ein in der Mitteilung bezeichnetes Gebiet nicht mehr Anwendung findet. Das Abkommen findet sodann ein Jahr nach dem Zeitpunkt, an dem diese Mitteilung beim Generalsekretär eingegangen ist, auf das in Betracht kommende Gebiet keine Anwendung mehr.

Art. 45 Revision

1. Jeder vertragschließende Staat kann jederzeit mittels einer an den Generalsekretär der Vereinten Nationen zu richtenden Mitteilung die Revision dieses Abkommens beantragen.
2. Die Vollversammlung der Vereinten Nationen empfiehlt die Maßnahmen, die gegebenenfalls in Bezug auf diesen Antrag zu ergreifen sind.

Art. 46 Mitteilungen des Generalsekretärs der Vereinten Nationen

Der Generalsekretär der Vereinten Nationen macht allen Mitgliedstaaten der Vereinten Nationen und den im Artikel 39 bezeichneten Nicht-Mitgliedstaaten Mitteilung über:

a) Erklärungen und Mitteilungen gemäß Artikel 1, Abschnitt B;
b) Unterzeichnungen, Ratifikationen und Beitrittserklärungen gemäß Artikel 39;
c) Erklärungen und Anzeigen gemäß Artikel 40;
d) gemäß Artikel 42 erklärte oder zurückgenommene Vorbehalte;
e) den Zeitpunkt, an dem dieses Abkommen gemäß Artikel 43 in Kraft tritt;
f) Kündigungen und Mitteilungen gemäß Artikel 44;
g) Revisionsanträge gemäß Artikel 45.

III. Europäische Menschenrechtskonvention (EMRK)

Europäische Menschenrechtskonvention i.d.F. der Bekanntmachung vom 22. Oktober 2010 (BGBl. II. S. 1198), zuletzt geändert durch 15. EMRK-Protokoll vom 24. Juni 2013 (BGBl. 2014 II S. 1034)

Die Unterzeichnerregierungen, Mitglieder des Europarats –

in Anbetracht der Allgemeinen Erklärung der Menschenrechte, die am 10. Dezember 1948 von der Generalversammlung der Vereinten Nationen verkündet worden ist;

in der Erwägung, dass diese Erklärung bezweckt, die universelle und wirksame Anerkennung und Einhaltung der in ihr aufgeführten Rechte zu gewährleisten;

in der Erwägung, dass es das Ziel des Europarats ist, eine engere Verbindung zwischen seinen Mitgliedern herzustellen, und dass eines der Mittel zur Erreichung dieses Zieles die Wahrung und Fortentwicklung der Menschenrechte und Grundfreiheiten ist;

in Bekräftigung ihres tiefen Glaubens an diese Grundfreiheiten, welche die Grundlage von Gerechtigkeit und Frieden in der Welt bilden und die am besten durch eine wahrhaft demokratische politische Ordnung sowie durch ein gemeinsames Verständnis und eine gemeinsame Achtung der diesen Grundfreiheiten zugrunde liegenden Menschenrechte gesichert werden;

entschlossen, als Regierungen europäischer Staaten, die vom gleichen Geist beseelt sind und ein gemeinsames Erbe an politischen Überlieferungen, Idealen, Achtung der Freiheit und Rechtsstaatlichkeit besitzen, die ersten Schritte auf dem Weg zu einer kollektiven Garantie bestimmter in der Allgemeinen Erklärung aufgeführter Rechte zu unternehmen –

haben Folgendes vereinbart:

Art. 1 Verpflichtung zur Achtung der Menschenrechte
Die Hohen Vertragsparteien sichern allen ihrer Hoheitsgewalt unterstehenden Personen die in Abschnitt I bestimmten Rechte und Freiheiten zu.

Abschnitt I. Rechte und Freiheiten

Art. 2 Recht auf Leben

(1) ¹Das Recht jedes Menschen auf Leben wird gesetzlich geschützt. ²Niemand darf absichtlich getötet werden, außer durch Vollstreckung eines Todesurteils, das ein Gericht wegen eines Verbrechens verhängt hat, für das die Todesstrafe gesetzlich vorgesehen ist.

(2) Eine Tötung wird nicht als Verletzung dieses Artikels betrachtet, wenn sie durch eine Gewaltanwendung verursacht wird, die unbedingt erforderlich ist um

a) jemanden gegen rechtswidrige Gewalt zu verteidigen;
b) jemanden rechtmäßig festzunehmen oder jemanden, dem die Freiheit rechtmäßig entzogen ist, an der Flucht zu hindern;
c) einen Aufruhr oder Aufstand rechtmäßig niederzuschlagen.

Art. 3 Verbot der Folter

Niemand darf der Folter oder unmenschlicher oder erniedrigender Behandlung oder Strafe unterworfen werden.

Art. 4 Verbot der Sklaverei und der Zwangsarbeit

(1) Niemand darf in Sklaverei oder Leibeigenschaft gehalten werden.

(2) Niemand darf gezwungen werden, Zwangs- oder Pflichtarbeit zu verrichten.

(3) Nicht als Zwangs- oder Pflichtarbeit im Sinne dieses Artikels gilt

a) eine Arbeit, die üblicherweise von einer Person verlangt wird, der unter den Voraussetzungen des Artikels 5 die Freiheit entzogen oder die bedingt entlassen worden ist;
b) eine Dienstleistung militärischer Art oder eine Dienstleistung, die an die Stelle des im Rahmen der Wehrpflicht zu leistenden Dienstes tritt, in Ländern, wo die Dienstverweigerung aus Gewissensgründen anerkannt ist;
c) eine Dienstleistung, die verlangt wird, wenn Notstände oder Katastrophen das Leben oder das Wohl der Gemeinschaft bedrohen;

d) eine Arbeit oder Dienstleistung, die zu den üblichen Bürgerpflichten gehört.

Art. 5 Recht auf Freiheit und Sicherheit

(1) ¹Jede Person hat das Recht auf Freiheit und Sicherheit. ²Die Freiheit darf nur in den folgenden Fällen und nur auf die gesetzlich vorgeschriebene Weise entzogen werden:

a) rechtmäßige Freiheitsentziehung nach Verurteilung durch ein zuständiges Gericht;
b) rechtmäßige Festnahme oder Freiheitsentziehung wegen Nichtbefolgung einer rechtmäßigen gerichtlichen Anordnung oder zur Erzwingung der Erfüllung einer gesetzlichen Verpflichtung;
c) rechtmäßige Festnahme oder Freiheitsentziehung zur Vorführung vor die zuständige Gerichtsbehörde, wenn hinreichender Verdacht besteht, dass die betreffende Person eine Straftat begangen hat, oder wenn begründeter Anlass zu der Annahme besteht. dass es notwendig ist, sie an der Begehung einer Straftat oder an der Flucht nach Begehung einer solchen zu hindern;
d) rechtmäßige Freiheitsentziehung bei Minderjährigen zum Zweck überwachter Erziehung oder zur Vorführung vor die zuständige Behörde;
e) rechtmäßige Freiheitsentziehung mit dem Ziel, eine Verbreitung ansteckender Krankheiten zu verhindern, sowie bei psychisch Kranken, Alkohol- oder Rauschgiftsüchtigen und Landstreichern;
f) rechtmäßige Festnahme oder Freiheitsentziehung zur Verhinderung der unerlaubten Einreise sowie bei Personen, gegen die ein Ausweisungs- oder Auslieferungsverfahren im Gange ist.

(2) Jeder festgenommenen Person muss innerhalb möglichst kurzer Frist in einer ihr verständlichen Sprache mitgeteilt werden, welches die Gründe für ihre Festnahme sind und welche Beschuldigungen gegen sie erhoben werden.

(3) ¹Jede Person, die nach Absatz 1 Buchstabe c von Festnahme oder Freiheitsentziehung betroffen ist, muss unverzüglich einem Richter oder einer anderen gesetzlich zur Wahrnehmung richterlicher Aufgaben ermächtigten Person vorgeführt werden; sie hat Anspruch auf ein Urteil innerhalb ange-

messener Frist oder auf Entlassung während des Verfahrens. ²Die Entlassung kann von der Leistung einer Sicherheit für das Erscheinen vor Gericht abhängig gemacht werden.

(4) Jede Person, die festgenommen oder der die Freiheit entzogen ist, hat das Recht zu beantragen, dass ein Gericht innerhalb kurzer Frist über die Rechtmäßigkeit der Freiheitsentziehung entscheidet und ihre Entlassung anordnet, wenn die Freiheitsentziehung nicht rechtmäßig ist.

(5) Jede Person, die unter Verletzung dieses Artikels von Festnahme oder Freiheitsentziehung betroffen ist, hat Anspruch auf Schadensersatz.

Art. 6 Recht auf ein faires Verfahren

(1) ¹Jede Person hat ein Recht darauf, dass über Streitigkeiten in Bezug auf ihre zivilrechtlichen Ansprüche und Verpflichtungen oder über eine gegen sie erhobene strafrechtliche Anklage von einem unabhängigen und unparteiischen, auf Gesetz beruhenden Gericht in einem fairen Verfahren, öffentlich und innerhalb angemessener Frist verhandelt wird. ²Das Urteil muss öffentlich verkündet werden; Presse und Öffentlichkeit können jedoch während des ganzen oder eines Teiles des Verfahrens ausgeschlossen werden, wenn dies im Interesse der Moral, der öffentlichen Ordnung oder der nationalen Sicherheit in einer demokratischen Gesellschaft liegt, wenn die Interessen von Jugendlichen oder der Schutz des Privatlebens der Prozessparteien es verlangen oder — soweit das Gericht es für unbedingt erforderlich hält – wenn unter besonderen Umständen eine öffentliche Verhandlung die Interessen der Rechtspflege beeinträchtigen würde.

(2) Jede Person, die einer Straftat angeklagt ist, gilt bis zum gesetzlichen Beweis ihrer Schuld als unschuldig.

(3) Jede angeklagte Person hat mindestens folgende Rechte:

a) innerhalb möglichst kurzer Frist in einer ihr verständlichen Sprache in allen Einzelheiten über Art und Grund der gegen sie erhobenen Beschuldigung unterrichtet zu werden;
b) ausreichende Zeit und Gelegenheit zur Vorbereitung ihrer Verteidigung zu haben;
c) sich selbst zu verteidigen, sich durch einen Verteidiger ihrer Wahl verteidigen zu lassen oder, falls ihr die Mittel zur Bezahlung fehlen,

unentgeltlich den Beistand eines Verteidigers zu erhalten, wenn dies im Interesse der Rechtspflege erforderlich ist;

d) Fragen an Belastungszeugen zu stellen oder stellen zu lassen und die Ladung und Vernehmung von Entlastungszeugen unter denselben Bedingungen zu erwirken, wie sie für Belastungszeugen gelten;

e) unentgeltliche Unterstützung durch einen Dolmetscher zu erhalten, wenn sie die Verhandlungssprache des Gerichts nicht versteht oder spricht.

Art. 7 Keine Strafe ohne Gesetz

(1) ¹Niemand darf wegen einer Handlung oder Unterlassung verurteilt werden, die zur Zeit ihrer Begehung nach innerstaatlichem oder internationalem Recht nicht strafbar war. ²Es darf auch keine schwerere als die zur Zeit der Begehung angedrohte Strafe verhängt werden.

(2) Dieser Artikel schließt nicht aus, dass jemand wegen einer Handlung oder Unterlassung verurteilt oder bestraft wird, die zur Zeit ihrer Begehung nach den von den zivilisierten Völkern anerkannten allgemeinen Rechtsgrundsätzen strafbar war.

Art. 8 Recht auf Achtung des Privat- und Familienlebens

(1) Jede Person hat das Recht auf Achtung ihres Privat- und Familienlebens, ihrer Wohnung und ihrer Korrespondenz.

(2) Eine Behörde darf in die Ausübung dieses Rechts nur eingreifen, soweit der Eingriff gesetzlich vorgesehen und in einer demokratischen Gesellschaft notwendig ist für die nationale oder öffentliche Sicherheit, für das wirtschaftliche Wohl des Landes, zur Aufrechterhaltung der Ordnung, zur Verhütung von Straftaten, zum Schutz der Gesundheit oder der Moral oder zum Schutz der Rechte und Freiheiten anderer.

Art. 9 Gedanken-, Gewissens- und Religionsfreiheit

(1) Jede Person hat das Recht auf Gedanken-, Gewissens- und Religionsfreiheit; dieses Recht umfasst die Freiheit, seine Religion oder Weltanschauung zu wechseln, und die Freiheit, seine Religion oder Weltanschauung einzeln

oder gemeinsam mit anderen öffentlich oder privat durch Gottesdienst, Unterricht oder Praktizieren von Bräuchen und Riten zu bekennen.

(2) Die Freiheit, seine Religion oder Weltanschauung zu bekennen, darf nur Einschränkungen unterworfen werden, die gesetzlich vorgesehen und in einer demokratischen Gesellschaft notwendig sind für die öffentliche Sicherheit, zum Schutz der öffentlichen Ordnung, Gesundheit oder Moral oder zum Schutz der Rechte und Freiheiten anderer.

Art. 10 Freiheit der Meinungsäußerung

(1) ¹Jede Person hat das Recht auf freie Meinungsäußerung. ²Dieses Recht schließt die Meinungsfreiheit und die Freiheit ein, Informationen und Ideen ohne behördliche Eingriffe und ohne Rücksicht auf Staatsgrenzen zu empfangen und weiterzugeben. ³Dieser Artikel hindert die Staaten nicht, für Hörfunk-, Fernseh- oder Kinounternehmen eine Genehmigung vorzuschreiben.

(2) Die Ausübung dieser Freiheiten ist mit Pflichten und Verantwortung verbunden; sie kann daher Formvorschriften, Bedingungen, Einschränkungen oder Strafdrohungen unterworfen werden, die gesetzlich vorgesehen und in einer demokratischen Gesellschaft notwendig sind für die nationale Sicherheit, die territoriale Unversehrtheit oder die öffentliche Sicherheit, zur Aufrechterhaltung der Ordnung oder zur Verhütung von Straftaten, zum Schutz der Gesundheit oder der Moral, zum Schutz des guten Rufes oder der Rechte anderer. zur Verhinderung der Verbreitung vertraulicher Informationen oder zur Wahrung der Autorität und der Unparteilichkeit der Rechtsprechung.

Art. 11 Versammlungs- und Vereinigungsfreiheit

(1) Jede Person hat das Recht, sich frei und friedlich mit anderen zu versammeln und sich frei mit anderen zusammenzuschließen; dazu gehört auch das Recht, zum Schutz seiner Interessen Gewerkschaften zu gründen und Gewerkschaften beizutreten.

(2) ¹Die Ausübung dieser Rechte darf nur Einschränkungen unterworfen werden, die gesetzlich vorgesehen und in einer demokratischen Gesellschaft notwendig sind für die nationale oder öffentliche Sicherheit, zur Auf-

rechterhaltung der Ordnung oder zur Verhütung von Straftaten, zum Schutz der Gesundheit oder der Moral oder zum Schutz der Rechte und Freiheiten anderer. ²Dieser Artikel steht rechtmäßigen Einschränkungen der Ausübung dieser Rechte für Angehörige der Streitkräfte, der Polizei oder der Staatsverwaltung nicht entgegen.

Art. 12 Recht auf Eheschließung
Männer und Frauen im heiratsfähigen Alter haben das Recht, nach den innerstaatlichen Gesetzen, welche die Ausübung dieses Rechts regeln, eine Ehe einzugehen und eine Familie zu gründen.

Art. 13 Recht auf wirksame Beschwerde
Jede Person, die in ihren in dieser Konvention anerkannten Rechten oder Freiheiten verletzt worden ist, hat das Recht, bei einer innerstaatlichen Instanz eine wirksame Beschwerde zu erheben, auch wenn die Verletzung von Personen begangen worden ist, die in amtlicher Eigenschaft gehandelt haben.

Art. 14 Diskriminierungsverbot
Der Genuss der in dieser Konvention anerkannten Rechte und Freiheiten ist ohne Diskriminierung insbesondere wegen des Geschlechts, der Rasse, der Hautfarbe, der Sprache, der Religion, der politischen oder sonstigen Anschauung, der nationalen oder sozialen Herkunft, der Zugehörigkeit zu einer nationalen Minderheit, des Vermögens, der Geburt oder eines sonstigen Status zu gewährleisten.

Art. 15 Abweichen im Notstandsfall
(1) Wird das Leben der Nation durch Krieg oder einen anderen öffentlichen Notstand bedroht, so kann jede Hohe Vertragspartei Maßnahmen treffen, die von den in dieser Konvention vorgesehenen Verpflichtungen abweichen, jedoch nur, soweit es die Lage unbedingt erfordert und wenn die Maßnahmen nicht im Widerspruch zu den sonstigen völkerrechtlichen Verpflichtungen der Vertragspartei stehen.

(2) Aufgrund des Absatzes 1 darf von Artikel 2 nur bei Todesfällen infolge rechtmäßiger Kriegshandlungen und von Artikel 3, Artikel 4 Absatz 1 und Artikel 7 in keinem Fall abgewichen werden.

(3) ¹Jede Hohe Vertragspartei, die dieses Recht auf Abweichung ausübt, unterrichtet den Generalsekretär des Europarats umfassend über die getroffenen Maßnahmen und deren Gründe. ²Sie unterrichtet den Generalsekretär des Europarats auch über den Zeitpunkt, zu dem diese Maßnahmen außer Kraft getreten sind und die Konvention wieder volle Anwendung findet.

Art. 16 Beschränkungen der politischen Tätigkeit ausländischer Personen
Die Artikel 10, 11 und 14 sind nicht so auszulegen, als untersagten sie den Hohen Vertragsparteien, die politische Tätigkeit ausländischer Personen zu beschränken.

Art. 17 Verbot des Missbrauchs der Rechte
Diese Konvention ist nicht so auszulegen, als begründe sie für einen Staat, eine Gruppe oder eine Person das Recht, eine Tätigkeit auszuüben oder eine Handlung vorzunehmen, die darauf abzielt, die in der Konvention festgelegten Rechte und Freiheiten abzuschaffen oder sie stärker einzuschränken, als es in der Konvention vorgesehen ist.

Art. 18 Begrenzung der Rechtseinschränkungen
Die nach dieser Konvention zulässigen Einschränkungen der genannten Rechte und Freiheiten dürfen nur zu den vorgesehenen Zwecken erfolgen.

Abschnitt II. Europäischer Gerichtshof für Menschenrechte

Art. 19 Errichtung des Gerichtshofs
¹Um die Einhaltung der Verpflichtungen sicherzustellen, welche die Hohen Vertragsparteien in dieser Konvention und den Protokollen dazu übernommen haben, wird ein Europäischer Gerichtshof für Menschenrechte,

im Folgenden als <<Gerichtshof>> bezeichnet, errichtet. ²Er nimmt seine Aufgaben als ständiger Gerichtshof wahr.

Art. 20 Zahl der Richter
Die Zahl der Richter des Gerichtshofs entspricht derjenigen der Hohen Vertragsparteien.

Art. 21 Voraussetzungen für das Amt
(1) Die Richter müssen hohes sittliches Ansehen genießen und entweder die für die Ausübung hoher richterlicher Ämter erforderlichen Voraussetzungen erfüllen oder Rechtsgelehrte von anerkanntem Ruf sein.

(2) Die Richter gehören dem Gerichtshof in ihrer persönlichen Eigenschaft an.

(3) Während ihrer Amtszeit dürfen die Richter keine Tätigkeit ausüben, die mit ihrer Unabhängigkeit, ihrer Unparteilichkeit oder mit den Erfordernissen der Vollzeitbeschäftigung in diesem Amt unvereinbar ist; alle Fragen, die sich aus der Anwendung dieses Absatzes ergeben, werden vom Gerichtshof entschieden.

Art. 22 Wahl der Richter
Die Richter werden von der Parlamentarischen Versammlung für jede Hohe Vertragspartei mit der Mehrheit der abgegebenen Stimmen aus einer Liste von drei Kandidaten gewählt, die von der Hohen Vertragspartei vorgeschlagen werden.

Art. 23 Amtszeit und Entlassung
(1) ¹Die Richter werden für neun Jahre gewählt. ²Ihre Wiederwahl ist nicht zulässig.

(2) Die Amtszeit der Richter endet mit Vollendung des 70. Lebensjahrs.

(3) ¹Die Richter bleiben bis zum Amtsantritt ihrer Nachfolger im Amt. ²Sie bleiben jedoch in den Rechtssachen tätig, mit denen sie bereits befasst sind.

(4) Ein Richter kann nur entlassen werden, wenn die anderen Richter mit Zweidrittelmehrheit entscheiden, dass er die erforderlichen Voraussetzungen nicht mehr erfüllt.

Art. 24 Kanzlei und Berichterstatter

(1) Der Gerichtshof hat eine Kanzlei, deren Aufgaben und Organisation in der Verfahrensordnung des Gerichtshofs festgelegt werden.

(2) Wenn der Gerichtshof in Einzelrichterbesetzung tagt, wird er von Berichterstattern unterstützt, die ihre Aufgaben unter der Aufsicht des Präsidenten des Gerichtshofs ausüben. Sie gehören der Kanzlei des Gerichtshofs an.

Art. 25 Plenum des Gerichtshofs

Das Plenum des Gerichtshofs

a) wählt seinen Präsidenten und einen oder zwei Vizepräsidenten für drei Jahre; ihre Wiederwahl ist zulässig;
b) bildet Kammern für einen bestimmten Zeitraum;
c) wählt die Präsidenten der Kammern des Gerichtshofs; ihre Wiederwahl ist zulässig;
d) beschließt die Verfahrensordnung des Gerichtshofs;
e) wählt den Kanzler und einen oder mehrere stellvertretende Kanzler;
f) stellt Anträge nach Artikel 26 Absatz 2.

Art. 26 Einzelrichterbesetzung, Ausschüsse, Kammern und Große Kammer

(1) ^{1}Zur Prüfung der Rechtssachen, die bei ihm anhängig gemacht werden, tagt der Gerichtshof in Einzelrichterbesetzung, in Ausschüssen mit drei Richtern, in Kammern mit sieben Richtern und in einer Großen Kammer mit siebzehn Richtern. ^{2}Die Kammern des Gerichtshofs bilden die Ausschüsse für einen bestimmten Zeitraum.

(2) Auf Antrag des Plenums des Gerichtshofs kann die Anzahl der Richter je Kammer für einen bestimmten Zeitraum durch einstimmigen Beschluss des Ministerkomitees auf fünf herabgesetzt werden.

(3) Ein Richter, der als Einzelrichter tagt, prüft keine Beschwerde gegen die Hohe Vertragspartei, für die er gewählt worden ist.

(4) [1]Der Kammer und der Großen Kammer gehört von Amts wegen der für eine als Partei beteiligte Hohe Vertragspartei gewählte Richter an. [2]Wenn ein solcher nicht vorhanden ist oder er an den Sitzungen nicht teilnehmen kann, nimmt eine Person in der Eigenschaft eines Richters an den Sitzungen teil, die der Präsident des Gerichtshofs aus einer Liste auswählt, welche ihm die betreffende Vertragspartei vorab unterbreitet hat.

(5) [1]Der Großen Kammer gehören ferner der Präsident des Gerichtshofs, die Vizepräsidenten, die Präsidenten der Kammern und andere nach der Verfahrensordnung des Gerichtshofs ausgewählte Richter an. [2]Wird eine Rechtssache nach Artikel 43 an die Große Kammer verwiesen, so dürfen Richter der Kammer, die das Urteil gefällt hat, der Großen Kammer nicht angehören; das gilt nicht für den Präsidenten der Kammer und den Richter, welcher in der Kammer für die als Partei beteiligte Hohe Vertragspartei mitgewirkt hat.

Art. 27 Befugnisse des Einzelrichters

(1) Ein Einzelrichter kann eine nach Artikel 34 erhobene Beschwerde für unzulässig erklären oder im Register streichen, wenn eine solche Entscheidung ohne weitere Prüfung getroffen werden kann.

(2) Die Entscheidung ist endgültig.

(3) Erklärt der Einzelrichter eine Beschwerde nicht für unzulässig und streicht er sie auch nicht im Register des Gerichtshofs, so übermittelt er sie zur weiteren Prüfung an einen Ausschuss oder eine Kammer.

Art. 28 Befugnisse der Ausschüsse

(1) Ein Ausschuss, der mit einer nach Artikel 34 erhobenen Beschwerde befasst wird, kann diese durch einstimmigen Beschluss

a) für unzulässig erklären oder im Register streichen, wenn eine solche Entscheidung ohne weitere Prüfung getroffen werden kann; oder

b) für zulässig erklären und zugleich ein Urteil über die Begründetheit fällen, sofern die der Rechtssache zugrunde liegende Frage der Auslegung oder Anwendung dieser Konvention oder der Protokolle dazu Gegenstand einer gefestigten Rechtsprechung des Gerichtshofs ist.

(2) Die Entscheidungen und Urteile nach Absatz 1 sind endgültig.

(3) Ist der für die als Partei beteiligte Hohe Vertragspartei gewählte Richter nicht Mitglied des Ausschusses, so kann er von Letzterem jederzeit während des Verfahrens eingeladen werden, den Sitz eines Mitglieds im Ausschuss einzunehmen; der Ausschuss hat dabei alle erheblichen Umstände einschließlich der Frage, ob diese Vertragspartei der Anwendung des Verfahrens nach Absatz 1 Buchstabe b entgegengetreten ist, zu berücksichtigen.

Art. 29 Entscheidungen der Kammern über die Zulässigkeit und Begründetheit

(1) ¹Ergeht weder eine Entscheidung nach Artikel 27 oder 28 noch ein Urteil nach Artikel 28, so entscheidet eine Kammer über die Zulässigkeit und Begründetheit der nach Artikel 34 erhobenen Beschwerden. ²Die Entscheidung über die Zulässigkeit kann gesondert ergehen.

(2) ¹Eine Kammer entscheidet über die Zulässigkeit und Begründetheit der nach Artikel 33 erhobenen Staatenbeschwerden. ²Die Entscheidung über die Zulässigkeit ergeht gesondert, sofern der Gerichtshof in Ausnahmefällen nicht anders entscheidet.

Art. 30 Abgabe der Rechtssache an die Große Kammer

Wirft eine bei einer Kammer anhängige Rechtssache eine schwerwiegende Frage der Auslegung dieser Konvention oder der Protokolle dazu auf oder kann die Entscheidung einer ihr vorliegenden Frage zu einer Abweichung von einem früheren Urteil des Gerichtshofs führen, so kann die Kammer diese Sache jederzeit, bevor sie ihr Urteil gefällt hat, an die Große Kammer abgeben, sofern nicht eine Partei widerspricht.

Art. 31 Befugnisse der Großen Kammer

Die Große Kammer

a) entscheidet über nach Artikel 33 oder Artikel 34 erhobene Beschwerden, wenn eine Kammer die Rechtssache nach Artikel 30 an sie abgegeben hat oder wenn die Sache nach Artikel 43 an sie verwiesen worden ist;
b) entscheidet über Fragen, mit denen der Gerichtshof durch das Ministerkomitee nach Artikel 46 Absatz 4 befasst wird; und
c) behandelt Anträge nach Artikel 47 auf Erstattung von Gutachten.

Art. 32 Zuständigkeit des Gerichtshofs

(1) Die Zuständigkeit des Gerichtshofs umfasst alle die Auslegung und Anwendung dieser Konvention und der Protokolle dazu betreffenden Angelegenheiten, mit denen er nach den Artikeln 33, 34, 46 und 47 befasst wird.

(2) Besteht Streit über die Zuständigkeit des Gerichtshofs, so entscheidet der Gerichtshof.

Art. 33 Staatenbeschwerden

Jede Hohe Vertragspartei kann den Gerichtshof wegen jeder behaupteten Verletzung dieser Konvention und der Protokolle dazu durch eine andere Hohe Vertragspartei anrufen.

Art. 34 Individualbeschwerden

[1]Der Gerichtshof kann von jeder natürlichen Person, nichtstaatlichen Organisation oder Personengruppe, die behauptet, durch eine der Hohen Vertragsparteien in einem der in dieser Konvention oder den Protokollen dazu anerkannten Rechte verletzt zu sein, mit einer Beschwerde befasst werden. [2]Die Hohen Vertragsparteien verpflichten sich, die wirksame Ausübung dieses Rechts nicht zu behindern.

Art. 35 Zulässigkeitsvoraussetzungen

(1) Der Gerichtshof kann sich mit einer Angelegenheit erst nach Erschöpfung aller innerstaatlichen Rechtsbehelfe in Übereinstimmung mit den

allgemein anerkannten Grundsätzen des Völkerrechts und nur innerhalb einer Frist von sechs Monaten nach der endgültigen innerstaatlichen Entscheidung befassen.

(2) Der Gerichtshof befasst sich nicht mit einer nach Artikel 34 erhobenen Individualbeschwerde, die

a) anonym ist oder
b) im Wesentlichen mit einer schon vorher vom Gerichtshof geprüften Beschwerde übereinstimmt oder schon einer anderen internationalen Untersuchungs- oder Vergleichsinstanz unterbreitet worden ist und keine neuen Tatsachen enthält.

(3) Der Gerichtshof erklärt eine nach Artikel 34 erhobene Individualbeschwerde für unzulässig,

a) wenn er sie für unvereinbar mit dieser Konvention oder den Protokollen dazu, für offensichtlich unbegründet oder für missbräuchlich hält oder
b) wenn er der Ansicht ist, dass dem Beschwerdeführer kein erheblicher Nachteil entstanden ist, es sei denn, die Achtung der Menschenrechte, wie sie in dieser Konvention und den Protokollen dazu anerkannt sind, erfordert eine Prüfung der Begründetheit der Beschwerde, und vorausgesetzt, es wird aus diesem Grund nicht eine Rechtssache zurückgewiesen, die noch von keinem innerstaatlichen Gericht gebührend geprüft worden ist.

(4) ¹Der Gerichtshof weist eine Beschwerde zurück, die er nach diesem Artikel für unzulässig hält. ²Er kann dies in jedem Stadium des Verfahrens tun.

Art. 36 Beteiligung Dritter

(1) In allen bei einer Kammer oder der Großen Kammer anhängigen Rechtssachen ist die Hohe Vertragspartei, deren Staatsangehörigkeit der Beschwerdeführer besitzt, berechtigt, schriftliche Stellungnahmen abzugeben und an den mündlichen Verhandlungen teilzunehmen.

(2) Im Interesse der Rechtspflege kann der Präsident des Gerichtshofs jeder Hohen Vertragspartei, die in dem Verfahren nicht Partei ist, oder jeder betroffenen Person, die nicht Beschwerdeführer ist, Gelegenheit geben,

schriftlich Stellung zu nehmen oder an den mündlichen Verhandlungen teilzunehmen.

(3) In allen bei einer Kammer oder der Großen Kammer anhängigen Rechtssachen kann der Kommissar für Menschenrechte des Europarats schriftliche Stellungnahmen abgeben und an den mündlichen Verhandlungen teilnehmen.

Art. 37 Streichung von Beschwerden

(1) ¹Der Gerichtshof kann jederzeit während des Verfahrens entscheiden, eine Beschwerde in seinem Register zu streichen, wenn die Umstände Grund zur Annahme geben, dass

a) der Beschwerdeführer seine Beschwerde nicht weiterzuverfolgen beabsichtigt;
b) die Streitigkeit einer Lösung zugeführt worden ist oder
c) eine weitere Prüfung der Beschwerde aus anderen vom Gerichtshof festgestellten Gründen nicht gerechtfertigt ist.

²Der Gerichtshof setzt jedoch die Prüfung der Beschwerde fort, wenn die Achtung der Menschenrechte, wie sie in dieser Konvention und den Protokollen dazu anerkannt sind, dies erfordert.

(2) Der Gerichtshof kann die Wiedereintragung einer Beschwerde in sein Register anordnen, wenn er dies den Umständen nach für gerechtfertigt hält.

Art. 38 Prüfung der Rechtssache

Der Gerichtshof prüft die Rechtssache mit den Vertretern der Parteien und nimmt, falls erforderlich, Ermittlungen vor, die betreffenden Hohen Vertragsparteien haben alle zur wirksamen Durchführung der Ermittlungen erforderlichen Erleichterungen zu gewähren.

Art. 39 Gütliche Einigung

(1) Der Gerichtshof kann sich jederzeit während des Verfahrens zur Verfügung der Parteien halten mit dem Ziel, eine gütliche Einigung auf der

Grundlage der Achtung der Menschenrechte, wie sie in dieser Konvention und den Protokollen dazu anerkannt sind, zu erreichen.

(2) Das Verfahren nach Absatz 1 ist vertraulich.

(3) Im Fall einer gütlichen Einigung streicht der Gerichtshof durch eine Entscheidung, die sich auf eine kurze Angabe des Sachverhalts und der erzielten Lösung beschränkt, die Rechtssache in seinem Register.

(4) Diese Entscheidung ist dem Ministerkomitee zuzuleiten; dieses überwacht die Durchführung der gütlichen Einigung, wie sie in der Entscheidung festgehalten wird.

Art. 40 Öffentliche Verhandlung und Akteneinsicht

(1) Die Verhandlung ist öffentlich, soweit nicht der Gerichtshof auf Grund besonderer Umstände anders entscheidet.

(2) Die beim Kanzler verwahrten Schriftstücke sind der Öffentlichkeit zugänglich, soweit nicht der Präsident des Gerichtshofs anders entscheidet.

Art. 41 Gerechte Entschädigung

Stellt der Gerichtshof fest, dass diese Konvention oder die Protokolle dazu verletzt worden sind, und gestattet das innerstaatliche Recht der Hohen Vertragspartei nur eine unvollkommene Wiedergutmachung für die Folgen dieser Verletzung, so spricht der Gerichtshof der verletzten Partei eine gerechte Entschädigung zu, wenn dies notwendig ist.

Art. 42 Urteile der Kammern

Urteile der Kammern werden nach Maßgabe des Artikels 44 Absatz 2 endgültig.

Art. 43 Verweisung an die Große Kammer

(1) Innerhalb von drei Monaten nach dem Datum des Urteils der Kammer kann jede Partei in Ausnahmefällen die Verweisung der Rechtssache an die Große Kammer beantragen.

(2) Ein Ausschuss von fünf Richtern der Großen Kammer nimmt den Antrag an, wenn die Rechtssache eine schwerwiegende Frage der Auslegung oder Anwendung dieser Konvention oder der Protokolle dazu oder eine schwerwiegende Frage von allgemeiner Bedeutung aufwirft.

(3) Nimmt der Ausschuss den Antrag an, so entscheidet die Große Kammer die Sache durch Urteil.

Art. 44 Endgültige Urteile

(1) Das Urteil der Großen Kammer ist endgültig.

(2) Das Urteil einer Kammer wird endgültig,

a) wenn die Parteien erklären, dass sie die Verweisung der Rechtssache an die Große Kammer nicht beantragen werden;
b) drei Monate nach dem Datum des Urteils, wenn nicht die Verweisung der Rechtssache an die Große Kammer beantragt worden ist; oder
c) wenn der Ausschuss der Großen Kammer den Antrag auf Verweisung nach Artikel 43 abgelehnt hat.

(3) Das endgültige Urteil wird veröffentlicht.

Art. 45 Begründung der Urteile und Entscheidungen

(1) Urteile sowie Entscheidungen, mit denen Beschwerden für zulässig oder für unzulässig erklärt werden, werden begründet.

(2) Bringt ein Urteil ganz oder teilweise nicht die übereinstimmende Meinung der Richter zum Ausdruck, so ist jeder Richter berechtigt, seine abweichende Meinung darzulegen.

Art. 46 Verbindlichkeit und Durchführung der Urteile

(1) Die Hohen Vertragsparteien verpflichten sich, in allen Rechtssachen, in denen sie Partei sind, das endgültige Urteil des Gerichtshofs zu befolgen.

(2) Das endgültige Urteil des Gerichtshofs ist dem Ministerkomitee zuzuleiten; dieses überwacht seine Durchführung.

(3) ¹Wird die Überwachung der Durchführung eines endgültigen Urteils nach Auffassung des Ministerkomitees durch eine Frage betreffend die Auslegung dieses Urteils behindert, so kann das Ministerkomitee den Gerichtshof anrufen, damit er über diese Auslegungsfrage entscheidet. ²Der Beschluss des Ministerkomitees, den Gerichtshof anzurufen, bedarf der Zweidrittelmehrheit der Stimmen der zur Teilnahme an den Sitzungen des Komitees berechtigten Mitglieder.

(4) Weigert sich eine Hohe Vertragspartei nach Auffassung des Ministerkomitees, in einer Rechtssache, in der sie Partei ist, ein endgültiges Urteil des Gerichtshofs zu befolgen, so kann das Ministerkomitee, nachdem es die betreffende Partei gemahnt hat, durch einen mit Zweidrittelmehrheit der Stimmen der zur Teilnahme an den Sitzungen des Komitees berechtigten Mitglieder gefassten Beschluss den Gerichtshof mit der Frage befassen, ob diese Partei ihrer Verpflichtung nach Absatz 1 nachgekommen ist.

(5) ¹Stellt der Gerichtshof eine Verletzung des Absatzes 1 fest, so weist er die Rechtssache zur Prüfung der zu treffenden Maßnahmen an das Ministerkomitee zurück. ²Stellt der Gerichtshof fest, dass keine Verletzung des Absatzes 1 vorliegt, so weist er die Rechtssache an das Ministerkomitee zurück; dieses beschließt die Einstellung seiner Prüfung.

Art. 47 Gutachten

(1) Der Gerichtshof kann auf Antrag des Ministerkomitees Gutachten über Rechtsfragen erstatten, welche die Auslegung dieser Konvention und der Protokolle dazu betreffen.

(2) Diese Gutachten dürfen keine Fragen zum Gegenstand haben, die sich auf den Inhalt oder das Ausmaß der in Abschnitt I dieser Konvention und in den Protokollen dazu anerkannten Rechte und Freiheiten beziehen, noch andere Fragen, über die der Gerichtshof oder das Ministerkomitee auf Grund eines nach dieser Konvention eingeleiteten Verfahrens zu entscheiden haben könnte.

(3) Der Beschluss des Ministerkomitees, ein Gutachten beim Gerichtshof zu beantragen, bedarf der Mehrheit der Stimmen der zur Teilnahme an den Sitzungen des Komitees berechtigten Mitglieder.

Art. 48 Gutachterliche Zuständigkeit des Gerichtshofs

Der Gerichtshof entscheidet, ob ein vom Ministerkomitee gestellter Antrag auf Erstattung eines Gutachtens in seine Zuständigkeit nach Artikel 47 fällt.

Art. 49 Begründung der Gutachten

(1) Die Gutachten des Gerichtshofs werden begründet.

(2) Bringt das Gutachten ganz oder teilweise nicht die übereinstimmende Meinung der Richter zum Ausdruck, so ist jeder Richter berechtigt, seine abweichende Meinung darzulegen.

(3) Die Gutachten des Gerichtshofs werden dem Ministerkomitee übermittelt.

Art. 50 Kosten des Gerichtshofs

Die Kosten des Gerichtshofs werden vom Europarat getragen.

Art. 51 Vorrechte und Immunitäten der Richter

Die Richter genießen bei der Ausübung ihres Amtes die Vorrechte und Immunitäten, die in Artikel 40 der Satzung des Europarats und den aufgrund jenes Artikels geschlossenen Übereinkünften vorgesehen sind.

Abschnitt III. Verschiedene Bestimmungen

Art. 52 Anfragen des Generalsekretärs

Auf Anfrage des Generalsekretärs des Europarats erläutert jede Hohe Vertragspartei, auf welche Weise die wirksame Anwendung aller Bestimmungen dieser Konvention in ihrem innerstaatlichen Recht gewährleistet wird.

Art. 53 Wahrung anerkannter Menschenrechte

Diese Konvention ist nicht so auszulegen, als beschränke oder beeinträchtige sie Menschenrechte und Grundfreiheiten, die in den Gesetzen einer

Hohen Vertragspartei oder in einer anderen Übereinkunft, deren Vertragspartei sie ist, anerkannt werden.

Art. 54 Befugnisse des Ministerkomitees
Diese Konvention berührt nicht die dem Ministerkomitee durch die Satzung des Europarats übertragenen Befugnisse.

Art. 55 Ausschluss anderer Verfahren zur Streitbeilegung
Die Hohen Vertragsparteien kommen überein, dass sie sich vorbehaltlich besonderer Vereinbarung nicht auf die zwischen ihnen geltenden Verträge, sonstigen Übereinkünfte oder Erklärungen berufen werden, um eine Streitigkeit über die Auslegung oder Anwendung dieser Konvention einem anderen als den in der Konvention vorgesehenen Beschwerdeverfahren zur Beilegung zu unterstellen.

Art. 56 Räumlicher Geltungsbereich
(1) Jeder Staat kann bei der Ratifikation oder jederzeit danach durch eine an den Generalsekretär des Europarats gerichtete Notifikation erklären, dass diese Konvention vorbehaltlich des Absatzes 4 auf alle oder einzelne Hoheitsgebiete Anwendung findet, für deren internationale Beziehungen er verantwortlich ist.

(2) Die Konvention findet auf jedes in der Erklärung bezeichnete Hoheitsgebiet ab dem dreißigsten Tag nach Eingang der Notifikation beim Generalsekretär des Europarats Anwendung.

(3) In den genannten Hoheitsgebieten wird diese Konvention unter Berücksichtigung der örtlichen Notwendigkeiten angewendet.

(4) Jeder Staat, der eine Erklärung nach Absatz 1 abgegeben hat, kann jederzeit danach für eines oder mehrere der in der Erklärung bezeichneten Hoheitsgebiete erklären, dass er die Zuständigkeit des Gerichtshofs für die Entgegennahme von Beschwerden von natürlichen Personen, nichtstaatlichen Organisationen oder Personengruppen nach Artikel 34 anerkennt.

Art. 57 Vorbehalte

(1) ¹Jeder Staat kann bei der Unterzeichnung dieser Konvention oder bei der Hinterlegung seiner Ratifikationsurkunde einen Vorbehalt zu einzelnen Bestimmungen der Konvention anbringen, soweit ein zu dieser Zeit in seinem Hoheitsgebiet geltendes Gesetz mit der betreffenden Bestimmung nicht übereinstimmt. ²Vorbehalte allgemeiner Art sind nach diesem Artikel nicht zulässig.

(2) Jeder nach diesem Artikel angebrachte Vorbehalt muss mit einer kurzen Darstellung des betreffenden Gesetzes verbunden sein.

Art. 58 Kündigung

(1) Eine Hohe Vertragspartei kann diese Konvention frühestens fünf Jahre nach dem Tag, an dem sie Vertragspartei geworden ist, unter Einhaltung einer Kündigungsfrist von sechs Monaten durch eine an den Generalsekretär des Europarats gerichtete Notifikation kündigen; dieser unterrichtet die anderen Hohen Vertragsparteien.

(2) Die Kündigung befreit die Hohe Vertragspartei nicht von ihren Verpflichtungen aus dieser Konvention in Bezug auf Handlungen, die sie vor dem Wirksamwerden der Kündigung vorgenommen hat und die möglicherweise eine Verletzung dieser Verpflichtungen darstellen.

(3) Mit derselben Maßgabe scheidet eine Hohe Vertragspartei, deren Mitgliedschaft im Europarat endet, als Vertragspartei dieser Konvention aus.

(4) Die Konvention kann in Bezug auf jedes Hoheitsgebiet, auf das sie durch eine Erklärung nach Artikel 56 anwendbar geworden ist, nach den Absätzen 1 bis 3 gekündigt werden.

Art. 59 Unterzeichnung und Ratifikation

(1) ¹Diese Konvention liegt für die Mitglieder des Europarats zur Unterzeichnung auf. Sie bedarf der Ratifikation. ²Die Ratifikationsurkunden werden beim Generalsekretär des Europarats hinterlegt.

(2) Die Europäische Union kann dieser Konvention beitreten.

(3) Diese Konvention tritt nach Hinterlegung von zehn Ratifikationsurkunden in Kraft.

(4) Für jeden Unterzeichner, der die Konvention später ratifiziert, tritt sie mit der Hinterlegung seiner Ratifikationsurkunde in Kraft.

IV. AsylbLG

Asylbewerberleistungsgesetz i.d.F. der Bekanntmachung vom 5. August 1997 (BGBl. I S. 2022), zuletzt geändert durch Art. 4 des Gesetzes zur Änderung des Bundesversorgungsgesetzes und anderer Vorschriften vom 17. Juli 2017 (BGBl. I S. 2541)

§ 1 Leistungsberechtigte

(1) Leistungsberechtigt nach diesem Gesetz sind Ausländer, die sich tatsächlich im Bundesgebiet aufhalten und die

1. eine Aufenthaltsgestattung nach dem Asylgesetz besitzen,
2. über einen Flughafen einreisen wollen und denen die Einreise nicht oder noch nicht gestattet ist,
3. eine Aufenthaltserlaubnis besitzen
a) wegen des Krieges in ihrem Heimatland nach § 23 Absatz 1 oder § 24 des Aufenthaltsgesetzes,
b) nach § 25 Absatz 4 Satz 1 des Aufenthaltsgesetzes oder
c) nach § 25 Absatz 5 des Aufenthaltsgesetzes, sofern die Entscheidung über die Aussetzung ihrer Abschiebung noch nicht 18 Monate zurückliegt,
4. eine Duldung nach § 60a des Aufenthaltsgesetzes besitzen,
5. vollziehbar ausreisepflichtig sind, auch wenn eine Abschiebungsandrohung noch nicht oder nicht mehr vollziehbar ist,
6. Ehegatten, Lebenspartner oder minderjährige Kinder der in den Nummern 1 bis 5 genannten Personen sind, ohne daß sie selbst die dort genannten Voraussetzungen erfüllen, oder
7. einen Folgeantrag nach § 71 des Asylgesetzes oder einen Zweitantrag nach § 71a des Asylgesetzes stellen.

(2) Die in Absatz 1 bezeichneten Ausländer sind für die Zeit, für die ihnen ein anderer Aufenthaltstitel als die in Absatz 1 Nr. 3 bezeichnete Aufenthaltserlaubnis mit einer Gesamtgeltungsdauer von mehr als sechs Monaten erteilt worden ist, nicht nach diesem Gesetz leistungsberechtigt.

(3) [1]Die Leistungsberechtigung endet mit der Ausreise oder mit Ablauf des Monats, in dem

1. die Leistungsvoraussetzung entfällt oder
2. das Bundesamt für Migration und Flüchtlinge den Ausländer als Asylberechtigten anerkannt oder ein Gericht das Bundesamt zur Anerkennung verpflichtet hat, auch wenn die Entscheidung noch nicht unanfechtbar ist.

²Für minderjährige Kinder, die eine Aufenthaltserlaubnis nach § 25 Absatz 5 des Aufenthaltsgesetzes besitzen und die mit ihren Eltern in einer Haushaltsgemeinschaft leben, endet die Leistungsberechtigung auch dann, wenn die Leistungsberechtigung eines Elternteils, der eine Aufenthaltserlaubnis nach § 25 Absatz 5 des Aufenthaltsgesetzes besitzt, entfallen ist.

§ 1a Anspruchseinschränkung

(1) Leistungsberechtigte nach § 1 Absatz 1 Nummer 4 und 5 und Leistungsberechtigte nach § 1 Absatz 1 Nummer 6, soweit es sich um Familienangehörige der in § 1 Absatz 1 Nummer 4 und 5 genannten Personen handelt, die sich in den Geltungsbereich dieses Gesetzes begeben haben, um Leistungen nach diesem Gesetz zu erlangen, erhalten Leistungen nach diesem Gesetz nur, soweit dies im Einzelfall nach den Umständen unabweisbar geboten ist.

(2) ¹Leistungsberechtigte nach § 1 Absatz 1 Nummer 5, für die ein Ausreisetermin und eine Ausreisemöglichkeit feststehen, haben ab dem auf den Ausreisetermin folgenden Tag keinen Anspruch auf Leistungen nach den §§ 2, 3 und 6, es sei denn, die Ausreise konnte aus Gründen, die sie nicht zu vertreten haben, nicht durchgeführt werden. ²Ihnen werden bis zu ihrer Ausreise oder der Durchführung ihrer Abschiebung nur noch Leistungen zur Deckung ihres Bedarfs an Ernährung und Unterkunft einschließlich Heizung sowie Körper- und Gesundheitspflege gewährt. ³Nur soweit im Einzelfall besondere Umstände vorliegen, können ihnen auch andere Leistungen im Sinne von § 3 Absatz 1 Satz 1 gewährt werden. ⁴Die Leistungen sollen als Sachleistungen erbracht werden.

(3) ¹Absatz 2 gilt entsprechend für Leistungsberechtigte nach § 1 Absatz 1 Nummer 4 und 5, bei denen aus von ihnen selbst zu vertretenden Gründen aufenthaltsbeendende Maßnahmen nicht vollzogen werden können. ²Für sie endet der Anspruch auf Leistungen nach den §§ 2, 3 und 6 mit dem auf die Vollziehbarkeit einer Abschiebungsandrohung oder Vollziehbarkeit

einer Abschiebungsanordnung folgenden Tag. ³Für Leistungsberechtigte nach § 1 Absatz 1 Nummer 6, soweit es sich um Familienangehörige der in Satz 1 genannten Personen handelt, gilt Absatz 1 entsprechend.

(4) ¹Leistungsberechtigte nach § 1 Absatz 1 Nummer 1 oder 5, für die in Abweichung von der Regelzuständigkeit nach der Verordnung (EU) Nr. 604/2013 des Europäischen Parlaments und des Rates vom 26. Juni 2013 zur Festlegung der Kriterien und Verfahren zur Bestimmung des Mitgliedstaats, der für die Prüfung eines von einem Drittstaatsangehörigen oder Staatenlosen in einem Mitgliedstaat gestellten Antrags auf internationalen Schutz zuständig ist (ABl. L 180 vom 29.6.2013, S. 31) nach einer Verteilung durch die Europäische Union ein anderer Mitgliedstaat oder ein am Verteilmechanismus teilnehmender Drittstaat, der die Verordnung (EU) Nr. 604/2013 anwendet, zuständig ist, erhalten ebenfalls nur Leistungen nach Absatz 2. ²Satz 1 gilt entsprechend für Leistungsberechtigte nach § 1 Absatz 1 Nummer 1 oder 5, denen bereits von einem anderen Mitgliedstaat der Europäischen Union oder einem am Verteilmechanismus teilnehmenden Drittstaat im Sinne von Satz 1 internationaler Schutz oder aus anderen Gründen ein Aufenthaltsrecht gewährt worden ist, wenn der internationale Schutz oder das aus anderen Gründen gewährte Aufenthaltsrecht fortbesteht.

(5) ¹Leistungsberechtigte nach § 1 Absatz 1 Nummer 1 oder 7 erhalten nur Leistungen entsprechend Absatz 2 Satz 2 bis 4, wenn sie

1. ihrer Mitwirkungspflicht nach § 15 Absatz 2 Nummer 4 des Asylgesetzes nicht nachkommen,
2. ihre Mitwirkungspflicht nach § 15 Absatz 2 Nummer 5 des Asylgesetzes verletzen, indem sie erforderliche Unterlagen zu ihrer Identitätsklärung, die in ihrem Besitz sind, nicht vorlegen, aushändigen oder überlassen,
3. den gewährten Termin zur förmlichen Antragstellung bei der zuständigen Außenstelle des Bundesamtes für Migration und Flüchtlinge oder dem Bundesamt für Migration und Flüchtlinge nicht wahrgenommen haben oder
4. den Tatbestand nach § 30 Absatz 3 Nummer 2 zweite Alternative des Asylgesetzes verwirklichen, indem sie Angaben über ihre Identität oder Staatsangehörigkeit verweigern,

es sei denn, sie haben die Verletzung der Mitwirkungspflichten oder die Nichtwahrnehmung des Termins nicht zu vertreten oder ihnen war die Einhaltung der Mitwirkungspflichten oder die Wahrnehmung des Termins aus wichtigen Gründen nicht möglich. ²Die Anspruchseinschränkung nach Satz 1 endet, sobald sie die fehlende Mitwirkungshandlung erbracht oder den Termin zur förmlichen Antragstellung wahrgenommen haben.

§ 2 Leistungen in besonderen Fällen

(1) Abweichend von den §§ 3 und 4 sowie 6 bis 7 ist das Zwölfte Buch Sozialgesetzbuch auf diejenigen Leistungsberechtigten entsprechend anzuwenden, die sich seit 15 Monaten ohne wesentliche Unterbrechung im Bundesgebiet aufhalten und die Dauer des Aufenthalts nicht rechtsmissbräuchlich selbst beeinflusst haben.

(2) Bei der Unterbringung von Leistungsberechtigten nach Absatz 1 in einer Gemeinschaftsunterkunft bestimmt die zuständige Behörde die Form der Leistung auf Grund der örtlichen Umstände.

(3) Minderjährige Kinder, die mit ihren Eltern oder einem Elternteil in einer Haushaltsgemeinschaft leben, erhalten Leistungen nach Absatz 1 auch dann, wenn mindestens ein Elternteil in der Haushaltsgemeinschaft Leistungen nach Absatz 1 erhält.

§ 3 Grundleistungen

(1) ¹Bei einer Unterbringung in Aufnahmeeinrichtungen im Sinne von § 44 Absatz 1 des Asylgesetzes erhalten Leistungsberechtigte nach § 1 Leistungen zur Deckung des Bedarfs an Ernährung, Unterkunft, Heizung, Kleidung, Gesundheitspflege und Gebrauchs- und Verbrauchsgütern des Haushalts (notwendiger Bedarf). ²Der notwendige Bedarf wird durch Sachleistungen gedeckt. ³Kann Kleidung nicht geleistet werden, so kann sie in Form von Wertgutscheinen oder anderen vergleichbaren unbaren Abrechnungen gewährt werden. ⁴Gebrauchsgüter des Haushalts können leihweise zur Verfügung gestellt werden. ⁵Zusätzlich werden ihnen Leistungen zur Deckung persönlicher Bedürfnisse des täglichen Lebens gewährt (notwendiger persönlicher Bedarf). ⁶Soweit mit vertretbarem Verwaltungsaufwand möglich, sollen diese durch Sachleistungen gedeckt werden. ⁷Soweit Sachleistungen nicht mit vertretbarem Verwaltungsaufwand möglich sind, können auch

Leistungen in Form von Wertgutscheinen, von anderen vergleichbaren unbaren Abrechnungen oder von Geldleistungen gewährt werden. [8]Werden alle notwendigen persönlichen Bedarfe durch Geldleistungen gedeckt, so beträgt der Geldbetrag zur Deckung aller notwendigen persönlichen Bedarfe monatlich für

1. alleinstehende Leistungsberechtigte 135 Euro,
2. zwei erwachsene Leistungsberechtigte, die als Partner einen gemeinsamen Haushalt führen, je 122 Euro,
3. weitere erwachsene Leistungsberechtigte ohne eigenen Haushalt 108 Euro,
4. sonstige jugendliche Leistungsberechtigte vom Beginn des 15. und bis zur Vollendung des 18. Lebensjahres 76 Euro,
5. leistungsberechtigte Kinder vom Beginn des siebten bis zur Vollendung des 14. Lebensjahres 83 Euro,
6. leistungsberechtigte Kinder bis zur Vollendung des sechsten Lebensjahres 79 Euro.

[9]Der individuelle Geldbetrag zur Deckung des notwendigen persönlichen Bedarfs für in Abschiebungs- oder Untersuchungshaft genommene Leistungsberechtigte wird durch die zuständige Behörde festgelegt, wenn der Bedarf ganz oder teilweise anderweitig gedeckt ist.

(2) [1]Bei einer Unterbringung außerhalb von Aufnahmeeinrichtungen im Sinne des § 44 Absatz 1 des Asylgesetzes sind vorbehaltlich des Satzes 4 vorrangig Geldleistungen zur Deckung des notwendigen Bedarfs nach Absatz 1 Satz 1 zu gewähren. [2]Der notwendige Bedarf beträgt monatlich für

1. alleinstehende Leistungsberechtigte 216 Euro[1],
2. zwei erwachsene Leistungsberechtigte, die als Partner einen gemeinsamen Haushalt führen, je 194 Euro[2],
3. weitere erwachsene Leistungsberechtigte ohne eigenen Haushalt 174 Euro[3],
4. sonstige jugendliche Leistungsberechtigte vom Beginn des 15. und bis zur Vollendung des 18. Lebensjahres 198 Euro[4],

---

1   219 Euro ab 1.1.2016; siehe Bekanntmachung vom 26. Oktober 2015 (BGBl. I S. 1793).
2   196 Euro ab 1.1.2016; siehe Bekanntmachung vom 26. Oktober 2015 (BGBl. I S. 1793).
3   176 Euro ab 1.1.2016; siehe Bekanntmachung vom 26. Oktober 2015 (BGBl. I S. 1793).
4   200 Euro ab 1.1.2016; siehe Bekanntmachung vom 26. Oktober 2015 (BGBl. I S. 1793).

5. leistungsberechtigte Kinder vom Beginn des siebten bis zur Vollendung des 14. Lebensjahres 157 Euro[5],
6. leistungsberechtigte Kinder bis zur Vollendung des sechsten Lebensjahres 133 Euro[6].

³Anstelle der Geldleistungen können, soweit es nach den Umständen erforderlich ist, zur Deckung des notwendigen Bedarfs Leistungen in Form von unbaren Abrechnungen, von Wertgutscheinen oder von Sachleistungen gewährt werden. ⁴Der Bedarf für Unterkunft, Heizung und Hausrat wird gesondert als Geld- oder Sachleistung erbracht. ⁵Absatz 1 Satz 4, 5, 8 und 9 ist mit der Maßgabe entsprechend anzuwenden, dass der notwendige persönliche Bedarf als Geldleistung zu erbringen ist. ⁶In Gemeinschaftsunterkünften im Sinne von § 53 des Asylgesetzes kann der notwendige persönliche Bedarf soweit wie möglich auch durch Sachleistungen gedeckt werden.

(3) Bedarfe für Bildung und Teilhabe am sozialen und kulturellen Leben in der Gemeinschaft werden bei Kindern, Jugendlichen und jungen Erwachsenen neben den Leistungen nach Absatz 1 oder Absatz 2 entsprechend den §§ 34, 34a und 34b des Zwölften Buches Sozialgesetzbuch gesondert berücksichtigt.

(4) ¹Der Geldbetrag für alle notwendigen persönlichen Bedarfe nach Absatz 1 Satz 8 sowie der notwendige Bedarf nach Absatz 2 Satz 2 werden jeweils zum 1. Januar eines Jahres entsprechend der Veränderungsrate nach § 28a des Zwölften Buches Sozialgesetzbuch in Verbindung mit der Verordnung nach § 40 Satz 1 Nummer 1 des Zwölften Buches Sozialgesetzbuch fortgeschrieben. ²Die sich dabei ergebenden Beträge sind jeweils bis unter 0,50 Euro abzurunden sowie von 0,50 Euro an aufzurunden. ³Das Bundesministerium für Arbeit und Soziales gibt jeweils spätestens bis zum 1. November eines Kalenderjahres die Höhe der Bedarfe, die für das folgende Kalenderjahr maßgebend sind, im Bundesgesetzblatt bekannt.

(5) Liegen die Ergebnisse einer bundesweiten neuen Einkommens- und Verbrauchsstichprobe vor, werden die Höhe des Geldbetrags für alle notwendigen persönlichen Bedarfe und die Höhe des notwendigen Bedarfs neu festgesetzt.

---

5   159 Euro ab 1.1.2016; siehe Bekanntmachung vom 26. Oktober 2015 (BGBl. I S. 1793).
6   135 Euro ab 1.1.2016; siehe Bekanntmachung vom 26. Oktober 2015 (BGBl. I S. 1793).

(6) ¹Leistungen in Geld oder Geldeswert sollen dem Leistungsberechtigten oder einem volljährigen berechtigten Mitglied des Haushalts persönlich ausgehändigt werden. ²Stehen die Leistungen nicht für einen vollen Monat zu, wird die Leistung anteilig erbracht; dabei wird der Monat mit 30 Tagen berechnet. ³Geldleistungen dürfen längstens einen Monat im Voraus erbracht werden. ⁴Von Satz 3 kann nicht durch Landesrecht abgewichen werden.

§ 4 Leistungen bei Krankheit, Schwangerschaft und Geburt

(1) ¹Zur Behandlung akuter Erkrankungen und Schmerzzustände sind die erforderliche ärztliche und zahnärztliche Behandlung einschließlich der Versorgung mit Arznei- und Verbandmitteln sowie sonstiger zur Genesung, zur Besserung oder zur Linderung von Krankheiten oder Krankheitsfolgen erforderlichen Leistungen zu gewähren. ²Zur Verhütung und Früherkennung von Krankheiten werden Schutzimpfungen entsprechend den §§ 47, 52 Absatz 1 Satz 1 des Zwölften Buches Sozialgesetzbuch und die medizinisch gebotenen Vorsorgeuntersuchungen erbracht. ³Eine Versorgung mit Zahnersatz erfolgt nur, soweit dies im Einzelfall aus medizinischen Gründen unaufschiebbar ist.

(2) Werdenden Müttern und Wöchnerinnen sind ärztliche und pflegerische Hilfe und Betreuung, Hebammenhilfe, Arznei-, Verband- und Heilmittel zu gewähren.

(3) ¹Die zuständige Behörde stellt die Versorgung mit den Leistungen nach den Absätzen 1 und 2 sicher. ²Sie stellt auch sicher, dass den Leistungsberechtigten frühzeitig eine Vervollständigung ihres Impfschutzes angeboten wird. ³Soweit die Leistungen durch niedergelassene Ärzte oder Zahnärzte erfolgen, richtet sich die Vergütung nach den am Ort der Niederlassung des Arztes oder Zahnarztes geltenden Verträgen nach § 72 Absatz 2 und § 132e Absatz 1 des Fünften Buches Sozialgesetzbuch. ⁴Die zuständige Behörde bestimmt, welcher Vertrag Anwendung findet.

§ 5 Arbeitsgelegenheiten

(1) ¹In Aufnahmeeinrichtungen im Sinne des § 44 des Asylgesetzes und in vergleichbaren Einrichtungen sollen Arbeitsgelegenheiten insbesondere zur Aufrechterhaltung und Betreibung der Einrichtung zur Verfügung ge-

stellt werden; von der Bereitstellung dieser Arbeitsgelegenheiten unberührt bleibt die Verpflichtung der Leistungsberechtigten, Tätigkeiten der Selbstversorgung zu erledigen. ²Im übrigen sollen soweit wie möglich Arbeitsgelegenheiten bei staatlichen, bei kommunalen und bei gemeinnützigen Trägern zur Verfügung gestellt werden, sofern die zu leistende Arbeit sonst nicht, nicht in diesem Umfang oder nicht zu diesem Zeitpunkt verrichtet werden würde.

(2) Für die zu leistende Arbeit nach Absatz 1 Satz 1 erster Halbsatz und Absatz 1 Satz 2 wird eine Aufwandsentschädigung von 80 Cent je Stunde ausgezahlt, soweit der Leistungsberechtigte nicht im Einzelfall höhere notwendige Aufwendungen nachweist, die ihm durch die Wahrnehmung der Arbeitsgelegenheit entstehen.

(3) ¹Die Arbeitsgelegenheit ist zeitlich und räumlich so auszugestalten, daß sie auf zumutbare Weise und zumindest stundenweise ausgeübt werden kann. ²§ 11 Absatz 4 des Zwölften Buches Sozialgesetzbuch gilt entsprechend. ³Ein sonstiger wichtiger Grund im Sinne von § 11 Absatz 4 Satz 1 Nummer 3 des Zwölften Buches Sozialgesetzbuch kann insbesondere auch dann vorliegen, wenn die oder der Leistungsberechtigte eine Beschäftigung auf dem allgemeinen Arbeitsmarkt, eine Berufsausbildung oder ein Studium aufnimmt oder aufgenommen hat.

(4) ¹Arbeitsfähige, nicht erwerbstätige Leistungsberechtigte, die nicht mehr im schulpflichtigen Alter sind, sind zur Wahrnehmung einer zur Verfügung gestellten Arbeitsgelegenheit verpflichtet. ²Bei unbegründeter Ablehnung einer solchen Tätigkeit besteht kein Anspruch auf Leistungen nach den §§ 2, 3 und 6; § 1a Absatz 2 Satz 2 bis 4 ist entsprechend anzuwenden. ³Der Leistungsberechtigte ist vorher entsprechend zu belehren.

(5) ¹Ein Arbeitsverhältnis im Sinne des Arbeitsrechts und ein Beschäftigungsverhältnis im Sinne der gesetzlichen Kranken- und Rentenversicherung werden nicht begründet. ²§ 61 Abs. 1 des Asylgesetzes sowie asyl- und ausländerrechtliche Auflagen über das Verbot und die Beschränkung einer Erwerbstätigkeit stehen einer Tätigkeit nach den Absätzen 1 bis 4 nicht entgegen. ³Die Vorschriften über den Arbeitsschutz sowie die Grundsätze der Beschränkung der Arbeitnehmerhaftung finden entsprechende Anwendung.

§ 5a Arbeitsgelegenheiten auf der Grundlage des Arbeitsmarktprogramms Flüchtlingsintegrationsmaßnahmen

(1) ¹Arbeitsfähige, nicht erwerbstätige Leistungsberechtigte, die das 18. Lebensjahr vollendet haben und nicht der Vollzeitschulpflicht unterliegen, können von den nach diesem Gesetz zuständigen Behörden zu ihrer Aktivierung in Arbeitsgelegenheiten zugewiesen werden, die im Rahmen des von der Bundesagentur für Arbeit (Bundesagentur) durchgeführten Arbeitsmarktprogramms Flüchtlingsintegrationsmaßnahmen gegen Mehraufwandsentschädigung bereitgestellt werden (Flüchtlingsintegrationsmaßnahme). ²Satz 1 findet keine Anwendung auf Leistungsberechtigte nach § 1 Absatz 1 Nummer 1, die aus einem sicheren Herkunftsstaat nach § 29a des Asylgesetzes stammen, sowie auf Leistungsberechtigte nach § 1 Absatz 1 Nummer 4 und 5.

(2) ¹Leistungsberechtigte nach Absatz 1 Satz 1 sind zur Wahrnehmung einer für sie zumutbaren Flüchtlingsintegrationsmaßnahme, der sie nach Absatz 1 zugewiesen wurden, verpflichtet; § 11 Absatz 4 des Zwölften Buches Sozialgesetzbuch gilt für die Beurteilung der Zumutbarkeit entsprechend. ²Ein sonstiger wichtiger Grund im Sinne von § 11 Absatz 4 Satz 1 Nummer 3 des Zwölften Buches Sozialgesetzbuch kann insbesondere auch dann vorliegen, wenn die leistungsberechtigte Person eine Beschäftigung auf dem allgemeinen Arbeitsmarkt, eine Berufsausbildung oder ein Studium aufnimmt oder aufgenommen hat.

(3) ¹Leistungsberechtigte, die sich entgegen ihrer Verpflichtung nach Absatz 2 trotz schriftlicher Belehrung über die Rechtsfolgen weigern, eine für sie zumutbare Flüchtlingsintegrationsmaßnahme aufzunehmen oder fortzuführen oder die deren Anbahnung durch ihr Verhalten verhindern, haben keinen Anspruch auf Leistungen nach den §§ 2, 3 und 6. ²§ 1a Absatz 2 Satz 2 bis 4 ist entsprechend anzuwenden. ³Die Rechtsfolge nach den Sätzen 1 und 2 tritt nicht ein, wenn die leistungsberechtigte Person einen wichtigen Grund für ihr Verhalten darlegt und nachweist.

(4) ¹Die Auswahl geeigneter Teilnehmerinnen und Teilnehmer soll vor einer Entscheidung über die Zuweisung nach Absatz 1 Satz 1 mit den Trägern der Flüchtlingsintegrationsmaßnahme (Maßnahmeträgern) abgestimmt werden. ²Hierzu übermitteln die nach diesem Gesetz zuständigen Behörden den Maßnahmeträgern auf deren Ersuchen hin die erforderlichen Daten

über Leistungsberechtigte, die für die Teilnahme an einer Flüchtlingsintegrationsmaßnahme in Betracht kommen.

(5) ¹Die nach diesem Gesetz zuständigen Behörden dürfen die für die Erfüllung ihrer Aufgaben nach den Absätzen 1, 3 und 4 erforderlichen personenbezogenen Daten von Leistungsberechtigten erheben, einschließlich Angaben

1. zum Bildungsstand, zur beruflichen Qualifikation und zum Vorliegen einer Beschäftigung,
2. zu Sprachkenntnissen und
3. zur Durchführung eines Integrationskurses nach § 43 des Aufenthaltsgesetzes oder einer Maßnahme der berufsbezogenen Deutschsprachförderung nach § 45a des Aufenthaltsgesetzes.

²Die nach diesem Gesetz zuständigen Behörden dürfen den Maßnahmeträgern die in Satz 1 genannten Daten übermitteln, soweit dies für die Erfüllung ihrer Aufgaben nach den Absätzen 1, 3 und 4 erforderlich ist.

(6) ¹Maßnahmeträger dürfen den nach diesem Gesetz zuständigen Behörden die in Absatz 5 Satz 1 genannten Daten übermitteln, soweit dies für die Auswahl der Teilnehmerinnen und Teilnehmer, die Erteilung einer Zuweisung in die Maßnahme, die Feststellung der ordnungsgemäßen Teilnahme oder die Bescheinigung der erfolgreichen Teilnahme erforderlich ist. ²Maßnahmeträger haben den nach diesem Gesetz zuständigen Behörden unverzüglich Auskünfte über Tatsachen zu erteilen, die Anlass für eine Leistungsabsenkung nach Absatz 3 geben könnten und die deshalb für die Leistungen nach diesem Gesetz erheblich sind.

§ 5b Sonstige Maßnahmen zur Integration

(1) Die nach diesem Gesetz zuständige Behörde kann arbeitsfähige, nicht erwerbstätige Leistungsberechtigte, die das 18. Lebensjahr vollendet haben und der Vollzeitschulpflicht nicht mehr unterliegen und zu dem in § 44 Absatz 4 Satz 2 Nummer 1 bis 3 des Aufenthaltsgesetzes genannten Personenkreis gehören, schriftlich verpflichten, an einem Integrationskurs nach § 43 des Aufenthaltsgesetzes teilzunehmen.

(2) ¹Leistungsberechtigte nach Absatz 1 haben keinen Anspruch auf Leistungen nach den §§ 2, 3 und 6, wenn sie sich trotz schriftlicher Belehrung

über die Rechtsfolgen weigern, einen für sie zumutbaren Integrationskurs aus von ihnen zu vertretenden Gründen aufzunehmen oder ordnungsgemäß am Integrationskurs teilzunehmen. ²§ 1 a Absatz 2 Satz 2 bis 4 ist entsprechend anzuwenden. ³§ 11 Absatz 4 des Zwölften Buches Sozialgesetzbuch gilt für die Beurteilung der Zumutbarkeit entsprechend. ⁴Ein sonstiger wichtiger Grund im Sinne von § 11 Absatz 4 Satz 1 Nummer 3 des Zwölften Buches Sozialgesetzbuch kann insbesondere auch dann vorliegen, wenn die leistungsberechtigte Person eine Beschäftigung auf dem allgemeinen Arbeitsmarkt, eine Berufsausbildung oder ein Studium aufnimmt oder aufgenommen hat. ⁵Die Rechtsfolge nach den Sätzen 1 und 2 tritt nicht ein, wenn die leistungsberechtigte Person einen wichtigen Grund für ihr Verhalten darlegt und nachweist.

(3) Die nach diesem Gesetz zuständige Behörde darf die für die Erfüllung ihrer Aufgaben nach den Absätzen 1 und 2 erforderlichen personenbezogenen Daten von Leistungsberechtigten erheben, einschließlich Angaben

1. zu Sprachkenntnissen und
2. zur Durchführung eines Integrationskurses nach § 43 des Aufenthaltsgesetzes oder einer Maßnahme der berufsbezogenen Deutschsprachförderung nach § 45a des Aufenthaltsgesetzes.

§ 6 Sonstige Leistungen

(1) ¹Sonstige Leistungen können insbesondere gewährt werden, wenn sie im Einzelfall zur Sicherung des Lebensunterhalts oder der Gesundheit unerlässlich, zur Deckung besonderer Bedürfnisse von Kindern geboten oder zur Erfüllung einer verwaltungsrechtlichen Mitwirkungspflicht erforderlich sind. ²Die Leistungen sind als Sachleistungen, bei Vorliegen besonderer Umstände als Geldleistung zu gewähren.

(2) Personen, die eine Aufenthaltserlaubnis gemäß § 24 Abs. 1 des Aufenthaltsgesetzes besitzen und die besondere Bedürfnisse haben, wie beispielsweise unbegleitete Minderjährige oder Personen, die Folter, Vergewaltigung oder sonstige schwere Formen psychischer, physischer oder sexueller Gewalt erlitten haben, wird die erforderliche medizinische oder sonstige Hilfe gewährt.

§ 6a Erstattung von Aufwendungen anderer

¹Hat jemand in einem Eilfall einem anderen Leistungen erbracht, die bei rechtzeitigem Einsetzen von Leistungen nach den §§ 3, 4 und 6 nicht zu erbringen gewesen wären, sind ihm die Aufwendungen in gebotenem Umfang zu erstatten, wenn er sie nicht auf Grund rechtlicher oder sittlicher Pflicht selbst zu tragen hat. ²Dies gilt nur, wenn die Erstattung innerhalb angemessener Frist beim zuständigen Träger des Asylbewerberleistungsgesetzes beantragt wird.

§ 6b Einsetzen der Leistungen

Zur Bestimmung des Zeitpunkts des Einsetzens der Leistungen nach den §§ 3, 4 und 6 ist § 18 des Zwölften Buches Sozialgesetzbuch entsprechend anzuwenden.

§ 7 Einkommen und Vermögen

(1) ¹Einkommen und Vermögen, über das verfügt werden kann, sind von dem Leistungsberechtigten und seinen Familienangehörigen, die im selben Haushalt leben, vor Eintritt von Leistungen nach diesem Gesetz aufzubrauchen. ²§ 20 des Zwölften Buches Sozialgesetzbuch findet entsprechende Anwendung. ³Bei der Unterbringung in einer Einrichtung, in der Sachleistungen gewährt werden, haben Leistungsberechtigte, soweit Einkommen und Vermögen im Sinne des Satzes 1 vorhanden sind, für erhaltene Leistungen dem Kostenträger für sich und ihre Familienangehörigen die Kosten in entsprechender Höhe der in § 3 Abs. 2 Satz 2 genannten Leistungen sowie die Kosten der Unterkunft und Heizung zu erstatten; für die Kosten der Unterkunft und Heizung können die Länder Pauschalbeträge festsetzen oder die zuständige Behörde dazu ermächtigen.

(2) Nicht als Einkommen nach Absatz 1 zu berücksichtigen sind:

1. Leistungen nach diesem Gesetz,
2. eine Grundrente nach dem Bundesversorgungsgesetz und nach den Gesetzen, die eine entsprechende Anwendung des Bundesversorgungsgesetzes vorsehen,

3. eine Rente oder Beihilfe nach dem Bundesentschädigungsgesetz für Schaden an Leben sowie an Körper oder Gesundheit bis zur Höhe der vergleichbaren Grundrente nach dem Bundesversorgungsgesetz,
4. eine Entschädigung, die wegen eines Schadens, der nicht Vermögensschaden ist, nach § 253 Absatz 2 des Bürgerlichen Gesetzbuchs geleistet wird,
5. eine Aufwandsentschädigung nach § 5 Absatz 2,
6. eine Mehraufwandsentschädigung, die Leistungsberechtigten im Rahmen einer Flüchtlingsintegrationsmaßnahme im Sinne von § 5a ausgezahlt wird und
7. ein Fahrtkostenzuschuss, der den Leistungsberechtigten von dem Bundesamt für Migration und Flüchtlinge zur Sicherstellung ihrer Teilnahme an einem Integrationskurs nach § 43 des Aufenthaltsgesetzes oder an der berufsbezogenen Deutschsprachförderung nach § 45a des Aufenthaltsgesetzes gewährt wird.

(3) [1]Einkommen aus Erwerbstätigkeit bleiben bei Anwendung des Absatzes 1 in Höhe von 25 vom Hundert außer Betracht, höchstens jedoch in Höhe von 50 vom Hundert der maßgeblichen Bedarfsstufe des Geldbetrags zur Deckung aller notwendigen persönlichen Bedarfe nach § 3 Absatz 1 und des notwendigen Bedarfs nach § 3 Absatz 2, jeweils in Verbindung mit § 3 Absatz 4. [2]Von den Einkommen nach Absatz 1 Satz 1 sind ferner abzusetzen

1. auf das Einkommen entrichtete Steuern,
2. Pflichtbeiträge zur Sozialversicherung einschließlich der Beiträge zur Arbeitsförderung,
3. Beiträge zu öffentlichen oder privaten Versicherungen oder ähnlichen Einrichtungen, soweit diese Beiträge gesetzlich vorgeschrieben sind, und
4. die mit der Erzielung des Einkommens verbundenen notwendigen Ausgaben.

(4) Hat ein Leistungsberechtigter einen Anspruch gegen einen anderen, so kann die zuständige Behörde den Anspruch in entsprechender Anwendung des § 93 des Zwölften Buches Sozialgesetzbuch auf sich überleiten.

(5) [1]Von dem Vermögen nach Absatz 1 Satz 1 ist für den Leistungsberechtigten und seine Familienangehörigen, die im selben Haushalt leben, jeweils ein Freibetrag in Höhe von 200 Euro abzusetzen. [2]Bei der Anwendung von

Absatz 1 bleiben ferner Vermögensgegenstände außer Betracht, die zur Aufnahme oder Fortsetzung der Berufsausbildung oder der Erwerbstätigkeit unentbehrlich sind.

§ 7a Sicherheitsleistung

[1]Von Leistungsberechtigten kann wegen der ihnen und ihren Familienangehörigen zu gewährenden Leistungen nach diesem Gesetz Sicherheit verlangt werden, soweit Vermögen im Sinne von § 7 Abs. 1 Satz 1 vorhanden ist. [2]Die Anordnung der Sicherheitsleistung kann ohne vorherige Vollstreckungsandrohung im Wege des unmittelbaren Zwangs erfolgen.

§ 7b (weggefallen)

§ 8 Leistungen bei Verpflichtung Dritter

(1) [1]Leistungen nach diesem Gesetz werden nicht gewährt, soweit der erforderliche Lebensunterhalt anderweitig, insbesondere auf Grund einer Verpflichtung nach § 68 Abs. 1 Satz 1 des Aufenthaltsgesetzes gedeckt wird. [2]Besteht eine Verpflichtung nach § 68 Abs. 1 Satz 1 des Aufenthaltsgesetzes, übernimmt die zuständige Behörde die Kosten für Leistungen im Krankheitsfall, bei Behinderung und bei Pflegebedürftigkeit, soweit dies durch Landesrecht vorgesehen ist.

(2) Personen, die sechs Monate oder länger eine Verpflichtung nach § 68 Abs. 1 Satz 1 des Aufenthaltsgesetzes gegenüber einer in § 1 Abs. 1 genannten Person erfüllt haben, kann ein monatlicher Zuschuß bis zum Doppelten des Betrages nach § 3 Absatz 1 Satz 8 gewährt werden, wenn außergewöhnliche Umstände in der Person des Verpflichteten den Einsatz öffentlicher Mittel rechtfertigen.

§ 8a Meldepflicht

Leistungsberechtigte, die eine unselbständige oder selbständige Erwerbstätigkeit aufnehmen, haben dies spätestens am dritten Tag nach Aufnahme der Erwerbstätigkeit der zuständigen Behörde zu melden.

IV. AsylbLG

§ 9 Verhältnis zu anderen Vorschriften

(1) Leistungsberechtigte erhalten keine Leistungen nach dem Zwölften Buch Sozialgesetzbuch oder vergleichbaren Landesgesetzen.

(2) Leistungen anderer, besonders Unterhaltspflichtiger, der Träger von Sozialleistungen oder der Länder im Rahmen ihrer Pflicht nach § 44 Abs. 1 des Asylgesetzes werden durch dieses Gesetz nicht berührt.

(3) Die §§ 60 bis 67 des Ersten Buches Sozialgesetzbuch über die Mitwirkung des Leistungsberechtigten sind entsprechend anzuwenden. *[ab Tag der Bekanntgabe im Bundesgesetzblatt, dass die technischen Voraussetzungen für die nach § 10 AsylbLG zuständigen Behörden mit Geräten zur Überprüfung der Identität mittels Fingerabdruckdaten geschaffen sind:* [3]*Als Mitwirkung im Sinne des § 60 Absatz 1 des Ersten Buches Sozialgesetzbuch gilt auch, dass Personen, die Leistungen nach diesem Buch als Leistungsberechtigte nach § 1 Absatz 1 Nummer 1, 2, 4, 5 oder 7 beantragen oder beziehen, auf Verlangen der zuständigen Landesbehörde die Abnahme ihrer Fingerabdrücke zu dulden haben, wenn dies nach § 11 Absatz 3a zur Prüfung ihrer Identität erforderlich ist.*

(4) [1]Folgende Bestimmungen des Zehnten Buches Sozialgesetzbuch sind entsprechend anzuwenden:

1. die §§ 44 bis 50 über die Rücknahme, den Widerruf und die Aufhebung eines Verwaltungsakts sowie über die Erstattung zu Unrecht erbrachter Leistungen,
2. der § 99 über die Auskunftspflicht von Angehörigen, Unterhaltspflichtigen oder sonstigen Personen und
3. die §§ 102 bis 114 über Erstattungsansprüche der Leistungsträger untereinander.

[2]§ 44 des Zehnten Buches Sozialgesetzbuch gilt jedoch nur mit der Maßgabe, dass

1. rechtswidrige nicht begünstigende Verwaltungsakte nach den Absätzen 1 und 2 nicht später als vier Jahre nach Ablauf des Jahres, in dem der Verwaltungsakt bekannt gegeben wurde, zurückzunehmen sind; ausreichend ist, wenn die Rücknahme innerhalb dieses Zeitraums beantragt wird,
2. anstelle des Zeitraums von vier Jahren nach Absatz 4 Satz 2 ein Zeitraum von einem Jahr tritt.

(5) Die §§ 117 und 118 des Zwölften Buches Sozialgesetzbuch sowie die auf Grund des § 120 Abs. 1 des Zwölften Buches Sozialgesetzbuch oder des § 117 des Bundessozialhilfegesetzes erlassenen Rechtsverordnungen sind entsprechend anzuwenden.

§ 10 Bestimmungen durch Landesregierungen

¹Die Landesregierungen oder die von ihnen beauftragten obersten Landesbehörden bestimmen die für die Durchführung dieses Gesetzes zuständigen Behörden und Kostenträger und können Näheres zum Verfahren festlegen, soweit dies nicht durch Landesgesetz geregelt ist. ²Die bestimmten zuständigen Behörden und Kostenträger können auf Grund näherer Bestimmung gemäß Satz 1 Aufgaben und Kostenträgerschaft auf andere Behörden übertragen.

§ 10a Örtliche Zuständigkeit

(1) ¹Für die Leistungen nach diesem Gesetz örtlich zuständig ist die nach § 10 bestimmte Behörde, in deren Bereich der Leistungsberechtigte nach dem Asylgesetz oder Aufenthaltsgesetz verteilt oder zugewiesen worden ist oder für deren Bereich für den Leistungsberechtigten eine Wohnsitzauflage besteht. ²Ist der Leistungsberechtigte von einer Vereinbarung nach § 45 Absatz 2 des Asylgesetzes betroffen, so ist die Behörde zuständig, in deren Bereich die nach § 46 Absatz 2a des Asylgesetzes für seine Aufnahme zuständige Aufnahmeeinrichtung liegt. ³Im übrigen ist die Behörde zuständig, in deren Bereich sich der Leistungsberechtigte tatsächlich aufhält. ⁴Diese Zuständigkeit bleibt bis zur Beendigung der Leistung auch dann bestehen, wenn die Leistung von der zuständigen Behörde außerhalb ihres Bereichs sichergestellt wird.

(2) ¹Für die Leistungen in Einrichtungen, die der Krankenbehandlung oder anderen Maßnahmen nach diesem Gesetz dienen, ist die Behörde örtlich zuständig, in deren Bereich der Leistungsberechtigte seinen gewöhnlichen Aufenthalt im Zeitpunkt der Aufnahme hat oder in den zwei Monaten vor der Aufnahme zuletzt gehabt hat. ²War bei Einsetzen der Leistung der Leistungsberechtigte aus einer Einrichtung im Sinne des Satzes 1 in eine andere Einrichtung oder von dort in weitere Einrichtungen übergetreten oder tritt nach Leistungsbeginn ein solcher Fall ein, ist der gewöhnliche Aufenthalt,

der für die erste Einrichtung maßgebend war, entscheidend. ³Steht nicht spätestens innerhalb von vier Wochen fest, ob und wo der gewöhnliche Aufenthalt nach den Sätzen 1 und 2 begründet worden ist, oder liegt ein Eilfall vor, hat die nach Absatz 1 zuständige Behörde über die Leistung unverzüglich zu entscheiden und vorläufig einzutreten. ⁴Die Sätze 1 bis 3 gelten auch für Leistungen an Personen, die sich in Einrichtungen zum Vollzug richterlich angeordneter Freiheitsentziehung aufhalten oder aufgehalten haben.

(3) ¹Als gewöhnlicher Aufenthalt im Sinne dieses Gesetzes gilt der Ort, an dem sich jemand unter Umständen aufhält, die erkennen lassen, daß er an diesem Ort oder in diesem Gebiet nicht nur vorübergehend verweilt. ²Als gewöhnlicher Aufenthalt ist auch von Beginn an ein zeitlich zusammenhängender Aufenthalt von mindestens sechs Monaten Dauer anzusehen; kurzfristige Unterbrechungen bleiben unberücksichtigt. ³Satz 2 gilt nicht, wenn der Aufenthalt ausschließlich zum Zweck des Besuchs, der Erholung, der Kur oder ähnlichen privaten Zwecken erfolgt und nicht länger als ein Jahr dauert. ⁴Ist jemand nach Absatz 1 Satz 1 nach dem Asylgesetz oder nach dem Aufenthaltsgesetz verteilt oder zugewiesen worden oder besteht für ihn eine Wohnsitzauflage für einen bestimmten Bereich, so gilt dieser Bereich als sein gewöhnlicher Aufenthalt. ⁵Wurde eine Vereinbarung nach § 45 Absatz 2 des Asylgesetzes getroffen, so gilt der Bereich als gewöhnlicher Aufenthalt des Leistungsberechtigten, in dem die nach § 46 Absatz 2a des Asylgesetzes für seine Aufnahme zuständige Aufnahmeeinrichtung liegt. ⁶Für ein neugeborenes Kind ist der gewöhnliche Aufenthalt der Mutter maßgeblich.

§ 10b Kostenerstattung zwischen den Leistungsträgern

(1) Die nach § 10a Abs. 2 Satz 1 zuständige Behörde hat der Behörde, die nach § 10a Abs. 2 Satz 3 die Leistung zu erbringen hat, die aufgewendeten Kosten zu erstatten.

(2) Verläßt in den Fällen des § 10a Abs. 2 der Leistungsberechtigte die Einrichtung und bedarf er im Bereich der Behörde, in dem die Einrichtung liegt, innerhalb von einem Monat danach einer Leistung nach diesem Gesetz, sind dieser Behörde die aufgewendeten Kosten von der Behörde zu erstatten, in deren Bereich der Leistungsberechtigte seinen gewöhnlichen Aufenthalt im Sinne des § 10a Abs. 2 Satz 1 hatte.

(3) (weggefallen)

§ 11 Ergänzende Bestimmungen

(1) Im Rahmen von Leistungen nach diesem Gesetz ist auf die Leistungen bestehender Rückführungs- und Weiterwanderungsprogramme, die Leistungsberechtigten gewährt werden können, hinzuweisen; in geeigneten Fällen ist auf eine Inanspruchnahme solcher Programme hinzuwirken.

(2) ¹Leistungsberechtigten darf in den Teilen der Bundesrepublik Deutschland, in denen sie sich einer asyl- oder ausländerrechtlichen räumlichen Beschränkung zuwider aufhalten, von der für den tatsächlichen Aufenthaltsort zuständigen Behörde regelmäßig nur eine Reisebeihilfe zur Deckung des unabweisbaren Bedarfs für die Reise zu ihrem rechtmäßigen Aufenthaltsort gewährt werden. ²Die Leistungen können als Sach- oder Geldleistung erbracht werden.

(2a) ¹Leistungsberechtigte nach § 1 Absatz 1 Nummer 1 erhalten bis zur Ausstellung eines Ankunftsnachweises nach § 63a des Asylgesetzes anstelle der Leistungen nach den §§ 3 und 6 Leistungen entsprechend § 1a Absatz 2 Satz 2 bis 4. ²An die Stelle der Leistungen nach Satz 1 treten die Leistungen nach den §§ 3 bis 6, auch wenn dem Leistungsberechtigten ein Ankunftsnachweis nach § 63a Absatz 1 Satz 1 des Asylgesetzes noch nicht ausgestellt wurde, sofern

1. die in § 63a des Asylgesetzes vorausgesetzte erkennungsdienstliche Behandlung erfolgt ist,
2. der Leistungsberechtigte von der Aufnahmeeinrichtung, auf die er verteilt worden ist, aufgenommen worden ist, und
3. der Leistungsberechtigte die fehlende Ausstellung des Ankunftsnachweises nicht zu vertreten hat.

³Der Leistungsberechtigte hat die fehlende Ausstellung des Ankunftsnachweises insbesondere dann nicht zu vertreten, wenn in der für die Ausstellung seines Ankunftsnachweises zuständigen Stelle die technischen Voraussetzungen für die Ausstellung von Ankunftsnachweisen noch nicht vorliegen. ⁴Der Leistungsberechtigte hat die fehlende Ausstellung des Ankunftsnachweises zu vertreten, wenn er seine Mitwirkungspflichten nach § 15 Absatz 2 Nummer 1, 3, 4, 5 oder 7 des Asylgesetzes verletzt hat. Die Sätze 1 bis 4 gelten auch

1. für Leistungsberechtigte nach § 1 Absatz 1 Nummer 5, die aus einem sicheren Drittstaat (§ 26a des Asylgesetzes) unerlaubt eingereist sind und als Asylsuchende nach den Vorschriften des Asylgesetzes oder des Aufenthaltsgesetzes erkennungsdienstlich zu behandeln sind, und
2. für Leistungsberechtigte nach § 1 Absatz 1 Nummer 7, die einer Wohnverpflichtung § 71 Absatz 2 Satz 2 oder nach § 71a Absatz 2 Satz 1 des Asylgesetzes in Verbindung mit den §§ 47 bis 50 des Asylgesetzes unterliegen.

(3) ¹Die zuständige Behörde überprüft die Personen, die Leistungen nach diesem Gesetz beziehen, auf Übereinstimmung der ihr vorliegenden Daten mit den der Ausländerbehörde über diese Personen vorliegenden Daten. ²Sie darf für die Überprüfung nach Satz 1 Name, Vorname (Rufname), Geburtsdatum, Geburtsort, Staatsangehörigkeiten, Geschlecht, Familienstand, Anschrift, Aufenthaltsstatus und Aufenthaltszeiten dieser Personen sowie die für diese Personen eingegangenen Verpflichtungen nach § 68 des Aufenthaltsgesetzes der zuständigen Ausländerbehörde übermitteln. ³Die Ausländerbehörde führt den Abgleich mit den nach Satz 2 übermittelten Daten durch und übermittelt der zuständigen Behörde die Ergebnisse des Abgleichs. ⁴Die Ausländerbehörde übermittelt der zuständigen Behörde ferner Änderungen der in Satz 2 genannten Daten. ⁵Die Überprüfungen können auch regelmäßig im Wege des automatisierten Datenabgleichs durchgeführt werden.

[ab Tag der Bekanntgabe im Bundesgesetzblatt, dass die technischen Voraussetzungen für die nach § 10 AsylbLG zuständigen Behörden mit Geräten zur Überprüfung der Identität mittels Fingerabdruckdaten geschaffen sind: (3a) ¹Soweit nach einem Datenabruf aus dem Ausländerzentralregister Zweifel an der Identität einer Person, die Leistungen nach diesem Gesetz als Leistungsberechtigter nach § 1 Absatz Nummer 1, 2, 4, 5 oder 7 beantragt oder bezieht, fortbestehen, erhebt die zuständige Behörde zur weiteren Überprüfung der Identität Fingerabdrücke der Person und nimmt eine Überprüfung der Identität mittels der Fingerabdruckdaten durch Abfrage des Ausländerzentralregisters vor. ²Die Befugnis nach Satz 1 setzt keinen vorherigen Datenabgleich mit der Ausländerbehörde nach Absatz 3 voraus. ³Von den Regelungen des Verwaltungsverfahrens in den Sätzen 1 und 2 kann durch Landesrecht abgewichen werden.]

IV. AsylbLG

(4) Keine aufschiebende Wirkung haben Widerspruch und Anfechtungsklage gegen einen Verwaltungsakt, mit dem

1. eine Leistung nach diesem Gesetz ganz teilweise entzogen oder die Leistungsbewilligung aufgehoben wird oder
2. eine Einschränkung des Leistungsanspruchs nach § 1a oder § 11 Absatz 2a festgestellt wird.

§ 12 Asylbewerberleistungsstatistik

(1) Zur Beurteilung der Auswirkungen dieses Gesetzes und zu seiner Fortentwicklung werden Erhebungen über

1. die Empfänger
   a) von Leistungen in besonderen Fällen (§ 2),
   b) von Grundleistungen (§ 3),
   c) von ausschließlich anderen Leistungen (§§ 4 bis 6),
2. die Ausgaben und Einnahmen nach diesem Gesetz als Bundesstatistik durchgeführt.

(2) Erhebungsmerkmale sind

1. bei den Erhebungen nach Absatz 1 Nr. 1 Buchstabe a und b
   a) für jeden Leistungsempfänger:
      Geschlecht; Geburtsmonat und -jahr; Staatsangehörigkeit; aufenthaltsrechtlicher Status;
   b) für Leistungsempfänger nach § 2 zusätzlich:
      Art und Form der Leistungen; sowie die Regelbedarfsstufe;
   c) für Leistungsempfänger nach § 3 zusätzlich:
      Form der Grundleistung; sowie Leistungsempfänger differenziert nach § 3 Absatz 1 Satz 8 Nummer 1 bis 6;
   d) für Haushalte und für einzelne Leistungsempfänger:
      Wohngemeinde und Gemeindeteil; Art des Trägers; Art der Unterbringung; Beginn der Leistungsgewährung nach Monat und Jahr; Art und Höhe des eingesetzten Einkommens und Vermögens;
   e) für Empfänger von Leistungen für Bildung und Teilhabe nach den §§ 2 und 3 Absatz 3 in Verbindung mit den §§ 34 bis 34b des Zwölften Buches Sozialgesetzbuch die Höhe dieser Leistungen unterteilt nach

aa) Schulausflügen von Schülerinnen und Schülern sowie Kindern, die eine Kindertageseinrichtung besuchen,
bb) mehrtägigen Klassenfahrten von Schülerinnen und Schülern sowie Kindern, die eine Kindertageseinrichtung besuchen,
cc) Ausstattung mit persönlichem Schulbedarf,
dd) Schülerbeförderung,
ee) Lernförderung,
ff) Mehraufwendungen für die Teilnahme an einer gemeinschaftlichen Mittagsverpflegung von Schülerinnen und Schülern in schulischer Verantwortung sowie von Kindern in einer Kindertageseinrichtung und in der Kindertagespflege,
gg) Teilhabe am sozialen und kulturellen Leben in der Gemeinschaft;
f) (aufgehoben)
g) bei Erhebungen zum Jahresende zusätzlich zu den unter den Buchstaben a bis d genannten Merkmalen:
Art und Form anderer Leistungen nach diesem Gesetz im Laufe und am Ende des Berichtsjahres; Beteiligung am Erwerbsleben;
2. bei den Erhebungen nach Absatz 1 Nr. 1 Buchstabe c für jeden Leistungsempfänger:
Geschlecht; Geburtsmonat und -jahr; Staatsangehörigkeit; aufenthaltsrechtlicher Status; Art und Form der Leistung im Laufe und am Ende des Berichtsjahres; Typ des Leistungsempfängers nach § 3 Absatz 1 Satz 8 Nummer 1 bis 6; Wohngemeinde und Gemeindeteil; Art des Trägers; Art der Unterbringung;
3. bei der Erhebung nach Absatz 1 Nr. 2:
Art des Trägers; Ausgaben nach Art und Form der Leistungen sowie Unterbringungsform; Einnahmen nach Einnahmearten und Unterbringungsform.

(3) [1]Hilfsmerkmale sind

1. Name und Anschrift des Auskunftspflichtigen,
2. für die Erhebungen nach Absatz 2 Nr. 1 die Kenn-Nummern der Leistungsempfänger,
3. Name und Telefonnummer der für eventuelle Rückfragen zur Verfügung stehenden Person.

²Die Kenn-Nummern nach Satz 1 Nr. 2 dienen der Prüfung der Richtigkeit der Statistik und der Fortschreibung der jeweils letzten Bestandserhebung. ³Sie enthalten keine Angaben über persönliche und sachliche Verhältnisse der Leistungsempfänger und sind zum frühestmöglichen Zeitpunkt, spätestens nach Abschluß der wiederkehrenden Bestandserhebung zu löschen.

(4) Die Erhebungen nach Absatz 2 Nummer 1 Buchstabe a bis d und g sowie nach Absatz 2 Nummer 2 und 3 sind jährlich durchzuführen. ²Die Angaben für die Erhebung

a) nach Absatz 2 Nr. 1 Buchstabe a bis d und g (Bestandserhebung) sind zum 31. Dezember,
b) (aufgehoben)
c) (aufgehoben)
d) nach Absatz 2 Nr. 2 und 3 sind für das abgelaufene Kalenderjahr

zu erteilen.

(5)¹Die Erhebungen nach Absatz 2 Nummer 1 Buchstabe e sind quartalsweise durchzuführen wobei gleichzeitig Geschlecht, Geburtsmonat und -jahr, Wohngemeinde und Gemeindeteil, Staatsangehörigkeit sowie aufenthaltsrechtlicher Status zu erheben sind. ²Dabei ist die Angabe zur Höhe der einzelnen Leistungen für jeden Monat eines Quartals gesondert zu erheben.

(6)¹Für die Erhebungen besteht Auskunftspflicht. ²Die Angaben nach Absatz 3 Satz 1 Nr. 3 sowie zum Gemeindeteil nach Absatz 2 Nr. 1 Buchstabe d und Absatz 2 Nr. 2 sowie nach Absatz 5 sind freiwillig. ³Auskunftspflichtig sind die für die Durchführung dieses Gesetzes zuständigen Stellen.

(7) Die Ergebnisse der Asylbewerberleistungsstatistik dürfen auf die einzelne Gemeinde bezogen veröffentlicht werden.

§ 13 Bußgeldvorschrift

(1) Ordnungswidrig handelt, wer vorsätzlich oder fahrlässig entgegen § 8a eine Meldung nicht, nicht richtig, nicht vollständig oder nicht rechtzeitig erstattet.

(2) Die Ordnungswidrigkeit kann mit einer Geldbuße bis zu fünftausend Euro geahndet werden.

§ 14 Dauer der Anspruchseinschränkung

(1) Die Anspruchseinschränkungen nach diesem Gesetz sind auf sechs Monate zu befristen.

(2) Im Anschluss ist die Anspruchseinschränkung bei fortbestehender Pflichtverletzung fortzusetzen, sofern die gesetzlichen Voraussetzungen der Anspruchseinschränkung weiterhin erfüllt werden.

V. AsylG (vorher Asylverfahrensgesetz)

Asylgesetz vom 26. Juni 1992 i.d.F. der Bekanntmachung vom 2. September 2008 (BGBl. I S. 1798), zuletzt geändert durch Art. 2 des Gesetzes zur besseren Durchsetzung der Ausreisepflicht vom 20. Juli 2017 (BGBl. I S. 2780)

Abschnitt 1. Geltungsbereich

§ 1 Geltungsbereich

(1) Dieses Gesetz gilt für Ausländer, die Folgendes beantragen:

1. Schutz vor politischer Verfolgung nach Artikel 16a Absatz 1 des Grundgesetzes oder
2. internationalen Schutz nach der Richtlinie 2011/95/EU des Europäischen Parlaments und des Rates vom 13. Dezember 2011 über Normen für die Anerkennung von Drittstaatsangehörigen oder Staatenlosen als Personen mit Anspruch auf internationalen Schutz, für einen einheitlichen Status für Flüchtlinge oder für Personen mit Anrecht auf subsidiären Schutz und für den Inhalt des zu gewährenden Schutzes (ABl. L 337 vom 20.12.2011, S. 9); der internationale Schutz im Sinne der Richtlinie 2011/95/EU umfasst den Schutz vor Verfolgung nach dem Abkommen vom 28. Juli 1951 über die Rechtsstellung der Flüchtlinge (BGBl. 1953 II S. 559, 560) und den subsidiären Schutz im Sinne der Richtlinie; der nach Maßgabe der Richtlinie 2004/83/EG des Rates vom 29. April 2004 über Mindestnormen für die Anerkennung und den Status von Drittstaatsangehörigen oder Staatenlosen als Flüchtlinge oder als Personen, die anderweitig internationalen Schutz benötigen, und über den Inhalt des zu gewährenden Schutzes (ABl. L 304 vom 30.9.2004, S. 12) gewährte internationale Schutz steht dem internationalen Schutz im Sinne der Richtlinie 2011/95/EU gleich; § 104 Absatz 9 des Aufenthaltsgesetzes bleibt unberührt.

(2) Dieses Gesetz gilt nicht für heimatlose Ausländer im Sinne des Gesetzes über die Rechtsstellung heimatloser Ausländer im Bundesgebiet in der im

Bundesgesetzblatt Teil III, Gliederungsnummer 243-1, veröffentlichten bereinigten Fassung in der jeweils geltenden Fassung.

Abschnitt 2. Schutzgewährung
Unterabschnitt 1. Asyl

§ 2 Rechtsstellung Asylberechtigter

(1) Asylberechtigte genießen im Bundesgebiet die Rechtsstellung nach dem Abkommen über die Rechtsstellung der Flüchtlinge.

(2) Unberührt bleiben die Vorschriften, die den Asylberechtigten eine günstigere Rechtsstellung einräumen.

(3) Ausländer, denen bis zum Wirksamwerden des Beitritts in dem in Artikel 3 des Einigungsvertrages genannten Gebiet Asyl gewährt worden ist, gelten als Asylberechtigte.

Unterabschnitt 2. Internationaler Schutz

§ 3 Zuerkennung der Flüchtlingseigenschaft

(1) Ein Ausländer ist Flüchtling im Sinne des Abkommens vom 28. Juli 1951 über die Rechtsstellung der Flüchtlinge (BGBl. 1953 II S. 559, 560), wenn er sich

1. aus begründeter Furcht vor Verfolgung wegen seiner Rasse, Religion, Nationalität, politischen Überzeugung oder Zugehörigkeit zu einer bestimmten sozialen Gruppe
2. außerhalb des Landes (Herkunftsland) befindet,
    a) dessen Staatsangehörigkeit er besitzt und dessen Schutz er nicht in Anspruch nehmen kann oder wegen dieser Furcht nicht in Anspruch nehmen will oder
    b) in dem er als Staatenloser seinen vorherigen gewöhnlichen Aufenthalt hatte und in das er nicht zurückkehren kann oder wegen dieser Furcht nicht zurückkehren will.

(2) ¹Ein Ausländer ist nicht Flüchtling nach Absatz 1, wenn aus schwerwiegenden Gründen die Annahme gerechtfertigt ist, dass er

1. ein Verbrechen gegen den Frieden, ein Kriegsverbrechen oder ein Verbrechen gegen die Menschlichkeit begangen hat im Sinne der internationalen Vertragswerke, die ausgearbeitet worden sind, um Bestimmungen bezüglich dieser Verbrechen zu treffen,
2. vor seiner Aufnahme als Flüchtling eine schwere nichtpolitische Straftat außerhalb des Bundesgebiets begangen hat, insbesondere eine grausame Handlung, auch wenn mit ihr vorgeblich politische Ziele verfolgt wurden, oder
3. den Zielen und Grundsätzen der Vereinten Nationen zuwidergehandelt hat.

²Satz 1 gilt auch für Ausländer, die andere zu den darin genannten Straftaten oder Handlungen angestiftet oder sich in sonstiger Weise daran beteiligt haben.

(3) ¹Ein Ausländer ist auch nicht Flüchtling nach Absatz 1, wenn er den Schutz oder Beistand einer Organisation oder einer Einrichtung der Vereinten Nationen mit Ausnahme des Hohen Kommissars der Vereinten Nationen für Flüchtlinge nach Artikel 1 Abschnitt D des Abkommens über die Rechtsstellung der Flüchtlinge genießt. ²Wird ein solcher Schutz oder Beistand nicht länger gewährt, ohne dass die Lage des Betroffenen gemäß den einschlägigen Resolutionen der Generalversammlung der Vereinten Nationen endgültig geklärt worden ist, sind die Absätze 1 und 2 anwendbar.

(4) Einem Ausländer, der Flüchtling nach Absatz 1 ist, wird die Flüchtlingseigenschaft zuerkannt, es sei denn, er erfüllt die Voraussetzungen des § 60 Abs. 8 Satz 1 des Aufenthaltsgesetzes oder das Bundesamt hat nach § 60 Absatz 8 Satz 3 des Aufenthaltsgesetzes von der Anwendung des § 60 Absatz 1 des Aufenthaltsgesetzes abgesehen.

§ 3a Verfolgungshandlungen

(1) Als Verfolgung im Sinne des § 3 Absatz 1 gelten Handlungen, die

1. auf Grund ihrer Art oder Wiederholung so gravierend sind, dass sie eine schwerwiegende Verletzung der grundlegenden Menschenrechte darstellen, insbesondere der Rechte, von denen nach Artikel 15 Ab-

satz 2 der Konvention vom 4. November 1950 zum Schutze der Menschenrechte und Grundfreiheiten (BGBl. 1952 II S. 685, 953) keine Abweichung zulässig ist, oder
2. in einer Kumulierung unterschiedlicher Maßnahmen, einschließlich einer Verletzung der Menschenrechte, bestehen, die so gravierend ist, dass eine Person davon in ähnlicher wie der in Nummer 1 beschriebenen Weise betroffen ist.

(2) Als Verfolgung im Sinne des Absatzes 1 können unter anderem die folgenden Handlungen gelten:

1. die Anwendung physischer oder psychischer Gewalt, einschließlich sexueller Gewalt,
2. gesetzliche, administrative, polizeiliche oder justizielle Maßnahmen, die als solche diskriminierend sind oder in diskriminierender Weise angewandt werden,
3. unverhältnismäßige oder diskriminierende Strafverfolgung oder Bestrafung,
4. Verweigerung gerichtlichen Rechtsschutzes mit dem Ergebnis einer unverhältnismäßigen oder diskriminierenden Bestrafung,
5. Strafverfolgung oder Bestrafung wegen Verweigerung des Militärdienstes in einem Konflikt, wenn der Militärdienst Verbrechen oder Handlungen umfassen würde, die unter die Ausschlussklauseln des § 3 Absatz 2 fallen,
6. Handlungen, die an die Geschlechtszugehörigkeit anknüpfen oder gegen Kinder gerichtet sind.

(3) Zwischen den in § 3 Absatz 1 Nummer 1 in Verbindung mit den in § 3b genannten Verfolgungsgründen und den in den Absätzen 1 und 2 als Verfolgung eingestuften Handlungen oder dem Fehlen von Schutz vor solchen Handlungen muss eine Verknüpfung bestehen.

§ 3b Verfolgungsgründe

(1) Bei der Prüfung der Verfolgungsgründe nach § 3 Absatz 1 Nummer 1 ist Folgendes zu berücksichtigen:

1. der Begriff der Rasse umfasst insbesondere die Aspekte Hautfarbe, Herkunft und Zugehörigkeit zu einer bestimmten ethnischen Gruppe;

V. AsylG (vorher Asylverfahrensgesetz)

2. der Begriff der Religion umfasst insbesondere theistische, nichttheistische und atheistische Glaubensüberzeugungen, die Teilnahme oder Nichtteilnahme an religiösen Riten im privaten oder öffentlichen Bereich, allein oder in Gemeinschaft mit anderen, sonstige religiöse Betätigungen oder Meinungsäußerungen und Verhaltensweisen Einzelner oder einer Gemeinschaft, die sich auf eine religiöse Überzeugung stützen oder nach dieser vorgeschrieben sind;
3. der Begriff der Nationalität beschränkt sich nicht auf die Staatsangehörigkeit oder das Fehlen einer solchen, sondern bezeichnet insbesondere auch die Zugehörigkeit zu einer Gruppe, die durch ihre kulturelle, ethnische oder sprachliche Identität, gemeinsame geografische oder politische Herkunft oder ihre Verwandtschaft mit der Bevölkerung eines anderen Staates bestimmt wird;
4. eine Gruppe gilt insbesondere als eine bestimmte soziale Gruppe, wenn
   a) die Mitglieder dieser Gruppe angeborene Merkmale oder einen gemeinsamen Hintergrund, der nicht verändert werden kann, gemein haben oder Merkmale oder eine Glaubensüberzeugung teilen, die so bedeutsam für die Identität oder das Gewissen sind, dass der Betreffende nicht gezwungen werden sollte, auf sie zu verzichten, und
   b) die Gruppe in dem betreffenden Land eine deutlich abgegrenzte Identität hat, da sie von der sie umgebenden Gesellschaft als andersartig betrachtet wird;

   als eine bestimmte soziale Gruppe kann auch eine Gruppe gelten, die sich auf das gemeinsame Merkmal der sexuellen Orientierung gründet; Handlungen, die nach deutschem Recht als strafbar gelten, fallen nicht darunter; eine Verfolgung wegen der Zugehörigkeit zu einer bestimmten sozialen Gruppe kann auch vorliegen, wenn sie allein an das Geschlecht oder die geschlechtliche Identität anknüpft;
5. unter dem Begriff der politischen Überzeugung ist insbesondere zu verstehen, dass der Ausländer in einer Angelegenheit, die die in § 3c genannten potenziellen Verfolger sowie deren Politiken oder Verfahren betrifft, eine Meinung, Grundhaltung oder Überzeugung vertritt, wobei es unerheblich ist, ob er auf Grund dieser Meinung, Grundhaltung oder Überzeugung tätig geworden ist.

(2) Bei der Bewertung der Frage, ob die Furcht eines Ausländers vor Verfolgung begründet ist, ist es unerheblich, ob er tatsächlich die Merkmale der Rasse oder die religiösen, nationalen, sozialen oder politischen Merkmale aufweist, die zur Verfolgung führen, sofern ihm diese Merkmale von seinem Verfolger zugeschrieben werden.

§ 3c Akteure, von denen Verfolgung ausgehen kann

Die Verfolgung kann ausgehen von

1. dem Staat,
2. Parteien oder Organisationen, die den Staat oder einen wesentlichen Teil des Staatsgebiets beherrschen, oder
3. nichtstaatlichen Akteuren, sofern die in den Nummern 1 und 2 genannten Akteure einschließlich internationaler Organisationen erwiesenermaßen nicht in der Lage oder nicht willens sind, im Sinne des § 3d Schutz vor Verfolgung zu bieten, und dies unabhängig davon, ob in dem Land eine staatliche Herrschaftsmacht vorhanden ist oder nicht.

§ 3d Akteure, die Schutz bieten können

(1) Schutz vor Verfolgung kann nur geboten werden

1. vom Staat oder
2. von Parteien oder Organisationen einschließlich internationaler Organisationen, die den Staat oder einen wesentlichen Teil des Staatsgebiets beherrschen,

sofern sie willens und in der Lage sind, Schutz gemäß Absatz 2 zu bieten.

(2) ¹Der Schutz vor Verfolgung muss wirksam und darf nicht nur vorübergehender Art sein. ²Generell ist ein solcher Schutz gewährleistet, wenn die in Absatz 1 genannten Akteure geeignete Schritte einleiten, um die Verfolgung zu verhindern, beispielsweise durch wirksame Rechtsvorschriften zur Ermittlung, Strafverfolgung und Ahndung von Handlungen, die eine Verfolgung darstellen, und wenn der Ausländer Zugang zu diesem Schutz hat.

(3) Bei der Beurteilung der Frage, ob eine internationale Organisation einen Staat oder einen wesentlichen Teil seines Staatsgebiets beherrscht und den

V. AsylG (vorher Asylverfahrensgesetz)

in Absatz 2 genannten Schutz bietet, sind etwaige in einschlägigen Rechtsakten der Europäischen Union aufgestellte Leitlinien heranzuziehen.

§ 3e Interner Schutz

(1) Dem Ausländer wird die Flüchtlingseigenschaft nicht zuerkannt, wenn er

1. in einem Teil seines Herkunftslandes keine begründete Furcht vor Verfolgung oder Zugang zu Schutz vor Verfolgung nach § 3d hat und
2. sicher und legal in diesen Landesteil reisen kann, dort aufgenommen wird und vernünftigerweise erwartet werden kann, dass er sich dort niederlässt.

(2) ¹Bei der Prüfung der Frage, ob ein Teil des Herkunftslandes die Voraussetzungen nach Absatz 1 erfüllt, sind die dortigen allgemeinen Gegebenheiten und die persönlichen Umstände des Ausländers gemäß Artikel 4 der Richtlinie 2011/95/EU zum Zeitpunkt der Entscheidung über den Antrag zu berücksichtigen. ²Zu diesem Zweck sind genaue und aktuelle Informationen aus relevanten Quellen, wie etwa Informationen des Hohen Kommissars der Vereinten Nationen für Flüchtlinge oder des Europäischen Unterstützungsbüros für Asylfragen, einzuholen.

§ 4 Subsidiärer Schutz

(1) ¹Ein Ausländer ist subsidiär Schutzberechtigter, wenn er stichhaltige Gründe für die Annahme vorgebracht hat, dass ihm in seinem Herkunftsland ein ernsthafter Schaden droht. ²Als ernsthafter Schaden gilt:

1. die Verhängung oder Vollstreckung der Todesstrafe,
2. Folter oder unmenschliche oder erniedrigende Behandlung oder Bestrafung oder
3. eine ernsthafte individuelle Bedrohung des Lebens oder der Unversehrtheit einer Zivilperson infolge willkürlicher Gewalt im Rahmen eines internationalen oder innerstaatlichen bewaffneten Konflikts.

(2) ¹Ein Ausländer ist von der Zuerkennung subsidiären Schutzes nach Absatz 1 ausgeschlossen, wenn schwerwiegende Gründe die Annahme rechtfertigen, dass er

1. ein Verbrechen gegen den Frieden, ein Kriegsverbrechen oder ein Verbrechen gegen die Menschlichkeit im Sinne der internationalen Vertragswerke begangen hat, die ausgearbeitet worden sind, um Bestimmungen bezüglich dieser Verbrechen festzulegen,
2. eine schwere Straftat begangen hat,
3. sich Handlungen zuschulden kommen lassen hat, die den Zielen und Grundsätzen der Vereinten Nationen, wie sie in der Präambel und den Artikeln 1 und 2 der Charta der Vereinten Nationen (BGBl. 1973 II S. 430, 431) verankert sind, zuwiderlaufen oder
4. eine Gefahr für die Allgemeinheit oder für die Sicherheit der Bundesrepublik Deutschland darstellt.

²Diese Ausschlussgründe gelten auch für Ausländer, die andere zu den genannten Straftaten oder Handlungen anstiften oder sich in sonstiger Weise daran beteiligen.

(3) ¹Die §§ 3c bis 3e gelten entsprechend. ²An die Stelle der Verfolgung, des Schutzes vor Verfolgung beziehungsweise der begründeten Furcht vor Verfolgung treten die Gefahr eines ernsthaften Schadens, der Schutz vor einem ernsthaften Schaden beziehungsweise die tatsächliche Gefahr eines ernsthaften Schadens; an die Stelle der Flüchtlingseigenschaft tritt der subsidiäre Schutz.

Abschnitt 3. Allgemeine Bestimmungen

§ 5 Bundesamt

(1) ¹Über Asylanträge entscheidet das Bundesamt für Migration und Flüchtlinge (Bundesamt). ²Es ist nach Maßgabe dieses Gesetzes auch für ausländerrechtliche Maßnahmen und Entscheidungen zuständig.

(2) ¹Das Bundesministerium des Innern bestellt den Leiter des Bundesamtes. ²Dieser sorgt für die ordnungsgemäße Organisation der Asylverfahren.

(3) ¹Der Leiter des Bundesamtes soll bei jeder Zentralen Aufnahmeeinrichtung für Asylbewerber (Aufnahmeeinrichtung) mit mindestens 1 000 dauerhaften Unterbringungsplätzen in Abstimmung mit dem Land eine

V. AsylG (vorher Asylverfahrensgesetz)

Außenstelle einrichten. ²Er kann in Abstimmung mit den Ländern weitere Außenstellen einrichten.

(4) ¹Der Leiter des Bundesamtes kann mit den Ländern vereinbaren, ihm sachliche und personelle Mittel zur notwendigen Erfüllung seiner Aufgaben in den Außenstellen zur Verfügung zu stellen. ²Die ihm zur Verfügung gestellten Bediensteten unterliegen im gleichen Umfang seinen fachlichen Weisungen wie die Bediensteten des Bundesamtes. ³Die näheren Einzelheiten sind in einer Verwaltungsvereinbarung zwischen dem Bund und dem Land zu regeln.

(5) ¹Der Leiter des Bundesamtes kann mit den Ländern vereinbaren, dass in einer Aufnahmeeinrichtung Ausländer untergebracht werden, deren Verfahren beschleunigt nach § 30a bearbeitet werden sollen (besondere Aufnahmeeinrichtungen). ²Das Bundesamt richtet Außenstellen bei den besonderen Aufnahmeeinrichtungen nach Satz 1 ein oder ordnet sie diesen zu. ³Auf besondere Aufnahmeeinrichtungen finden die für Aufnahmeeinrichtungen geltenden Regelungen Anwendung, soweit nicht in diesem Gesetz oder einer anderen Rechtsvorschrift etwas anderes bestimmt wird.

§ 6 Verbindlichkeit asylrechtlicher Entscheidungen

¹Die Entscheidung über den Asylantrag ist in allen Angelegenheiten verbindlich, in denen die Anerkennung als Asylberechtigter oder die Zuerkennung des internationalen Schutzes im Sinne des § 1 Absatz 1 Nummer 2 rechtserheblich ist. ²Dies gilt nicht für das Auslieferungsverfahren sowie das Verfahren nach § 58a des Aufenthaltsgesetzes.

§ 7 Erhebung personenbezogener Daten

(1) ¹Die mit der Ausführung dieses Gesetzes betrauten Behörden dürfen zum Zwecke der Ausführung dieses Gesetzes personenbezogene Daten erheben, soweit dies zur Erfüllung ihrer Aufgaben erforderlich ist. ²Daten im Sinne des § 3 Abs. 9 des Bundesdatenschutzgesetzes sowie entsprechender Vorschriften der Datenschutzgesetze der Länder dürfen erhoben werden, soweit dies im Einzelfall zur Aufgabenerfüllung erforderlich ist.

(2) ¹Die Daten sind beim Betroffenen zu erheben. Sie dürfen auch ohne Mitwirkung des Betroffenen bei anderen öffentlichen Stellen, ausländischen Behörden und nichtöffentlichen Stellen erhoben werden, wenn

1. dieses Gesetz oder eine andere Rechtsvorschrift es vorsieht oder zwingend voraussetzt,
2. es offensichtlich ist, dass es im Interesse des Betroffenen liegt und kein Grund zu der Annahme besteht, dass er in Kenntnis der Erhebung seine Einwilligung verweigern würde,
3. die Mitwirkung des Betroffenen nicht ausreicht oder einen unverhältnismäßigen Aufwand erfordern würde,
4. die zu erfüllende Aufgabe ihrer Art nach eine Erhebung bei anderen Personen oder Stellen erforderlich macht oder
5. es zur Überprüfung der Angaben des Betroffenen erforderlich ist.

²Nach Satz 2 Nr. 3 und 4 sowie bei ausländischen Behörden und nichtöffentlichen Stellen dürfen Daten nur erhoben werden, wenn keine Anhaltspunkte dafür bestehen, dass überwiegende schutzwürdige Interessen des Betroffenen beeinträchtigt werden.

(3) ¹Die Asylverfahrensakten des Bundesamtes sind spätestens zehn Jahre nach unanfechtbarem Abschluss des Asylverfahrens zu vernichten sowie in den Datenverarbeitungssystemen des Bundesamtes zu löschen. ²Die Fristen zur Vernichtung und Löschung aufgrund anderer Vorschriften bleiben davon unberührt.

§ 8 Übermittlung personenbezogener Daten

(1) Öffentliche Stellen haben auf Ersuchen (§ 7 Abs. 1) den mit der Ausführung dieses Gesetzes betrauten Behörden ihnen bekannt gewordene Umstände mitzuteilen, soweit besondere gesetzliche Verwendungsregelungen oder überwiegende schutzwürdige Interessen des Betroffenen nicht entgegenstehen.

(1a) Die für die Einleitung eines Strafverfahrens zuständigen Stellen haben in Strafsachen gegen den Betroffenen das Bundesamt unverzüglich zu unterrichten über

1. die Erhebung der öffentlichen Klage, wenn eine Freiheitsstrafe von mindestens drei Jahren zu erwarten ist,

V. AsylG (vorher Asylverfahrensgesetz)

2. die Erhebung der öffentlichen Klage wegen einer oder mehrerer vorsätzlicher Straftaten gegen das Leben, die körperliche Unversehrtheit, die sexuelle Selbstbestimmung, das Eigentum oder wegen Widerstands gegen Vollstreckungsbeamte, sofern die Straftat mit Gewalt, unter Anwendung von Drohung mit Gefahr für Leib oder Leben oder mit List begangen worden ist oder eine Straftat nach § 177 des Strafgesetzbuches ist, wenn eine Freiheits- oder Jugendstrafe von mindestens einem Jahr zu erwarten ist, und
3. die Erledigung eines Strafverfahrens
    a) durch eine rechtskräftige Verurteilung zu einer Freiheitsstrafe von mindestens drei Jahren,
    b) durch eine rechtskräftige Verurteilung zu einer Freiheits- oder Jugendstrafe von mindestens einem Jahr wegen einer oder mehrerer vorsätzlicher Straftaten gegen das Leben, die körperliche Unversehrtheit, die sexuelle Selbstbestimmung, das Eigentum oder wegen Widerstands gegen Vollstreckungsbeamte, sofern die Straftat mit Gewalt, unter Anwendung von Drohung mit Gefahr für Leib oder Leben oder mit List begangen worden ist oder eine Straftat nach § 177 des Strafgesetzbuches ist, oder
    c) in sonstiger Weise im Falle einer vorausgegangenen Unterrichtung nach Nummer 1 oder 2.

(1b) Die oberste Landesbehörde oder die von ihr bestimmte Stelle kann dem Bundesamt personenbezogene Informationen über körperliche, seelische, geistige oder Sinnesbeeinträchtigungen eines Ausländers übermitteln, deren Kenntnis für das Bundesamt zur ordnungsgemäßen Durchführung der Anhörung erforderlich ist. Die Daten dürfen nur zu diesem Zweck verwendet werden und sind anschließend zu löschen.

(1c) [1]Die Träger der Grundsicherung für Arbeitsuchende, die mit der polizeilichen Kontrolle des grenzüberschreitenden Verkehrs beauftragten Behörden, die Ausländerbehörden und die deutschen Auslandsvertretungen teilen den mit der Ausführung dieses Gesetzes betrauten Behörden mit, wenn sie von Umständen Kenntnis erlangt haben, dass ein Asylberechtigter oder ein Ausländer, dem internationaler Schutz im Sinne des § 1 Absatz 1 Nummer 2 zuerkannt worden ist, in sein Herkunftsland (§ 3 Absatz 1 Nummer 2) gereist ist. [2]Die nach Satz 1 übermittelten Informationen dürfen nur für die Prüfung genutzt werden, ob die Voraussetzungen für einen Widerruf oder eine Rücknahme der Asylberechtigung oder des internationalen Schutzes vorliegen.

V. AsylG (vorher Asylverfahrensgesetz)

(2) Die zuständigen Behörden unterrichten das Bundesamt unverzüglich über ein förmliches Auslieferungsersuchen und ein mit der Ankündigung des Auslieferungsersuchens verbundenes Festnahmeersuchen eines anderen Staates sowie über den Abschluss des Auslieferungsverfahrens, wenn der Ausländer einen Asylantrag gestellt hat.

(2a) Die mit der Ausführung dieses Gesetzes betrauten Behörden teilen Umstände und Maßnahmen nach diesem Gesetz, deren Kenntnis für die Leistung an Leistungsberechtigte des Asylbewerberleistungsgesetzes erforderlich ist, sowie die ihnen mitgeteilten Erteilungen von Arbeitserlaubnissen an diese Personen und Angaben über das Erlöschen, den Widerruf oder die Rücknahme der Arbeitserlaubnisse den nach § 10 des Asylbewerberleistungsgesetzes zuständigen Behörden mit.

(3) ¹Die nach diesem Gesetz erhobenen Daten dürfen auch

1. zur Ausführung des Aufenthaltsgesetzes,
2. zur gesundheitlichen Betreuung und Versorgung von Asylbewerbern,
3. für Maßnahmen der Strafverfolgung,
4. zur Abwehr von erheblichen Gefahren für Leib und Leben des Asylbewerbers oder von Dritten und
5. auf Ersuchen zur Verfolgung von Ordnungswidrigkeiten

den damit betrauten öffentlichen Stellen, soweit es zur Erfüllung der in ihrer Zuständigkeit liegenden Aufgaben erforderlich ist, übermittelt und von diesen dafür verarbeitet und genutzt werden. ²Sie dürfen an eine in § 35 Abs. 1 des Ersten Buches Sozialgesetzbuch genannte Stelle übermittelt und von dieser verarbeitet und genutzt werden, soweit dies für die Aufdeckung und Verfolgung von unberechtigtem Bezug von Leistungen nach dem Zwölften Buch Sozialgesetzbuch, von Leistungen der Kranken- und Unfallversicherungsträger oder von Arbeitslosengeld oder Leistungen zur Sicherung des Lebensunterhalts nach dem Zweiten Buch Sozialgesetzbuch erforderlich ist und wenn tatsächliche Anhaltspunkte für einen unberechtigten Bezug vorliegen. ³Die nach diesem Gesetz erhobenen Daten dürfen der Bundesagentur für Arbeit übermittelt und von dieser verarbeitet und genutzt werden, soweit dies zur Erfüllung von Aufgaben nach dem Dritten Buch Sozialgesetzbuch erforderlich ist. ⁴§ 88 Abs. 1 bis 3 des Aufenthaltsgesetzes findet entsprechende Anwendung.

(4) Die Übermittlung und Verarbeitung der im Asylverfahren erfassten Daten sind zulässig, soweit dies für die Entscheidung des Bundesamtes über die Zulassung zum Integrationskurs nach § 44 Absatz 4 des Aufenthaltsgesetzes oder zu einer Maßnahme der berufsbezogenen Deutschsprachförderung nach § 45a Absatz 2 Satz 3 und 4 des Aufenthaltsgesetzes erforderlich ist.

(5) Eine Datenübermittlung auf Grund anderer gesetzlicher Vorschriften bleibt unberührt.

(6) Die Regelung des § 20 Abs. 5 des Bundesdatenschutzgesetzes sowie entsprechende Vorschriften der Datenschutzgesetze der Länder finden keine Anwendung.

§ 9 Hoher Flüchtlingskommissar der Vereinten Nationen

(1) ¹Der Ausländer kann sich an den Hohen Flüchtlingskommissar der Vereinten Nationen wenden. ²Dieser kann in Einzelfällen in Verfahren beim Bundesamt Stellung nehmen. ³Er kann Ausländer aufsuchen, auch wenn sie sich in Gewahrsam befinden oder sich im Transitbereich eines Flughafens aufhalten.

(2) Das Bundesamt übermittelt dem Hohen Flüchtlingskommissar der Vereinten Nationen auf dessen Ersuchen die erforderlichen Informationen zur Erfüllung seiner Aufgaben nach Artikel 35 des Abkommens über die Rechtsstellung der Flüchtlinge.

(3) Entscheidungen über Asylanträge und sonstige Angaben, insbesondere die vorgetragenen Verfolgungsgründe, dürfen, außer in anonymisierter Form, nur übermittelt werden, wenn sich der Ausländer selbst an den Hohen Flüchtlingskommissar der Vereinten Nationen gewandt hat oder die Einwilligung des Ausländers anderweitig nachgewiesen ist.

(4) Die Daten dürfen nur zu dem Zweck verwendet werden, zu dem sie übermittelt wurden.

(5) Die Absätze 1 bis 4 gelten entsprechend für Organisationen, die im Auftrag des Hohen Flüchtlingskommissars der Vereinten Nationen auf der Grundlage einer Vereinbarung mit der Bundesrepublik Deutschland im Bundesgebiet tätig sind.

V. AsylG (vorher Asylverfahrensgesetz)

§ 10 Zustellungsvorschriften

(1) Der Ausländer hat während der Dauer des Asylverfahrens vorzusorgen, dass ihn Mitteilungen des Bundesamtes, der zuständigen Ausländerbehörde und der angerufenen Gerichte stets erreichen können; insbesondere hat er jeden Wechsel seiner Anschrift den genannten Stellen unverzüglich anzuzeigen.

(2) ¹Der Ausländer muss Zustellungen und formlose Mitteilungen unter der letzten Anschrift, die der jeweiligen Stelle auf Grund seines Asylantrags oder seiner Mitteilung bekannt ist, gegen sich gelten lassen, wenn er für das Verfahren weder einen Bevollmächtigten bestellt noch einen Empfangsberechtigten benannt hat oder diesen nicht zugestellt werden kann. ²Das Gleiche gilt, wenn die letzte bekannte Anschrift, unter der der Ausländer wohnt oder zu wohnen verpflichtet ist, durch eine öffentliche Stelle mitgeteilt worden ist. ³Der Ausländer muss Zustellungen und formlose Mitteilungen anderer als der in Absatz 1 bezeichneten öffentlichen Stellen unter der Anschrift gegen sich gelten lassen, unter der er nach den Sätzen 1 und 2 Zustellungen und formlose Mitteilungen des Bundesamtes gegen sich gelten lassen muss. ⁴Kann die Sendung dem Ausländer nicht zugestellt werden, so gilt die Zustellung mit der Aufgabe zur Post als bewirkt, selbst wenn die Sendung als unzustellbar zurückkommt.

(3) ¹Betreiben Familienangehörige im Sinne des § 26 Absatz 1 bis 3 ein gemeinsames Asylverfahren und ist nach Absatz 2 für alle Familienangehörigen dieselbe Anschrift maßgebend, können für sie bestimmte Entscheidungen und Mitteilungen in einem Bescheid oder einer Mitteilung zusammengefasst und einem Familienangehörigen zugestellt werden, sofern er volljährig ist. ²In der Anschrift sind alle volljährigen Familienangehörigen zu nennen, für die die Entscheidung oder Mitteilung bestimmt ist. ³In der Entscheidung oder Mitteilung ist ausdrücklich darauf hinzuweisen, gegenüber welchen Familienangehörigen sie gilt.

(4) ¹In einer Aufnahmeeinrichtung hat diese Zustellungen und formlose Mitteilungen an die Ausländer, die nach Maßgabe des Absatzes 2 Zustellungen und formlose Mitteilungen unter der Anschrift der Aufnahmeeinrichtung gegen sich gelten lassen müssen, vorzunehmen. Postausgabe- und Postverteilungszeiten sind für jeden Werktag durch Aushang bekannt zu machen. ²Der Ausländer hat sicherzustellen, dass ihm Posteingänge während der Postausgabe- und Postverteilungszeiten in der Aufnahmeeinrichtung aus-

V. AsylG (vorher Asylverfahrensgesetz)

gehändigt werden können. ³Zustellungen und formlose Mitteilungen sind mit der Aushändigung an den Ausländer bewirkt; im Übrigen gelten sie am dritten Tag nach Übergabe an die Aufnahmeeinrichtung als bewirkt.

(5) Die Vorschriften über die Ersatzzustellung bleiben unberührt.

(6) ¹Müsste eine Zustellung außerhalb des Bundesgebiets erfolgen, so ist durch öffentliche Bekanntmachung zuzustellen. ²Die Vorschriften des § 10 Abs. 1 Satz 2 und Abs. 2 des Verwaltungszustellungsgesetzes finden Anwendung.

(7) Der Ausländer ist bei der Antragstellung schriftlich und gegen Empfangsbestätigung auf diese Zustellungsvorschriften hinzuweisen.

§ 11 Ausschluss des Widerspruchs
Gegen Maßnahmen und Entscheidungen nach diesem Gesetz findet kein Widerspruch statt.

§ 11a Vorübergehende Aussetzung von Entscheidungen
¹Das Bundesministerium des Innern kann Entscheidungen des Bundesamtes nach diesem Gesetz zu bestimmten Herkunftsländern für die Dauer von sechs Monaten vorübergehend aussetzen, wenn die Beurteilung der asyl- und abschiebungsrelevanten Lage besonderer Aufklärung bedarf. ²Die Aussetzung nach Satz 1 kann verlängert werden.

Abschnitt 4. Asylverfahren
Unterabschnitt 1. Allgemeine Verfahrensvorschriften

§ 12 Handlungsfähigkeit
(1) Fähig zur Vornahme von Verfahrenshandlungen nach diesem Gesetz ist ein volljähriger Ausländer, sofern er nicht nach Maßgabe des Bürgerlichen Gesetzbuches geschäftsunfähig oder in dieser Angelegenheit zu betreuen und einem Einwilligungsvorbehalt zu unterstellen wäre.

(2) ¹Bei der Anwendung dieses Gesetzes sind die Vorschriften des Bürgerlichen Gesetzbuches dafür maßgebend, ob ein Ausländer als minderjährig oder volljährig anzusehen ist. ²Die Geschäftsfähigkeit und die sonstige rechtliche Handlungsfähigkeit eines nach dem Recht seines Heimatstaates volljährigen Ausländers bleiben davon unberührt.

(3) Im Asylverfahren ist vorbehaltlich einer abweichenden Entscheidung des Familiengerichts jeder Elternteil zur Vertretung eines minderjährigen Kindes befugt, wenn sich der andere Elternteil nicht im Bundesgebiet aufhält oder sein Aufenthaltsort im Bundesgebiet unbekannt ist.

§ 13 Asylantrag

(1) Ein Asylantrag liegt vor, wenn sich dem schriftlich, mündlich oder auf andere Weise geäußerten Willen des Ausländers entnehmen lässt, dass er im Bundesgebiet Schutz vor politischer Verfolgung sucht oder dass er Schutz vor Abschiebung oder einer sonstigen Rückführung in einen Staat begehrt, in dem ihm eine Verfolgung im Sinne des § 3 Absatz 1 oder ein ernsthafter Schaden im Sinne des § 4 Absatz 1 droht.

(2) ¹Mit jedem Asylantrag wird die Anerkennung als Asylberechtigter sowie internationaler Schutz im Sinne des § 1 Absatz 1 Nummer 2 beantragt. ²Der Ausländer kann den Asylantrag auf die Zuerkennung internationalen Schutzes beschränken. ³Er ist über die Folgen einer Beschränkung des Antrags zu belehren. ⁴§ 24 Absatz 2 bleibt unberührt.

(3) ¹Ein Ausländer, der nicht im Besitz der erforderlichen Einreisepapiere ist, hat an der Grenze um Asyl nachzusuchen (§ 18). ²Im Falle der unerlaubten Einreise hat er sich unverzüglich bei einer Aufnahmeeinrichtung zu melden (§ 22) oder bei der Ausländerbehörde oder der Polizei um Asyl nachzusuchen (§ 19).

§ 14 Antragstellung

(1) ¹Der Asylantrag ist bei der Außenstelle des Bundesamtes zu stellen, die der für die Aufnahme des Ausländers zuständigen Aufnahmeeinrichtung zugeordnet ist. ²Das Bundesamt kann den Ausländer in Abstimmung mit der von der obersten Landesbehörde bestimmten Stelle verpflichten, seinen Asylantrag bei einer anderen Außenstelle zu stellen. ³Der Ausländer ist

V. AsylG (vorher Asylverfahrensgesetz)

vor der Antragstellung schriftlich und gegen Empfangsbestätigung darauf hinzuweisen, dass nach Rücknahme oder unanfechtbarer Ablehnung seines Asylantrages die Erteilung eines Aufenthaltstitels gemäß § 10 Abs. 3 des Aufenthaltsgesetzes Beschränkungen unterliegt. ⁴In Fällen des Absatzes 2 Satz 1 Nr. 2 ist der Hinweis unverzüglich nachzuholen.

(2) ¹Der Asylantrag ist beim Bundesamt zu stellen, wenn der Ausländer

1. einen Aufenthaltstitel mit einer Gesamtgeltungsdauer von mehr als sechs Monaten besitzt,
2. sich in Haft oder sonstigem öffentlichem Gewahrsam, in einem Krankenhaus, einer Heil- oder Pflegeanstalt oder in einer Jugendhilfeeinrichtung befindet, oder
3. minderjährig ist und sein gesetzlicher Vertreter nicht verpflichtet ist, in einer Aufnahmeeinrichtung zu wohnen.

²Die Ausländerbehörde leitet einen bei ihr eingereichten schriftlichen Antrag unverzüglich dem Bundesamt zu. ³Das Bundesamt bestimmt die für die Bearbeitung des Asylantrags zuständige Außenstelle.

(3) ¹Befindet sich der Ausländer in den Fällen des Absatzes 2 Satz 1 Nr. 2 in

1. Untersuchungshaft,
2. Strafhaft,
3. Vorbereitungshaft nach § 62 Absatz 2 des Aufenthaltsgesetzes,
4. Sicherungshaft nach § 62 Absatz 3 Satz 1 Nr. 1 des Aufenthaltsgesetzes, weil er sich nach der unerlaubten Einreise länger als einen Monat ohne Aufenthaltstitel im Bundesgebiet aufgehalten hat,
5. Sicherungshaft nach § 62 Absatz 3 Satz 1 Nr. 1a bis 5 des Aufenthaltsgesetzes,

steht die Asylantragstellung der Anordnung oder Aufrechterhaltung von Abschiebungshaft nicht entgegen. ²Dem Ausländer ist unverzüglich Gelegenheit zu geben, mit einem Rechtsbeistand seiner Wahl Verbindung aufzunehmen, es sei denn, er hat sich selbst vorher anwaltlichen Beistands versichert. ³Die Abschiebungshaft endet mit der Zustellung der Entscheidung des Bundesamtes, spätestens jedoch vier Wochen nach Eingang des Asylantrags beim Bundesamt, es sei denn, es wurde auf Grund von Rechtsvorschriften der Europäischen Gemeinschaft oder eines völkerrechtlichen Vertrages über die Zuständigkeit für die Durchführung von Asylverfahren ein Auf- oder Wiederaufnahmeersuchen an einen anderen Staat gerichtet

V. AsylG (vorher Asylverfahrensgesetz)

oder der Asylantrag wurde als unzulässig nach § 29 Absatz 1 Nummer 4 oder als offensichtlich unbegründet abgelehnt.

§ 14a Familieneinheit

(1) Mit der Asylantragstellung nach § 14 gilt ein Asylantrag auch für jedes minderjährige ledige Kind des Ausländers als gestellt, das sich zu diesem Zeitpunkt im Bundesgebiet aufhält, ohne freizügigkeitsberechtigt oder im Besitz eines Aufenthaltstitels zu sein, wenn es zuvor noch keinen Asylantrag gestellt hatte.

(2) ¹Reist ein minderjähriges lediges Kind des Ausländers nach dessen Asylantragstellung ins Bundesgebiet ein oder wird es hier geboren, so ist dies dem Bundesamt unverzüglich anzuzeigen, wenn ein Elternteil eine Aufenthaltsgestattung besitzt oder sich nach Abschluss seines Asylverfahrens ohne Aufenthaltstitel oder mit einer Aufenthaltserlaubnis nach § 25 Abs. 5 des Aufenthaltsgesetzes im Bundesgebiet aufhält. ²Die Anzeigepflicht obliegt neben dem Vertreter des Kindes im Sinne von § 12 Abs. 3 auch der Ausländerbehörde. ³Mit Zugang der Anzeige beim Bundesamt gilt ein Asylantrag für das Kind als gestellt.

(3) ¹Der Vertreter des Kindes im Sinne von § 12 Abs. 3 kann bis zur Zustellung der Entscheidung des Bundesamtes auf die Durchführung eines Asylverfahrens für das Kind verzichten, indem er erklärt, dass dem Kind keine Verfolgung im Sinne des § 3 Absatz 1 und kein ernsthafter Schaden im Sinne des § 4 Absatz 1 drohen. ²§ 13 Absatz 2 Satz 2 gilt entsprechend.

(4) Die Absätze 1 bis 3 sind auch anzuwenden, wenn der Asylantrag vor dem 1. Januar 2005 gestellt worden ist und das Kind sich zu diesem Zeitpunkt im Bundesgebiet aufgehalten hat, später eingereist ist oder hier geboren wurde.

§ 15 Allgemeine Mitwirkungspflichten

(1) ¹Der Ausländer ist persönlich verpflichtet, bei der Aufklärung des Sachverhalts mitzuwirken. ²Dies gilt auch, wenn er sich durch einen Bevollmächtigten vertreten lässt.

(2) Er ist insbesondere verpflichtet,

V. AsylG (vorher Asylverfahrensgesetz)

1. den mit der Ausführung dieses Gesetzes betrauten Behörden die erforderlichen Angaben mündlich und nach Aufforderung auch schriftlich zu machen;
2. das Bundesamt unverzüglich zu unterrichten, wenn ihm ein Aufenthaltstitel erteilt worden ist;
3. den gesetzlichen und behördlichen Anordnungen, sich bei bestimmten Behörden oder Einrichtungen zu melden oder dort persönlich zu erscheinen, Folge zu leisten;
4. seinen Pass oder Passersatz den mit der Ausführung dieses Gesetzes betrauten Behörden vorzulegen, auszuhändigen und zu überlassen;
5. alle erforderlichen Urkunden und sonstigen Unterlagen, die in seinem Besitz sind, den mit der Ausführung dieses Gesetzes betrauten Behörden vorzulegen, auszuhändigen und zu überlassen;
6. im Falle des Nichtbesitzes eines gültigen Passes oder Passersatzes an der Beschaffung eines Identitätspapiers mitzuwirken und auf Verlangen alle Datenträger, die für die Feststellung seiner Identität und Staatsangehörigkeit von Bedeutung sein können und in deren Besitz er ist, den mit der Ausführung dieses Gesetzes betrauten Behörden vorzulegen, auszuhändigen und zu überlassen;
7. die vorgeschriebenen erkennungsdienstlichen Maßnahmen zu dulden.

(3) Erforderliche Urkunden und sonstige Unterlagen nach Absatz 2 Nr. 5 sind insbesondere

1. alle Urkunden und Unterlagen, die neben dem Pass oder Passersatz für die Feststellung der Identität und Staatsangehörigkeit von Bedeutung sein können,
2. von anderen Staaten erteilte Visa, Aufenthaltstitel und sonstige Grenzübertrittspapiere,
3. Flugscheine und sonstige Fahrausweise,
4. Unterlagen über den Reiseweg vom Herkunftsland in das Bundesgebiet, die benutzten Beförderungsmittel und über den Aufenthalt in anderen Staaten nach der Ausreise aus dem Herkunftsland und vor der Einreise in das Bundesgebiet sowie
5. alle sonstigen Urkunden und Unterlagen, auf die der Ausländer sich beruft oder die für die zu treffenden asyl- und ausländerrechtlichen Entscheidungen und Maßnahmen einschließlich der Feststellung und

V. AsylG (vorher Asylverfahrensgesetz)

Geltendmachung einer Rückführungsmöglichkeit in einen anderen Staat von Bedeutung sind.

(4) [1]Die mit der Ausführung dieses Gesetzes betrauten Behörden können den Ausländer und Sachen, die von ihm mitgeführt werden, durchsuchen, wenn der Ausländer seinen Verpflichtungen nach Absatz 2 Nr. 4 und 5 nicht nachkommt sowie nicht gemäß Absatz 2 Nummer 6 auf Verlangen die Datenträger vorlegt, aushändigt oder überlässt und Anhaltspunkte bestehen, dass er im Besitz solcher Unterlagen oder Datenträger ist. [2]Der Ausländer darf nur von einer Person gleichen Geschlechts durchsucht werden.

(5) Durch die Rücknahme des Asylantrags werden die Mitwirkungspflichten des Ausländers nicht beendet.

§ 15a Auswertung von Datenträgern

(1) [1]Die Auswertung von Datenträgern ist nur zulässig, soweit dies für die Feststellung der Identität und Staatsangehörigkeit des Ausländers nach § 15 Absatz 2 Nummer 6 erforderlich ist und der Zweck der Maßnahme nicht durch mildere Mittel erreicht werden kann. [2]§ 48 Absatz 3a Satz 2 bis 8 und § 48a des Aufenthaltsgesetzes gelten entsprechend.

(2) Für die in Absatz 1 genannten Maßnahmen ist das Bundesamt zuständig.

§ 16 Sicherung, Feststellung und Überprüfung der Identität

(1) [1]Die Identität eines Ausländers, der um Asyl nachsucht, ist durch erkennungsdienstliche Maßnahmen zu sichern. [2]Nach Satz 1 dürfen nur Lichtbilder und Abdrucke aller zehn Finger aufgenommen werden; soweit ein Ausländer noch nicht das 14. Lebensjahr vollendet hat, dürfen nach Satz 1 nur Lichtbilder aufgenommen werden. [3]Zur Bestimmung des Herkunftsstaates oder der Herkunftsregion des Ausländers kann das gesprochene Wort außerhalb der förmlichen Anhörung des Ausländers auf Ton- oder Datenträger aufgezeichnet werden. [4]Diese Erhebung darf nur erfolgen, wenn der Ausländer vorher darüber in Kenntnis gesetzt wurde. [5]Die Sprachaufzeichnungen werden beim Bundesamt aufbewahrt.

(1a) [1]Zur Prüfung der Echtheit des Dokumentes oder der Identität des Ausländers dürfen die auf dem elektronischen Speichermedium eines Passes,

V. AsylG (vorher Asylverfahrensgesetz)

anerkannten Passersatzes oder sonstigen Identitätspapiers gespeicherten biometrischen und sonstigen Daten ausgelesen, die benötigten biometrischen Daten erhoben und die biometrischen Daten miteinander verglichen werden. ²Biometrische Daten nach Satz 1 sind nur die Fingerabdrücke, das Lichtbild und die Irisbilder.

(2) Zuständig für die Maßnahmen nach den Absätzen 1 und 1a sind das Bundesamt und, sofern der Ausländer dort um Asyl nachsucht, auch die in den §§ 18 und 19 bezeichneten Behörden sowie die Aufnahmeeinrichtung, bei der sich der Ausländer meldet.

(3) ¹Das Bundeskriminalamt leistet Amtshilfe bei der Auswertung der nach Absatz 1 Satz 1 erhobenen Daten zum Zwecke der Identitätsfeststellung. ²Es darf hierfür auch von ihm zur Erfüllung seiner Aufgaben gespeicherte erkennungsdienstliche Daten verwenden. ³Das Bundeskriminalamt darf den in Absatz 2 bezeichneten Behörden den Grund der Speicherung dieser Daten nicht mitteilen, soweit dies nicht nach anderen Rechtsvorschriften zulässig ist.

(3a) ¹Im Rahmen seiner Amtshilfe nach Absatz 3 Satz 1 darf das Bundeskriminalamt die nach Absatz 1 Satz 1 erhobenen Daten auch an die für die Überprüfung der Identität von Personen zuständigen öffentlichen Stellen von Drittstaaten mit Ausnahme des Herkunftsstaates der betroffenen Person sowie von Drittstaaten, in denen die betroffene Person eine Verfolgung oder einen ernsthaften Schaden zu befürchten hat, übermitteln. ²Die Verantwortung für die Zulässigkeit der Übermittlung trägt das Bundeskriminalamt. ³Das Bundeskriminalamt hat die Übermittlung und ihren Anlass aufzuzeichnen. ⁴Die empfangende Stelle personenbezogener Daten ist darauf hinzuweisen, dass sie nur zu dem Zweck genutzt werden dürfen, zu dem sie übermittelt worden sind. ⁵Ferner ist ihr der beim Bundeskriminalamt vorgesehene Löschungszeitpunkt mitzuteilen. ⁶Die Übermittlung unterbleibt, wenn tatsächliche Anhaltspunkte dafür vorliegen, dass

1. unter Berücksichtigung der Art der Daten und ihrer Erhebung die schutzwürdigen Interessen der betroffenen Person, insbesondere ihr Interesse, Schutz vor Verfolgung zu erhalten, das Allgemeininteresse an der Übermittlung überwiegen oder
2. die Übermittlung der Daten zu den Grundrechten, dem Abkommen vom 28. Juli 1951 über die Rechtsstellung der Flüchtlinge sowie der Konvention zum Schutz der Menschenrechte und Grundfreiheiten in

V. AsylG (vorher Asylverfahrensgesetz)

Widerspruch stünde, insbesondere dadurch, dass durch die Nutzung der übermittelten Daten im Empfängerstaat Verletzungen von elementaren rechtsstaatlichen Grundsätzen oder Menschenrechtsverletzungen drohen.

(4) Die nach Absatz 1 Satz 1 erhobenen Daten werden vom Bundeskriminalamt getrennt von anderen erkennungsdienstlichen Daten gespeichert.

(4a) ¹Die nach Absatz 1 Satz 1 erhobenen Daten dürfen zur Feststellung der Identität oder Staatsangehörigkeit des Ausländers an das Bundesverwaltungsamt übermittelt werden, um sie mit den Daten nach § 49b des Aufenthaltsgesetzes abzugleichen. ²§ 89a des Aufenthaltsgesetzes findet entsprechende Anwendung.

(5) ¹Die Verarbeitung und Nutzung der nach Absatz 1 erhobenen Daten ist auch zulässig zur Feststellung der Identität oder Zuordnung von Beweismitteln für Zwecke des Strafverfahrens oder zur Gefahrenabwehr. ²Die Daten dürfen ferner für die Identifizierung unbekannter oder vermisster Personen verwendet werden.

(6) Die nach Absatz 1 erhobenen Daten sind zehn Jahre nach unanfechtbarem Abschluss des Asylverfahrens, die nach Absatz 1a erhobenen Daten unverzüglich nach Beendigung der Prüfung der Echtheit des Dokumentes oder der Identität des Ausländers zu löschen.

§ 17 Sprachmittler

(1) Ist der Ausländer der deutschen Sprache nicht hinreichend kundig, so ist von Amts wegen bei der Anhörung ein Dolmetscher, Übersetzer oder sonstiger Sprachmittler hinzuzuziehen, der in die Muttersprache des Ausländers oder in eine andere Sprache zu übersetzen hat, deren Kenntnis vernünftigerweise vorausgesetzt werden kann und in der er sich verständigen kann.

(2) Der Ausländer ist berechtigt, auf seine Kosten auch einen geeigneten Sprachmittler seiner Wahl hinzuzuziehen.

V. AsylG (vorher Asylverfahrensgesetz)

Unterabschnitt 2. Einleitung des Asylverfahrens

§ 18 Aufgaben der Grenzbehörde

(1) Ein Ausländer, der bei einer mit der polizeilichen Kontrolle des grenzüberschreitenden Verkehrs beauftragten Behörde (Grenzbehörde) um Asyl nachsucht, ist unverzüglich an die zuständige oder, sofern diese nicht bekannt ist, an die nächstgelegene Aufnahmeeinrichtung zur Meldung weiterzuleiten.

(2) Dem Ausländer ist die Einreise zu verweigern, wenn

1. er aus einem sicheren Drittstaat (§ 26a) einreist,
2. Anhaltspunkte dafür vorliegen, dass ein anderer Staat auf Grund von Rechtsvorschriften der Europäischen Gemeinschaft oder eines völkerrechtlichen Vertrages für die Durchführung des Asylverfahrens zuständig ist und ein Auf- oder Wiederaufnahmeverfahren eingeleitet wird, oder
3. er eine Gefahr für die Allgemeinheit bedeutet, weil er in der Bundesrepublik Deutschland wegen einer besonders schweren Straftat zu einer Freiheitsstrafe von mindestens drei Jahren rechtskräftig verurteilt worden ist, und seine Ausreise nicht länger als drei Jahre zurückliegt.

(3) Der Ausländer ist zurückzuschieben, wenn er von der Grenzbehörde im grenznahen Raum in unmittelbarem zeitlichem Zusammenhang mit einer unerlaubten Einreise angetroffen wird und die Voraussetzungen des Absatzes 2 vorliegen.

(4) Von der Einreiseverweigerung oder Zurückschiebung ist im Falle der Einreise aus einem sicheren Drittstaat (§ 26a) abzusehen, soweit

1. die Bundesrepublik Deutschland auf Grund von Rechtsvorschriften der Europäischen Gemeinschaft oder eines völkerrechtlichen Vertrages mit dem sicheren Drittstaat für die Durchführung eines Asylverfahrens zuständig ist oder
2. das Bundesministerium des Innern es aus völkerrechtlichen oder humanitären Gründen oder zur Wahrung politischer Interessen der Bundesrepublik Deutschland angeordnet hat.

(5) Die Grenzbehörde hat den Ausländer erkennungsdienstlich zu behandeln.

V. AsylG (vorher Asylverfahrensgesetz)

§ 18a Verfahren bei Einreise auf dem Luftwege

(1) [1]Bei Ausländern aus einem sicheren Herkunftsstaat (§ 29a), die über einen Flughafen einreisen wollen und bei der Grenzbehörde um Asyl nachsuchen, ist das Asylverfahren vor der Entscheidung über die Einreise durchzuführen, soweit die Unterbringung auf dem Flughafengelände während des Verfahrens möglich oder lediglich wegen einer erforderlichen stationären Krankenhausbehandlung nicht möglich ist. [2]Das Gleiche gilt für Ausländer, die bei der Grenzbehörde auf einem Flughafen um Asyl nachsuchen und sich dabei nicht mit einem gültigen Pass oder Passersatz ausweisen. [3]Dem Ausländer ist unverzüglich Gelegenheit zur Stellung des Asylantrags bei der Außenstelle des Bundesamtes zu geben, die der Grenzkontrollstelle zugeordnet ist. [4]Die persönliche Anhörung des Ausländers durch das Bundesamt soll unverzüglich stattfinden. [5]Dem Ausländer ist danach unverzüglich Gelegenheit zu geben, mit einem Rechtsbeistand seiner Wahl Verbindung aufzunehmen, es sei denn, er hat sich selbst vorher anwaltlichen Beistands versichert. [6]§ 18 Abs. 2 bleibt unberührt.

(2) Lehnt das Bundesamt den Asylantrag als offensichtlich unbegründet ab, droht es dem Ausländer nach Maßgabe der §§ 34 und 36 Abs. 1 vorsorglich für den Fall der Einreise die Abschiebung an.

(3) [1]Wird der Asylantrag als offensichtlich unbegründet abgelehnt, ist dem Ausländer die Einreise zu verweigern. [2]Die Entscheidungen des Bundesamtes sind zusammen mit der Einreiseverweigerung von der Grenzbehörde zuzustellen. [3]Diese übermittelt unverzüglich dem zuständigen Verwaltungsgericht eine Kopie ihrer Entscheidung und den Verwaltungsvorgang des Bundesamtes.

(4) [1]Ein Antrag auf Gewährung vorläufigen Rechtsschutzes nach der Verwaltungsgerichtsordnung ist innerhalb von drei Tagen nach Zustellung der Entscheidungen des Bundesamtes und der Grenzbehörde zu stellen. [2]Der Antrag kann bei der Grenzbehörde gestellt werden. [3]Der Ausländer ist hierauf hinzuweisen. [4]§ 58 der Verwaltungsgerichtsordnung ist entsprechend anzuwenden. [5]Die Entscheidung soll im schriftlichen Verfahren ergehen. [6]§ 36 Abs. 4 ist anzuwenden. [7]Im Falle der rechtzeitigen Antragstellung darf die Einreiseverweigerung nicht vor der gerichtlichen Entscheidung (§ 36 Abs. 3 Satz 9) vollzogen werden.

(5) [1]Jeder Antrag nach Absatz 4 richtet sich auf Gewährung der Einreise und für den Fall der Einreise gegen die Abschiebungsandrohung. [2]Die Anord-

nung des Gerichts, dem Ausländer die Einreise zu gestatten, gilt zugleich als Aussetzung der Abschiebung.

(6) Dem Ausländer ist die Einreise zu gestatten, wenn

1. das Bundesamt der Grenzbehörde mitteilt, dass es nicht kurzfristig entscheiden kann,
2. das Bundesamt nicht innerhalb von zwei Tagen nach Stellung des Asylantrags über diesen entschieden hat,
3. das Gericht nicht innerhalb von vierzehn Tagen über einen Antrag nach Absatz 4 entschieden hat oder
4. die Grenzbehörde keinen nach § 15 Abs. 6 des Aufenthaltsgesetzes erforderlichen Haftantrag stellt oder der Richter die Anordnung oder die Verlängerung der Haft ablehnt.

§ 19 Aufgaben der Ausländerbehörde und der Polizei

(1) Ein Ausländer, der bei einer Ausländerbehörde oder bei der Polizei eines Landes um Asyl nachsucht, ist in den Fällen des § 14 Abs. 1 unverzüglich an die zuständige oder, soweit diese nicht bekannt ist, an die nächstgelegene Aufnahmeeinrichtung zur Meldung weiterzuleiten.

(2) Die Ausländerbehörde und die Polizei haben den Ausländer erkennungsdienstlich zu behandeln (§ 16 Abs. 1).

(3) [1]Ein Ausländer, der aus einem sicheren Drittstaat (§ 26a) unerlaubt eingereist ist, kann ohne vorherige Weiterleitung an eine Aufnahmeeinrichtung nach Maßgabe des § 57 Abs. 1 und 2 des Aufenthaltsgesetzes dorthin zurückgeschoben werden. [2]In diesem Falle ordnet die Ausländerbehörde die Zurückschiebung an, sobald feststeht, dass sie durchgeführt werden kann.

(4) Vorschriften über die Festnahme oder Inhaftnahme bleiben unberührt.

§ 20 Weiterleitung an eine Aufnahmeeinrichtung

(1) [1]Der Ausländer ist verpflichtet, der Weiterleitung nach § 18 Abs. 1 oder § 19 Abs. 1 unverzüglich oder bis zu einem ihm von der Behörde genannten Zeitpunkt zu folgen. [2]Kommt der Ausländer der Verpflichtung nach Satz 1 nicht nach, so findet § 33 Absatz 1, 5 und 6 entsprechend Anwen-

dung. ³Dies gilt nicht, wenn der Ausländer unverzüglich nachweist, dass das Versäumnis auf Umstände zurückzuführen war, auf die er keinen Einfluss hatte. ⁴Auf die Verpflichtung nach Satz 1 sowie die Rechtsfolgen einer Verletzung dieser Verpflichtung ist der Ausländer von der Behörde, bei der er um Asyl nachsucht, schriftlich und gegen Empfangsbestätigung hinzuweisen. ⁵Kann der Hinweis nach Satz 4 nicht erfolgen, ist der Ausländer zu der Aufnahmeeinrichtung zu begleiten.

(2) ¹Die Behörde, die den Ausländer an eine Aufnahmeeinrichtung weiterleitet, teilt dieser unverzüglich die Weiterleitung, die Stellung des Asylgesuchs und den erfolgten Hinweis nach Absatz 1 Satz 4 schriftlich mit. ²Die Aufnahmeeinrichtung unterrichtet unverzüglich, spätestens nach Ablauf einer Woche nach Eingang der Mitteilung nach Satz 1, die ihr zugeordnete Außenstelle des Bundesamtes darüber, ob der Ausländer in der Aufnahmeeinrichtung aufgenommen worden ist, und leitet ihr die Mitteilung nach Satz 1 zu.

§ 21 Verwahrung und Weitergabe von Unterlagen

(1) Die Behörden, die den Ausländer an eine Aufnahmeeinrichtung weiterleiten, nehmen die in § 15 Abs. 2 Nr. 4 und 5 bezeichneten Unterlagen in Verwahrung und leiten sie unverzüglich der Aufnahmeeinrichtung zu.

(2) Meldet sich der Ausländer unmittelbar bei der für seine Aufnahme zuständigen Aufnahmeeinrichtung, nimmt diese die Unterlagen in Verwahrung.

(3) Die für die Aufnahme des Ausländers zuständige Aufnahmeeinrichtung leitet die Unterlagen unverzüglich der ihr zugeordneten Außenstelle des Bundesamtes zu.

(4) Dem Ausländer sind auf Verlangen Abschriften der in Verwahrung genommenen Unterlagen auszuhändigen.

(5) Die Unterlagen sind dem Ausländer wieder auszuhändigen, wenn sie für die weitere Durchführung des Asylverfahrens oder für aufenthaltsbeendende Maßnahmen nicht mehr benötigt werden.

V. AsylG (vorher Asylverfahrensgesetz)

§ 22 Meldepflicht

(1) ¹Ein Ausländer, der den Asylantrag bei einer Außenstelle des Bundesamtes zu stellen hat (§ 14 Abs. 1), hat sich in einer Aufnahmeeinrichtung persönlich zu melden. ²Diese nimmt ihn auf oder leitet ihn an die für seine Aufnahme zuständige Aufnahmeeinrichtung weiter; im Falle der Weiterleitung ist der Ausländer, soweit möglich, erkennungsdienstlich zu behandeln.

(2) ¹Die Landesregierung oder die von ihr bestimmte Stelle kann bestimmen, dass

1. die Meldung nach Absatz 1 bei einer bestimmten Aufnahmeeinrichtung erfolgen muss,
2. ein von einer Aufnahmeeinrichtung eines anderen Landes weitergeleiteter Ausländer zunächst eine bestimmte Aufnahmeeinrichtung aufsuchen muss.

²Der Ausländer ist während seines Aufenthaltes in der nach Satz 1 bestimmten Aufnahmeeinrichtung erkennungsdienstlich zu behandeln. ³In den Fällen des § 18 Abs. 1 und des § 19 Abs. 1 ist der Ausländer an diese Aufnahmeeinrichtung weiterzuleiten.

(3) ¹Der Ausländer ist verpflichtet, der Weiterleitung an die für ihn zuständige Aufnahmeeinrichtung nach Absatz 1 Satz 2 oder Absatz 2 unverzüglich oder bis zu einem ihm von der Aufnahmeeinrichtung genannten Zeitpunkt zu folgen. ²Kommt der Ausländer der Verpflichtung nach Satz 1 nicht nach, so findet § 33 Absatz 1, 5 und 6 entsprechend Anwendung. ³Dies gilt nicht, wenn der Ausländer unverzüglich nachweist, dass das Versäumnis auf Umstände zurückzuführen war, auf die er keinen Einfluss hatte. ⁴§ 20 Absatz 1 Satz 4 und Absatz 2 findet entsprechend Anwendung.

§ 22a Übernahme zur Durchführung eines Asylverfahrens

¹Ein Ausländer, der auf Grund von Rechtsvorschriften der Europäischen Gemeinschaft oder eines völkerrechtlichen Vertrages zur Durchführung eines Asylverfahrens übernommen ist, steht einem Ausländer gleich, der um Asyl nachsucht. ²Der Ausländer ist verpflichtet, sich bei oder unverzüglich nach der Einreise zu der Stelle zu begeben, die vom Bundesministerium des Innern oder der von ihm bestimmten Stelle bezeichnet ist.

Unterabschnitt 3. Verfahren beim Bundesamt

§ 23 Antragstellung bei der Außenstelle

(1) Der Ausländer, der in der Aufnahmeeinrichtung aufgenommen ist, ist verpflichtet, unverzüglich oder zu dem von der Aufnahmeeinrichtung genannten Termin bei der Außenstelle des Bundesamtes zur Stellung des Asylantrags persönlich zu erscheinen.

(2) ¹Kommt der Ausländer der Verpflichtung nach Absatz 1 nicht nach, so findet § 33 Absatz 1, 5 und 6 entsprechend Anwendung. ²Dies gilt nicht, wenn der Ausländer unverzüglich nachweist, dass das Versäumnis auf Umstände zurückzuführen war, auf die er keinen Einfluss hatte. ³Auf diese Rechtsfolgen ist der Ausländer von der Aufnahmeeinrichtung schriftlich und gegen Empfangsbestätigung hinzuweisen. ⁴Die Aufnahmeeinrichtung unterrichtet unverzüglich die ihr zugeordnete Außenstelle des Bundesamtes über die Aufnahme des Ausländers in der Aufnahmeeinrichtung und den erfolgten Hinweis nach Satz 3.

§ 24 Pflichten des Bundesamtes

(1) ¹Das Bundesamt klärt den Sachverhalt und erhebt die erforderlichen Beweise. ²Nach der Asylantragstellung unterrichtet das Bundesamt den Ausländer in einer Sprache, deren Kenntnis vernünftigerweise vorausgesetzt werden kann, über den Ablauf des Verfahrens und über seine Rechte und Pflichten im Verfahren, insbesondere auch über Fristen und die Folgen einer Fristversäumung. ³Es hat den Ausländer persönlich anzuhören. ⁴Von einer Anhörung kann abgesehen werden, wenn das Bundesamt den Ausländer als asylberechtigt anerkennen will oder wenn der Ausländer nach seinen Angaben aus einem sicheren Drittstaat (§ 26a) eingereist ist. ⁵Von einer Anhörung kann auch abgesehen werden, wenn das Bundesamt einem nach § 13 Absatz 2 Satz 2 beschränkten Asylantrag stattgeben will. ⁶Von der Anhörung ist abzusehen, wenn der Asylantrag für ein im Bundesgebiet geborenes Kind unter sechs Jahren gestellt und der Sachverhalt auf Grund des Inhalts der Verfahrensakten der Eltern oder eines Elternteils ausreichend geklärt ist.

(1a) ¹Sucht eine große Zahl von Ausländern gleichzeitig um Asyl nach und wird es dem Bundesamt dadurch unmöglich, die Anhörung in zeitlichem

V. AsylG (vorher Asylverfahrensgesetz)

Zusammenhang mit der Antragstellung durchzuführen, so kann das Bundesamt die Anhörung vorübergehend von einer anderen Behörde, die Aufgaben nach diesem Gesetz oder dem Aufenthaltsgesetz wahrnimmt, durchführen lassen. ²Die Anhörung darf nur von einem dafür geschulten Bediensteten durchgeführt werden. ³Die Bediensteten dürfen bei der Anhörung keine Uniform tragen. ⁴§ 5 Absatz 4 gilt entsprechend.

(2) Nach Stellung eines Asylantrags obliegt dem Bundesamt auch die Entscheidung, ob ein Abschiebungsverbot nach § 60 Absatz 5 oder 7 des Aufenthaltsgesetzes vorliegt.

(3) Das Bundesamt unterrichtet die Ausländerbehörde unverzüglich über

1. die getroffene Entscheidung und
2. von dem Ausländer vorgetragene oder sonst erkennbare Gründe
    a) für eine Aussetzung der Abschiebung, insbesondere über die Notwendigkeit, die für eine Rückführung erforderlichen Dokumente zu beschaffen, oder
    b) die nach § 25 Abs. 3 Satz 2 Nummer 1 bis 4 des Aufenthaltsgesetzes der Erteilung einer Aufenthaltserlaubnis entgegenstehen könnten.

(4) Ergeht eine Entscheidung über den Asylantrag nicht innerhalb von sechs Monaten, hat das Bundesamt dem Ausländer auf Antrag mitzuteilen, bis wann voraussichtlich über seinen Asylantrag entschieden wird.

§ 25 Anhörung

(1) ¹Der Ausländer muss selbst die Tatsachen vortragen, die seine Furcht vor Verfolgung oder die Gefahr eines ihm drohenden ernsthaften Schadens begründen, und die erforderlichen Angaben machen. ²Zu den erforderlichen Angaben gehören auch solche über Wohnsitze, Reisewege, Aufenthalte in anderen Staaten und darüber, ob bereits in anderen Staaten oder im Bundesgebiet ein Verfahren mit dem Ziel der Anerkennung als ausländischer Flüchtling, auf Zuerkennung internationalen Schutzes im Sinne des § 1 Absatz 1 Nummer 2 oder ein Asylverfahren eingeleitet oder durchgeführt ist.

(2) Der Ausländer hat alle sonstigen Tatsachen und Umstände anzugeben, die einer Abschiebung oder einer Abschiebung in einen bestimmten Staat entgegenstehen.

(3) ¹Ein späteres Vorbringen des Ausländers kann unberücksichtigt bleiben, wenn andernfalls die Entscheidung des Bundesamtes verzögert würde. ²Der Ausländer ist hierauf und auf § 36 Abs. 4 Satz 3 hinzuweisen.

(4) ¹Bei einem Ausländer, der verpflichtet ist, in einer Aufnahmeeinrichtung zu wohnen, soll die Anhörung in zeitlichem Zusammenhang mit der Asylantragstellung erfolgen. ²Einer besonderen Ladung des Ausländers und seines Bevollmächtigten bedarf es nicht. Entsprechendes gilt, wenn dem Ausländer bei oder innerhalb einer Woche nach der Antragstellung der Termin für die Anhörung mitgeteilt wird. ³Kann die Anhörung nicht an demselben Tag stattfinden, sind der Ausländer und sein Bevollmächtigter von dem Anhörungstermin unverzüglich zu verständigen. ⁴Erscheint der Ausländer ohne genügende Entschuldigung nicht zur Anhörung, entscheidet das Bundesamt nach Aktenlage, wobei auch die Nichtmitwirkung des Ausländers zu berücksichtigen ist.

(5) ¹Bei einem Ausländer, der nicht verpflichtet ist, in einer Aufnahmeeinrichtung zu wohnen, kann von der persönlichen Anhörung abgesehen werden, wenn der Ausländer einer Ladung zur Anhörung ohne genügende Entschuldigung nicht folgt. ²In diesem Falle ist dem Ausländer Gelegenheit zur schriftlichen Stellungnahme innerhalb eines Monats zu geben. ³Äußert sich der Ausländer innerhalb dieser Frist nicht, entscheidet das Bundesamt nach Aktenlage, wobei auch die Nichtmitwirkung des Ausländers zu würdigen ist. ⁴§ 33 bleibt unberührt.

(6) ¹Die Anhörung ist nicht öffentlich. ²An ihr können Personen, die sich als Vertreter des Bundes, eines Landes oder des Hohen Flüchtlingskommissars der Vereinten Nationen ausweisen, teilnehmen. ³Anderen Personen kann der Leiter des Bundesamtes oder die von ihm beauftragte Person die Anwesenheit gestatten.

(7) ¹Über die Anhörung ist eine Niederschrift aufzunehmen, die die wesentlichen Angaben des Ausländers enthält. ²Dem Ausländer ist eine Kopie der Niederschrift auszuhändigen oder mit der Entscheidung des Bundesamtes zuzustellen.

§ 26 Familienasyl und internationaler Schutz für Familienangehörige

(1) ¹Der Ehegatte oder der Lebenspartner eines Asylberechtigten wird auf Antrag als Asylberechtigter anerkannt, wenn

V. AsylG (vorher Asylverfahrensgesetz)

1. die Anerkennung des Asylberechtigten unanfechtbar ist,
2. die Ehe oder Lebenspartnerschaft mit dem Asylberechtigten schon in dem Staat bestanden hat, in dem der Asylberechtigte politisch verfolgt wird,
3. der Ehegatte oder der Lebenspartner vor der Anerkennung des Ausländers als Asylberechtigter eingereist ist oder er den Asylantrag unverzüglich nach der Einreise gestellt hat und
4. die Anerkennung des Asylberechtigten nicht zu widerrufen oder zurückzunehmen ist.

²Für die Anerkennung als Asylberechtigter nach Satz 1 ist es unbeachtlich, wenn die Ehe nach deutschem Recht wegen Minderjährigkeit im Zeitpunkt der Eheschließung unwirksam oder aufgehoben worden ist; dies gilt nicht zugunsten des im Zeitpunkt der Eheschließung volljährigen Ehegatten.

(2) Ein zum Zeitpunkt seiner Asylantragstellung minderjähriges lediges Kind eines Asylberechtigten wird auf Antrag als asylberechtigt anerkannt, wenn die Anerkennung des Ausländers als Asylberechtigter unanfechtbar ist und diese Anerkennung nicht zu widerrufen oder zurückzunehmen ist.

(3) ¹Die Eltern eines minderjährigen ledigen Asylberechtigten oder ein anderer Erwachsener im Sinne des Artikels 2 Buchstabe j der Richtlinie 2011/95/EU werden auf Antrag als Asylberechtigte anerkannt, wenn

1. die Anerkennung des Asylberechtigten unanfechtbar ist,
2. die Familie im Sinne des Artikels 2 Buchstabe j der Richtlinie 2011/95/EU schon in dem Staat bestanden hat, in dem der Asylberechtigte politisch verfolgt wird,
3. sie vor der Anerkennung des Asylberechtigten eingereist sind oder sie den Asylantrag unverzüglich nach der Einreise gestellt haben,
4. die Anerkennung des Asylberechtigten nicht zu widerrufen oder zurückzunehmen ist und
5. sie die Personensorge für den Asylberechtigten innehaben.

²Für zum Zeitpunkt ihrer Antragstellung minderjährige ledige Geschwister des minderjährigen Asylberechtigten gilt Satz 1 Nummer 1 bis 4 entsprechend.

(4) ¹Die Absätze 1 bis 3 gelten nicht für Familienangehörige im Sinne dieser Absätze, die die Voraussetzungen des § 60 Absatz 8 Satz 1 des Aufenthaltsgesetzes oder des § 3 Absatz 2 erfüllen oder bei denen das Bundesamt

V. AsylG (vorher Asylverfahrensgesetz)

nach § 60 Absatz 8 Satz 3 des Aufenthaltsgesetzes von der Anwendung des § 60 Absatz 1 des Aufenthaltsgesetzes abgesehen hat. ²Die Absätze 2 und 3 gelten nicht für Kinder eines Ausländers, der selbst nach Absatz 2 oder Absatz 3 als Asylberechtigter anerkannt worden ist.

(5) ¹Auf Familienangehörige im Sinne der Absätze 1 bis 3 von international Schutzberechtigten sind die Absätze 1 bis 4 entsprechend anzuwenden. ²An die Stelle der Asylberechtigung tritt die Flüchtlingseigenschaft oder der subsidiäre Schutz. ³Der subsidiäre Schutz als Familienangehöriger wird nicht gewährt, wenn ein Ausschlussgrund nach § 4 Absatz 2 vorliegt.

(6) Die Absätze 1 bis 5 sind nicht anzuwenden, wenn dem Ausländer durch den Familienangehörigen im Sinne dieser Absätze eine Verfolgung im Sinne des § 3 Absatz 1 oder ein ernsthafter Schaden im Sinne des § 4 Absatz 1 droht oder er bereits einer solchen Verfolgung ausgesetzt war oder einen solchen ernsthaften Schaden erlitten hat.

§ 26a Sichere Drittstaaten

(1) ¹Ein Ausländer, der aus einem Drittstaat im Sinne des Artikels 16a Abs. 2 Satz 1 des Grundgesetzes (sicherer Drittstaat) eingereist ist, kann sich nicht auf Artikel 16a Abs. 1 des Grundgesetzes berufen. ²Er wird nicht als Asylberechtigter anerkannt. ³Satz 1 gilt nicht, wenn

1. der Ausländer im Zeitpunkt seiner Einreise in den sicheren Drittstaat im Besitz eines Aufenthaltstitels für die Bundesrepublik Deutschland war,
2. die Bundesrepublik Deutschland auf Grund von Rechtsvorschriften der Europäischen Gemeinschaft oder eines völkerrechtlichen Vertrages mit dem sicheren Drittstaat für die Durchführung des Asylverfahrens zuständig ist oder
3. der Ausländer auf Grund einer Anordnung nach § 18 Abs. 4 Nr. 2 nicht zurückgewiesen oder zurückgeschoben worden ist.

(2) Sichere Drittstaaten sind außer den Mitgliedstaaten der Europäischen Union die in Anlage I bezeichneten Staaten.

(3) ¹Die Bundesregierung bestimmt durch Rechtsverordnung ohne Zustimmung des Bundesrates, dass ein in Anlage I bezeichneter Staat nicht mehr als sicherer Drittstaat gilt, wenn Veränderungen in den rechtlichen oder

V. AsylG (vorher Asylverfahrensgesetz)

politischen Verhältnissen dieses Staates die Annahme begründen, dass die in Artikel 16a Abs. 2 Satz 1 des Grundgesetzes bezeichneten Voraussetzungen entfallen sind. ²Die Verordnung tritt spätestens sechs Monate nach ihrem Inkrafttreten außer Kraft.

§ 27 Anderweitige Sicherheit vor Verfolgung

(1) Ein Ausländer, der bereits in einem sonstigen Drittstaat vor politischer Verfolgung sicher war, wird nicht als Asylberechtigter anerkannt.

(2) Ist der Ausländer im Besitz eines von einem sicheren Drittstaat (§ 26a) oder einem sonstigen Drittstaat ausgestellten Reiseausweises nach dem Abkommen über die Rechtsstellung der Flüchtlinge, so wird vermutet, dass er bereits in diesem Staat vor politischer Verfolgung sicher war.

(3) ¹Hat sich ein Ausländer in einem sonstigen Drittstaat, in dem ihm keine politische Verfolgung droht, vor der Einreise in das Bundesgebiet länger als drei Monate aufgehalten, so wird vermutet, dass er dort vor politischer Verfolgung sicher war. ²Das gilt nicht, wenn der Ausländer glaubhaft macht, dass eine Abschiebung in einen anderen Staat, in dem ihm politische Verfolgung droht, nicht mit hinreichender Sicherheit auszuschließen war.

§ 27a (aufgehoben)

§ 28 Nachfluchttatbestände

(1) ¹Ein Ausländer wird in der Regel nicht als Asylberechtigter anerkannt, wenn die Gefahr politischer Verfolgung auf Umständen beruht, die er nach Verlassen seines Herkunftslandes aus eigenem Entschluss geschaffen hat, es sei denn, dieser Entschluss entspricht einer festen, bereits im Herkunftsland erkennbar betätigten Überzeugung. ²Satz 1 findet insbesondere keine Anwendung, wenn der Ausländer sich auf Grund seines Alters und Entwicklungsstandes im Herkunftsland noch keine feste Überzeugung bilden konnte.

(1a) Die begründete Furcht vor Verfolgung im Sinne des § 3 Absatz 1 oder die tatsächliche Gefahr, einen ernsthaften Schaden im Sinne des § 4 Absatz 1 zu erleiden, kann auf Ereignissen beruhen, die eingetreten sind, nachdem der Ausländer das Herkunftsland verlassen hat, insbesondere auch auf einem Verhalten des Ausländers, das Ausdruck und Fortsetzung einer bereits im Herkunftsland bestehenden Überzeugung oder Ausrichtung ist.

(2) Stellt der Ausländer nach Rücknahme oder unanfechtbarer Ablehnung eines Asylantrags erneut einen Asylantrag und stützt diesen auf Umstände, die er nach Rücknahme oder unanfechtbarer Ablehnung seines früheren Antrags selbst geschaffen hat, kann in einem Folgeverfahren in der Regel die Flüchtlingseigenschaft nicht zuerkannt werden.

§ 29 Unzulässige Anträge

(1) Ein Asylantrag ist unzulässig, wenn

1. ein anderer Staat
   a) nach Maßgabe der Verordnung (EU) Nr. 604/2013 des Europäischen Parlaments und des Rates vom 26. Juni 2013 zur Festlegung der Kriterien und Verfahren zur Bestimmung des Mitgliedstaats, der für die Prüfung eines von einem Drittstaatsangehörigen oder Staatenlosen in einem Mitgliedstaat gestellten Antrags auf internationalen Schutz zuständig ist (ABl. L 180 vom 29.6.2013, S. 31) oder
   b) auf Grund von anderen Rechtsvorschriften der Europäischen Union oder eines völkerrechtlichen Vertrages
2. für die Durchführung des Asylverfahrens zuständig ist,
3. ein anderer Mitgliedstaat der Europäischen Union dem Ausländer bereits internationalen Schutz im Sinne des § 1 Absatz 1 Nummer 2 gewährt hat,
4. ein Staat, der bereit ist, den Ausländer wieder aufzunehmen, als für den Ausländer sicherer Drittstaat gemäß § 26a betrachtet wird,
5. ein Staat, der kein Mitgliedstaat der Europäischen Union und bereit ist, den Ausländer wieder aufzunehmen, als sonstiger Drittstaat gemäß § 27 betrachtet wird oder
6. im Falle eines Folgeantrags nach § 71 oder eines Zweitantrags nach § 71a ein weiteres Asylverfahren nicht durchzuführen ist.

(2) ¹Das Bundesamt hört den Ausländer zu den Gründen nach Absatz 1 Nummer 1 Buchstabe b bis Nummer 4 persönlich an, bevor es über die Zulässigkeit eines Asylantrags entscheidet. ²Zu den Gründen nach Absatz 1

Nummer 5 gibt es dem Ausländer Gelegenheit zur Stellungnahme nach § 71 Absatz 3.

(3) ¹Erscheint der Ausländer nicht zur Anhörung über die Zulässigkeit, entscheidet das Bundesamt nach Aktenlage. ²Dies gilt nicht, wenn der Ausländer unverzüglich nachweist, dass das in Satz 1 genannte Versäumnis auf Umstände zurückzuführen war, auf die er keinen Einfluss hatte. ³Führt der Ausländer diesen Nachweis, ist das Verfahren fortzuführen.

(4) Die Anhörung zur Zulässigkeit des Asylantrags kann gemäß § 24 Absatz 1a dafür geschulten Bediensteten anderer Behörden übertragen werden.

§ 29a Sicherer Herkunftsstaat; Bericht; Verordnungsermächtigung

(1) Der Asylantrag eines Ausländers aus einem Staat im Sinne des Artikels 16a Abs. 3 Satz 1 des Grundgesetzes (sicherer Herkunftsstaat) ist als offensichtlich unbegründet abzulehnen, es sei denn, die von dem Ausländer angegebenen Tatsachen oder Beweismittel begründen die Annahme, dass ihm abweichend von der allgemeinen Lage im Herkunftsstaat Verfolgung im Sinne des § 3 Absatz 1 oder ein ernsthafter Schaden im Sinne des § 4 Absatz 1 droht.

(2) Sichere Herkunftsstaaten sind die Mitgliedstaaten der Europäischen Union und die in Anlage II bezeichneten Staaten.

(2a) Die Bundesregierung legt dem Deutschen Bundestag alle zwei Jahre, erstmals zum 23. Oktober 2017 einen Bericht darüber vor, ob die Voraussetzungen für die Einstufung der in Anlage II bezeichneten Staaten als sichere Herkunftsstaaten weiterhin vorliegen.

(3) ¹Die Bundesregierung bestimmt durch Rechtsverordnung ohne Zustimmung des Bundesrates, dass ein in Anlage II bezeichneter Staat nicht mehr als sicherer Herkunftsstaat gilt, wenn Veränderungen in den rechtlichen oder politischen Verhältnissen dieses Staates die Annahme begründen, dass die in Artikel 16a Abs. 3 Satz 1 des Grundgesetzes bezeichneten Voraussetzungen entfallen sind. ²Die Verordnung tritt spätestens sechs Monate nach ihrem Inkrafttreten außer Kraft.

§ 30 Offensichtlich unbegründete Asylanträge

(1) Ein Asylantrag ist offensichtlich unbegründet, wenn die Voraussetzungen für eine Anerkennung als Asylberechtigter und die Voraussetzungen für die Zuerkennung des internationalen Schutzes offensichtlich nicht vorliegen.

(2) Ein Asylantrag ist insbesondere offensichtlich unbegründet, wenn nach den Umständen des Einzelfalles offensichtlich ist, dass sich der Ausländer nur aus wirtschaftlichen Gründen oder um einer allgemeinen Notsituation zu entgehen, im Bundesgebiet aufhält.

(3) Ein unbegründeter Asylantrag ist als offensichtlich unbegründet abzulehnen, wenn

1. in wesentlichen Punkten das Vorbringen des Ausländers nicht substantiiert oder in sich widersprüchlich ist, offenkundig den Tatsachen nicht entspricht oder auf gefälschte oder verfälschte Beweismittel gestützt wird,
2. der Ausländer im Asylverfahren über seine Identität oder Staatsangehörigkeit täuscht oder diese Angaben verweigert,
3. er unter Angabe anderer Personalien einen weiteren Asylantrag oder ein weiteres Asylbegehren anhängig gemacht hat,
4. er den Asylantrag gestellt hat, um eine drohende Aufenthaltsbeendigung abzuwenden, obwohl er zuvor ausreichend Gelegenheit hatte, einen Asylantrag zu stellen,
5. er seine Mitwirkungspflichten nach § 13 Abs. 3 Satz 2, § 15 Abs. 2 Nr. 3 bis 5 oder § 25 Abs. 1 gröblich verletzt hat, es sei denn, er hat die Verletzung der Mitwirkungspflichten nicht zu vertreten oder ihm war die Einhaltung der Mitwirkungspflichten aus wichtigen Gründen nicht möglich,
6. er nach §§ 53, 54 des Aufenthaltsgesetzes vollziehbar ausgewiesen ist oder
7. er für einen nach diesem Gesetz handlungsunfähigen Ausländer gestellt wird oder nach § 14a als gestellt gilt, nachdem zuvor Asylanträge der Eltern oder des allein personensorgeberechtigten Elternteils unanfechtbar abgelehnt worden sind.

(4) Ein Asylantrag ist ferner als offensichtlich unbegründet abzulehnen, wenn die Voraussetzungen des § 60 Abs. 8 Satz 1 des Aufenthaltsgesetzes oder des § 3 Abs. 2 vorliegen oder wenn das Bundesamt nach § 60 Absatz 8

V. AsylG (vorher Asylverfahrensgesetz)

Satz 3 des Aufenthaltsgesetzes von der Anwendung des § 60 Absatz 1 des Aufenthaltsgesetzes abgesehen hat.

(5) Ein beim Bundesamt gestellter Antrag ist auch dann als offensichtlich unbegründet abzulehnen, wenn es sich nach seinem Inhalt nicht um einen Asylantrag im Sinne des § 13 Abs. 1 handelt.

§ 30a Beschleunigte Verfahren

(1) Das Bundesamt kann das Asylverfahren in einer Außenstelle, die einer besonderen Aufnahmeeinrichtung (§ 5 Absatz 5) zugeordnet ist, beschleunigt durchführen, wenn der Ausländer

1. Staatsangehöriger eines sicheren Herkunftsstaates (§ 29a) ist,
2. die Behörden durch falsche Angaben oder Dokumente oder durch Verschweigen wichtiger Informationen oder durch Zurückhalten von Dokumenten über seine Identität oder Staatsangehörigkeit offensichtlich getäuscht hat,
3. ein Identitäts- oder ein Reisedokument, das die Feststellung seiner Identität oder Staatsangehörigkeit ermöglicht hätte, mutwillig vernichtet oder beseitigt hat, oder die Umstände offensichtlich diese Annahme rechtfertigen,
4. einen Folgeantrag gestellt hat,
5. den Antrag nur zur Verzögerung oder Behinderung der Vollstreckung einer bereits getroffenen oder unmittelbar bevorstehenden Entscheidung, die zu seiner Abschiebung führen würde, gestellt hat,
6. sich weigert, der Verpflichtung zur Abnahme seiner Fingerabdrücke gemäß der Verordnung (EU) Nr. 603/2013 des Europäischen Parlaments und des Rates vom 26. Juni 2013 über die Einrichtung von Eurodac für den Abgleich von Fingerabdruckdaten zum Zwecke der effektiven Anwendung der Verordnung (EU) Nr. 604/2013 zur Festlegung der Kriterien und Verfahren zur Bestimmung des Mitgliedstaats, der für die Prüfung eines von einem Drittstaatsangehörigen oder Staatenlosen in einem Mitgliedstaat gestellten Antrags auf internationalen Schutz zuständig ist und über die Gefahrenabwehr und Strafverfolgung dienende Anträge der Gefahrenabwehr- und Strafverfolgungsbehörden der Mitgliedstaaten und Europols auf den Abgleich mit Eurodac-Daten sowie zur Änderung der Verordnung (EU) Nr. 1077/2011 zur Errichtung einer Europäischen Agentur für das Betriebsmanagement

von IT-Großsystemen im Raum der Freiheit, der Sicherheit und des Rechts (ABl. L 180 vom 29.6.2013, S. 1) nachzukommen, oder
7. aus schwerwiegenden Gründen der öffentlichen Sicherheit oder öffentlichen Ordnung ausgewiesen wurde oder es schwerwiegende Gründe für die Annahme gibt, dass er eine Gefahr für die nationale Sicherheit oder die öffentliche Ordnung darstellt.

(2) ¹Macht das Bundesamt von Absatz 1 Gebrauch, so entscheidet es innerhalb einer Woche ab Stellung des Asylantrags. ²Kann es nicht innerhalb dieser Frist entscheiden, dann führt es das Verfahren als nicht beschleunigtes Verfahren fort.

(3) ¹Ausländer, deren Asylanträge im beschleunigten Verfahren nach dieser Vorschrift bearbeitet werden, sind verpflichtet, bis zur Entscheidung des Bundesamtes über den Asylantrag in der für ihre Aufnahme zuständigen besonderen Aufnahmeeinrichtung zu wohnen. ²Die Verpflichtung nach Satz 1 gilt darüber hinaus bis zur Ausreise oder bis zum Vollzug der Abschiebungsandrohung oder -anordnung bei

1. einer Einstellung des Verfahrens oder
2. einer Ablehnung des Asylantrags
   a) nach § 29 Absatz 1 Nummer 4 als unzulässig,
   b) nach § 29a oder § 30 als offensichtlich unbegründet oder
   c) im Fall des § 71 Absatz 4.

³Die §§ 48 bis 50 bleiben unberührt.

§ 31 Entscheidung des Bundesamtes über Asylanträge

(1) ¹Die Entscheidung des Bundesamtes ergeht schriftlich. ²Sie ist schriftlich zu begründen. ³Entscheidungen, die der Anfechtung unterliegen, sind den Beteiligten unverzüglich zuzustellen. ⁴Wurde kein Bevollmächtigter für das Verfahren bestellt, ist eine Übersetzung der Entscheidungsformel und der Rechtsbehelfsbelehrung in einer Sprache beizufügen, deren Kenntnis vernünftigerweise vorausgesetzt werden kann; Asylberechtigte und Ausländer, denen internationaler Schutz im Sinne des § 1 Absatz 1 Nummer 2 zuerkannt wird oder bei denen das Bundesamt ein Abschiebungsverbot nach § 60 Absatz 5 oder 7 des Aufenthaltsgesetzes festgestellt hat, werden zusätzlich über die Rechte und Pflichten unterrichtet, die sich daraus ergeben. ⁵Wird der Asylantrag nur nach § 26a oder § 29 Absatz 1 Nummer 1 ab-

V. AsylG (vorher Asylverfahrensgesetz)

gelehnt, ist die Entscheidung zusammen mit der Abschiebungsanordnung nach § 34a dem Ausländer selbst zuzustellen. [6]Sie kann ihm auch von der für die Abschiebung oder für die Durchführung der Abschiebung zuständigen Behörde zugestellt werden. [7]Wird der Ausländer durch einen Bevollmächtigten vertreten oder hat er einen Empfangsberechtigten benannt, soll diesem ein Abdruck der Entscheidung zugeleitet werden.

(2) [1]In Entscheidungen über zulässige Asylanträge und nach § 30 Abs. 5 ist ausdrücklich festzustellen, ob dem Ausländer die Flüchtlingseigenschaft oder der subsidiäre Schutz zuerkannt wird und ob er als Asylberechtigter anerkannt wird. [2]In den Fällen des § 13 Absatz 2 Satz 2 ist nur über den beschränkten Antrag zu entscheiden.

(3) [1]In den Fällen des Absatzes 2 und in Entscheidungen über unzulässige Asylanträge ist festzustellen, ob die Voraussetzungen des § 60 Absatz 5 oder 7 des Aufenthaltsgesetzes vorliegen. [2]Davon kann abgesehen werden, wenn der Ausländer als Asylberechtigter anerkannt wird oder ihm internationaler Schutz im Sinne des § 1 Absatz 1 Nummer 2 zuerkannt wird.

(4) Wird der Asylantrag nur nach § 26a als unzulässig abgelehnt, bleibt § 26 Absatz 5 in den Fällen des § 26 Absatz 1 bis 4 unberührt.

(5) Wird ein Ausländer nach § 26 Absatz 1 bis 3 als Asylberechtigter anerkannt oder wird ihm nach § 26 Absatz 5 internationaler Schutz im Sinne des § 1 Absatz 1 Nummer 2 zuerkannt, soll von der Feststellung der Voraussetzungen des § 60 Absatz 5 und 7 des Aufenthaltsgesetzes abgesehen werden.

(6) Wird der Asylantrag nach § 29 Absatz 1 Nummer 1 als unzulässig abgelehnt, wird dem Ausländer in der Entscheidung mitgeteilt, welcher andere Staat für die Durchführung des Asylverfahrens zuständig ist.

§ 32 Entscheidung bei Antragsrücknahme oder Verzicht

[1]Im Falle der Antragsrücknahme oder des Verzichts gemäß § 14a Abs. 3 stellt das Bundesamt in seiner Entscheidung fest, dass das Asylverfahren eingestellt ist und ob ein Abschiebungsverbot nach § 60 Absatz 5 oder 7 des Aufenthaltsgesetzes vorliegt. [2]In den Fällen des § 33 ist nach Aktenlage zu entscheiden.

V. AsylG (vorher Asylverfahrensgesetz)

§ 32a Ruhen des Verfahrens

(1) ¹Das Asylverfahren eines Ausländers ruht, solange ihm vorübergehender Schutz nach § 24 des Aufenthaltsgesetzes gewährt wird. ²Solange das Verfahren ruht, bestimmt sich die Rechtsstellung des Ausländers nicht nach diesem Gesetz.

(2) Der Asylantrag gilt als zurückgenommen, wenn der Ausländer nicht innerhalb eines Monats nach Ablauf der Geltungsdauer seiner Aufenthaltserlaubnis dem Bundesamt anzeigt, dass er das Asylverfahren fortführen will.

§ 33 Nichtbetreiben des Verfahrens

(1) Der Asylantrag gilt als zurückgenommen, wenn der Ausländer das Verfahren nicht betreibt.

(2) ¹Es wird vermutet, dass der Ausländer das Verfahren nicht betreibt, wenn er

1. einer Aufforderung zur Vorlage von für den Antrag wesentlichen Informationen gemäß § 15 oder einer Aufforderung zur Anhörung gemäß § 25 nicht nachgekommen ist,
2. untergetaucht ist oder
3. gegen die räumliche Beschränkung seiner Aufenthaltsgestattung gemäß § 56 verstoßen hat, der er wegen einer Wohnverpflichtung nach § 30a Absatz 3 unterliegt.

²Die Vermutung nach Satz 1 gilt nicht, wenn der Ausländer unverzüglich nachweist, dass das in Satz 1 Nummer 1 genannte Versäumnis oder die in Satz 1 Nummer 2 und 3 genannte Handlung auf Umstände zurückzuführen war, auf die er keinen Einfluss hatte. ³Führt der Ausländer diesen Nachweis, ist das Verfahren fortzuführen. ⁴Wurde das Verfahren als beschleunigtes Verfahren nach § 30a durchgeführt, beginnt die Frist nach § 30a Absatz 2 Satz 1 neu zu laufen.

(3) Der Asylantrag gilt ferner als zurückgenommen, wenn der Ausländer während des Asylverfahrens in seinen Herkunftsstaat gereist ist.

(4) Der Ausländer ist auf die nach den Absätzen 1 und 3 eintretenden Rechtsfolgen schriftlich und gegen Empfangsbestätigung hinzuweisen.

(5) ¹In den Fällen der Absätze 1 und 3 stellt das Bundesamt das Asylverfahren ein. ²Ein Ausländer, dessen Asylverfahren gemäß Satz 1 eingestellt worden ist, kann die Wiederaufnahme des Verfahrens beantragen. ³Der Antrag ist persönlich bei der Außenstelle des Bundesamtes zu stellen, die der Aufnahmeeinrichtung zugeordnet ist, in welcher der Ausländer vor der Einstellung des Verfahrens zu wohnen verpflichtet war. ³Stellt der Ausländer einen neuen Asylantrag, so gilt dieser als Antrag im Sinne des Satzes 2. ⁴Das Bundesamt nimmt die Prüfung in dem Verfahrensabschnitt wieder auf, in dem sie eingestellt wurde. ⁵Abweichend von Satz 5 ist das Asylverfahren nicht wieder aufzunehmen und ein Antrag nach Satz 2 oder Satz 4 ist als Folgeantrag (§ 71) zu behandeln, wenn

1. die Einstellung des Asylverfahrens zum Zeitpunkt der Antragstellung mindestens neun Monate zurückliegt oder
2. das Asylverfahren bereits nach dieser Vorschrift wieder aufgenommen worden war.

⁶Wird ein Verfahren nach dieser Vorschrift wieder aufgenommen, das vor der Einstellung als beschleunigtes Verfahren nach § 30a durchgeführt wurde, beginnt die Frist nach § 30a Absatz 2 Satz 1 neu zu laufen.

(6) Für Rechtsbehelfe gegen eine Entscheidung nach Absatz 5 Satz 6 gilt § 36 Absatz 3 entsprechend.

Unterabschnitt 4. Aufenthaltsbeendigung

§ 34 Abschiebungsandrohung

(1) ¹Das Bundesamt erlässt nach den §§ 59 und 60 Absatz 10 des Aufenthaltsgesetzes eine schriftliche Abschiebungsandrohung, wenn

1. der Ausländer nicht als Asylberechtigter anerkannt wird,
2. dem Ausländer nicht die Flüchtlingseigenschaft zuerkannt wird,
2a. dem Ausländer kein subsidiärer Schutz gewährt wird,
3. die Voraussetzungen des § 60 Absatz 5 und 7 des Aufenthaltsgesetzes nicht vorliegen oder die Abschiebung ungeachtet des Vorliegens der Voraussetzungen des § 60 Absatz 7 Satz 1 des Aufenthaltsgesetzes ausnahmsweise zulässig ist und

V. AsylG (vorher Asylverfahrensgesetz)

4. der Ausländer keinen Aufenthaltstitel besitzt.

²Eine Anhörung des Ausländers vor Erlass der Abschiebungsandrohung ist nicht erforderlich. ³Im Übrigen bleibt die Ausländerbehörde für Entscheidungen nach § 59 Absatz 1 Satz 4 und Absatz 6 des Aufenthaltsgesetzes zuständig.

(2)¹Die Abschiebungsandrohung soll mit der Entscheidung über den Asylantrag verbunden werden. ²Wurde kein Bevollmächtigter für das Verfahren bestellt, sind die Entscheidungsformel der Abschiebungsandrohung und die Rechtsbehelfsbelehrung dem Ausländer in eine Sprache zu übersetzen, deren Kenntnis vernünftigerweise vorausgesetzt werden kann.

§ 34a Abschiebungsanordnung

(1)¹Soll der Ausländer in einen sicheren Drittstaat (§ 26a) oder in einen für die Durchführung des Asylverfahrens zuständigen Staat (§ 29 Absatz 1 Nummer 1) abgeschoben werden, ordnet das Bundesamt die Abschiebung in diesen Staat an, sobald feststeht, dass sie durchgeführt werden kann. ²Dies gilt auch, wenn der Ausländer den Asylantrag in einem anderen auf Grund von Rechtsvorschriften der Europäischen Union oder eines völkerrechtlichen Vertrages für die Durchführung des Asylverfahrens zuständigen Staat gestellt oder vor der Entscheidung des Bundesamtes zurückgenommen hat. ³Einer vorherigen Androhung und Fristsetzung bedarf es nicht. ⁴Kann eine Abschiebungsanordnung nach Satz 1 oder 2 nicht ergehen, droht das Bundesamt die Abschiebung in den jeweiligen Staat an.

(2)¹Anträge nach § 80 Absatz 5 der Verwaltungsgerichtsordnung gegen die Abschiebungsanordnung sind innerhalb einer Woche nach Bekanntgabe zu stellen. ²Die Abschiebung ist bei rechtzeitiger Antragstellung vor der gerichtlichen Entscheidung nicht zulässig. ³Anträge auf Gewährung vorläufigen Rechtsschutzes gegen die Befristung des Einreise- und Aufenthaltsverbots durch das Bundesamt nach § 11 Absatz 2 des Aufenthaltsgesetzes sind innerhalb einer Woche nach Bekanntgabe zu stellen. ⁴Die Vollziehbarkeit der Abschiebungsanordnung bleibt hiervon unberührt.

V. AsylG (vorher Asylverfahrensgesetz)

§ 35 Abschiebungsandrohung bei Unzulässigkeit des Asylantrags

In den Fällen des § 29 Absatz 1 Nummer 2 und 4 droht das Bundesamt dem Ausländer die Abschiebung in den Staat an, in dem er vor Verfolgung sicher war.

§ 36 Verfahren bei Unzulässigkeit nach § 29 Absatz 1 Nummer 2 und 4 und bei offensichtlicher Unbegründetheit

(1) In den Fällen der Unzulässigkeit nach § 29 Absatz 1 Nummer 2 und 4 und der offensichtlichen Unbegründetheit des Asylantrages beträgt die dem Ausländer zu setzende Ausreisefrist eine Woche.

(2) ¹Das Bundesamt übermittelt mit der Zustellung der Entscheidung den Beteiligten eine Kopie des Inhalts der Asylakte. ²Der Verwaltungsvorgang ist mit dem Nachweis der Zustellung unverzüglich dem zuständigen Verwaltungsgericht zu übermitteln.

(3) ¹Anträge nach § 80 Abs. 5 der Verwaltungsgerichtsordnung gegen die Abschiebungsandrohung sind innerhalb einer Woche nach Bekanntgabe zu stellen; dem Antrag soll der Bescheid des Bundesamtes beigefügt werden. ²Der Ausländer ist hierauf hinzuweisen. ³§ 58 der Verwaltungsgerichtsordnung ist entsprechend anzuwenden. ⁴Die Entscheidung soll im schriftlichen Verfahren ergehen; eine mündliche Verhandlung, in der zugleich über die Klage verhandelt wird, ist unzulässig. ⁵Die Entscheidung soll innerhalb von einer Woche nach Ablauf der Frist des Absatzes 1 ergehen. ⁶Die Kammer des Verwaltungsgerichts kann die Frist nach Satz 5 um jeweils eine weitere Woche verlängern. ⁷Die zweite Verlängerung und weitere Verlängerungen sind nur bei Vorliegen schwerwiegender Gründe zulässig, insbesondere wenn eine außergewöhnliche Belastung des Gerichts eine frühere Entscheidung nicht möglich macht. ⁸Die Abschiebung ist bei rechtzeitiger Antragstellung vor der gerichtlichen Entscheidung nicht zulässig. ⁹Die Entscheidung ist ergangen, wenn die vollständig unterschriebene Entscheidungsformel der Geschäftsstelle der Kammer vorliegt. ¹⁰Anträge auf Gewährung vorläufigen Rechtsschutzes gegen die Befristung des Einreise- und Aufenthaltsverbots durch das Bundesamt nach § 11 Absatz 2 des Aufenthaltsgesetzes und die Anordnung und Befristung nach § 11 Absatz 7 des Aufenthaltsgesetzes sind ebenso innerhalb einer Woche nach Bekanntgabe zu stellen. ¹¹Die Vollziehbarkeit der Abschiebungsandrohung bleibt hiervon unberührt.

V. AsylG (vorher Asylverfahrensgesetz)

(4) ¹Die Aussetzung der Abschiebung darf nur angeordnet werden, wenn ernstliche Zweifel an der Rechtmäßigkeit des angegriffenen Verwaltungsaktes bestehen. ²Tatsachen und Beweismittel, die von den Beteiligten nicht angegeben worden sind, bleiben unberücksichtigt, es sei denn, sie sind gerichtsbekannt oder offenkundig. ³Ein Vorbringen, das nach § 25 Abs. 3 im Verwaltungsverfahren unberücksichtigt geblieben ist, sowie Tatsachen und Umstände im Sinne des § 25 Abs. 2, die der Ausländer im Verwaltungsverfahren nicht angegeben hat, kann das Gericht unberücksichtigt lassen, wenn andernfalls die Entscheidung verzögert würde.

§ 37 Weiteres Verfahren bei stattgebender gerichtlicher Entscheidung

(1) ¹Die Entscheidung des Bundesamtes über die Unzulässigkeit nach § 29 Absatz 1 Nummer 2 und 4 des Antrags und die Abschiebungsandrohung werden unwirksam, wenn das Verwaltungsgericht dem Antrag nach § 80 Abs. 5 der Verwaltungsgerichtsordnung entspricht. ²Das Bundesamt hat das Asylverfahren fortzuführen.

(2) Entspricht das Verwaltungsgericht im Falle eines als offensichtlich unbegründet abgelehnten Asylantrags dem Antrag nach § 80 Abs. 5 der Verwaltungsgerichtsordnung, endet die Ausreisefrist 30 Tage nach dem unanfechtbaren Abschluss des Asylverfahrens.

(3) Die Absätze 1 und 2 gelten nicht, wenn auf Grund der Entscheidung des Verwaltungsgerichts die Abschiebung in einen der in der Abschiebungsandrohung bezeichneten Staaten vollziehbar wird.

§ 38 Ausreisefrist bei sonstiger Ablehnung und bei Rücknahme des Asylantrags

(1) ¹In den sonstigen Fällen, in denen das Bundesamt den Ausländer nicht als Asylberechtigten anerkennt, beträgt die dem Ausländer zu setzende Ausreisefrist 30 Tage. ²Im Falle der Klageerhebung endet die Ausreisefrist 30 Tage nach dem unanfechtbaren Abschluss des Asylverfahrens.

(2) Im Falle der Rücknahme des Asylantrags vor der Entscheidung des Bundesamtes beträgt die dem Ausländer zu setzende Ausreisefrist eine Woche.

(3) Im Falle der Rücknahme des Asylantrags oder der Klage oder des Verzichts auf die Durchführung des Asylverfahrens nach § 14a Absatz 3 kann

dem Ausländer eine Ausreisefrist bis zu drei Monaten eingeräumt werden, wenn er sich zur freiwilligen Ausreise bereit erklärt.

§ 39 (weggefallen)

§ 40 Unterrichtung der Ausländerbehörde

(1) ¹Das Bundesamt unterrichtet unverzüglich die Ausländerbehörde, in deren Bezirk sich der Ausländer aufzuhalten oder Wohnung zu nehmen hat, über eine vollziehbare Abschiebungsandrohung und leitet ihr unverzüglich alle für die Abschiebung erforderlichen Unterlagen zu. ²Das Gleiche gilt, wenn das Verwaltungsgericht die aufschiebende Wirkung der Klage wegen des Vorliegens der Voraussetzungen des § 60 Absatz 5 oder 7 des Aufenthaltsgesetzes nur hinsichtlich der Abschiebung in den betreffenden Staat angeordnet hat und das Bundesamt das Asylverfahren nicht fortführt.

(2) Das Bundesamt unterrichtet unverzüglich die Ausländerbehörde, wenn das Verwaltungsgericht in den Fällen des § 38 Absatz 2 die aufschiebende Wirkung der Klage gegen die Abschiebungsandrohung anordnet.

(3) Stellt das Bundesamt dem Ausländer die Abschiebungsanordnung (§ 34a) zu, unterrichtet es unverzüglich die für die Abschiebung zuständige Behörde über die Zustellung.

§ 41 (weggefallen)

§ 42 Bindungswirkung ausländerrechtlicher Entscheidungen

¹Die Ausländerbehörde ist an die Entscheidung des Bundesamtes oder des Verwaltungsgerichts über das Vorliegen der Voraussetzungen des § 60 Absatz 5 oder 7 des Aufenthaltsgesetzes gebunden. ²Über den späteren Eintritt und Wegfall der Voraussetzungen des § 60 Abs. 4 des Aufenthaltsgesetzes entscheidet die Ausländerbehörde, ohne dass es einer Aufhebung der Entscheidung des Bundesamtes bedarf.

V. AsylG (vorher Asylverfahrensgesetz)

§ 43 Vollziehbarkeit und Aussetzung der Abschiebung

(1) War der Ausländer im Besitz eines Aufenthaltstitels, darf eine nach den Vorschriften dieses Gesetzes vollziehbare Abschiebungsandrohung erst vollzogen werden, wenn der Ausländer auch nach § 58 Abs. 2 Satz 2 des Aufenthaltsgesetzes vollziehbar ausreisepflichtig ist.

(2) [1]Hat der Ausländer die Verlängerung eines Aufenthaltstitels mit einer Gesamtgeltungsdauer von mehr als sechs Monaten beantragt, wird die Abschiebungsandrohung erst mit der Ablehnung dieses Antrags vollziehbar. [2]Im Übrigen steht § 81 des Aufenthaltsgesetzes der Abschiebung nicht entgegen.

(3) [1]Haben Familienangehörige im Sinne des § 26 Absatz 1 bis 3 gleichzeitig oder jeweils unverzüglich nach ihrer Einreise einen Asylantrag gestellt, darf die Ausländerbehörde die Abschiebung vorübergehend aussetzen, um die gemeinsame Ausreise der Familie zu ermöglichen. [2]Sie stellt dem Ausländer eine Bescheinigung über die Aussetzung der Abschiebung aus.

§§ 43a, 43b (weggefallen)

Abschnitt 5. Unterbringung und Verteilung

§ 44 Schaffung und Unterhaltung von Aufnahmeeinrichtungen

(1) Die Länder sind verpflichtet, für die Unterbringung Asylbegehrender die dazu erforderlichen Aufnahmeeinrichtungen zu schaffen und zu unterhalten sowie entsprechend ihrer Aufnahmequote die im Hinblick auf den monatlichen Zugang Asylbegehrender in den Aufnahmeeinrichtungen notwendige Zahl von Unterbringungsplätzen bereitzustellen.

(2) Das Bundesministerium des Innern oder die von ihm bestimmte Stelle teilt den Ländern monatlich die Zahl der Zugänge von Asylbegehrenden, die voraussichtliche Entwicklung und den voraussichtlichen Bedarf an Unterbringungsplätzen mit.

(3) [1]§ 45 des Achten Buches Sozialgesetzbuch (Artikel 1 des Gesetzes vom 26. Juni 1990, BGBl. I S. 1163) gilt nicht für Aufnahmeeinrichtungen. [2]Trä-

ger von Aufnahmeeinrichtungen sollen sich von Personen, die in diesen Einrichtungen mit der Beaufsichtigung, Betreuung, Erziehung oder Ausbildung Minderjähriger oder mit Tätigkeiten, die in vergleichbarer Weise geeignet sind, Kontakt zu Minderjährigen aufzunehmen, betraut sind, zur Prüfung, ob sie für die aufgeführten Tätigkeiten geeignet sind, vor deren Einstellung oder Aufnahme einer dauerhaften ehrenamtlichen Tätigkeit und in regelmäßigen Abständen ein Führungszeugnis nach § 30 Absatz 5 und § 30a Absatz 1 des Bundeszentralregistergesetzes vorlegen lassen. [3]Träger von Aufnahmeeinrichtungen dürfen für die Tätigkeiten nach Satz 2 keine Personen beschäftigen oder mit diesen Tätigkeiten ehrenamtlich betrauen, die rechtskräftig wegen einer Straftat nach den §§ 171, 174 bis 174c, 176 bis 180a, 181a, 182 bis 184g, 184i, 184j, 225, 232 bis 233a, 234, 235 oder 236 des Strafgesetzbuchs verurteilt worden sind. [4]Nimmt der Träger einer Aufnahmeeinrichtung Einsicht in ein Führungszeugnis nach § 30 Absatz 5 und § 30a Absatz 1 des Bundeszentralregistergesetzes, so speichert er nur den Umstand der Einsichtnahme, das Datum des Führungszeugnisses und die Information, ob die das Führungszeugnis betreffende Person wegen einer in Satz 3 genannten Straftat rechtskräftig verurteilt worden ist. [5]Der Träger einer Aufnahmeeinrichtung darf diese Daten nur verändern und nutzen, soweit dies zur Prüfung der Eignung einer Person für die in Satz 2 genannten Tätigkeiten erforderlich ist. [6]Die Daten sind vor dem Zugriff Unbefugter zu schützen. [7]Sie sind unverzüglich zu löschen, wenn im Anschluss an die Einsichtnahme keine Tätigkeit nach Satz 2 wahrgenommen wird. [8]Sie sind spätestens sechs Monate nach der letztmaligen Ausübung einer in Satz 2 genannten Tätigkeit zu löschen.

§ 45 Aufnahmequoten

(1) [1]Die Länder können durch Vereinbarung einen Schlüssel für die Aufnahme von Asylbegehrenden durch die einzelnen Länder (Aufnahmequote) festlegen. [2]Bis zum Zustandekommen dieser Vereinbarung oder bei deren Wegfall richtet sich die Aufnahmequote für das jeweilige Kalenderjahr nach dem von dem Büro der Gemeinsamen Wissenschaftskonferenz im Bundesanzeiger veröffentlichten Schlüssel, der für das vorangegangene Kalenderjahr entsprechend Steuereinnahmen und Bevölkerungszahl der Länder errechnet worden ist (Königsteiner Schlüssel).

(2) ¹Zwei oder mehr Länder können vereinbaren, dass Asylbegehrende, die von einem Land entsprechend seiner Aufnahmequote aufzunehmen sind, von einem anderen Land aufgenommen werden. ²Eine Vereinbarung nach Satz 1 sieht mindestens Angaben zum Umfang der von der Vereinbarung betroffenen Personengruppe sowie einen angemessenen Kostenausgleich vor. ³Die Aufnahmequote nach Absatz 1 wird durch eine solche Vereinbarung nicht berührt.

§ 46 Bestimmung der zuständigen Aufnahmeeinrichtung

(1) ¹Für die Aufnahme eines Ausländers, bei dem die Voraussetzungen des § 30a Absatz 1 vorliegen, ist die besondere Aufnahmeeinrichtung (§ 5 Absatz 5) zuständig, die über einen freien Unterbringungsplatz im Rahmen der Quote nach § 45 verfügt und bei der die ihr zugeordnete Außenstelle des Bundesamtes Asylanträge aus dem Herkunftsland dieses Ausländers bearbeitet. ²Im Übrigen ist die Aufnahmeeinrichtung zuständig, bei der der Ausländer sich gemeldet hat, wenn sie über einen freien Unterbringungsplatz im Rahmen der Quote nach § 45 verfügt und die ihr zugeordnete Außenstelle des Bundesamtes Asylanträge aus dem Herkunftsland des Ausländers bearbeitet. ³Liegen die Voraussetzungen der Sätze 1 und 2 nicht vor, ist die nach Absatz 2 bestimmte Aufnahmeeinrichtung für die Aufnahme des Ausländers zuständig. ⁴Bei mehreren nach Satz 1 in Betracht kommenden besonderen Aufnahmeeinrichtungen (§ 5 Absatz 5) gilt Absatz 2 für die Bestimmung der zuständigen besonderen Aufnahmeeinrichtung entsprechend.

(2) ¹Eine vom Bundesministerium des Innern bestimmte zentrale Verteilungsstelle benennt auf Veranlassung einer Aufnahmeeinrichtung dieser die für die Aufnahme des Ausländers zuständige Aufnahmeeinrichtung. ²Maßgebend dafür sind die Aufnahmequoten nach § 45, in diesem Rahmen die vorhandenen freien Unterbringungsplätze und sodann die Bearbeitungsmöglichkeiten der jeweiligen Außenstelle des Bundesamtes in Bezug auf die Herkunftsländer der Ausländer. ³Von mehreren danach in Betracht kommenden Aufnahmeeinrichtungen wird die nächstgelegene als zuständig benannt.

(2a) ¹Ergibt sich aus einer Vereinbarung nach § 45 Absatz 2 Satz 1 eine von den Absätzen 1 und 2 abweichende Zuständigkeit, so wird die nach der Vereinbarung zur Aufnahme verpflichtete Aufnahmeeinrichtung mit der

V. AsylG (vorher Asylverfahrensgesetz)

tatsächlichen Aufnahme des Ausländers zuständig. ²Soweit nach den Umständen möglich, wird die Vereinbarung bei der Verteilung nach Absatz 2 berücksichtigt.

(3) ¹Die veranlassende Aufnahmeeinrichtung teilt der zentralen Verteilungsstelle nur die Zahl der Ausländer unter Angabe der Herkunftsländer mit. ²Ausländer und ihre Familienangehörigen im Sinne des § 26 Absatz 1 bis 3 sind als Gruppe zu melden.

(4) Die Länder stellen sicher, dass die zentrale Verteilungsstelle jederzeit über die für die Bestimmung der zuständigen Aufnahmeeinrichtung erforderlichen Angaben, insbesondere über Zu- und Abgänge, Belegungsstand und alle freien Unterbringungsplätze jeder Aufnahmeeinrichtung unterrichtet ist.

(5) Die Landesregierung oder die von ihr bestimmte Stelle benennt der zentralen Verteilungsstelle die zuständige Aufnahmeeinrichtung für den Fall, dass das Land nach der Quotenregelung zur Aufnahme verpflichtet ist und über keinen freien Unterbringungsplatz in den Aufnahmeeinrichtungen verfügt.

§ 47 Aufenthalt in Aufnahmeeinrichtungen

(1) ¹Ausländer, die den Asylantrag bei einer Außenstelle des Bundesamtes zu stellen haben (§ 14 Abs. 1), sind verpflichtet, bis zu sechs Wochen, längstens jedoch bis zu sechs Monaten, in der für ihre Aufnahme zuständigen Aufnahmeeinrichtung zu wohnen. ²Das Gleiche gilt in den Fällen des § 14 Absatz 2 Satz 1 Nummer 2, wenn die Voraussetzungen dieser Vorschrift vor der Entscheidung des Bundesamtes entfallen.

(1a) ¹Abweichend von Absatz 1 sind Ausländer aus einem sicheren Herkunftsstaat (§ 29a) verpflichtet, bis zur Entscheidung des Bundesamtes über den Asylantrag und im Falle der Ablehnung des Asylantrags nach § 29a als offensichtlich unbegründet oder nach § 29 Absatz 1 Nummer 1 als unzulässig bis zur Ausreise oder bis zum Vollzug der Abschiebungsandrohung oder -anordnung in der für ihre Aufnahme zuständigen Aufnahmeeinrichtung zu wohnen. ²Die §§ 48 bis 50 bleiben unberührt.

(1b) Die Länder können regeln, dass Ausländer abweichend von Absatz 1 verpflichtet sind, bis zur Entscheidung des Bundesamtes über den Asylantrag und im Falle der Ablehnung des Asylantrags als offensichtlich unbegründet oder als unzulässig bis zur Ausreise oder bis zum Vollzug der Abschiebungsandrohung oder -anordnung in der für ihre Aufnahme zuständigen Aufnahmeeinrichtung, längstens jedoch für 24 Monate, zu wohnen. Die §§ 48 bis 50 bleiben unberührt. Insbesondere ist § 50 Absatz 1 Satz 1 Nummer 1 zu beachten, wonach der Ausländer unverzüglich aus der Aufnahmeeinrichtung zu entlassen ist, wenn das Bundesamt nicht oder nicht kurzfristig entscheiden kann, dass der Asylantrag unzulässig oder offensichtlich unbegründet ist.

(2) Sind Eltern eines minderjährigen ledigen Kindes verpflichtet, in einer Aufnahmeeinrichtung zu wohnen, so kann auch das Kind in der Aufnahmeeinrichtung wohnen, auch wenn es keinen Asylantrag gestellt hat.

(3) Für die Dauer der Pflicht, in einer Aufnahmeeinrichtung zu wohnen, ist der Ausländer verpflichtet, für die zuständigen Behörden und Gerichte erreichbar zu sein.

(4) ¹Die Aufnahmeeinrichtung weist den Ausländer innerhalb von 15 Tagen nach der Asylantragstellung möglichst schriftlich und in einer Sprache, deren Kenntnis vernünftigerweise vorausgesetzt werden kann, auf seine Rechte und Pflichten nach dem Asylbewerberleistungsgesetz hin. ²Die Aufnahmeeinrichtung benennt in dem Hinweis nach Satz 1 auch, wer dem Ausländer Rechtsbeistand gewähren kann und welche Vereinigungen den Ausländer über seine Unterbringung und medizinische Versorgung beraten können.

§ 48 Beendigung der Verpflichtung, in einer Aufnahmeeinrichtung zu wohnen

Die Verpflichtung, in einer Aufnahmeeinrichtung zu wohnen, endet vor Ablauf von sechs Monaten, wenn der Ausländer

1. verpflichtet ist, an einem anderen Ort oder in einer anderen Unterkunft Wohnung zu nehmen,
2. als Asylberechtigter anerkannt ist oder ihm internationaler Schutz im Sinne des § 1 Absatz 1 Nummer 2 zuerkannt wurde oder
3. nach der Antragstellung durch Eheschließung oder Begründung einer Lebenspartnerschaft im Bundesgebiet die Voraussetzungen für einen

V. AsylG (vorher Asylverfahrensgesetz)

Rechtsanspruch auf Erteilung eines Aufenthaltstitels nach dem Aufenthaltsgesetz erfüllt.

§ 49 Entlassung aus der Aufnahmeeinrichtung

(1) Die Verpflichtung, in der Aufnahmeeinrichtung zu wohnen, ist zu beenden, wenn eine Abschiebungsandrohung vollziehbar und die Abschiebung kurzfristig nicht möglich ist oder wenn dem Ausländer eine Aufenthaltserlaubnis nach § 24 des Aufenthaltsgesetzes erteilt werden soll.

(2) Die Verpflichtung kann aus Gründen der öffentlichen Gesundheitsvorsorge sowie aus sonstigen Gründen der öffentlichen Sicherheit oder Ordnung oder aus anderen zwingenden Gründen beendet werden.

§ 50 Landesinterne Verteilung

(1) ¹Ausländer sind unverzüglich aus der Aufnahmeeinrichtung zu entlassen und innerhalb des Landes zu verteilen, wenn das Bundesamt der zuständigen Landesbehörde mitteilt, dass

1. nicht oder nicht kurzfristig entschieden werden kann, dass der Asylantrag unzulässig oder offensichtlich unbegründet ist und ob die Voraussetzungen des § 60 Absatz 5 oder 7 des Aufenthaltsgesetzes in der Person des Ausländers oder eines seiner Familienangehörigen im Sinne des § 26 Absatz 1 bis 3 vorliegen, oder
2. das Verwaltungsgericht die aufschiebende Wirkung der Klage gegen die Entscheidung des Bundesamtes angeordnet hat.

²Eine Verteilung kann auch erfolgen, wenn der Ausländer aus anderen Gründen nicht mehr verpflichtet ist, in der Aufnahmeeinrichtung zu wohnen.

(2) Die Landesregierung oder die von ihr bestimmte Stelle wird ermächtigt, durch Rechtsverordnung die Verteilung zu regeln, soweit dies nicht durch Landesgesetz geregelt ist.

(3) Die zuständige Landesbehörde teilt innerhalb eines Zeitraumes von drei Arbeitstagen dem Bundesamt den Bezirk der Ausländerbehörde mit, in dem der Ausländer nach einer Verteilung Wohnung zu nehmen hat.

V. AsylG (vorher Asylverfahrensgesetz)

(4) Die) ¹Die zuständige Landesbehörde erlässt die Zuweisungsentscheidung. Die Zuweisungsentscheidung ist schriftlich zu erlassen und mit einer Rechtsbehelfsbelehrung zu versehen. ²Sie bedarf keiner Begründung. ³Einer Anhörung des Ausländers bedarf es nicht. ⁴Bei der Zuweisung sind die Haushaltsgemeinschaft von Familienangehörigen im Sinne des § 26 Absatz 1 bis 3 oder sonstige humanitäre Gründe von vergleichbarem Gewicht zu berücksichtigen.

(5) Die Zuweisungsentscheidung ist dem Ausländer selbst zuzustellen. Wird der Ausländer durch einen Bevollmächtigten vertreten oder hat er einen Empfangsbevollmächtigten benannt, soll ein Abdruck der Zuweisungsentscheidung auch diesem zugeleitet werden.

(6) Der Ausländer hat sich unverzüglich zu der in der Zuweisungsverfügung angegebenen Stelle zu begeben.

§ 51 Länderübergreifende Verteilung

(1) Ist ein Ausländer nicht oder nicht mehr verpflichtet, in einer Aufnahmeeinrichtung zu wohnen, ist der Haushaltsgemeinschaft von Familienangehörigen im Sinne des § 26 Absatz 1 bis 3 oder sonstigen humanitären Gründen von vergleichbarem Gewicht auch durch länderübergreifende Verteilung Rechnung zu tragen.

(2) ¹Die Verteilung nach Absatz 1 erfolgt auf Antrag des Ausländers. ²Über den Antrag entscheidet die zuständige Behörde des Landes, für das der weitere Aufenthalt beantragt ist.

§ 52 Quotenanrechnung

Auf die Quoten nach § 45 wird die Aufnahme von Asylbegehrenden in den Fällen des § 14 Absatz 2 Satz 1 Nummer 2 und 3, des § 14a sowie des § 51 angerechnet.

§ 53 Unterbringung in Gemeinschaftsunterkünften

(1) ¹Ausländer, die einen Asylantrag gestellt haben und nicht oder nicht mehr verpflichtet sind, in einer Aufnahmeeinrichtung zu wohnen, sollen in der Regel in Gemeinschaftsunterkünften untergebracht werden. ²Hierbei

V. AsylG (vorher Asylverfahrensgesetz)

sind sowohl das öffentliche Interesse als auch Belange des Ausländers zu berücksichtigen.

(2) ¹Eine Verpflichtung, in einer Gemeinschaftsunterkunft zu wohnen, endet, wenn das Bundesamt einen Ausländer als Asylberechtigten anerkannt oder ein Gericht das Bundesamt zur Anerkennung verpflichtet hat, auch wenn ein Rechtsmittel eingelegt worden ist, sofern durch den Ausländer eine anderweitige Unterkunft nachgewiesen wird und der öffentlichen Hand dadurch Mehrkosten nicht entstehen. ²Das Gleiche gilt, wenn das Bundesamt oder ein Gericht einem Ausländer internationalen Schutz im Sinne des § 1 Absatz 1 Nummer 2 zuerkannt hat. ³In den Fällen der Sätze 1 und 2 endet die Verpflichtung auch für die Familienangehörigen im Sinne des § 26 Absatz 1 bis 3 des Ausländers.

(3) § 44 Abs. 3 gilt entsprechend.

§ 54 Unterrichtung des Bundesamtes

Die Ausländerbehörde, in deren Bezirk sich der Ausländer aufzuhalten oder Wohnung zu nehmen hat, teilt dem Bundesamt unverzüglich

1. die ladungsfähige Anschrift des Ausländers,
2. eine Ausschreibung zur Aufenthaltsermittlung

mit.

Abschnitt 6. Recht des Aufenthalts während des Asylverfahrens

§ 55 Aufenthaltsgestattung

(1) ¹Einem Ausländer, der um Asyl nachsucht, ist zur Durchführung des Asylverfahrens der Aufenthalt im Bundesgebiet ab Ausstellung des Ankunftsnachweises gemäß § 63a Absatz 1 gestattet (Aufenthaltsgestattung). ²Er hat keinen Anspruch darauf, sich in einem bestimmten Land oder an einem bestimmten Ort aufzuhalten. ³In den Fällen, in denen kein Ankunftsnachweis ausgestellt wird, entsteht die Aufenthaltsgestattung mit der Stellung des Asylantrags.

(2) ¹Mit der Stellung eines Asylantrags erlöschen eine Befreiung vom Erfordernis eines Aufenthaltstitels und ein Aufenthaltstitel mit einer Gesamtgeltungsdauer bis zu sechs Monaten sowie die in § 81 Abs. 3 und 4 des Aufenthaltsgesetzes bezeichneten Wirkungen eines Antrags auf Erteilung eines Aufenthaltstitels. ²§ 81 Abs. 4 des Aufenthaltsgesetzes bleibt unberührt, wenn der Ausländer einen Aufenthaltstitel mit einer Gesamtgeltungsdauer von mehr als sechs Monaten besessen und dessen Verlängerung beantragt hat.

(3) Soweit der Erwerb oder die Ausübung eines Rechts oder einer Vergünstigung von der Dauer des Aufenthalts im Bundesgebiet abhängig ist, wird die Zeit eines Aufenthalts nach Absatz 1 nur angerechnet, wenn der Ausländer als Asylberechtigter anerkannt ist oder ihm internationaler Schutz im Sinne des § 1 Absatz 1 Nummer 2 zuerkannt wurde.

§ 56 Räumliche Beschränkung

(1) Die Aufenthaltsgestattung ist räumlich auf den Bezirk der Ausländerbehörde beschränkt, in dem die für die Aufnahme des Ausländers zuständige Aufnahmeeinrichtung liegt.

(2) Wenn der Ausländer verpflichtet ist, in dem Bezirk einer anderen Ausländerbehörde Aufenthalt zu nehmen, ist die Aufenthaltsgestattung räumlich auf deren Bezirk beschränkt.

(3) (weggefallen)

§ 57 Verlassen des Aufenthaltsbereichs einer Aufnahmeeinrichtung

(1) Das Bundesamt kann einem Ausländer, der verpflichtet ist, in einer Aufnahmeeinrichtung zu wohnen, erlauben, den Geltungsbereich der Aufenthaltsgestattung vorübergehend zu verlassen, wenn zwingende Gründe es erfordern.

(2) Zur Wahrnehmung von Terminen bei Bevollmächtigten, beim Hohen Flüchtlingskommissar der Vereinten Nationen und bei Organisationen, die sich mit der Betreuung von Flüchtlingen befassen, soll die Erlaubnis unverzüglich erteilt werden.

V. AsylG (vorher Asylverfahrensgesetz)

(3) ¹Der Ausländer kann Termine bei Behörden und Gerichten, bei denen sein persönliches Erscheinen erforderlich ist, ohne Erlaubnis wahrnehmen. ²Er hat diese Termine der Aufnahmeeinrichtung und dem Bundesamt anzuzeigen.

§ 58 Verlassen eines zugewiesenen Aufenthaltsbereichs

(1) ¹Die Ausländerbehörde kann einem Ausländer, der nicht oder nicht mehr verpflichtet ist, in einer Aufnahmeeinrichtung zu wohnen, erlauben, den Geltungsbereich der Aufenthaltsgestattung vorübergehend zu verlassen oder sich allgemein in dem Bezirk einer anderen Ausländerbehörde aufzuhalten. ²Die Erlaubnis ist zu erteilen, wenn hieran ein dringendes öffentliches Interesse besteht, zwingende Gründe es erfordern oder die Versagung der Erlaubnis eine unbillige Härte bedeuten würde. ³Die Erlaubnis wird in der Regel erteilt, wenn eine nach § 61 Absatz 2 erlaubte Beschäftigung ausgeübt werden soll oder wenn dies zum Zwecke des Schulbesuchs, der betrieblichen Aus- und Weiterbildung oder des Studiums an einer staatlichen oder staatlich anerkannten Hochschule oder vergleichbaren Ausbildungseinrichtung erforderlich ist. ⁴Die Erlaubnis bedarf der Zustimmung der Ausländerbehörde, für deren Bezirk der allgemeine Aufenthalt zugelassen wird.

(2) Zur Wahrnehmung von Terminen bei Bevollmächtigten, beim Hohen Flüchtlingskommissar der Vereinten Nationen und bei Organisationen, die sich mit der Betreuung von Flüchtlingen befassen, soll die Erlaubnis erteilt werden.

(3) Der Ausländer kann Termine bei Behörden und Gerichten, bei denen sein persönliches Erscheinen erforderlich ist, ohne Erlaubnis wahrnehmen.

(4) ¹Der Ausländer kann den Geltungsbereich der Aufenthaltsgestattung ohne Erlaubnis vorübergehend verlassen, wenn ein Gericht das Bundesamt dazu verpflichtet hat, den Ausländer als Asylberechtigten anzuerkennen, ihm internationalen Schutz im Sinne des § 1 Absatz 1 Nummer 2 zuzuerkennen oder die Voraussetzungen des § 60 Absatz 5 oder 7 des Aufenthaltsgesetzes festzustellen, auch wenn diese Entscheidung noch nicht unanfechtbar ist. ²Satz 1 gilt entsprechend für Familienangehörige im Sinne des § 26 Absatz 1 bis 3.

V. AsylG (vorher Asylverfahrensgesetz)

(5) Die Ausländerbehörde eines Kreises oder einer kreisangehörigen Gemeinde kann einem Ausländer die allgemeine Erlaubnis erteilen, sich vorübergehend im gesamten Gebiet des Kreises aufzuhalten.

(6) Um örtlichen Verhältnissen Rechnung zu tragen, können die Landesregierungen durch Rechtsverordnung bestimmen, dass sich Ausländer ohne Erlaubnis vorübergehend in einem die Bezirke mehrerer Ausländerbehörden umfassenden Gebiet, dem Gebiet des Landes oder, soweit Einvernehmen zwischen den beteiligten Landesregierungen besteht, im Gebiet eines anderen Landes aufhalten können.

§ 59 Durchsetzung der räumlichen Beschränkung

(1) ¹Die Verlassenspflicht nach § 12 Abs. 3 des Aufenthaltsgesetzes kann, soweit erforderlich, auch ohne Androhung durch Anwendung unmittelbaren Zwangs durchgesetzt werden. ²Reiseweg und Beförderungsmittel sollen vorgeschrieben werden.

(2) Der Ausländer ist festzunehmen und zur Durchsetzung der Verlassenspflicht auf richterliche Anordnung in Haft zu nehmen, wenn die freiwillige Erfüllung der Verlassenspflicht, auch in den Fällen des § 59a Absatz 2, nicht gesichert ist und andernfalls deren Durchsetzung wesentlich erschwert oder gefährdet würde.

(3) Zuständig für Maßnahmen nach den Absätzen 1 und 2 sind

1. die Polizeien der Länder,
2. die Grenzbehörde, bei der der Ausländer um Asyl nachsucht,
3. die Ausländerbehörde, in deren Bezirk sich der Ausländer aufhält,
4. die Aufnahmeeinrichtung, in der der Ausländer sich meldet, sowie
5. die Aufnahmeeinrichtung, die den Ausländer aufgenommen hat.

§ 59a Erlöschen der räumlichen Beschränkung

(1) ¹Die räumliche Beschränkung nach § 56 erlischt, wenn sich der Ausländer seit drei Monaten ununterbrochen erlaubt, geduldet oder gestattet im Bundesgebiet aufhält. ²Die räumliche Beschränkung erlischt abweichend von Satz 1 nicht, solange die Verpflichtung des Ausländers, in der für seine Aufnahme zuständigen Aufnahmeeinrichtung zu wohnen, fortbesteht.

V. AsylG (vorher Asylverfahrensgesetz)

(2) ¹Räumliche Beschränkungen bleiben auch nach Erlöschen der Aufenthaltsgestattung in Kraft bis sie aufgehoben werden, längstens aber bis zu dem in Absatz 1 bestimmten Zeitpunkt. ²Abweichend von Satz 1 erlöschen räumliche Beschränkungen, wenn der Aufenthalt nach § 25 Absatz 1 Satz 3 oder § 25 Absatz 2 Satz 2 des Aufenthaltsgesetzes als erlaubt gilt oder ein Aufenthaltstitel erteilt wird.

§ 59b Anordnung der räumlichen Beschränkung

(1) Eine räumliche Beschränkung der Aufenthaltsgestattung kann unabhängig von § 59a Absatz 1 durch die zuständige Ausländerbehörde angeordnet werden, wenn

1. der Ausländer wegen einer Straftat, mit Ausnahme solcher Straftaten, deren Tatbestand nur von Ausländern verwirklicht werden kann, rechtskräftig verurteilt worden ist,
2. Tatsachen die Schlussfolgerung rechtfertigen, dass der Ausländer gegen Vorschriften des Betäubungsmittelgesetzes verstoßen hat,
3. konkrete Maßnahmen zur Aufenthaltsbeendigung gegen den Ausländer bevorstehen. oder
4. von dem Ausländer eine erhebliche Gefahr für die innere Sicherheit oder für Leib und Leben Dritter ausgeht.

(2) Die §§ 56, 58, 59 und 59a Absatz 2 gelten entsprechend.

§ 60 Auflagen

(1) ¹Ein Ausländer, der nicht oder nicht mehr verpflichtet ist, in einer Aufnahmeeinrichtung zu wohnen, und dessen Lebensunterhalt nicht gesichert ist (§ 2 Absatz 3 des Aufenthaltsgesetzes), wird verpflichtet, an dem in der Verteilentscheidung nach § 50 Absatz 4 genannten Ort seinen gewöhnlichen Aufenthalt zu nehmen (Wohnsitzauflage). ²Findet eine länderübergreifende Verteilung gemäß § 51 statt, dann ergeht die Wohnsitzauflage im Hinblick auf den sich danach ergebenden Aufenthaltsort. ³Der Ausländer kann den in der Wohnsitzauflage genannten Ort ohne Erlaubnis vorübergehend verlassen.

V. AsylG (vorher Asylverfahrensgesetz)

(2) ¹Ein Ausländer, der nicht oder nicht mehr verpflichtet ist, in einer Aufnahmeeinrichtung zu wohnen, und dessen Lebensunterhalt nicht gesichert ist (§ 2 Absatz 3 des Aufenthaltsgesetzes), kann verpflichtet werden,

1. in einer bestimmten Gemeinde, in einer bestimmten Wohnung oder Unterkunft zu wohnen,
2. in eine bestimmte Gemeinde, Wohnung oder Unterkunft umzuziehen oder
3. in dem Bezirk einer anderen Ausländerbehörde desselben Landes seinen gewöhnlichen Aufenthalt und Wohnung oder Unterkunft zu nehmen.

²Eine Anhörung des Ausländers ist erforderlich in den Fällen des Satzes 1 Nummer 2, wenn er sich länger als sechs Monate in der Gemeinde, Wohnung oder Unterkunft aufgehalten hat. ³Die Anhörung gilt als erfolgt, wenn der Ausländer oder sein anwaltlicher Vertreter Gelegenheit hatte, sich innerhalb von zwei Wochen zu der vorgesehenen Unterbringung zu äußern. ⁴Eine Anhörung unterbleibt, wenn ihr ein zwingendes öffentliches Interesse entgegensteht.

(3) ¹Zuständig für Maßnahmen nach Absatz 1 Satz 1 ist die nach § 50 zuständige Landesbehörde. ²Die Wohnsitzauflage soll mit der Zuweisungsentscheidung nach § 50 verbunden werden. ³Zuständig für Maßnahmen nach Absatz 1 Satz 2 ist die nach § 51 Absatz 2 Satz 2 zuständige Landesbehörde. ⁴Die Wohnsitzauflage soll mit der Verteilungsentscheidung nach § 51 Absatz 2 Satz 2 verbunden werden. Zuständig für Maßnahmen nach Absatz 2 ist die Ausländerbehörde, in deren Bezirk die Gemeinde oder die zu beziehende Wohnung oder Unterkunft liegt.

§ 61 Erwerbstätigkeit

(1) Für die Dauer der Pflicht, in einer Aufnahmeeinrichtung zu wohnen, darf der Ausländer keine Erwerbstätigkeit ausüben.

(2) ¹Im Übrigen kann einem Asylbewerber, der sich seit drei Monaten gestattet im Bundesgebiet aufhält, abweichend von § 4 Abs. 3 des Aufenthaltsgesetzes die Ausübung einer Beschäftigung erlaubt werden, wenn die Bundesagentur für Arbeit zugestimmt hat oder durch Rechtsverordnung bestimmt ist, dass die Ausübung der Beschäftigung ohne Zustimmung der Bundesagentur für Arbeit zulässig ist. ²Ein geduldeter oder rechtmäßiger

Voraufenthalt wird auf die Wartezeit nach Satz 1 angerechnet. ³Die §§ 39, 40 Absatz 1 Nummer 1 und Absatz 2 und die §§ 41 und 42 des Aufenthaltsgesetzes gelten entsprechend. ⁴Einem Ausländer aus einem sicheren Herkunftsstaat gemäß § 29a, der nach dem 31. August 2015 einen Asylantrag gestellt hat, darf während des Asylverfahrens die Ausübung einer Beschäftigung nicht erlaubt werden.

§ 62 Gesundheitsuntersuchung

(1) ¹Ausländer, die in einer Aufnahmeeinrichtung oder Gemeinschaftsunterkunft zu wohnen haben, sind verpflichtet, eine ärztliche Untersuchung auf übertragbare Krankheiten einschließlich einer Röntgenaufnahme der Atmungsorgane zu dulden. ²Die oberste Landesgesundheitsbehörde oder die von ihr bestimmte Stelle bestimmt den Umfang der Untersuchung und den Arzt, der die Untersuchung durchführt.

(2) ¹Das Ergebnis der Untersuchung ist der für die Unterbringung zuständigen Behörde mitzuteilen. ²Wird bei der Untersuchung der Verdacht oder das Vorliegen einer meldepflichtigen Krankheit nach § 6 des Infektionsschutzgesetzes oder eine Infektion mit einem Krankheitserreger nach § 7 des Infektionsschutzgesetzes festgestellt, ist das Ergebnis der Untersuchung auch dem Bundesamt mitzuteilen.

§ 63 Bescheinigung über die Aufenthaltsgestattung

(1) ¹Dem Ausländer wird nach der Asylantragstellung innerhalb von drei Arbeitstagen eine mit den Angaben zur Person und einem Lichtbild versehene Bescheinigung über die Aufenthaltsgestattung ausgestellt, wenn er nicht im Besitz eines Aufenthaltstitels. ²Im Falle des Absatzes 3 Satz 2 ist der Ausländer bei der Asylantragstellung aufzufordern, innerhalb der Frist nach Satz 1 bei der zuständigen Ausländerbehörde die Ausstellung der Bescheinigung zu beantragen.

(2) Die Bescheinigung ist zu befristen. Solange der Ausländer verpflichtet ist, in einer Aufnahmeeinrichtung zu wohnen, beträgt die Frist längstens drei und im Übrigen längstens sechs Monate.

(3) ¹Zuständig für die Ausstellung der Bescheinigung ist das Bundesamt, solange der Ausländer verpflichtet ist, in einer Aufnahmeeinrichtung zu

wohnen. ²Im Übrigen ist die Ausländerbehörde zuständig, auf deren Bezirk die Aufenthaltsgestattung beschränkt ist oder in deren Bezirk der Ausländer Wohnung zu nehmen hat. ³Auflagen und Änderungen der räumlichen Beschränkung sowie deren Anordnung (§ 59b) können auch von der Behörde vermerkt werden, die sie verfügt hat.

(4) Die Bescheinigung soll eingezogen werden, wenn die Aufenthaltsgestattung erloschen ist.

(5) ¹Die Bescheinigung enthält folgende Angaben:

1. das Datum der Ausstellung des Ankunftsnachweises gemäß § 63a Absatz 1 Satz 2 Nummer 12 und
2. das Datum der Asylantragstellung.

²Im Übrigen gilt § 78a Absatz 5 des Aufenthaltsgesetzes entsprechend.

§ 63a Bescheinigung über die Meldung als Asylsuchender

(1) ¹Einem Ausländer, der um Asyl nachgesucht hat und nach den Vorschriften des Asylgesetzes oder des Aufenthaltsgesetzes erkennungsdienstlich behandelt worden ist, aber noch keinen Asylantrag gestellt hat, wird unverzüglich eine Bescheinigung über die Meldung als Asylsuchender (Ankunftsnachweis) ausgestellt. ²Dieses Dokument enthält folgende sichtbar aufgebrachte Angaben:

1. Name und Vornamen,
2. Geburtsname,
3. Lichtbild,
4. Geburtsdatum,
5. Geburtsort,
6. Abkürzung der Staatsangehörigkeit,
7. Geschlecht,
8. Größe und Augenfarbe,
9. zuständige Aufnahmeeinrichtung,
10. Seriennummer der Bescheinigung (AKN-Nummer),
11. ausstellende Behörde,
12. Ausstellungsdatum,
13. Unterschrift des Inhabers,
14. Gültigkeitsdauer,

V. AsylG (vorher Asylverfahrensgesetz)

15. Verlängerungsvermerk,
16. das Geschäftszeichen der Registerbehörde (AZR-Nummer),
17. Vermerk mit den Namen und Vornamen der begleitenden minderjährigen Kinder und Jugendlichen,
18. Vermerk, dass die Angaben auf den eigenen Angaben des Inhabers beruhen,
19. Vermerk, dass der Inhaber mit dieser Bescheinigung nicht der Pass- und Ausweispflicht genügt,
20. maschinenlesbare Zone und
21. Barcode.

³Die Zone für das automatische Lesen enthält die in Satz 2 Nummer 1, 4, 6, 7, 10 und 14 genannten Angaben, die Abkürzung „MED", Prüfziffern und Leerstellen. ⁴Der automatisch erzeugte Barcode enthält die in Satz 3 genannten Angaben, eine digitale Signatur und die AZR-Nummer. ⁵Die Unterschrift durch ein Kind ist zu leisten, wenn es zum Zeitpunkt der Ausstellung des Ankunftsnachweises das zehnte Lebensjahr vollendet hat.

(2) ¹Die Bescheinigung nach Absatz 1 ist auf längstens sechs Monate zu befristen. ²Sie soll ausnahmsweise um jeweils längstens drei Monate verlängert werden, wenn

1. dem Ausländer bis zum Ablauf der Frist nach Satz 1 oder der verlängerten Frist nach Halbsatz 1 kein Termin bei der Außenstelle des Bundesamtes nach § 23 Absatz 1 genannt wurde,
2. der dem Ausländer nach § 23 Absatz 1 genannte Termin bei der Außenstelle des Bundesamtes außerhalb der Frist nach Satz 1 oder der verlängerten Frist nach Halbsatz 1 liegt oder
3. der Ausländer den ihm genannten Termin aus Gründen, die er nicht zu vertreten hat, nicht wahrnimmt.

(3) ¹Zuständig für die Ausstellung, Änderung der Anschrift und Verlängerung einer Bescheinigung nach Absatz 1 ist die Aufnahmeeinrichtung, auf die der Ausländer verteilt worden ist, sofern nicht die dieser Aufnahmeeinrichtung zugeordnete Außenstelle des Bundesamtes eine erkennungsdienstliche Behandlung des Ausländers oder die Verarbeitung seiner personenbezogenen Daten vornimmt. ²Ist der Ausländer nicht mehr verpflichtet in der Aufnahmeeinrichtung zu wohnen, ist für die Verlängerung der Bescheinigung die Ausländerbehörde zuständig, in deren Bezirk der Ausländer sich aufzuhalten verpflichtet ist oder Wohnung zu nehmen hat; besteht

eine solche Verpflichtung nicht, ist die Ausländerbehörde zuständig, in deren Bezirk sich der Ausländer tatsächlich aufhält.

(4) ¹Die Gültigkeit der Bescheinigung nach Absatz 1 endet mit Ablauf der Frist nach Absatz 2 Satz 1 oder der verlängerten Frist nach Absatz 2 Satz 2, mit Ausstellung der Bescheinigung über die Aufenthaltsgestattung nach § 63 oder mit dem Erlöschen der Aufenthaltsgestattung nach § 67. ²Bei Ausstellung der Bescheinigung über die Aufenthaltsgestattung wird die Bescheinigung nach Absatz 1 eingezogen. ³Zuständig für die Einziehung ist die Behörde, welche die Bescheinigung über die Aufenthaltsgestattung ausstellt.

(5) Der Inhaber ist verpflichtet, der zuständigen Aufnahmeeinrichtung, dem Bundesamt oder der Ausländerbehörde unverzüglich

1. den Ankunftsnachweis vorzulegen, wenn eine Eintragung unrichtig ist,
2. auf Verlangen den Ankunftsnachweis beim Empfang eines neuen Ankunftsnachweises oder der Aufenthaltsgestattung abzugeben,
3. den Verlust des Ankunftsnachweises anzuzeigen und im Falle des Wiederauffindens diesen vorzulegen,
4. auf Verlangen den Ankunftsnachweis abzugeben, wenn er eine einwandfreie Feststellung der Identität des Nachweisinhabers nicht zulässt oder er unerlaubt verändert worden ist.

§ 64 Ausweispflicht

(1) Der Ausländer genügt für die Dauer des Asylverfahrens seiner Ausweispflicht mit der Bescheinigung über die Aufenthaltsgestattung.

(2) Die Bescheinigung berechtigt nicht zum Grenzübertritt.

§ 65 Herausgabe des Passes

(1) Dem Ausländer ist nach der Stellung des Asylantrags der Pass oder Passersatz auszuhändigen, wenn dieser für die weitere Durchführung des Asylverfahrens nicht benötigt wird und der Ausländer einen Aufenthaltstitel besitzt oder die Ausländerbehörde ihm nach den Vorschriften in anderen Gesetzen einen Aufenthaltstitel erteilt.

(2) ¹Dem Ausländer kann der Pass oder Passersatz vorübergehend ausgehändigt werden, wenn dies in den Fällen des § 58 Abs. 1 für eine Reise oder wenn es für die Verlängerung der Gültigkeitsdauer oder die Vorbereitung der Ausreise des Ausländers erforderlich ist. ²Nach Erlöschen der räumlichen Beschränkung (§ 59a) gilt für eine Reise Satz 1 entsprechend.

§ 66 Ausschreibung zur Aufenthaltsermittlung

(1) Der Ausländer kann zur Aufenthaltsermittlung im Ausländerzentralregister und in den Fahndungshilfsmitteln der Polizei ausgeschrieben werden, wenn sein Aufenthaltsort unbekannt ist und er

1. innerhalb einer Woche nicht in der Aufnahmeeinrichtung eintrifft, an die er weitergeleitet worden ist,
2. die Aufnahmeeinrichtung verlassen hat und innerhalb einer Woche nicht zurückgekehrt ist,
3. einer Zuweisungsverfügung oder einer Verfügung nach § 60 Abs. 2 Satz 1 innerhalb einer Woche nicht Folge geleistet hat oder
4. unter der von ihm angegebenen Anschrift oder der Anschrift der Unterkunft, in der er Wohnung zu nehmen hat, nicht erreichbar ist;

die in Nummer 4 bezeichneten Voraussetzungen liegen vor, wenn der Ausländer eine an die Anschrift bewirkte Zustellung nicht innerhalb von zwei Wochen in Empfang genommen hat.

(2) ¹Zuständig, die Ausschreibung zu veranlassen, sind die Aufnahmeeinrichtung, die Ausländerbehörde, in deren Bezirk sich der Ausländer aufzuhalten oder Wohnung zu nehmen hat, und das Bundesamt. ²Die Ausschreibung darf nur von hierzu besonders ermächtigten Personen veranlasst werden.

§ 67 Erlöschen der Aufenthaltsgestattung

(1) ¹Die Aufenthaltsgestattung erlischt,

1. wenn der Ausländer nach § 18 Abs. 2 und 3 zurückgewiesen oder zurückgeschoben wird,
1a. (aufgehoben)

2. wenn der Ausländer innerhalb von zwei Wochen, nachdem ihm der Ankunftsnachweis ausgestellt worden ist, noch keinen Asylantrag gestellt hat,
3. im Falle der Rücknahme des Asylantrags mit der Zustellung der Entscheidung des Bundesamtes,
4. wenn eine nach diesem Gesetz oder nach § 60 Abs. 9 des Aufenthaltsgesetzes erlassene Abschiebungsandrohung vollziehbar geworden ist,
5. mit der Vollziehbarkeit einer Abschiebungsanordnung nach § 34a,
5a. mit der Bekanntgabe einer Abschiebungsanordnung nach § 58a des Aufenthaltsgesetzes,
6. im Übrigen, wenn die Entscheidung des Bundesamtes unanfechtbar geworden ist.

²Liegt in den Fällen des § 23 Absatz 1 der dem Ausländer genannte Termin bei der Außenstelle des Bundesamtes nach der sich aus Satz 1 Nummer 2 ergebenden Frist, dann erlischt die Aufenthaltsgestattung nach dieser Bestimmung erst, wenn der Ausländer bis zu diesem Termin keinen Asylantrag stellt.

(2) Die Aufenthaltsgestattung tritt wieder in Kraft, wenn

1. ein nach § 33 Absatz 5 Satz 1 eingestelltes Verfahren wieder aufgenommen wird oder
2. der Ausländer den Asylantrag nach Ablauf der in Absatz 1 Satz 1 Nummer 2 oder Satz 2 genannten Frist stellt.

§§ 68–70 (weggefallen)

Abschnitt 7. Folgeantrag, Zweitantrag

§ 71 Folgeantrag

(1) ¹Stellt der Ausländer nach Rücknahme oder unanfechtbarer Ablehnung eines früheren Asylantrags erneut einen Asylantrag (Folgeantrag), so ist ein weiteres Asylverfahren nur durchzuführen, wenn die Voraussetzungen des § 51 Abs. 1 bis 3 des Verwaltungsverfahrensgesetzes vorliegen; die Prüfung

obliegt dem Bundesamt. ²Das Gleiche gilt für den Asylantrag eines Kindes, wenn der Vertreter nach § 14a Abs. 3 auf die Durchführung eines Asylverfahrens verzichtet hatte.

(2) ¹Der Ausländer hat den Folgeantrag persönlich bei der Außenstelle des Bundesamtes zu stellen, die der Aufnahmeeinrichtung zugeordnet ist, in der er während des früheren Asylverfahrens zu wohnen verpflichtet war. ²Wenn der Ausländer das Bundesgebiet zwischenzeitlich verlassen hatte, gelten die §§ 47 bis 67 entsprechend. ²³In den Fällen des § 14 Abs. 2 Satz 1 Nr. 2 oder wenn der Ausländer nachweislich am persönlichen Erscheinen gehindert ist, ist der Folgeantrag schriftlich zu stellen. ⁴Der Folgeantrag ist schriftlich bei der Zentrale des Bundesamtes zu stellen, wenn

1. die Außenstelle, die nach Satz 1 zuständig wäre, nicht mehr besteht,
2. der Ausländer während des früheren Asylverfahrens nicht verpflichtet war, in einer Aufnahmeeinrichtung zu wohnen.

⁵§ 19 Abs. 1 findet keine Anwendung.

(3) ¹In dem Folgeantrag hat der Ausländer seine Anschrift sowie die Tatsachen und Beweismittel anzugeben, aus denen sich das Vorliegen der Voraussetzungen des § 51 Abs. 1 bis 3 des Verwaltungsverfahrensgesetzes ergibt. ²Auf Verlangen hat der Ausländer diese Angaben schriftlich zu machen. ³Von einer Anhörung kann abgesehen werden. ⁴§ 10 gilt entsprechend.

(4) Liegen die Voraussetzungen des § 51 Abs. 1 bis 3 des Verwaltungsverfahrensgesetzes nicht vor, sind die §§ 34, 35 und 36 entsprechend anzuwenden; im Falle der Abschiebung in einen sicheren Drittstaat (§ 26a) ist § 34a entsprechend anzuwenden.

(5) ¹Stellt der Ausländer, nachdem eine nach Stellung des früheren Asylantrags ergangene Abschiebungsandrohung oder -anordnung vollziehbar geworden ist, einen Folgeantrag, der nicht zur Durchführung eines weiteren Verfahrens führt, so bedarf es zum Vollzug der Abschiebung keiner erneuten Fristsetzung und Abschiebungsandrohung oder -anordnung. ²Die Abschiebung darf erst nach einer Mitteilung des Bundesamtes, dass die Voraussetzungen des § 51 Abs. 1 bis 3 des Verwaltungsverfahrensgesetzes nicht vorliegen, vollzogen werden, es sei denn, der Ausländer soll in den sicheren Drittstaat abgeschoben werden.

(6) ¹Absatz 5 gilt auch, wenn der Ausländer zwischenzeitlich das Bundesgebiet verlassen hatte. ²Im Falle einer unerlaubten Einreise aus einem sicheren Drittstaat (§ 26a) kann der Ausländer nach § 57 Abs. 1 und 2 des Aufenthaltsgesetzes dorthin zurückgeschoben werden, ohne dass es der vorherigen Mitteilung des Bundesamtes bedarf.

(7) ¹War der Aufenthalt des Ausländers während des früheren Asylverfahrens räumlich beschränkt, gilt die letzte räumliche Beschränkung fort, solange keine andere Entscheidung ergeht. ²Die §§ 59a und 59b gelten entsprechend. ³In den Fällen der Absätze 5 und 6 ist für ausländerrechtliche Maßnahmen auch die Ausländerbehörde zuständig, in deren Bezirk sich der Ausländer aufhält.

(8) Ein Folgeantrag steht der Anordnung von Abschiebungshaft nicht entgegen, es sei denn, es wird ein weiteres Asylverfahren durchgeführt.

§ 71a Zweitantrag

(1) Stellt der Ausländer nach erfolglosem Abschluss eines Asylverfahrens in einem sicheren Drittstaat (§ 26a), für den Rechtsvorschriften der Europäischen Gemeinschaft über die Zuständigkeit für die Durchführung von Asylverfahren gelten oder mit dem die Bundesrepublik Deutschland darüber einen völkerrechtlichen Vertrag geschlossen hat, im Bundesgebiet einen Asylantrag (Zweitantrag), so ist ein weiteres Asylverfahren nur durchzuführen, wenn die Bundesrepublik Deutschland für die Durchführung des Asylverfahrens zuständig ist und die Voraussetzungen des § 51 Abs. 1 bis 3 des Verwaltungsverfahrensgesetzes vorliegen; die Prüfung obliegt dem Bundesamt.

(2) ¹Für das Verfahren zur Feststellung, ob ein weiteres Asylverfahren durchzuführen ist, gelten die §§ 12 bis 25, 33, 44 bis 54 entsprechend. ²Von der Anhörung kann abgesehen werden, soweit sie für die Feststellung, dass kein weiteres Asylverfahren durchzuführen ist, nicht erforderlich ist. ³§ 71 Abs. 8 gilt entsprechend.

(3) ¹Der Aufenthalt des Ausländers gilt als geduldet. ²Die §§ 56 bis 67 gelten entsprechend.

(4) Wird ein weiteres Asylverfahren nicht durchgeführt, sind die §§ 34 bis 36, 42 und 43 entsprechend anzuwenden.

(5) Stellt der Ausländer nach Rücknahme oder unanfechtbarer Ablehnung eines Zweitantrags einen weiteren Asylantrag, gilt § 71.

Abschnitt 8. Erlöschen der Rechtsstellung

§ 72 Erlöschen

(1) Die Anerkennung als Asylberechtigter und die Zuerkennung der Flüchtlingseigenschaft erlöschen, wenn der Ausländer

1. sich freiwillig durch Annahme oder Erneuerung eines Nationalpasses oder durch sonstige Handlungen erneut dem Schutz des Staates, dessen Staatsangehörigkeit er besitzt, unterstellt,
1a. freiwillig in das Land, das er aus Furcht vor Verfolgung verlassen hat oder außerhalb dessen er sich aus Furcht vor Verfolgung befindet, zurückgekehrt ist und sich dort niedergelassen hat,
2. nach Verlust seiner Staatsangehörigkeit diese freiwillig wiedererlangt hat,
3. auf Antrag eine neue Staatsangehörigkeit erworben hat und den Schutz des Staates, dessen Staatsangehörigkeit er erworben hat, genießt oder
4. auf sie verzichtet oder vor Eintritt der Unanfechtbarkeit der Entscheidung des Bundesamtes den Antrag zurücknimmt.

(2) Der Ausländer hat einen Anerkennungsbescheid und einen Reiseausweis unverzüglich bei der Ausländerbehörde abzugeben.

§ 73 Widerruf und Rücknahme der Asylberechtigung und der Flüchtlingseigenschaft

(1) [1]Die Anerkennung als Asylberechtigter und die Zuerkennung der Flüchtlingseigenschaft sind unverzüglich zu widerrufen, wenn die Voraussetzungen für sie nicht mehr vorliegen. [2]Dies ist insbesondere der Fall, wenn der Ausländer nach Wegfall der Umstände, die zur Anerkennung als Asylberechtigter oder zur Zuerkennung der Flüchtlingseigenschaft geführt haben, es nicht mehr ablehnen kann, den Schutz des Staates in Anspruch zu nehmen, dessen Staatsangehörigkeit er besitzt, oder wenn er als Staatenloser in

der Lage ist, in das Land zurückzukehren, in dem er seinen gewöhnlichen Aufenthalt hatte. ³Satz 2 gilt nicht, wenn sich der Ausländer auf zwingende, auf früheren Verfolgungen beruhende Gründe berufen kann, um die Rückkehr in den Staat abzulehnen, dessen Staatsangehörigkeit er besitzt oder in dem er als Staatenloser seinen gewöhnlichen Aufenthalt hatte.

(2) ¹Die Anerkennung als Asylberechtigter ist zurückzunehmen, wenn sie auf Grund unrichtiger Angaben oder infolge Verschweigens wesentlicher Tatsachen erteilt worden ist und der Ausländer auch aus anderen Gründen nicht anerkannt werden könnte. ²Satz 1 ist auf die Zuerkennung der Flüchtlingseigenschaft entsprechend anzuwenden.

(2a) ¹Die Prüfung, ob die Voraussetzungen für einen Widerruf nach Absatz 1 oder eine Rücknahme nach Absatz 2 vorliegen, hat spätestens nach Ablauf von drei Jahren nach Unanfechtbarkeit der Entscheidung zu erfolgen. ²Liegen die Voraussetzungen für einen Widerruf oder eine Rücknahme vor, teilt das Bundesamt dieses Ergebnis der Ausländerbehörde spätestens innerhalb eines Monats nach dreijähriger Unanfechtbarkeit der begünstigenden Entscheidung mit. ³Anderenfalls kann eine Mitteilung an die Ausländerbehörde entfallen. ³⁴Der Ausländerbehörde ist auch mitzuteilen, welche Personen nach §26 ihre Asylberechtigung oder Flüchtlingseigenschaft von dem Ausländer ableiten und ob bei ihnen die Voraussetzungen für einen Widerruf nach Absatz 2b vorliegen. ⁵Ist nach der Prüfung ein Widerruf oder eine Rücknahme nicht erfolgt, steht eine spätere Entscheidung nach Absatz 1 oder Absatz 2 im Ermessen, es sei denn, der Widerruf oder die Rücknahme erfolgt, weil die Voraussetzungen des §60 Abs. 8 Satz 1 des Aufenthaltsgesetzes oder des §3 Abs. 2 vorliegen oder weil das Bundesamt nach §60 Absatz 8 Satz 3 des Aufenthaltsgesetzes von der Anwendung des §60 Absatz 1 des Aufenthaltsgesetzes abgesehen hat.

(2b) ¹In den Fällen des §26 Absatz 1 bis 3 und 5 ist die Anerkennung als Asylberechtigter und die Zuerkennung der Flüchtlingseigenschaft zu widerrufen, wenn die Voraussetzungen des §26 Absatz 4 Satz 1 vorliegen. ²Die Anerkennung als Asylberechtigter ist ferner zu widerrufen, wenn die Anerkennung des Asylberechtigten, von dem die Anerkennung abgeleitet worden ist, erlischt, widerrufen oder zurückgenommen wird und der Ausländer nicht aus anderen Gründen als Asylberechtigter anerkannt werden könnte. ³In den Fällen des §26 Absatz 5 ist die Zuerkennung der Flüchtlingseigenschaft zu widerrufen, wenn die Flüchtlingseigenschaft des Ausländers, von dem die Zuerkennung abgeleitet worden ist, erlischt, widerrufen oder zurückgenommen wird und dem Ausländer nicht aus anderen Gründen die Flüchtlingseigenschaft zuerkannt werden könnte. ⁴§ 26 Absatz 1 Satz 2 gilt entsprechend.

(2c) Bis zur Bestandskraft des Widerrufs oder der Rücknahme entfällt für Einbürgerungsverfahren die Verbindlichkeit der Entscheidung über den Asylantrag.

(3) Bei Widerruf oder Rücknahme der Anerkennung als Asylberechtigter oder der Zuerkennung der Flüchtlingseigenschaft ist zu entscheiden, ob die Voraussetzungen für den subsidiären Schutz oder die Voraussetzungen des § 60 Absatz 5 oder 7 des Aufenthaltsgesetzes vorliegen.

(4) ¹Die beabsichtigte Entscheidung über einen Widerruf oder eine Rücknahme nach dieser Vorschrift oder nach § 48 des Verwaltungsverfahrensgesetzes ist dem Ausländer schriftlich mitzuteilen und ihm ist Gelegenheit zur Äußerung zu geben. ²Ihm kann aufgegeben werden, sich innerhalb eines Monats schriftlich zu äußern. ³Hat sich der Ausländer innerhalb dieser Frist nicht geäußert, ist nach Aktenlage zu entscheiden; der Ausländer ist auf diese Rechtsfolge hinzuweisen.

(5) Mitteilungen oder Entscheidungen des Bundesamtes, die eine Frist in Lauf setzen, sind dem Ausländer zuzustellen.

(6) Ist die Anerkennung als Asylberechtigter oder die Zuerkennung der Flüchtlingseigenschaft unanfechtbar widerrufen oder zurückgenommen oder aus einem anderen Grund nicht mehr wirksam, gilt § 72 Abs. 2 entsprechend.

(7) (weggefallen)

§ 73a Ausländische Anerkennung als Flüchtling

(1) ¹Ist bei einem Ausländer, der von einem ausländischen Staat als Flüchtling im Sinne des Abkommens über die Rechtsstellung der Flüchtlinge anerkannt worden ist, die Verantwortung für die Ausstellung des Reiseausweises auf die Bundesrepublik Deutschland übergegangen, so erlischt seine Rechtsstellung als Flüchtling in der Bundesrepublik Deutschland, wenn einer der in § 72 Abs. 1 genannten Umstände eintritt. ²Der Ausländer hat den Reiseausweis unverzüglich bei der Ausländerbehörde abzugeben.

V. AsylG (vorher Asylverfahrensgesetz)

(2) ¹Dem Ausländer wird die Rechtsstellung als Flüchtling in der Bundesrepublik Deutschland entzogen, wenn die Voraussetzungen für die Zuerkennung der Flüchtlingseigenschaft nicht oder nicht mehr vorliegen. ²§ 73 gilt entsprechend.

§ 73b Widerruf und Rücknahme des subsidiären Schutzes

(1) ¹Die Gewährung des subsidiären Schutzes ist zu widerrufen, wenn die Umstände, die zur Zuerkennung des subsidiären Schutzes geführt haben, nicht mehr bestehen oder sich in einem Maß verändert haben, dass ein solcher Schutz nicht mehr erforderlich ist. ²§ 73 Absatz 1 Satz 3 gilt entsprechend.

(2) Bei Anwendung des Absatzes 1 ist zu berücksichtigen, ob sich die Umstände so wesentlich und nicht nur vorübergehend verändert haben, dass der Ausländer, dem subsidiärer Schutz gewährt wurde, tatsächlich nicht länger Gefahr läuft, einen ernsthaften Schaden im Sinne des § 4 Absatz 1 zu erleiden.

(3) Die Zuerkennung des subsidiären Schutzes ist zurückzunehmen, wenn der Ausländer nach § 4 Absatz 2 von der Gewährung subsidiären Schutzes hätte ausgeschlossen werden müssen oder ausgeschlossen ist oder eine falsche Darstellung oder das Verschweigen von Tatsachen oder die Verwendung gefälschter Dokumente für die Zuerkennung des subsidiären Schutzes ausschlaggebend war.

(4) § 73 Absatz 2b Satz 3 und Absatz 2c bis 6 gilt entsprechend.

§ 73c Widerruf und Rücknahme von Abschiebungsverboten

(1) Die Feststellung der Voraussetzungen des § 60 Absatz 5 oder 7 des Aufenthaltsgesetzes ist zurückzunehmen, wenn sie fehlerhaft ist.

(2) Die Feststellung der Voraussetzungen des § 60 Absatz 5 oder 7 des Aufenthaltsgesetzes ist zu widerrufen, wenn die Voraussetzungen nicht mehr vorliegen.

(3) § 73 Absatz 2c bis 6 gilt entsprechend.

V. AsylG (vorher Asylverfahrensgesetz)

Abschnitt 9. Gerichtsverfahren

§ 74 Klagefrist, Zurückweisung verspäteten Vorbringens

(1) Die Klage gegen Entscheidungen nach diesem Gesetz muss innerhalb von zwei Wochen nach Zustellung der Entscheidung erhoben werden; ist der Antrag nach § 80 Abs. 5 der Verwaltungsgerichtordnung innerhalb einer Woche zu stellen (§ 34a Absatz 2 Satz 1 und 3, § 36 Absatz 3 Satz 1 und 10), ist auch die Klage innerhalb einer Woche zu erheben.

(2) [1]Der Kläger hat die zur Begründung dienenden Tatsachen und Beweismittel binnen einer Frist von einem Monat nach Zustellung der Entscheidung anzugeben. [2]§ 87b Abs. 3 der Verwaltungsgerichtordnung gilt entsprechend. [3]Der Kläger ist über die Verpflichtung nach Satz 1 und die Folgen der Fristversäumung zu belehren. [4]Das Vorbringen neuer Tatsachen und Beweismittel bleibt unberührt.

§ 75 Aufschiebende Wirkung der Klage

(1) Die Klage gegen Entscheidungen nach diesem Gesetz hat nur in den Fällen des § 38 Absatz 1 sowie der §§ 73, 73b und 73c aufschiebende Wirkung.

(2) [1]Die Klage gegen Entscheidungen des Bundesamtes, mit denen die Anerkennung als Asylberechtigter oder die Zuerkennung der Flüchtlingseigenschaft widerrufen oder zurückgenommen worden ist, hat in folgenden Fällen keine aufschiebende Wirkung:

1. bei Widerruf oder Rücknahme wegen des Vorliegens der Voraussetzungen des § 60 Absatz 8 Satz 1 des Aufenthaltsgesetzes oder des § 3 Absatz 2,
2. bei Widerruf oder Rücknahme, weil das Bundesamt nach § 60 Absatz 8 Satz 3 des Aufenthaltsgesetzes von der Anwendung des § 60 Absatz 1 des Aufenthaltsgesetzes abgesehen hat.

[2]Dies gilt entsprechend bei Klagen gegen den Widerruf oder die Rücknahme der Gewährung subsidiären Schutzes wegen Vorliegens der Voraussetzungen des § 4 Absatz 2. [3]§ 80 Abs. 2 Satz 1 Nr. 4 der Verwaltungsgerichtsordnung bleibt unberührt.

V. AsylG (vorher Asylverfahrensgesetz)

§ 76 Einzelrichter

(1) Die Kammer soll in der Regel in Streitigkeiten nach diesem Gesetz den Rechtsstreit einem ihrer Mitglieder als Einzelrichter zur Entscheidung übertragen, wenn nicht die Sache besondere Schwierigkeiten tatsächlicher oder rechtlicher Art aufweist oder die Rechtssache grundsätzliche Bedeutung hat.

(2) Der Rechtsstreit darf dem Einzelrichter nicht übertragen werden, wenn bereits vor der Kammer mündlich verhandelt worden ist, es sei denn, dass inzwischen ein Vorbehalts-, Teil- oder Zwischenurteil ergangen ist.

(3) [1]Der Einzelrichter kann nach Anhörung der Beteiligten den Rechtsstreit auf die Kammer zurückübertragen, wenn sich aus einer wesentlichen Änderung der Prozesslage ergibt, dass die Rechtssache grundsätzliche Bedeutung hat. [2]Eine erneute Übertragung auf den Einzelrichter ist ausgeschlossen.

(4) [1]In Verfahren des vorläufigen Rechtsschutzes entscheidet ein Mitglied der Kammer als Einzelrichter. [2]Der Einzelrichter überträgt den Rechtsstreit auf die Kammer, wenn die Rechtssache grundsätzliche Bedeutung hat oder wenn er von der Rechtsprechung der Kammer abweichen will.

(5) Ein Richter auf Probe darf in den ersten sechs Monaten nach seiner Ernennung nicht Einzelrichter sein.

§ 77 Entscheidung des Gerichts

(1) [1]In Streitigkeiten nach diesem Gesetz stellt das Gericht auf die Sach- und Rechtslage im Zeitpunkt der letzten mündlichen Verhandlung ab; ergeht die Entscheidung ohne mündliche Verhandlung, ist der Zeitpunkt maßgebend, in dem die Entscheidung gefällt wird. [2]§ 74 Abs. 2 Satz 2 bleibt unberührt.

(2) Das Gericht sieht von einer weiteren Darstellung des Tatbestandes und der Entscheidungsgründe ab, soweit es den Feststellungen und der Begründung des angefochtenen Verwaltungsaktes folgt und dies in seiner Entscheidung feststellt oder soweit die Beteiligten übereinstimmend darauf verzichten.

V. AsylG (vorher Asylverfahrensgesetz)

§ 78 Rechtsmittel

(1) ¹Das Urteil des Verwaltungsgerichts, durch das die Klage in Rechtsstreitigkeiten nach diesem Gesetz als offensichtlich unzulässig oder offensichtlich unbegründet abgewiesen wird, ist unanfechtbar. ²Das gilt auch, wenn nur das Klagebegehren gegen die Entscheidung über den Asylantrag als offensichtlich unzulässig oder offensichtlich unbegründet, das Klagebegehren im Übrigen hingegen als unzulässig oder unbegründet abgewiesen worden ist.

(2) In den übrigen Fällen steht den Beteiligten die Berufung gegen das Urteil des Verwaltungsgerichts zu, wenn sie von dem Oberverwaltungsgericht zugelassen wird.

(3) Die Berufung ist nur zuzulassen, wenn

1. die Rechtssache grundsätzliche Bedeutung hat oder
2. das Urteil von einer Entscheidung des Oberverwaltungsgerichts, des Bundesverwaltungsgerichts, des Gemeinsamen Senats der obersten Gerichtshöfe des Bundes oder des Bundesverfassungsgerichts abweicht und auf dieser Abweichung beruht oder
3. ein in § 138 der Verwaltungsgerichtsordnung bezeichneter Verfahrensmangel geltend gemacht wird und vorliegt.

(4) ¹Die Zulassung der Berufung ist innerhalb eines Monats nach Zustellung des Urteils zu beantragen. ²Der Antrag ist bei dem Verwaltungsgericht zu stellen. ³Er muss das angefochtene Urteil bezeichnen. ⁴In dem Antrag sind die Gründe, aus denen die Berufung zuzulassen ist, darzulegen. ⁵Die Stellung des Antrags hemmt die Rechtskraft des Urteils.

(5) ¹Über den Antrag entscheidet das Oberverwaltungsgericht durch Beschluss, der keiner Begründung bedarf. ²Mit der Ablehnung des Antrags wird das Urteil rechtskräftig. ³Lässt das Oberverwaltungsgericht die Berufung zu, wird das Antragsverfahren als Berufungsverfahren fortgesetzt; der Einlegung einer Berufung bedarf es nicht.

(6) § 134 der Verwaltungsgerichtsordnung findet keine Anwendung, wenn das Urteil des Verwaltungsgerichts nach Absatz 1 unanfechtbar ist.

(7) Ein Rechtsbehelf nach § 84 Abs. 2 der Verwaltungsgerichtsordnung ist innerhalb von zwei Wochen nach Zustellung des Gerichtsbescheids zu erheben.

V. AsylG (vorher Asylverfahrensgesetz)

§ 79 Besondere Vorschriften für das Berufungsverfahren

(1) In dem Verfahren vor dem Oberverwaltungsgericht gilt in Bezug auf Erklärungen und Beweismittel, die der Kläger nicht innerhalb der Frist des § 74 Abs. 2 Satz 1 vorgebracht hat, § 128a der Verwaltungsgerichtsordnung entsprechend.

(2) § 130 Abs. 2 und 3 der Verwaltungsgerichtsordnung findet keine Anwendung.

§ 80 Ausschluss der Beschwerde

Entscheidungen in Rechtsstreitigkeiten nach diesem Gesetz können vorbehaltlich des § 133 Abs. 1 der Verwaltungsgerichtsordnung nicht mit der Beschwerde angefochten werden.

§ 80a Ruhen des Verfahrens

(1) [1]Für das Klageverfahren gilt § 32a Abs. 1 entsprechend. [2]Das Ruhen hat auf den Lauf von Fristen für die Einlegung oder Begründung von Rechtsbehelfen keinen Einfluss.

(2) Die Klage gilt als zurückgenommen, wenn der Kläger nicht innerhalb eines Monats nach Ablauf der Geltungsdauer der Aufenthaltserlaubnis nach § 24 des Aufenthaltsgesetzes dem Gericht anzeigt, dass er das Klageverfahren fortführen will.

(3) Das Bundesamt unterrichtet das Gericht unverzüglich über die Erteilung und den Ablauf der Geltungsdauer der Aufenthaltserlaubnis nach § 24 des Aufenthaltsgesetzes.

§ 81 Nichtbetreiben des Verfahrens

[1]Die Klage gilt in einem gerichtlichen Verfahren nach diesem Gesetz als zurückgenommen, wenn der Kläger das Verfahren trotz Aufforderung des Gerichts länger als einen Monat nicht betreibt. [2]Der Kläger trägt die Kosten des Verfahrens. [3]In der Aufforderung ist der Kläger auf die nach Satz 1 und 2 eintretenden Folgen hinzuweisen.

V. AsylG (vorher Asylverfahrensgesetz)

§ 82 Akteneinsicht in Verfahren des vorläufigen Rechtsschutzes

¹In Verfahren des vorläufigen Rechtsschutzes wird Akteneinsicht auf der Geschäftsstelle des Gerichts gewährt. ²Die Akten können dem bevollmächtigten Rechtsanwalt zur Mitnahme in seine Wohnung oder Geschäftsräume übergeben werden, wenn ausgeschlossen werden kann, dass sich das Verfahren dadurch verzögert. ³Für die Versendung von Akten gilt Satz 2 entsprechend.

§ 83 Besondere Spruchkörper

(1) Streitigkeiten nach diesem Gesetz sollen in besonderen Spruchkörpern zusammengefasst werden.

(2) ¹Die Landesregierungen können bei den Verwaltungsgerichten für Streitigkeiten nach diesem Gesetz durch Rechtsverordnung besondere Spruchkörper bilden und deren Sitz bestimmen. ²Die Landesregierungen können die Ermächtigung auf andere Stellen übertragen. ³Die nach Satz 1 gebildeten Spruchkörper sollen ihren Sitz in räumlicher Nähe zu den Aufnahmeeinrichtungen haben.

(3) ¹Die Landesregierungen werden ermächtigt, durch Rechtsverordnung einem Verwaltungsgericht für die Bezirke mehrerer Verwaltungsgerichte Streitigkeiten nach diesem Gesetz hinsichtlich bestimmter Herkunftsstaaten zuzuweisen, sofern dies für die Verfahrensförderung dieser Streitigkeiten sachdienlich ist. ²Die Landesregierungen können die Ermächtigung auf andere Stellen übertragen.

§ 83a Unterrichtung der Ausländerbehörde

¹Das Gericht darf der Ausländerbehörde das Ergebnis eines Verfahrens formlos mitteilen. ²Das Gericht hat der Ausländerbehörde das Ergebnis mitzuteilen, wenn das Verfahren die Rechtmäßigkeit einer Abschiebungsandrohung oder einer Abschiebungsanordnung nach diesem Gesetz zum Gegenstand hat.

§ 83b Gerichtskosten, Gegenstandswert

Gerichtskosten (Gebühren und Auslagen) werden in Streitigkeiten nach diesem Gesetz nicht erhoben.

§ 83c Anwendbares Verfahren für die Anordnung und Befristung von Einreise- und Aufenthaltsverboten

Die Bestimmungen dieses Abschnitts sowie § 52 Nummer 2 Satz 3 der Verwaltungsgerichtsordnung gelten auch für Rechtsbehelfe gegen die Entscheidungen des Bundesamtes nach § 75 Nummer 12 des Aufenthaltsgesetzes.

Abschnitt 10. Straf- und Bußgeldvorschriften

§ 84 Verleitung zur missbräuchlichen Asylantragstellung

(1) Mit Freiheitsstrafe bis zu drei Jahren oder mit Geldstrafe wird bestraft, wer einen Ausländer verleitet oder dabei unterstützt, im Asylverfahren vor dem Bundesamt oder im gerichtlichen Verfahren unrichtige oder unvollständige Angaben zu machen, um seine Anerkennung als Asylberechtigter oder die Zuerkennung internationalen Schutzes im Sinne des § 1 Absatz 1 Nummer 2 zu ermöglichen.

(2) ¹In besonders schweren Fällen ist die Strafe Freiheitsstrafe bis zu fünf Jahren oder Geldstrafe. ²Ein besonders schwerer Fall liegt in der Regel vor, wenn der Täter

1. für eine in Absatz 1 bezeichnete Handlung einen Vermögensvorteil erhält oder sich versprechen lässt oder
2. wiederholt oder zugunsten von mehr als fünf Ausländern handelt.

(3) Mit Freiheitsstrafe von sechs Monaten bis zu zehn Jahren wird bestraft, wer in den Fällen des Absatzes 1

1. gewerbsmäßig oder
2. als Mitglied einer Bande, die sich zur fortgesetzten Begehung solcher Taten verbunden hat, handelt.

(4) Der Versuch ist strafbar.

(5) Wer die Tat nach Absatz 1 zugunsten eines Angehörigen im Sinne des § 11 Abs. 1 Nr. 1 des Strafgesetzbuches begeht, ist straffrei.

V. AsylG (vorher Asylverfahrensgesetz)

§ 84a Gewerbs- und bandenmäßige Verleitung zur missbräuchlichen Asylantragstellung

(1) Mit Freiheitsstrafe von einem Jahr bis zu zehn Jahren wird bestraft, wer in den Fällen des § 84 Abs. 1 als Mitglied einer Bande, die sich zur fortgesetzten Begehung solcher Taten verbunden hat, gewerbsmäßig handelt.

(2) In minder schweren Fällen ist die Strafe Freiheitsstrafe von sechs Monaten bis zu fünf Jahren.

(3) (aufgehoben)

§ 85 Sonstige Straftaten

Mit Freiheitsstrafe bis zu einem Jahr oder mit Geldstrafe wird bestraft, wer

1. entgegen § 50 Abs. 6, auch in Verbindung mit § 71a Abs. 2 Satz 1, sich nicht unverzüglich zu der angegebenen Stelle begibt,
2. wiederholt einer Aufenthaltsbeschränkung nach § 56 oder § 59b Absatz 1, jeweils auch in Verbindung mit § 71a Abs. 3, zuwiderhandelt,
3. einer vollziehbaren Anordnung nach § 60 Abs. 2 Satz 1, auch in Verbindung mit § 71a Abs. 3, nicht rechtzeitig nachkommt oder
4. entgegen § 61 Abs. 1, auch in Verbindung mit § 71a Abs. 3, eine Erwerbstätigkeit ausübt.

§ 86 Bußgeldvorschriften

(1) Ordnungswidrig handelt ein Ausländer, der einer Aufenthaltsbeschränkung nach § 56 oder § 59b Absatz 1, jeweils auch in Verbindung mit § 71a Abs. 3, zuwiderhandelt.

(2) Die Ordnungswidrigkeit kann mit einer Geldbuße bis zu zweitausendfünfhundert Euro geahndet werden.

Abschnitt 11. Übergangs- und Schlussvorschriften

§ 87 Übergangsvorschriften

(1) Für das Verwaltungsverfahren gelten folgende Übergangsvorschriften:

V. AsylG (vorher Asylverfahrensgesetz)

1. Bereits begonnene Asylverfahren sind nach bisher geltendem Recht zu Ende zu führen, wenn vor dem Inkrafttreten dieses Gesetzes das Bundesamt seine Entscheidung an die Ausländerbehörde zur Zustellung abgesandt hat. Ist das Asylverfahren vor dem Inkrafttreten dieses Gesetzes bestandskräftig abgeschlossen, ist das Bundesamt für die Entscheidung, ob Abschiebungshindernisse nach § 53 des Ausländergesetzes vorliegen, und für den Erlass einer Abschiebungsandrohung nur zuständig, wenn ein erneutes Asylverfahren durchgeführt wird.
2. Über Folgeanträge, die vor Inkrafttreten dieses Gesetzes gestellt worden sind, entscheidet die Ausländerbehörde nach bisher geltendem Recht.
3. Bei Ausländern, die vor Inkrafttreten dieses Gesetzes einen Asylantrag gestellt haben, richtet sich die Verteilung auf die Länder nach bisher geltendem Recht.

(2) Für die Rechtsbehelfe und das gerichtliche Verfahren gelten folgende Übergangsvorschriften:

1. In den Fällen des Absatzes 1 Nr. 1 und 2 richtet sich die Klagefrist nach bisher geltendem Recht; die örtliche Zuständigkeit des Verwaltungsgerichts bestimmt sich nach § 52 Nr. 2 Satz 3 der Verwaltungsgerichtsordnung in der bis zum Inkrafttreten dieses Gesetzes geltenden Fassung.
2. Die Zulässigkeit eines Rechtsbehelfs gegen einen Verwaltungsakt richtet sich nach bisher geltendem Recht, wenn der Verwaltungsakt vor Inkrafttreten dieses Gesetzes bekannt gegeben worden ist.
3. Die Zulässigkeit eines Rechtsmittels gegen eine gerichtliche Entscheidung richtet sich nach bisher geltendem Recht, wenn die Entscheidung vor Inkrafttreten dieses Gesetzes verkündet oder von Amts wegen anstelle einer Verkündung zugestellt worden ist.
4. Hat ein vor Inkrafttreten dieses Gesetzes eingelegter Rechtsbehelf nach bisher geltendem Recht aufschiebende Wirkung, finden die Vorschriften dieses Gesetzes über den Ausschluss der aufschiebenden Wirkung keine Anwendung.
5. Ist in einem gerichtlichen Verfahren vor Inkrafttreten dieses Gesetzes eine Aufforderung nach § 33 des Asylverfahrensgesetzes in der Fassung der Bekanntmachung vom 9. April 1991 (BGBl. I S. 869), geändert durch Artikel 7 § 13 in Verbindung mit Artikel 11 des Gesetzes

vom 12. September 1990 (BGBl. I S. 2002), erlassen worden, gilt insoweit diese Vorschrift fort.

§ 87a Übergangsvorschriften aus Anlass der am 1. Juli 1993 in Kraft getretenen Änderungen

(1) ¹Soweit in den folgenden Vorschriften nicht etwas anderes bestimmt ist, gelten die Vorschriften dieses Gesetzes mit Ausnahme der §§ 26a und 34a auch für Ausländer, die vor dem 1. Juli 1993 einen Asylantrag gestellt haben. ²Auf Ausländer, die aus einem Mitgliedstaat der Europäischen Gemeinschaften oder aus einem in der Anlage I bezeichneten Staat eingereist sind, finden die §§ 27, 29 Abs. 1 und 2 entsprechende Anwendung.

(2) Für das Verwaltungsverfahren gelten folgende Übergangsvorschriften:

1. § 10 Abs. 2 Satz 2 und 3, Abs. 3 und 4 findet Anwendung, wenn der Ausländer insoweit ergänzend schriftlich belehrt worden ist.
2. § 33 Abs. 2 gilt nur für Ausländer, die nach dem 1. Juli 1993 in ihren Herkunftsstaat ausreisen.
3. Für Folgeanträge, die vor dem 1. Juli 1993 gestellt worden sind, gelten die Vorschriften der §§ 71 und 87 Abs. 1 Nr. 2 in der bis zu diesem Zeitpunkt geltenden Fassung.

(3) Für die Rechtsbehelfe und das gerichtliche Verfahren gelten folgende Übergangsvorschriften:

1. Die Zulässigkeit eines Rechtsbehelfs gegen einen Verwaltungsakt richtet sich nach dem bis zum 1. Juli 1993 geltenden Recht, wenn der Verwaltungsakt vor diesem Zeitpunkt bekannt gegeben worden ist.
2. Die Zulässigkeit eines Rechtsbehelfs gegen eine gerichtliche Entscheidung richtet sich nach dem bis zum 1. Juli 1993 geltenden Recht, wenn die Entscheidung vor diesem Zeitpunkt verkündet oder von Amts wegen anstelle einer Verkündung zugestellt worden ist.
3. § 76 Abs. 4 findet auf Verfahren, die vor dem 1. Juli 1993 anhängig geworden sind, keine Anwendung.
4. Die Wirksamkeit einer vor dem 1. Juli 1993 bereits erfolgten Übertragung auf den Einzelrichter bleibt von § 76 Abs. 5 unberührt.
5. § 83 Abs. 1 ist bis zum 31. Dezember 1993 nicht anzuwenden.

V. AsylG (vorher Asylverfahrensgesetz)

§ 87b Übergangsvorschrift aus Anlass der am 1. September 2004 in Kraft getretenen Änderungen

In gerichtlichen Verfahren nach diesem Gesetz, die vor dem 1. September 2004 anhängig geworden sind, gilt § 6 in der vor diesem Zeitpunkt geltenden Fassung weiter.

§ 87c Übergangsvorschriften aus Anlass der am 6. August 2016 in Kraft getretenen Änderungen

(1) ¹Eine vor dem 6. August 2016 erworbene Aufenthaltsgestattung gilt ab dem Zeitpunkt ihrer Entstehung fort. ²Sie kann insbesondere durch eine Bescheinigung nach § 63 nachgewiesen werden. ³§ 67 bleibt unberührt.

(2) Der Aufenthalt eines Ausländers, der vor dem 5. Februar 2016 im Bundesgebiet um Asyl nachgesucht hat, gilt ab dem Zeitpunkt der Aufnahme in der für ihn zuständigen Aufnahmeeinrichtung oder, sofern sich dieser Zeitpunkt nicht bestimmen lässt, ab dem 5. Februar 2016 als gestattet.

(3) Der Aufenthalt eines Ausländers, dem bis zum 6. August 2016 ein Ankunftsnachweis ausgestellt worden ist, gilt ab dem Zeitpunkt der Ausstellung als gestattet.

(4) ¹Der Aufenthalt eines Ausländers, der nach dem 4. Februar 2016 und vor dem 1. November 2016 um Asyl nachgesucht hat und dem aus Gründen, die er nicht zu vertreten hat, nicht unverzüglich ein Ankunftsnachweis ausgestellt worden ist, gilt mit Ablauf von zwei Wochen nach dem Zeitpunkt, in dem er um Asyl nachgesucht hat, als gestattet. ²Die fehlende Ausstellung des Ankunftsnachweises nach Satz 1 hat der Ausländer insbesondere dann nicht zu vertreten, wenn in der für die Ausstellung seines Ankunftsnachweises zuständigen Stelle die technischen Voraussetzungen für die Ausstellung von Ankunftsnachweisen nicht vorgelegen haben.

(5) Die Absätze 2 bis 4 finden keine Anwendung, wenn der Ausländer einen vor dem 6. August 2016 liegenden Termin zur Stellung des Asylantrags nach § 23 Absatz 1 aus Gründen, die er zu vertreten hat, nicht wahrgenommen hat.

(6) Ergeben sich aus der Anwendung der Absätze 1 bis 4 unterschiedliche Zeitpunkte, so ist der früheste Zeitpunkt maßgeblich.

V. AsylG (vorher Asylverfahrensgesetz)

§ 88 Verordnungsermächtigungen

(1) Das Bundesministerium des Innern kann durch Rechtsverordnung mit Zustimmung des Bundesrates die zuständigen Behörden für die Ausführung von Rechtsvorschriften der Europäischen Gemeinschaft und völkerrechtlichen Verträgen über die Zuständigkeit für die Durchführung von Asylverfahren bestimmen, insbesondere für

1. Auf- und Wiederaufnahmeersuchen an andere Staaten,
2. Entscheidungen über Auf- und Wiederaufnahmeersuchen anderer Staaten,
3. den Informationsaustausch mit anderen Staaten und der Europäischen Gemeinschaft sowie Mitteilungen an die betroffenen Ausländer und
4. die Erfassung, Übermittlung und den Vergleich von Fingerabdrücken der betroffenen Ausländer.

(2) Das Bundesministerium des Innern wird ermächtigt, durch Rechtsverordnung mit Zustimmung des Bundesrates Vordruckmuster und Ausstellungsmodalitäten sowie die Regelungen für die Qualitätssicherung der erkennungsdienstlichen Behandlung und die Übernahme von Daten aus erkennungsdienstlichen Behandlungen für die Bescheinigungen nach den §§ 63 und 63a festzulegen.

(3) Die Landesregierung kann durch Rechtsverordnung Aufgaben der Aufnahmeeinrichtung auf andere Stellen des Landes übertragen.

§ 88a Bestimmungen zum Verwaltungsverfahren

Von der in § 60 getroffenen Regelung kann durch Landesrecht nicht abgewichen werden.

§ 89 Einschränkung von Grundrechten

(1) Die Grundrechte der körperlichen Unversehrtheit (Artikel 2 Abs. 2 Satz 1 des Grundgesetzes) und der Freiheit der Person (Artikel 2 Abs. 2 Satz 2 des Grundgesetzes) werden nach Maßgabe dieses Gesetzes eingeschränkt.

(2) Das Verfahren bei Freiheitsentziehungen richtet sich nach Buch 7 des Gesetzes über das Verfahren in Familiensachen und in den Angelegenheiten der freiwilligen Gerichtsbarkeit.

§ 90 Ermächtigung zur vorübergehenden Ausübung von Heilkunde

(1) Stehen für die ärztliche Versorgung von Asylbegehrenden in Aufnahmeeinrichtungen nach § 44 oder Gemeinschaftsunterkünften nach § 53 Ärzte, die über eine Approbation oder Berufserlaubnis nach der Bundesärzteordnung verfügen, nicht in ausreichender Zahl zur Verfügung und ist hierdurch die Sicherstellung der ärztlichen Versorgung der Asylbegehrenden gefährdet, können Asylbegehrende, die über eine abgeschlossene Ausbildung als Arzt verfügen, auf Antrag vorübergehend zur Ausübung von Heilkunde in diesen Einrichtungen ermächtigt werden, um Ärzte bei der medizinischen Versorgung der Asylbegehrenden zu unterstützen.

(2) Für die Ermächtigung nach Absatz 1 gelten die folgenden Beschränkungen:

1. die Tätigkeit erfolgt unter der Verantwortung eines Arztes;
2. die Berufsbezeichnung „Ärztin" oder „Arzt" darf nicht geführt werden;
3. die Behandlungserlaubnis erstreckt sich nur auf Asylbegehrende in Aufnahmeeinrichtungen nach § 44 oder Gemeinschaftsunterkünften nach § 53;
4. eine sprachliche Verständigung der ermächtigten Personen mit den zu behandelnden Asylbegehrenden muss sichergestellt sein.

(3) ¹Die Ermächtigung nach Absatz 1 wird befristet erteilt. ²Sie kann jederzeit widerrufen werden, wenn die Voraussetzungen nach Absatz 1 nicht mehr gegeben sind oder berechtigte Zweifel an der Qualifikation als Arzt erkennbar werden.

(4) ¹Die Erteilung der Ermächtigung nach Absatz 1 setzt voraus, dass

1. der Antragsteller seine Qualifikation als Arzt glaubhaft macht und
2. ihm eine Approbation oder Berufserlaubnis nach § 3 oder § 10 der Bundesärzteordnung nicht erteilt werden kann, weil die erforderlichen Unterlagen und Nachweise aus Gründen, die nicht in der Person des Antragstellers liegen, nicht vorgelegt werden können.

²Zur Glaubhaftmachung nach Satz 1 Nummer 1 hat der Antragsteller eidesstattlich zu versichern, dass er über eine abgeschlossene Ausbildung als Arzt verfügt und in einem Fachgespräch mit einem von der zuständigen Behörde beauftragten Arzt seinen Ausbildungsweg sowie seine ärztliche Kompetenz nachzuweisen.

(5) Ein späteres Approbationsverfahren nach § 3 der Bundesärzteordnung oder Verfahren auf Erteilung einer Berufserlaubnis nach § 10 der Bundesärzteordnung bleibt von der Ermächtigung zur vorübergehenden Ausübung von Heilkunde nach Absatz 1 unberührt.

(6) Das Verfahren zur Erteilung der Ermächtigung nach den Absätzen 1 bis 5 führt die zuständige Behörde des Landes durch, in dem der ärztliche Beruf ausgeübt werden soll, oder die Stelle, die nach § 12 Absatz 3 Satz 2 der Bundesärzteordnung vereinbart wurde.

(7) § 61 Absatz 1 wird von der Ermächtigung nach Absatz 1 nicht berührt.

(8) Diese Regelung tritt am 24. Oktober 2017 außer Kraft.

Anlage I

(zu § 26a)

Norwegen
Schweiz

Anlage II

(zu § 29a)

Albanien
Bosnien und Herzegowina
Ghana
Kosovo
Mazedonien, ehemalige jugoslawische Republik
Montenegro
Senegal
Serbien

VI. Aufenthaltsgesetz

Aufenthaltsgesetz i.d.F. der Bekanntmachung vom 25. Februar 2008 (BGBl. I S. 162), zuletzt geändert durch Art. 10 Abs. 4 des Gesetzes zur Neuregelung des Schutzes von Geheimnissen bei der Mitwirkung Dritter an der Berufsausübung schweigepflichtiger Personen vom 30. Oktober 2017 (BGBl. I S. 3618)

Kapitel 1. Allgemeine Bestimmungen

§ 1 Zweck des Gesetzes; Anwendungsbereich

(1) ¹Das Gesetz dient der Steuerung und Begrenzung des Zuzugs von Ausländern in die Bundesrepublik Deutschland. ²Es ermöglicht und gestaltet Zuwanderung unter Berücksichtigung der Aufnahme- und Integrationsfähigkeit sowie der wirtschaftlichen und arbeitsmarktpolitischen Interessen der Bundesrepublik Deutschland. ³Das Gesetz dient zugleich der Erfüllung der humanitären Verpflichtungen der Bundesrepublik Deutschland. ⁴Es regelt hierzu die Einreise, den Aufenthalt, die Erwerbstätigkeit und die Integration von Ausländern. ⁵Die Regelungen in anderen Gesetzen bleiben unberührt.

(2) Dieses Gesetz findet keine Anwendung auf Ausländer,

1. deren Rechtsstellung von dem Gesetz über die allgemeine Freizügigkeit von Unionsbürgern geregelt ist, soweit nicht durch Gesetz etwas anderes bestimmt ist,
2. die nach Maßgabe der §§ 18 bis 20 des Gerichtsverfassungsgesetzes nicht der deutschen Gerichtsbarkeit unterliegen,
3. soweit sie nach Maßgabe völkerrechtlicher Verträge für den diplomatischen und konsularischen Verkehr und für die Tätigkeit internationaler Organisationen und Einrichtungen von Einwanderungsbeschränkungen, von der Verpflichtung, ihren Aufenthalt der Ausländerbehörde anzuzeigen und dem Erfordernis eines Aufenthaltstitels befreit sind und wenn Gegenseitigkeit besteht, sofern die Befreiungen davon abhängig gemacht werden können.

VI. Aufenthaltsgesetz

§ 2 Begriffsbestimmungen

(1) Ausländer ist jeder, der nicht Deutscher im Sinne des Artikels 116 Abs. 1 des Grundgesetzes ist.

(2) Erwerbstätigkeit ist die selbständige Tätigkeit, die Beschäftigung im Sinne von § 7 des Vierten Buches Sozialgesetzbuch und die Tätigkeit als Beamter.

(3) [1]Der Lebensunterhalt eines Ausländers ist gesichert, wenn er ihn einschließlich ausreichenden Krankenversicherungsschutzes ohne Inanspruchnahme öffentlicher Mittel bestreiten kann. [2]Nicht als Inanspruchnahme öffentlicher Mittel gilt der Bezug von:

1. Kindergeld,
2. Kinderzuschlag,
3. Erziehungsgeld,
4. Elterngeld,
5. Leistungen der Ausbildungsförderung nach dem Dritten Buch Sozialgesetzbuch, dem Bundesausbildungsförderungsgesetz und dem Aufstiegsfortbildungsförderungsgesetz,
6. öffentlichen Mitteln, die auf Beitragsleistungen beruhen oder die gewährt werden, um den Aufenthalt im Bundesgebiet zu ermöglichen und
7. Leistungen nach dem Unterhaltsvorschussgesetz.

[3]Ist der Ausländer in einer gesetzlichen Krankenversicherung krankenversichert, hat er ausreichenden Krankenversicherungsschutz. [4]Bei der Erteilung oder Verlängerung einer Aufenthaltserlaubnis zum Familiennachzug werden Beiträge der Familienangehörigen zum Haushaltseinkommen berücksichtigt. [5]Der Lebensunterhalt gilt für die Erteilung einer Aufenthaltserlaubnis nach § 16 als gesichert, wenn der Ausländer über monatliche Mittel in Höhe des monatlichen Bedarfs, der nach den §§ 13 und 13a Abs. 1 des Bundesausbildungsförderungsgesetzes bestimmt wird, verfügt. [6]Das Bundesministerium des Innern gibt die Mindestbeträge nach Satz 5 für jedes Kalenderjahr jeweils bis zum 31. August des Vorjahres im Bundesanzeiger bekannt.

(4) [1]Als ausreichender Wohnraum wird nicht mehr gefordert, als für die Unterbringung eines Wohnungssuchenden in einer öffentlich geförderten Sozialmietwohnung genügt. [2]Der Wohnraum ist nicht ausreichend, wenn er

den auch für Deutsche geltenden Rechtsvorschriften hinsichtlich Beschaffenheit und Belegung nicht genügt. ³Kinder bis zur Vollendung des zweiten Lebensjahres werden bei der Berechnung des für die Familienunterbringung ausreichenden Wohnraumes nicht mitgezählt.

(5) Schengen-Staaten sind die Staaten, in denen folgende Rechtsakte in vollem Umfang Anwendung finden:

1. Übereinkommen zur Durchführung des Übereinkommens von Schengen vom 14. Juni 1985 zwischen den Regierungen der Staaten der Benelux-Wirtschaftsunion, der Bundesrepublik Deutschland und der Französischen Republik betreffend den schrittweisen Abbau der Kontrollen an den gemeinsamen Grenzen (ABl. L 239 vom 22.9.2000, S. 19),
2. die Verordnung (EG) Nr. 562/2006 des Europäischen Parlaments und des Rates vom 15. März 2006 über einen Gemeinschaftskodex für das Überschreiten der Grenzen durch Personen (ABl. L 105 vom 13.4.2006, S. 1) und
3. die Verordnung (EG) Nr. 810/2009 des Europäischen Parlaments und des Rates vom 13. Juli 2009 über einen Visakodex der Gemeinschaft (ABl. L 243 vom 15.9.2009, S. 1).

(6) Vorübergehender Schutz im Sinne dieses Gesetzes ist die Aufenthaltsgewährung in Anwendung der Richtlinie 2001/55/EG des Rates vom 20. Juli 2001 über Mindestnormen für die Gewährung vorübergehenden Schutzes im Falle eines Massenzustroms von Vertriebenen und Maßnahmen zur Förderung einer ausgewogenen Verteilung der Belastungen, die mit der Aufnahme dieser Personen und den Folgen dieser Aufnahme verbunden sind, auf die Mitgliedstaaten (ABl. EG Nr. L 212 S. 12).

(7) Langfristig Aufenthaltsberechtigter ist ein Ausländer, dem in einem Mitgliedstaat der Europäischen Union die Rechtsstellung nach Artikel 2 Buchstabe b der Richtlinie 2003/109/EG des Rates vom 25. November 2003 betreffend die Rechtsstellung der langfristig aufenthaltsberechtigten Drittstaatsangehörigen (ABl. EU 2004 Nr. L 16 S. 44), die zuletzt durch die Richtlinie 2011/51/EU (ABl. L 132 vom 19.5.2011, S. 1) geändert worden ist, verliehen und nicht entzogen wurde.

(8) Langfristige Aufenthaltsberechtigung – EU ist der einem langfristig Aufenthaltsberechtigten durch einen anderen Mitgliedstaat der Europäischen

Union ausgestellte Aufenthaltstitel nach Artikel 8 der Richtlinie 2003/109/EG.

(9) Einfache deutsche Sprachkenntnisse entsprechen dem Niveau A 1 des Gemeinsamen Europäischen Referenzrahmens für Sprachen (Empfehlungen des Ministerkomitees des Europarates an die Mitgliedstaaten Nr. R (98) 6 vom 17. März 1998 zum Gemeinsamen Europäischen Referenzrahmen für Sprachen – GER).

(10) Hinreichende deutsche Sprachkenntnisse entsprechen dem Niveau A 2 des Gemeinsamen Europäischen Referenzrahmens für Sprachen.

(11) Ausreichende deutsche Sprachkenntnisse entsprechen dem Niveau B 1 des Gemeinsamen Europäischen Referenzrahmens für Sprachen.

(12) Die deutsche Sprache beherrscht ein Ausländer, wenn seine Sprachkenntnisse dem Niveau C 1 des Gemeinsamen Europäischen Referenzrahmens für Sprachen entsprechen.

(13) International Schutzberechtigter ist ein Ausländer, der internationalen Schutz genießt im Sinne der

1. Richtlinie 2004/83/EG des Rates vom 29. April 2004 über Mindestnormen für die Anerkennung und den Status von Drittstaatsangehörigen oder Staatenlosen als Flüchtlinge oder als Personen, die anderweitig internationalen Schutz benötigen, und über den Inhalt des zu gewährenden Schutzes (ABl. L 304 vom 30.9.2004, S. 12) oder
2. Richtlinie 2011/95/EU des Europäischen Parlaments und des Rates vom 13. Dezember 2011 über Normen für die Anerkennung von Drittstaatsangehörigen oder Staatenlosen als Personen mit Anspruch auf internationalen Schutz, für einen einheitlichen Status für Flüchtlinge oder für Personen mit Anrecht auf subsidiären Schutz und für den Inhalt des zu gewährenden Schutzes (ABl. L 337 vom 20.12.2011, S. 9).

(14) Konkrete Anhaltspunkte im Sinne von § 62 Absatz 3 Satz 1 Nummer 5 können sein:

1. der Ausländer hat sich bereits in der Vergangenheit einem behördlichen Zugriff entzogen, indem er seinen Aufenthaltsort trotz Hinweises auf die Anzeigepflicht nicht nur vorübergehend gewechselt hat, ohne

der zuständigen Behörde eine Anschrift anzugeben, unter der er erreichbar ist,
2. der Ausländer täuscht über seine Identität, insbesondere durch Unterdrückung oder Vernichtung von Identitäts- oder Reisedokumenten oder das Vorgeben einer falschen Identität,
3. der Ausländer hat gesetzliche Mitwirkungshandlungen zur Feststellung der Identität verweigert oder unterlassen und aus den Umständen des Einzelfalls kann geschlossen werden, dass er einer Abschiebung aktiv entgegenwirken will,
4. der Ausländer hat zu seiner unerlaubten Einreise erhebliche Geldbeträge an einen Dritten für dessen Handlung nach § 96 aufgewandt, die für ihn nach den Umständen derart maßgeblich sind, dass darauf geschlossen werden kann, dass er die Abschiebung verhindern wird, damit die Aufwendungen nicht vergeblich waren,
5. der Ausländer hat ausdrücklich erklärt, dass er sich der Abschiebung entziehen will,
5a. von dem Ausländer geht eine erhebliche Gefahr für Leib und Leben Dritter oder bedeutende Rechtsgüter der inneren Sicherheit aus oder
6. der Ausländer hat, um sich der bevorstehenden Abschiebung zu entziehen, sonstige konkrete Vorbereitungshandlungen von vergleichbarem Gewicht vorgenommen, die nicht durch Anwendung unmittelbaren Zwangs überwunden werden können.

(15) [1]Soweit Artikel 28 der Verordnung (EU) Nr. 604/2013 des Europäischen Parlaments und des Rates vom 26. Juni 2013 zur Festlegung der Kriterien und Verfahren zur Bestimmung des Mitgliedstaats, der für die Prüfung eines von einem Drittstaatsangehörigen oder Staatenlosen in einem Mitgliedstaat gestellten Antrags auf internationalen Schutz zuständig ist (ABl. L 180 vom 29.6.2013, S. 31), der die Inhaftnahme zum Zwecke der Überstellung betrifft, maßgeblich ist, gelten die in Absatz 14 genannten Anhaltspunkte entsprechend als objektive Kriterien für die Annahme einer Fluchtgefahr im Sinne von Artikel 2 Buchstabe n der Verordnung (EU) Nr. 604/2013. [2]Ein entsprechender Anhaltspunkt kann auch gegeben sein, wenn der Ausländer einen Mitgliedstaat vor Abschluss eines dort laufenden Verfahrens zur Zuständigkeitsbestimmung oder zur Prüfung eines Antrags auf internationalen Schutz verlassen hat und die Umstände der Feststellung im Bundesgebiet konkret darauf hindeuten, dass er den zuständigen Mitgliedstaat in absehbarer Zeit nicht aufsuchen will. [3]Auf das Verfahren auf Anordnung

von Haft zur Überstellung nach der Verordnung (EU) Nr. 604/2013 finden die Vorschriften des Gesetzes über das Verfahren in Familiensachen und in den Angelegenheiten der freiwilligen Gerichtsbarkeit entsprechend Anwendung, soweit das Verfahren in der Verordnung (EU) Nr. 604/2013 nicht abweichend geregelt ist.

Kapitel 2. Einreise und Aufenthalt im Bundesgebiet
Abschnitt 1. Allgemeines

§ 3 Passpflicht

(1) [1]Ausländer dürfen nur in das Bundesgebiet einreisen oder sich darin aufhalten, wenn sie einen anerkannten und gültigen Pass oder Passersatz besitzen, sofern sie von der Passpflicht nicht durch Rechtsverordnung befreit sind. [2]Für den Aufenthalt im Bundesgebiet erfüllen sie die Passpflicht auch durch den Besitz eines Ausweisersatzes (§ 48 Abs. 2).

(2) Das Bundesministerium des Innern oder die von ihm bestimmte Stelle kann in begründeten Einzelfällen vor der Einreise des Ausländers für den Grenzübertritt und einen anschließenden Aufenthalt von bis zu sechs Monaten Ausnahmen von der Passpflicht zulassen.

§ 4 Erfordernis eines Aufenthaltstitels

(1) [1]Ausländer bedürfen für die Einreise und den Aufenthalt im Bundesgebiet eines Aufenthaltstitels, sofern nicht durch Recht der Europäischen Union oder durch Rechtsverordnung etwas anderes bestimmt ist oder auf Grund des Abkommens vom 12. September 1963 zur Gründung einer Assoziation zwischen der Europäischen Wirtschaftsgemeinschaft und der Türkei (BGBl. 1964 II S. 509) (Assoziationsabkommen EWG/Türkei) ein Aufenthaltsrecht besteht. [2]Die Aufenthaltstitel werden erteilt als

1. Visum im Sinne des § 6 Absatz 1 Nummer 1 und Absatz 3,
2. Aufenthaltserlaubnis (§ 7),
2a. Blaue Karte EU (§ 19a),
2b. ICT-Karte (§ 19b),
2c. Mobiler-ICT-Karte (§ 19d),

3. Niederlassungserlaubnis (§ 9) oder
4. Erlaubnis zum Daueraufenthalt – EU (§ 9a).

³Die für die Aufenthaltserlaubnis geltenden Rechtsvorschriften werden auch auf die Blaue Karte EU, die ICT-Karte und die Mobiler-ICT-Karte angewandt, sofern durch Gesetz oder Rechtsverordnung nichts anderes bestimmt ist.

(2) ¹Ein Aufenthaltstitel berechtigt zur Ausübung einer Erwerbstätigkeit, sofern es nach diesem Gesetz bestimmt ist oder der Aufenthaltstitel die Ausübung der Erwerbstätigkeit ausdrücklich erlaubt. ²Jeder Aufenthaltstitel muss erkennen lassen, ob die Ausübung einer Erwerbstätigkeit erlaubt ist. ³Einem Ausländer, der keine Aufenthaltserlaubnis zum Zweck der Beschäftigung besitzt, kann die Ausübung einer Beschäftigung nur erlaubt werden, wenn die Bundesagentur für Arbeit zugestimmt hat oder durch Rechtsverordnung bestimmt ist, dass die Ausübung der Beschäftigung ohne Zustimmung der Bundesagentur für Arbeit zulässig ist. ⁴Beschränkungen bei der Erteilung der Zustimmung durch die Bundesagentur für Arbeit sind in den Aufenthaltstitel zu übernehmen.

(3) ¹Ausländer dürfen eine Erwerbstätigkeit nur ausüben, wenn der Aufenthaltstitel sie dazu berechtigt. ²Ausländer dürfen nur beschäftigt oder mit anderen entgeltlichen Dienst- oder Werkleistungen beauftragt werden, wenn sie einen solchen Aufenthaltstitel besitzen. ³Dies gilt nicht für Saisonbeschäftigungen, wenn der Ausländer eine Arbeitserlaubnis zum Zweck der Saisonbeschäftigung besitzt, oder für andere Erwerbstätigkeiten, wenn dem Ausländer auf Grund einer zwischenstaatlichen Vereinbarung, eines Gesetzes oder einer Rechtsverordnung die Erwerbstätigkeit gestattet ist, ohne dass er hierzu durch einen Aufenthaltstitel berechtigt sein muss. ⁴Wer im Bundesgebiet einen Ausländer beschäftigt oder mit nachhaltigen entgeltlichen Dienst- oder Werkleistungen beauftragt, die der Ausländer auf Gewinnerzielung gerichtet ausübt, muss prüfen, ob die Voraussetzungen nach Satz 2 oder Satz 3 vorliegen. ⁵Wer im Bundesgebiet einen Ausländer beschäftigt, muss für die Dauer der Beschäftigung eine Kopie des Aufenthaltstitels, der Arbeitserlaubnis zum Zweck der Saisonbeschäftigung oder der Bescheinigung über die Aufenthaltsgestattung oder über die Aussetzung der Abschiebung des Ausländers in elektronischer Form oder in Papierform aufbewahren.

(4) (aufgehoben)

(5) ¹Ein Ausländer, dem nach dem Assoziationsabkommen EWG/Türkei ein Aufenthaltsrecht zusteht, ist verpflichtet, das Bestehen des Aufenthaltsrechts durch den Besitz einer Aufenthaltserlaubnis nachzuweisen, sofern er weder eine Niederlassungserlaubnis noch eine Erlaubnis zum Daueraufenthalt – EU besitzt. ²Die Aufenthaltserlaubnis wird auf Antrag ausgestellt.

§ 5 Allgemeine Erteilungsvoraussetzungen

(1) Die Erteilung eines Aufenthaltstitels setzt in der Regel voraus, dass

1. der Lebensunterhalt gesichert ist,
1a. die Identität und, falls er nicht zur Rückkehr in einen anderen Staat berechtigt ist, die Staatsangehörigkeit des Ausländers geklärt ist,
2. kein Ausweisungsinteresse besteht,
3. soweit kein Anspruch auf Erteilung eines Aufenthaltstitels besteht, der Aufenthalt des Ausländers nicht aus einem sonstigen Grund Interessen der Bundesrepublik Deutschland beeinträchtigt oder gefährdet und
4. die Passpflicht nach § 3 erfüllt wird.

(2) ¹Des Weiteren setzt die Erteilung einer Aufenthaltserlaubnis, einer ICT-Karte, einer Niederlassungserlaubnis oder einer Erlaubnis zum Daueraufenthalt – EU voraus, dass der Ausländer

1. mit dem erforderlichen Visum eingereist ist und
2. die für die Erteilung maßgeblichen Angaben bereits im Visumantrag gemacht hat.

²Hiervon kann abgesehen werden, wenn die Voraussetzungen eines Anspruchs auf Erteilung erfüllt sind oder es auf Grund besonderer Umstände des Einzelfalls nicht zumutbar ist, das Visumverfahren nachzuholen. ³Satz 2 gilt nicht für die Erteilung einer ICT-Karte.

(3) ¹In den Fällen der Erteilung eines Aufenthaltstitels nach § 24 oder § 25 Absatz 1 bis 3 ist von der Anwendung der Absätze 1 und 2, in den Fällen des § 25 Absatz 4a und 4b von der Anwendung des Absatzes 1 Nr. 1 bis 2 und 4 sowie des Absatzes 2 abzusehen. ²In den übrigen Fällen der Erteilung eines Aufenthaltstitels nach Kapitel 2 Abschnitt 5 kann von der Anwendung der Absätze 1 und 2 abgesehen werden. ³Wird von der Anwendung des Absatzes 1 Nr. 2 abgesehen, kann die Ausländerbehörde darauf hinweisen, dass eine Ausweisung wegen einzeln zu bezeichnender Ausweisungs-

interessen, die Gegenstand eines noch nicht abgeschlossenen Straf- oder anderen Verfahrens sind, möglich ist. In den Fällen der Erteilung eines Aufenthaltstitels nach § 26 Absatz 3 ist von der Anwendung des Absatzes 2 abzusehen.

(4) ¹Die Erteilung eines Aufenthaltstitels ist zu versagen, wenn ein Ausweisungsinteresse im Sinne von § 54 Absatz 1 Nummer 2 oder 4 besteht. ²Von Satz 1 können in begründeten Einzelfällen Ausnahmen zugelassen werden, wenn sich der Ausländer gegenüber den zuständigen Behörden offenbart und glaubhaft von seinem sicherheitsgefährdenden Handeln Abstand nimmt. ³Das Bundesministerium des Innern oder die von ihm bestimmte Stelle kann in begründeten Einzelfällen vor der Einreise des Ausländers für den Grenzübertritt und einen anschließenden Aufenthalt von bis zu sechs Monaten Ausnahmen von Satz 1 zulassen.

§ 6 Visum

(1) Einen Ausländer können nach Maßgabe der Verordnung (EG) Nr. 810/2009 folgende Visa erteilt werden:

1. ein Visum für die Durchreise durch das Hoheitsgebiet der Schengen-Staaten oder für geplante Aufenthalte in diesem Gebiet von bis zu 90 Tagen je Zeitraum von 180 Tagen (Schengen-Visum),
2. ein Flughafentransitvisum für die Durchreise durch die internationalen Transitzonen der Flughäfen.

(2) ¹Schengen-Visa können nach Maßgabe der Verordnung (EG) Nr. 810/2009 bis zu einer Gesamtaufenthaltsdauer von 90 Tagen je Zeitraum von 180 Tagen verlängert werden. ²Für weitere 90 Tage innerhalb des betreffenden Zeitraums von 180 Tagen kann ein Schengen-Visum aus den in Artikel 33 der Verordnung (EG) Nr. 810/2009/EG genannten Gründen, zur Wahrung politischer Interessen der Bundesrepublik Deutschland oder aus völkerrechtlichen Gründen als nationales Visum verlängert werden.

(3) ¹Für längerfristige Aufenthalte ist ein Visum für das Bundesgebiet (nationales Visum) erforderlich, das vor der Einreise erteilt wird. ²Die Erteilung richtet sich nach den für die Aufenthaltserlaubnis, die Blaue Karte EU, die ICT-Karte, die Niederlassungserlaubnis und die Erlaubnis zum Daueraufenthalt – EU geltenden Vorschriften. ³Die Dauer des rechtmäßigen Aufenthalts mit einem nationalen Visum wird auf die Zeiten des Besitzes einer

Aufenthaltserlaubnis, Blauen Karte EU, Niederlassungserlaubnis oder Erlaubnis zum Daueraufenthalt – EU angerechnet.

(4) Ein Ausnahme-Visum im Sinne des § 14 Absatz 2 wird als Visum im Sinne des Absatzes 1 Nummer 1 oder des Absatzes 3 erteilt.

§ 7 Aufenthaltserlaubnis

(1) [1]Die Aufenthaltserlaubnis ist ein befristeter Aufenthaltstitel. [2]Sie wird zu den in den nachfolgenden Abschnitten genannten Aufenthaltszwecken erteilt. [3]In begründeten Fällen kann eine Aufenthaltserlaubnis auch für einen von diesem Gesetz nicht vorgesehenen Aufenthaltszweck erteilt werden.

(2) [1]Die Aufenthaltserlaubnis ist unter Berücksichtigung des beabsichtigten Aufenthaltszwecks zu befristen. [2]Ist eine für die Erteilung, die Verlängerung oder die Bestimmung der Geltungsdauer wesentliche Voraussetzung entfallen, so kann die Frist auch nachträglich verkürzt werden.

§ 8 Verlängerung der Aufenthaltserlaubnis

(1) Auf die Verlängerung der Aufenthaltserlaubnis finden dieselben Vorschriften Anwendung wie auf die Erteilung.

(2) Die Aufenthaltserlaubnis kann in der Regel nicht verlängert werden, wenn die zuständige Behörde dies bei einem seiner Zweckbestimmung nach nur vorübergehenden Aufenthalt bei der Erteilung oder der zuletzt erfolgten Verlängerung der Aufenthaltserlaubnis ausgeschlossen hat.

(3) [1]Vor der Verlängerung der Aufenthaltserlaubnis ist festzustellen, ob der Ausländer einer etwaigen Pflicht zur ordnungsgemäßen Teilnahme am Integrationskurs nachgekommen ist. [2]Verletzt ein Ausländer seine Verpflichtung nach § 44a Abs. 1 Satz 1 zur ordnungsgemäßen Teilnahme an einem Integrationskurs, ist dies bei der Entscheidung über die Verlängerung der Aufenthaltserlaubnis zu berücksichtigen. [3]Besteht kein Anspruch auf Erteilung der Aufenthaltserlaubnis, soll bei wiederholter und gröblicher Verletzung der Pflichten nach Satz 1 die Verlängerung der Aufenthaltserlaubnis abgelehnt werden. [4]Besteht ein Anspruch auf Verlängerung der Aufenthaltserlaubnis nur nach diesem Gesetz, kann die Verlängerung abgelehnt werden, es sei denn, der Ausländer erbringt den Nachweis, dass seine Integration in das gesellschaftliche und soziale Leben anderweitig erfolgt ist. [5]Bei der Ent-

scheidung sind die Dauer des rechtmäßigen Aufenthalts, schutzwürdige Bindung des Ausländers an das Bundesgebiet und die Folgen einer Aufenthaltsbeendigung für seine rechtmäßig im Bundesgebiet lebenden Familienangehörigen zu berücksichtigen. ⁶War oder ist ein Ausländer zur Teilnahme an einem Integrationskurs nach § 44a Absatz 1 Satz 1 verpflichtet, soll die Verlängerung der Aufenthaltserlaubnis jeweils auf höchstens ein Jahr befristet werden, solange er den Integrationskurs noch nicht erfolgreich abgeschlossen oder noch nicht den Nachweis erbracht hat, dass seine Integration in das gesellschaftliche und soziale Leben anderweitig erfolgt ist.

(4) Absatz 3 ist nicht anzuwenden auf die Verlängerung einer nach § 25 Absatz 1, 2 oder Absatz 3 erteilten Aufenthaltserlaubnis.

§ 9 Niederlassungserlaubnis

(1) ¹Die Niederlassungserlaubnis ist ein unbefristeter Aufenthaltstitel. ²Sie berechtigt zur Ausübung einer Erwerbstätigkeit und kann nur in den durch dieses Gesetz ausdrücklich zugelassenen Fällen mit einer Nebenbestimmung versehen werden. ³§ 47 bleibt unberührt.

(2) ¹Einem Ausländer ist die Niederlassungserlaubnis zu erteilen, wenn

er seit fünf Jahren die Aufenthaltserlaubnis besitzt,

1. sein Lebensunterhalt gesichert ist,
2. er mindestens 60 Monate Pflichtbeiträge oder freiwillige Beiträge zur gesetzlichen Rentenversicherung geleistet hat oder Aufwendungen für einen Anspruch auf vergleichbare Leistungen einer Versicherungs- oder Versorgungseinrichtung oder eines Versicherungsunternehmens nachweist; berufliche Ausfallzeiten auf Grund von Kinderbetreuung oder häuslicher Pflege werden entsprechend angerechnet,
3. Gründe der öffentlichen Sicherheit oder Ordnung unter Berücksichtigung der Schwere oder der Art des Verstoßes gegen die öffentliche Sicherheit oder Ordnung oder der vom Ausländer ausgehenden Gefahr unter Berücksichtigung der Dauer des bisherigen Aufenthalts und dem Bestehen von Bindungen im Bundesgebiet nicht entgegenstehen,
4. ihm die Beschäftigung erlaubt ist, sofern er Arbeitnehmer ist,
5. er im Besitz der sonstigen für eine dauernde Ausübung seiner Erwerbstätigkeit erforderlichen Erlaubnisse ist,

VI. Aufenthaltsgesetz

6. er über ausreichende Kenntnisse der deutschen Sprache verfügt,
7. er über Grundkenntnisse der Rechts- und Gesellschaftsordnung und der Lebensverhältnisse im Bundesgebiet verfügt und
8. er über ausreichenden Wohnraum für sich und seine mit ihm in häuslicher Gemeinschaft lebenden Familienangehörigen verfügt.

²Die Voraussetzungen des Satzes 1 Nr. 7 und 8 sind nachgewiesen, wenn ein Integrationskurs erfolgreich abgeschlossen wurde. ³Von diesen Voraussetzungen wird abgesehen, wenn der Ausländer sie wegen einer körperlichen, geistigen oder seelischen Krankheit oder Behinderung nicht erfüllen kann. ⁴Im Übrigen kann zur Vermeidung einer Härte von den Voraussetzungen des Satzes 1 Nr. 7 und 8 abgesehen werden. ⁵Ferner wird davon abgesehen, wenn der Ausländer sich auf einfache Art in deutscher Sprache mündlich verständigen kann und er nach § 44 Abs. 3 Nr. 2 keinen Anspruch auf Teilnahme am Integrationskurs hatte oder er nach § 44a Abs. 2 Nr. 3 nicht zur Teilnahme am Integrationskurs verpflichtet war. ⁶Darüber hinaus wird von den Voraussetzungen des Satzes 1 Nr. 2 und 3 abgesehen, wenn der Ausländer diese aus den in Satz 3 genannten Gründen nicht erfüllen kann.

(3) ¹Bei Ehegatten, die in ehelicher Lebensgemeinschaft leben, genügt es, wenn die Voraussetzungen nach Absatz 2 Satz 1 Nr. 3, 5 und 6 durch einen Ehegatten erfüllt werden. ²Von der Voraussetzung nach Absatz 2 Satz 1 Nr. 3 wird abgesehen, wenn sich der Ausländer in einer Ausbildung befindet, die zu einem anerkannten schulischen oder beruflichen Bildungsabschluss oder einem Hochschulabschluss führt. ³Satz 1 gilt in den Fällen des § 26 Abs. 4 entsprechend.

(4) Auf die für die Erteilung einer Niederlassungserlaubnis erforderlichen Zeiten des Besitzes einer Aufenthaltserlaubnis werden folgende Zeiten angerechnet:

1. die Zeit des früheren Besitzes einer Aufenthaltserlaubnis oder Niederlassungserlaubnis, wenn der Ausländer zum Zeitpunkt seiner Ausreise im Besitz einer Niederlassungserlaubnis war, abzüglich der Zeit der dazwischen liegenden Aufenthalte außerhalb des Bundesgebiets, die zum Erlöschen der Niederlassungserlaubnis führten; angerechnet werden höchstens vier Jahre,
2. höchstens sechs Monate für jeden Aufenthalt außerhalb des Bundesgebiets, der nicht zum Erlöschen der Aufenthaltserlaubnis führte,

3. die Zeit eines rechtmäßigen Aufenthalts zum Zweck des Studiums oder der Berufsausbildung im Bundesgebiet zur Hälfte.

§ 9a Erlaubnis zum Daueraufenthalt – EU

(1) ¹Die Erlaubnis zum Daueraufenthalt – EU ist ein unbefristeter Aufenthaltstitel. ²§ 9 Abs. 1 Satz 2 und 3 gilt entsprechend. ³Soweit dieses Gesetz nichts anderes regelt, ist die Erlaubnis zum Daueraufenthalt – EU der Niederlassungserlaubnis gleichgestellt.

(2) ¹Einem Ausländer ist eine Erlaubnis zum Daueraufenthalt – EU nach Artikel 2 Buchstabe b der Richtlinie 2003/109/EG zu erteilen, wenn

1. er sich seit fünf Jahren mit Aufenthaltstitel im Bundesgebiet aufhält,
2. sein Lebensunterhalt und derjenige seiner Angehörigen, denen er Unterhalt zu leisten hat, durch feste und regelmäßige Einkünfte gesichert ist,
3. er über ausreichende Kenntnisse der deutschen Sprache verfügt,
4. er über Grundkenntnisse der Rechts- und Gesellschaftsordnung und der Lebensverhältnisse im Bundesgebiet verfügt,
5. Gründe der öffentlichen Sicherheit oder Ordnung unter Berücksichtigung der Schwere oder der Art des Verstoßes gegen die öffentliche Sicherheit oder Ordnung oder der vom Ausländer ausgehenden Gefahr unter Berücksichtigung der Dauer des bisherigen Aufenthalts und dem Bestehen von Bindungen im Bundesgebiet nicht entgegenstehen und
6. er über ausreichenden Wohnraum für sich und seine mit ihm in familiärer Gemeinschaft lebenden Familienangehörigen verfügt.

²Für Satz 1 Nr. 3 und 4 gilt § 9 Abs. 2 Satz 2 bis 5 entsprechend.

(3) Absatz 2 ist nicht anzuwenden, wenn der Ausländer

1. einen Aufenthaltstitel nach Abschnitt 5 besitzt, der nicht auf Grund des § 23 Abs. 2 erteilt wurde, oder eine vergleichbare Rechtsstellung in einem anderen Mitgliedstaat der Europäischen Union innehat und weder in der Bundesrepublik Deutschland noch in einem anderen Mitgliedstaat der Europäischen Union als international Schutzberechtigter anerkannt ist; Gleiches gilt, wenn er einen solchen Titel oder eine solche Rechtsstellung beantragt hat und über den Antrag noch nicht abschließend entschieden worden ist,

VI. Aufenthaltsgesetz

2. in einem Mitgliedstaat der Europäischen Union einen Antrag auf Anerkennung als international Schutzberechtigter gestellt oder vorübergehenden Schutz im Sinne des § 24 beantragt hat und über seinen Antrag noch nicht abschließend entschieden worden ist,
3. in einem anderen Mitgliedstaat der Europäischen Union eine Rechtsstellung besitzt, die der in § 1 Abs. 2 Nr. 2 beschriebenen entspricht,
4. sich mit einer Aufenthaltserlaubnis nach § 16 oder § 17 oder
5. sich zu einem sonstigen seiner Natur nach vorübergehenden Zweck im Bundesgebiet aufhält, insbesondere
   a) auf Grund einer Aufenthaltserlaubnis nach § 18, wenn die Befristung der Zustimmung der Bundesagentur für Arbeit auf einer Verordnung nach § 42 Abs. 1 bestimmten Höchstbeschäftigungsdauer beruht,
   b) wenn die Verlängerung seiner Aufenthaltserlaubnis nach § 8 Abs. 2 ausgeschlossen wurde oder
   c) wenn seine Aufenthaltserlaubnis der Herstellung oder Wahrung der familiären Lebensgemeinschaft mit einem Ausländer dient, der sich selbst nur zu einem seiner Natur nach vorübergehenden Zweck im Bundesgebiet aufhält, und bei einer Aufhebung der Lebensgemeinschaft kein eigenständiges Aufenthaltsrecht entstehen würde.

§ 9b Anrechnung von Aufenthaltszeiten

(1) [1]Auf die erforderlichen Zeiten nach § 9a Abs. 2 Satz 1 Nr. 1 werden folgende Zeiten angerechnet:

1. Zeiten eines Aufenthalts außerhalb des Bundesgebiets, in denen der Ausländer einen Aufenthaltstitel besaß und
   a) sich wegen einer Entsendung aus beruflichen Gründen im Ausland aufgehalten hat, soweit deren Dauer jeweils sechs Monate oder eine von der Ausländerbehörde nach § 51 Abs. 1 Nr. 7 bestimmte längere Frist nicht überschritten hat, oder
   b) die Zeiten sechs aufeinanderfolgende Monate und innerhalb des in § 9a Abs. 2 Satz 1 Nr. 1 genannten Zeitraums insgesamt zehn Monate nicht überschreiten,
2. Zeiten eines früheren Aufenthalts im Bundesgebiet mit Aufenthaltserlaubnis, Niederlassungserlaubnis oder Erlaubnis zum Daueraufenthalt

– EU, wenn der Ausländer zum Zeitpunkt seiner Ausreise im Besitz einer Niederlassungserlaubnis oder einer Erlaubnis zum Daueraufenthalt – EU war und die Niederlassungserlaubnis oder die Erlaubnis zum Daueraufenthalt – EU allein wegen eines Aufenthalts außerhalb von Mitgliedstaaten der Europäischen Union oder wegen des Erwerbs der Rechtsstellung eines langfristig Aufenthaltsberechtigten in einem anderen Mitgliedstaat der Europäischen Union erloschen ist, bis zu höchstens vier Jahre,

3. Zeiten, in denen der Ausländer freizügigkeitsberechtigt war,
4. Zeiten eines rechtmäßigen Aufenthalts zum Zweck des Studiums oder der Berufsausbildung im Bundesgebiet zur Hälfte,
5. bei international Schutzberechtigten der Zeitraum zwischen dem Tag der Beantragung internationalen Schutzes und dem Tag der Erteilung eines aufgrund der Zuerkennung internationalen Schutzes gewährten Aufenthaltstitels.

[2]Nicht angerechnet werden Zeiten eines Aufenthalts nach § 9a Abs. 3 Nr. 5 und Zeiten des Aufenthalts, in denen der Ausländer auch die Voraussetzungen des § 9a Abs. 3 Nr. 3 erfüllte. [3]Zeiten eines Aufenthalts außerhalb des Bundesgebiets unterbrechen den Aufenthalt nach § 9a Abs. 2 Satz 1 Nr. 1 nicht, wenn der Aufenthalt außerhalb des Bundesgebiets nicht zum Erlöschen des Aufenthaltstitels geführt hat; diese Zeiten werden bei der Bestimmung der Gesamtdauer des Aufenthalts nach § 9a Abs. 2 Satz 1 Nr. 1 nicht angerechnet. [4]In allen übrigen Fällen unterbricht die Ausreise aus dem Bundesgebiet den Aufenthalt nach § 9a Abs. 2 Satz 1 Nr. 1.

(2) [1]Auf die erforderlichen Zeiten nach § 9a Absatz 2 Satz 1 Nummer 1 werden die Zeiten angerechnet, in denen der Ausländer eine Blaue Karte EU besitzt, die von einem anderen Mitgliedstaat der Europäischen Union erteilt wurde, wenn sich der Ausländer

1. in diesem anderen Mitgliedstaat der Europäischen Union mit einer Blauen Karte EU mindestens 18 Monate aufgehalten hat und
2. bei Antragstellung seit mindestens zwei Jahren als Inhaber der Blauen Karte EU im Bundesgebiet aufhält.

[2]Nicht angerechnet werden Zeiten, in denen sich der Ausländer nicht in der Europäischen Union aufgehalten hat. [3]Diese Zeiten unterbrechen jedoch den Aufenthalt nach § 9a Absatz 2 Satz 1 Nummer 1 nicht, wenn sie zwölf aufeinanderfolgende Monate nicht überschreiten und innerhalb des

Zeitraums nach § 9a Absatz 2 Satz 1 Nummer 1 insgesamt 18 Monate nicht überschreiten. ⁴Die Sätze 1 bis 3 sind entsprechend auf Familienangehörige des Ausländers anzuwenden, denen eine Aufenthaltserlaubnis nach den §§ 30 oder 32 erteilt wurde.

§ 9c Lebensunterhalt

¹Feste und regelmäßige Einkünfte im Sinne des § 9a Absatz 2 Satz 1 Nummer 2 liegen in der Regel vor, wenn

1. der Ausländer seine steuerlichen Verpflichtungen erfüllt hat,
2. der Ausländer oder sein mit ihm in familiärer Gemeinschaft lebender Ehegatte im In- oder Ausland Beiträge oder Aufwendungen für eine angemessene Altersversorgung geleistet hat, soweit er hieran nicht durch eine körperliche, geistige oder seelische Krankheit oder Behinderung gehindert war,
3. der Ausländer und seine mit ihm in familiärer Gemeinschaft lebenden Angehörigen gegen das Risiko der Krankheit und der Pflegebedürftigkeit durch die gesetzliche Krankenversicherung oder einen im Wesentlichen gleichwertigen, unbefristeten oder sich automatisch verlängernden Versicherungsschutz abgesichert sind und
4. der Ausländer, der seine regelmäßigen Einkünfte aus einer Erwerbstätigkeit bezieht, zu der Erwerbstätigkeit berechtigt ist und auch über die anderen dafür erforderlichen Erlaubnisse verfügt.

²Bei Ehegatten, die in ehelicher Lebensgemeinschaft leben, genügt es, wenn die Voraussetzung nach Satz 1 Nr. 4 durch einen Ehegatten erfüllt wird. ³Als Beiträge oder Aufwendungen, die nach Satz 1 Nr. 2 erforderlich sind, werden keine höheren Beiträge oder Aufwendungen verlangt, als es in § 9 Abs. 2 Satz 1 Nr. 3 vorgesehen ist.

§ 10 Aufenthaltstitel bei Asylantrag

(1) Einem Ausländer, der einen Asylantrag gestellt hat, kann vor dem bestandskräftigen Abschluss des Asylverfahrens ein Aufenthaltstitel außer in den Fällen eines gesetzlichen Anspruchs nur mit Zustimmung der obersten Landesbehörde und nur dann erteilt werden, wenn wichtige Interessen der Bundesrepublik Deutschland es erfordern.

(2) Ein nach der Einreise des Ausländers von der Ausländerbehörde erteilter oder verlängerter Aufenthaltstitel kann nach den Vorschriften dieses Gesetzes ungeachtet des Umstandes verlängert werden, dass der Ausländer einen Asylantrag gestellt hat.

(3) ¹Einem Ausländer, dessen Asylantrag unanfechtbar abgelehnt worden ist oder der seinen Asylantrag zurückgenommen hat, darf vor der Ausreise ein Aufenthaltstitel nur nach Maßgabe des Abschnitts 5 erteilt werden. ²Sofern der Asylantrag nach § 30 Abs. 3 Nummer 1 bis 6 des Asylgesetzes abgelehnt wurde, darf vor der Ausreise kein Aufenthaltstitel erteilt werden. ³Die Sätze 1 und 2 finden im Falle eines Anspruchs auf Erteilung eines Aufenthaltstitels keine Anwendung; Satz 2 ist ferner nicht anzuwenden, wenn der Ausländer die Voraussetzungen für die Erteilung einer Aufenthaltserlaubnis nach § 25 Abs. 3 erfüllt.

§ 11 Einreise- und Aufenthaltsverbot

(1) Ein Ausländer, der ausgewiesen, zurückgeschoben oder abgeschoben worden ist, darf weder erneut in das Bundesgebiet einreisen, noch sich darin aufhalten, noch darf ihm, selbst im Falle eines Anspruchs nach diesem Gesetz, ein Aufenthaltstitel erteilt werden (Einreise- und Aufenthaltsverbot).

(2) ¹Das Einreise- und Aufenthaltsverbot ist von Amts wegen zu befristen. ²Die Frist beginnt mit der Ausreise. ³Im Falle der Ausweisung ist die Frist gemeinsam mit der Ausweisungsverfügung festzusetzen. ⁴Ansonsten soll die Frist mit der Abschiebungsandrohung, spätestens aber bei der Ab- oder Zurückschiebung festgesetzt werden. ⁵Die Befristung kann zur Abwehr einer Gefahr für die öffentliche Sicherheit und Ordnung mit einer Bedingung versehen werden, insbesondere einer nachweislichen Straf- oder Drogenfreiheit. ⁶Tritt die Bedingung bis zum Ablauf der Frist nicht ein, gilt eine von Amts wegen zusammen mit der Befristung nach Satz 5 angeordnete längere Befristung.

(3) ¹Über die Länge der Frist wird nach Ermessen entschieden. ²Sie darf fünf Jahre nur überschreiten, wenn der Ausländer auf Grund einer strafrechtlichen Verurteilung ausgewiesen worden ist oder wenn von ihm eine schwerwiegende Gefahr für die öffentliche Sicherheit und Ordnung ausgeht. ³Diese Frist soll zehn Jahre nicht überschreiten.

(4) ¹Das Einreise- und Aufenthaltsverbot kann zur Wahrung schutzwürdiger Belange des Ausländers oder, soweit es der Zweck des Einreise- und Aufenthaltsverbots nicht mehr erfordert, aufgehoben oder die Frist nach Absatz 2 verkürzt werden. ²Das Einreise- und Aufenthaltsverbot soll aufgehoben werden, wenn die Voraussetzungen für die Erteilung eines Aufenthaltstitels nach Kapitel 2 Abschnitt 5 vorliegen. ³Die Frist nach Absatz 2 kann aus Gründen der öffentlichen Sicherheit und Ordnung verlängert werden. ⁴Absatz 3 gilt entsprechend.

(5) ¹Eine Befristung oder eine Aufhebung des Einreise- und Aufenthaltsverbots erfolgt nicht, wenn der Ausländer wegen eines Verbrechens gegen den Frieden, eines Kriegsverbrechens oder eines Verbrechens gegen die Menschlichkeit ausgewiesen oder auf Grund einer Abschiebungsanordnung nach § 58a aus dem Bundesgebiet abgeschoben wurde. ²Die oberste Landesbehörde kann im Einzelfall Ausnahmen von Satz 1 zulassen.

(6) ¹Gegen einen Ausländer, der seiner Ausreisepflicht nicht innerhalb einer ihm gesetzten Ausreisefrist nachgekommen ist, kann ein Einreise- und Aufenthaltsverbot angeordnet werden, es sei denn, der Ausländer ist unverschuldet an der Ausreise gehindert oder die Überschreitung der Ausreisefrist ist nicht erheblich. ²Die Absätze 1 bis 5 gelten entsprechend. ³Das Einreise- und Aufenthaltsverbot ist mit seiner Anordnung nach Satz 1 zu befristen. ⁴Bei der ersten Anordnung des Einreise- und Aufenthaltsverbots nach Satz 1 soll die Frist ein Jahr nicht überschreiten. ⁵Im Übrigen soll die Frist drei Jahre nicht überschreiten. ⁶Ein Einreise- und Aufenthaltsverbot wird nicht angeordnet, wenn Gründe für eine vorübergehende Aussetzung der Abschiebung nach § 60a vorliegen, die der Ausländer nicht verschuldet hat.

(7) ¹Gegen einen Ausländer,

1. dessen Asylantrag nach § 29a Absatz 1 des Asylgesetzes als offensichtlich unbegründet abgelehnt wurde, dem kein subsidiärer Schutz zuerkannt wurde, das Vorliegen der Voraussetzungen für ein Abschiebungsverbot nach § 60 Absatz 5 oder 7 nicht festgestellt wurde und der keinen Aufenthaltstitel besitzt oder
2. dessen Antrag nach § 71 oder § 71a des Asylgesetzes wiederholt nicht zur Durchführung eines weiteren Asylverfahrens geführt hat,

kann das Bundesamt für Migration und Flüchtlinge ein Einreise- und Aufenthaltsverbot anordnen. ²Das Einreise- und Aufenthaltsverbot wird mit Bestandskraft der Entscheidung über den Asylantrag wirksam. ³Die Absätze 1 bis 5 gelten entsprechend. ⁴Das Einreise- und Aufenthaltsverbot ist mit seiner Anordnung nach Satz 1 zu befristen. ⁵Bei der ersten Anordnung des Einreise- und Aufenthaltsverbots nach Satz 1 soll die Frist ein Jahr nicht überschreiten. ⁶Im Übrigen soll die Frist drei Jahre nicht überschreiten.

(8) ¹Vor Ablauf des Einreise- und Aufenthaltsverbots kann, außer in den Fällen des Absatzes 5 Satz 1, dem Ausländer ausnahmsweise erlaubt werden, das Bundesgebiet kurzfristig zu betreten, wenn zwingende Gründe seine Anwesenheit erfordern oder die Versagung der Erlaubnis eine unbillige Härte bedeuten würde. ²Im Falle des Absatzes 5 Satz 1 gilt Absatz 5 Satz 2 entsprechend.

(9) ¹Reist ein Ausländer entgegen einem Einreise- und Aufenthaltsverbot in das Bundesgebiet ein, wird der Ablauf einer festgesetzten Frist für die Dauer des Aufenthalts im Bundesgebiet gehemmt. ²Die Frist kann in diesem Fall verlängert werden, längstens jedoch um die Dauer der ursprünglichen Befristung. ³Der Ausländer ist auf diese Möglichkeit bei der erstmaligen Befristung hinzuweisen. ⁴Für eine nach Satz 2 verlängerte Frist gelten die Absätze 3 und 4 Satz 1 entsprechend.

§ 12 Geltungsbereich; Nebenbestimmungen

(1) ¹Der Aufenthaltstitel wird für das Bundesgebiet erteilt. ²Seine Gültigkeit nach den Vorschriften des Schengener Durchführungsübereinkommens für den Aufenthalt im Hoheitsgebiet der Vertragsparteien bleibt unberührt.

(2) ¹Das Visum und die Aufenthaltserlaubnis können mit Bedingungen erteilt und verlängert werden. ²Sie können, auch nachträglich, mit Auflagen, insbesondere einer räumlichen Beschränkung, verbunden werden.

(3) Ein Ausländer hat den Teil des Bundesgebiets, in dem er sich ohne Erlaubnis der Ausländerbehörde einer räumlichen Beschränkung zuwider aufhält, unverzüglich zu verlassen.

(4) Der Aufenthalt eines Ausländers, der keines Aufenthaltstitels bedarf, kann zeitlich und räumlich beschränkt sowie von Bedingungen und Auflagen abhängig gemacht werden.

(5) ¹Die Ausländerbehörde kann dem Ausländer das Verlassen des auf der Grundlage dieses Gesetzes beschränkten Aufenthaltsbereichs erlauben. ²Die Erlaubnis ist zu erteilen, wenn hieran ein dringendes öffentliches Interesse besteht, zwingende Gründe es erfordern oder die Versagung der Erlaubnis eine unbillige Härte bedeuten würde. ³Der Ausländer kann Termine bei Behörden und Gerichten, bei denen sein persönliches Erscheinen erforderlich ist, ohne Erlaubnis wahrnehmen.

§ 12a Wohnsitzregelung

(1) ¹Zur Förderung seiner nachhaltigen Integration in die Lebensverhältnisse der Bundesrepublik Deutschland ist ein Ausländer, der als Asylberechtigter, Flüchtling im Sinne von § 3 Absatz 1 des Asylgesetzes oder subsidiär Schutzberechtigter im Sinne von § 4 Absatz 1 des Asylgesetzes anerkannt worden ist oder dem nach § 22, § 23 oder § 25 Absatz 3 erstmalig eine Aufenthaltserlaubnis erteilt worden ist, verpflichtet, für den Zeitraum von drei Jahren ab Anerkennung oder Erteilung der Aufenthaltserlaubnis in dem Land seinen gewöhnlichen Aufenthalt (Wohnsitz) zu nehmen, in das er zur Durchführung seines Asylverfahrens oder im Rahmen seines Aufnahmeverfahrens zugewiesen worden ist. ²Satz 1 findet keine Anwendung, wenn der Ausländer, sein Ehegatte, eingetragener Lebenspartner oder minderjähriges Kind eine sozialversicherungspflichtige Beschäftigung mit einem Umfang von mindestens 15 Stunden wöchentlich aufnimmt oder aufgenommen hat, durch die diese Person mindestens über ein Einkommen in Höhe des monatlichen durchschnittlichen Bedarfs nach den §§ 20 und 22 des Zweiten Buches Sozialgesetzbuch für eine Einzelperson verfügt, oder eine Berufsausbildung aufnimmt oder aufgenommen hat oder in einem Studien- oder Ausbildungsverhältnis steht.

(2) Ein Ausländer, der der Verpflichtung nach Absatz 1 unterliegt und der in einer Aufnahmeeinrichtung oder anderen vorübergehenden Unterkunft wohnt, kann innerhalb von sechs Monaten nach Anerkennung oder Aufnahme längstens bis zum Ablauf der nach Absatz 1 geltenden Frist zu seiner Versorgung mit angemessenem Wohnraum verpflichtet werden, seinen Wohnsitz an einem bestimmten Ort zu nehmen, wenn dies der Förderung seiner nachhaltigen Integration in die Lebensverhältnisse der Bundesrepublik Deutschland nicht entgegensteht. Soweit im Einzelfall eine Zuweisung angemessenen Wohnraums innerhalb von sechs Monaten nicht möglich

war, kann eine Zuweisung nach Satz 1 innerhalb von einmalig weiteren sechs Monaten erfolgen.

(3) Zur Förderung seiner nachhaltigen Integration in die Lebensverhältnisse der Bundesrepublik Deutschland kann ein Ausländer, der der Verpflichtung nach Absatz 1 unterliegt, innerhalb von sechs Monaten nach Anerkennung oder erstmaliger Erteilung der Aufenthaltserlaubnis verpflichtet werden, längstens bis zum Ablauf der nach Absatz 1 geltenden Frist seinen Wohnsitz an einem bestimmten Ort zu nehmen, wenn dadurch

1. seine Versorgung mit angemessenem Wohnraum,
2. sein Erwerb hinreichender mündlicher Deutschkenntnisse im Sinne des Niveaus A2 des Gemeinsamen Europäischen Referenzrahmens für Sprachen und
3. unter Berücksichtigung der örtlichen Lage am Ausbildungs- und Arbeitsmarkt die Aufnahme einer Erwerbstätigkeit

erleichtert werden kann.

(4) [1]Ein Ausländer, der der Verpflichtung nach Absatz 1 unterliegt, kann zur Vermeidung von sozialer und gesellschaftlicher Ausgrenzung bis zum Ablauf der nach Absatz 1 geltenden Frist auch verpflichtet werden, seinen Wohnsitz nicht an einem bestimmten Ort zu nehmen, insbesondere wenn zu erwarten ist, dass der Ausländer Deutsch dort nicht als wesentliche Verkehrssprache nutzen wird. [2]Die Situation des dortigen Ausbildungs- und Arbeitsmarktes ist bei der Entscheidung zu berücksichtigen.

(5) [1]Eine Verpflichtung oder Zuweisung nach den Absätzen 1 bis 4 ist auf Antrag des Ausländers aufzuheben,

1. wenn der Ausländer nachweist, dass in den Fällen einer Verpflichtung oder Zuweisung nach den Absätzen 1 bis 3 an einem anderen Ort, oder im Falle einer Verpflichtung nach Absatz 4 an dem Ort, an dem er seinen Wohnsitz nicht nehmen darf,
    a) ihm oder seinem Ehegatten, eingetragenen Lebenspartner oder minderjährigen Kind eine sozialversicherungspflichtige Beschäftigung im Sinne von Absatz 1 Satz 2, ein den Lebensunterhalt sicherndes Einkommen oder ein Ausbildungs- oder Studienplatz zur Verfügung steht oder
    b) der Ehegatte, eingetragene Lebenspartner oder minderjährige ledige Kinder an einem anderen Wohnort leben,

VI. Aufenthaltsgesetz

2. zur Vermeidung einer Härte; eine Härte liegt insbesondere vor, wenn
   a) nach Einschätzung des zuständigen Jugendamtes Leistungen und Maßnahmen der Kinder- und Jugendhilfe nach dem Achten Buch Sozialgesetzbuch mit Ortsbezug beeinträchtigt würden,
   b) aus anderen dringenden persönlichen Gründen die Übernahme durch ein anderes Land zugesagt wurde oder
   c) für den Betroffenen aus sonstigen Gründen vergleichbare unzumutbare Einschränkungen entstehen.

²Im Fall einer Aufhebung nach Satz 1 Nummer 2 ist dem Ausländer, längstens bis zum Ablauf der nach Absatz 1 geltenden Frist, eine Verpflichtung nach Absatz 3 oder 4 aufzuerlegen, die seinem Interesse Rechnung trägt.

(6) ¹Bei einem Familiennachzug zu einem Ausländer, der einer Verpflichtung oder Zuweisung nach den Absätzen 1 bis 4 unterliegt, gilt die Verpflichtung oder Zuweisung längstens bis zum Ablauf der nach Absatz 1 für den Ausländer geltenden Frist auch für den nachziehenden Familienangehörigen, soweit die zuständige Behörde nichts anderes angeordnet hat. ²Absatz 5 gilt für die nachziehenden Familienangehörigen entsprechend.

(7) Die Absätze 1 bis 6 gelten nicht für Ausländer, deren Anerkennung oder erstmalige Erteilung der Aufenthaltserlaubnis im Sinne des Absatzes 1 vor dem 1. Januar 2016 erfolgte.

(8) Widerspruch und Klage gegen Verpflichtungen nach den Absätzen 2 bis 4 haben keine aufschiebende Wirkung.

(9) Die Länder können im Hinblick auf Ausländer, die der Verpflichtung nach Absatz 1 unterliegen, hinsichtlich Organisation, Verfahren und angemessenen Wohnraums durch Rechtsverordnung der Landesregierung oder andere landesrechtliche Regelungen Näheres bestimmen zu

1. der Verteilung innerhalb des Landes nach Absatz 2,
2. dem Verfahren für Zuweisungen und Verpflichtungen nach den Absätzen 2 bis 4,
3. den Anforderungen an den angemessenen Wohnraum im Sinne der Absätze 2, 3 Nummer 1 und von Absatz 5 Satz 1 Nummer 1 Buchstabe a sowie der Form seines Nachweises,
4. der Art und Weise des Belegs einer sozialversicherungspflichtigen Beschäftigung nach Absatz 1 Satz 2, eines den Lebensunterhalt sichern-

den Einkommens sowie eines Ausbildungs- oder Studienplatzes im Sinne der Absätze 1 und 5 Satz 1 Nummer 1 Buchstabe a,
5. der Verpflichtung zur Aufnahme durch die zum Wohnort bestimmte Gemeinde und zu dem Aufnahmeverfahren.

Abschnitt 2. Einreise

§ 13 Grenzübertritt

(1) [1]Die Einreise in das Bundesgebiet und die Ausreise aus dem Bundesgebiet sind nur an den zugelassenen Grenzübergangsstellen und innerhalb der festgesetzten Verkehrsstunden zulässig, soweit nicht auf Grund anderer Rechtsvorschriften oder zwischenstaatlicher Vereinbarungen Ausnahmen zugelassen sind. [2]Ausländer sind verpflichtet, bei der Einreise und der Ausreise einen anerkannten und gültigen Pass oder Passersatz gemäß § 3 Abs. 1 mitzuführen und sich der polizeilichen Kontrolle des grenzüberschreitenden Verkehrs zu unterziehen.

(2) [1]An einer zugelassenen Grenzübergangsstelle ist ein Ausländer erst eingereist, wenn er die Grenze überschritten und die Grenzübergangsstelle passiert hat. [2]Lassen die mit der polizeilichen Kontrolle des grenzüberschreitenden Verkehrs beauftragten Behörden einen Ausländer vor der Entscheidung über die Zurückweisung (§ 15 dieses Gesetzes, §§ 18, 18a des Asylgesetzes) oder während der Vorbereitung, Sicherung oder Durchführung dieser Maßnahme die Grenzübergangsstelle zu einem bestimmten vorübergehenden Zweck passieren, so liegt keine Einreise im Sinne des Satzes 1 vor, solange ihnen eine Kontrolle des Aufenthalts des Ausländers möglich bleibt. [3]Im Übrigen ist ein Ausländer eingereist, wenn er die Grenze überschritten hat.

§ 14 Unerlaubte Einreise; Ausnahme-Visum

(1) Die Einreise eines Ausländers in das Bundesgebiet ist unerlaubt, wenn er

1. einen erforderlichen Pass oder Passersatz gemäß § 3 Abs. 1 nicht besitzt,
2. den nach § 4 erforderlichen Aufenthaltstitel nicht besitzt,

2a. zwar ein nach § 4 erforderliches Visum bei Einreise besitzt, dieses aber durch Drohung, Bestechung oder Kollusion erwirkt oder durch unrichtige oder unvollständige Angaben erschlichen wurde und deshalb mit Wirkung für die Vergangenheit zurückgenommen oder annulliert wird, oder
3. nach § 11 Absatz 1, 6 oder 7 nicht einreisen darf, es sei denn, er besitzt eine Betretenserlaubnis nach § 11 Absatz 8.

(2) Die mit der polizeilichen Kontrolle des grenzüberschreitenden Verkehrs beauftragten Behörden können Ausnahme-Visa und Passersatzpapiere ausstellen.

§ 15 Zurückweisung

(1) Ein Ausländer, der unerlaubt einreisen will, wird an der Grenze zurückgewiesen.

(2) Ein Ausländer kann an der Grenze zurückgewiesen werden, wenn

1. ein Ausweisungsinteresse besteht,
2. der begründete Verdacht besteht, dass der Aufenthalt nicht dem angegebenen Zweck dient,
2a. er nur über ein Schengen-Visum verfügt oder für einen kurzfristigen Aufenthalt von der Visumpflicht befreit ist und beabsichtigt, entgegen § 4 Abs. 3 Satz 1 eine Erwerbstätigkeit auszuüben oder
3. er die Voraussetzungen für die Einreise in das Hoheitsgebiet der Vertragsparteien nach Artikel 5 des Schengener Grenzkodex nicht erfüllt.

(3) Ein Ausländer, der für einen vorübergehenden Aufenthalt im Bundesgebiet vom Erfordernis eines Aufenthaltstitels befreit ist, kann zurückgewiesen werden, wenn er nicht die Voraussetzungen des § 3 Abs. 1 und des § 5 Abs. 1 erfüllt.

(4) [1]§ 60 Abs. 1 bis 3, 5 und 7 bis 9 ist entsprechend anzuwenden. [2]Ein Ausländer, der einen Asylantrag gestellt hat, darf nicht zurückgewiesen werden, solange ihm der Aufenthalt im Bundesgebiet nach den Vorschriften des Asylgesetzes gestattet ist.

(5) [1]Ein Ausländer soll zur Sicherung der Zurückweisung auf richterliche Anordnung in Haft (Zurückweisungshaft) genommen werden, wenn eine Zurückweisungsentscheidung ergangen ist und diese nicht unmittelbar

vollzogen werden kann. ²Im Übrigen ist § 62 Absatz 4 entsprechend anzuwenden. ³In den Fällen, in denen der Richter die Anordnung oder die Verlängerung der Haft ablehnt, findet Absatz 1 keine Anwendung.

(6) ¹Ist der Ausländer auf dem Luftweg in das Bundesgebiet gelangt und nicht nach § 13 Abs. 2 eingereist, sondern zurückgewiesen worden, ist er in den Transitbereich eines Flughafens oder in eine Unterkunft zu verbringen, von wo aus seine Abreise aus dem Bundesgebiet möglich ist, wenn Zurückweisungshaft nicht beantragt wird. ²Der Aufenthalt des Ausländers im Transitbereich eines Flughafens oder in einer Unterkunft nach Satz 1 bedarf spätestens 30 Tage nach Ankunft am Flughafen oder, sollte deren Zeitpunkt nicht feststellbar sein, nach Kenntnis der zuständigen Behörden von der Ankunft, der richterlichen Anordnung. ³Die Anordnung ergeht zur Sicherung der Abreise. ⁴Sie ist nur zulässig, wenn die Abreise innerhalb der Anordnungsdauer zu erwarten ist. ⁵Absatz 5 ist entsprechend anzuwenden.

§ 15a Verteilung unerlaubt eingereister Ausländer

(1) ¹Unerlaubte eingereiste Ausländer, die weder um Asyl nachsuchen noch unmittelbar nach der Feststellung der unerlaubten Einreise in Abschiebungshaft genommen und aus der Haft abgeschoben oder zurückgeschoben werden können, werden vor der Entscheidung über die Aussetzung der Abschiebung oder die Erteilung eines Aufenthaltstitels auf die Länder verteilt. ²Sie haben keinen Anspruch darauf, in ein bestimmtes Land oder an einen bestimmten Ort verteilt zu werden. ³Die Verteilung auf die Länder erfolgt durch eine vom Bundesministerium des Innern bestimmte zentrale Verteilungsstelle. ⁴Solange die Länder für die Verteilung keinen abweichenden Schlüssel vereinbart haben, gilt der für die Verteilung von Asylbewerbern festgelegte Schlüssel. ⁵Jedes Land bestimmt bis zu sieben Behörden, die die Verteilung durch die nach Satz 3 bestimmte Stelle veranlassen und verteilte Ausländer aufnehmen. ⁶Weist der Ausländer vor Veranlassung der Verteilung nach, dass eine Haushaltsgemeinschaft zwischen Ehegatten oder Eltern und ihren minderjährigen Kindern oder sonstige zwingende Gründe bestehen, die der Verteilung an einen bestimmten Ort entgegenstehen, ist dem bei der Verteilung Rechnung zu tragen.

(2) ¹Die Ausländerbehörden können die Ausländer verpflichten, sich zu der Behörde zu begeben, die die Verteilung veranlasst. ²Dies gilt nicht, wenn dem Vorbringen nach Absatz 1 Satz 6 Rechnung zu tragen ist. ³Gegen eine

nach Satz 1 getroffene Verpflichtung findet kein Widerspruch statt. [4]Die Klage hat keine aufschiebende Wirkung.

(3) [1]Die zentrale Verteilungsstelle benennt der Behörde, die die Verteilung veranlasst hat, die nach den Sätzen 2 und 3 zur Aufnahme verpflichtete Aufnahmeeinrichtung. [2]Hat das Land, dessen Behörde die Verteilung veranlasst hat, seine Aufnahmequote nicht erfüllt, ist die dieser Behörde nächstgelegene aufnahmefähige Aufnahmeeinrichtung des Landes aufnahmepflichtig. [3]Andernfalls ist die von der zentralen Verteilungsstelle auf Grund der Aufnahmequote nach § 45 des Asylgesetzes und der vorhandenen freien Unterbringungsmöglichkeiten bestimmte Aufnahmeeinrichtung zur Aufnahme verpflichtet. [4]§ 46 Abs. 4 und 5 des Asylgesetzes sind entsprechend anzuwenden.

(4) [1]Die Behörde, die die Verteilung nach Absatz 3 veranlasst hat, ordnet in den Fällen des Absatzes 3 Satz 3 an, dass der Ausländer sich zu der durch die Verteilung festgelegten Aufnahmeeinrichtung zu begeben hat; in den Fällen des Absatzes 3 Satz 2 darf sie dies anordnen. [2]Die Ausländerbehörde übermittelt das Ergebnis der Anhörung an die die Verteilung veranlassende Stelle, die die Zahl der Ausländer unter Angabe der Herkunftsländer und das Ergebnis der Anhörung der zentralen Verteilungsstelle mitteilt. [3]Ehegatten sowie Eltern und ihre minderjährigen ledigen Kinder sind als Gruppe zu melden und zu verteilen. [4]Der Ausländer hat in dieser Aufnahmeeinrichtung zu wohnen, bis er innerhalb des Landes weiterverteilt wird, längstens jedoch bis zur Aussetzung der Abschiebung oder bis zur Erteilung eines Aufenthaltstitels; die §§ 12 und 61 Abs. 1 bleiben unberührt. [5]Die Landesregierungen werden ermächtigt, durch Rechtsverordnung die Verteilung innerhalb des Landes zu regeln, soweit dies nicht auf der Grundlage dieses Gesetzes durch Landesgesetz geregelt wird; § 50 Abs. 4 des Asylgesetzes findet entsprechende Anwendung. [6]Die Landesregierungen können die Ermächtigung auf andere Stellen des Landes übertragen. [7]Gegen eine nach Satz 1 getroffene Anordnung findet kein Widerspruch statt. [8]Die Klage hat keine aufschiebende Wirkung. [9]Die Sätze 7 und 8 gelten entsprechend, wenn eine Verteilungsanordnung auf Grund eines Landesgesetzes oder einer Rechtsverordnung nach Satz 5 ergeht.

(5) [1]Die zuständigen Behörden können dem Ausländer nach der Verteilung erlauben, seine Wohnung in einem anderen Land zu nehmen. [2]Nach erlaubtem Wohnungswechsel wird der Ausländer von der Quote des abge-

benden Landes abgezogen und der des aufnehmenden Landes angerechnet.

(6) Die Regelungen der Absätze 1 bis 5 gelten nicht für Personen, die nachweislich vor dem 1. Januar 2005 eingereist sind.

Abschnitt 3. Aufenthalt zum Zweck der Ausbildung

§ 16 Studium

(1) [1]Einem Ausländer wird zum Zweck des Vollzeitstudiums an einer staatlichen Hochschule, an einer staatlich anerkannten Hochschule oder an einer vergleichbaren Ausbildungseinrichtung eine Aufenthaltserlaubnis nach der Richtlinie (EU) 2016/801 des Europäischen Parlaments und des Rates vom 11. Mai 2016 über die Bedingungen für die Einreise und den Aufenthalt von Drittstaatsangehörigen zu Forschungs- oder Studienzwecken, zur Absolvierung eines Praktikums, zur Teilnahme an einem Freiwilligendienst, Schüleraustauschprogrammen oder Bildungsvorhaben und zur Ausübung einer Au-pair-Tätigkeit (ABl. L 132 vom 21.5.2016, S. 21) erteilt, wenn der Ausländer von der Ausbildungseinrichtung zugelassen worden ist. [2]Der Aufenthaltszweck des Studiums umfasst auch studienvorbereitende Maßnahmen und das Absolvieren eines Pflichtpraktikums. [3]Studienvorbereitende Maßnahmen sind

1. der Besuch eines studienvorbereitenden Sprachkurses, wenn der Ausländer zu einem Vollzeitstudium zugelassen worden ist und die Zulassung an den Besuch eines studienvorbereitenden Sprachkurses gebunden ist, und
2. der Besuch eines Studienkollegs oder einer vergleichbaren Einrichtung, wenn die Annahme zu einem Studienkolleg oder einer vergleichbaren Einrichtung nachgewiesen ist.

[4]Ein Nachweis hinreichender Kenntnisse der Ausbildungssprache wird verlangt, wenn die Sprachkenntnisse weder bei der Zulassungsentscheidung geprüft worden sind noch durch die studienvorbereitende Maßnahme erworben werden sollen.

(2) ¹Die Geltungsdauer der Aufenthaltserlaubnis beträgt bei der Ersterteilung und bei der Verlängerung mindestens ein Jahr und soll zwei Jahre nicht überschreiten. ²Sie beträgt mindestens zwei Jahre, wenn der Ausländer an einem Unions- oder multilateralen Programm mit Mobilitätsmaßnahmen teilnimmt oder wenn für ihn eine Vereinbarung zwischen zwei oder mehr Hochschuleinrichtungen gilt. ³Dauert das Studium weniger als zwei Jahre, so wird die Aufenthaltserlaubnis nur für die Dauer des Studiums erteilt. ⁴Die Aufenthaltserlaubnis wird verlängert, wenn der Aufenthaltszweck noch nicht erreicht ist und in einem angemessenen Zeitraum noch erreicht werden kann. ⁵Zur Prüfung der Frage, ob der Aufenthaltszweck noch erreicht werden kann, kann die aufnehmende Ausbildungseinrichtung beteiligt werden.

(3) ¹Die Aufenthaltserlaubnis berechtigt zur Ausübung einer Beschäftigung, die insgesamt 120 Tage oder 240 halbe Tage im Jahr nicht überschreiten darf, sowie zur Ausübung studentischer Nebentätigkeiten. ²Dies gilt nicht während des Aufenthalts zu studienvorbereitenden Maßnahmen im ersten Jahr des Aufenthalts, ausgenommen in der Ferienzeit.

(4) ¹Die Aufenthaltserlaubnis darf zu einem anderen Aufenthaltszweck als dem in Absatz 1 genannten Aufenthaltszweck erteilt oder verlängert werden, wenn das Studium erfolgreich abgeschlossen wurde. ²Wenn das Studium ohne Abschluss beendet wurde, darf eine Aufenthaltserlaubnis zu einem anderen als dem in Absatz 1 genannten Zweck erteilt oder verlängert werden, wenn die Voraussetzungen für die Erteilung einer Aufenthaltserlaubnis für die in § 16b Absatz 2 genannten Fälle oder nach § 17 vorliegen und die Berufsausbildung in einem Beruf erfolgt, für den die Bundesagentur für Arbeit die Feststellung nach § 39 Absatz 2 Satz 1 Nummer 2 getroffen hat, oder wenn ein gesetzlicher Anspruch besteht. ³Während des Studiums soll in der Regel eine Aufenthaltserlaubnis zu einem anderen Aufenthaltszweck als dem in Absatz 1 genannten Aufenthaltszweck nur erteilt oder verlängert werden, sofern ein gesetzlicher Anspruch besteht. ⁴§ 9 findet keine Anwendung.

(5) ¹Nach erfolgreichem Abschluss des Studiums wird die Aufenthaltserlaubnis bis zu 18 Monate zur Suche einer diesem Abschluss angemessenen Erwerbstätigkeit verlängert, sofern diese Erwerbstätigkeit nach den Bestimmungen der §§ 18, 19, 19a, 20 und 21 von einem Ausländer aufgenommen

werden darf. ²Die Aufenthaltserlaubnis berechtigt während dieses Zeitraums zur Ausübung einer Erwerbstätigkeit. ³§ 9 findet keine Anwendung.

(6) ¹Einem Ausländer kann eine Aufenthaltserlaubnis erteilt werden, wenn

1. er von einer staatlichen Hochschule, einer staatlich anerkannten Hochschule oder einer vergleichbaren Ausbildungseinrichtung
    a) zum Zweck des Vollzeitstudiums zugelassen worden ist und die Zulassung mit einer Bedingung verbunden ist, die nicht auf den Besuch einer studienvorbereitenden Maßnahme gerichtet ist,
    b) zum Zweck des Vollzeitstudiums zugelassen worden ist und die Zulassung mit der Bedingung des Besuchs eines Studienkollegs oder einer vergleichbaren Einrichtung verbunden ist, der Ausländer aber den Nachweis über die Annahme zu einem Studienkolleg oder einer vergleichbaren Einrichtung nach Absatz 1 Satz 3 Nummer 2 nicht erbringen kann oder
    c) zum Zweck des Teilzeitstudiums zugelassen worden ist,
2. er zur Teilnahme an einem studienvorbereitenden Sprachkurs angenommen worden ist, ohne dass eine Zulassung zum Zweck eines Studiums an einer staatlichen Hochschule, einer staatlich anerkannten Hochschule oder einer vergleichbaren Ausbildungseinrichtung vorliegt, oder
3. ihm die Zusage eines Betriebs für das Absolvieren eines studienvorbereitenden Praktikums vorliegt.

²In den Fällen des Satzes 1 Nummer 1 sind Absatz 1 Satz 2 bis 4 und die Absätze 2 bis 5 entsprechend anzuwenden. ³In den Fällen des Satzes 1 Nummer 2 und 3 sind die Absätze 2, 4 und 5 entsprechend anzuwenden; die Aufenthaltserlaubnis berechtigt zur Beschäftigung nur in der Ferienzeit sowie zur Ausübung des Praktikums.

(7) ¹Einem Ausländer kann auch zum Zweck der Studienbewerbung eine Aufenthaltserlaubnis erteilt werden. ²Der Aufenthalt als Studienbewerber darf höchstens neun Monate betragen. ³Die Aufenthaltserlaubnis berechtigt nicht zur Ausübung einer Beschäftigung und nicht zur Ausübung studentischer Nebentätigkeiten. ⁴Absatz 4 Satz 3 ist entsprechend anzuwenden.

(8) Bevor die Aufenthaltserlaubnis nach Absatz 1 oder Absatz 6 aus Gründen, die in der Verantwortung der Ausbildungseinrichtung liegen und die der Ausländer nicht zu vertreten hat, zurückgenommen wird, widerrufen

VI. Aufenthaltsgesetz

wird oder gemäß § 7 Absatz 2 Satz 2 nachträglich befristet wird, ist dem Ausländer die Möglichkeit zu gewähren, die Zulassung bei einer anderen Ausbildungseinrichtung zu beantragen.

(9) ¹Einem Ausländer, der in einem Mitgliedstaat der Europäischen Union internationalen Schutz im Sinne der Richtlinie 2011/95/EU genießt, kann eine Aufenthaltserlaubnis zum Zweck des Studiums erteilt werden, wenn er

1. in einem anderen Mitgliedstaat der Europäischen Union ein Studium begonnen hat,
2. von einer staatlichen Hochschule, einer staatlich anerkannten Hochschule oder einer vergleichbaren Ausbildungseinrichtung im Bundesgebiet zum Zweck des Studiums zugelassen worden ist und
3. einen Teil seines Studiums an dieser Ausbildungseinrichtung durchführen möchte, und er
   a) im Rahmen seines Studienprogramms verpflichtet ist, einen Teil seines Studiums an einer Bildungseinrichtung eines anderen Mitgliedstaates der Europäischen Union durchzuführen,
   b) an einem Austauschprogramm zwischen den Mitgliedstaaten der Europäischen Union oder an einem Austauschprogramm der Europäischen Union teilnimmt oder
   c) vor seinem Wechsel an die Ausbildungseinrichtung im Bundesgebiet das nach Nummer 1 begonnene Studium mindestens zwei Jahre in dem anderen Mitgliedstaat der Europäischen Union betrieben hat sowie der Aufenthalt zum Zweck des Studiums im Bundesgebiet 360 Tage nicht überschreiten wird.

²Ein Ausländer, der einen Aufenthaltstitel nach Satz 1 beantragt, hat der zuständigen Behörde Unterlagen zu seiner akademischen Vorbildung und zum beabsichtigten Studium in Deutschland vorzulegen, die die Fortführung des bisherigen Studiums durch das Studium im Bundesgebiet belegen. ³Die Aufenthaltserlaubnis wird für die Dauer des Studienteils, der in Deutschland durchgeführt wird, erteilt. ⁴Absatz 3 gilt entsprechend. ⁵§ 9 findet keine Anwendung.

(10) Sofern der Ausländer das 18. Lebensjahr noch nicht vollendet hat, müssen die zur Personensorge berechtigten Personen dem geplanten Aufenthalt zustimmen.

(11) Eine Aufenthaltserlaubnis zum Zweck des Studiums oder der Studienbewerbung nach den Absätzen 1, 6 und 7 wird nicht erteilt, wenn eine der in § 20 Absatz 6 Nummer 1 bis 3 und 6 bis 8 genannten Voraussetzungen vorliegt.

§ 16a Mobilität im Rahmen des Studiums

(1) ¹Für einen Aufenthalt zum Zweck des Studiums, der 360 Tage nicht überschreitet, bedarf ein Ausländer abweichend von § 4 Absatz 1 keines Aufenthaltstitels, wenn die aufnehmende Ausbildungseinrichtung im Bundesgebiet dem Bundesamt für Migration und Flüchtlinge mitgeteilt hat, dass der Ausländer beabsichtigt, einen Teil seines Studiums im Bundesgebiet durchzuführen, und mit der Mitteilung vorlegt:

1. den Nachweis, dass der Ausländer einen von einem anderen Mitgliedstaat der Europäischen Union für die Dauer des geplanten Aufenthalts gültigen Aufenthaltstitel zum Zweck des Studiums besitzt, der in den Anwendungsbereich der Richtlinie (EU) 2016/801 fällt,
2. den Nachweis, dass der Ausländer einen Teil seines Studiums an einer Ausbildungseinrichtung im Bundesgebiet durchführen möchte, weil er an einem Unions- oder multilateralen Programm mit Mobilitätsmaßnahmen teilnimmt oder für ihn eine Vereinbarung zwischen zwei oder mehr Hochschulen gilt,
3. den Nachweis, dass der Ausländer von der aufnehmenden Ausbildungseinrichtung zugelassen wurde,
4. die Kopie eines anerkannten und gültigen Passes oder Passersatzes des Ausländers und
5. den Nachweis, dass der Lebensunterhalt des Ausländers gesichert ist.

²Die aufnehmende Ausbildungseinrichtung hat die Mitteilung zu dem Zeitpunkt zu machen, zu dem der Ausländer in einem anderen Mitgliedstaat der Europäischen Union den Antrag auf Erteilung eines Aufenthaltstitels im Anwendungsbereich der Richtlinie (EU) 2016/801 stellt. ³Ist der aufnehmenden Ausbildungseinrichtung zu diesem Zeitpunkt die Absicht des Ausländers, einen Teil des Studiums im Bundesgebiet durchzuführen, noch nicht bekannt, so hat sie die Mitteilung zu dem Zeitpunkt zu machen, zu dem ihr die Absicht bekannt wird. ⁴Bei der Erteilung des Aufenthaltstitels nach Satz 1 Nummer 1 durch einen Staat, der nicht Schengen-Staat ist, und bei der Einreise über einen Staat, der nicht Schengen-Staat ist, hat

VI. Aufenthaltsgesetz

der Ausländer eine Kopie der Mitteilung mitzuführen und den zuständigen Behörden auf deren Verlangen vorzulegen.

(2) ¹Erfolgt die Mitteilung zu dem in Absatz 1 Satz 2 genannten Zeitpunkt und wurden die Einreise und der Aufenthalt nicht nach § 20c Absatz 3 abgelehnt, so darf der Ausländer jederzeit innerhalb der Gültigkeitsdauer des in Absatz 1 Satz 1 Nummer 1 genannten Aufenthaltstitels des anderen Mitgliedstaates in das Bundesgebiet einreisen und sich dort zum Zweck des Studiums aufhalten. ²Erfolgt die Mitteilung zu dem in Absatz 1 Satz 3 genannten Zeitpunkt und wurden die Einreise und der Aufenthalt nicht nach § 20c Absatz 3 abgelehnt, so darf der Ausländer in das Bundesgebiet einreisen und sich dort zum Zweck des Studiums aufhalten. ³Der Ausländer ist zur Ausübung einer Beschäftigung, die insgesamt ein Drittel der Aufenthaltsdauer nicht überschreiten darf, sowie zur Ausübung studentischer Nebentätigkeiten berechtigt.

(3) Der Ausländer und die aufnehmende Ausbildungseinrichtung sind verpflichtet, der Ausländerbehörde Änderungen in Bezug auf die in Absatz 1 genannten Voraussetzungen anzuzeigen.

(4) Wenn im Rahmen des Aufenthalts nach § 16a ein Abschluss an einer deutschen Hochschule erworben wurde, gilt für die Erteilung einer Aufenthaltserlaubnis § 16 Absatz 4 Satz 1 und Absatz 5 entsprechend.

(5) ¹Werden die Einreise und der Aufenthalt nach § 20c Absatz 3 abgelehnt, so hat der Ausländer das Studium unverzüglich einzustellen. Die bis dahin nach Absatz 1 Satz 1 bestehende Befreiung vom Erfordernis eines Aufenthaltstitels entfällt.

(6) Sofern innerhalb von 30 Tagen nach Zugang der in Absatz 1 Satz 1 genannten Mitteilung keine Ablehnung der Einreise und des Aufenthalts des Ausländers nach § 20c Absatz 3 erfolgt, ist dem Ausländer durch das Bundesamt für Migration und Flüchtlinge eine Bescheinigung über die Berechtigung zur Einreise und zum Aufenthalt zum Zweck des Studiums im Rahmen der kurzfristigen Mobilität auszustellen.

§ 16b Teilnahme an Sprachkursen und Schulbesuch

(1) ¹Einem Ausländer kann eine Aufenthaltserlaubnis zur Teilnahme an Sprachkursen, die nicht der Studienvorbereitung dienen, zur Teilnahme

an einem Schüleraustausch und in Ausnahmefällen für den Schulbesuch erteilt werden. ²Eine Aufenthaltserlaubnis zur Teilnahme an einem Schüleraustausch kann auch erteilt werden, wenn kein unmittelbarer Austausch erfolgt. ³Sofern der Ausländer das 18. Lebensjahr noch nicht vollendet hat, müssen die zur Personensorge berechtigten Personen dem geplanten Aufenthalt zustimmen.

(2) Dient der Schulbesuch nach Absatz 1 Satz 1 einer qualifizierten Berufsausbildung, so berechtigt die Aufenthaltserlaubnis zur Ausübung einer von dieser Ausbildung unabhängigen Beschäftigung bis zu zehn Stunden je Woche.

(3) ¹Nach erfolgreichem Abschluss der qualifizierten Berufsausbildung kann die Aufenthaltserlaubnis bis zu zwölf Monate zur Suche eines diesem Abschluss angemessenen Arbeitsplatzes verlängert werden, sofern dieser Arbeitsplatz nach den Bestimmungen der §§ 18 und 21 von einem Ausländer besetzt werden darf. ²Die Aufenthaltserlaubnis berechtigt während dieses Zeitraums zur Ausübung einer Erwerbstätigkeit. ³§ 9 findet keine Anwendung.

(4) ¹In den Fällen, in denen die Aufenthaltserlaubnis zur Teilnahme an einem Sprachkurs, der nicht der Studienvorbereitung dient, oder für den Schulbesuch erteilt wurde, gilt § 16 Absatz 4 Satz 1 und 3 entsprechend. ²In den Fällen, in denen die Aufenthaltserlaubnis zur Teilnahme an einem Schüleraustausch erteilt wurde, gilt § 16 Absatz 4 Satz 3 entsprechend.

§ 17 Sonstige Ausbildungszwecke

(1) ¹Einem Ausländer kann eine Aufenthaltserlaubnis zum Zweck der betrieblichen Aus- und Weiterbildung erteilt werden, wenn die Bundesagentur für Arbeit nach § 39 zugestimmt hat oder durch Rechtsverordnung nach § 42 oder zwischenstaatliche Vereinbarung bestimmt ist, dass die Aus- und Weiterbildung ohne Zustimmung der Bundesagentur für Arbeit zulässig ist. ²Beschränkungen bei der Erteilung der Zustimmung durch die Bundesagentur für Arbeit sind in die Aufenthaltserlaubnis zu übernehmen. ³§ 16 Absatz 4 Satz 1 und 3 gilt entsprechend.

(2) Handelt es sich um eine qualifizierte Berufsausbildung, berechtigt die Aufenthaltserlaubnis zur Ausübung einer von der Berufsausbildung unabhängigen Beschäftigung bis zu zehn Stunden je Woche.

(3) ¹Nach erfolgreichem Abschluss der qualifizierten Berufsausbildung kann die Aufenthaltserlaubnis bis zu einem Jahr zur Suche eines diesem Abschluss angemessenen Arbeitsplatzes, sofern er nach den Bestimmungen der §§ 18 und 21 von Ausländern besetzt werden darf, verlängert werden. ²Die Aufenthaltserlaubnis berechtigt während dieses Zeitraums zur Ausübung einer Erwerbstätigkeit. ³§ 9 findet keine Anwendung.

§ 17a Anerkennung ausländischer Berufsqualifikationen

(1) ¹Einem Ausländer kann zum Zweck der Anerkennung seiner im Ausland erworbenen Berufsqualifikation eine Aufenthaltserlaubnis für die Durchführung einer Bildungsmaßnahme und einer sich daran anschließenden Prüfung für die Dauer von bis zu 18 Monaten erteilt werden, wenn von einer nach den Regelungen des Bundes oder der Länder für die berufliche Anerkennung zuständigen Stelle festgestellt wurde, dass Anpassungsmaßnahmen oder weitere Qualifikationen

1. für die Feststellung der Gleichwertigkeit der Berufsqualifikation mit einer inländischen Berufsqualifikation oder
2. in einem im Inland reglementierten Beruf für die Erteilung der Befugnis zur Berufsausübung oder für die Erteilung der Erlaubnis zum Führen der Berufsbezeichnung

erforderlich sind. ²Die Bildungsmaßnahme muss geeignet sein, dem Ausländer die Anerkennung der Berufsqualifikation oder den Berufszugang zu ermöglichen. ³Wird die Bildungsmaßnahme überwiegend betrieblich durchgeführt, setzt die Erteilung voraus, dass die Bundesagentur für Arbeit nach § 39 zugestimmt hat oder durch Rechtsverordnung nach § 42 oder zwischenstaatliche Vereinbarung bestimmt ist, dass die Teilnahme an der Bildungsmaßnahme ohne Zustimmung der Bundesagentur für Arbeit zulässig ist. ⁴Beschränkungen bei der Erteilung der Zustimmung durch die Bundesagentur für Arbeit sind in die Aufenthaltserlaubnis zu übernehmen.

(2) Die Aufenthaltserlaubnis berechtigt zur Ausübung einer von der Bildungsmaßnahme unabhängigen Beschäftigung bis zu zehn Stunden je Woche.

(3) ¹Die Aufenthaltserlaubnis berechtigt zur Ausübung einer zeitlich nicht eingeschränkten Beschäftigung, deren Anforderungen in einem engen Zusammenhang mit den in der späteren Beschäftigung verlangten berufs-

fachlichen Kenntnissen stehen, wenn ein konkretes Arbeitsplatzangebot für eine spätere Beschäftigung in dem anzuerkennenden oder von der beantragten Befugnis zur Berufsausübung oder von der beantragten Erlaubnis zum Führen der Berufsbezeichnung erfassten Beruf vorliegt, dieser Arbeitsplatz nach den Bestimmungen der §§ 18 bis 20 von Ausländern besetzt werden darf und die Bundesagentur für Arbeit nach § 39 zugestimmt hat oder durch Rechtsverordnung nach § 42 oder zwischenstaatliche Vereinbarung bestimmt ist, dass die Beschäftigung ohne Zustimmung der Bundesagentur für Arbeit zulässig ist. [2]Beschränkungen bei der Erteilung der Zustimmung durch die Bundesagentur für Arbeit sind in die Aufenthaltserlaubnis zu übernehmen.

(4)[1]Nach der Feststellung der Gleichwertigkeit der Berufsqualifikation, der Erteilung der Befugnis zur Berufsausübung oder der Erteilung der Erlaubnis zum Führen der Berufsbezeichnung kann die Aufenthaltserlaubnis bis zu einem Jahr zur Suche eines der anerkannten Berufsqualifikation entsprechenden Arbeitsplatzes, sofern er nach den Bestimmungen der §§ 18 bis 20 von Ausländern besetzt werden darf, verlängert werden. [2]Die Aufenthaltserlaubnis berechtigt während dieser Zeit zur Ausübung einer Erwerbstätigkeit. [3]§ 9 findet keine Anwendung.

(5)[1]Einem Ausländer kann zum Ablegen einer Prüfung zur Anerkennung seiner ausländischen Berufsqualifikation eine Aufenthaltserlaubnis erteilt werden, wenn ein konkretes Arbeitsplatzangebot für eine spätere Beschäftigung in dem anzuerkennenden oder von der beantragten Befugnis zur Berufsausübung oder zum Führen der Berufsbezeichnung erfassten Beruf vorliegt, dieser Arbeitsplatz nach den Bestimmungen der §§ 18 bis 20 von Ausländern besetzt werden darf und die Bundesagentur für Arbeit nach § 39 zugestimmt hat oder durch Rechtsverordnung nach § 42 oder zwischenstaatliche Vereinbarung bestimmt ist, dass die Beschäftigung ohne Zustimmung der Bundesagentur für Arbeit zulässig ist. [2]Beschränkungen bei der Erteilung der Zustimmung durch die Bundesagentur für Arbeit sind in die Aufenthaltserlaubnis zu übernehmen. [3]Die Absätze 2 bis 4 finden keine Anwendung.

§ 17b Studienbezogenes Praktikum EU

(1) Einem Ausländer wird eine Aufenthaltserlaubnis zum Zweck eines Praktikums nach der Richtlinie (EU) 2016/801 erteilt, wenn die Bundesagentur

für Arbeit nach § 39 zugestimmt hat oder durch Rechtsverordnung nach § 42 Absatz 1 Nummer 1 oder durch zwischenstaatliche Vereinbarung bestimmt ist, dass das Praktikum ohne Zustimmung der Bundesagentur für Arbeit zulässig ist, und

1. das Praktikum dazu dient, dass sich der Ausländer Wissen, praktische Kenntnisse und Erfahrungen in einem beruflichen Umfeld aneignet,
2. der Ausländer eine Vereinbarung mit einer aufnehmenden Einrichtung über die Teilnahme an einem Praktikum vorlegt, die theoretische und praktische Schulungsmaßnahmen vorsieht, und Folgendes enthält:
    a) eine Beschreibung des Programms für das Praktikum einschließlich des Bildungsziels oder der Lernkomponenten,
    b) die Angabe der Dauer des Praktikums,
    c) die Bedingungen der Tätigkeit und der Betreuung des Ausländers,
    d) die Arbeitszeiten des Ausländers und
    e) das Rechtsverhältnis zwischen dem Ausländer und der aufnehmenden Einrichtung,
3. der Ausländer nachweist, dass er in den letzten zwei Jahren vor der Antragstellung einen Hochschulabschluss erlangt hat, oder nachweist, dass er ein Studium absolviert, das zu einem Hochschulabschluss führt,
4. das Praktikum fachlich und im Niveau dem in Nummer 3 genannten Hochschulabschluss oder Studium entspricht und
5. die aufnehmende Einrichtung sich schriftlich zur Übernahme der Kosten verpflichtet hat, die öffentlichen Stellen bis zu sechs Monate nach der Beendigung der Praktikumsvereinbarung entstehen für
    a) den Lebensunterhalt des Ausländers während eines unerlaubten Aufenthalts im Bundesgebiet und
    b) eine Abschiebung des Ausländers.

(2) Die Aufenthaltserlaubnis wird für die vereinbarte Dauer des Praktikums, höchstens jedoch für sechs Monate erteilt.

(3) Sofern der Ausländer das 18. Lebensjahr noch nicht vollendet hat, müssen die zur Personensorge berechtigten Personen dem geplanten Aufenthalt zustimmen.

(4) Einem Ausländer wird eine Aufenthaltserlaubnis zum Zweck eines Praktikums nach der Richtlinie (EU) 2016/801 nicht erteilt, wenn eine der in

§ 20 Absatz 6 Nummer 1 bis 3 und 6 bis 8 genannten Voraussetzungen vorliegt.

Abschnitt 4. Aufenthalt zum Zweck der Erwerbstätigkeit

§ 18 Beschäftigung

(1) [1]Die Zulassung ausländischer Beschäftigter orientiert sich an den Erfordernissen des Wirtschaftsstandortes Deutschland unter Berücksichtigung der Verhältnisse auf dem Arbeitsmarkt und dem Erfordernis, die Arbeitslosigkeit wirksam zu bekämpfen. [2]Internationale Verträge bleiben unberührt.

(2) [1]Einem Ausländer kann ein Aufenthaltstitel zur Ausübung einer Beschäftigung erteilt werden, wenn die Bundesagentur für Arbeit nach § 39 zugestimmt hat oder durch Rechtsverordnung nach § 42 oder zwischenstaatliche Vereinbarung bestimmt ist, dass die Ausübung der Beschäftigung ohne Zustimmung der Bundesagentur für Arbeit zulässig ist. [2]Beschränkungen bei der Erteilung der Zustimmung durch die Bundesagentur für Arbeit sind in den Aufenthaltstitel zu übernehmen.

(3) Eine Aufenthaltserlaubnis zur Ausübung einer Beschäftigung nach Absatz 2, die keine qualifizierte Berufsausbildung voraussetzt, darf nur erteilt werden, wenn dies durch zwischenstaatliche Vereinbarung bestimmt ist oder wenn auf Grund einer Rechtsverordnung nach § 42 die Erteilung der Zustimmung zu einer Aufenthaltserlaubnis für diese Beschäftigung zulässig ist.

(4) [1]Ein Aufenthaltstitel zur Ausübung einer Beschäftigung nach Absatz 2, die eine qualifizierte Berufsausbildung voraussetzt, darf nur für eine Beschäftigung in einer Berufsgruppe erteilt werden, die durch Rechtsverordnung nach § 42 zugelassen worden ist. [2]Im begründeten Einzelfall kann eine Aufenthaltserlaubnis für eine Beschäftigung erteilt werden, wenn an der Beschäftigung ein öffentliches, insbesondere ein regionales, wirtschaftliches oder arbeitsmarktpolitisches Interesse besteht.

(4a) [1]Einem Ausländer, der in einem Beamtenverhältnis zu einem deutschen Dienstherrn steht, wird eine Aufenthaltserlaubnis zur Erfüllung seiner Dienstpflichten im Bundesgebiet erteilt. [2]Die Aufenthaltserlaubnis wird für die Dauer von drei Jahren erteilt, wenn das Dienstverhältnis nicht auf einen kürzeren Zeitraum befristet ist. ³Nach drei Jahren wird eine Niederlassungserlaubnis abweichend von § 9 Absatz 2 Satz 1 Nummer 1 und 3 erteilt.

(5) Ein Aufenthaltstitel nach Absatz 2, § 19, § 19a, § 19b oder § 19d darf nur erteilt werden, wenn ein konkretes Arbeitsplatzangebot vorliegt und eine Berufsausübungserlaubnis, soweit diese vorgeschrieben ist, erteilt wurde oder ihre Erteilung zugesagt ist.

(6) Die Erteilung oder Verlängerung eines Aufenthaltstitels nach Absatz 2, den §§ 17b, 18d, 19, 19a, 19b, 19d, 20 oder 20b, der auf Grund dieses Gesetzes, einer Rechtsverordnung oder einer zwischenstaatlichen Vereinbarung nicht der Zustimmung der Bundesagentur für Arbeit bedarf, kann versagt werden, wenn ein Sachverhalt vorliegt, der bei zustimmungspflichtigen Beschäftigungen zur Versagung der Zustimmung nach § 40 Absatz 2 Nummer 3 oder Absatz 3 berechtigen würde.

§ 18a Aufenthaltserlaubnis für qualifizierte Geduldete zum Zweck der Beschäftigung

(1) Einem geduldeten Ausländer kann eine Aufenthaltserlaubnis zur Ausübung einer der beruflichen Qualifikation entsprechenden Beschäftigung erteilt werden, wenn die Bundesagentur für Arbeit nach § 39 zugestimmt hat und der Ausländer

1. im Bundesgebiet
    a) eine qualifizierte Berufsausbildung in einem staatlich anerkannten oder vergleichbar geregelten Ausbildungsberuf oder ein Hochschulstudium abgeschlossen hat oder
    b) mit einem anerkannten oder einem deutschen Hochschulabschluss vergleichbaren ausländischen Hochschulabschluss seit zwei Jahren ununterbrochen eine dem Abschluss angemessene Beschäftigung ausgeübt hat, oder
    c) als Fachkraft seit drei Jahren ununterbrochen eine Beschäftigung ausgeübt hat, die eine qualifizierte Berufsausbildung voraussetzt, und innerhalb des letzten Jahres vor Beantragung der Aufenthaltserlaubnis für seinen Lebensunterhalt und den seiner Familienangehörigen oder anderen Haushaltsangehörigen nicht auf

öffentliche Mittel mit Ausnahme von Leistungen zur Deckung der notwendigen Kosten für Unterkunft und Heizung angewiesen war, und
2. über ausreichenden Wohnraum verfügt,
3. über ausreichende Kenntnisse der deutschen Sprache verfügt,
4. die Ausländerbehörde nicht vorsätzlich über aufenthaltsrechtlich relevante Umstände getäuscht hat,
5. behördliche Maßnahmen zur Aufenthaltsbeendigung nicht vorsätzlich hinausgezögert oder behindert hat,
6. keine Bezüge zu extremistischen oder terroristischen Organisationen hat und diese auch nicht unterstützt und
7. nicht wegen einer im Bundesgebiet begangenen vorsätzlichen Straftat verurteilt wurde, wobei Geldstrafen von insgesamt bis zu 50 Tagessätzen oder bis zu 90 Tagessätzen wegen Straftaten, die nach dem Aufenthaltsgesetz oder dem Asylgesetz nur von Ausländern begangen werden können, grundsätzlich außer Betracht bleiben.

(1a) Wurde die Duldung nach §60a Absatz 2 Satz 4 erteilt, ist nach erfolgreichem Abschluss dieser Berufsausbildung für eine der erworbenen beruflichen Qualifikation entsprechenden Beschäftigung eine Aufenthaltserlaubnis für die Dauer von zwei Jahren zu erteilen, wenn die Voraussetzungen des Absatzes 1 Nummer 2 bis 7 vorliegen und die Bundesagentur für Arbeit nach § 39 zugestimmt hat.

(1b) Eine Aufenthaltserlaubnis nach Absatz 1a wird widerrufen, wenn das der Erteilung dieser Aufenthaltserlaubnis zugrunde liegende Arbeitsverhältnis aus Gründen, die in der Person des Ausländers liegen, aufgelöst wird oder der Ausländer wegen einer im Bundesgebiet begangenen vorsätzlichen Straftat verurteilt wurde, wobei Geldstrafen von insgesamt bis zu 50 Tagessätzen oder bis zu 90 Tagessätzen wegen Straftaten, die nach dem Aufenthaltsgesetz oder dem Asylgesetz nur von Ausländern begangen werden können, grundsätzlich außer Betracht bleiben.

(2) [1]Über die Zustimmung der Bundesagentur für Arbeit nach den Absätzen 1 und 1a wird ohne Vorrangprüfung nach §39 Abs. 2 Satz 1 Nr. 1 entschieden. [2]§ 18 Abs. 2 Satz 2 und Abs. 5 gilt entsprechend. [3]Die Aufenthaltserlaubnis berechtigt nach Ausübung einer zweijährigen der beruflichen Qualifikation entsprechenden Beschäftigung zu jeder Beschäftigung.

(3) Die Aufenthaltserlaubnis kann abweichend von § 5 Abs. 2 und § 10 Abs. 3 Satz 1 erteilt werden.

§ 18b Niederlassungserlaubnis für Absolventen deutscher Hochschulen

Einem Ausländer, der sein Studium an einer staatlichen oder staatlich anerkannten Hochschule oder vergleichbaren Ausbildungseinrichtung im Bundesgebiet erfolgreich abgeschlossen hat, wird eine Niederlassungserlaubnis erteilt, wenn

1. er seit zwei Jahren einen Aufenthaltstitel nach den §§ 18, 18a, 19a oder § 21 besitzt,
2. er einen seinem Abschluss angemessenen Arbeitsplatz innehat,
3. er mindestens 24 Monate Pflichtbeiträge oder freiwillige Beiträge zur gesetzlichen Rentenversicherung geleistet hat oder Aufwendungen für einen Anspruch auf vergleichbare Leistungen einer Versicherungs- oder Versorgungseinrichtung oder eines Versicherungsunternehmens nachweist und
4. die Voraussetzungen des § 9 Absatz 2 Satz 1 Nummer 2 und 4 bis 9 vorliegen; § 9 Absatz 2 Satz 2 bis 6 gilt entsprechend.

§ 18c Aufenthaltserlaubnis zur Arbeitsplatzsuche für qualifizierte Fachkräfte

(1) ¹Einem Ausländer, der über einen deutschen oder anerkannten oder einem deutschen Hochschulabschluss vergleichbaren ausländischen Hochschulabschluss verfügt und dessen Lebensunterhalt gesichert ist, kann eine Aufenthaltserlaubnis zur Suche nach einem der Qualifikation angemessenen Arbeitsplatz für bis zu sechs Monate erteilt werden. ²Die Aufenthaltserlaubnis berechtigt nicht zur Erwerbstätigkeit.

(2) ¹Eine Verlängerung der Aufenthaltserlaubnis über den in Absatz 1 genannten Höchstzeitraum hinaus ist ausgeschlossen. ²Eine Aufenthaltserlaubnis nach Absatz 1 kann erneut nur erteilt werden, wenn sich der Ausländer nach seiner Ausreise mindestens so lange im Ausland aufgehalten hat, wie er sich zuvor auf der Grundlage einer Aufenthaltserlaubnis nach Absatz 1 im Bundesgebiet aufgehalten hat.

(3) Auf Ausländer, die sich bereits im Bundesgebiet aufhalten, findet Absatz 1 nur Anwendung, wenn diese unmittelbar vor der Erteilung der Aufenthaltserlaubnis nach Absatz 1 im Besitz eines Aufenthaltstitels zum Zweck der Erwerbstätigkeit waren.

§ 18d Teilnahme am europäischen Freiwilligendienst

(1) Einem Ausländer wird eine Aufenthaltserlaubnis zum Zweck der Teilnahme an einem europäischen Freiwilligendienst nach der Richtlinie (EU) 2016/801 erteilt, wenn die Bundesagentur für Arbeit nach § 39 zugestimmt hat oder durch Rechtsverordnung nach § 42 Absatz 1 Nummer 1 oder durch zwischenstaatliche Vereinbarung bestimmt ist, dass die Teilnahme an einem europäischen Freiwilligendienst ohne Zustimmung der Bundesagentur für Arbeit zulässig ist und der Ausländer eine Vereinbarung mit der aufnehmenden Einrichtung vorlegt, die Folgendes enthält:

1. eine Beschreibung des Freiwilligendienstes,
2. Angaben über die Dauer des Freiwilligendienstes und über die Dienstzeiten des Ausländers,
3. Angaben über die Bedingungen der Tätigkeit und der Betreuung des Ausländers,
4. Angaben über die dem Ausländer zur Verfügung stehenden Mittel für Lebensunterhalt und Unterkunft sowie Angaben über Taschengeld, das ihm für die Dauer des Aufenthalts mindestens zur Verfügung steht, und
5. Angaben über die Ausbildung, die der Ausländer gegebenenfalls erhält, damit er die Aufgaben des Freiwilligendienstes ordnungsgemäß durchführen kann.

(2) Der Aufenthaltstitel für den Ausländer wird für die vereinbarte Dauer der Teilnahme am europäischen Freiwilligendienst, höchstens jedoch für ein Jahr erteilt.

(3) Sofern der Ausländer das 18. Lebensjahr noch nicht vollendet hat, müssen die zur Personensorge berechtigten Personen dem geplanten Aufenthalt zustimmen.

(4) Einem Ausländer wird eine Aufenthaltserlaubnis zum Zweck der Teilnahme an einem europäischen Freiwilligendienst nach der Richtlinie (EU)

2016/801 nicht erteilt, wenn eine der in § 20 Absatz 6 Nummer 1 bis 3 und 6 bis 8 genannten Voraussetzungen vorliegt.

§ 19 Niederlassungserlaubnis für Hochqualifizierte

(1) ¹Einem hoch qualifizierten Ausländer kann in besonderen Fällen eine Niederlassungserlaubnis erteilt werden, wenn die Bundesagentur für Arbeit nach § 39 zugestimmt hat oder durch Rechtsverordnung nach § 42 oder zwischenstaatliche Vereinbarung bestimmt ist, dass die Niederlassungserlaubnis ohne Zustimmung der Bundesagentur für Arbeit nach § 39 erteilt werden kann und die Annahme gerechtfertigt ist, dass die Integration in die Lebensverhältnisse der Bundesrepublik Deutschland und die Sicherung des Lebensunterhalts ohne staatliche Hilfe gewährleistet sind. ²Die Landesregierung kann bestimmen, dass die Erteilung der Niederlassungserlaubnis nach Satz 1 der Zustimmung der obersten Landesbehörde oder einer von ihr bestimmten Stelle bedarf.

(2) Hoch qualifiziert nach Absatz 1 sind insbesondere

1. Wissenschaftler mit besonderen fachlichen Kenntnissen oder
2. Lehrpersonen in herausgehobener Funktion oder wissenschaftliche Mitarbeiter in herausgehobener Funktion.

§ 19a Blaue Karte EU

(1) Einem Ausländer wird eine Blaue Karte EU nach der Richtlinie 2009/50/EG des Rates vom 25. Mai 2009 über die Bedingungen für die Einreise und den Aufenthalt von Drittstaatsangehörigen zur Ausübung einer hochqualifizierten Beschäftigung (ABl. L 155 vom 18.6.2009, S. 17) zum Zweck einer seiner Qualifikation angemessenen Beschäftigung erteilt, wenn

1. er
    a) einen deutschen, einen anerkannten ausländischen oder einen einem deutschen Hochschulabschluss vergleichbaren ausländischen Hochschulabschluss besitzt oder
    b) soweit durch Rechtsverordnung nach Absatz 2 bestimmt, eine durch eine mindestens fünfjährige Berufserfahrung nachgewiesene vergleichbare Qualifikation besitzt,

2. die Bundesagentur für Arbeit nach § 39 zugestimmt hat oder durch Rechtsverordnung nach § 42 oder zwischenstaatliche Vereinbarung bestimmt ist, dass die Blaue Karte EU ohne Zustimmung der Bundesagentur für Arbeit nach § 39 erteilt werden kann, und
3. er ein Gehalt erhält, das mindestens dem Betrag entspricht, der durch Rechtsverordnung nach Absatz 2 bestimmt ist.

(2) ¹Das Bundesministerium für Arbeit und Soziales kann durch Rechtsverordnung Folgendes bestimmen:

1. die Höhe des Gehalts nach Absatz 1 Nummer 3,
2. Berufe, in denen die einem Hochschulabschluss vergleichbare Qualifikation durch mindestens fünfjährige Berufserfahrung nachgewiesen werden kann, und
3. Berufe, in denen für Angehörige bestimmter Staaten die Erteilung einer Blauen Karte EU zu versagen ist, weil im Herkunftsland ein Mangel an qualifizierten Arbeitnehmern in diesen Berufsgruppen besteht.

²Rechtsverordnungen nach den Nummern 1 und 2 bedürfen der Zustimmung des Bundesrates.

(3) ¹Die Blaue Karte EU wird bei erstmaliger Erteilung auf höchstens vier Jahre befristet. ²Beträgt die Dauer des Arbeitsvertrags weniger als vier Jahre, wird die Blaue Karte EU für die Dauer des Arbeitsvertrags zuzüglich dreier Monate ausgestellt oder verlängert.

(4) Für jeden Arbeitsplatzwechsel eines Inhabers einer Blauen Karte EU ist in den ersten zwei Jahren der Beschäftigung die Erlaubnis durch die Ausländerbehörde erforderlich; die Erlaubnis wird erteilt, wenn die Voraussetzungen nach Absatz 1 vorliegen.

(5) Eine Blaue Karte EU wird nicht erteilt an Ausländer,

1. die die Voraussetzungen nach § 9a Absatz 3 Nummer 1 oder 2 erfüllen,
2. die einen Antrag auf Feststellung der Voraussetzungen nach § 60 Absatz 5 oder 7 Satz 1 oder nach § 60a Absatz 2 Satz 1 gestellt haben,
3. deren Einreise in einen Mitgliedstaat der Europäischen Union Verpflichtungen unterliegt, die sich aus internationalen Abkommen zur Erleichterung der Einreise und des vorübergehenden Aufenthalts be-

stimmter Kategorien von natürlichen Personen, die handels- und investitionsbezogene Tätigkeiten ausüben, herleiten,
4. die in einem Mitgliedstaat der Europäischen Union als Saisonarbeitnehmer zugelassen wurden,
5. die im Besitz einer Duldung nach § 60a sind,
6. die unter die Richtlinie 96/71/EG des Europäischen Parlaments und des Rates vom 16. Dezember 1996 über die Entsendung von Arbeitnehmern im Rahmen der Erbringung von Dienstleistungen (ABl. L 18 vom 21.1.1997, S. 1) fallen, für die Dauer ihrer Entsendung nach Deutschland, oder
7. die auf Grund von Übereinkommen zwischen der Europäischen Union und ihren Mitgliedstaaten einerseits und Drittstaaten anderseits ein Recht auf freien Personenverkehr genießen, das dem der Unionsbürger gleichwertig ist.

(6) ¹Dem Inhaber einer Blauen Karte EU ist eine Niederlassungserlaubnis zu erteilen, wenn er mindestens 33 Monate eine Beschäftigung nach Absatz 1 ausgeübt hat und für diesen Zeitraum Pflichtbeiträge oder freiwillige Beiträge zur gesetzlichen Rentenversicherung geleistet hat oder Aufwendungen für einen Anspruch auf vergleichbare Leistungen einer Versicherungs- oder Versorgungseinrichtung oder eines Versicherungsunternehmens nachweist und die Voraussetzungen des § 9 Absatz 2 Satz 1 Nummer 2, 4 bis 6, 8 und 9 vorliegen und er über einfache Kenntnisse der deutschen Sprache verfügt vorliegen. ²§ 9 Absatz 2 Satz 2 bis 6 gilt entsprechend. ³Die Frist nach Satz 1 verkürzt sich auf 21 Monate, wenn der Ausländer über ausreichende Kenntnisse der deutschen Sprache verfügt.

§ 19b ICT-Karte für unternehmensintern transferierte Arbeitnehmer

(1) ¹Eine ICT-Karte ist ein Aufenthaltstitel nach der Richtlinie 2014/66/EU des Europäischen Parlaments und des Rates vom 15. Mai 2014 über die Bedingungen für die Einreise und den Aufenthalt von Drittstaatsangehörigen im Rahmen eines unternehmensinternen Transfers (ABl. L 157 vom 27.5.2014, S. 1) zum Zweck eines unternehmensinternen Transfers eines Ausländers. ²Ein unternehmensinterner Transfer ist die vorübergehende Abordnung eines Ausländers

1. in eine inländische Niederlassung des Unternehmens, dem der Ausländer angehört, wenn das Unternehmen seinen Sitz außerhalb der Europäischen Union hat, oder
2. in eine inländische Niederlassung eines anderen Unternehmens der Unternehmensgruppe, zu der auch dasjenige Unternehmen mit Sitz außerhalb der Europäischen Union gehört, dem der Ausländer angehört.

(2) ¹Einem Ausländer wird die ICT-Karte erteilt, wenn

1. er in der aufnehmenden Niederlassung als Führungskraft oder Spezialist tätig wird,
2. er dem Unternehmen oder der Unternehmensgruppe unmittelbar vor Beginn des unternehmensinternen Transfers seit mindestens sechs Monaten und für die Zeit des Transfers ununterbrochen angehört,
3. der unternehmensinterne Transfer mehr als 90 Tage dauert,
4. die Bundesagentur für Arbeit nach § 39 zugestimmt hat, oder durch Rechtsverordnung nach § 42 Absatz 1 Nummer 1 oder durch zwischenstaatliche Vereinbarung bestimmt ist, dass die ICT-Karte ohne Zustimmung der Bundesagentur für Arbeit erteilt werden kann,
5. der Ausländer einen für die Dauer des unternehmensinternen Transfers gültigen Arbeitsvertrag und erforderlichenfalls ein Abordnungsschreiben vorweist, worin enthalten sind:
   a) Einzelheiten zu Ort, Art, Entgelt und zu sonstigen Arbeitsbedingungen für die Dauer des unternehmensinternen Transfers sowie
   b) der Nachweis, dass der Ausländer nach Beendigung des unternehmensinternen Transfers in eine außerhalb der Europäischen Union ansässige Niederlassung des gleichen Unternehmens oder der gleichen Unternehmensgruppe zurückkehren kann und
6. er seine berufliche Qualifikation nachweist.

²Führungskraft im Sinne dieses Gesetzes ist eine in einer Schlüsselposition beschäftigte Person, die in erster Linie die aufnehmende Niederlassung leitet und die hauptsächlich unter der allgemeinen Aufsicht des Leitungsorgans oder der Anteilseigner oder gleichwertiger Personen steht oder von ihnen allgemeine Weisungen erhält. ³Diese Position schließt die Leitung der aufnehmenden Niederlassung oder einer Abteilung oder Unterabteilung der aufnehmenden Niederlassung, die Überwachung und Kontrolle der Arbeit des sonstigen Aufsicht führenden Personals und der Fach- und

VI. Aufenthaltsgesetz

Führungskräfte sowie die Befugnis zur Empfehlung einer Anstellung, Entlassung oder sonstigen personellen Maßnahme ein. ⁴Spezialist im Sinne dieses Gesetzes ist, wer über unerlässliche Spezialkenntnisse über die Tätigkeitsbereiche, die Verfahren oder die Verwaltung der aufnehmenden Niederlassung, ein hohes Qualifikationsniveau sowie angemessene Berufserfahrung verfügt.

(3) ¹Die ICT-Karte wird einem Ausländer auch erteilt, wenn

1. er als Trainee im Rahmen eines unternehmensinternen Transfers tätig wird und
2. die in Absatz 2 Satz 1 Nummer 2 bis 5 genannten Voraussetzungen vorliegen.

²Trainee im Sinne dieses Gesetzes ist, wer über einen Hochschulabschluss verfügt, ein Traineeprogramm absolviert, das der beruflichen Entwicklung oder der Fortbildung in Bezug auf Geschäftstechniken und -methoden dient, und entlohnt wird.

(4) ¹Die ICT-Karte wird erteilt

1. bei Führungskräften und bei Spezialisten für die Dauer des Transfers, höchstens jedoch für drei Jahre und
2. bei Trainees für die Dauer des Transfers, höchstens jedoch für ein Jahr.

²Durch eine Verlängerung der ICT-Karte dürfen die in Satz 1 genannten Höchstfristen nicht überschritten werden.

(5) Die ICT-Karte wird nicht erteilt, wenn der Ausländer

1. auf Grund von Übereinkommen zwischen der Europäischen Union und ihren Mitgliedstaaten einerseits und Drittstaaten andererseits ein Recht auf freien Personenverkehr genießt, das dem der Unionsbürger gleichwertig ist,
2. in einem Unternehmen mit Sitz in einem dieser Drittstaaten beschäftigt ist oder
3. im Rahmen seines Studiums ein Praktikum absolviert.

(6) Die ICT-Karte wird darüber hinaus nicht erteilt, wenn

1. die aufnehmende Niederlassung hauptsächlich zu dem Zweck gegründet wurde, die Einreise von unternehmensintern transferierten Arbeitnehmern zu erleichtern,

2. sich der Ausländer im Rahmen der in der Richtlinie 2014/66/EU vorgesehenen Möglichkeiten der Einreise und des Aufenthalts in mehreren Mitgliedstaaten der Europäischen Union im Rahmen des Transfers länger in einem anderen Mitgliedstaat aufhalten wird als im Bundesgebiet oder
3. der Antrag vor Ablauf von sechs Monaten seit dem Ende des letzten Aufenthalts des Ausländers zum Zweck des unternehmensinternen Transfers im Bundesgebiet gestellt wird.

§ 19c Kurzfristige Mobilität für unternehmensintern transferierte Arbeitnehmer

(1) ¹Für einen Aufenthalt zum Zweck eines unternehmensinternen Transfers, der eine Dauer von bis zu 90 Tagen innerhalb eines Zeitraums von 180 Tagen nicht überschreitet, bedarf ein Ausländer abweichend von § 4 Absatz 1 keines Aufenthaltstitels, wenn die ihn aufnehmende Niederlassung in dem anderen Mitgliedstaat dem Bundesamt für Migration und Flüchtlinge mitgeteilt hat, dass der Ausländer die Ausübung einer Beschäftigung im Bundesgebiet beabsichtigt, und mit der Mitteilung vorlegt

1. den Nachweis, dass der Ausländer einen gültigen nach der Richtlinie 2014/66/EU erteilten Aufenthaltstitel eines anderen Mitgliedstaates der Europäischen Union besitzt,
2. den Nachweis, dass die inländische aufnehmende Niederlassung demselben Unternehmen oder derselben Unternehmensgruppe angehört wie dasjenige Unternehmen mit Sitz außerhalb der Europäischen Union, dem der Ausländer angehört,
3. einen Arbeitsvertrag und erforderlichenfalls ein Abordnungsschreiben gemäß den Vorgaben in § 19b Absatz 2 Satz 1 Nummer 5, der oder das bereits den zuständigen Behörden des anderen Mitgliedstaates vorgelegt wurde, und
4. die Kopie eines anerkannten und gültigen Passes oder Passersatzes des Ausländers.

²Die aufnehmende Niederlassung in dem anderen Mitgliedstaat hat die Mitteilung zu dem Zeitpunkt zu machen, zu dem der Ausländer in dem anderen Mitgliedstaat der Europäischen Union den Antrag auf Erteilung eines Aufenthaltstitels im Anwendungsbereich der Richtlinie 2014/66/EU stellt. ³Ist der aufnehmenden Niederlassung in dem anderen Mitgliedstaat

zu diesem Zeitpunkt die Absicht des Transfers in eine Niederlassung im Bundesgebiet noch nicht bekannt, so hat sie die Mitteilung zu dem Zeitpunkt zu machen, zu dem ihr die Absicht bekannt wird. ⁴Bei der Erteilung des Aufenthaltstitels nach Satz 1 Nummer 1 durch einen Staat, der nicht Schengen-Staat ist, und bei der Einreise über einen Staat, der nicht Schengen-Staat ist, hat der Ausländer eine Kopie der Mitteilung mitzuführen und den zuständigen Behörden auf deren Verlangen vorzulegen.

(2) ¹Erfolgt die Mitteilung zu dem in Absatz 1 Satz 2 genannten Zeitpunkt und wurden die Einreise und der Aufenthalt nicht nach Absatz 4 abgelehnt, so darf der Ausländer jederzeit innerhalb der Gültigkeitsdauer des in Absatz 1 Satz 1 Nummer 1 genannten Aufenthaltstitels des anderen Mitgliedstaates in das Bundesgebiet einreisen und sich dort zum Zweck des unternehmensinternen Transfers aufhalten. ²Erfolgt die Mitteilung zu dem in Absatz 1 Satz 3 genannten Zeitpunkt, so darf der Ausländer nach Zugang der Mitteilung innerhalb der Gültigkeitsdauer des in Absatz 1 Satz 1 Nummer 1 genannten Aufenthaltstitels des anderen Mitgliedstaates in das Bundesgebiet einreisen und sich dort zum Zweck des unternehmensinternen Transfers aufhalten.

(3) Der Ausländer hat der Ausländerbehörde unverzüglich mitzuteilen, wenn der Aufenthaltstitel nach Absatz 1 Satz 1 Nummer 1 durch den anderen Mitgliedstaat verlängert wurde.

(4) ¹Die Einreise und der Aufenthalt werden durch die Ausländerbehörde abgelehnt, wenn

1. das Arbeitsentgelt, das dem Ausländer während des unternehmensinternen Transfers im Bundesgebiet gewährt wird, ungünstiger ist als das Arbeitsentgelt vergleichbarer deutscher Arbeitnehmer,
2. die Voraussetzungen des Absatzes 1 Satz 1 Nummer 1, 2 und 4 nicht vorliegen,
3. die nach Absatz 1 vorgelegten Unterlagen in betrügerischer Weise erworben oder gefälscht oder manipuliert wurden,
4. der Ausländer sich schon länger als drei Jahre in der Europäischen Union aufhält oder, falls es sich um einen Trainee handelt, länger als ein Jahr in der Europäischen Union aufhält oder
5. ein Ausweisungsinteresse besteht; §73 Absatz 2 und 3 ist entsprechend anzuwenden.

²Eine Ablehnung hat in den Fällen des Satzes 1 Nummer 1 bis 4 spätestens 20 Tage nach Zugang der vollständigen Mitteilung nach Absatz 1 Satz 1 beim Bundesamt für Migration und Flüchtlinge zu erfolgen. ³Im Fall der Nummer 5 ist eine Ablehnung jederzeit während des Aufenthalts des Ausländers möglich. ⁴Die Ablehnung ist neben dem Ausländer auch der zuständigen Behörde des anderen Mitgliedstaates sowie der aufnehmenden Niederlassung in dem anderen Mitgliedstaat bekannt zu geben. ⁵Bei fristgerechter Ablehnung hat der Ausländer die Erwerbstätigkeit unverzüglich einzustellen; die bis dahin nach Absatz 1 Satz 1 bestehende Befreiung vom Erfordernis eines Aufenthaltstitels entfällt.

(5) Sofern innerhalb von 20 Tagen nach Zugang der in Absatz 1 Satz 1 genannten Mitteilung keine Ablehnung der Einreise und des Aufenthalts des Ausländers nach Absatz 4 erfolgt, ist dem Ausländer durch das Bundesamt für Migration und Flüchtlinge eine Bescheinigung über die Berechtigung zur Einreise und zum Aufenthalt zum Zweck des unternehmensinternen Transfers im Rahmen der kurzfristigen Mobilität auszustellen.

§ 19d Mobiler-ICT-Karte

(1) Eine Mobiler-ICT-Karte ist ein Aufenthaltstitel nach der Richtlinie 2014/66/EU zum Zweck eines unternehmensinternen Transfers im Sinne des § 19b Absatz 1 Satz 2, wenn der Ausländer einen für die Dauer des Antragsverfahrens gültigen nach der Richtlinie 2014/66/EU erteilten Aufenthaltstitel eines anderen Mitgliedstaates besitzt.

(2) Einem Ausländer wird die Mobiler-ICT-Karte erteilt, wenn

1. er als Führungskraft, Spezialist oder Trainee tätig wird,
2. der unternehmensinterne Transfer mehr als 90 Tage dauert,
3. er einen für die Dauer des Transfers gültigen Arbeitsvertrag und erforderlichenfalls ein Abordnungsschreiben vorweist, worin enthalten sind:
   a) Einzelheiten zu Ort, Art, Entgelt und zu sonstigen Arbeitsbedingungen für die Dauer des Transfers sowie
   b) der Nachweis, dass der Ausländer nach Beendigung des Transfers in eine außerhalb der Europäischen Union ansässige Niederlassung des gleichen Unternehmens oder der gleichen Unternehmensgruppe zurückkehren kann, und

4. die Bundesagentur für Arbeit nach § 39 zugestimmt hat oder durch Rechtsverordnung nach § 42 Absatz 1 Nummer 1 oder zwischenstaatliche Vereinbarung bestimmt ist, dass die Mobiler-ICT-Karte ohne Zustimmung der Bundesagentur für Arbeit erteilt werden kann.

(3) Wird der Antrag auf Erteilung der Mobiler-ICT-Karte mindestens 20 Tage vor Beginn des Aufenthalts im Bundesgebiet gestellt und ist der Aufenthaltstitel des anderen Mitgliedstaates weiterhin gültig, so gelten bis zur Entscheidung der Ausländerbehörde der Aufenthalt und die Beschäftigung des Ausländers für bis zu 90 Tage innerhalb eines Zeitraums von 180 Tagen als erlaubt.

(4) [1]Der Antrag wird abgelehnt, wenn er parallel zu einer Mitteilung nach § 19c Absatz 1 Satz 1 gestellt wurde. [2]Abgelehnt wird ein Antrag auch, wenn er zwar während des Aufenthalts nach § 19c, aber nicht mindestens 20 Tage vor Ablauf dieses Aufenthalts vollständig gestellt wurde.

(5) Die Mobiler-ICT-Karte wird nicht erteilt, wenn sich der Ausländer im Rahmen des unternehmensinternen Transfers im Bundesgebiet länger aufhalten wird als in anderen Mitgliedstaaten.

(6) Der Antrag kann abgelehnt werden, wenn

1. die Höchstdauer des unternehmensinternen Transfers nach § 19b Absatz 4 erreicht wurde oder
2. der in § 19b Absatz 6 Nummer 3 genannte Ablehnungsgrund vorliegt.

(7) Die inländische aufnehmende Niederlassung ist verpflichtet, der zuständigen Ausländerbehörde Änderungen in Bezug auf die in Absatz 2 genannten Voraussetzungen unverzüglich, in der Regel innerhalb einer Woche, anzuzeigen.

§ 20 Forschung

(1) [1]Einem Ausländer wird eine Aufenthaltserlaubnis nach der Richtlinie (EU) 2016/801 zum Zweck der Forschung erteilt, wenn

1. er
    a) eine wirksame Aufnahmevereinbarung oder einen entsprechenden Vertrag zur Durchführung eines Forschungsvorhabens mit einer Forschungseinrichtung abgeschlossen hat, die für die Durch-

führung des besonderen Zulassungsverfahrens für Forscher im Bundesgebiet anerkannt ist, oder
b) eine wirksame Aufnahmevereinbarung oder einen entsprechenden Vertrag mit einer Forschungseinrichtung abgeschlossen hat, die Forschung betreibt, und
2. die Forschungseinrichtung sich schriftlich zur Übernahme der Kosten verpflichtet hat, die öffentlichen Stellen bis zu sechs Monate nach der Beendigung der Aufnahmevereinbarung entstehen für
a) den Lebensunterhalt des Ausländers während eines unerlaubten Aufenthalts in einem Mitgliedstaat der Europäischen Union und
b) eine Abschiebung des Ausländers.

²In den Fällen des Satzes 1 Nummer 1 Buchstabe a ist die Aufenthaltserlaubnis innerhalb von 60 Tagen nach Antragstellung zu erteilen.

(2) ¹Von dem Erfordernis des Absatzes 1 Nr. 2 soll abgesehen werden, wenn die Tätigkeit der Forschungseinrichtung überwiegend aus öffentlichen Mitteln finanziert wird. ²Es kann davon abgesehen werden, wenn an dem Forschungsvorhaben ein besonderes öffentliches Interesse besteht. ³Auf die nach Absatz 1 Nr. 2 abgegebenen Erklärungen sind § 66 Abs. 5, § 67 Abs. 3 sowie § 68 Abs. 2 Satz 2 und 3 und Abs. 4 entsprechend anzuwenden.

(3) Die Forschungseinrichtung kann die Erklärung nach Absatz 1 Nr. 2 auch gegenüber der für ihre Anerkennung zuständigen Stelle allgemein für sämtliche Ausländer abgeben, denen auf Grund einer mit ihr geschlossenen Aufnahmevereinbarung eine Aufenthaltserlaubnis erteilt wird.

(4) ¹Die Aufenthaltserlaubnis wird für mindestens ein Jahr erteilt. ²Nimmt der Ausländer an einem Unions- oder multilateralen Programm mit Mobilitätsmaßnahmen teil, so wird die Aufenthaltserlaubnis für mindestens zwei Jahre erteilt. ³Wenn das Forschungsvorhaben in einem kürzeren Zeitraum durchgeführt wird, wird die Aufenthaltserlaubnis abweichend von den Sätzen 1 und 2 auf die Dauer des Forschungsvorhabens befristet; die Frist beträgt in den Fällen des Satzes 2 mindestens ein Jahr.

(5) ¹Eine Aufenthaltserlaubnis nach Absatz 1 berechtigt zur Aufnahme der Forschungstätigkeit bei der in der Aufnahmevereinbarung bezeichneten Forschungseinrichtung und zur Aufnahme von Tätigkeiten in der Lehre. ²Änderungen des Forschungsvorhabens während des Aufenthalts führen nicht zum Wegfall dieser Berechtigung.

VI. Aufenthaltsgesetz

(6) Absatz 1 gilt nicht für Ausländer,

1. die sich in einem Mitgliedstaat der Europäischen Union aufhalten, weil sie einen Antrag auf Zuerkennung der Flüchtlingseigenschaft oder auf Gewährung subsidiären Schutzes im Sinne der Richtlinie 2004/83/EG oder auf Zuerkennung internationalen Schutzes im Sinne der Richtlinie 2011/95/EU gestellt haben, oder die in einem Mitgliedstaat internationalen Schutz im Sinne der Richtlinie 2011/95/EU genießen,
2. die sich im Rahmen einer Regelung zum vorübergehenden Schutz in einem Mitgliedstaat der Europäischen Union aufhalten,
3. deren Abschiebung in einem Mitgliedstaat der Europäischen Union aus tatsächlichen oder rechtlichen Gründen ausgesetzt wurde,
4. deren Forschungstätigkeit Bestandteil eines Promotionsstudiums ist,
5. die von einer Forschungseinrichtung in einem anderen Mitgliedstaat der Europäischen Union an eine deutsche Forschungseinrichtung als Arbeitnehmer entsandt werden,
6. die eine Erlaubnis zum Daueraufenthalt–EU oder einen Aufenthaltstitel, der durch einen anderen Mitgliedstaat der Europäischen Union auf der Grundlage der Richtlinie 2003/109/EG erteilt wurde, besitzen,
7. die auf Grund von Übereinkommen zwischen der Europäischen Union und ihren Mitgliedstaaten einerseits und Drittstaaten andererseits ein Recht auf freien Personenverkehr genießen, das dem der Unionsbürger gleichwertig ist, oder
8. die eine Blaue Karte EU nach § 19a oder einen Aufenthaltstitel, der durch einen anderen Mitgliedstaat der Europäischen Union auf Grundlage der Richtlinie 2009/50/EG erteilt wurde, besitzen.

(7) ¹Nach Abschluss der Forschungstätigkeit wird die Aufenthaltserlaubnis um bis zu neun Monate zur Suche einer der Qualifikation des Forschers entsprechenden Erwerbstätigkeit verlängert, sofern der Abschluss von der aufnehmenden Einrichtung bestätigt wurde und diese Erwerbstätigkeit nach den Bestimmungen der §§ 18, 19, 19a, 20 und 21 von einem Ausländer aufgenommen werden darf. ²Die Aufenthaltserlaubnis berechtigt während dieses Zeitraums zur Ausübung einer Erwerbstätigkeit.

(8) ¹Einem Ausländer, der in einem Mitgliedstaat der Europäischen Union internationalen Schutz im Sinne der Richtlinie 2011/95/EU genießt, kann eine Aufenthaltserlaubnis zum Zweck der Forschung erteilt werden, wenn

die Voraussetzungen des Absatzes 1 erfüllt sind und er sich mindestens zwei Jahre nach Erteilung der Schutzberechtigung in diesem Mitgliedstaat aufgehalten hat. ²Absatz 5 gilt entsprechend.

§ 20a Kurzfristige Mobilität für Forscher

(1) ¹Für einen Aufenthalt zum Zweck der Forschung, der eine Dauer von 180 Tagen innerhalb eines Zeitraums von 360 Tagen nicht überschreitet, bedarf ein Ausländer abweichend von § 4 Absatz 1 keines Aufenthaltstitels, wenn die aufnehmende Forschungseinrichtung im Bundesgebiet dem Bundesamt für Migration und Flüchtlinge mitgeteilt hat, dass der Ausländer beabsichtigt, einen Teil seiner Forschungstätigkeit im Bundesgebiet durchzuführen, und mit der Mitteilung vorlegt

1. den Nachweis, dass der Ausländer einen gültigen nach der Richtlinie (EU) 2016/801 erteilten Aufenthaltstitel eines anderen Mitgliedstaates zum Zweck der Forschung besitzt,
2. die Aufnahmevereinbarung oder den entsprechenden Vertrag, die oder der mit der aufnehmenden Forschungseinrichtung im Bundesgebiet geschlossen wurde,
3. die Kopie eines anerkannten und gültigen Passes oder Passersatzes des Ausländers und
4. den Nachweis, dass der Lebensunterhalt des Ausländers gesichert ist.

²Die aufnehmende Forschungseinrichtung hat die Mitteilung zu dem Zeitpunkt zu machen, zu dem der Ausländer in einem anderen Mitgliedstaat der Europäischen Union den Antrag auf Erteilung eines Aufenthaltstitels im Anwendungsbereich der Richtlinie (EU) 2016/801 stellt. ³Ist der aufnehmenden Forschungseinrichtung zu diesem Zeitpunkt die Absicht des Ausländers, einen Teil der Forschungstätigkeit im Bundesgebiet durchzuführen, noch nicht bekannt, so hat sie die Mitteilung zu dem Zeitpunkt zu machen, zu dem ihr die Absicht bekannt wird. ⁴Bei der Erteilung des Aufenthaltstitels nach Satz 1 Nummer 1 durch einen Staat, der nicht Schengen-Staat ist, und bei der Einreise über einen Staat, der nicht Schengen-Staat ist, hat der Ausländer eine Kopie der Mitteilung mitzuführen und den zuständigen Behörden auf deren Verlangen vorzulegen.

(2) ¹Erfolgt die Mitteilung zu dem in Absatz 1 Satz 2 genannten Zeitpunkt und wurden die Einreise und der Aufenthalt nicht nach § 20c Absatz 3 ab-

gelehnt, so darf der Ausländer jederzeit innerhalb der Gültigkeitsdauer des Aufenthaltstitels in das Bundesgebiet einreisen und sich dort zum Zweck der Forschung aufhalten. ²Erfolgt die Mitteilung zu dem in Absatz 1 Satz 3 genannten Zeitpunkt, so darf der Ausländer nach Zugang der Mitteilung innerhalb der Gültigkeitsdauer des in Absatz 1 Satz 1 Nummer 1 genannten Aufenthaltstitels des anderen Mitgliedstaates in das Bundesgebiet einreisen und sich dort zum Zweck der Forschung aufhalten.

(3) Ein Ausländer, der die Voraussetzungen nach Absatz 1 erfüllt, ist berechtigt, in der aufnehmenden Forschungseinrichtung die Forschungstätigkeit aufzunehmen und Tätigkeiten in der Lehre aufzunehmen.

(4) Der Ausländer und die aufnehmende Forschungseinrichtung sind verpflichtet, der zuständigen Ausländerbehörde Änderungen in Bezug auf die in Absatz 1 genannten Voraussetzungen anzuzeigen.

(5) ¹Werden die Einreise und der Aufenthalt nach § 20c Absatz 3 abgelehnt, so hat der Ausländer die Forschungstätigkeit unverzüglich einzustellen. ²Die bis dahin nach Absatz 1 Satz 1 bestehende Befreiung vom Erfordernis eines Aufenthaltstitels entfällt.

(6) Sofern keine Ablehnung der Einreise und des Aufenthalts nach § 20c Absatz 3 erfolgt, wird dem Ausländer durch das Bundesamt für Migration und Flüchtlinge eine Bescheinigung über die Berechtigung zur Einreise und zum Aufenthalt zum Zweck der Forschung im Rahmen der kurzfristigen Mobilität ausgestellt.

§ 20b Aufenthaltserlaubnis für mobile Forscher

(1) Für einen Aufenthalt zum Zweck der Forschung, der mehr als 180 Tage und höchstens ein Jahr dauert, wird einem Ausländer eine Aufenthaltserlaubnis erteilt, wenn

1. er einen für die Dauer des Verfahrens gültigen nach der Richtlinie (EU) 2016/801 erteilten Aufenthaltstitel eines anderen Mitgliedstaates besitzt,
2. die Kopie eines anerkannten und gültigen Passes oder Passersatzes vorgelegt wird und

3. die Aufnahmevereinbarung oder der entsprechende Vertrag, die oder der mit der aufnehmenden Forschungseinrichtung im Bundesgebiet geschlossen wurde, vorgelegt wird.

(2) Wird der Antrag auf Erteilung der Aufenthaltserlaubnis mindestens 30 Tage vor Beginn des Aufenthalts im Bundesgebiet gestellt und ist der Aufenthaltstitel des anderen Mitgliedstaates weiterhin gültig, so gelten, bevor über den Antrag entschieden wird, der Aufenthalt und die Erwerbstätigkeit des Ausländers für bis zu 180 Tage innerhalb eines Zeitraums von 360 Tagen als erlaubt.

(3) Für die Berechtigung zur Ausübung der Forschungstätigkeit und einer Tätigkeit in der Lehre gilt § 20 Absatz 5 entsprechend.

(4) Der Ausländer und die aufnehmende Forschungseinrichtung sind verpflichtet, der Ausländerbehörde Änderungen in Bezug auf die in Absatz 1 genannten Voraussetzungen anzuzeigen.

(5) Für die Verlängerung der Aufenthaltserlaubnis nach Abschluss der Forschungstätigkeit gilt § 20 Absatz 7.

(6) [1]Der Antrag wird abgelehnt, wenn er parallel zu einer Mitteilung nach § 20a Absatz 1 Satz 1 gestellt wurde. [2]Abgelehnt wird ein Antrag auch, wenn er zwar während eines Aufenthalts nach § 20a Absatz 1, aber nicht mindestens 30 Tage vor Ablauf dieses Aufenthalts vollständig gestellt wurde.

§ 20c Ablehnungsgründe bei Forschern, Studenten, Schülern, Praktikanten, Teilnehmern an Sprachkursen und Teilnehmern am europäischen Freiwilligendienst

(1) Eine Aufenthaltserlaubnis nach den §§ 16, 16b, 17b, 18d, 20 oder 20b wird nicht erteilt, wenn die aufnehmende Einrichtung hauptsächlich zu dem Zweck gegründet wurde, die Einreise und den Aufenthalt von Ausländern zu dem in der jeweiligen Vorschrift genannten Zweck zu erleichtern.

(2) Der Antrag auf Erteilung einer Aufenthaltserlaubnis nach den §§ 16, 16b, 17b, 18d, 20 oder 20b kann abgelehnt werden, wenn

1. über das Vermögen der aufnehmenden Einrichtung ein Insolvenzverfahren eröffnet wurde, das auf Auflösung der Einrichtung und Abwicklung des Geschäftsbetriebs gerichtet ist,
2. die aufnehmende Einrichtung im Rahmen der Durchführung eines Insolvenzverfahrens aufgelöst wurde und der Geschäftsbetrieb abgewickelt wurde,
3. die Eröffnung eines Insolvenzverfahrens über das Vermögen der aufnehmenden Einrichtung mangels Masse abgelehnt wurde und der Geschäftsbetrieb eingestellt wurde,
4. die aufnehmende Einrichtung keine Geschäftstätigkeit ausübt oder
5. Beweise oder konkrete Anhaltspunkte dafür bestehen, dass der Ausländer den Aufenthalt zu anderen Zwecken nutzen wird als zu jenen, für die er die Erteilung der Aufenthaltserlaubnis beantragt.

(3) ¹Die Einreise und der Aufenthalt nach § 16a oder § 20a werden durch die Ausländerbehörde abgelehnt, wenn

1. die jeweiligen Voraussetzungen von § 16a Absatz 1 oder § 20a Absatz 1 nicht vorliegen,
2. über das Vermögen der aufnehmenden Einrichtung ein Insolvenzverfahren eröffnet wurde, das auf Auflösung der Einrichtung und Abwicklung des Geschäftsbetriebs gerichtet ist,
3. die aufnehmende Einrichtung im Rahmen der Durchführung eines Insolvenzverfahrens aufgelöst wurde und der Geschäftsbetrieb abgewickelt wurde,
4. die Eröffnung eines Insolvenzverfahrens über das Vermögen der aufnehmenden Einrichtung mangels Masse abgelehnt wurde und der Geschäftsbetrieb eingestellt wurde,
5. die aufnehmende Einrichtung keine Geschäftstätigkeit ausübt,
6. die nach § 16a Absatz 1 oder § 20a Absatz 1 vorgelegten Unterlagen in betrügerischer Weise erworben, gefälscht oder manipuliert wurden,
7. die aufnehmende Einrichtung hauptsächlich zu dem Zweck gegründet wurde oder betrieben wird, die Einreise und den Aufenthalt von Ausländern zu dem in § 16a oder § 20a genannten Zweck zu erleichtern,
8. Beweise oder konkrete Anhaltspunkte dafür bestehen, dass der Ausländer seinen Aufenthalt zu anderen Zwecken nutzt oder nutzen wird als zu jenen, die in der Mitteilung nach § 16a Absatz 1 oder § 20a Absatz 1 angegeben wurden, oder

9. ein Ausweisungsinteresse besteht; § 73 Absatz 2 und 3 ist entsprechend anzuwenden.

²Eine Ablehnung nach Satz 1 Nummer 1 bis 8 hat innerhalb von 30 Tagen nach Zugang der vollständigen Mitteilung nach § 16a Absatz 1 Satz 1 oder § 20a Absatz 1 Satz 1 beim Bundesamt für Migration und Flüchtlinge zu erfolgen. ³Im Fall des Satzes 1 Nummer 9 ist eine Ablehnung jederzeit während des Aufenthalts des Ausländers möglich. ⁴Die Ablehnung ist neben dem Ausländer auch der zuständigen Behörde des anderen Mitgliedstaates und der mitteilenden Einrichtung schriftlich bekannt zu geben.

§ 21 Selbständige Tätigkeit

(1) ¹Einem Ausländer kann eine Aufenthaltserlaubnis zur Ausübung einer selbständigen Tätigkeit erteilt werden, wenn

1. ein wirtschaftliches Interesse oder ein regionales Bedürfnis besteht,
2. die Tätigkeit positive Auswirkungen auf die Wirtschaft erwarten lässt und
3. die Finanzierung der Umsetzung durch Eigenkapital oder durch eine Kreditzusage gesichert ist.

²Die Beurteilung der Voraussetzungen nach Satz 1 richtet sich insbesondere nach der Tragfähigkeit der zu Grunde liegenden Geschäftsidee, den unternehmerischen Erfahrungen des Ausländers, der Höhe des Kapitaleinsatzes, den Auswirkungen auf die Beschäftigungs- und Ausbildungssituation und dem Beitrag für Innovation und Forschung. ³Bei der Prüfung sind die für den Ort der geplanten Tätigkeit fachkundigen Körperschaften, die zuständigen Gewerbebehörden, die öffentlich-rechtlichen Berufsvertretungen und die für die Berufszulassung zuständigen Behörden zu beteiligen.

(2) Eine Aufenthaltserlaubnis zur Ausübung einer selbständigen Tätigkeit kann auch erteilt werden, wenn völkerrechtliche Vergünstigungen auf der Grundlage der Gegenseitigkeit bestehen.

(2a) ¹Einem Ausländer, der sein Studium an einer staatlichen oder staatlich anerkannten Hochschule oder vergleichbaren Ausbildungseinrichtung im Bundesgebiet erfolgreich abgeschlossen hat oder der als Forscher oder Wissenschaftler eine Aufenthaltserlaubnis nach § 18 oder § 20 besitzt, kann eine Aufenthaltserlaubnis zur Ausübung einer selbständigen Tätigkeit abweichend von Absatz 1 erteilt werden. ²Die beabsichtigte selbständige Tätigkeit muss einen Zusammenhang mit den in der Hochschulausbildung erworbenen Kenntnissen oder der Tätigkeit als Forscher oder Wissenschaftler erkennen lassen.

(3) Ausländern, die älter sind als 45 Jahre, soll die Aufenthaltserlaubnis nur erteilt werden, wenn sie über eine angemessene Altersversorgung verfügen.

(4) ¹Die Aufenthaltserlaubnis wird auf längstens drei Jahre befristet. ²Nach drei Jahren kann abweichend von § 9 Abs. 2 eine Niederlassungserlaubnis erteilt werden, wenn der Ausländer die geplante Tätigkeit erfolgreich verwirklicht hat und der Lebensunterhalt des Ausländers und seiner mit ihm in familiärer Gemeinschaft lebenden Angehörigen, denen er Unterhalt zu leisten hat, durch ausreichende Einkünfte gesichert ist.

(5) ¹Einem Ausländer kann eine Aufenthaltserlaubnis zur Ausübung einer freiberuflichen Tätigkeit abweichend von Absatz 1 erteilt werden. ²Eine erforderliche Erlaubnis zur Ausübung des freien Berufes muss erteilt worden oder ihre Erteilung zugesagt sein. ³Absatz 1 Satz 3 ist entsprechend anzuwenden. ⁴Absatz 4 ist nicht anzuwenden.

(6) Einem Ausländer, dem eine Aufenthaltserlaubnis zu einem anderen Zweck erteilt wird oder erteilt worden ist, kann unter Beibehaltung dieses Aufenthaltszwecks die Ausübung einer selbständigen Tätigkeit erlaubt werden, wenn die nach sonstigen Vorschriften erforderlichen Erlaubnisse erteilt wurden oder ihre Erteilung zugesagt ist.

Abschnitt 5. Aufenthalt aus völkerrechtlichen, humanitären oder politischen Gründen

§ 22 Aufnahme aus dem Ausland

¹Einem Ausländer kann für die Aufnahme aus dem Ausland aus völkerrechtlichen oder dringenden humanitären Gründen eine Aufenthaltserlaubnis erteilt werden. ²Eine Aufenthaltserlaubnis ist zu erteilen, wenn das Bundesministerium des Innern oder die von ihm bestimmte Stelle zur Wahrung politischer Interessen der Bundesrepublik Deutschland die Aufnahme

erklärt hat. ³Im Falle des Satzes 2 berechtigt die Aufenthaltserlaubnis zur Ausübung einer Erwerbstätigkeit.

§ 23 Aufenthaltsgewährung durch die obersten Landesbehörden; Aufnahme bei besonders gelagerten politischen Interessen; Neuansiedlung von Schutzsuchenden

(1) ¹Die oberste Landesbehörde kann aus völkerrechtlichen oder humanitären Gründen oder zur Wahrung politischer Interessen der Bundesrepublik Deutschland anordnen, dass Ausländern aus bestimmten Staaten oder in sonstiger Weise bestimmten Ausländergruppen eine Aufenthaltserlaubnis erteilt wird. ²Die Anordnung kann unter der Maßgabe erfolgen, dass eine Verpflichtungserklärung nach § 68 abgegeben wird. ³Zur Wahrung der Bundeseinheitlichkeit bedarf die Anordnung des Einvernehmens mit dem Bundesministerium des Innern.

(2) ¹Das Bundesministerium des Innern kann zur Wahrung besonders gelagerter politischer Interessen der Bundesrepublik Deutschland im Benehmen mit den obersten Landesbehörden anordnen, dass das Bundesamt für Migration und Flüchtlinge Ausländern aus bestimmten Staaten oder in sonstiger Weise bestimmten Ausländergruppen eine Aufnahmezusage erteilt. ²Ein Vorverfahren nach § 68 der Verwaltungsgerichtsordnung findet nicht statt. ³Den betroffenen Ausländern ist entsprechend der Aufnahmezusage eine Aufenthaltserlaubnis oder Niederlassungserlaubnis zu erteilen. ⁴Die Niederlassungserlaubnis kann mit einer wohnsitzbeschränkenden Auflage versehen werden. ⁵Die Aufenthaltserlaubnis berechtigt zur Ausübung einer Erwerbstätigkeit.

(3) Die Anordnung kann vorsehen, dass § 24 ganz oder teilweise entsprechende Anwendung findet.

(4) ¹Das Bundesministerium des Innern kann im Rahmen der Neuansiedlung von Schutzsuchenden im Benehmen mit den obersten Landesbehörden anordnen, dass das Bundesamt für Migration und Flüchtlinge bestimmten, für eine Neuansiedlung ausgewählten Schutzsuchenden (Resettlement-Flüchtlinge) eine Aufnahmezusage erteilt. ²Absatz 2 Satz 2 bis 5 und § 24 Absatz 3 bis 5 gelten entsprechend.

§ 23a Aufenthaltsgewährung in Härtefällen

(1) [1]Die oberste Landesbehörde darf anordnen, dass einem Ausländer, der vollziehbar ausreisepflichtig ist, abweichend von den in diesem Gesetz festgelegten Erteilungs- und Verlängerungsvoraussetzungen für einen Aufenthaltstitel sowie von den §§ 10 und 11 eine Aufenthaltserlaubnis erteilt wird, wenn eine von der Landesregierung durch Rechtsverordnung eingerichtete Härtefallkommission darum ersucht (Härtefallersuchen). [2]Die Anordnung kann im Einzelfall unter Berücksichtigung des Umstandes erfolgen, ob der Lebensunterhalt des Ausländers gesichert ist oder eine Verpflichtungserklärung nach § 68 abgegeben wird. [3]Die Annahme eines Härtefalls ist in der Regel ausgeschlossen, wenn der Ausländer Straftaten von erheblichem Gewicht begangen hat oder wenn ein Rückführungstermin bereits konkret feststeht. [4]Die Befugnis zur Aufenthaltsgewährung steht ausschließlich im öffentlichen Interesse und begründet keine eigenen Rechte des Ausländers.

(2) [1]Die Landesregierungen werden ermächtigt, durch Rechtsverordnung eine Härtefallkommission nach Absatz 1 einzurichten, das Verfahren, Ausschlussgründe und qualifizierte Anforderungen an eine Verpflichtungserklärung nach Absatz 1 Satz 2 einschließlich vom Verpflichtungsgeber zu erfüllender Voraussetzungen zu bestimmen sowie die Anordnungsbefugnis nach Absatz 1 Satz 1 auf andere Stellen zu übertragen. [2]Die Härtefallkommissionen werden ausschließlich im Wege der Selbstbefassung tätig. [3]Dritte können nicht verlangen, dass eine Härtefallkommission sich mit einem bestimmten Einzelfall befasst oder eine bestimmte Entscheidung trifft. [4]Die Entscheidung für ein Härtefallersuchen setzt voraus, dass nach den Feststellungen der Härtefallkommission dringende humanitäre oder persönliche Gründe die weitere Anwesenheit des Ausländers im Bundesgebiet rechtfertigen.

(3) [1]Verzieht ein sozialhilfebedürftiger Ausländer, dem eine Aufenthaltserlaubnis nach Absatz 1 erteilt wurde, in den Zuständigkeitsbereich eines anderen Leistungsträgers, ist der Träger der Sozialhilfe, in dessen Zuständigkeitsbereich eine Ausländerbehörde die Aufenthaltserlaubnis erteilt hat, längstens für die Dauer von drei Jahren ab Erteilung der Aufenthaltserlaubnis dem nunmehr zuständigen örtlichen Träger der Sozialhilfe zur Kostenerstattung verpflichtet. [2]Dies gilt entsprechend für die in § 6 Abs. 1 Satz 1 Nr. 2 des Zweiten Buches Sozialgesetzbuch genannten Leistungen zur Sicherung des Lebensunterhalts.

§ 24 Aufenthaltsgewährung zum vorübergehenden Schutz

(1) Einem Ausländer, dem auf Grund eines Beschlusses des Rates der Europäischen Union gemäß der Richtlinie 2001/55/EG vorübergehender Schutz gewährt wird und der seine Bereitschaft erklärt hat, im Bundesgebiet aufgenommen zu werden, wird für die nach den Artikeln 4 und 6 der Richtlinie bemessene Dauer des vorübergehenden Schutzes eine Aufenthaltserlaubnis erteilt.

(2) Die Gewährung von vorübergehendem Schutz ist ausgeschlossen, wenn die Voraussetzungen des § 3 Abs. 2 des Asylgesetzes oder des § 60 Abs. 8 Satz 1 vorliegen; die Aufenthaltserlaubnis ist zu versagen.

(3) ¹Die Ausländer im Sinne des Absatzes 1 werden auf die Länder verteilt. ²Die Länder können Kontingente für die Aufnahme zum vorübergehenden Schutz und die Verteilung vereinbaren. ³Die Verteilung auf die Länder erfolgt durch das Bundesamt für Migration und Flüchtlinge. ⁴Solange die Länder für die Verteilung keinen abweichenden Schlüssel vereinbart haben, gilt der für die Verteilung von Asylbewerbern festgelegte Schlüssel.

(4) ¹Die oberste Landesbehörde oder die von ihr bestimmte Stelle erlässt eine Zuweisungsentscheidung. ²Die Landesregierungen werden ermächtigt, die Verteilung innerhalb der Länder durch Rechtsverordnung zu regeln, sie können die Ermächtigung durch Rechtsverordnung auf andere Stellen übertragen; § 50 Abs. 4 des Asylgesetzes findet entsprechende Anwendung. ³Ein Widerspruch gegen die Zuweisungsentscheidung findet nicht statt. ⁴Die Klage hat keine aufschiebende Wirkung.

(5) ¹Der Ausländer hat keinen Anspruch darauf, sich in einem bestimmten Land oder an einem bestimmten Ort aufzuhalten. ²Er hat seine Wohnung und seinen gewöhnlichen Aufenthalt an dem Ort zu nehmen, dem er nach den Absätzen 3 und 4 zugewiesen wurde.

(6) ¹Die Ausübung einer selbständigen Tätigkeit darf nicht ausgeschlossen werden. ²Für die Ausübung einer Beschäftigung gilt § 4 Abs. 2.

(7) Der Ausländer wird über die mit dem vorübergehenden Schutz verbundenen Rechte und Pflichten schriftlich in einer ihm verständlichen Sprache unterrichtet.

VI. Aufenthaltsgesetz

§ 25 Aufenthalt aus humanitären Gründen

(1) ¹Einem Ausländer ist eine Aufenthaltserlaubnis zu erteilen, wenn er als Asylberechtigter anerkannt ist. ²Dies gilt nicht, wenn der Ausländer aus schwerwiegenden Gründen der öffentlichen Sicherheit und Ordnung ausgewiesen worden ist. ³Bis zur Erteilung der Aufenthaltserlaubnis gilt der Aufenthalt als erlaubt. ⁴Die Aufenthaltserlaubnis berechtigt zur Ausübung einer Erwerbstätigkeit.

(2) ¹Einem Ausländer ist eine Aufenthaltserlaubnis zu erteilen, wenn das Bundesamt für Migration und Flüchtlinge die Flüchtlingseigenschaft im Sinne des § 3 Absatz 1 des Asylgesetzes oder subsidiären Schutz im Sinne des § 4 Absatz 1 des Asylgesetzes zuerkannt hat. ²Absatz 1 Satz 2 bis 4 gilt entsprechend.

(3) ¹Einem Ausländer soll eine Aufenthaltserlaubnis erteilt werden, wenn ein Abschiebungsverbot nach § 60 Absatz 5 oder 7 vorliegt. ²Die Aufenthaltserlaubnis wird nicht erteilt, wenn die Ausreise in einen anderen Staat möglich und zumutbar ist oder der Ausländer wiederholt oder gröblich gegen entsprechende Mitwirkungspflichten verstößt. ³Sie wird ferner nicht erteilt, wenn schwerwiegende Gründe die Annahme rechtfertigen, dass der Ausländer

1. ein Verbrechen gegen den Frieden, ein Kriegsverbrechen oder ein Verbrechen gegen die Menschlichkeit im Sinne der internationalen Vertragswerke begangen hat, die ausgearbeitet worden sind, um Bestimmungen bezüglich dieser Verbrechen festzulegen,
2. eine Straftat von erheblicher Bedeutung begangen hat,
3. sich Handlungen zuschulden kommen ließ, die den Zielen und Grundsätzen der Vereinten Nationen, wie sie in der Präambel und den Artikeln 1 und 2 der Charta der Vereinten Nationen verankert sind, zuwiderlaufen, oder
4. eine Gefahr für die Allgemeinheit oder eine Gefahr für die Sicherheit der Bundesrepublik Deutschland darstellt.

(4) ¹Einem nicht vollziehbar ausreisepflichtigen Ausländer kann für einen vorübergehenden Aufenthalt eine Aufenthaltserlaubnis erteilt werden, solange dringende humanitäre oder persönliche Gründe oder erhebliche öffentliche Interessen seine vorübergehende weitere Anwesenheit im Bundesgebiet erfordern. ²Eine Aufenthaltserlaubnis kann abweichend von § 8 Abs. 1 und 2 verlängert werden, wenn auf Grund besonderer Umstände

des Einzelfalls das Verlassen des Bundesgebiets für den Ausländer eine außergewöhnliche Härte bedeuten würde.

(4a) ¹Einem Ausländer, der Opfer einer Straftat nach den §§ 232 bis 233a des Strafgesetzbuches wurde, soll, auch wenn er vollziehbar ausreisepflichtig ist, für einen Aufenthalt eine Aufenthaltserlaubnis erteilt werden. ²Die Aufenthaltserlaubnis darf nur erteilt werden, wenn

1. seine Anwesenheit im Bundesgebiet für ein Strafverfahren wegen dieser Straftat von der Staatsanwaltschaft oder dem Strafgericht für sachgerecht erachtet wird, weil ohne seine Angaben die Erforschung des Sachverhalts erschwert wäre,
2. er jede Verbindung zu den Personen, die beschuldigt werden, die Straftat begangen zu haben, abgebrochen hat und
3. er seine Bereitschaft erklärt hat, in dem Strafverfahren wegen der Straftat als Zeuge auszusagen.

³Nach Beendigung des Strafverfahrens soll die Aufenthaltserlaubnis verlängert werden, wenn humanitäre oder persönliche Gründe oder öffentliche Interessen die weitere Anwesenheit des Ausländers im Bundesgebiet erfordern.

(4b) ¹Einem Ausländer, der Opfer einer Straftat nach § 10 Absatz 1 oder § 11 Absatz 1 Nummer 3 des Schwarzarbeitsbekämpfungsgesetzes oder nach § 15a des Arbeitnehmerüberlassungsgesetzes wurde, kann, auch wenn er vollziehbar ausreisepflichtig ist, für einen vorübergehenden Aufenthalt eine Aufenthaltserlaubnis erteilt werden. ²Die Aufenthaltserlaubnis darf nur erteilt werden, wenn

1. die vorübergehende Anwesenheit des Ausländers im Bundesgebiet für ein Strafverfahren wegen dieser Straftat von der Staatsanwaltschaft oder dem Strafgericht für sachgerecht erachtet wird, weil ohne seine Angaben die Erforschung des Sachverhalts erschwert wäre, und
2. der Ausländer seine Bereitschaft erklärt hat, in dem Strafverfahren wegen der Straftat als Zeuge auszusagen.

³Die Aufenthaltserlaubnis kann verlängert werden, wenn dem Ausländer von Seiten des Arbeitgebers die zustehende Vergütung noch nicht vollständig geleistet wurde und es für den Ausländer eine besondere Härte darstellen würde, seinen Vergütungsanspruch aus dem Ausland zu verfolgen.

VI. Aufenthaltsgesetz

(5) ¹Einem Ausländer, der vollziehbar ausreisepflichtig ist, kann eine Aufenthaltserlaubnis erteilt werden, wenn seine Ausreise aus rechtlichen oder tatsächlichen Gründen unmöglich ist und mit dem Wegfall der Ausreisehindernisse in absehbarer Zeit nicht zu rechnen ist. ²Die Aufenthaltserlaubnis soll erteilt werden, wenn die Abschiebung seit 18 Monaten ausgesetzt ist. ³Eine Aufenthaltserlaubnis darf nur erteilt werden, wenn der Ausländer unverschuldet an der Ausreise gehindert ist. ⁴Ein Verschulden des Ausländers liegt insbesondere vor, wenn er falsche Angaben macht oder über seine Identität oder Staatsangehörigkeit täuscht oder zumutbare Anforderungen zur Beseitigung der Ausreisehindernisse nicht erfüllt.

§ 25a Aufenthaltsgewährung bei gut integrierten Jugendlichen und Heranwachsenden

(1) ¹Einem jugendlichen oder heranwachsenden geduldeten Ausländer soll eine Aufenthaltserlaubnis erteilt werden, wenn

1. er sich seit vier Jahren ununterbrochen erlaubt, geduldet oder mit einer Aufenthaltsgestattung im Bundesgebiet aufhält,
2. er im Bundesgebiet in der Regel seit vier Jahren erfolgreich eine Schule besucht oder einen anerkannten Schul- oder Berufsabschluss erworben hat,
3. der Antrag auf Erteilung der Aufenthaltserlaubnis vor Vollendung des 21. Lebensjahres gestellt wird,
4. es gewährleistet erscheint, dass er sich auf Grund seiner bisherigen Ausbildung und Lebensverhältnisse in die Lebensverhältnisse der Bundesrepublik Deutschland einfügen kann und
5. keine konkreten Anhaltspunkte dafür bestehen, dass der Ausländer sich nicht zur freiheitlichen demokratischen Grundordnung der Bundesrepublik Deutschland bekennt.

²Solange sich der Jugendliche oder der Heranwachsende in einer schulischen oder beruflichen Ausbildung oder einem Hochschulstudium befindet, schließt die Inanspruchnahme öffentlicher Leistungen zur Sicherstellung des eigenen Lebensunterhalts die Erteilung der Aufenthaltserlaubnis nicht aus. ³Die Erteilung einer Aufenthaltserlaubnis ist zu versagen, wenn die Abschiebung aufgrund eigener falscher Angaben des Ausländers oder aufgrund seiner Täuschung über seine Identität oder Staatsangehörigkeit ausgesetzt ist.

(2) ¹Den Eltern oder einem personensorgeberechtigten Elternteil eines minderjährigen Ausländers, der eine Aufenthaltserlaubnis nach Absatz 1 besitzt, kann eine Aufenthaltserlaubnis erteilt werden, wenn

1. die Abschiebung nicht aufgrund falscher Angaben oder aufgrund von Täuschungen über die Identität oder Staatsangehörigkeit oder mangels Erfüllung zumutbarer Anforderungen an die Beseitigung von Ausreisehindernissen verhindert oder verzögert wird und
2. der Lebensunterhalt eigenständig durch Erwerbstätigkeit gesichert ist.

²Minderjährigen Kindern eines Ausländers, der eine Aufenthaltserlaubnis nach Satz 1 besitzt, kann eine Aufenthaltserlaubnis erteilt werden, wenn sie mit ihm in familiärer Lebensgemeinschaft leben. ³Dem Ehegatten oder Lebenspartner, der mit einem Begünstigten nach Absatz 1 in familiärer Lebensgemeinschaft lebt, soll unter den Voraussetzungen nach Satz 1 eine Aufenthaltserlaubnis erteilt werden. ⁴§ 31 gilt entsprechend. ⁵Dem minderjährigen ledigen Kind, das mit einem Begünstigten nach Absatz 1 in familiärer Lebensgemeinschaft lebt, soll eine Aufenthaltserlaubnis erteilt werden.

(3) Die Erteilung einer Aufenthaltserlaubnis nach Absatz 2 ist ausgeschlossen, wenn der Ausländer wegen einer im Bundesgebiet begangenen vorsätzlichen Straftat verurteilt wurde, wobei Geldstrafen von insgesamt bis zu 50 Tagessätzen oder bis zu 90 Tagessätzen wegen Straftaten, die nach diesem Gesetz oder dem Asylgesetz nur von Ausländern begangen werden können, grundsätzlich außer Betracht bleiben.

(4) Die Aufenthaltserlaubnis kann abweichend von § 10 Absatz 3 Satz 2 erteilt werden und berechtigt zur Ausübung einer Erwerbstätigkeit.

§ 25b Aufenthaltsgewährung bei nachhaltiger Integration

(1) ¹Einem geduldeten Ausländer soll abweichend von § 5 Absatz 1 Nummer 1 und Absatz 2 eine Aufenthaltserlaubnis erteilt werden, wenn er sich nachhaltig in die Lebensverhältnisse der Bundesrepublik Deutschland integriert hat. ²Dies setzt regelmäßig voraus, dass der Ausländer

1. sich seit mindestens acht Jahren oder, falls er zusammen mit einem minderjährigen ledigen Kind in häuslicher Gemeinschaft lebt, seit mindestens sechs Jahren ununterbrochen geduldet, gestattet oder mit einer Aufenthaltserlaubnis im Bundesgebiet aufgehalten hat,

2. sich zur freiheitlichen demokratischen Grundordnung der Bundesrepublik Deutschland bekennt und über Grundkenntnisse der Rechts- und Gesellschaftsordnung und der Lebensverhältnisse im Bundesgebiet verfügt,
3. seinen Lebensunterhalt überwiegend durch Erwerbstätigkeit sichert oder bei der Betrachtung der bisherigen Schul-, Ausbildungs-, Einkommens- sowie der familiären Lebenssituation zu erwarten ist, dass er seinen Lebensunterhalt im Sinne von § 2 Absatz 3 sichern wird, wobei der Bezug von Wohngeld unschädlich ist,
4. über hinreichende mündliche Deutschkenntnisse im Sinne des Niveaus A2 des Gemeinsamen Europäischen Referenzrahmens für Sprachen verfügt und
5. bei Kindern im schulpflichtigen Alter deren tatsächlichen Schulbesuch nachweist.

[3]Ein vorübergehender Bezug von Sozialleistungen ist für die Lebensunterhaltssicherung in der Regel unschädlich bei

1. Studierenden an einer staatlichen oder staatlich anerkannten Hochschule sowie Auszubildenden in anerkannten Lehrberufen oder in staatlich geförderten Berufsvorbereitungsmaßnahmen,
2. Familien mit minderjährigen Kindern, die vorübergehend auf ergänzende Sozialleistungen angewiesen sind,
3. Alleinerziehenden mit minderjährigen Kindern, denen eine Arbeitsaufnahme nach § 10 Absatz 1 Nummer 3 des Zweiten Buches Sozialgesetzbuch nicht zumutbar ist oder
4. Ausländern, die pflegebedürftige nahe Angehörige pflegen.

(2) Die Erteilung einer Aufenthaltserlaubnis nach Absatz 1 ist zu versagen, wenn

1. der Ausländer die Aufenthaltsbeendigung durch vorsätzlich falsche Angaben, durch Täuschung über die Identität oder Staatsangehörigkeit oder Nichterfüllung zumutbarer Anforderungen an die Mitwirkung bei der Beseitigung von Ausreisehindernissen verhindert oder verzögert oder
2. ein Ausweisungsinteresse im Sinne von § 54 Absatz 1 oder Absatz 2 Nummer 1 und 2 besteht.

(3) Von den Voraussetzungen des Absatzes 1 Satz 2 Nummer 3 und 4 wird abgesehen, wenn der Ausländer sie wegen einer körperlichen, geistigen oder seelischen Krankheit oder Behinderung oder aus Altersgründen nicht erfüllen kann.

(4) ¹Dem Ehegatten, dem Lebenspartner und minderjährigen ledigen Kindern, die mit einem Begünstigten nach Absatz 1 in familiärer Lebensgemeinschaft leben, soll unter den Voraussetzungen des Absatzes 1 Satz 2 Nummer 2 bis 5 eine Aufenthaltserlaubnis erteilt werden. ²Die Absätze 2, 3 und 5 finden Anwendung. ³§ 31 gilt entsprechend.

(5) ¹Die Aufenthaltserlaubnis wird abweichend von § 26 Absatz 1 Satz 1 längstens für zwei Jahre erteilt und verlängert. ²Sie kann abweichend von § 10 Absatz 3 Satz 2 erteilt werden und berechtigt zur Ausübung einer Erwerbstätigkeit. ³§ 25a bleibt unberührt.

§ 26 Dauer des Aufenthalts

(1) ¹Die Aufenthaltserlaubnis nach diesem Abschnitt kann für jeweils längstens drei Jahre erteilt und verlängert werden, in den Fällen des § 25 Abs. 4 Satz 1 und Abs. 5 jedoch für längstens sechs Monate, solange sich der Ausländer noch nicht mindestens 18 Monate rechtmäßig im Bundesgebiet aufgehalten hat. ²Asylberechtigten und Ausländern, denen die Flüchtlingseigenschaft im Sinne des § 3 Absatz 1 des Asylgesetzes zuerkannt worden ist, wird die Aufenthaltserlaubnis für drei Jahre erteilt. ³Subsidiär Schutzberechtigten im Sinne des § 4 Absatz 1 des Asylgesetzes wird die Aufenthaltserlaubnis für ein Jahr erteilt, bei Verlängerung für zwei weitere Jahre. ⁴Ausländern, die die Voraussetzungen des § 25 Absatz 3 erfüllen, wird die Aufenthaltserlaubnis für mindestens ein Jahr erteilt. ⁵Die Aufenthaltserlaubnisse nach § 25 Absatz 4a Satz 1 und Absatz 4b werden jeweils für ein Jahr, Aufenthaltserlaubnisse nach § 25 Absatz 4a Satz 3 jeweils für zwei Jahre erteilt und verlängert; in begründeten Einzelfällen ist eine längere Geltungsdauer zulässig.

(2) Die Aufenthaltserlaubnis darf nicht verlängert werden, wenn das Ausreisehindernis oder die sonstigen einer Aufenthaltsbeendigung entgegenstehenden Gründe entfallen sind.

(3) ¹Einem Ausländer, der eine Aufenthaltserlaubnis nach § 25 Absatz 1 oder 2 Satz 1 erste Alternative besitzt, ist eine Niederlassungserlaubnis zu erteilen, wenn

1. er die Aufenthaltserlaubnis seit fünf Jahren besitzt, wobei die Aufenthaltszeit des der Erteilung der Aufenthaltserlaubnis vorangegangenen Asylverfahrens abweichend von § 55 Absatz 3 des Asylgesetzes auf die für die Erteilung der Niederlassungserlaubnis erforderliche Zeit des Besitzes einer Aufenthaltserlaubnis angerechnet wird,
2. das Bundesamt für Migration und Flüchtlinge nicht nach § 73 Absatz 2 des Asylgesetzes mitgeteilt hat, dass die Voraussetzungen für den Widerruf oder die Rücknahme vorliegen,
3. sein Lebensunterhalt überwiegend gesichert ist,
4. er über hinreichende Kenntnisse der deutschen Sprache verfügt und
5. die Voraussetzungen des § 9 Absatz 2 Satz 1 Nummer 4 bis 6, 8 und 9 vorliegen.

²§ 9 Absatz 2 Satz 2 bis 6, § 9 Absatz 3 Satz 1 und § 9 Absatz 4 finden entsprechend Anwendung; von der Voraussetzung in Satz 1 Nummer 3 wird auch auch abgesehen, wenn der Ausländer die Regelaltersgrenze nach § 35 Satz 2 oder § 235 Absatz 2 des Sechsten Buches Sozialgesetzbuch erreicht hat. Abweichend von Satz 1 und 2 ist einem Ausländer, der eine Aufenthaltserlaubnis nach § 25 Absatz 1 oder 2 Satz 1 erste Alternative besitzt, eine Niederlassungserlaubnis zu erteilen, wenn

1. er die Aufenthaltserlaubnis seit drei Jahren besitzt, wobei die Aufenthaltszeit des der Erteilung der Aufenthaltserlaubnis vorangegangenen Asylverfahrens abweichend von § 55 Absatz 3 des Asylgesetzes auf die für die Erteilung der Niederlassungserlaubnis erforderliche Zeit des Besitzes einer Aufenthaltserlaubnis angerechnet wird,
2. das Bundesamt für Migration und Flüchtlinge nicht nach § 73 Absatz 2a des Asylgesetzes mitgeteilt hat, dass die Voraussetzungen für den Widerruf oder die Rücknahme vorliegen,
3. er die deutsche Sprache beherrscht,
4. sein Lebensunterhalt weit überwiegend gesichert ist und
5. die Voraussetzungen des § 9 Absatz 2 Satz 1 Nummer 4 bis 6, 8 und 9 vorliegen.

³In den Fällen des Satzes 3 finden § 9 Absatz 3 Satz 1 und § 9 Absatz 4 entsprechend Anwendung. Für Kinder, die vor Vollendung des 18. Lebens-

jahres nach Deutschland eingereist sind, kann § 35 entsprechend angewandt werden. ⁴Die Sätze 1 bis 5 gelten auch für einen Ausländer, der eine Aufenthaltserlaubnis nach § 23 Absatz 4 besitzt, es sei denn, es liegen die Voraussetzungen für eine Rücknahme vor.

(4) ¹Im Übrigen kann einem Ausländer, der eine Aufenthaltserlaubnis nach diesem Abschnitt besitzt, eine Niederlassungserlaubnis erteilt werden, wenn die in § 9 Abs. 2 Satz 1 bezeichneten Voraussetzungen vorliegen. ²§ 9 Abs. 2 Satz 2 bis 6 gilt entsprechend. ³Die Aufenthaltszeit des der Erteilung der Aufenthaltserlaubnis vorangegangenen Asylverfahrens wird abweichend von § 55 Abs. 3 des Asylgesetzes auf die Frist angerechnet. ⁴Für Kinder, die vor Vollendung des 18. Lebensjahres nach Deutschland eingereist sind, kann § 35 entsprechend angewandt werden.

Abschnitt 6. Aufenthalt aus familiären Gründen

§ 27 Grundsatz des Familiennachzugs

(1) Die Aufenthaltserlaubnis zur Herstellung und Wahrung der familiären Lebensgemeinschaft im Bundesgebiet für ausländische Familienangehörige (Familiennachzug) wird zum Schutz von Ehe und Familie gemäß Artikel 6 des Grundgesetzes erteilt und verlängert.

(1a) Ein Familiennachzug wird nicht zugelassen, wenn

1. feststeht, dass die Ehe oder das Verwandtschaftsverhältnis ausschließlich zu dem Zweck geschlossen oder begründet wurde, dem Nachziehenden die Einreise in das und den Aufenthalt im Bundesgebiet zu ermöglichen, oder
2. tatsächliche Anhaltspunkte die Annahme begründen, dass einer der Ehegatten zur Eingehung der Ehe genötigt wurde.

(2) Für die Herstellung und Wahrung einer lebenspartnerschaftlichen Gemeinschaft im Bundesgebiet finden die Absätze 1a und 3, § 9 Abs. 3, § 9c Satz 2, die §§ 28 bis 31, 51 Absatz 2 und 10 Satz 2 entsprechende Anwendung.

(3) ¹Die Erteilung der Aufenthaltserlaubnis zum Zweck des Familiennachzugs kann versagt werden, wenn derjenige, zu dem der Familiennachzug

stattfindet, für den Unterhalt von anderen Familienangehörigen oder anderen Haushaltsangehörigen auf Leistungen nach dem Zweiten oder Zwölften Buch Sozialgesetzbuch angewiesen ist. ²Von § 5 Abs. 1 Nr. 2 kann abgesehen werden.

(4) ¹Eine Aufenthaltserlaubnis zum Zweck des Familiennachzugs darf längstens für den Gültigkeitszeitraum der Aufenthaltserlaubnis des Ausländers erteilt werden, zu dem der Familiennachzug stattfindet. ²Sie ist für diesen Zeitraum zu erteilen, wenn der Ausländer, zu dem der Familiennachzug stattfindet, eine Aufenthaltserlaubnis nach §20, §20b oder §38a besitzt, eine Blaue Karte EU, eine ICT-Karte oder eine Mobiler-ICT-Karte besitzt oder sich gemäß §20a berechtigt im Bundesgebiet aufhält. ³Die Aufenthaltserlaubnis darf jedoch nicht länger gelten als der Pass oder Passersatz des Familienangehörigen. ⁴Im Übrigen ist die Aufenthaltserlaubnis erstmals für mindestens ein Jahr zu erteilen.

(5) Der Aufenthaltstitel nach diesem Abschnitt berechtigt zur Ausübung einer Erwerbstätigkeit.

§ 28 Familiennachzug zu Deutschen

(1) ¹Die Aufenthaltserlaubnis ist dem ausländischen

1. Ehegatten eines Deutschen,
2. minderjährigen ledigen Kind eines Deutschen,
3. Elternteil eines minderjährigen ledigen Deutschen zur Ausübung der Personensorge

zu erteilen, wenn der Deutsche seinen gewöhnlichen Aufenthalt im Bundesgebiet hat. ²Sie ist abweichend von § 5 Abs. 1 Nr. 1 in den Fällen des Satzes 1 Nr. 2 und 3 zu erteilen. ³Sie soll in der Regel abweichend von § 5 Abs. 1 Nr. 1 in den Fällen des Satzes 1 Nr. 1 erteilt werden. ⁴Sie kann abweichend von § 5 Abs. 1 Nr. 1 dem nicht personensorgeberechtigten Elternteil eines minderjährigen ledigen Deutschen erteilt werden, wenn die familiäre Gemeinschaft schon im Bundesgebiet gelebt wird. ⁵§ 30 Abs. 1 Satz 1 Nr. 1 und 2, Satz 3 und Abs. 2 Satz 1 ist in den Fällen des Satzes 1 Nr. 1 entsprechend anzuwenden.

(2) ¹Dem Ausländer ist in der Regel eine Niederlassungserlaubnis zu erteilen, wenn er drei Jahre im Besitz einer Aufenthaltserlaubnis ist, die famili-

äre Lebensgemeinschaft mit dem Deutschen im Bundesgebiet fortbesteht, kein Ausweisungsinteresse besteht und er über ausreichende Kenntnisse der deutschen Sprache verfügt. ²§ 9 Absatz 2 Satz 2 bis 5 gilt entsprechend. ³Im Übrigen wird die Aufenthaltserlaubnis verlängert, solange die familiäre Lebensgemeinschaft fortbesteht.

(3) ¹Die §§ 31 und 34 finden mit der Maßgabe Anwendung, dass an die Stelle des Aufenthaltstitels des Ausländers der gewöhnliche Aufenthalt des Deutschen im Bundesgebiet tritt. ²Die einem Elternteil eines minderjährigen ledigen Deutschen zur Ausübung der Personensorge erteilte Aufenthaltserlaubnis ist auch nach Eintritt der Volljährigkeit des Kindes zu verlängern, solange das Kind mit ihm in familiärer Lebensgemeinschaft lebt und das Kind sich in einer Ausbildung befindet, die zu einem anerkannten schulischen oder beruflichen Bildungsabschluss oder Hochschulabschluss führt.

(4) Auf sonstige Familienangehörige findet § 36 entsprechende Anwendung.

§ 29 Familiennachzug zu Ausländern

(1) Für den Familiennachzug zu einem Ausländer muss

1. der Ausländer eine Niederlassungserlaubnis, Erlaubnis zum Daueraufenthalt– EU, Aufenthaltserlaubnis, eine Blaue Karte EU, eine ICT-Karte oder eine Mobiler-ICT-Karte besitzen oder sich gemäß § 20a berechtigt im Bundesgebiet aufhalten und
2. ausreichender Wohnraum zur Verfügung stehen.

(2) ¹Bei dem Ehegatten und dem minderjährigen ledigen Kind eines Ausländers, der eine Aufenthaltserlaubnis nach § 23 Absatz 4, § 25 Absatz 1 oder 2, eine Niederlassungserlaubnis nach § 26 Absatz 3 oder nach Erteilung einer Aufenthaltserlaubnis nach § 25 Absatz 2 Satz 1 zweite Alternative eine Niederlassungserlaubnis nach § 26 Absatz 4 besitzt, kann von den Voraussetzungen des § 5 Absatz 1 Nummer 1 und des Absatzes 1 Nummer 2 abgesehen werden. ²In den Fällen des Satzes 1 ist von diesen Voraussetzungen abzusehen, wenn

1. der im Zuge des Familiennachzugs erforderliche Antrag auf Erteilung eines Aufenthaltstitels innerhalb von drei Monaten nach unanfechtbarer Anerkennung als Asylberechtigter oder unanfechtbarer Zuerken-

nung der Flüchtlingseigenschaft oder subsidiären Schutzes oder nach Erteilung einer Aufenthaltserlaubnis nach § 23 Absatz 4 gestellt wird und
2. die Herstellung der familiären Lebensgemeinschaft in einem Staat, der nicht Mitgliedstaat der Europäischen Union ist und zu dem der Ausländer oder seine Familienangehörigen eine besondere Bindung haben, nicht möglich ist.

³Die in Satz 2 Nr. 1 genannte Frist wird auch durch die rechtzeitige Antragstellung des Ausländers gewahrt.

(3) ¹Die Aufenthaltserlaubnis darf dem Ehegatten und dem minderjährigen Kind eines Ausländers, der eine Aufenthaltserlaubnis nach den §§ 22, 23 Absatz 1 oder Absatz 2 oder § 25 Absatz 3 oder Absatz 4a Satz 1, § 25a Absatz 1 oder § 25b Absatz 1 besitzt, nur aus völkerrechtlichen oder humanitären Gründen oder zur Wahrung politischer Interessen der Bundesrepublik Deutschland erteilt werden. ²§ 26 Abs. 4 gilt entsprechend. ³Ein Familiennachzug wird in den Fällen des § 25 Absatz 4, 4b und 5, § 25a Absatz 2, § 25b Absatz 4, § 104a Abs. 1 Satz 1 und § 104b nicht gewährt.

(4) ¹Die Aufenthaltserlaubnis wird dem Ehegatten und dem minderjährigen ledigen Kind eines Ausländers oder dem minderjährigen ledigen Kind seines Ehegatten abweichend von § 5 Abs. 1 und § 27 Abs. 3 erteilt, wenn dem Ausländer vorübergehender Schutz nach § 24 Abs. 1 gewährt wurde und

1. die familiäre Lebensgemeinschaft im Herkunftsland durch die Fluchtsituation aufgehoben wurde und
2. der Familienangehörige aus einem anderen Mitgliedstaat der Europäischen Union übernommen wird oder sich außerhalb der Europäischen Union befindet und schutzbedürftig ist.

²Die Erteilung einer Aufenthaltserlaubnis an sonstige Familienangehörige eines Ausländers, dem vorübergehender Schutz nach § 24 Abs. 1 gewährt wurde, richtet sich nach § 36. ³Auf die nach diesem Absatz aufgenommenen Familienangehörigen findet § 24 Anwendung.

§ 30 Ehegattennachzug

(1) ¹Dem Ehegatten eines Ausländers ist eine Aufenthaltserlaubnis zu erteilen, wenn

1. beide Ehegatten das 18. Lebensjahr vollendet haben,
2. der Ehegatte sich zumindest auf einfache Art in deutscher Sprache verständigen kann und
3. der Ausländer
   a) eine Niederlassungserlaubnis besitzt,
   b) eine Erlaubnis zum Daueraufenthalt – EU besitzt,
   c) eine Aufenthaltserlaubnis nach §20, §20b oder §25 Abs. 1 oder Abs. 2 besitzt,
   d) seit zwei Jahren eine Aufenthaltserlaubnis besitzt und die Aufenthaltserlaubnis nicht mit einer Nebenbestimmung nach §8 Abs. 2 versehen oder die spätere Erteilung einer Niederlassungserlaubnis nicht auf Grund einer Rechtsnorm ausgeschlossen ist,
   e) eine Aufenthaltserlaubnis besitzt, die Ehe bei deren Erteilung bereits bestand und die Dauer seines Aufenthalts im Bundesgebiet voraussichtlich über ein Jahr betragen wird,
   f) eine Aufenthaltserlaubnis nach §38a besitzt und die eheliche Lebensgemeinschaft bereits in dem Mitgliedstaat der Europäischen Union bestand, in dem der Ausländer die Rechtsstellung eines langfristig Aufenthaltsberechtigten innehat, oder
   g) eine Blaue Karte EU, eine ICT-Karte oder eine Mobiler-ICT-Karte besitzt.

²Satz 1 Nummer 1 und 2 ist für die Erteilung der Aufenthaltserlaubnis unbeachtlich, wenn die Voraussetzungen des Satzes 1 Nummer 3 Buchstabe f vorliegen. ³Satz 1 Nummer 2 ist für die Erteilung der Aufenthaltserlaubnis unbeachtlich, wenn

1. der Ausländer, der einen Aufenthaltstitel nach §23 Absatz 4, §25 Absatz 1 oder 2, §26 Absatz 3 oder nach Erteilung einer Aufenthaltserlaubnis nach §25 Absatz 2 Satz 1 zweite Alternative eine Niederlassungserlaubnis nach §26 Absatz 4 besitzt und die Ehe bereits bestand, als der Ausländer seinen Lebensmittelpunkt in das Bundesgebiet verlegt hat,
2. der Ehegatte wegen einer körperlichen, geistigen oder seelischen Krankheit oder Behinderung nicht in der Lage ist, einfache Kenntnisse der deutschen Sprache nachzuweisen,
3. bei dem Ehegatten ein erkennbar geringer Integrationsbedarf im Sinne einer nach §43 Absatz 4 erlassenen Rechtsverordnung besteht oder

dieser aus anderen Gründen nach der Einreise keinen Anspruch nach § 44 auf Teilnahme am Integrationskurs hätte,
4. der Ausländer wegen seiner Staatsangehörigkeit auch für einen Aufenthalt, der kein Kurzaufenthalt ist, visumfrei in das Bundesgebiet einreisen und sich darin aufhalten darf,
5. der Ausländer im Besitz einer Blauen Karte EU, einer ICT-Karte oder einer Mobiler-ICT-Karte oder einer Aufenthaltserlaubnis nach § 20 oder § 20b ist,
6. es dem Ehegatten auf Grund besonderer Umstände des Einzelfalles nicht möglich oder nicht zumutbar ist, vor der Einreise Bemühungen zum Erwerb einfacher Kenntnisse der deutschen Sprache zu unternehmen,
7. der Ausländer einen Aufenthaltstitel nach den §§ 19 bis 21 besitzt und die Ehe bereits bestand, als er seinen Lebensmittelpunkt in das Bundesgebiet verlegt hat, oder
8. der Ausländer unmittelbar vor der Erteilung einer Niederlassungserlaubnis oder einer Erlaubnis zum Daueraufenthalt – EU Inhaber einer Aufenthaltserlaubnis nach § 20 war.

(2) ¹Die Aufenthaltserlaubnis kann zur Vermeidung einer besonderen Härte abweichend von Absatz 1 Satz 1 Nr. 1 erteilt werden. ²Besitzt der Ausländer eine Aufenthaltserlaubnis, kann von den anderen Voraussetzungen des Absatzes 1 Satz 1 Nr. 3 Buchstabe e abgesehen werden.

(3) Die Aufenthaltserlaubnis kann abweichend von § 5 Abs. 1 Nr. 1 und § 29 Abs. 1 Nr. 2 verlängert werden, solange die eheliche Lebensgemeinschaft fortbesteht.

(4) Ist ein Ausländer gleichzeitig mit mehreren Ehegatten verheiratet und lebt er gemeinsam mit einem Ehegatten im Bundesgebiet, wird keinem weiteren Ehegatten eine Aufenthaltserlaubnis nach Absatz 1 oder Absatz 3 erteilt.

(5) ¹Hält sich der Ausländer gemäß § 20a berechtigt im Bundesgebiet auf, so bedarf der Ehegatte keines Aufenthaltstitels, wenn nachgewiesen wird, dass sich der Ehegatte in dem anderen Mitgliedstaat der Europäischen Union rechtmäßig als Angehöriger des Ausländers aufgehalten hat. ²Die Voraussetzungen nach § 20a Absatz 1 Satz 1 Nummer 1, 3 und 4 und die Ablehnungsgründe nach § 20c gelten für den Ehegatten entsprechend.

§ 31 Eigenständiges Aufenthaltsrecht der Ehegatten

(1) ¹Die Aufenthaltserlaubnis des Ehegatten wird im Falle der Aufhebung der ehelichen Lebensgemeinschaft als eigenständiges, vom Zweck des Familiennachzugs unabhängiges Aufenthaltsrecht für ein Jahr verlängert, wenn

1. die eheliche Lebensgemeinschaft seit mindestens drei Jahren rechtmäßig im Bundesgebiet bestanden hat oder
2. der Ausländer gestorben ist, während die eheliche Lebensgemeinschaft im Bundesgebiet bestand

und der Ausländer bis dahin im Besitz einer Aufenthaltserlaubnis, Niederlassungserlaubnis oder Erlaubnis zum Daueraufenthalt – EU war, es sei denn, er konnte die Verlängerung aus von ihm nicht zu vertretenden Gründen nicht rechtzeitig beantragen. ²Satz 1 ist nicht anzuwenden, wenn die Aufenthaltserlaubnis des Ausländers nicht verlängert oder dem Ausländer keine Niederlassungserlaubnis oder Erlaubnis zum Daueraufenthalt – EU erteilt werden darf, weil dies durch eine Rechtsnorm wegen des Zwecks des Aufenthalts oder durch eine Nebenbestimmung zur Aufenthaltserlaubnis nach § 8 Abs. 2 ausgeschlossen ist.

(2) ¹Von der Voraussetzung des dreijährigen rechtmäßigen Bestandes der ehelichen Lebensgemeinschaft im Bundesgebiet nach Absatz 1 Satz 1 Nr. 1 ist abzusehen, soweit es zur Vermeidung einer besonderen Härte erforderlich ist, dem Ehegatten den weiteren Aufenthalt zu ermöglichen, es sei denn, für den Ausländer ist die Verlängerung der Aufenthaltserlaubnis ausgeschlossen. ²Eine besondere Härte liegt insbesondere vor, wenn die Ehe nach deutschem Recht wegen Minderjährigkeit des Ehegatten im Zeitpunkt der Eheschließung unwirksam ist oder aufgehoben worden ist, wenn dem Ehegatten wegen der aus der Auflösung der ehelichen Lebensgemeinschaft erwachsenden Rückkehrverpflichtung eine erhebliche Beeinträchtigung seiner schutzwürdigen Belange droht oder wenn dem Ehegatten wegen der Beeinträchtigung seiner schutzwürdigen Belange das weitere Festhalten an der ehelichen Lebensgemeinschaft unzumutbar ist; dies ist insbesondere anzunehmen, wenn der Ehegatte Opfer häuslicher Gewalt ist. ³Zu den schutzwürdigen Belangen zählt auch das Wohl eines mit dem Ehegatten in familiärer Lebensgemeinschaft lebenden Kindes. ⁴Zur Vermeidung von Missbrauch kann die Verlängerung der Aufenthaltserlaubnis versagt werden, wenn der Ehegatte aus einem von ihm zu vertretenden Grund auf

Leistungen nach dem Zweiten oder Zwölften Buch Sozialgesetzbuch angewiesen ist.

(3) Wenn der Lebensunterhalt des Ehegatten nach Aufhebung der ehelichen Lebensgemeinschaft durch Unterhaltsleistungen aus eigenen Mitteln des Ausländers gesichert ist und dieser eine Niederlassungserlaubnis oder eine Erlaubnis zum Daueraufenthalt – EU besitzt, ist dem Ehegatten abweichend von § 9 Abs. 2 Satz 1 Nr. 3, 5 und 6 ebenfalls eine Niederlassungserlaubnis zu erteilen.

(4) ¹Die Inanspruchnahme von Leistungen nach dem Zweiten oder Zwölften Buch Sozialgesetzbuch steht der Verlängerung der Aufenthaltserlaubnis unbeschadet des Absatzes 2 Satz 4 nicht entgegen. ²Danach kann die Aufenthaltserlaubnis verlängert werden, solange die Voraussetzungen für die Erteilung der Niederlassungserlaubnis oder Erlaubnis zum Daueraufenthalt – EU nicht vorliegen.

§ 32 Kindernachzug

(1) Dem minderjährigen ledigen Kind eines Ausländers ist eine Aufenthaltserlaubnis zu erteilen, wenn beide Eltern oder der allein personensorgeberechtigte Elternteil eine Aufenthaltserlaubnis, eine Blaue Karte EU, eine ICT-Karte, eine Mobiler-ICT-Karte, eine Niederlassungserlaubnis oder eine Erlaubnis zum Daueraufenthalt– EU besitzen.

(2) ¹Hat das minderjährige ledige Kind bereits das 16. Lebensjahr vollendet und verlegt es seinen Lebensmittelpunkt nicht zusammen mit seinen Eltern oder dem allein personensorgeberechtigten Elternteil in das Bundesgebiet, gilt Absatz 1 nur, wenn es die deutsche Sprache beherrscht oder gewährleistet erscheint, dass es sich auf Grund seiner bisherigen Ausbildung und Lebensverhältnisse in die Lebensverhältnisse in der Bundesrepublik Deutschland einfügen kann. ²Satz 1 gilt nicht, wenn

1. der Ausländer eine Aufenthaltserlaubnis nach § 23 Absatz 4, § 25 Absatz 1 oder 2, eine Niederlassungserlaubnis nach § 26 Absatz 3 oder nach Erteilung einer Aufenthaltserlaubnis nach § 25 Absatz 2 Satz 1 zweite Alternative eine Niederlassungserlaubnis nach § 26 Absatz 4 besitzt oder

2. der Ausländer oder sein mit ihm in familiärer Lebensgemeinschaft lebender Ehegatte eine Niederlassungserlaubnis nach § 19, eine Blaue

Karte EU, eine ICT-Karte oder eine Mobiler-ICT-Karte oder eine Aufenthaltserlaubnis nach § 20 oder § 20b besitzt.

(3) Bei gemeinsamem Sorgerecht soll eine Aufenthaltserlaubnis nach den Absätzen 1 und 2 auch zum Nachzug zu nur einem sorgeberechtigten Elternteil erteilt werden, wenn der andere Elternteil sein Einverständnis mit dem Aufenthalt des Kindes im Bundesgebiet erklärt hat oder eine entsprechende rechtsverbindliche Entscheidung einer zuständigen Stelle vorliegt.

(4) [1]Im Übrigen kann dem minderjährigen ledigen Kind eines Ausländers eine Aufenthaltserlaubnis erteilt werden, wenn es auf Grund der Umstände des Einzelfalls zur Vermeidung einer besonderen Härte erforderlich ist. [2]Hierbei sind das Kindeswohl und die familiäre Situation zu berücksichtigen.

(5) [1]Hält sich der Ausländer gemäß § 20a berechtigt im Bundesgebiet auf, so bedarf das minderjährige ledige Kind keines Aufenthaltstitels, wenn nachgewiesen wird, dass sich das Kind in dem anderen Mitgliedstaat der Europäischen Union rechtmäßig als Angehöriger des Ausländers aufgehalten hat. [2]Die Voraussetzungen nach § 20a Absatz 1 Satz 1 Nummer 1, 3 und 4 und die Ablehnungsgründe nach § 20c gelten für das minderjährige Kind entsprechend.

§ 33 Geburt eines Kindes im Bundesgebiet

[1]Einem Kind, das im Bundesgebiet geboren wird, kann abweichend von den §§ 5 und 29 Abs. 1 Nr. 2 von Amts wegen eine Aufenthaltserlaubnis erteilt werden, wenn ein Elternteil eine Aufenthaltserlaubnis, eine Niederlassungserlaubnis oder eine Erlaubnis zum Daueraufenthalt – EU besitzt. [2]Wenn zum Zeitpunkt der Geburt beide Elternteile oder der allein personensorgeberechtigte Elternteil eine Aufenthaltserlaubnis, eine Niederlassungserlaubnis oder eine Erlaubnis zum Daueraufenthalt – EU besitzen, wird dem im Bundesgebiet geborenen Kind die Aufenthaltserlaubnis von Amts wegen erteilt. [3]Der Aufenthalt eines im Bundesgebiet geborenen Kindes, dessen Mutter oder Vater zum Zeitpunkt der Geburt im Besitz eines Visums ist oder sich visumfrei aufhalten darf, gilt bis zum Ablauf des Visums oder des rechtmäßigen visumfreien Aufenthalts als erlaubt.

§ 34 Aufenthaltsrecht der Kinder

(1) Die einem Kind erteilte Aufenthaltserlaubnis ist abweichend von § 5 Abs. 1 Nr. 1 und § 29 Abs. 1 Nr. 2 zu verlängern, solange ein personensorgeberechtigter Elternteil eine Aufenthaltserlaubnis, Niederlassungserlaubnis oder eine Erlaubnis zum Daueraufenthalt – EU besitzt und das Kind mit ihm in familiärer Lebensgemeinschaft lebt oder das Kind im Falle seiner Ausreise ein Wiederkehrrecht gemäß § 37 hätte.

(2) ¹Mit Eintritt der Volljährigkeit wird die einem Kind erteilte Aufenthaltserlaubnis zu einem eigenständigen, vom Familiennachzug unabhängigen Aufenthaltsrecht. ²Das Gleiche gilt bei Erteilung einer Niederlassungserlaubnis und der Erlaubnis zum Daueraufenthalt – EU oder wenn die Aufenthaltserlaubnis in entsprechender Anwendung des § 37 verlängert wird.

(3) Die Aufenthaltserlaubnis kann verlängert werden, solange die Voraussetzungen für die Erteilung der Niederlassungserlaubnis und der Erlaubnis zum Daueraufenthalt – EU noch nicht vorliegen.

§ 35 Eigenständiges, unbefristetes Aufenthaltsrecht der Kinder

(1) ¹Einem minderjährigen Ausländer, der eine Aufenthaltserlaubnis nach diesem Abschnitt besitzt, ist abweichend von § 9 Abs. 2 eine Niederlassungserlaubnis zu erteilen, wenn er im Zeitpunkt der Vollendung seines 16. Lebensjahres seit fünf Jahren im Besitz der Aufenthaltserlaubnis ist. ²Das Gleiche gilt, wenn

1. der Ausländer volljährig und seit fünf Jahren im Besitz der Aufenthaltserlaubnis ist,
2. er über ausreichende Kenntnisse der deutschen Sprache verfügt und
3. sein Lebensunterhalt gesichert ist oder er sich in einer Ausbildung befindet, die zu einem anerkannten schulischen oder beruflichen Bildungsabschluss oder einem Hochschulabschluss führt.

(2) Auf die nach Absatz 1 erforderliche Dauer des Besitzes der Aufenthaltserlaubnis werden in der Regel nicht die Zeiten angerechnet, in denen der Ausländer außerhalb des Bundesgebiets die Schule besucht hat.

(3) ¹Ein Anspruch auf Erteilung einer Niederlassungserlaubnis nach Absatz 1 besteht nicht, wenn

1. ein auf dem persönlichen Verhalten des Ausländers beruhendes Ausweisungsinteresse besteht,
2. der Ausländer in den letzten drei Jahren wegen einer vorsätzlichen Straftat zu einer Jugendstrafe von mindestens sechs oder einer Freiheitsstrafe von mindestens drei Monaten oder einer Geldstrafe von mindestens 90 Tagessätzen verurteilt worden oder wenn die Verhängung einer Jugendstrafe ausgesetzt ist oder
3. der Lebensunterhalt nicht ohne Inanspruchnahme von Leistungen nach dem Zweiten oder Zwölften Buch Sozialgesetzbuch oder Jugendhilfe nach dem Achten Buch Sozialgesetzbuch gesichert ist, es sei denn, der Ausländer befindet sich in einer Ausbildung, die zu einem anerkannten schulischen oder beruflichen Bildungsabschluss führt.

²In den Fällen des Satzes 1 kann die Niederlassungserlaubnis erteilt oder die Aufenthaltserlaubnis verlängert werden. ³Ist im Falle des Satzes 1 Nr. 2 die Jugend- oder Freiheitsstrafe zur Bewährung oder die Verhängung einer Jugendstrafe ausgesetzt, wird die Aufenthaltserlaubnis in der Regel bis zum Ablauf der Bewährungszeit verlängert.

(4) Von den in Absatz 1 Satz 2 Nr. 2 und 3 und Absatz 3 Satz 1 Nr. 3 bezeichneten Voraussetzungen ist abzusehen, wenn sie von dem Ausländer wegen einer körperlichen, geistigen oder seelischen Krankheit oder Behinderung nicht erfüllt werden können.

§ 36 Nachzug der Eltern und sonstiger Familienangehöriger

(1) Den Eltern eines minderjährigen Ausländers, der eine Aufenthaltserlaubnis nach § 23 Absatz 4, § 25 Absatz 1 oder 2, eine Niederlassungserlaubnis nach § 26 Absatz 3 oder nach Erteilung einer Aufenthaltserlaubnis nach § 25 Absatz 2 Satz 1 zweite Alternative eine Niederlassungserlaubnis nach § 26 Absatz 4 besitzt, ist abweichend von § 5 Absatz 1 Nummer 1 und § 29 Absatz 1 Nummer 2 eine Aufenthaltserlaubnis zu erteilen, wenn sich kein personensorgeberechtigter Elternteil im Bundesgebiet aufhält.

(2) ¹Sonstigen Familienangehörigen eines Ausländers kann zum Familiennachzug eine Aufenthaltserlaubnis erteilt werden, wenn es zur Vermeidung einer außergewöhnlichen Härte erforderlich ist. ²Auf volljährige Familienangehörige sind § 30 Abs. 3 und § 31, auf minderjährige Familienangehörige ist § 34 entsprechend anzuwenden.

Abschnitt 7. Besondere Aufenthaltsrechte

§ 37 Recht auf Wiederkehr

(1) ¹Einem Ausländer, der als Minderjähriger rechtmäßig seinen gewöhnlichen Aufenthalt im Bundesgebiet hatte, ist eine Aufenthaltserlaubnis zu erteilen, wenn

1. der Ausländer sich vor seiner Ausreise acht Jahre rechtmäßig im Bundesgebiet aufgehalten und sechs Jahre im Bundesgebiet eine Schule besucht hat,
2. sein Lebensunterhalt aus eigener Erwerbstätigkeit oder durch eine Unterhaltsverpflichtung gesichert ist, die ein Dritter für die Dauer von fünf Jahren übernommen hat, und
3. der Antrag auf Erteilung der Aufenthaltserlaubnis nach Vollendung des 15. und vor Vollendung des 21. Lebensjahres sowie vor Ablauf von fünf Jahren seit der Ausreise gestellt wird.

²Die Aufenthaltserlaubnis berechtigt zur Ausübung einer Erwerbstätigkeit.

(2) ¹Zur Vermeidung einer besonderen Härte kann von den in Absatz 1 Satz 1 Nr. 1 und 3 bezeichneten Voraussetzungen abgewichen werden. ²Von den in Absatz 1 Satz 1 Nr. 1 bezeichneten Voraussetzungen kann abgesehen werden, wenn der Ausländer im Bundesgebiet einen anerkannten Schulabschluss erworben hat.

(2a) ¹Von den in Absatz 1 Satz 1 Nummer 1 bis 3 bezeichneten Voraussetzungen kann abgewichen werden, wenn der Ausländer rechtswidrig mit Gewalt oder Drohung mit einem empfindlichen Übel zur Eingehung der Ehe genötigt und von der Rückkehr nach Deutschland abgehalten wurde, er den Antrag auf Erteilung einer Aufenthaltserlaubnis innerhalb von drei Monaten nach Wegfall der Zwangslage, spätestens jedoch vor Ablauf von fünf Jahren seit der Ausreise, stellt, und gewährleistet erscheint, dass er sich aufgrund seiner bisherigen Ausbildung und Lebensverhältnisse in die Lebensverhältnisse der Bundesrepublik Deutschland einfügen kann. ²Erfüllt der Ausländer die Voraussetzungen des Absatzes 1 Satz 1 Nummer 1, soll ihm eine Aufenthaltserlaubnis erteilt werden, wenn er rechtswidrig mit Gewalt oder Drohung mit einem empfindlichen Übel zur Eingehung der Ehe genötigt und von der Rückkehr nach Deutschland abgehalten wurde und er den Antrag auf Erteilung einer Aufenthaltserlaubnis innerhalb von drei

Monaten nach Wegfall der Zwangslage, spätestens jedoch vor Ablauf von zehn Jahren seit der Ausreise, stellt. ³Absatz 2 bleibt unberührt.

(3) Die Erteilung der Aufenthaltserlaubnis kann versagt werden,

1. wenn der Ausländer ausgewiesen worden war oder ausgewiesen werden konnte, als er das Bundesgebiet verließ,
2. wenn ein Ausweisungsinteresse besteht oder
3. solange der Ausländer minderjährig und seine persönliche Betreuung im Bundesgebiet nicht gewährleistet ist.

(4) Der Verlängerung der Aufenthaltserlaubnis steht nicht entgegen, dass der Lebensunterhalt nicht mehr aus eigener Erwerbstätigkeit gesichert oder die Unterhaltsverpflichtung wegen Ablaufs der fünf Jahre entfallen ist.

(5) Einem Ausländer, der von einem Träger im Bundesgebiet Rente bezieht, wird in der Regel eine Aufenthaltserlaubnis erteilt, wenn er sich vor seiner Ausreise mindestens acht Jahre rechtmäßig im Bundesgebiet aufgehalten hat.

§ 38 Aufenthaltstitel für ehemalige Deutsche

(1) ¹Einem ehemaligen Deutschen ist

1. eine Niederlassungserlaubnis zu erteilen, wenn er bei Verlust der deutschen Staatsangehörigkeit seit fünf Jahren als Deutscher seinen gewöhnlichen Aufenthalt im Bundesgebiet hatte,
2. eine Aufenthaltserlaubnis zu erteilen, wenn er bei Verlust der deutschen Staatsangehörigkeit seit mindestens einem Jahr seinen gewöhnlichen Aufenthalt im Bundesgebiet hatte.

²Der Antrag auf Erteilung eines Aufenthaltstitels nach Satz 1 ist innerhalb von sechs Monaten nach Kenntnis vom Verlust der deutschen Staatsangehörigkeit zu stellen. ³§ 81 Abs. 3 gilt entsprechend.

(2) Einem ehemaligen Deutschen, der seinen gewöhnlichen Aufenthalt im Ausland hat, kann eine Aufenthaltserlaubnis erteilt werden, wenn er über ausreichende Kenntnisse der deutschen Sprache verfügt.

(3) In besonderen Fällen kann der Aufenthaltstitel nach Absatz 1 oder 2 abweichend von § 5 erteilt werden.

(4) ¹Die Aufenthaltserlaubnis nach Absatz 1 oder 2 berechtigt zur Ausübung einer Erwerbstätigkeit. ²Die Ausübung einer Erwerbstätigkeit ist innerhalb der Antragsfrist des Absatzes 1 Satz 2 und im Falle der Antragstellung bis zur Entscheidung der Ausländerbehörde über den Antrag erlaubt.

(5) Die Absätze 1 bis 4 finden entsprechende Anwendung auf einen Ausländer, der aus einem nicht von ihm zu vertretenden Grund bisher von deutschen Stellen als Deutscher behandelt wurde.

§ 38a Aufenthaltserlaubnis für in anderen Mitgliedstaaten der Europäischen Union langfristig Aufenthaltsberechtigte

(1) ¹Einem Ausländer, der in einem anderen Mitgliedstaat der Europäischen Union die Rechtsstellung eines langfristig Aufenthaltsberechtigten innehat, wird eine Aufenthaltserlaubnis erteilt, wenn er sich länger als 90 Tage im Bundesgebiet aufhalten will. ²§ 8 Abs. 2 ist nicht anzuwenden.

(2) Absatz 1 ist nicht anzuwenden auf Ausländer, die

1. von einem Dienstleistungserbringer im Rahmen einer grenzüberschreitenden Dienstleistungserbringung entsandt werden,
2. sonst grenzüberschreitende Dienstleistungen erbringen wollen oder
3. sich zur Ausübung einer Beschäftigung als Saisonarbeitnehmer im Bundesgebiet aufhalten oder im Bundesgebiet eine Tätigkeit als Grenzarbeitnehmer aufnehmen wollen.

(3) ¹Die Aufenthaltserlaubnis berechtigt zur Ausübung einer Beschäftigung, wenn die Bundesagentur für Arbeit der Ausübung der Beschäftigung nach § 39 Absatz 2 zugestimmt hat oder durch Rechtsverordnung nach § 42 oder durch zwischenstaatliche Vereinbarung bestimmt ist, dass die Ausübung der Beschäftigung ohne Zustimmung der Bundesagentur für Arbeit zulässig ist. ²Die Aufenthaltserlaubnis berechtigt zur Ausübung einer selbständigen Tätigkeit, wenn die in § 21 genannten Voraussetzungen erfüllt sind. ³Wird der Aufenthaltstitel nach Absatz 1 für ein Studium oder für sonstige Ausbildungszwecke erteilt, sind die §§ 16 und 17 entsprechend anzuwenden. ⁴In den Fällen des § 17 wird der Aufenthaltstitel ohne Zustimmung der Bundesagentur für Arbeit erteilt.

(4) ¹Eine nach Absatz 1 erteilte Aufenthaltserlaubnis darf nur für höchstens zwölf Monate mit einer Nebenbestimmung nach § 39 Abs. 4 versehen wer-

den. ²Der in Satz 1 genannte Zeitraum beginnt mit der erstmaligen Erlaubnis einer Beschäftigung bei der Erteilung der Aufenthaltserlaubnis nach Absatz 1. ³Nach Ablauf dieses Zeitraums berechtigt die Aufenthaltserlaubnis zur Ausübung einer Erwerbstätigkeit.

Abschnitt 8. Beteiligung der Bundesagentur für Arbeit

§ 39 Zustimmung zur Ausländerbeschäftigung

(1) ¹Ein Aufenthaltstitel, der einem Ausländer die Ausübung einer Beschäftigung erlaubt, kann nur mit Zustimmung der Bundesagentur für Arbeit erteilt werden, soweit durch Rechtsverordnung nicht etwas anderes bestimmt ist. ²Die Zustimmung kann erteilt werden, wenn dies in zwischenstaatlichen Vereinbarungen, durch ein Gesetz oder durch Rechtsverordnung bestimmt ist.

(2) ¹Die Bundesagentur für Arbeit kann der Erteilung einer Aufenthaltserlaubnis zur Ausübung einer Beschäftigung nach § 18 oder einer Blauen Karte EU nach § 19a zustimmen, wenn

1. a) sich durch die Beschäftigung von Ausländern nachteilige Auswirkungen auf den Arbeitsmarkt, insbesondere hinsichtlich der Beschäftigungsstruktur, der Regionen und der Wirtschaftszweige, nicht ergeben und
   b) für die Beschäftigung deutsche Arbeitnehmer sowie Ausländer, die diesen hinsichtlich der Arbeitsaufnahme rechtlich gleichgestellt sind oder andere Ausländer, die nach dem Recht der Europäischen Union einen Anspruch auf vorrangigen Zugang zum Arbeitsmarkt haben, nicht zur Verfügung stehen oder
2. sie durch Prüfung nach Satz 1 Nr. 1 Buchstabe a und b für einzelne Berufsgruppen oder für einzelne Wirtschaftszweige festgestellt hat, dass die Besetzung der offenen Stellen mit ausländischen Bewerbern arbeitsmarkt- und integrationspolitisch verantwortbar ist,

und der Ausländer nicht zu ungünstigeren Arbeitsbedingungen als vergleichbare deutsche Arbeitnehmer beschäftigt wird. ²Für die Beschäftigung stehen deutsche Arbeitnehmer und diesen gleichgestellte Ausländer auch dann zur Verfügung, wenn sie nur mit Förderung der Agentur für Arbeit vermittelt werden können. ³Der Arbeitgeber, bei dem ein Ausländer beschäftigt werden soll oder beschäftigt ist, der dafür eine Zustimmung benötigt oder erhalten hat, hat der Bundesagentur für Arbeit Auskunft über Arbeitsentgelt, Arbeitszeiten und sonstige Arbeitsbedingungen zu erteilen.

(3) Absatz 2 gilt auch, wenn bei Aufenthalten zu anderen Zwecken nach den Abschnitten 3, 5 oder 7 eine Zustimmung der Bundesagentur für Arbeit zur Ausübung einer Beschäftigung erforderlich ist.

(4) Die Zustimmung kann die Dauer und die berufliche Tätigkeit festlegen sowie die Beschäftigung auf bestimmte Betriebe oder Bezirke beschränken.

(5) Die Bundesagentur für Arbeit kann der Erteilung einer Niederlassungserlaubnis nach § 19 zustimmen, wenn sich durch die Beschäftigung des Ausländers nachteilige Auswirkungen auf den Arbeitsmarkt nicht ergeben.

(6) ¹Die Absätze 2 und 4 gelten für die Erteilung einer Arbeitserlaubnis zum Zweck der Saisonbeschäftigung entsprechend. ²Im Übrigen sind die für die Zustimmung der Bundesagentur für Arbeit geltenden Rechtsvorschriften auf die Arbeitserlaubnis anzuwenden, soweit durch Gesetz oder Rechtsverordnung nichts anderes bestimmt ist. ³Die Bundesagentur für Arbeit kann für die Zustimmung zur Erteilung eines Aufenthaltstitels zum Zweck der Saisonbeschäftigung und für die Erteilung einer Arbeitserlaubnis zum Zweck der Saisonbeschäftigung am Bedarf orientierte Zulassungszahlen festlegen.

§ 40 Versagungsgründe

(1) Die Zustimmung nach § 39 ist zu versagen, wenn

1. das Arbeitsverhältnis auf Grund einer unerlaubten Arbeitsvermittlung oder Anwerbung zustande gekommen ist oder
2. der Ausländer als Leiharbeitnehmer (§ 1 Abs. 1 des Arbeitnehmerüberlassungsgesetzes) tätig werden will.

(2) Die Zustimmung kann versagt werden, wenn

1. der Ausländer gegen § 404 Abs. 1 oder 2 Nr. 2 bis 13 des Dritten Buches Sozialgesetzbuch, §§ 10, 10a oder § 11 des Schwarzarbeitsbekämpfungsgesetzes oder gegen die §§ 15, 15a oder § 16 Abs. 1 Nr. 2 des Arbeitnehmerüberlassungsgesetzes schuldhaft verstoßen hat,
2. wichtige Gründe in der Person des Ausländers vorliegen oder

VI. Aufenthaltsgesetz

3. die Beschäftigung bei einem Arbeitgeber erfolgen soll, der oder dessen nach Satzung oder Gesetz Vertretungsberechtigter innerhalb der letzten fünf Jahre wegen eines Verstoßes gegen § 404 Absatz 1 oder Absatz 2 Nummer 3 des Dritten Buches Sozialgesetzbuch rechtskräftig mit einer Geldbuße belegt oder wegen eines Verstoßes gegen die §§ 10, 10a oder 11 des Schwarzarbeitsbekämpfungsgesetzes oder gegen die §§ 15, 15a oder 16 Absatz 1 Nummer 2 des Arbeitnehmerüberlassungsgesetzes rechtskräftig zu einer Geld- oder Freiheitsstrafe verurteilt worden ist; dies gilt bei einem unternehmensinternen Transfer gemäß § 19b oder § 19d entsprechend für die aufnehmende Niederlassung.

(3) Die Zustimmung zur Erteilung einer ICT-Karte nach § 19b oder einer Mobiler-ICT-Karte nach § 19d kann versagt werden, wenn

1. der Arbeitgeber oder die aufnehmende Niederlassung seinen oder ihren sozialversicherungsrechtlichen, steuerrechtlichen oder arbeitsrechtlichen Pflichten nicht nachgekommen ist,
2. über das Vermögen des Unternehmens, dem der Ausländer angehört, oder über das Vermögen der aufnehmenden Niederlassung ein Insolvenzverfahren eröffnet wurde, das auf Auflösung des Unternehmens oder der Niederlassung und Abwicklung des Geschäftsbetriebs gerichtet ist,
3. das Unternehmen, dem der Ausländer angehört, oder die aufnehmende Niederlassung im Rahmen der Durchführung eines Insolvenzverfahrens aufgelöst wurde und der Geschäftsbetrieb abgewickelt wurde,
4. die Eröffnung eines Insolvenzverfahrens über das Vermögen des Unternehmens, dem der Ausländer angehört, oder über das Vermögen der aufnehmenden Niederlassung mangels Masse abgelehnt wurde und der Geschäftsbetrieb eingestellt wurde,
5. das Unternehmen, dem der Ausländer angehört, oder die aufnehmende Niederlassung keine Geschäftstätigkeit ausübt oder
6. durch die Präsenz des unternehmensintern transferierten Arbeitnehmers eine Einflussnahme auf arbeitsrechtliche oder betriebliche Auseinandersetzungen oder Verhandlungen bezweckt oder bewirkt wird.

§ 41 Widerruf der Zustimmung und Entzug der Arbeitserlaubnis

Die Zustimmung kann widerrufen und die Arbeitserlaubnis zum Zweck der Saisonbeschäftigung kann entzogen werden, wenn der Ausländer zu ungünstigeren Arbeitsbedingungen als vergleichbare deutsche Arbeitnehmer beschäftigt wird oder der Tatbestand des § 40 erfüllt ist.

§ 42 Verordnungsermächtigung und Weisungsrecht

(1) Das Bundesministerium für Arbeit und Soziales kann durch Rechtsverordnung mit Zustimmung des Bundesrates Folgendes bestimmen:

1. Beschäftigungen, für die eine Zustimmung der Bundesagentur für Arbeit (§ 17 Satz 1, § 17a Absatz 1 Satz 3, § 17b Absatz 1, § 18 Abs. 2 Satz 1, § 18d Absatz 1, § 19 Abs. 1, § 19a Absatz 1 Nummer 2, § 19b Absatz 2, § 19d Absatz 2) nicht erforderlich ist,
2. Berufsgruppen, bei denen nach Maßgabe des § 18 eine Beschäftigung ausländischer Erwerbstätiger zugelassen werden kann, und erforderlichenfalls nähere Voraussetzungen für deren Zulassung auf dem deutschen Arbeitsmarkt,
3. Ausnahmen für Angehörige bestimmter Staaten,
4. Tätigkeiten, die für die Durchführung dieses Gesetzes stets oder unter bestimmten Voraussetzungen nicht als Beschäftigung anzusehen sind.

(2) Das Bundesministerium für Arbeit und Soziales kann durch Rechtsverordnung ohne Zustimmung des Bundesrates Folgendes bestimmen:

1. die Voraussetzungen und das Verfahren zur Erteilung der Zustimmung der Bundesagentur für Arbeit; dabei kann auch ein alternatives Verfahren zur Vorrangprüfung geregelt werden,
2. Einzelheiten über die zeitliche, betriebliche, berufliche und regionale Beschränkung der Zustimmung nach § 39 Abs. 4,
3. Ausnahmen, in denen eine Zustimmung abweichend von § 39 Abs. 2 erteilt werden darf,
4. Beschäftigungen, für die eine Zustimmung der Bundesagentur für Arbeit nach § 4 Abs. 2 Satz 3 nicht erforderlich ist,
5. Fälle, in denen geduldeten Ausländern abweichend von § 4 Abs. 3 Satz 1 eine Beschäftigung erlaubt werden kann,

6. die Voraussetzungen und das Verfahren zur Erteilung einer Arbeitserlaubnis zum Zweck der Saisonbeschäftigung an Staatsangehörige der in Anhang II zu der Verordnung (EG) Nr. 539/2001 genannten Staaten.

(3) Das Bundesministerium für Arbeit und Soziales kann der Bundesagentur für Arbeit zur Durchführung der Bestimmungen dieses Gesetzes und der hierzu erlassenen Rechtsverordnungen sowie der von der Europäischen Union erlassenen Bestimmungen über den Zugang zum Arbeitsmarkt und der zwischenstaatlichen Vereinbarungen über die Beschäftigung von Arbeitnehmern Weisungen erteilen.

Kapitel 3. Integration

§ 43 Integrationskurs

(1) Die Integration von rechtmäßig auf Dauer im Bundesgebiet lebenden Ausländern in das wirtschaftliche, kulturelle und gesellschaftliche Leben in der Bundesrepublik Deutschland wird gefördert und gefordert.

(2) ¹Eingliederungsbemühungen von Ausländern werden durch ein Grundangebot zur Integration (Integrationskurs) unterstützt. ²Ziel des Integrationskurses ist, den Ausländern die Sprache, die Rechtsordnung, die Kultur und die Geschichte in Deutschland erfolgreich zu vermitteln. ³Ausländer sollen dadurch mit den Lebensverhältnissen im Bundesgebiet so weit vertraut werden, dass sie ohne die Hilfe oder Vermittlung Dritter in allen Angelegenheiten des täglichen Lebens selbständig handeln können.

(3) ¹Der Integrationskurs umfasst einen Basis- und einen Aufbausprachkurs von jeweils gleicher Dauer zur Erlangung ausreichender Sprachkenntnisse sowie einen Orientierungskurs zur Vermittlung von Kenntnissen der Rechtsordnung, der Kultur und der Geschichte in Deutschland. ²Der Integrationskurs wird vom Bundesamt für Migration und Flüchtlinge koordiniert und durchgeführt, das sich hierzu privater oder öffentlicher Träger bedienen kann. ³Für die Teilnahme am Integrationskurs sollen Kosten in angemessenem Umfang unter Berücksichtigung der Leistungsfähigkeit erhoben werden. ⁴Zur Zahlung ist auch derjenige verpflichtet, der dem Ausländer zur Gewährung des Lebensunterhalts verpflichtet ist.

(4) ¹Die Bundesregierung wird ermächtigt, nähere Einzelheiten des Integrationskurses, insbesondere die Grundstruktur, die Dauer, die Lerninhalte

VI. Aufenthaltsgesetz

und die Durchführung der Kurse, die Vorgaben bezüglich der Auswahl und Zulassung der Kursträger sowie die Voraussetzungen und die Rahmenbedingungen für die ordnungsgemäße und erfolgreiche Teilnahme und ihre Bescheinigung einschließlich der Kostentragung sowie die erforderliche Datenübermittlung zwischen den beteiligten Stellen und die Datenverarbeitung durch das Bundesamt für Migration und Flüchtlinge nach § 88a Absatz 1 und 1a durch eine Rechtsverordnung ohne Zustimmung des Bundesrates zu regeln. ²Hiervon ausgenommen sind die Prüfungs- und Nachweismodalitäten der Abschlusstests zu den Integrationskursen, die das Bundesministerium des Innern durch Rechtsverordnung ohne Zustimmung des Bundesrates regelt.

§ 44 Berechtigung zur Teilnahme an einem Integrationskurs

(1) ¹Einen Anspruch auf die einmalige Teilnahme an einem Integrationskurs hat ein Ausländer, der sich dauerhaft im Bundesgebiet aufhält, wenn ihm

1. erstmals eine Aufenthaltserlaubnis
    a) zu Erwerbszwecken (§§ 18, 21),
    b) zum Zweck des Familiennachzugs (§§ 28, 29, 30, 32, 36),
    c) aus humanitären Gründen nach § 25 Absatz 1, 2, 4a Satz 3 oder § 25b,
    d) als langfristig Aufenthaltsberechtigter nach § 38a oder
2. ein Aufenthaltstitel nach § 23 Abs. 2 oder Absatz 4

erteilt wird. ²Von einem dauerhaften Aufenthalt ist in der Regel auszugehen, wenn der Ausländer eine Aufenthaltserlaubnis von mindestens einem Jahr erhält oder seit über 18 Monaten eine Aufenthaltserlaubnis besitzt, es sei denn, der Aufenthalt ist vorübergehender Natur.

(2) ¹Der Teilnahmeanspruch nach Absatz 1 erlischt ein Jahr nach Erteilung des den Anspruch begründenden Aufenthaltstitels oder bei dessen Wegfall. ²Dies gilt nicht, wenn sich der Ausländer bis zu diesem Zeitpunkt aus von ihm nicht zu vertretenden Gründen nicht zu einem Integrationskurs anmelden konnte.

(3) ¹Der Anspruch auf Teilnahme am Integrationskurs besteht nicht

bei Kindern, Jugendlichen und jungen Erwachsenen, die eine schulische Ausbildung aufnehmen oder ihre bisherige Schullaufbahn in der Bundesrepublik Deutschland fortsetzen,

1. bei erkennbar geringem Integrationsbedarf oder
2. wenn der Ausländer bereits über ausreichende Kenntnisse der deutschen Sprache verfügt.

²Die Berechtigung zur Teilnahme am Orientierungskurs bleibt im Falle des Satzes 1 Nr. 3 hiervon unberührt.

(4) ¹Ein Ausländer, der einen Teilnahmeanspruch nicht oder nicht mehr besitzt, kann im Rahmen verfügbarer Kursplätze zur Teilnahme zugelassen werden. ²Diese Regelung findet entsprechend auf deutsche Staatsangehörige Anwendung, wenn sie nicht über ausreichende Kenntnisse der deutschen Sprache verfügen und in besonderer Weise integrationsbedürftig sind, sowie auf Ausländer, die

1. eine Aufenthaltsgestattung besitzen und bei denen ein rechtmäßiger und dauerhafter Aufenthalt zu erwarten ist,
2. eine Duldung nach § 60a Absatz 2 Satz 3 besitzen oder
3. eine Aufenthaltserlaubnis nach § 25 Absatz 5 besitzen.

³Bei einem Asylbewerber, der aus einem sicheren Herkunftsstaat nach § 29a des Asylgesetzes stammt, wird vermutet, dass ein rechtmäßiger und dauerhafter Aufenthalt nicht zu erwarten ist.

§ 44a Verpflichtung zur Teilnahme an einem Integrationskurs

(1) ¹Ein Ausländer ist zur Teilnahme an einem Integrationskurs verpflichtet, wenn

1. er nach § 44 einen Anspruch auf Teilnahme hat und
   a) sich nicht zumindest auf einfache Art in deutscher Sprache verständigen kann oder
   b) zum Zeitpunkt der Erteilung eines Aufenthaltstitels nach § 23 Abs. 2, § 28 Abs. 1 Satz 1 Nr. 1 oder § 30 nicht über ausreichende Kenntnisse der deutschen Sprache verfügt oder
2. er Leistungen nach dem Zweiten Buch Sozialgesetzbuch bezieht und die Teilnahme am Integrationskurs in einer Eingliederungsvereinbarung nach dem Zweiten Buch Sozialgesetzbuch vorgesehen ist,

3. er in besonderer Weise integrationsbedürftig ist und die Ausländerbehörde ihn zur Teilnahme am Integrationskurs auffordert oder
4. er zu dem in § 44 Absatz 4 Satz 2 Nummer 1 bis 3 genannten Personenkreis gehört, Leistungen nach dem Asylbewerberleistungsgesetz bezieht und die zuständige Leistungsbehörde ihn zur Teilnahme an einem Integrationskurs auffordert.

²In den Fällen des Satzes 1 Nr. 1 stellt die Ausländerbehörde bei der Erteilung des Aufenthaltstitels fest, dass der Ausländer zur Teilnahme verpflichtet ist. ³In den Fällen des Satzes 1 Nr. 2 ist der Ausländer auch zur Teilnahme verpflichtet, wenn der Träger der Grundsicherung für Arbeitsuchende ihn zur Teilnahme auffordert. ⁴Der Träger der Grundsicherung für Arbeitsuchende soll in den Fällen des Satzes 1 Nr. 1 und 3 beim Bezug von Leistungen nach dem Zweiten Buch Sozialgesetzbuch für die Maßnahmen nach § 15 des Zweiten Buches Sozialgesetzbuch der Verpflichtung durch die Ausländerbehörde im Regelfall folgen. ⁵Sofern der Träger der Grundsicherung für Arbeitsuchende im Einzelfall eine abweichende Entscheidung trifft, hat er dies der Ausländerbehörde mitzuteilen, die die Verpflichtung widerruft. ⁶Die Verpflichtung ist zu widerrufen, wenn einem Ausländer neben seiner Erwerbstätigkeit eine Teilnahme auch an einem Teilzeitkurs nicht zuzumuten ist. ⁷Darüber hinaus können die Ausländerbehörden einen Ausländer bei der Erteilung eines Aufenthaltstitels nach § 25 Absatz 1 oder 2 zur Teilnahme an einem Integrationskurs verpflichten, wenn er sich lediglich auf einfache Art in deutscher Sprache verständigen kann.

(1a) Die Teilnahmeverpflichtung nach Absatz 1 Satz 1 Nummer 1 erlischt außer durch Rücknahme oder Widerruf nur, wenn der Ausländer ordnungsgemäß am Integrationskurs teilgenommen hat.

(2) Von der Teilnahmeverpflichtung ausgenommen sind Ausländer,

1. die sich im Bundesgebiet in einer beruflichen oder sonstigen Ausbildung befinden,
2. die die Teilnahme an vergleichbaren Bildungsangeboten im Bundesgebiet nachweisen oder
3. deren Teilnahme auf Dauer unmöglich oder unzumutbar ist.

(2a) Von der Verpflichtung zur Teilnahme am Orientierungskurs sind Ausländer ausgenommen, die eine Aufenthaltserlaubnis nach § 38a besitzen, wenn sie nachweisen, dass sie bereits in einem anderen Mitgliedstaat der

Europäischen Union zur Erlangung ihrer Rechtsstellung als langfristig Aufenthaltsberechtigte an Integrationsmaßnahmen teilgenommen haben.

(3) ¹Kommt ein Ausländer seiner Teilnahmepflicht aus von ihm zu vertretenden Gründen nicht nach oder legt er den Abschlusstest nicht erfolgreich ab, weist ihn die zuständige Ausländerbehörde vor der Verlängerung seiner Aufenthaltserlaubnis auf die möglichen Auswirkungen seines Handelns (§ 8 Abs. 3, § 9 Abs. 2 Satz 1 Nr. 7 und 8, § 9a Absatz 2 Satz 1 Nummer 3 und 4 dieses Gesetzes, § 10 Abs. 3 des Staatsangehörigkeitsgesetzes) hin. ²Die Ausländerbehörde kann den Ausländer mit Mitteln des Verwaltungszwangs zur Erfüllung seiner Teilnahmepflicht anhalten. ³Bei Verletzung der Teilnahmepflicht kann der voraussichtliche Kostenbeitrag auch vorab in einer Summe durch Gebührenbescheid erhoben werden.

§ 45 Integrationsprogramm

¹Der Integrationskurs soll durch weitere Integrationsangebote des Bundes und der Länder, insbesondere sozialpädagogische und migrationsspezifische Beratungsangebote, ergänzt werden. ²Das Bundesministerium des Innern oder die von ihm bestimmte Stelle entwickelt ein bundesweites Integrationsprogramm, in dem insbesondere die bestehenden Integrationsangebote von Bund, Ländern, Kommunen und privaten Trägern für Ausländer und Spätaussiedler festgestellt und Empfehlungen zur Weiterentwicklung der Integrationsangebote vorgelegt werden. ³Bei der Entwicklung des bundesweiten Integrationsprogramms sowie der Erstellung von Informationsmaterialien über bestehende Integrationsangebote werden die Länder, die Kommunen und die Ausländerbeauftragten von Bund, Ländern und Kommunen sowie der Beauftragte der Bundesregierung für Aussiedlerfragen beteiligt. ⁴Darüber hinaus sollen Religionsgemeinschaften, Gewerkschaften, Arbeitgeberverbände, die Träger der freien Wohlfahrtspflege sowie sonstige gesellschaftliche Interessenverbände beteiligt werden.

§ 45a Berufsbezogene Deutschsprachförderung; Verordnungsermächtigung

(1) ¹Die Integration in den Arbeitsmarkt kann durch Maßnahmen der berufsbezogenen Deutschsprachförderung unterstützt werden. ²Diese Maßnahmen bauen in der Regel auf der allgemeinen Sprachförderung der Inte-

grationskurse auf. ³Die berufsbezogene Deutschsprachförderung wird vom Bundesamt für Migration und Flüchtlinge koordiniert und durchgeführt. ⁴Das Bundesamt für Migration und Flüchtlinge bedient sich zur Durchführung der Maßnahmen privater oder öffentlicher Träger.

(2) ¹Ein Ausländer ist zur Teilnahme an einer Maßnahme der berufsbezogenen Deutschsprachförderung verpflichtet, wenn er Leistungen nach dem Zweiten Buch Sozialgesetzbuch bezieht und die Teilnahme an der Maßnahme in einer Eingliederungsvereinbarung nach dem Zweiten Buch Sozialgesetzbuch vorgesehen ist. ²Leistungen zur Eingliederung in Arbeit nach dem Zweiten Buch Sozialgesetzbuch und Leistungen der aktiven Arbeitsförderung nach dem Dritten Buch Sozialgesetzbuch bleiben unberührt. ³Die berufsbezogene Deutschsprachförderung ist ausgeschlossen für einen Ausländer, der eine Aufenthaltsgestattung nach dem Asylgesetz besitzt und bei dem ein dauerhafter und rechtmäßiger Aufenthalt nicht zu erwarten ist. ⁴Bei einem Asylbewerber, der aus einem sicheren Herkunftsstaat nach § 29a des Asylgesetzes stammt, wird vermutet, dass ein rechtmäßiger und dauerhafter Aufenthalt nicht zu erwarten ist.

(3) Das Bundesministerium für Arbeit und Soziales wird ermächtigt, durch Rechtsverordnung ohne Zustimmung des Bundesrates im Einvernehmen mit dem Bundesministerium des Innern nähere Einzelheiten der berufsbezogenen Deutschsprachförderung, insbesondere die Grundstruktur, die Zielgruppen, die Dauer, die Lerninhalte und die Durchführung der Kurse, die Vorgaben bezüglich der Auswahl und Zulassung der Kursträger sowie die Voraussetzungen und die Rahmenbedingungen für den Zugang und die ordnungsgemäße und erfolgreiche Teilnahme einschließlich ihrer Abschlusszertifikate und der Kostentragung sowie die erforderliche Datenübermittlung zwischen den beteiligten Stellen und die Datenverarbeitung durch das Bundesamt für Migration und Flüchtlinge nach § 88a Absatz 3 zu regeln.

Kapitel 4. Ordnungsrechtliche Vorschriften

§ 46 Ordnungsverfügungen

(1) Die Ausländerbehörde kann gegenüber einem vollziehbar ausreisepflichtigen Ausländer Maßnahmen zur Förderung der Ausreise treffen, ins-

besondere kann sie den Ausländer verpflichten, den Wohnsitz an einem von ihr bestimmten Ort zu nehmen.

(2) ¹Einem Ausländer kann die Ausreise in entsprechender Anwendung des § 10 Abs. 1 und 2 des Passgesetzes untersagt werden. ²Im Übrigen kann einem Ausländer die Ausreise aus dem Bundesgebiet nur untersagt werden, wenn er in einen anderen Staat einreisen will, ohne im Besitz der dafür erforderlichen Dokumente und Erlaubnisse zu sein. ³Das Ausreiseverbot ist aufzuheben, sobald der Grund seines Erlasses entfällt.

§ 47 Verbot und Beschränkung der politischen Betätigung

(1) ¹Ausländer dürfen sich im Rahmen der allgemeinen Rechtsvorschriften politisch betätigen. ²Die politische Betätigung eines Ausländers kann beschränkt oder untersagt werden, soweit sie

1. die politische Willensbildung in der Bundesrepublik Deutschland oder das friedliche Zusammenleben von Deutschen und Ausländern oder von verschiedenen Ausländergruppen im Bundesgebiet, die öffentliche Sicherheit und Ordnung oder sonstige erhebliche Interessen der Bundesrepublik Deutschland beeinträchtigt oder gefährdet,
2. den außenpolitischen Interessen oder den völkerrechtlichen Verpflichtungen der Bundesrepublik Deutschland zuwiderlaufen kann,
3. gegen die Rechtsordnung der Bundesrepublik Deutschland, insbesondere unter Anwendung von Gewalt, verstößt oder
4. bestimmt ist, Parteien, andere Vereinigungen, Einrichtungen oder Bestrebungen außerhalb des Bundesgebiets zu fördern, deren Ziele oder Mittel mit den Grundwerten einer die Würde des Menschen achtenden staatlichen Ordnung unvereinbar sind.

(2) Die politische Betätigung eines Ausländers wird untersagt, soweit sie

1. die freiheitliche demokratische Grundordnung oder die Sicherheit der Bundesrepublik Deutschland gefährdet oder den kodifizierten Normen des Völkerrechts widerspricht,
2. Gewaltanwendung als Mittel zur Durchsetzung politischer, religiöser oder sonstiger Belange öffentlich unterstützt, befürwortet oder hervorzurufen bezweckt oder geeignet ist oder
3. Vereinigungen, politische Bewegungen oder Gruppen innerhalb oder außerhalb des Bundesgebiets unterstützt, die im Bundesgebiet An-

schläge gegen Personen oder Sachen oder außerhalb des Bundesgebiets Anschläge gegen Deutsche oder deutsche Einrichtungen veranlasst, befürwortet oder angedroht haben.

§ 47a Mitwirkungspflichten; Lichtbildabgleich

¹Ein Ausländer ist verpflichtet, seinen Pass, seinen Passersatz oder seinen Ausweisersatz auf Verlangen einer zur Identitätsfeststellung befugten Behörde vorzulegen und es ihr zu ermöglichen, sein Gesicht mit dem Lichtbild im Dokument abzugleichen. ²Dies gilt auch für die Bescheinigung über die Aufenthaltsgestattung nach § 63 Absatz 1 Satz 1 des Asylgesetzes. ³Ein Ausländer, der im Besitz eines Ankunftsnachweises im Sinne des § 63a Absatz 1 Satz 1 des Asylgesetzes oder eines der in § 48 Absatz 1 Nummer 2 genannten Dokumente ist, ist verpflichtet, den Ankunftsnachweis oder das Dokument auf Verlangen einer zur Überprüfung der darin enthaltenen Angaben befugten Behörde vorzulegen und es ihr zu ermöglichen, sein Gesicht mit dem Lichtbild im Dokument abzugleichen.

§ 48 Ausweisrechtliche Pflichten

(1) ¹Ein Ausländer ist verpflichtet,

1. seinen Pass, seinen Passersatz oder seinen Ausweisersatz und
2. seinen Aufenthaltstitel oder eine Bescheinigung über die Aussetzung der Abschiebung

auf Verlangen den mit dem Vollzug des Ausländerrechts betrauten Behörden vorzulegen, auszuhändigen und vorübergehend zu überlassen, soweit dies zur Durchführung oder Sicherung von Maßnahmen nach diesem Gesetz erforderlich ist. ²Die Verpflichtung nach Satz 1 Nummer 1 gilt auch, wenn ein deutscher Staatsangehöriger zugleich eine ausländische Staatsangehörigkeit besitzt, ihm die Ausreise nach § 10 Absatz 1 des Passgesetzes untersagt worden ist und die Vorlage, Aushändigung und vorübergehende Überlassung des ausländischen Passes oder Passersatzes zur Durchführung oder Sicherung des Ausreiseverbots erforderlich sind.

(2) Ein Ausländer, der einen Pass oder Passersatz weder besitzt noch in zumutbarer Weise erlangen kann, genügt der Ausweispflicht mit der Bescheinigung über einen Aufenthaltstitel oder die Aussetzung der Abschiebung,

wenn sie mit den Angaben zur Person und einem Lichtbild versehen und als Ausweisersatz bezeichnet ist.

(3) ¹Besitzt der Ausländer keinen gültigen Pass oder Passersatz, ist er verpflichtet, an der Beschaffung des Identitätspapiers mitzuwirken sowie alle Urkunden, sonstigen Unterlagen und Datenträger, die für die Feststellung seiner Identität und Staatsangehörigkeit und für die Feststellung und Geltendmachung einer Rückführungsmöglichkeit in einen anderen Staat von Bedeutung sein können und in deren Besitz er ist, den mit der Ausführung dieses Gesetzes betrauten Behörden auf Verlangen vorzulegen, auszuhändigen und zu überlassen. ²Kommt der Ausländer seiner Verpflichtung nicht nach und bestehen tatsächliche Anhaltspunkte, dass er im Besitz solcher Unterlagen oder Datenträger ist, können er und die von ihm mitgeführten Sachen durchsucht werden. ³Der Ausländer hat die Maßnahme zu dulden.

(3a) ¹Die Auswertung von Datenträgern ist nur zulässig, soweit dies für die Feststellung der Identität und Staatsangehörigkeit des Ausländers und für die Feststellung und Geltendmachung einer Rückführungsmöglichkeit in einen anderen Staat nach Maßgabe von Absatz 3 erforderlich ist und der Zweck der Maßnahme nicht durch mildere Mittel erreicht werden kann. ²Liegen tatsächliche Anhaltspunkte für die Annahme vor, dass durch die Auswertung von Datenträgern allein Erkenntnisse aus dem Kernbereich privater Lebensgestaltung erlangt würden, ist die Maßnahme unzulässig. ³Der Ausländer hat die notwendigen Zugangsdaten für eine zulässige Auswertung von Datenträgern zur Verfügung zu stellen. ⁴Die Datenträger dürfen nur von einem Bediensteten ausgewertet werden, der die Befähigung zum Richteramt hat. ⁵Erkenntnisse aus dem Kernbereich privater Lebensgestaltung, die durch die Auswertung von Datenträgern erlangt werden, dürfen nicht verwertet werden. ⁶Aufzeichnungen hierüber sind unverzüglich zu löschen. ⁷Die Tatsache ihrer Erlangung und Löschung ist aktenkundig zu machen. ⁸Sind die durch die Auswertung der Datenträger erlangten personenbezogenen Daten für die Zwecke nach Satz 1 nicht mehr erforderlich, sind sie unverzüglich zu löschen.

(4) ¹Wird nach § 5 Abs. 3 oder § 33 von der Erfüllung der Passpflicht (§ 3 Abs. 1) abgesehen, wird ein Ausweisersatz ausgestellt. ²Absatz 3 bleibt hiervon unberührt.

VI. Aufenthaltsgesetz

§ 48a Erhebung von Zugangsdaten

(1) Soweit der Ausländer die notwendigen Zugangsdaten für die Auswertung von Endgeräten, die er für telekommunikative Zwecke eingesetzt hat, nicht zur Verfügung stellt, darf von demjenigen, der geschäftsmäßig Telekommunikationsdienste erbringt oder daran mitwirkt, Auskunft über die Daten, mittels derer der Zugriff auf Endgeräte oder auf Speichereinrichtungen, die in diesen Endgeräten oder hiervon räumlich getrennt eingesetzt werden, geschützt wird (§ 113 Absatz 1 Satz 2 des Telekommunikationsgesetzes), verlangt werden, wenn die gesetzlichen Voraussetzungen für die Nutzung der Daten vorliegen.

(2) Der Ausländer ist von dem Auskunftsverlangen vorher in Kenntnis zu setzen.

(3) ¹Auf Grund eines Auskunftsverlangens nach Absatz 1 hat derjenige, der geschäftsmäßig Telekommunikationsdienste erbringt oder daran mitwirkt, die zur Auskunftserteilung erforderlichen Daten unverzüglich zu übermitteln. ²Für die Entschädigung der Diensteanbieter ist § 23 Absatz 1 des Justizvergütungs- und -entschädigungsgesetzes entsprechend anzuwenden.

§ 49 Überprüfung, Feststellung und Sicherung der Identität

(1) ¹Die mit dem Vollzug dieses Gesetzes betrauten Behörden dürfen unter den Voraussetzungen des § 48 Abs. 1 die auf dem elektronischen Speicher- und Verarbeitungsmedium eines Dokuments nach § 48 Abs. 1 Nr. 1 und 2 gespeicherten biometrischen und sonstigen Daten auslesen, die benötigten biometrischen Daten beim Inhaber des Dokuments erheben und die biometrischen Daten miteinander vergleichen. ²Darüber hinaus sind auch alle anderen Behörden, an die Daten aus dem Ausländerzentralregister nach den §§ 15 bis 20 des AZR-Gesetzes übermittelt werden, und die Meldebehörden befugt, Maßnahmen nach Satz 1 zu treffen, soweit sie die Echtheit des Dokuments oder die Identität des Inhabers überprüfen dürfen. ³Biometrische Daten nach Satz 1 sind nur die Fingerabdrücke und das Lichtbild.

(2) Jeder Ausländer ist verpflichtet, gegenüber den mit dem Vollzug des Ausländerrechts betrauten Behörden auf Verlangen die erforderlichen Angaben zu seinem Alter, seiner Identität und Staatsangehörigkeit zu machen und die von der Vertretung des Staates, dessen Staatsangehörigkeit er besitzt oder vermutlich besitzt, geforderten und mit dem deutschen Recht in Ein-

klang stehenden Erklärungen im Rahmen der Beschaffung von Heimreisedokumenten abzugeben.

(3) Bestehen Zweifel über die Person, das Lebensalter oder die Staatsangehörigkeit des Ausländers, so sind die zur Feststellung seiner Identität, seines Lebensalters oder seiner Staatsangehörigkeit erforderlichen Maßnahmen zu treffen, wenn

1. dem Ausländer die Einreise erlaubt, ein Aufenthaltstitel erteilt oder die Abschiebung ausgesetzt werden soll oder
2. es zur Durchführung anderer Maßnahmen nach diesem Gesetz erforderlich ist.

(4) Die Identität eines Ausländers ist durch erkennungsdienstliche Maßnahmen zu sichern, wenn eine Verteilung gemäß § 15a stattfindet.

(5) Zur Feststellung und Sicherung der Identität sollen die erforderlichen Maßnahmen durchgeführt werden,

1. wenn der Ausländer mit einem gefälschten oder verfälschten Pass oder Passersatz einreisen will oder eingereist ist;
2. wenn sonstige Anhaltspunkte den Verdacht begründen, dass der Ausländer nach einer Zurückweisung oder Beendigung des Aufenthalts erneut unerlaubt ins Bundesgebiet einreisen will;
3. bei Ausländern, die vollziehbar ausreisepflichtig sind, sofern die Zurückschiebung oder Abschiebung in Betracht kommt;
4. wenn der Ausländer in einen in § 26a Abs. 2 des Asylgesetzes genannten Drittstaat zurückgewiesen oder zurückgeschoben wird;
5. bei der Beantragung eines nationalen Visums;
6. bei der Gewährung von vorübergehendem Schutz nach § 24 sowie in den Fällen der §§ 23 und 29 Abs. 3;
7. wenn ein Versagungsgrund nach § 5 Abs. 4 festgestellt worden ist.

(6) [1]Maßnahmen im Sinne der Absätze 3 bis 5 mit Ausnahme des Absatzes 5 Nr. 5 sind das Aufnehmen von Lichtbildern, das Abnehmen von Fingerabdrücken sowie Messungen und ähnliche Maßnahmen, einschließlich körperlicher Eingriffe, die von einem Arzt nach den Regeln der ärztlichen Kunst zum Zweck der Feststellung des Alters vorgenommen werden, wenn kein Nachteil für die Gesundheit des Ausländers zu befürchten ist. [2]Die Maßnahmen sind zulässig bei Ausländern, die das 14. Lebensjahr vollendet haben; Zweifel an der Vollendung des 14. Lebensjahres gehen dabei zu

Lasten des Ausländers. ³Zur Feststellung der Identität sind diese Maßnahmen nur zulässig, wenn die Identität in anderer Weise, insbesondere durch Anfragen bei anderen Behörden nicht oder nicht rechtzeitig oder nur unter erheblichen Schwierigkeiten festgestellt werden kann.

(6a) Maßnahmen im Sinne des Absatzes 5 Nr. 5 sind das Aufnehmen von Lichtbildern und das Abnehmen von Fingerabdrücken.

(7) ¹Zur Bestimmung des Herkunftsstaates oder der Herkunftsregion des Ausländers kann das gesprochene Wort des Ausländers auf Ton- oder Datenträger aufgezeichnet werden. ²Diese Erhebung darf nur erfolgen, wenn der Ausländer vorher darüber in Kenntnis gesetzt wurde.

(8) ¹Die Identität eines Ausländers, der in Verbindung mit der unerlaubten Einreise aufgegriffen und nicht zurückgewiesen wird, ist durch erkennungsdienstliche Maßnahmen zu sichern. ²Nach Satz 1 dürfen nur Lichtbilder und Abdrucke aller zehn Finger aufgenommen werden. ³Die Identität eines Ausländers, der das 14. Lebensjahr noch nicht vollendet hat, ist unter den Voraussetzungen des Satzes 1 nur durch das Aufnehmen eines Lichtbildes zu sichern.

(9) ¹Die Identität eines Ausländers, der sich ohne erforderlichen Aufenthaltstitel im Bundesgebiet aufhält, ist durch erkennungsdienstliche Maßnahmen zu sichern. ²Die Identität eines Ausländers, der das 14. Lebensjahr noch nicht vollendet hat, ist unter den Voraussetzungen des Satzes 1 nur durch das Aufnehmen eines Lichtbildes zu sichern.

(10) Der Ausländer hat die Maßnahmen nach den Absätzen 1 und 3 bis 9 zu dulden.

§ 49a Fundpapier-Datenbank

(1) ¹Das Bundesverwaltungsamt führt eine Datenbank, in der Angaben zu in Deutschland aufgefundenen, von ausländischen öffentlichen Stellen ausgestellten Identifikationspapieren von Staatsangehörigen der in Anhang I der Verordnung (EG) Nr. 539/2001 (ABl. EG Nr. L 81 S. 1) genannten Staaten gespeichert werden (Fundpapier-Datenbank). ²Zweck der Speicherung ist die Feststellung der Identität oder Staatsangehörigkeit eines Ausländers und die Ermöglichung der Durchführung einer späteren Rückführung.

(2) ¹Ist ein Fundpapier nach Absatz 1 in den Besitz einer öffentlichen Stelle gelangt, übersendet sie es nach Ablauf von sieben Tagen unverzüglich dem Bundesverwaltungsamt, sofern

1. sie nicht von einer Verlustanzeige des Inhabers Kenntnis erlangt oder
2. sie nicht den inländischen Aufenthalt des Inhabers zweifelsfrei ermittelt oder
3. das Fundpapier nicht für Zwecke des Strafverfahrens oder für Beweiszwecke in anderen Verfahren benötigt wird.

²Im Falle des Satzes 1 Nr. 3 übermittelt die öffentliche Stelle die im Fundpapier enthaltenen Angaben nach § 49b Nr. 1 bis 3 an das Bundesverwaltungsamt zur Aufnahme in die Fundpapier-Datenbank.

§ 49b Inhalt der Fundpapier-Datenbank

In der Datei nach § 49a Abs. 1 werden nur folgende Daten gespeichert:

1. Angaben zum Inhaber des Fundpapiers:
   a) Familienname, Geburtsname, Vornamen, Schreibweise der Namen nach deutschem Recht,
   b) Geburtsdatum und Geburtsort,
   c) Geschlecht,
   d) Staatsangehörigkeit,
   e) Größe,
   f) Augenfarbe,
   g) Lichtbild,
   h) Fingerabdrücke,
2. Angaben zum Fundpapier:
   a) Art und Nummer,
   b) ausstellender Staat,
   c) Ausstellungsort und -datum,
   d) Gültigkeitsdauer,
3. weitere Angaben:
   a) Bezeichnung der einliefernden Stelle,
   b) Angaben zur Aufbewahrung oder Rückgabe,
4. Ablichtung aller Seiten des Fundpapiers,
5. Ablichtungen der Nachweise der Rückgabe an den ausstellenden Staat.

Kapitel 5. Beendigung des Aufenthalts
Abschnitt 1. Begründung der Ausreisepflicht

§ 50 Ausreisepflicht

(1) Ein Ausländer ist zur Ausreise verpflichtet, wenn er einen erforderlichen Aufenthaltstitel nicht oder nicht mehr besitzt und ein Aufenthaltsrecht nach dem Assoziationsabkommen EWG/Türkei nicht oder nicht mehr besteht.

(2) Der Ausländer hat das Bundesgebiet unverzüglich oder, wenn ihm eine Ausreisefrist gesetzt ist, bis zum Ablauf der Frist zu verlassen.

(3) ¹Durch die Einreise in einen anderen Mitgliedstaat der Europäischen Union oder in einen anderen Schengen-Staat genügt der Ausländer seiner Ausreisepflicht nur, wenn ihm Einreise und Aufenthalt dort erlaubt sind. ²Liegen diese Voraussetzungen vor, ist der ausreisepflichtige Ausländer aufzufordern, sich unverzüglich in das Hoheitsgebiet dieses Staates zu begeben.

(4) Ein ausreisepflichtiger Ausländer, der seine Wohnung wechseln oder den Bezirk der Ausländerbehörde für mehr als drei Tage verlassen will, hat dies der Ausländerbehörde vorher anzuzeigen.

(5) Der Pass oder Passersatz eines ausreisepflichtigen Ausländers soll bis zu dessen Ausreise in Verwahrung genommen werden.

(6) ¹Ein Ausländer kann zum Zweck der Aufenthaltsbeendigung in den Fahndungshilfsmitteln der Polizei zur Aufenthaltsermittlung und Festnahme ausgeschrieben werden, wenn sein Aufenthalt unbekannt ist. ²Ein Ausländer, gegen den ein Einreise- und Aufenthaltsverbot nach § 11 besteht, kann zum Zweck der Einreiseverweigerung zur Zurückweisung und für den Fall des Antreffens im Bundesgebiet zur Festnahme ausgeschrieben werden. ³Für Ausländer, die gemäß § 15a verteilt worden sind, gilt § 66 des Asylgesetzes entsprechend.

§ 51 Beendigung der Rechtmäßigkeit des Aufenthalts; Fortgeltung von Beschränkungen

(1) Der Aufenthaltstitel erlischt in folgenden Fällen:

1. Ablauf seiner Geltungsdauer,

2. Eintritt einer auflösenden Bedingung,
3. Rücknahme des Aufenthaltstitels,
4. Widerruf des Aufenthaltstitels,
5. Ausweisung des Ausländers,
5a. Bekanntgabe einer Abschiebungsanordnung nach § 58a,
6. wenn der Ausländer aus einem seiner Natur nach nicht vorübergehenden Grunde ausreist,
7. wenn der Ausländer ausgereist und nicht innerhalb von sechs Monaten oder einer von der Ausländerbehörde bestimmten längeren Frist wieder eingereist ist,
8. wenn ein Ausländer nach Erteilung eines Aufenthaltstitels gemäß der §§ 22, 23 oder § 25 Abs. 3 bis 5 einen Asylantrag stellt;

ein für mehrere Einreisen oder mit einer Geltungsdauer von mehr als 90 Tagen erteiltes Visum erlischt nicht nach den Nummern 6 und 7.

(1a) [1]Die Gültigkeit einer nach § 19b erteilten ICT-Karte erlischt nicht nach Absatz 1 Nummer 6 und 7, wenn der Ausländer von der in der Richtlinie 2014/66/EU vorgesehenen Möglichkeit Gebrauch macht, einen Teil des unternehmensinternen Transfers in einem anderen Mitgliedstaat der Europäischen Union durchzuführen. [2]Die Gültigkeit einer nach § 16 oder § 20 erteilten Aufenthaltserlaubnis erlischt nicht nach Absatz 1 Nummer 6 und 7, wenn der Ausländer von der in der Richtlinie (EU) 2016/801 vorgesehenen Möglichkeit Gebrauch macht, einen Teil des Studiums oder des Forschungsvorhabens in einem anderen Mitgliedstaat der Europäischen Union durchzuführen.

(2) [1]Die Niederlassungserlaubnis eines Ausländers, der sich mindestens 15 Jahre rechtmäßig im Bundesgebiet aufgehalten hat sowie die Niederlassungserlaubnis seines mit ihm in ehelicher Lebensgemeinschaft lebenden Ehegatten erlöschen nicht nach Absatz 1 Nr. 6 und 7, wenn deren Lebensunterhalt gesichert ist und kein Ausweisungsinteresse nach § 54 Absatz 1 Nummer 2 bis 5 oder Absatz 2 Nummer 5 bis 7 besteht. [2]Die Niederlassungserlaubnis eines mit einem Deutschen in ehelicher Lebensgemeinschaft lebenden Ausländers erlischt nicht nach Absatz 1 Nr. 6 und 7, wenn kein Ausweisungsinteresse nach § 54 Absatz 1 Nummer 2 bis 5 oder Absatz 2 Nummer 5 bis 7 besteht. [3]Zum Nachweis des Fortbestandes der Niederlassungserlaubnis stellt die Ausländerbehörde am Ort des letzten gewöhnlichen Aufenthalts auf Antrag eine Bescheinigung aus.

VI. Aufenthaltsgesetz

(3) Der Aufenthaltstitel erlischt nicht nach Absatz 1 Nr. 7, wenn die Frist lediglich wegen Erfüllung der gesetzlichen Wehrpflicht im Heimatstaat überschritten wird und der Ausländer innerhalb von drei Monaten nach der Entlassung aus dem Wehrdienst wieder einreist.

(4) ¹Nach Absatz 1 Nr. 7 wird in der Regel eine längere Frist bestimmt, wenn der Ausländer aus einem seiner Natur nach vorübergehenden Grunde ausreisen will und eine Niederlassungserlaubnis besitzt oder wenn der Aufenthalt außerhalb des Bundesgebiets Interessen der Bundesrepublik Deutschland dient. ²Abweichend von Absatz 1 Nummer 6 und 7 erlischt der Aufenthaltstitel eines Ausländers nicht, wenn er die Voraussetzungen des § 37 Absatz 1 Satz 1 Nummer 1 erfüllt, rechtswidrig mit Gewalt oder Drohung mit einem empfindlichen Übel zur Eingehung der Ehe genötigt und von der Rückkehr nach Deutschland abgehalten wurde und innerhalb von drei Monaten nach Wegfall der Zwangslage, spätestens jedoch innerhalb von zehn Jahren seit der Ausreise, wieder einreist.

(5) Die Befreiung vom Erfordernis des Aufenthaltstitels entfällt, wenn der Ausländer ausgewiesen, zurückgeschoben oder abgeschoben wird; § 11 Absatz 2 bis 5 findet entsprechende Anwendung.

(6) Räumliche und sonstige Beschränkungen und Auflagen nach diesem und nach anderen Gesetzen bleiben auch nach Wegfall des Aufenthaltstitels oder der Aussetzung der Abschiebung in Kraft, bis sie aufgehoben werden oder der Ausländer seiner Ausreisepflicht nachgekommen ist.

(7) ¹Im Falle der Ausreise eines Asylberechtigten oder eines Ausländers, dem das Bundesamt für Migration und Flüchtlinge unanfechtbar die Flüchtlingseigenschaft zuerkannt hat, erlischt der Aufenthaltstitel nicht, solange er im Besitz eines gültigen, von einer deutschen Behörde ausgestellten Reiseausweises für Flüchtlinge ist. ²Der Ausländer hat auf Grund seiner Anerkennung als Asylberechtigter oder der unanfechtbaren Zuerkennung der Flüchtlingseigenschaft durch das Bundesamt für Migration und Flüchtlinge keinen Anspruch auf erneute Erteilung eines Aufenthaltstitels, wenn er das Bundesgebiet verlassen hat und die Zuständigkeit für die Ausstellung eines Reiseausweises für Flüchtlinge auf einen anderen Staat übergegangen ist.

(8) ¹Vor der Aufhebung einer Aufenthaltserlaubnis nach § 38a Abs. 1, vor einer Ausweisung eines Ausländers, der eine solche Aufenthaltserlaubnis besitzt und vor dem Erlass einer gegen ihn gerichteten Abschiebungsanord-

nung nach § 58a gibt die zuständige Behörde in dem Verfahren nach § 91c Absatz 2 über das Bundesamt für Migration und Flüchtlinge dem Mitgliedstaat der Europäischen Union, in dem der Ausländer die Rechtsstellung eines langfristig Aufenthaltsberechtigten besitzt, Gelegenheit zur Stellungnahme, wenn die Abschiebung in ein Gebiet erwogen wird, in dem diese Rechtsstellung nicht erworben werden kann. ²Geht die Stellungnahme des anderen Mitgliedstaates rechtzeitig ein, wird sie von der zuständigen Behörde berücksichtigt.

(8a) ¹Soweit die Behörden anderer Schengen-Staaten über Entscheidungen nach Artikel 34 der Verordnung (EG) Nr. 810/2009, die durch die Ausländerbehörden getroffen wurden, zu unterrichten sind, erfolgt dies über das Bundesamt für Migration und Flüchtlinge. ²Die mit der polizeilichen Kontrolle des grenzüberschreitenden Verkehrs beauftragten Behörden unterrichten die Behörden anderer Schengen-Staaten unmittelbar über ihre Entscheidungen nach Artikel 34 der Verordnung (EG) Nr. 810/2009.

(9) ¹Die Erlaubnis zum Daueraufenthalt – EU erlischt nur, wenn

ihre Erteilung wegen Täuschung, Drohung oder Bestechung zurückgenommen wird,

1. der Ausländer ausgewiesen oder ihm eine Abschiebungsanordnung nach § 58a bekannt gegeben wird,
2. sich der Ausländer für einen Zeitraum von zwölf aufeinander folgenden Monaten außerhalb des Gebiets aufhält, in dem die Rechtsstellung eines langfristig Aufenthaltsberechtigten erworben werden kann; der Zeitraum beträgt 24 aufeinanderfolgende Monate bei einem Ausländer, der zuvor im Besitz einer Blauen Karte EU war, und bei seinen Familienangehörigen, die zuvor im Besitz einer Aufenthaltserlaubnis nach den §§ 30, 32, 33 oder 36 waren,
3. sich der Ausländer für einen Zeitraum von sechs Jahren außerhalb des Bundesgebiets aufhält oder
4. der Ausländer die Rechtsstellung eines langfristig Aufenthaltsberechtigten in einem anderen Mitgliedstaat der Europäischen Union erwirbt.

²Auf die in Satz 1 Nr. 3 und 4 genannten Fälle sind die Absätze 2 bis 4 entsprechend anzuwenden.

(10) ¹Abweichend von Absatz 1 Nummer 7 beträgt die Frist für die Blaue Karte EU und die Aufenthaltserlaubnisse nach den §§ 30, 32, 33 oder 36, die den Familienangehörigen eines Inhabers einer Blauen Karte EU erteilt worden sind, zwölf Monate. ²Gleiches gilt für die Niederlassungserlaubnis eines Ausländers, der sich mindestens 15 Jahre rechtmäßig im Bundesgebiet aufgehalten hat sowie die Niederlassungserlaubnis eines mit ihm in ehelicher Lebensgemeinschaft lebenden Ehegatten, wenn sie das 60. Lebensjahr vollendet haben.

§ 52 Widerruf

(1) ¹Der Aufenthaltstitel des Ausländers nach § 4 Absatz 1 Satz 2 Nummer 1 zweite Alternative, Nummer 2, 2a, 2b, 2c, 3 und 4 kann außer in den Fällen der Absätze 2 bis 6 nur widerrufen werden, wenn

1. er keinen gültigen Pass oder Passersatz mehr besitzt,
2. er seine Staatsangehörigkeit wechselt oder verliert,
3. er noch nicht eingereist ist,
4. seine Anerkennung als Asylberechtigter oder seine Rechtsstellung als Flüchtling oder als subsidiär Schutzberechtigter erlischt oder unwirksam wird oder
5. die Ausländerbehörde nach Erteilung einer Aufenthaltserlaubnis nach § 25 Abs. 3 Satz 1 feststellt, dass
    a) die Voraussetzungen des § 60 Absatz 5 oder 7 nicht oder nicht mehr vorliegen,
    b) der Ausländer einen der Ausschlussgründe nach § 25 Abs. 3 Satz 2 Nummer 1 bis 4 erfüllt oder
    c) in den Fällen des § 42 Satz 1 des Asylgesetzes die Feststellung aufgehoben oder unwirksam wird.

²In den Fällen des Satzes 1 Nr. 4 und 5 kann auch der Aufenthaltstitel der mit dem Ausländer in familiärer Gemeinschaft lebenden Familienangehörigen widerrufen werden, wenn diesen kein eigenständiger Anspruch auf den Aufenthaltstitel zusteht.

(2) ¹Ein nationales Visum, eine Aufenthaltserlaubnis und eine Blaue Karte EU, die zum Zweck der Beschäftigung erteilt wurden, sind zu widerrufen, wenn die Bundesagentur für Arbeit nach § 41 die Zustimmung zur Ausübung der Beschäftigung widerrufen hat. ²Ein nationales Visum und eine

Aufenthaltserlaubnis, die nicht zum Zweck der Beschäftigung erteilt wurden, sind im Falle des Satzes 1 in dem Umfang zu widerrufen, in dem sie die Beschäftigung gestatten.

(2a) ¹Eine nach § 19b erteilte ICT-Karte, eine nach § 19d erteilte Mobiler-ICT-Karte oder ein Aufenthaltstitel zum Zweck des Familiennachzugs zu einem Inhaber einer ICT-Karte oder Mobiler-ICT-Karte kann widerrufen werden, wenn der Ausländer

1. nicht mehr die Voraussetzungen der Erteilung erfüllt oder
2. gegen Vorschriften eines anderen Mitgliedstaates der Europäischen Union über die Mobilität von unternehmensintern transferierten Arbeitnehmern im Anwendungsbereich der Richtlinie 2014/66/EU verstoßen hat.

²Wird die ICT-Karte oder die Mobiler-ICT-Karte widerrufen, so ist zugleich der dem Familienangehörigen erteilte Aufenthaltstitel zu widerrufen, es sei denn, dem Familienangehörigen steht ein eigenständiger Anspruch auf einen Aufenthaltstitel zu.

(3) ¹Eine nach § 16 Absatz 1, 6 oder 9 zum Zweck des Studiums erteilte Aufenthaltserlaubnis kann widerrufen werden, wenn

1. der Ausländer ohne die erforderliche Erlaubnis eine Erwerbstätigkeit ausübt,
2. der Ausländer unter Berücksichtigung der durchschnittlichen Studiendauer an der betreffenden Hochschule im jeweiligen Studiengang und seiner individuellen Situation keine ausreichenden Studienfortschritte macht oder
3. der Ausländer nicht mehr die Voraussetzungen erfüllt, unter denen ihm eine Aufenthaltserlaubnis nach § 16 Absatz 1, 6 oder 9 erteilt werden könnte.

²Zur Prüfung der Voraussetzungen von Satz 1 Nummer 2 kann die Ausbildungseinrichtung beteiligt werden.

(4) Eine nach § 20 oder § 20b erteilte Aufenthaltserlaubnis kann widerrufen werden, wenn

1. die Forschungseinrichtung, mit welcher der Ausländer eine Aufnahmevereinbarung abgeschlossen hat, ihre Anerkennung verliert, sofern

er an einer Handlung beteiligt war, die zum Verlust der Anerkennung geführt hat,
2. der Ausländer bei der Forschungseinrichtung keine Forschung mehr betreibt oder betreiben darf oder
3. der Ausländer nicht mehr die Voraussetzungen erfüllt, unter denen ihm eine Aufenthaltserlaubnis nach § 20 oder § 20b erteilt werden könnte oder eine Aufnahmevereinbarung mit ihm abgeschlossen werden dürfte.

(4a) Eine nach § 17b oder § 18d erteilte Aufenthaltserlaubnis kann widerrufen werden, wenn der Ausländer nicht mehr die Voraussetzungen erfüllt, unter denen ihm die Aufenthaltserlaubnis erteilt werden könnte.

(5) [1]Eine Aufenthaltserlaubnis nach § 25 Absatz 4a Satz 1 oder Absatz 4b Satz 1 soll widerrufen werden, wenn

1. der Ausländer nicht bereit war oder nicht mehr bereit ist, im Strafverfahren auszusagen,
2. die Angaben des Ausländers, auf die in § 25 Absatz 4a Satz 2 Nummer 1 oder Absatz 4b Satz 2 Nummer 1 Bezug genommen wird, nach Mitteilung der Staatsanwaltschaft oder des Strafgerichts mit hinreichender Wahrscheinlichkeit als falsch anzusehen sind oder
3. der Ausländer auf Grund sonstiger Umstände nicht mehr die Voraussetzungen für die Erteilung eines Aufenthaltstitels nach § 25 Absatz 4a oder Absatz 4b erfüllt.

[2]Eine Aufenthaltserlaubnis nach § 25 Absatz 4a Satz 1 soll auch dann widerrufen werden, wenn der Ausländer freiwillig wieder Verbindung zu den Personen nach § 25 Absatz 4a Satz 2 Nummer 2 aufgenommen hat.

(6) Eine Aufenthaltserlaubnis nach § 38a soll widerrufen werden, wenn der Ausländer seine Rechtsstellung als langfristig Aufenthaltsberechtigter in einem anderen Mitgliedstaat der Europäischen Union verliert.

§ 53 Ausweisung

(1) Ein Ausländer, dessen Aufenthalt die öffentliche Sicherheit und Ordnung, die freiheitliche demokratische Grundordnung oder sonstige erhebliche Interessen der Bundesrepublik Deutschland gefährdet, wird ausgewiesen, wenn die unter Berücksichtigung aller Umstände des Einzelfalles

vorzunehmende Abwägung der Interessen an der Ausreise mit den Interessen an einem weiteren Verbleib des Ausländers im Bundesgebiet ergibt, dass das öffentliche Interesse an der Ausreise überwiegt.

(2) Bei der Abwägung nach Absatz 1 sind nach den Umständen des Einzelfalles insbesondere die Dauer seines Aufenthalts, seine persönlichen, wirtschaftlichen und sonstigen Bindungen im Bundesgebiet und im Herkunftsstaat oder in einem anderen zur Aufnahme bereiten Staat, die Folgen der Ausweisung für Familienangehörige und Lebenspartner sowie die Tatsache, ob sich der Ausländer rechtstreu verhalten hat, zu berücksichtigen.

(3) Ein Ausländer, der als Asylberechtigter anerkannt ist, der im Bundesgebiet die Rechtsstellung eines ausländischen Flüchtlings genießt, der einen von einer Behörde der Bundesrepublik Deutschland ausgestellten Reiseausweis nach dem Abkommen vom 28. Juli 1951 über die Rechtsstellung der Flüchtlinge (BGBl. 1953 II S. 559) besitzt, dem nach dem Assoziationsabkommen EWG/Türkei ein Aufenthaltsrecht zusteht oder der eine Erlaubnis zum Daueraufenthalt EU besitzt, darf nur ausgewiesen werden, wenn das persönliche Verhalten des Betroffenen gegenwärtig eine schwerwiegende Gefahr für die öffentliche Sicherheit und Ordnung darstellt, die ein Grundinteresse der Gesellschaft berührt und die Ausweisung für die Wahrung dieses Interesses unerlässlich ist.

(4) [1]Ein Ausländer, der einen Asylantrag gestellt hat, kann nur unter der Bedingung ausgewiesen werden, dass das Asylverfahren unanfechtbar ohne Anerkennung als Asylberechtigter oder ohne die Zuerkennung internationalen Schutzes (§ 1 Absatz 1 Nummer 2 des Asylgesetzes) abgeschlossen wird. [2]Von der Bedingung wird abgesehen, wenn

1. ein Sachverhalt vorliegt, der nach Absatz 3 eine Ausweisung rechtfertigt oder
2. eine nach den Vorschriften des Asylgesetzes erlassene Abschiebungsandrohung vollziehbar geworden ist.

§ 54 Ausweisungsinteresse

(1) Das Ausweisungsinteresse im Sinne von § 53 Absatz 1 wiegt besonders schwer, wenn der Ausländer

VI. Aufenthaltsgesetz

1. wegen einer oder mehrerer vorsätzlicher Straftaten rechtskräftig zu einer Freiheits- oder Jugendstrafe von mindestens zwei Jahren verurteilt worden ist oder bei der letzten rechtskräftigen Verurteilung Sicherungsverwahrung angeordnet worden ist,
1a. wegen einer oder mehrerer vorsätzlicher Straftaten gegen das Leben, die körperliche Unversehrtheit, die sexuelle Selbstbestimmung, das Eigentum oder wegen Widerstands gegen Vollstreckungsbeamte rechtskräftig zu einer Freiheits- oder Jugendstrafe von mindestens einem Jahr verurteilt worden ist, sofern die Straftat mit Gewalt, unter Anwendung von Drohung mit Gefahr für Leib oder Leben oder mit List begangen worden ist oder eine Straftat nach § 177 des Strafgesetzbuches ist; bei serienmäßiger Begehung von Straftaten gegen das Eigentum wiegt das Ausweisungsinteresse auch dann besonders schwer, wenn der Täter keine Gewalt, Drohung oder List angewendet hat,
2. die freiheitliche demokratische Grundordnung oder die Sicherheit der Bundesrepublik Deutschland gefährdet; hiervon ist auszugehen, wenn Tatsachen die Schlussfolgerung rechtfertigen, dass er einer Vereinigung angehört oder angehört hat, die den Terrorismus unterstützt oder er eine derartige Vereinigung unterstützt oder unterstützt hat oder er eine in § 89a Absatz 1 des Strafgesetzbuchs bezeichnete schwere staatsgefährdende Gewalttat nach § 89a Absatz 2 des Strafgesetzbuchs vorbereitet oder vorbereitet hat, es sei denn, der Ausländer nimmt erkennbar und glaubhaft von seinem sicherheitsgefährdenden Handeln Abstand,
3. zu den Leitern eines Vereins gehörte, der unanfechtbar verboten wurde, weil seine Zwecke oder seine Tätigkeit den Strafgesetzen zuwiderlaufen oder er sich gegen die verfassungsmäßige Ordnung oder den Gedanken der Völkerverständigung richtet,
4. sich zur Verfolgung politischer oder religiöser Ziele an Gewalttätigkeiten beteiligt oder öffentlich zur Gewaltanwendung aufruft oder mit Gewaltanwendung droht oder
5. zu Hass gegen Teile der Bevölkerung aufruft; hiervon ist auszugehen, wenn er auf eine andere Person gezielt und andauernd einwirkt, um Hass auf Angehörige bestimmter ethnischer Gruppen oder Religionen zu erzeugen oder zu verstärken oder öffentlich, in einer Versammlung oder durch Verbreiten von Schriften in einer Weise, die geeignet ist, die öffentliche Sicherheit und Ordnung zu stören,
   a) gegen Teile der Bevölkerung zu Willkürmaßnahmen aufstachelt,

b) Teile der Bevölkerung böswillig verächtlich macht und dadurch die Menschenwürde anderer angreift oder
c) Verbrechen gegen den Frieden, gegen die Menschlichkeit, ein Kriegsverbrechen oder terroristische Taten von vergleichbarem Gewicht billigt oder dafür wirbt,

es sei denn, der Ausländer nimmt erkennbar und glaubhaft von seinem Handeln Abstand.

(2) Das Ausweisungsinteresse im Sinne von § 53 Absatz 1 wiegt schwer, wenn der Ausländer

1. wegen einer oder mehrerer vorsätzlicher Straftaten rechtskräftig zu einer Freiheitsstrafe von mindestens einem Jahr verurteilt worden ist,
1a. wegen einer oder mehrerer vorsätzlicher Straftaten gegen das Leben, die körperliche Unversehrtheit, die sexuelle Selbstbestimmung, das Eigentum oder wegen Widerstands gegen Vollstreckungsbeamte rechtskräftig zu einer Freiheits- oder Jugendstrafe verurteilt worden ist, sofern die Straftat mit Gewalt, unter Anwendung von Drohung mit Gefahr für Leib oder Leben oder mit List begangen worden ist oder eine Straftat nach § 177 des Strafgesetzbuches ist; bei serienmäßiger Begehung von Straftaten gegen das Eigentum wiegt das Ausweisungsinteresse auch dann schwer, wenn der Täter keine Gewalt, Drohung oder List angewendet hat,
2. wegen einer oder mehrerer vorsätzlicher Straftaten rechtskräftig zu einer Jugendstrafe von mindestens einem Jahr verurteilt und die Vollstreckung der Strafe nicht zur Bewährung ausgesetzt worden ist,
3. als Täter oder Teilnehmer den Tatbestand des § 29 Absatz 1 Satz 1 Nummer 1 des Betäubungsmittelgesetzes verwirklicht oder dies versucht,
4. Heroin, Kokain oder ein vergleichbar gefährliches Betäubungsmittel verbraucht und nicht zu einer erforderlichen seiner Rehabilitation dienenden Behandlung bereit ist oder sich ihr entzieht,
5. eine andere Person in verwerflicher Weise, insbesondere unter Anwendung oder Androhung von Gewalt, davon abhält, am wirtschaftlichen, kulturellen oder gesellschaftlichen Leben in der Bundesrepublik Deutschland teilzuhaben,
6. eine andere Person zur Eingehung der Ehe nötigt oder dies versucht oder wiederholt eine Handlung entgegen § 11 Absatz 2 Satz 1 und 2 des Personenstandsgesetzes vornimmt, die einen schwerwiegenden

Verstoß gegen diese Vorschrift darstellt; ein schwerwiegender Verstoß liegt vor, wenn eine Person, die das 16. Lebensjahr noch nicht vollendet hat, beteiligt ist,

7. in einer Befragung, die der Klärung von Bedenken gegen die Einreise oder den weiteren Aufenthalt dient, der deutschen Auslandsvertretung oder der Ausländerbehörde gegenüber frühere Aufenthalte in Deutschland oder anderen Staaten verheimlicht oder in wesentlichen Punkten vorsätzlich keine, falsche oder unvollständige Angaben über Verbindungen zu Personen oder Organisationen macht, die der Unterstützung des Terrorismus oder der Gefährdung der freiheitlichen demokratischen Grundordnung oder der Sicherheit der Bundesrepublik Deutschland verdächtig sind; die Ausweisung auf dieser Grundlage ist nur zulässig, wenn der Ausländer vor der Befragung ausdrücklich auf den sicherheitsrechtlichen Zweck der Befragung und die Rechtsfolgen verweigerter, falscher oder unvollständiger Angaben hingewiesen wurde,

8. in einem Verwaltungsverfahren, das von Behörden eines Schengen-Staates durchgeführt wurde, im In- oder Ausland
   a) falsche oder unvollständige Angaben zur Erlangung eines deutschen Aufenthaltstitels, eines Schengen-Visums, eines Flughafentransitvisums, eines Passersatzes, der Zulassung einer Ausnahme von der Passpflicht oder der Aussetzung der Abschiebung gemacht hat oder
   b) trotz bestehender Rechtspflicht nicht an Maßnahmen der für die Durchführung dieses Gesetzes oder des Schengener Durchführungsübereinkommens zuständigen Behörden mitgewirkt hat, soweit der Ausländer zuvor auf die Rechtsfolgen solcher Handlungen hingewiesen wurde oder

9. einen nicht nur vereinzelten oder geringfügigen Verstoß gegen Rechtsvorschriften oder gerichtliche oder behördliche Entscheidungen oder Verfügungen begangen oder außerhalb des Bundesgebiets eine Handlung begangen hat, die im Bundesgebiet als vorsätzliche schwere Straftat anzusehen ist.

§ 54a (aufgehoben)

§ 55 Bleibeinteresse

(1) Das Bleibeinteresse im Sinne von § 53 Absatz 1 wiegt besonders schwer, wenn der Ausländer

1. eine Niederlassungserlaubnis besitzt und sich seit mindestens fünf Jahren rechtmäßig im Bundesgebiet aufgehalten hat,
2. eine Aufenthaltserlaubnis besitzt und im Bundesgebiet geboren oder als Minderjähriger in das Bundesgebiet eingereist ist und sich seit mindestens fünf Jahren rechtmäßig im Bundesgebiet aufgehalten hat,
3. eine Aufenthaltserlaubnis besitzt, sich seit mindestens fünf Jahren rechtmäßig im Bundesgebiet aufgehalten hat und mit einem der in den Nummern 1 und 2 bezeichneten Ausländer in ehelicher oder lebenspartnerschaftlicher Lebensgemeinschaft lebt,
4. mit einem deutschen Familienangehörigen oder Lebenspartner in familiärer oder lebenspartnerschaftlicher Lebensgemeinschaft lebt, sein Personensorgerecht für einen minderjährigen ledigen Deutschen oder mit diesem sein Umgangsrecht ausübt,
5. die Rechtsstellung eines subsidiär Schutzberechtigten im Sinne des § 4 Absatz 1 des Asylgesetzes genießt oder
6. eine Aufenthaltserlaubnis nach § 23 Absatz 4, den §§ 24, 25 Absatz 4a Satz 3 oder nach § 29 Absatz 2 oder 4 besitzt.

(2) Das Bleibeinteresse im Sinne von § 53 Absatz 1 wiegt insbesondere schwer, wenn

1. der Ausländer minderjährig ist und eine Aufenthaltserlaubnis besitzt,
2. der Ausländer eine Aufenthaltserlaubnis besitzt und sich seit mindestens fünf Jahren im Bundesgebiet aufhält,
3. der Ausländer sein Personensorgerecht für einen im Bundesgebiet rechtmäßig sich aufhaltenden ledigen Minderjährigen oder mit diesem sein Umgangsrecht ausübt,
4. der Ausländer minderjährig ist und sich die Eltern oder ein personensorgeberechtigter Elternteil rechtmäßig im Bundesgebiet aufhalten beziehungsweise aufhält,
5. die Belange oder das Wohl eines Kindes zu berücksichtigen sind beziehungsweise ist oder

6. der Ausländer eine Aufenthaltserlaubnis nach § 25 Absatz 4a Satz 1 besitzt.

(3) Aufenthalte auf der Grundlage von § 81 Absatz 3 Satz 1 und Absatz 4 Satz 1 werden als rechtmäßiger Aufenthalt im Sinne der Absätze 1 und 2 nur berücksichtigt, wenn dem Antrag auf Erteilung oder Verlängerung des Aufenthaltstitels entsprochen wurde.

§ 56 Überwachung ausreisepflichtiger Ausländer aus Gründen der inneren Sicherheit

(1) ¹Ein Ausländer, gegen den eine Ausweisungsverfügung auf Grund eines Ausweisungsinteresses nach § 54 Absatz 1 Nummer 2 bis 5 oder eine Abschiebungsanordnung nach § 58a besteht, unterliegt der Verpflichtung, sich mindestens einmal wöchentlich bei der für seinen Aufenthaltsort zuständigen polizeilichen Dienststelle zu melden, soweit die Ausländerbehörde nichts anderes bestimmt. ²Eine dem Satz 1 entsprechende Meldepflicht kann angeordnet werden, wenn der Ausländer

1. vollziehbar ausreisepflichtig ist und ein in Satz 1 genanntes Ausweisungsinteresse besteht oder
2. auf Grund anderer als der in Satz 1 genannten Ausweisungsinteressen vollziehbar ausreisepflichtig ist und die Anordnung der Meldepflicht zur Abwehr einer Gefahr für die öffentliche Sicherheit und Ordnung erforderlich ist.

(2) Sein Aufenthalt ist auf den Bezirk der Ausländerbehörde beschränkt, soweit die Ausländerbehörde keine abweichenden Festlegungen trifft.

(3) Er kann verpflichtet werden, in einem anderen Wohnort oder in bestimmten Unterkünften auch außerhalb des Bezirks der Ausländerbehörde zu wohnen, wenn dies geboten erscheint, um die Fortführung von Bestrebungen, die zur Ausweisung geführt haben, zu erschweren oder zu unterbinden und die Einhaltung vereinsrechtlicher oder sonstiger gesetzlicher Auflagen und Verpflichtungen besser überwachen zu können.

(4) Um die Fortführung von Bestrebungen, die zur Ausweisung nach § 54 Absatz 1 Nummer 2 bis 5, zu einer Anordnung nach Absatz 1 Satz 2 Nummer 1 oder zu einer Abschiebungsanordnung nach § 58a geführt haben, zu erschweren oder zu unterbinden, kann der Ausländer auch verpflichtet

werden, zu bestimmten Personen oder Personen einer bestimmten Gruppe keinen Kontakt aufzunehmen, mit ihnen nicht zu verkehren, sie nicht zu beschäftigen, auszubilden oder zu beherbergen und bestimmte Kommunikationsmittel oder Dienste nicht zu nutzen, soweit ihm Kommunikationsmittel verbleiben und die Beschränkungen notwendig sind, um eine erhebliche Gefahr für die innere Sicherheit oder für Leib und Leben Dritter abzuwehren.

(5) ¹Die Verpflichtungen nach den Absätzen 1 bis 4 ruhen, wenn sich der Ausländer in Haft befindet. ²Eine Anordnung nach den Absätzen 3 und 4 ist sofort vollziehbar.

§ 56a Elektronische Aufenthaltsüberwachung; Verordnungsermächtigung

(1) Um eine erhebliche Gefahr für die innere Sicherheit oder für Leib und Leben Dritter abzuwehren, kann ein Ausländer, der einer räumlichen Beschränkung des Aufenthaltes nach § 56 Absatz 2 und 3 oder einem Kontaktverbot nach § 56 Absatz 4 unterliegt, auf richterliche Anordnung verpflichtet werden,

1. die für eine elektronische Überwachung seines Aufenthaltsortes erforderlichen technischen Mittel ständig in betriebsbereitem Zustand am Körper bei sich zu führen und
2. deren Funktionsfähigkeit nicht zu beeinträchtigen.

(2) ¹Die Anordnung ergeht für längstens drei Monate. ²Sie kann um jeweils höchstens drei Monate verlängert werden, wenn die Voraussetzungen weiterhin vorliegen. ³Liegen die Voraussetzungen der Anordnung nicht mehr vor, ist die Maßnahme unverzüglich zu beenden.

(3) ¹Die Ausländerbehörde erhebt und speichert mit Hilfe der vom Ausländer mitgeführten technischen Mittel automatisiert Daten über

1. dessen Aufenthaltsort sowie
2. über etwaige Beeinträchtigungen der Datenerhebung.

²Soweit es technisch möglich ist, ist sicherzustellen, dass innerhalb der Wohnung des Ausländers keine über den Umstand seiner Anwesenheit hinausgehenden Aufenthaltsdaten erhoben werden. ³Die Landesregierungen können durch Rechtsverordnung bestimmen, dass eine andere Stelle als die Ausländerbehörde die in Satz 1 genannten Daten erhebt und speichert.

⁴Die Ermächtigung nach Satz 3 kann durch Rechtsverordnung von den Landesregierungen auf die für den Vollzug dieses Gesetzes zuständigen obersten Landesbehörden übertragen werden.

(4) Die Daten dürfen ohne Einwilligung der betroffenen Person nur verwendet werden, soweit dies erforderlich ist

1. zur Feststellung von Verstößen gegen eine räumliche Beschränkung des Aufenthaltes nach § 56 Absatz 2 und 3 oder ein Kontaktverbot nach § 56 Absatz 4,
2. zur Verfolgung einer Ordnungswidrigkeit nach § 98 Absatz 3 Nummer 5a oder einer Straftat nach § 95 Absatz 1 Nummer 6a,
3. zur Feststellung eines Verstoßes gegen eine vollstreckbare gerichtliche Anordnung nach Absatz 1 und zur Verfolgung einer Straftat nach § 95 Absatz 2 Nummer 1a,
4. zur Abwehr einer erheblichen gegenwärtigen Gefahr für Leib, Leben oder Freiheit einer dritten Person,
5. zur Verfolgung von erheblichen Straftaten gegen Leib und Leben einer dritten Person oder von Straftaten nach § 89a oder § 129a des Strafgesetzbuches oder
6. zur Aufrechterhaltung der Funktionsfähigkeit der technischen Mittel.

(5) ¹Zur Einhaltung der Zweckbindung nach Absatz 4 hat die Verarbeitung der Daten automatisiert zu erfolgen und sind die Daten gegen unbefugte Kenntnisnahme besonders zu sichern. ²Die in Absatz 3 Satz 1 genannten Daten sind spätestens zwei Monate nach ihrer Erhebung zu löschen, soweit sie nicht für die in Absatz 4 genannten Zwecke verwendet werden. ³Jeder Abruf der Daten ist zu protokollieren. ⁴Die Protokolldaten sind nach zwölf Monaten zu löschen. ⁵Werden innerhalb der Wohnung der betroffenen Person über den Umstand ihrer Anwesenheit hinausgehende Aufenthaltsdaten erhoben, dürfen diese nicht verwertet werden und sind unverzüglich nach Kenntnisnahme zu löschen. ⁶Die Tatsache ihrer Kenntnisnahme und Löschung ist zu dokumentieren. ⁷Die Dokumentation darf ausschließlich für Zwecke der Datenschutzkontrolle verwendet werden. ⁸Sie ist nach Abschluss der Datenschutzkontrolle zu löschen.

(6) Zur Durchführung der Maßnahme nach Absatz 1 hat die zuständige Stelle im Sinne des Absatzes 3:

1. eingehende Systemmeldungen über Verstöße nach Absatz 4 Nummer 1 entgegenzunehmen und zu bewerten,
2. Daten des Aufenthaltsortes der betroffenen Person an die zuständigen Behörden weiterzugeben, sofern dies zur Durchsetzung von Maßnahmen nach Absatz 4 Nummer 1 erforderlich ist,
3. Daten des Aufenthaltsortes der betroffenen Person an die zuständige Bußgeldbehörde zur Verfolgung einer Ordnungswidrigkeit nach § 98 Absatz 3 Nummer 5a oder an die zuständige Strafverfolgungsbehörde zur Verfolgung einer Straftat nach § 95 Absatz 1 Nummer 6a oder Absatz 2 Nummer 1a weiterzugeben,
4. Daten des Aufenthaltsortes der betroffenen Person an zuständige Polizeibehörden weiterzugeben, sofern dies zur Abwehr einer erheblichen gegenwärtigen Gefahr im Sinne von Absatz 4 Nummer 4 erforderlich ist,
5. Daten des Aufenthaltsortes der betroffenen Person an die zuständigen Polizei- und Strafverfolgungsbehörden weiterzugeben, wenn dies zur Verhütung oder zur Verfolgung einer in Absatz 4 Nummer 5 genannten Straftat erforderlich ist,
6. die Ursache einer Meldung zu ermitteln; hierzu kann die zuständige Stelle Kontakt mit der betroffenen Person aufnehmen, sie befragen, sie auf den Verstoß hinweisen und ihr mitteilen, wie sie dessen Beendigung bewirken kann,
7. eine Überprüfung der bei der betroffenen Person vorhandenen technischen Geräte auf ihre Funktionsfähigkeit oder Manipulation und die zu der Behebung einer Funktionsbeeinträchtigung erforderlichen Maßnahmen, insbesondere des Austausches der technischen Mittel oder von Teilen davon, einzuleiten,
8. Anfragen der betroffenen Person zum Umgang mit den technischen Mitteln zu beantworten.

(7) Im Antrag auf Anordnung einer Maßnahme nach Absatz 1 sind anzugeben

1. die Person, gegen die sich die Maßnahme richtet, mit Name und Anschrift,
2. Art, Umfang und Dauer der Maßnahme,
3. die Angabe, ob gegenüber der Person, gegen die sich die Maßnahme richtet, eine räumliche Beschränkung nach § 56 Absatz 2 und 3 oder ein Kontaktverbot nach § 56 Absatz 4 besteht,

4. der Sachverhalt sowie
5. eine Begründung.

(8) ¹Die Anordnung ergeht schriftlich. ²In ihr sind anzugeben

1. die Person, gegen die sich die Maßnahme richtet, mit Name und Anschrift,
2. Art, Umfang und Dauer der Maßnahme sowie
3. die wesentlichen Gründe.

(9) ¹Für richterliche Anordnungen nach Absatz 1 ist das Amtsgericht zuständig, in dessen Bezirk die zuständige Stelle im Sinne des Absatzes 3 ihren Sitz hat. ²Für das Verfahren gelten die Vorschriften des Gesetzes über das Verfahren in Familiensachen und in den Angelegenheiten der freiwilligen Gerichtsbarkeit entsprechend.

(10) § 56 Absatz 5 Satz 1 findet entsprechend Anwendung.

Abschnitt 2. Durchsetzung der Ausreisepflicht

§ 57 Zurückschiebung

(1) Ein Ausländer, der in Verbindung mit der unerlaubten Einreise über eine Grenze im Sinne des Artikels 2 Nummer 2 der Verordnung (EG) Nr. 562/2006 (Außengrenze) aufgegriffen wird, soll zurückgeschoben werden.

(2) Ein vollziehbar ausreisepflichtiger Ausländer, der durch einen anderen Mitgliedstaat der Europäischen Union, Norwegen oder die Schweiz auf Grund einer am 13. Januar 2009 geltenden zwischenstaatlichen Übernahmevereinbarung wieder aufgenommen wird, soll in diesen Staat zurückgeschoben werden; Gleiches gilt, wenn der Ausländer von der Grenzbehörde im grenznahen Raum in unmittelbarem zeitlichen Zusammenhang mit einer unerlaubten Einreise angetroffen wird und Anhaltspunkte dafür vorliegen, dass ein anderer Staat auf Grund von Rechtsvorschriften der Europäischen Union oder eines völkerrechtlichen Vertrages für die Durchführung des Asylverfahrens zuständig ist und ein Auf- oder Wiederaufnahmeverfahren eingeleitet wird.

(3) § 58 Absatz 1b, § 59 Absatz 8, § 60 Absatz 1 bis 5 und 7 bis 9, die §§ 62 und 62a sind entsprechend anzuwenden.

§ 58 Abschiebung

(1) ¹Der Ausländer ist abzuschieben, wenn die Ausreisepflicht vollziehbar ist, eine Ausreisefrist nicht gewährt wurde oder diese abgelaufen ist, und die freiwillige Erfüllung der Ausreisepflicht nicht gesichert ist oder aus Gründen der öffentlichen Sicherheit und Ordnung eine Überwachung der Ausreise erforderlich erscheint. ²Bei Eintritt einer der in § 59 Absatz 1 Satz 2 genannten Voraussetzungen innerhalb der Ausreisefrist soll der Ausländer vor deren Ablauf abgeschoben werden.

(1a) Vor der Abschiebung eines unbegleiteten minderjährigen Ausländers hat sich die Behörde zu vergewissern, dass dieser im Rückkehrstaat einem Mitglied seiner Familie, einer zur Personensorge berechtigten Person oder einer geeigneten Aufnahmeeinrichtung übergeben wird.

(1b) ¹Ein Ausländer, der eine Erlaubnis zum Daueraufenthalt – EU besitzt oder eine entsprechende Rechtsstellung in einem anderen Mitgliedstaat der Europäischen Union innehat und in einem anderen Mitgliedstaat der Europäischen Union international Schutzberechtigter ist, darf außer in den Fällen des § 60 Absatz 8 Satz 1 nur in den schutzgewährenden Mitgliedstaat abgeschoben werden. ²§ 60 Absatz 2, 3, 5 und 7 bleibt unberührt.

(2) ¹Die Ausreisepflicht ist vollziehbar, wenn der Ausländer

1. unerlaubt eingereist ist,
2. noch nicht die erstmalige Erteilung des erforderlichen Aufenthaltstitels oder noch nicht die Verlängerung beantragt hat oder trotz erfolgter Antragstellung der Aufenthalt nicht nach § 81 Abs. 3 als erlaubt oder der Aufenthaltstitel nach § 81 Abs. 4 nicht als fortbestehend gilt oder
3. auf Grund einer Rückführungsentscheidung eines anderen Mitgliedstaates der Europäischen Union gemäß Artikel 3 der Richtlinie 2001/40/EG des Rates vom 28. Mai 2001 über die gegenseitige Anerkennung von Entscheidungen über die Rückführung von Drittstaatsangehörigen (ABl. EG Nr. L 149 S. 34) ausreisepflichtig wird, sofern diese von der zuständigen Behörde anerkannt wird.

²Im Übrigen ist die Ausreisepflicht erst vollziehbar, wenn die Versagung des Aufenthaltstitels oder der sonstige Verwaltungsakt, durch den der Ausländer nach § 50 Abs. 1 ausreisepflichtig wird, vollziehbar ist.

(3) Die Überwachung der Ausreise ist insbesondere erforderlich, wenn der Ausländer

1. sich auf richterliche Anordnung in Haft oder in sonstigem öffentlichen Gewahrsam befindet,
2. innerhalb der ihm gesetzten Ausreisefrist nicht ausgereist ist,
3. auf Grund eines besonders schwerwiegenden Ausweisungsinteresses nach § 54 Absatz 1 in Verbindung mit § 53 ausgewiesen worden ist,
4. mittellos ist,
5. keinen Pass oder Passersatz besitzt,
6. gegenüber der Ausländerbehörde zum Zweck der Täuschung unrichtige Angaben gemacht oder die Angaben verweigert hat oder
7. zu erkennen gegeben hat, dass er seiner Ausreisepflicht nicht nachkommen wird.

§ 58a Abschiebungsanordnung

(1) ¹Die oberste Landesbehörde kann gegen einen Ausländer auf Grund einer auf Tatsachen gestützten Prognose zur Abwehr einer besonderen Gefahr für die Sicherheit der Bundesrepublik Deutschland oder einer terroristischen Gefahr ohne vorhergehende Ausweisung eine Abschiebungsanordnung erlassen. ²Die Abschiebungsanordnung ist sofort vollziehbar; einer Abschiebungsandrohung bedarf es nicht.

(2) ¹Das Bundesministerium des Innern kann die Übernahme der Zuständigkeit erklären, wenn ein besonderes Interesse des Bundes besteht. ²Die oberste Landesbehörde ist hierüber zu unterrichten. ³Abschiebungsanordnungen des Bundes werden von der Bundespolizei vollzogen.

(3) ¹Eine Abschiebungsanordnung darf nicht vollzogen werden, wenn die Voraussetzungen für ein Abschiebungsverbot nach § 60 Abs. 1 bis 8 gegeben sind. ²§ 59 Abs. 2 und 3 ist entsprechend anzuwenden. ³Die Prüfung obliegt der über die Abschiebungsanordnung entscheidenden Behörde, die nicht an hierzu getroffene Feststellungen aus anderen Verfahren gebunden ist.

(4) ¹Dem Ausländer ist nach Bekanntgabe der Abschiebungsanordnung unverzüglich Gelegenheit zu geben, mit einem Rechtsbeistand seiner Wahl Verbindung aufzunehmen, es sei denn, er hat sich zuvor anwaltlichen Beistands versichert; er ist hierauf, auf die Rechtsfolgen der Abschiebungsanordnung und die gegebenen Rechtsbehelfe hinzuweisen. ²Ein Antrag auf Gewährung vorläufigen Rechtsschutzes nach der Verwaltungsgerichtsordnung ist innerhalb von sieben Tagen nach Bekanntgabe der Abschiebungsanordnung zu stellen. ³Die Abschiebung darf bis zum Ablauf der Frist nach Satz 2 und im Falle der rechtzeitigen Antragstellung bis zur Entscheidung des Gerichts über den Antrag auf vorläufigen Rechtsschutz nicht vollzogen werden.

§ 59 Androhung der Abschiebung

(1) ¹Die Abschiebung ist unter Bestimmung einer angemessenen Frist zwischen sieben und 30 Tagen für die freiwillige Ausreise anzudrohen. ²Ausnahmsweise kann eine kürzere Frist gesetzt oder von einer Fristsetzung abgesehen werden, wenn dies im Einzelfall zur Wahrung überwiegender öffentlicher Belange zwingend erforderlich ist, insbesondere wenn

1. der begründete Verdacht besteht, dass der Ausländer sich der Abschiebung entziehen will, oder
2. von dem Ausländer eine erhebliche Gefahr für die öffentliche Sicherheit oder Ordnung ausgeht.

³Unter den in Satz 2 genannten Voraussetzungen kann darüber hinaus auch von einer Abschiebungsandrohung abgesehen werden, wenn

1. der Aufenthaltstitel nach § 51 Absatz 1 Nummer 3 bis 5 erloschen ist oder
2. der Ausländer bereits unter Wahrung der Erfordernisse des § 77 auf das Bestehen seiner Ausreisepflicht hingewiesen worden ist.

⁴Die Ausreisefrist kann unter Berücksichtigung der besonderen Umstände des Einzelfalls angemessen verlängert oder für einen längeren Zeitraum festgesetzt werden. ⁵§ 60a Absatz 2 bleibt unberührt. ⁶Wenn die Vollziehbarkeit der Ausreisepflicht oder der Abschiebungsandrohung entfällt, wird die Ausreisefrist unterbrochen und beginnt nach Wiedereintritt der Vollziehbarkeit erneut zu laufen. ⁷Einer erneuten Fristsetzung bedarf es

nicht. ⁸Nach Ablauf der Frist zur freiwilligen Ausreise darf der Termin der Abschiebung dem Ausländer nicht angekündigt werden.

(2) In der Androhung soll der Staat bezeichnet werden, in den der Ausländer abgeschoben werden soll, und der Ausländer darauf hingewiesen werden, dass er auch in einen anderen Staat abgeschoben werden kann, in den er einreisen darf oder der zu seiner Übernahme verpflichtet ist.

(3) ¹Dem Erlass der Androhung steht das Vorliegen von Abschiebungsverboten und Gründen für die vorübergehende Aussetzung der Abschiebung nicht entgegen. ²In der Androhung ist der Staat zu bezeichnen, in den der Ausländer nicht abgeschoben werden darf. ³Stellt das Verwaltungsgericht das Vorliegen eines Abschiebungsverbots fest, so bleibt die Rechtmäßigkeit der Androhung im Übrigen unberührt.

(4) ¹Nach dem Eintritt der Unanfechtbarkeit der Abschiebungsandrohung bleiben für weitere Entscheidungen der Ausländerbehörde über die Abschiebung oder die Aussetzung der Abschiebung Umstände unberücksichtigt, die einer Abschiebung in den in der Abschiebungsandrohung bezeichneten Staat entgegenstehen und die vor dem Eintritt der Unanfechtbarkeit der Abschiebungsandrohung eingetreten sind; sonstige von dem Ausländer geltend gemachte Umstände, die der Abschiebung oder der Abschiebung in diesen Staat entgegenstehen, können unberücksichtigt bleiben. ²Die Vorschriften, nach denen der Ausländer die im Satz 1 bezeichneten Umstände gerichtlich im Wege der Klage oder im Verfahren des vorläufigen Rechtsschutzes nach der Verwaltungsgerichtsordnung geltend machen kann, bleiben unberührt.

(5) ¹In den Fällen des § 58 Abs. 3 Nr. 1 bedarf es keiner Fristsetzung; der Ausländer wird aus der Haft oder dem öffentlichen Gewahrsam abgeschoben. ²Die Abschiebung soll mindestens eine Woche vorher angekündigt werden.

(6) Über die Fristgewährung nach Absatz 1 wird dem Ausländer eine Bescheinigung ausgestellt.

(7) ¹Liegen der Ausländerbehörde konkrete Anhaltspunkte dafür vor, dass der Ausländer Opfer einer in § 25 Absatz 4a Satz 1 oder in § 25 Absatz 4b Satz 1 genannten Straftat wurde, setzt sie abweichend von Absatz 1 Satz 1 eine Ausreisefrist, die so zu bemessen ist, dass er eine Entscheidung über seine Aussagebereitschaft nach § 25 Absatz 4a Satz 2 Nummer 3 oder nach

§ 25 Absatz 4b Satz 2 Nummer 2 treffen kann. ²Die Ausreisefrist beträgt mindestens drei Monate. ³Die Ausländerbehörde kann von der Festsetzung einer Ausreisefrist nach Satz 1 absehen, diese aufheben oder verkürzen, wenn

1. der Aufenthalt des Ausländers die öffentliche Sicherheit und Ordnung oder sonstige erhebliche Interessen der Bundesrepublik Deutschland beeinträchtigt oder
2. der Ausländer freiwillig nach der Unterrichtung nach Satz 4 wieder Verbindung zu den Personen nach § 25 Absatz 4a Satz 2 Nummer 2 aufgenommen hat.

⁴Die Ausländerbehörde oder eine durch sie beauftragte Stelle unterrichtet den Ausländer über die geltenden Regelungen, Programme und Maßnahmen für Opfer von in § 25 Absatz 4a Satz 1 genannten Straftaten.

(8) Ausländer, die ohne die nach § 4 Absatz 3 erforderliche Berechtigung zur Erwerbstätigkeit beschäftigt waren, sind vor der Abschiebung über die Rechte nach Artikel 6 Absatz 2 und Artikel 13 der Richtlinie 2009/52/EG des Europäischen Parlaments und des Rates vom 18. Juni 2009 über Mindeststandards für Sanktionen und Maßnahmen gegen Arbeitgeber, die Drittstaatsangehörige ohne rechtmäßigen Aufenthalt beschäftigen (ABl. L 168 vom 30.6.2009, S. 24), zu unterrichten.

§ 60 Verbot der Abschiebung

(1) ¹In Anwendung des Abkommens vom 28. Juli 1951 über die Rechtsstellung der Flüchtlinge (BGBl. 1953 II S. 559) darf ein Ausländer nicht in einen Staat abgeschoben werden, in dem sein Leben oder seine Freiheit wegen seiner Rasse, Religion, Nationalität, seiner Zugehörigkeit zu einer bestimmten sozialen Gruppe oder wegen seiner politischen Überzeugung bedroht ist. ²Dies gilt auch für Asylberechtigte und Ausländer, denen die Flüchtlingseigenschaft unanfechtbar zuerkannt wurde oder die aus einem anderen Grund im Bundesgebiet die Rechtsstellung ausländischer Flüchtlinge genießen oder die außerhalb des Bundesgebiets als ausländische Flüchtlinge nach dem Abkommen über die Rechtsstellung der Flüchtlinge anerkannt sind. ³Wenn der Ausländer sich auf das Abschiebungsverbot nach diesem Absatz beruft, stellt das Bundesamt für Migration und Flüchtlinge außer in den Fällen des Satzes 2 in einem Asylverfahren fest, ob die Voraussetzun-

gen des Satzes 1 vorliegen und dem Ausländer die Flüchtlingseigenschaft zuzuerkennen ist. ⁴Die Entscheidung des Bundesamtes kann nur nach den Vorschriften des Asylgesetzes angefochten werden.

(2) ¹Ein Ausländer darf nicht in einen Staat abgeschoben werden, in dem ihm der in § 4 Absatz 1 des Asylgesetzes bezeichnete ernsthafte Schaden droht. ²Absatz 1 Satz 3 und 4 gilt entsprechend.

(3) Darf ein Ausländer nicht in einen Staat abgeschoben werden, weil dieser Staat den Ausländer wegen einer Straftat sucht und die Gefahr der Verhängung oder der Vollstreckung der Todesstrafe besteht, finden die Vorschriften über die Auslieferung entsprechende Anwendung.

(4) Liegt ein förmliches Auslieferungsersuchen oder ein mit der Ankündigung eines Auslieferungsersuchens verbundenes Festnahmeersuchen eines anderen Staates vor, darf der Ausländer bis zur Entscheidung über die Auslieferung nur mit Zustimmung der Behörde, die nach § 74 des Gesetzes über die internationale Rechtshilfe in Strafsachen für die Bewilligung der Auslieferung zuständig ist, in diesen Staat abgeschoben werden.

(5) Ein Ausländer darf nicht abgeschoben werden, soweit sich aus der Anwendung der Konvention vom 4. November 1950 zum Schutze der Menschenrechte und Grundfreiheiten (BGBl. 1952 II S. 685) ergibt, dass die Abschiebung unzulässig ist.

(6) Die allgemeine Gefahr, dass einem Ausländer in einem anderen Staat Strafverfolgung und Bestrafung drohen können und, soweit sich aus den Absätzen 2 bis 5 nicht etwas anderes ergibt, die konkrete Gefahr einer nach der Rechtsordnung eines anderen Staates gesetzmäßigen Bestrafung stehen der Abschiebung nicht entgegen.

(7) ¹Von der Abschiebung eines Ausländers in einen anderen Staat soll abgesehen werden, wenn dort für diesen Ausländer eine erhebliche konkrete Gefahr für Leib, Leben oder Freiheit besteht. Eine erhebliche konkrete Gefahr aus gesundheitlichen Gründen liegt nur vor bei lebensbedrohlichen oder schwerwiegenden Erkrankungen, die sich durch die Abschiebung wesentlich verschlechtern würden. Es ist nicht erforderlich, dass die medizinische Versorgung im Zielstaat mit der Versorgung in der Bundesrepublik Deutschland gleichwertig ist. Eine ausreichende medizinische Versorgung liegt in der Regel auch vor, wenn diese nur in einem Teil des Zielstaats gewährleistet ist. ³Gefahren nach Satz 1, denen die Bevölkerung oder die

Bevölkerungsgruppe, der der Ausländer angehört, allgemein ausgesetzt ist, sind bei Anordnungen nach § 60a Abs. 1 Satz 1 zu berücksichtigen.

(8) ¹Absatz 1 findet keine Anwendung, wenn der Ausländer aus schwerwiegenden Gründen als eine Gefahr für die Sicherheit der Bundesrepublik Deutschland anzusehen ist oder eine Gefahr für die Allgemeinheit bedeutet, weil er wegen eines Verbrechens oder besonders schweren Vergehens rechtskräftig zu einer Freiheitsstrafe von mindestens drei Jahren verurteilt worden ist. ²Das Gleiche gilt, wenn der Ausländer die Voraussetzungen des § 3 Abs. 2 des Asylgesetzes erfüllt. ³Von der Anwendung des Absatzes 1 kann abgesehen werden, wenn der Ausländer eine Gefahr für die Allgemeinheit bedeutet, weil er wegen einer oder mehrerer vorsätzlicher Straftaten gegen das Leben, die körperliche Unversehrtheit, die sexuelle Selbstbestimmung, das Eigentum oder wegen Widerstands gegen Vollstreckungsbeamte rechtskräftig zu einer Freiheits- oder Jugendstrafe von mindestens einem Jahr verurteilt worden ist, sofern die Straftat mit Gewalt, unter Anwendung von Drohung mit Gefahr für Leib oder Leben oder mit List begangen worden ist oder eine Straftat nach § 177 des Strafgesetzbuches ist.

(9) ¹In den Fällen des Absatzes 8 kann einem Ausländer, der einen Asylantrag gestellt hat, abweichend von den Vorschriften des Asylgesetzes die Abschiebung angedroht und diese durchgeführt werden. ²Die Absätze 2 bis 7 bleiben unberührt.

(10) ¹Soll ein Ausländer abgeschoben werden, bei dem die Voraussetzungen des Absatzes 1 vorliegen, kann nicht davon abgesehen werden, die Abschiebung anzudrohen und eine angemessene Ausreisefrist zu setzen. ²In der Androhung sind die Staaten zu bezeichnen, in die der Ausländer nicht abgeschoben werden darf.

§ 60a Vorübergehende Aussetzung der Abschiebung (Duldung)

(1) ¹Die oberste Landesbehörde kann aus völkerrechtlichen oder humanitären Gründen oder zur Wahrung politischer Interessen der Bundesrepublik Deutschland anordnen, dass die Abschiebung von Ausländern aus bestimmten Staaten oder von in sonstiger Weise bestimmten Ausländergruppen allgemein oder in bestimmte Staaten für längstens drei Monate

VI. Aufenthaltsgesetz

ausgesetzt wird. ²Für einen Zeitraum von länger als sechs Monaten gilt § 23 Abs. 1.

(2) ¹Die Abschiebung eines Ausländers ist auszusetzen, solange die Abschiebung aus tatsächlichen oder rechtlichen Gründen unmöglich ist und keine Aufenthaltserlaubnis erteilt wird. Die Abschiebung eines Ausländers ist auch auszusetzen, wenn seine vorübergehende Anwesenheit im Bundesgebiet für ein Strafverfahren wegen eines Verbrechens von der Staatsanwaltschaft oder dem Strafgericht für sachgerecht erachtet wird, weil ohne seine Angaben die Erforschung des Sachverhalts erschwert wäre. Einem Ausländer kann eine Duldung erteilt werden, wenn dringende humanitäre oder persönliche Gründe oder erhebliche öffentliche Interessen seine vorübergehende weitere Anwesenheit im Bundesgebiet erfordern. Eine Duldung wegen dringender persönlicher Gründe im Sinne von Satz 3 ist zu erteilen, wenn der Ausländer eine qualifizierte Berufsausbildung in einem staatlich anerkannten oder vergleichbar geregelten Ausbildungsberuf in Deutschland aufnimmt oder aufgenommen hat, die Voraussetzungen nach Absatz 6 nicht vorliegen und konkrete Maßnahmen zur Aufenthaltsbeendigung nicht bevorstehen. ²In den Fällen nach Satz 4 wird die Duldung für die im Ausbildungsvertrag bestimmte Dauer der Berufsausbildung erteilt. ³Eine Duldung nach Satz 4 wird nicht erteilt und eine nach Satz 4 erteilte Duldung erlischt, wenn der Ausländer wegen einer im Bundesgebiet begangenen vorsätzlichen Straftat verurteilt wurde, wobei Geldstrafen von insgesamt bis zu 50 Tagessätzen oder bis zu 90 Tagessätzen wegen Straftaten, die nach dem Aufenthaltsgesetz oder dem Asylgesetz nur von Ausländern begangen werden können, grundsätzlich außer Betracht bleiben. ⁴Wird die Ausbildung nicht betrieben oder abgebrochen, ist der Ausbildungsbetrieb verpflichtet, dies unverzüglich, in der Regel innerhalb einer Woche, der zuständigen Ausländerbehörde schriftlich mitzuteilen. In der Mitteilung sind neben den mitzuteilenden Tatsachen und dem Zeitpunkt ihres Eintritts die Namen, Vornamen und die Staatsangehörigkeit des Ausländers anzugeben. ⁵Die nach Satz 4 erteilte Duldung erlischt, wenn die Ausbildung nicht mehr betrieben oder abgebrochen wird. ⁶Wird das Ausbildungsverhältnis vorzeitig beendet oder abgebrochen, wird dem Ausländer einmalig eine Duldung für sechs Monate zum Zweck der Suche nach einer weiteren Ausbildungsstelle zur Aufnahme einer Berufsausbildung nach Satz 4 erteilt. ⁷Eine nach Satz 4 erteilte Duldung wird für sechs Monate zum Zweck der Suche nach einer der erworbenen beruflichen Qualifikation entsprechen-

den Beschäftigung verlängert, wenn nach erfolgreichem Abschluss der Berufsausbildung, für die die Duldung erteilt wurde, eine Weiterbeschäftigung im Ausbildungsbetrieb nicht erfolgt; die zur Arbeitsplatzsuche erteilte Duldung darf für diesen Zweck nicht verlängert werden. [8]§ 60a bleibt im Übrigen unberührt. [9]Soweit die Beurkundung der Anerkennung einer Vaterschaft oder der Zustimmung der Mutter für die Durchführung eines Verfahrens nach § 85a ausgesetzt wird, wird die Abschiebung des ausländischen Anerkennenden, der ausländischen Mutter oder des ausländischen Kindes ausgesetzt, solange das Verfahren nach § 85a nicht durch vollziehbare Entscheidung abgeschlossen ist.

(2a) [1]Die Abschiebung eines Ausländers wird für eine Woche ausgesetzt, wenn seine Zurückschiebung oder Abschiebung gescheitert ist, Abschiebungshaft nicht angeordnet wird und die Bundesrepublik Deutschland auf Grund einer Rechtsvorschrift, insbesondere des Artikels 6 Abs. 1 der Richtlinie 2003/110/EG des Rates vom 25. November 2003 über die Unterstützung bei der Durchbeförderung im Rahmen von Rückführungsmaßnahmen auf dem Luftweg (ABl. EU Nr. L 321 S. 26), zu seiner Rückübernahme verpflichtet ist. [2]Die Aussetzung darf nicht nach Satz 1 verlängert werden. [3]Die Einreise des Ausländers ist zuzulassen.

(2b) Solange ein Ausländer, der eine Aufenthaltserlaubnis nach § 25a Absatz 1 besitzt, minderjährig ist, soll die Abschiebung seiner Eltern oder eines allein personensorgeberechtigten Elternteils sowie der minderjährigen Kinder, die mit den Eltern oder dem allein personensorgeberechtigten Elternteil in familiärer Lebensgemeinschaft leben, ausgesetzt werden.

(2c) [1]Es wird vermutet, dass der Abschiebung gesundheitliche Gründe nicht entgegenstehen. Der Ausländer muss eine Erkrankung, die die Abschiebung beeinträchtigen kann, durch eine qualifizierte ärztliche Bescheinigung glaubhaft machen. [2]Diese ärztliche Bescheinigung soll insbesondere die tatsächlichen Umstände, auf deren Grundlage eine fachliche Beurteilung erfolgt ist, die Methode der Tatsachenerhebung, die fachlich-medizinische Beurteilung des Krankheitsbildes (Diagnose), den Schweregrad der Erkrankung sowie die Folgen, die sich nach ärztlicher Beurteilung aus der krankheitsbedingten Situation voraussichtlich ergeben, enthalten.

(2d) [1]Der Ausländer ist verpflichtet, der zuständigen Behörde die ärztliche Bescheinigung nach Absatz 2c unverzüglich vorzulegen. [2]Verletzt der Ausländer die Pflicht zur unverzüglichen Vorlage einer solchen ärztlichen Bescheinigung, darf die zuständige Behörde das Vorbringen des Ausländers zu seiner Erkrankung nicht berücksichtigen, es sei denn, der Ausländer war unverschuldet an der Einholung einer solchen Bescheinigung gehindert oder es liegen anderweitig tatsächliche Anhaltspunkte für das Vorliegen einer lebensbedrohlichen oder schwerwiegenden Erkrankung, die sich durch die Abschiebung wesentlich verschlechtern würde, vor. ³Legt der Ausländer eine Bescheinigung vor und ordnet die Behörde daraufhin eine ärztliche Untersuchung an, ist die Behörde berechtigt, die vorgetragene Erkrankung nicht zu berücksichtigen, wenn der Ausländer der Anordnung ohne zureichenden Grund nicht Folge leistet. ⁴Der Ausländer ist auf die Verpflichtungen und auf die Rechtsfolgen einer Verletzung dieser Verpflichtungen nach diesem Absatz hinzuweisen.

(3) Die Ausreisepflicht eines Ausländers, dessen Abschiebung ausgesetzt ist, bleibt unberührt.

(4) Über die Aussetzung der Abschiebung ist dem Ausländer eine Bescheinigung auszustellen.

(5) ¹Die Aussetzung der Abschiebung erlischt mit der Ausreise des Ausländers. ²Sie wird widerrufen, wenn die der Abschiebung entgegenstehenden Gründe entfallen. ³Der Ausländer wird unverzüglich nach dem Erlöschen ohne erneute Androhung und Fristsetzung abgeschoben, es sei denn, die Aussetzung wird erneuert. ⁴Ist die Abschiebung länger als ein Jahr ausgesetzt, ist die durch Widerruf vorgesehene Abschiebung mindestens einen Monat vorher anzukündigen; die Ankündigung ist zu wiederholen, wenn die Aussetzung für mehr als ein Jahr erneuert wurde. ⁵Satz 4 findet keine Anwendung, wenn der Ausländer die der Abschiebung entgegenstehenden Gründe durch vorsätzlich falsche Angaben oder durch eigene Täuschung über seine Identität oder Staatsangehörigkeit selbst herbeiführt oder zumutbaren Anforderungen an die Mitwirkung bei der Beseitigung von Ausreisehindernissen nicht erfüllt.

(6) ¹Einem Ausländer, der eine Duldung besitzt, darf die Ausübung einer Erwerbstätigkeit nicht erlaubt werden, wenn

1. er sich in das Inland begeben hat, um Leistungen nach dem Asylbewerberleistungsgesetz zu erlangen,
2. aufenthaltsbeendende Maßnahmen bei ihm aus Gründen, die er selbst zu vertreten hat, nicht vollzogen werden können oder

3. er Staatsangehöriger eines sicheren Herkunftsstaates nach § 29a des Asylgesetzes ist und sein nach dem 31. August 2015 gestellter Asylantrag abgelehnt wurde.

²Zu vertreten hat ein Ausländer die Gründe nach Satz 1 Nummer 2 insbesondere, wenn er das Abschiebungshindernis durch eigene Täuschung über seine Identität oder Staatsangehörigkeit oder durch eigene falsche Angaben selbst herbeiführt.

§ 61 Räumliche Beschränkung, Wohnsitzauflage, Ausreiseeinrichtungen

(1) ¹Der Aufenthalt eines vollziehbar ausreisepflichtigen Ausländers ist räumlich auf das Gebiet des Landes beschränkt. ²Von der räumlichen Beschränkung nach Satz 1 kann abgewichen werden, wenn der Ausländer zur Ausübung einer Beschäftigung ohne Prüfung nach § 39 Abs. 2 Satz 1 Nr. 1 berechtigt ist oder wenn dies zum Zwecke des Schulbesuchs, der betrieblichen Aus- und Weiterbildung oder des Studiums an einer staatlichen oder staatlich anerkannten Hochschule oder vergleichbaren Ausbildungseinrichtung erforderlich ist. ³Das Gleiche gilt, wenn dies der Aufrechterhaltung der Familieneinheit dient.

(1a) ¹In den Fällen des § 60a Abs. 2a wird der Aufenthalt auf den Bezirk der zuletzt zuständigen Ausländerbehörde im Inland beschränkt. ²Der Ausländer muss sich nach der Einreise unverzüglich dorthin begeben. ³Ist eine solche Behörde nicht feststellbar, gilt § 15a entsprechend.

(1b) Die räumliche Beschränkung nach den Absätzen 1 und 1a erlischt, wenn sich der Ausländer seit drei Monaten ununterbrochen erlaubt, geduldet oder gestattet im Bundesgebiet aufhält.

(1c) ¹Eine räumliche Beschränkung des Aufenthalts eines vollziehbar ausreisepflichtigen Ausländers kann unabhängig von den Absätzen 1 bis 1b angeordnet werden, wenn

1. der Ausländer wegen einer Straftat, mit Ausnahme solcher Straftaten, deren Tatbestand nur von Ausländern verwirklicht werden kann, rechtskräftig verurteilt worden ist,
2. Tatsachen die Schlussfolgerung rechtfertigen, dass der Ausländer gegen Vorschriften des Betäubungsmittelgesetzes verstoßen hat, oder

3. konkrete Maßnahmen zur Aufenthaltsbeendigung gegen den Ausländer bevorstehen.

²Eine räumliche Beschränkung auf den Bezirk der Ausländerbehörde soll angeordnet werden, wenn der Ausländer die der Abschiebung entgegenstehenden Gründe durch vorsätzlich falsche Angaben oder durch eigene Täuschung über seine Identität oder Staatsangehörigkeit selbst herbeiführt oder zumutbare Anforderungen an die Mitwirkung bei der Beseitigung von Ausreisehindernissen nicht erfüllt.

(1d) ¹Ein vollziehbar ausreisepflichtiger Ausländer, dessen Lebensunterhalt nicht gesichert ist, ist verpflichtet, an einem bestimmten Ort seinen gewöhnlichen Aufenthalt zu nehmen (Wohnsitzauflage). ²Soweit die Ausländerbehörde nichts anderes angeordnet hat, ist das der Wohnort, an dem der Ausländer zum Zeitpunkt der Entscheidung über die vorübergehende Aussetzung der Abschiebung gewohnt hat. ³Die Ausländerbehörde kann die Wohnsitzauflage von Amts wegen oder auf Antrag des Ausländers ändern; hierbei sind die Haushaltsgemeinschaft von Familienangehörigen oder sonstige humanitäre Gründe von vergleichbarem Gewicht zu berücksichtigen. ⁴Der Ausländer kann den durch die Wohnsitzauflage festgelegten Ort ohne Erlaubnis vorübergehend verlassen.

(1e) Weitere Bedingungen und Auflagen können angeordnet werden.

(2) ¹Die Länder können Ausreiseeinrichtungen für vollziehbar ausreisepflichtige Ausländer schaffen. ²In den Ausreiseeinrichtungen soll durch Betreuung und Beratung die Bereitschaft zur freiwilligen Ausreise gefördert und die Erreichbarkeit für Behörden und Gerichte sowie die Durchführung der Ausreise gesichert werden.

§ 62 Abschiebungshaft

(1) ¹Die Abschiebungshaft ist unzulässig, wenn der Zweck der Haft durch ein milderes, ebenfalls ausreichendes anderes Mittel erreicht werden kann. ²Die Inhaftnahme ist auf die kürzest mögliche Dauer zu beschränken. ³Minderjährige und Familien mit Minderjährigen dürfen nur in besonderen Ausnahmefällen und nur so lange in Abschiebungshaft genommen werden, wie es unter Berücksichtigung des Kindeswohls angemessen ist.

(2) ¹Ein Ausländer ist zur Vorbereitung der Ausweisung auf richterliche Anordnung in Haft zu nehmen, wenn über die Ausweisung nicht sofort entschieden werden kann und die Abschiebung ohne die Inhaftnahme wesentlich erschwert oder vereitelt würde (Vorbereitungshaft). ²Die Dauer der Vorbereitungshaft soll sechs Wochen nicht überschreiten. ³Im Falle der Ausweisung bedarf es für die Fortdauer der Haft bis zum Ablauf der angeordneten Haftdauer keiner erneuten richterlichen Anordnung.

(3) ¹Ein Ausländer ist zur Sicherung der Abschiebung auf richterliche Anordnung in Haft zu nehmen (Sicherungshaft), wenn

1. der Ausländer auf Grund einer unerlaubten Einreise vollziehbar ausreisepflichtig ist,
1a. eine Abschiebungsanordnung nach § 58a ergangen ist, diese aber nicht unmittelbar vollzogen werden kann,
2. die Ausreisefrist abgelaufen ist und der Ausländer seinen Aufenthaltsort gewechselt hat, ohne der Ausländerbehörde eine Anschrift anzugeben, unter der er erreichbar ist,
3. er aus von ihm zu vertretenden Gründen zu einem für die Abschiebung angekündigten Termin nicht an dem von der Ausländerbehörde angegebenen Ort angetroffen wurde,
4. er sich in sonstiger Weise der Abschiebung entzogen hat oder
5. im Einzelfall Gründe vorliegen, die auf den in § 2 Absatz 14 festgelegten Anhaltspunkten beruhen und deshalb der begründete Verdacht besteht, dass er sich der Abschiebung durch Flucht entziehen will (Fluchtgefahr).

²Von der Anordnung der Sicherungshaft nach Satz 1 Nr. 1 kann ausnahmsweise abgesehen werden, wenn der Ausländer glaubhaft macht, dass er sich der Abschiebung nicht entziehen will. ³Die Sicherungshaft ist unzulässig, wenn feststeht, dass aus Gründen, die der Ausländer nicht zu vertreten hat, die Abschiebung nicht innerhalb der nächsten drei Monate durchgeführt werden kann. ⁴Abweichend von Satz 3 ist die Sicherungshaft bei einem Ausländer, von dem eine erhebliche Gefahr für Leib und Leben Dritter oder bedeutende Rechtsgüter der inneren Sicherheit ausgeht, auch dann zulässig, wenn die Abschiebung nicht innerhalb der nächsten drei Monate durchgeführt werden kann.

(4) ¹Die Sicherungshaft kann bis zu sechs Monaten angeordnet werden. ²Sie kann in Fällen, in denen der Ausländer seine Abschiebung verhindert, um

VI. Aufenthaltsgesetz

höchstens zwölf Monate verlängert werden. ³Eine Verlängerung um höchstens zwölf Monate ist auch möglich, soweit die Haft auf der Grundlage des Absatzes 3 Satz 1 Nummer 1a angeordnet worden ist und sich die Übermittlung der für die Abschiebung erforderlichen Unterlagen durch den zur Aufnahme verpflichteten oder bereiten Drittstaat verzögert. ⁴Eine Vorbereitungshaft ist auf die Gesamtdauer der Sicherungshaft anzurechnen.

(4a) Ist die Abschiebung gescheitert, bleibt die Anordnung bis zum Ablauf der Anordnungsfrist unberührt, sofern die Voraussetzungen für die Haftanordnung unverändert fortbestehen.

(5) ¹Die für den Haftantrag zuständige Behörde kann einen Ausländer ohne vorherige richterliche Anordnung festhalten und vorläufig in Gewahrsam nehmen, wenn

1. der dringende Verdacht für das Vorliegen der Voraussetzungen nach Absatz 3 Satz 1 besteht,
2. die richterliche Entscheidung über die Anordnung der Sicherungshaft nicht vorher eingeholt werden kann und
3. der begründete Verdacht vorliegt, dass sich der Ausländer der Anordnung der Sicherungshaft entziehen will.

²Der Ausländer ist unverzüglich dem Richter zur Entscheidung über die Anordnung der Sicherungshaft vorzuführen.

§ 62a Vollzug der Abschiebungshaft

(1) ¹Die Abschiebungshaft wird grundsätzlich in speziellen Hafteinrichtungen vollzogen. ²Sind spezielle Hafteinrichtungen im Bundesgebiet nicht vorhanden oder geht von dem Ausländer eine erhebliche Gefahr für Leib und Leben Dritter oder bedeutende Rechtsgüter der inneren Sicherheit aus, kann sie in sonstigen Haftanstalten vollzogen werden; die Abschiebungsgefangenen sind in diesem Fall getrennt von Strafgefangenen unterzubringen. ³Werden mehrere Angehörige einer Familie inhaftiert, so sind diese getrennt von den übrigen Abschiebungsgefangenen unterzubringen. ⁴Ihnen ist ein angemessenes Maß an Privatsphäre zu gewährleisten.

(2) Den Abschiebungsgefangenen wird gestattet, mit Rechtsvertretern, Familienangehörigen, den zuständigen Konsularbehörden und einschlägig tätigen Hilfs- und Unterstützungsorganisationen Kontakt aufzunehmen.

(3) ¹Bei minderjährigen Abschiebungsgefangenen sind unter Beachtung der Maßgaben in Artikel 17 der Richtlinie 2008/115/EG des Europäischen Parlaments und des Rates vom 16. Dezember 2008 über gemeinsame Normen und Verfahren in den Mitgliedstaaten zur Rückführung illegal aufhältiger Drittstaatsangehöriger (ABl. L 348 vom 24.12.2008, S. 98) alterstypische Belange zu berücksichtigen. ²Der Situation schutzbedürftiger Personen ist besondere Aufmerksamkeit zu widmen.

(4) Mitarbeitern von einschlägig tätigen Hilfs- und Unterstützungsorganisationen soll auf Antrag gestattet werden, Abschiebungsgefangene zu besuchen.

(5) Abschiebungsgefangene sind über ihre Rechte und Pflichten und über die in der Einrichtung geltenden Regeln zu informieren.

§ 62b Ausreisegewahrsam

(1) ¹Unabhängig von den Voraussetzungen der Sicherungshaft nach § 62 Absatz 3 kann ein Ausländer zur Sicherung der Durchführbarkeit der Abschiebung auf richterliche Anordnung für die Dauer von längstens zehn Tagen in Gewahrsam genommen werden, wenn

1. die Ausreisefrist abgelaufen ist, es sei denn, der Ausländer ist unverschuldet an der Ausreise gehindert oder die Überschreitung der Ausreisefrist ist nicht erheblich und
2. der Ausländer ein Verhalten gezeigt hat, das erwarten lässt, dass er die Abschiebung erschweren oder vereiteln wird, indem er fortgesetzt seine gesetzlichen Mitwirkungspflichten verletzt hat oder über seine Identität oder Staatsangehörigkeit getäuscht hat (Ausreisegewahrsam).

²Von der Anordnung des Ausreisegewahrsams ist abzusehen, wenn der Ausländer glaubhaft macht oder wenn offensichtlich ist, dass er sich der Abschiebung nicht entziehen will. ³Der Ausreisegewahrsam ist unzulässig, wenn feststeht, dass die Abschiebung nicht innerhalb der Anordnungsfrist nach Satz 1 durchgeführt werden kann.

(2) Der Ausreisegewahrsam wird im Transitbereich eines Flughafens oder in einer Unterkunft vollzogen, von wo aus die Ausreise des Ausländers möglich ist.

(3) § 62 Absatz 1 und 4a und § 62a finden entsprechend Anwendung.

Kapitel 6. Haftung und Gebühren

§ 63 Pflichten der Beförderungsunternehmer

(1) Ein Beförderungsunternehmer darf Ausländer nur in das Bundesgebiet befördern, wenn sie im Besitz eines erforderlichen Passes und eines erforderlichen Aufenthaltstitels sind.

(2) ¹Das Bundesministerium des Innern oder die von ihm bestimmte Stelle kann im Einvernehmen mit dem Bundesministerium für Verkehr und digitale Infrastruktur einem Beförderungsunternehmer untersagen, Ausländer entgegen Absatz 1 in das Bundesgebiet zu befördern und für den Fall der Zuwiderhandlung ein Zwangsgeld androhen. ²Widerspruch und Klage haben keine aufschiebende Wirkung; dies gilt auch hinsichtlich der Festsetzung des Zwangsgeldes.

(3) ¹Das Zwangsgeld gegen den Beförderungsunternehmer beträgt für jeden Ausländer, den er einer Verfügung nach Absatz 2 zuwider befördert, mindestens 1 000 und höchstens 5 000 Euro. ²Das Zwangsgeld kann durch das Bundesministerium des Innern oder die von ihm bestimmte Stelle festgesetzt und beigetrieben werden.

(4) Das Bundesministerium des Innern oder die von ihm bestimmte Stelle kann mit Beförderungsunternehmern Regelungen zur Umsetzung der in Absatz 1 genannten Pflicht vereinbaren.

§ 64 Rückbeförderungspflicht der Beförderungsunternehmer

(1) Wird ein Ausländer zurückgewiesen, so hat ihn der Beförderungsunternehmer, der ihn an die Grenze befördert hat, unverzüglich außer Landes zu bringen.

(2) ¹Die Verpflichtung nach Absatz 1 besteht für die Dauer von drei Jahren hinsichtlich der Ausländer, die ohne erforderlichen Pass, Passersatz oder erforderlichen Aufenthaltstitel in das Bundesgebiet befördert werden und die bei der Einreise nicht zurückgewiesen werden, weil sie sich auf politische Verfolgung, Verfolgung im Sinne des § 3 Absatz 1 des Asylgesetzes oder die Gefahr eines ernsthaften Schadens im Sinne des § 4 Absatz 1 des Asylgesetzes oder die in § 60 Abs. 2, 3, 5 oder Abs. 7 bezeichneten Um-

stände berufen. ²Sie erlischt, wenn dem Ausländer ein Aufenthaltstitel nach diesem Gesetz erteilt wird.

(3) Der Beförderungsunternehmer hat den Ausländer auf Verlangen der mit der polizeilichen Kontrolle des grenzüberschreitenden Verkehrs beauftragten Behörden in den Staat, der das Reisedokument ausgestellt hat oder aus dem er befördert wurde, oder in einen sonstigen Staat zu bringen, in dem seine Einreise gewährleistet ist.

§ 65 Pflichten der Flughafenunternehmer

Der Unternehmer eines Verkehrsflughafens ist verpflichtet, auf dem Flughafengelände geeignete Unterkünfte zur Unterbringung von Ausländern, die nicht im Besitz eines erforderlichen Passes oder eines erforderlichen Visums sind, bis zum Vollzug der grenzpolizeilichen Entscheidung über die Einreise bereitzustellen.

§ 66 Kostenschuldner; Sicherheitsleistung

(1) Kosten, die durch die Durchsetzung einer räumlichen Beschränkung, die Zurückweisung, Zurückschiebung oder Abschiebung entstehen, hat der Ausländer zu tragen.

(2) Neben dem Ausländer haftet für die in Absatz 1 bezeichneten Kosten, wer sich gegenüber der Ausländerbehörde oder der Auslandsvertretung verpflichtet hat, für die Ausreisekosten des Ausländers aufzukommen.

(3) ¹In den Fällen des § 64 Abs. 1 und 2 haftet der Beförderungsunternehmer neben dem Ausländer für die Kosten der Rückbeförderung des Ausländers und für die Kosten, die von der Ankunft des Ausländers an der Grenzübergangsstelle bis zum Vollzug der Entscheidung über die Einreise entstehen. ²Ein Beförderungsunternehmer, der schuldhaft einer Verfügung nach § 63 Abs. 2 zuwiderhandelt, haftet neben dem Ausländer für sonstige Kosten, die in den Fällen des § 64 Abs. 1 durch die Zurückweisung und in den Fällen des § 64 Abs. 2 durch die Abschiebung entstehen.

(4) ¹Für die Kosten der Abschiebung oder Zurückschiebung haftet:

VI. Aufenthaltsgesetz

1. wer als Arbeitgeber den Ausländer als Arbeitnehmer beschäftigt hat, dem die Ausübung der Erwerbstätigkeit nach den Vorschriften dieses Gesetzes nicht erlaubt war;
2. ein Unternehmer, für den ein Arbeitgeber als unmittelbarer Auftragnehmer Leistungen erbracht hat, wenn ihm bekannt war oder er bei Beachtung der im Verkehr erforderlichen Sorgfalt hätte erkennen müssen, dass der Arbeitgeber für die Erbringung der Leistung den Ausländer als Arbeitnehmer eingesetzt hat, dem die Ausübung der Erwerbstätigkeit nach den Vorschriften dieses Gesetzes nicht erlaubt war;
3. wer als Generalunternehmer oder zwischengeschalteter Unternehmer ohne unmittelbare vertragliche Beziehungen zu dem Arbeitgeber Kenntnis von der Beschäftigung des Ausländers hat, dem die Ausübung der Erwerbstätigkeit nach den Vorschriften dieses Gesetzes nicht erlaubt war;
4. wer eine nach § 96 strafbare Handlung begeht;
5. der Ausländer, soweit die Kosten von den anderen Kostenschuldnern nicht beigetrieben werden können.

²Die in Satz 1 Nummer 1 bis 4 genannten Personen haften als Gesamtschuldner im Sinne von § 421 des Bürgerlichen Gesetzbuchs.

(4a) Die Haftung nach Absatz 4 Nummer 1 entfällt, wenn der Arbeitgeber seinen Verpflichtungen nach § 4 Absatz 3 Satz 4 und 5 sowie seiner Meldepflicht nach § 28a des Vierten Buches Sozialgesetzbuch in Verbindung mit den §§ 6, 7 und 13 der Datenerfassungs- und -übermittlungsverordnung oder nach § 18 des Arbeitnehmer-Entsendegesetzes nachgekommen ist, es sei denn, er hatte Kenntnis davon, dass der Aufenthaltstitel oder die Bescheinigung über die Aufenthaltsgestattung oder die Aussetzung der Abschiebung des Ausländers gefälscht war.

(5) ¹Von dem Kostenschuldner kann eine Sicherheitsleistung verlangt werden. ²Die Anordnung einer Sicherheitsleistung des Ausländers oder des Kostenschuldners nach Absatz 4 Satz 1 und 2 kann von der Behörde, die sie erlassen hat, ohne vorherige Vollstreckungsanordnung und Fristsetzung vollstreckt werden, wenn andernfalls die Erhebung gefährdet wäre. ³Zur Sicherung der Ausreisekosten können Rückflugscheine und sonstige Fahrausweise beschlagnahmt werden, die im Besitz eines Ausländers sind, der zurückgewiesen, zurückgeschoben, ausgewiesen oder abgeschoben wer-

den soll oder dem Einreise und Aufenthalt nur wegen der Stellung eines Asylantrages gestattet wird.

§ 67 Umfang der Kostenhaftung

(1) Die Kosten der Abschiebung, Zurückschiebung, Zurückweisung und der Durchsetzung einer räumlichen Beschränkung umfassen

1. die Beförderungs- und sonstigen Reisekosten für den Ausländer innerhalb des Bundesgebiets und bis zum Zielort außerhalb des Bundesgebiets,
2. die bei der Vorbereitung und Durchführung der Maßnahme entstehenden Verwaltungskosten einschließlich der Kosten für die Abschiebungshaft und der Übersetzungs- und Dolmetscherkosten und die Ausgaben für die Unterbringung, Verpflegung und sonstige Versorgung des Ausländers sowie
3. sämtliche durch eine erforderliche Begleitung des Ausländers entstehenden Kosten einschließlich der Personalkosten.

(2) Die Kosten, für die der Beförderungsunternehmer nach § 66 Abs. 3 Satz 1 haftet, umfassen

1. die in Absatz 1 Nr. 1 bezeichneten Kosten,
2. die bis zum Vollzug der Entscheidung über die Einreise entstehenden Verwaltungskosten und Ausgaben für die Unterbringung, Verpflegung und sonstige Versorgung des Ausländers und Übersetzungs- und Dolmetscherkosten und
3. die in Absatz 1 Nr. 3 bezeichneten Kosten, soweit der Beförderungsunternehmer nicht selbst die erforderliche Begleitung des Ausländers übernimmt.

(3) ¹Die in den Absätzen 1 und 2 genannten Kosten werden von der nach § 71 zuständigen Behörde durch Leistungsbescheid in Höhe der tatsächlich entstandenen Kosten erhoben. ²Hinsichtlich der Berechnung der Personalkosten gelten die allgemeinen Grundsätze zur Berechnung von Personalkosten der öffentlichen Hand.

§ 68 Haftung für Lebensunterhalt

(1) ¹Wer sich der Ausländerbehörde oder einer Auslandsvertretung gegenüber verpflichtet hat, die Kosten für den Lebensunterhalt eines Ausländers zu tragen, hat für einen Zeitraum von fünf Jahren sämtliche öffentlichen Mittel zu erstatten, die für den Lebensunterhalt des Ausländers einschließlich der Versorgung mit Wohnraum sowie der Versorgung im Krankheitsfalle und bei Pflegebedürftigkeit aufgewendet werden, auch soweit die Aufwendungen auf einem gesetzlichen Anspruch des Ausländers beruhen. ²Aufwendungen, die auf einer Beitragsleistung beruhen, sind nicht zu erstatten. ³Der Zeitraum nach Satz 1 beginnt mit der durch die Verpflichtungserklärung ermöglichten Einreise des Ausländers. ⁴Die Verpflichtungserklärung erlischt vor Ablauf des Zeitraums von fünf Jahren ab Einreise des Ausländers nicht durch Erteilung eines Aufenthaltstitels nach Abschnitt 5 des Kapitels 2 oder durch Anerkennung nach § 3 oder § 4 des Asylgesetzes.

(2) ¹Die Verpflichtung nach Absatz 1 Satz 1 bedarf der Schriftform. ²Sie ist nach Maßgabe des Verwaltungsvollstreckungsgesetzes vollstreckbar. ³Der Erstattungsanspruch steht der öffentlichen Stelle zu, die die öffentlichen Mittel aufgewendet hat.

(3) Die Auslandsvertretung unterrichtet unverzüglich die Ausländerbehörde über eine Verpflichtung nach Absatz 1 Satz 1.

(4) ¹Die Ausländerbehörde unterrichtet, wenn sie Kenntnis von der Aufwendung nach Absatz 1 zu erstattender öffentlicher Mittel erlangt, unverzüglich die öffentliche Stelle, der der Erstattungsanspruch zusteht, über die Verpflichtung nach Absatz 1 Satz 1 und erteilt ihr alle für die Geltendmachung und Durchsetzung des Erstattungsanspruchs erforderlichen Auskünfte. ²Der Empfänger darf die Daten nur zum Zweck der Erstattung der für den Ausländer aufgewendeten öffentlichen Mittel sowie der Versagung weiterer Leistungen verwenden.

§ 68a Übergangsvorschrift zu Verpflichtungserklärungen

§ 68 Absatz 1 Satz 1 bis 3 gilt auch für vor dem 6. August 2016 abgegebene Verpflichtungserklärungen, jedoch mit der Maßgabe, dass an die Stelle des Zeitraums von fünf Jahren ein Zeitraum von drei Jahren tritt. Sofern die Frist nach Satz 1 zum 6. August 2016 bereits abgelaufen ist, endet die Verpflichtung zur Erstattung öffentlicher Mittel mit Ablauf des 31. August 2016.

§ 69 Gebühren

(1) ¹Für individuell zurechenbare öffentliche Leistungen nach diesem Gesetz und den zur Durchführung dieses Gesetzes erlassenen Rechtsverordnungen werden Gebühren und Auslagen erhoben. ²Die Gebührenfestsetzung kann auch mündlich erfolgen. ³Satz 1 gilt nicht für individuell zurechenbare öffentliche Leistungen der Bundesagentur für Arbeit nach den §§ 39 bis 42. ⁴§ 287 des Dritten Buches Sozialgesetzbuch bleibt unberührt. ⁵Satz 1 gilt zudem nicht für das Mitteilungsverfahren im Zusammenhang mit der kurzfristigen Mobilität von Studenten nach § 16a, von unternehmensintern transferierten Arbeitnehmern nach § 19c und von Forschern nach § 20a.

(2) ¹Die Gebühr soll die mit der individuell zurechenbaren öffentlichen Leistung verbundenen Kosten aller an der Leistung Beteiligten decken. ²In die Gebühr sind die mit der Leistung regelmäßig verbundenen Auslagen einzubeziehen. ³Zur Ermittlung der Gebühr sind die Kosten, die nach betriebswirtschaftlichen Grundsätzen als Einzel- und Gemeinkosten zurechenbar und ansatzfähig sind, insbesondere Personal- und Sachkosten sowie kalkulatorische Kosten, zu Grunde zu legen. ⁴Zu den Gemeinkosten zählen auch die Kosten der Rechts- und Fachaufsicht. ⁵Grundlage der Gebührenermittlung nach den Sätzen 1 bis 4 sind die in der Gesamtheit der Länder und des Bundes mit der jeweiligen Leistung verbundenen Kosten.

(3) ¹Die Bundesregierung bestimmt durch Rechtsverordnung mit Zustimmung des Bundesrates die gebührenpflichtigen Tatbestände und die Gebührensätze sowie Gebührenbefreiungen und -ermäßigungen, insbesondere für Fälle der Bedürftigkeit. ²Soweit dieses Gesetz keine abweichenden Vorschriften enthält, finden § 3 Absatz 1 Nummer 1 und 4, Absatz 2 und 4 bis 6, die §§ 4 bis 7 Nummer 1 bis 10, die §§ 8, 9 Absatz 3, die §§ 10 bis 12 Absatz 1 Satz 1 und Absatz 3 sowie die §§ 13 bis 21 des Bundesgebührengesetzes vom 7. August 2013 (BGBl. I S. 3154) in der jeweils geltenden Fassung entsprechende Anwendung.

(4) ¹Abweichend von § 4 Absatz 1 des Bundesgebührengesetzes können die von den Auslandsvertretungen zu erhebenden Gebühren bereits bei Beantragung der individuell zurechenbaren öffentlichen Leistung erhoben werden. ²Für die von den Auslandsvertretungen zu erhebenden Gebühren legt das Auswärtige Amt fest, ob die Erhebung bei den jeweiligen Auslandsvertretungen in Euro, zum Gegenwert in Landeswährung oder in einer Drittwährung erfolgt. ³Je nach allgemeiner Verfügbarkeit von Einheiten der

VI. Aufenthaltsgesetz

festgelegten Währung kann eine Rundung auf die nächste verfügbare Einheit erfolgen.

(5) Die in der Rechtsverordnung bestimmten Gebühren dürfen folgende Höchstsätze nicht übersteigen:

1. für die Erteilung einer Aufenthaltserlaubnis: 140 Euro,
1a. für die Erteilung einer Blauen Karte EU: 140 Euro,
1b. für die Erteilung einer ICT-Karte: 140 Euro,
1c. für die Erteilung einer Mobiler-ICT-Karte: 100 Euro,
2. für die Erteilung einer Niederlassungserlaubnis: 200 Euro,
2a. für die Erteilung einer Erlaubnis zum Daueraufenthalt – EU: 200 Euro,
3. für die Verlängerung einer Aufenthaltserlaubnis, einer Blauen Karte EU oder einer ICT-Karte: 100 Euro,
3a. für die Verlängerung einer Mobiler-ICT-Karte: 80 Euro,
4. für die Erteilung eines nationalen Visums und die Ausstellung eines Passersatzes und eines Ausweisersatzes: 100 Euro,
5. für die Anerkennung einer Forschungseinrichtung zum Abschluss von Aufnahmevereinbarungen oder einem entsprechenden Vertrag nach § 20: 220 Euro,
6. für sonstige individuell zurechenbare öffentliche Leistungen: 80 Euro,
7. für individuell zurechenbare öffentliche Leistungen zu Gunsten Minderjähriger: die Hälfte der für die öffentliche Leistung bestimmten Gebühr,
8. für die Neuausstellung eines Dokuments nach § 78 Absatz 1, die auf Grund einer Änderung der Angaben nach § 78 Absatz 1 Satz 3, auf Grund des Ablaufs der technischen Kartennutzungsdauer, auf Grund des Verlustes des Dokuments oder auf Grund des Verlustes der technischen Funktionsfähigkeit des Dokuments notwendig wird: 70 Euro,
9. für die Aufhebung, Verkürzung oder Verlängerung der Befristung eines Einreise- und Aufenthaltsverbotes: 200 Euro.

(6) ¹Für die Erteilung eines nationalen Visums und eines Passersatzes an der Grenze darf ein Zuschlag von höchstens 25 Euro erhoben werden. ²Für eine auf Wunsch des Antragstellers außerhalb der Dienstzeit vorgenommene individuell zurechenbare öffentliche Leistung darf ein Zuschlag von höchstens 30 Euro erhoben werden. ³Gebührenzuschläge können auch für die individuell zurechenbaren öffentlichen Leistungen gegenüber einem Staatsangehörigen festgesetzt werden, dessen Heimatstaat von Deutschen

für entsprechende öffentliche Leistungen höhere Gebühren als die nach Absatz 3 festgesetzten Gebühren erhebt. [4]Die Sätze 2 und 3 gelten nicht für die Erteilung oder Verlängerung eines Schengen-Visums. [5]Bei der Festsetzung von Gebührenzuschlägen können die in Absatz 5 bestimmten Höchstsätze überschritten werden.

(7) [1]Die Rechtsverordnung nach Absatz 3 kann vorsehen, dass für die Beantragung gebührenpflichtiger individuell zurechenbarer öffentlicher Leistungen eine Bearbeitungsgebühr erhoben wird. [2]Die Bearbeitungsgebühr für die Beantragung einer Niederlassungserlaubnis oder einer Erlaubnis zum Daueraufenthalt – EU darf höchstens die Hälfte der für ihre Erteilung zu erhebenden Gebühr betragen. [3]Die Gebühr ist auf die Gebühr für die individuell zurechenbare öffentliche Leistung anzurechnen. [4]Sie wird auch im Falle der Rücknahme des Antrages und der Versagung der beantragten individuell zurechenbaren öffentlichen Leistung nicht zurückgezahlt.

(8) [1]Die Rechtsverordnung nach Absatz 3 kann für die Einlegung eines Widerspruchs Gebühren vorsehen, die höchstens betragen dürfen:

1. für den Widerspruch gegen die Ablehnung eines Antrages auf Vornahme einer gebührenpflichtigen individuell zurechenbaren öffentlichen Leistung die Hälfte der für diese vorgesehenen Gebühr,
2. für den Widerspruch gegen eine sonstige individuell zurechenbare öffentliche Leistung: 55 Euro.

[2]Soweit der Widerspruch Erfolg hat, ist die Gebühr auf die Gebühr für die vorzunehmende individuell zurechenbare öffentliche Leistung anzurechnen und im Übrigen zurückzuzahlen.

§ 70 Verjährung

(1) Die Ansprüche auf die in § 67 Abs. 1 und 2 genannten Kosten verjähren sechs Jahre nach Eintritt der Fälligkeit.

(2) Die Verjährung von Ansprüchen nach den §§ 66 und 69 wird auch unterbrochen, solange sich der Schuldner nicht im Bundesgebiet aufhält oder sein Aufenthalt im Bundesgebiet deshalb nicht festgestellt werden kann, weil er einer gesetzlichen Meldepflicht oder Anzeigepflicht nicht nachgekommen ist.

Kapitel 7. Verfahrensvorschriften
Abschnitt 1. Zuständigkeiten

§ 71 Zuständigkeit

(1) ¹Für aufenthalts- und passrechtliche Maßnahmen und Entscheidungen nach diesem Gesetz und nach ausländerrechtlichen Bestimmungen in anderen Gesetzen sind die Ausländerbehörden zuständig. ²Die Landesregierung oder die von ihr bestimmte Stelle kann bestimmen, dass für einzelne Aufgaben nur eine oder mehrere bestimmte Ausländerbehörden zuständig sind.

(2) Im Ausland sind für Pass- und Visaangelegenheiten die vom Auswärtigen Amt ermächtigten Auslandsvertretungen zuständig.

(3) Die mit der polizeilichen Kontrolle des grenzüberschreitenden Verkehrs beauftragten Behörden sind zuständig für

1. die Zurückweisung und die Zurückschiebung an der Grenze, einschließlich der Überstellung von Drittstaatsangehörigen auf Grundlage der Verordnung (EU) Nr. 604/2013, wenn der Ausländer von der Grenzbehörde im grenznahen Raum in unmittelbarem zeitlichen Zusammenhang mit einer unerlaubten Einreise angetroffen wird,
1a. Abschiebungen an der Grenze, sofern der Ausländer bei oder nach der unerlaubten Einreise über eine Grenze im Sinne des Artikels 2 Nummer 1 der Verordnung (EG) Nr. 562/2006 (Binnengrenze) aufgegriffen wird,
1b. Abschiebungen an der Grenze, sofern der Ausländer bereits unerlaubt eingereist ist, sich danach weiter fortbewegt hat und in einem anderen Grenzraum oder auf einem als Grenzübergangsstelle zugelassenen oder nicht zugelassenen Flughafen, Flug- oder Landeplatz oder See- oder Binnenhafen aufgegriffen wird,
1c. die Befristung der Wirkungen auf Grund der von ihnen vorgenommenen Ab- und Zurückschiebungen nach § 11 Absatz 2, 4 und 8,
1d. die Rückführungen von Ausländern aus anderen und in andere Staaten und
1e. die Beantragung von Haft und die Festnahme, soweit es zur Vornahme der in den Nummern 1 bis 1d bezeichneten Maßnahmen erforderlich ist,

2. die Erteilung eines Visums und die Ausstellung eines Passersatzes nach § 14 Abs. 2 sowie die Aussetzung der Abschiebung nach § 60a Abs. 2a,
3. die Rücknahme und den Widerruf eines nationalen Visums sowie die Entscheidungen nach Artikel 34 der Verordnung (EG) Nr. 810/2009
   a) im Fall der Zurückweisung, Zurückschiebung oder Abschiebung, soweit die Voraussetzungen der Nummer 1a oder 1b erfüllt sind,
   b) auf Ersuchen der Auslandsvertretung, die das Visum erteilt hat, oder
   c) auf Ersuchen der Ausländerbehörde, die der Erteilung des Visums zugestimmt hat, sofern diese ihrer Zustimmung bedurfte,
4. das Ausreiseverbot und die Maßnahmen nach § 66 Abs. 5 an der Grenze,
5. die Prüfung an der Grenze, ob Beförderungsunternehmer und sonstige Dritte die Vorschriften dieses Gesetzes und die auf Grund dieses Gesetzes erlassenen Verordnungen und Anordnungen beachtet haben,
6. sonstige ausländerrechtliche Maßnahmen und Entscheidungen, soweit sich deren Notwendigkeit an der Grenze ergibt und sie vom Bundesministerium des Innern hierzu allgemein oder im Einzelfall ermächtigt sind,
7. die Beschaffung von Heimreisedokumenten für Ausländer im Wege der Amtshilfe,
8. die Erteilung von in Rechtsvorschriften der Europäischen Union vorgesehenen Vermerken und Bescheinigungen vom Datum und Ort der Einreise über die Außengrenze eines Mitgliedstaates, der den Schengen-Besitzstand vollständig anwendet; die Zuständigkeit der Ausländerbehörden oder anderer durch die Länder bestimmter Stellen wird hierdurch nicht ausgeschlossen.

(4) [1]Für die erforderlichen Maßnahmen nach den §§ 48, 48a und 49 Absatz 2 bis 9 sind die Ausländerbehörden, die mit der polizeilichen Kontrolle des grenzüberschreitenden Verkehrs beauftragten Behörden und die Polizeien der Länder zuständig. [2]In den Fällen des § 49 Abs. 4 sind auch die Behörden zuständig, die die Verteilung nach § 15a veranlassen. [3]In den Fällen des § 49 Abs. 5 Nr. 5 sind die vom Auswärtigen Amt ermächtigten Auslandsvertretungen zuständig.

(5) Für die Zurückschiebung sowie die Durchsetzung der Verlassenspflicht des § 12 Abs. 3 und die Durchführung der Abschiebung und, soweit es zur Vorbereitung und Sicherung dieser Maßnahmen erforderlich ist, die Fest-

nahme und Beantragung der Haft sind auch die Polizeien der Länder zuständig.

(6) Das Bundesministerium des Innern oder die von ihm bestimmte Stelle entscheidet im Benehmen mit dem Auswärtigen Amt über die Anerkennung von Pässen und Passersatzpapieren (§ 3 Abs. 1); die Entscheidungen ergehen als Allgemeinverfügung und können im Bundesanzeiger bekannt gegeben werden.

§ 71a Zuständigkeit und Unterrichtung

(1) ¹Verwaltungsbehörden im Sinne des § 36 Abs. 1 Nr. 1 des Gesetzes über Ordnungswidrigkeiten sind in den Fällen des § 98 Abs. 2a und 3 Nr. 1 die Behörden der Zollverwaltung. ²Sie arbeiten bei der Verfolgung und Ahndung mit den in § 2 Abs. 2 des Schwarzarbeitsbekämpfungsgesetzes genannten Behörden zusammen.

(2) ¹Die Behörden der Zollverwaltung unterrichten das Gewerbezentralregister über ihre einzutragenden rechtskräftigen Bußgeldbescheide nach § 98 Abs. 2a und 3 Nr. 1. ²Dies gilt nur, sofern die Geldbuße mehr als 200 Euro beträgt.

(3) ¹Gerichte, Strafverfolgungs- und Strafvollstreckungsbehörden sollen den Behörden der Zollverwaltung Erkenntnisse aus sonstigen Verfahren, die aus ihrer Sicht zur Verfolgung von Ordnungswidrigkeiten nach § 98 Abs. 2a und 3 Nr. 1 erforderlich sind, übermitteln, soweit nicht für die übermittelnde Stelle erkennbar ist, dass schutzwürdige Interessen des Betroffenen oder anderer Verfahrensbeteiligter an dem Ausschluss der Übermittlung überwiegen. ²Dabei ist zu berücksichtigen, wie gesichert die zu übermittelnden Erkenntnisse sind.

§ 72 Beteiligungserfordernisse

(1) ¹Eine Betretenserlaubnis (§ 11 Absatz 8) darf nur mit Zustimmung der für den vorgesehenen Aufenthaltsort zuständigen Ausländerbehörde erteilt werden. ²Die Behörde, die den Ausländer ausgewiesen, abgeschoben oder zurückgeschoben hat, ist in der Regel zu beteiligen.

(2) Über das Vorliegen eines zielstaatsbezogenen Abschiebungsverbots nach § 60 Absatz 5 oder 7 und das Vorliegen eines Ausschlusstatbestandes

nach § 25 Absatz 3 Satz 3 Nummer 1 bis 4 entscheidet die Ausländerbehörde nur nach vorheriger Beteiligung des Bundesamtes für Migration und Flüchtlinge.

(3) [1]Räumliche Beschränkungen, Auflagen und Bedingungen, Befristungen nach § 11 Absatz 2 Satz 1, Anordnungen nach § 47 und sonstige Maßnahmen gegen einen Ausländer, der nicht im Besitz eines erforderlichen Aufenthaltstitels ist, dürfen von einer anderen Behörde nur im Einvernehmen mit der Behörde geändert oder aufgehoben werden, die die Maßnahme angeordnet hat. [2]Satz 1 findet keine Anwendung, wenn der Aufenthalt des Ausländers nach den Vorschriften des Asylgesetzes auf den Bezirk der anderen Ausländerbehörde beschränkt ist.

(4) [1]Ein Ausländer, gegen den öffentliche Klage erhoben oder ein strafrechtliches Ermittlungsverfahren eingeleitet ist, darf nur im Einvernehmen mit der zuständigen Staatsanwaltschaft ausgewiesen und abgeschoben werden. [2]Ein Ausländer, der zu schützende Person im Sinne des Zeugenschutz-Harmonisierungsgesetzes ist, darf nur im Einvernehmen mit der Zeugenschutzdienststelle ausgewiesen oder abgeschoben werden. [3]Des Einvernehmens der Staatsanwaltschaft nach Satz 1 bedarf es nicht, wenn nur ein geringes Strafverfolgungsinteresse besteht. [4]Dies ist der Fall, wenn die Erhebung der öffentlichen Klage oder die Einleitung eines Ermittlungsverfahrens wegen einer Straftat nach § 95 dieses Gesetzes oder nach § 9 des Gesetzes über die allgemeine Freizügigkeit von Unionsbürgern und begleitender Straftaten nach dem Strafgesetzbuch mit geringem Unrechtsgehalt erfolgt ist. [5]Insoweit sind begleitende Straftaten mit geringem Unrechtsgehalt Straftaten nach § 113 Absatz 1, den §§ 123, 185, 223, 242, 263 Absatz 1, 2 und 4, den §§ 265a, 267 Absatz 1 und 2, § 271 Absatz 1, 2 und 4, den §§ 273, 274, 281, 303 des Strafgesetzbuches, es sei denn, diese Strafgesetze werden durch verschiedene Handlungen mehrmals verletzt oder es wird ein Strafantrag gestellt.

(5) § 45 des Achten Buches Sozialgesetzbuch gilt nicht für Ausreiseeinrichtungen und Einrichtungen, die der vorübergehenden Unterbringung von Ausländern dienen, denen aus völkerrechtlichen, humanitären oder politischen Gründen eine Aufenthaltserlaubnis erteilt oder bei denen die Abschiebung ausgesetzt wird.

(6) [1]Vor einer Entscheidung über die Erteilung, die Verlängerung oder den Widerruf eines Aufenthaltstitels nach § 25 Abs. 4a oder 4b und die Festle-

gung, Aufhebung oder Verkürzung einer Ausreisefrist nach § 59 Absatz 7 ist die für das in § 25 Abs. 4a oder 4b in Bezug genommene Strafverfahren zuständige Staatsanwaltschaft oder das mit ihm befasste Strafgericht zu beteiligen, es sei denn, es liegt ein Fall des § 87 Abs. 5 Nr. 1 vor. ²Sofern der Ausländerbehörde die zuständige Staatsanwaltschaft noch nicht bekannt ist, beteiligt sie vor einer Entscheidung über die Festlegung, Aufhebung oder Verkürzung einer Ausreisefrist nach § 59 Absatz 7 die für den Aufenthaltsort zuständige Polizeibehörde.

(7) Zur Prüfung des Vorliegens der Voraussetzungen der §§ 17a, 17b, 18, 18b, 19, 19a, 19b, 19c und 19d kann die Ausländerbehörde die Bundesagentur für Arbeit auch dann beteiligen, wenn sie deren Zustimmung nicht bedarf.

§ 72a Abgleich von Visumantragsdaten zu Sicherheitszwecken

(1) ¹Daten, die im Visumverfahren von der deutschen Auslandsvertretung zur visumantragstellenden Person, zum Einlader und zu Personen, die durch Abgabe einer Verpflichtungserklärung oder in anderer Weise die Sicherung des Lebensunterhalts garantieren oder zu sonstigen Referenzpersonen im Inland erhoben werden, werden zur Durchführung eines Abgleichs zu Sicherheitszwecken an das Bundesverwaltungsamt übermittelt. ²Das Gleiche gilt für Daten nach Satz 1, die eine Auslandsvertretung eines anderen Schengen-Staates nach Artikel 8 Absatz 2 der Verordnung (EG) Nr. 810/2009 des Europäischen Parlaments und des Rates vom 13. Juli 2009 über einen Visakodex der Gemeinschaft (Visakodex) (ABl. L 243 vom 15.9.2009, S. 1) an eine deutsche Auslandsvertretung zur Entscheidung über den Visumantrag übermittelt hat. ³Eine Übermittlung nach Satz 1 oder Satz 2 erfolgt nicht, wenn eine Datenübermittlung nach § 73 Absatz 1 Satz 1 erfolgt.

(2) ¹Die Daten nach Absatz 1 Satz 1 und 2 werden in einer besonderen Organisationseinheit des Bundesverwaltungsamtes in einem automatisierten Verfahren mit Daten aus der Datei im Sinne von § 1 Absatz 1 des Antiterrordateigesetzes (Antiterrordatei) zu Personen abgeglichen, bei denen Tatsachen die Annahme rechtfertigen, dass sie

1. einer terroristischen Vereinigung nach § 129a des Strafgesetzbuchs, die einen internationalen Bezug aufweist, oder einer terroristischen

VI. Aufenthaltsgesetz

Vereinigung nach § 129a in Verbindung mit § 129b Absatz 1 Satz 1 des Strafgesetzbuchs mit Bezug zur Bundesrepublik Deutschland angehören oder diese unterstützen oder
2. einer Gruppierung, die eine solche Vereinigung unterstützt, angehören oder diese willentlich in Kenntnis der den Terrorismus unterstützenden Aktivität der Gruppierung unterstützen oder
3. rechtswidrig Gewalt als Mittel zur Durchsetzung international ausgerichteter politischer oder religiöser Belange anwenden oder eine solche Gewaltanwendung unterstützen, vorbereiten oder durch ihre Tätigkeiten, insbesondere durch Befürworten solcher Gewaltanwendungen, vorsätzlich hervorrufen oder
4. mit den in Nummer 1 oder Nummer 3 genannten Personen nicht nur flüchtig oder in zufälligem Kontakt in Verbindung stehen und durch sie weiterführende Hinweise für die Aufklärung oder Bekämpfung des internationalen Terrorismus zu erwarten sind, soweit Tatsachen die Annahme rechtfertigen, dass sie von der Planung oder Begehung einer in Nummer 1 genannten Straftat oder der Ausübung, Unterstützung oder Vorbereitung von rechtswidriger Gewalt im Sinne von Nummer 3 Kenntnis haben.

[2]Die Daten der in Satz 1 genannten Personen werden nach Kennzeichnung durch die Behörde, welche die Daten in der Antiterrordatei gespeichert hat, vom Bundeskriminalamt an die besondere Organisationseinheit im Bundesverwaltungsamt für den Abgleich mit den Daten nach Absatz 1 Satz 1 und 2 übermittelt und dort gespeichert. [3]Durch geeignete technische und organisatorische Maßnahmen ist sicherzustellen, dass kein unberechtigter Zugriff auf den Inhalt der Daten erfolgt.

(3) [1]Im Fall eines Treffers werden zur Feststellung von Versagungsgründen nach § 5 Absatz 4 oder zur Prüfung von sonstigen Sicherheitsbedenken gegen die Erteilung des Visums die Daten nach Absatz 1 Satz 1 und 2 an die Behörden übermittelt, welche Daten zu dieser Person in der Antiterrordatei gespeichert haben. [2]Diese übermitteln der zuständigen Auslandsvertretung über das Bundesverwaltungsamt unverzüglich einen Hinweis, wenn Versagungsgründe nach § 5 Absatz 4 oder sonstige Sicherheitsbedenken gegen die Erteilung des Visums vorliegen.

(4) [1]Die bei der besonderen Organisationseinheit im Bundesverwaltungsamt gespeicherten Daten nach Absatz 1 Satz 1 und 2 werden nach Durch-

führung des Abgleichs nach Absatz 2 Satz 1 unverzüglich gelöscht; wenn der Abgleich einen Treffer ergibt, bleibt nur das Visumaktenzeichen gespeichert. ²Dieses wird gelöscht, sobald bei der besonderen Organisationseinheit im Bundesverwaltungsamt feststeht, dass eine Mitteilung nach Absatz 3 Satz 2 an die Auslandsvertretung nicht zu erfolgen hat, andernfalls dann, wenn die Mitteilung erfolgt ist.

(5) ¹Die in Absatz 3 Satz 1 genannten Behörden dürfen die ihnen übermittelten Daten speichern und nutzen, soweit dies zur Erfüllung ihrer gesetzlichen Aufgaben erforderlich ist. ²Übermittlungsregelungen nach anderen Gesetzen bleiben unberührt.

(6) ¹Das Bundesverwaltungsamt stellt sicher, dass im Fall eines Treffers der Zeitpunkt des Datenabgleichs, die Angaben, die die Feststellung der abgeglichenen Datensätze ermöglichen, das Ergebnis des Datenabgleichs, die Weiterleitung des Datensatzes und die Verarbeitung des Datensatzes zum Zwecke der Datenschutzkontrolle protokolliert werden. ²Die Protokolldaten sind durch geeignete Maßnahmen gegen unberechtigten Zugriff zu sichern und am Ende des Kalenderjahres, das dem Jahr ihrer Erstellung folgt, zu vernichten, sofern sie nicht für ein bereits eingeleitetes Kontrollverfahren benötigt werden.

(7) Das Bundesverwaltungsamt hat dem jeweiligen Stand der Technik entsprechende technische und organisatorische Maßnahmen zur Sicherung von Datenschutz und Datensicherheit zu treffen, die insbesondere die Vertraulichkeit und die Unversehrtheit der in der besonderen Organisationseinheit gespeicherten und übermittelten Daten gewährleisten.

(8) ¹Die datenschutzrechtliche Verantwortung für das Vorliegen der Voraussetzungen nach Absatz 2 Satz 1 trägt die Behörde, die die Daten in die Antiterrordatei eingegeben hat. ²Die datenschutzrechtliche Verantwortung für die Durchführung des Abgleichs trägt das Bundesverwaltungsamt. ³Das Bundeskriminalamt ist datenschutzrechtlich dafür verantwortlich, dass die übermittelten Daten den aktuellen Stand in der Antiterrordatei widerspiegeln.

(9) ¹Die Daten nach Absatz 2 Satz 2 werden berichtigt, wenn sie in der Antiterrordatei berichtigt werden. ²Sie werden gelöscht, wenn die Voraussetzungen ihrer Speicherung nach Absatz 2 Satz 1 entfallen sind oder die Daten in der Antiterrordatei gelöscht wurden. ³Für die Prüfung des weite-

VI. Aufenthaltsgesetz

ren Vorliegens der Voraussetzungen für die Speicherung der Daten nach Absatz 2 Satz 2 gilt § 11 Absatz 4 des Antiterrordateigesetzes entsprechend.

§ 73 Sonstige Beteiligungserfordernisse im Visumverfahren, im Registrier- und Asylverfahren und bei der Erteilung von Aufenthaltstiteln

(1) ¹Daten, die im Visumverfahren von der deutschen Auslandsvertretung oder von der für die Entgegennahme des Visumantrags zuständigen Auslandsvertretung eines anderen Schengen-Staates zur visumantragstellenden Person, zum Einlader und zu Personen, die durch Abgabe einer Verpflichtungserklärung oder in anderer Weise die Sicherung des Lebensunterhalts garantieren, oder zu sonstigen Referenzpersonen im Inland erhoben werden, können über das Bundesverwaltungsamt zur Feststellung von Versagungsgründen nach § 5 Abs. 4 oder zur Prüfung von sonstigen Sicherheitsbedenken an den Bundesnachrichtendienst, das Bundesamt für Verfassungsschutz, den Militärischen Abschirmdienst, das Bundeskriminalamt und das Zollkriminalamt übermittelt werden. ²Das Verfahren nach § 21 des Ausländerzentralregistergesetzes bleibt unberührt. ³In den Fällen des § 14 Abs. 2 kann die jeweilige mit der polizeilichen Kontrolle des grenzüberschreitenden Verkehrs beauftragte Behörde die im Visumverfahren erhobenen Daten an die in Satz 1 genannten Behörden übermitteln.

(1a) Daten, die zur Sicherung, Feststellung und Überprüfung der Identität nach § 16 Absatz 1 Satz 1 des Asylgesetzes und § 49 zu Personen im Sinne des § 2 Absatz 1a des AZR-Gesetzes erhoben werden, können über das Bundesverwaltungsamt zur Feststellung von Versagungsgründen nach § 3 Absatz 2, § 4 Absatz 2 des Asylgesetzes, § 60 Absatz 8 Satz 1 sowie § 5 Absatz 4 oder zur Prüfung von sonstigen Sicherheitsbedenken an den Bundesnachrichtendienst, das Bundesamt für Verfassungsschutz, den Militärischen Abschirmdienst, das Bundeskriminalamt und das Zollkriminalamt übermittelt werden. Zu diesen Zwecken ist auch ein Abgleich mit weiteren Datenbeständen beim Bundesverwaltungsamt zulässig.

(2) Die Ausländerbehörden können zur Feststellung von Versagungsgründen gemäß § 5 Abs. 4 oder zur Prüfung von sonstigen Sicherheitsbedenken vor der Erteilung oder Verlängerung eines Aufenthaltstitels oder einer Duldung oder Aufenthaltsgestattung die bei ihnen gespeicherten personenbezogenen Daten zu den betroffenen Personen über das Bundesverwaltungsamt an den Bundesnachrichtendienst, das Bundesamt für Verfassungs-

schutz, den Militärischen Abschirmdienst, das Bundeskriminalamt und das Zollkriminalamt sowie an das Landesamt für Verfassungsschutz und das Landeskriminalamt oder die zuständigen Behörden der Polizei übermitteln. ²Das Bundesamt für Verfassungsschutz kann bei Übermittlungen an die Landesämter für Verfassungsschutz technische Unterstützung leisten.

(3) ¹Die in den Absätzen 1 und 2 genannten Sicherheitsbehörden und Nachrichtendienste teilen dem Bundesverwaltungsamt unverzüglich mit, ob Versagungsgründe nach § 5 Abs. 4 oder sonstige Sicherheitsbedenken vorliegen; bei der Übermittlung von Mitteilungen der Landesämter für Verfassungsschutz zu Anfragen der Ausländerbehörden nach Absatz 2 kann das Bundesamt für Verfassungsschutz technische Unterstützung leisten. ²Die deutschen Auslandsvertretungen und Ausländerbehörden übermitteln den in Satz 1 genannten Sicherheitsbehörden und Nachrichtendiensten unverzüglich die Gültigkeitsdauer der erteilten und verlängerten Aufenthaltstitel; werden den in Satz 1 genannten Behörden während des Gültigkeitszeitraums des Aufenthaltstitels Versagungsgründe nach § 5 Abs. 4 oder sonstige Sicherheitsbedenken bekannt, teilen sie dies der zuständigen Ausländerbehörde oder der zuständigen Auslandsvertretung unverzüglich mit. ³Die in Satz 1 genannten Behörden dürfen die übermittelten Daten speichern und nutzen, soweit dies zur Erfüllung ihrer gesetzlichen Aufgaben erforderlich ist. ⁴Übermittlungsregelungen nach anderen Gesetzen bleiben unberührt.

(3a) Die in Absatz 1a genannten Sicherheitsbehörden und Nachrichtendienste teilen dem Bundesverwaltungsamt unverzüglich mit, ob Versagungsgründe nach § 3 Absatz 2, § 4 Absatz 2 des Asylgesetzes, § 60 Absatz 8 Satz 1 sowie nach § 5 Absatz 4 oder sonstige Sicherheitsbedenken vorliegen. Das Bundesverwaltungsamt stellt den für das Asylverfahren sowie für aufenthaltsrechtliche Entscheidungen zuständigen Behörden diese Information umgehend zur Verfügung. Die infolge der Übermittlung nach Absatz 1a und den Sätzen 1 und 2 erforderlichen weiteren Übermittlungen zwischen den in Satz 1 genannten Behörden und den für das Asylverfahren sowie für die aufenthaltsrechtlichen Entscheidungen zuständigen Behörden dürfen über das Bundesverwaltungsamt erfolgen. Die in Satz 1 genannten Behörden dürfen die ihnen übermittelten Daten speichern und nutzen, soweit dies zur Erfüllung ihrer gesetzlichen Aufgaben erforderlich ist. Das Bundesverwaltungsamt speichert die übermittelten Daten, solange es für Zwecke des Sicherheitsabgleiches erforderlich ist. Übermittlungsregelungen nach anderen Gesetzen bleiben unberührt.

(4) Das Bundesministerium des Innern bestimmt im Einvernehmen mit dem Auswärtigen Amt und unter Berücksichtigung der aktuellen Sicherheitslage durch allgemeine Verwaltungsvorschriften, in welchen Fällen gegenüber Staatsangehörigen bestimmter Staaten sowie Angehörigen von in sonstiger Weise bestimmten Personengruppen von der Ermächtigung der Absätze 1 und 1a Gebrauch gemacht wird.

§ 73a Unterrichtung über die Erteilung von Visa

(1) [1]Unterrichtungen der anderen Schengen-Staaten über erteilte Visa gemäß Artikel 31 der Verordnung (EG) Nr. 810/2009 können über die zuständige Stelle an den Bundesnachrichtendienst, das Bundesamt für Verfassungsschutz, den Militärischen Abschirmdienst, das Bundeskriminalamt und das Zollkriminalamt zur Prüfung übermittelt werden, ob der Einreise und dem Aufenthalt des Visuminhabers die in § 5 Absatz 4 genannten Gründe oder sonstige Sicherheitsbedenken entgegenstehen. [2]Unterrichtungen der deutschen Auslandsvertretungen über erteilte Visa, deren Erteilung nicht bereits eine Datenübermittlung gemäß § 73 Absatz 1 vorangegangen ist, können zu dem in Satz 1 genannten Zweck über die zuständige Stelle an die in Satz 1 genannten Behörden übermittelt werden; Daten zu anderen Personen als dem Visuminhaber werden nicht übermittelt. [3]§ 73 Absatz 3 Satz 3 und 4 gilt entsprechend.

(2) Das Bundesministerium des Innern bestimmt im Benehmen mit dem Auswärtigen Amt und unter Berücksichtigung der aktuellen Sicherheitslage durch allgemeine Verwaltungsvorschrift, in welchen Fällen gegenüber Staatsangehörigen bestimmter Staaten sowie Angehörigen von in sonstiger Weise bestimmten Personengruppen von der Ermächtigung des Absatzes 1 Gebrauch gemacht wird.

§ 73b Überprüfung der Zuverlässigkeit von im Visumverfahren tätigen Personen und Organisationen

(1) [1]Das Auswärtige Amt überprüft die Zuverlässigkeit von Personen auf Sicherheitsbedenken, denen im Visumverfahren die Erfüllung einer oder mehrerer Aufgaben, insbesondere die Erfassung der biometrischen Iden-

tifikatoren, anvertraut ist oder werden soll und die nicht entsandte Angehörige des Auswärtigen Dienstes sind (Betroffene). ²Anlassbezogen und in regelmäßigen Abständen unterzieht das Auswärtige Amt die Zuverlässigkeit des in Satz 1 genannten Personenkreises einer Wiederholungsprüfung. ³Die Überprüfung der Zuverlässigkeit erfolgt nach vorheriger schriftlicher Zustimmung des Betroffenen.

(2) ¹Zur Überprüfung der Zuverlässigkeit erhebt die deutsche Auslandsvertretung Namen, Vornamen, Geburtsnamen und sonstige Namen, Geschlecht, Geburtsdatum und -ort, Staatsangehörigkeit, Wohnsitz und Angaben zum Identitätsdokument (insbesondere Art und Nummer) des Betroffenen und übermittelt diese über das Auswärtige Amt zur Prüfung von Sicherheitsbedenken an die Polizeivollzugs- und Verfassungsschutzbehörden des Bundes, den Bundesnachrichtendienst, den Militärischen Abschirmdienst, das Bundeskriminalamt und das Zollkriminalamt. ²Die in Satz 1 genannten Sicherheitsbehörden und Nachrichtendienste teilen dem Auswärtigen Amt unverzüglich mit, ob Sicherheitsbedenken vorliegen.

(3) ¹Die in Absatz 2 genannten Sicherheitsbehörden und Nachrichtendienste dürfen die übermittelten Daten nach den für sie geltenden Gesetzen für andere Zwecke verarbeiten, soweit dies zur Erfüllung ihrer gesetzlichen Aufgaben erforderlich ist. ²Übermittlungsregelungen nach anderen Gesetzen bleiben unberührt.

(4) Ohne eine abgeschlossene Zuverlässigkeitsüberprüfung, bei der keine Erkenntnisse über eine mögliche Unzuverlässigkeit zutage treten, darf der Betroffene seine Tätigkeit im Visumverfahren nicht aufnehmen.

(5) ¹Ist der Betroffene für eine juristische Person, insbesondere einen externen Dienstleistungserbringer tätig, überprüft das Auswärtige Amt auch die Zuverlässigkeit der juristischen Person anhand von Firma, Bezeichnung, Handelsregistereintrag der juristischen Person nebst vollständiger Anschrift (lokale Niederlassung und Hauptsitz). ²Das Auswärtige Amt überprüft auch die Zuverlässigkeit des Inhabers und der Geschäftsführer der juristischen Person in dem für die Zusammenarbeit vorgesehenen Land. ³Absatz 1 Satz 2 und 3 und die Absätze 2 bis 4 gelten entsprechend.

§ 73c Zusammenarbeit mit externen Dienstleistungserbringern

Die deutschen Auslandsvertretungen können im Verfahren zur Beantragung nationaler Visa nach Kapitel 2 Abschnitt 3 und 4 mit einem externen Dienstleistungserbringer entsprechend Artikel 43 der Verordnung (EG) Nr. 810/2009 zusammenarbeiten.

§ 74 Beteiligung des Bundes; Weisungsbefugnis

(1) Ein Visum kann zur Wahrung politischer Interessen des Bundes mit der Maßgabe erteilt werden, dass die Verlängerung des Visums und die Erteilung eines anderen Aufenthaltstitels nach Ablauf der Geltungsdauer des Visums sowie die Aufhebung und Änderung von Auflagen, Bedingungen und sonstigen Beschränkungen, die mit dem Visum verbunden sind, nur im Benehmen oder Einvernehmen mit dem Bundesministerium des Innern oder der von ihm bestimmten Stelle vorgenommen werden dürfen.

(2) Die Bundesregierung kann Einzelweisungen zur Ausführung dieses Gesetzes und der auf Grund dieses Gesetzes erlassenen Rechtsverordnungen erteilen, wenn

1. die Sicherheit der Bundesrepublik Deutschland oder sonstige erhebliche Interessen der Bundesrepublik Deutschland es erfordern,
2. durch ausländerrechtliche Maßnahmen eines Landes erhebliche Interessen eines anderen Landes beeinträchtigt werden,
3. eine Ausländerbehörde einen Ausländer ausweisen will, der zu den bei konsularischen und diplomatischen Vertretungen vom Erfordernis eines Aufenthaltstitels befreiten Personen gehört.

Abschnitt 1a. Durchbeförderung

§ 74a Durchbeförderung von Ausländern

1Ausländische Staaten dürfen Ausländer aus ihrem Hoheitsgebiet über das Bundesgebiet in einen anderen Staat zurückführen oder aus einem anderen Staat über das Bundesgebiet wieder in ihr Hoheitsgebiet zurückübernehmen, wenn ihnen dies von den zuständigen Behörden gestattet wurde (Durchbeförderung). ²Die Durchbeförderung erfolgt auf der Grundlage zwischenstaatlicher Vereinbarungen und Rechtsvorschriften der Europäischen Union. ³Zentrale Behörde nach Artikel 4 Abs. 5 der Richtlinie 2003/110/EG ist die in der Rechtsverordnung nach § 58 Abs. 1 des Bundespolizeigesetzes bestimmte Bundespolizeibehörde. ⁴Der durchbeförderte Ausländer hat die erforderlichen Maßnahmen im Zusammenhang mit seiner Durchbeförderung zu dulden.

Abschnitt 2. Bundesamt für Migration und Flüchtlinge

§ 75 Aufgaben

Das Bundesamt für Migration und Flüchtlinge hat unbeschadet der Aufgaben nach anderen Gesetzen folgende Aufgaben:

1. Koordinierung der Informationen über den Aufenthalt zum Zweck der Erwerbstätigkeit zwischen den Ausländerbehörden, der Bundesagentur für Arbeit und der für Pass- und Visaangelegenheiten vom Auswärtigen Amt ermächtigten deutschen Auslandsvertretungen;
2. a) Entwicklung von Grundstruktur und Lerninhalten des Integrationskurses nach § 43 Abs. 3 und der berufsbezogenen Deutschsprachförderung nach § 45a,
   b) deren Durchführung und
   c) Maßnahmen nach § 9 Abs. 5 des Bundesvertriebenengesetzes;
3. fachliche Zuarbeit für die Bundesregierung auf dem Gebiet der Integrationsförderung und der Erstellung von Informationsmaterial über Integrationsangebote von Bund, Ländern und Kommunen für Ausländer und Spätaussiedler;
4. Betreiben wissenschaftlicher Forschungen über Migrationsfragen (Begleitforschung) zur Gewinnung analytischer Aussagen für die Steuerung der Zuwanderung;
4a. Betreiben wissenschaftlicher Forschungen über Integrationsfragen;
5. Zusammenarbeit mit den Verwaltungsbehörden der Mitgliedstaaten der Europäischen Union als Nationale Kontaktstelle und zuständige Behörde nach Artikel 27 der Richtlinie 2001/55/EG, Artikel 25 der Richtlinie 2003/109/EG, Artikel 22 Absatz 1 der Richtlinie 2009/50/EG, Artikel 26 der Richtlinie 2014/66/EU und Artikel 37 der Richtlinie (EU) 2016/801 sowie für Mitteilungen nach § 51 Absatz 8a;

6. Führung des Registers nach § 91a;
7. Koordinierung der Programme und Mitwirkung an Projekten zur Förderung der freiwilligen Rückkehr sowie Auszahlung hierfür bewilligter Mittel;
8. die Durchführung des Aufnahmeverfahrens nach § 23 Abs. 2 und 4 und die Verteilung der nach § 23 sowie der nach § 22 Satz 2 aufgenommenen Ausländer auf die Länder;
9. Durchführung einer migrationsspezifischen Beratung nach § 45 Satz 1, soweit sie nicht durch andere Stellen wahrgenommen wird; hierzu kann es sich privater oder öffentlicher Träger bedienen;
10. Anerkennung von Forschungseinrichtungen zum Abschluss von Aufnahmevereinbarungen nach § 20; hierbei wird das Bundesamt für Migration und Flüchtlinge durch einen Beirat für Forschungsmigration unterstützt;
11. Koordinierung der Informationsübermittlung und Auswertung von Erkenntnissen der Bundesbehörden, insbesondere des Bundeskriminalamtes und des Bundesamtes für Verfassungsschutz, zu Ausländern, bei denen wegen Gefährdung der öffentlichen Sicherheit ausländer-, asyl- oder staatsangehörigkeitsrechtliche Maßnahmen in Betracht kommen;
12. Befristung eines Einreise- und Aufenthaltsverbots nach § 11 Absatz 2 im Fall einer Abschiebungsandrohung nach den §§ 34, 35 des Asylgesetzes oder einer Abschiebungsanordnung nach § 34a des Asylgesetzes sowie die Anordnung und Befristung eines Einreise- und Aufenthaltsverbots nach § 11 Absatz 7.

§ 76 (weggefallen)

Abschnitt 3. Verwaltungsverfahren

§ 77 Schriftform; Ausnahme von Formerfordernissen

(1) ¹Die folgenden Verwaltungsakte bedürfen der Schriftform und sind mit Ausnahme der Nummer 5 mit einer Begründung zu versehen:

1. der Verwaltungsakt,

VI. Aufenthaltsgesetz

   a) durch den ein Passersatz, ein Ausweisersatz oder ein Aufenthaltstitel versagt, räumlich oder zeitlich beschränkt oder mit Bedingungen und Auflagen versehen wird oder
   b) mit dem die Änderung oder Aufhebung einer Nebenbestimmung zum Aufenthaltstitel versagt wird, sowie
2. die Ausweisung,
3. die Abschiebungsanordnung nach § 58a Absatz 1 Satz 1,
4. die Androhung der Abschiebung,
5. die Aussetzung der Abschiebung,
6. Beschränkungen des Aufenthalts nach § 12 Absatz 4,
7. die Anordnungen nach den §§ 47 und 56,
8. die Rücknahme und der Widerruf von Verwaltungsakten nach diesem Gesetz sowie
9. die Entscheidung über die Anordnung eines Einreise- und Aufenthaltsverbots nach § 11 Absatz 6 oder 7 und über die Befristung eines Einreise- und Aufenthaltsverbots nach § 11.

²Einem Verwaltungsakt, mit dem ein Aufenthaltstitel versagt oder mit dem ein Aufenthaltstitel zum Erlöschen gebracht wird, sowie der Entscheidung über einen Antrag auf Befristung nach § 11 Absatz 1 Satz 3 ist eine Erklärung beizufügen. ³Mit dieser Erklärung wird der Ausländer über den Rechtsbehelf, der gegen den Verwaltungsakt gegeben ist, und über die Stelle, bei der dieser Rechtsbehelf einzulegen ist, sowie über die einzuhaltende Frist belehrt; in anderen Fällen ist die vorgenannte Erklärung der Androhung der Abschiebung beizufügen.

(1a) ¹Im Zusammenhang mit der Erteilung einer ICT-Karte oder einer Mobiler-ICT-Karte sind zusätzlich der aufnehmenden Niederlassung oder dem aufnehmenden Unternehmen schriftlich mitzuteilen

1. die Versagung der Verlängerung einer ICT-Karte oder einer Mobiler-ICT-Karte,
2. die Rücknahme oder der Widerruf einer ICT-Karte oder einer Mobiler-ICT-Karte,
3. die Versagung der Verlängerung eines Aufenthaltstitels zum Zweck des Familiennachzugs zu einem Inhaber einer ICT-Karte oder einer Mobiler-ICT-Karte oder

4. die Rücknahme oder der Widerruf eines Aufenthaltstitels zum Zweck des Familiennachzugs zu einem Inhaber einer ICT-Karte oder einer Mobiler-ICT-Karte.

²In der Mitteilung nach Satz 1 Nummer 1 und 2 sind auch die Gründe für die Entscheidung anzugeben.

(2) ¹Die Versagung und die Beschränkung eines Visums und eines Passersatzes vor der Einreise bedürfen keiner Begründung und Rechtsbehelfsbelehrung; die Versagung an der Grenze bedarf auch nicht der Schriftform. ²Formerfordernisse für die Versagung von Schengen-Visa richten sich nach der Verordnung (EG) Nr. 810/2009.

(3) ¹Dem Ausländer ist auf Antrag eine Übersetzung der Entscheidungsformel des Verwaltungsaktes, mit dem der Aufenthaltstitel versagt oder mit dem der Aufenthaltstitel zum Erlöschen gebracht oder mit dem eine Befristungsentscheidung nach § 11 getroffen wird, und der Rechtsbehelfsbelehrung kostenfrei in einer Sprache zur Verfügung zu stellen, die der Ausländer versteht oder bei der vernünftigerweise davon ausgegangen werden kann, dass er sie versteht. ²Besteht die Ausreisepflicht aus einem anderen Grund, ist Satz 1 auf die Androhung der Abschiebung sowie auf die Rechtsbehelfsbelehrung, die dieser nach Absatz 1 Satz 3 beizufügen ist, entsprechend anzuwenden. ³Die Übersetzung kann in mündlicher oder in schriftlicher Form zur Verfügung gestellt werden. ⁴Eine Übersetzung muss dem Ausländer dann nicht vorgelegt werden, wenn er unerlaubt in das Bundesgebiet eingereist ist oder auf Grund einer strafrechtlichen Verurteilung ausgewiesen worden ist. ⁵In den Fällen des Satzes 4 erhält der Ausländer ein Standardformular mit Erläuterungen, die in mindestens fünf der am häufigsten verwendeten oder verstandenen Sprachen bereitgehalten werden. ⁶Die Sätze 1 bis 3 sind nicht anzuwenden, wenn der Ausländer noch nicht eingereist oder bereits ausgereist ist.

§ 78 Dokumente mit elektronischem Speicher- und Verarbeitungsmedium

(1) ¹Aufenthaltstitel nach § 4 Absatz 1 Satz 2 Nummer 2 bis 4 werden als eigenständige Dokumente mit elektronischem Speicher- und Verarbeitungsmedium ausgestellt. ²Aufenthaltserlaubnisse, die nach Maßgabe des Abkommens zwischen der Europäischen Gemeinschaft und ihren Mitgliedstaaten einerseits und der Schweizerischen Eidgenossenschaft andererseits

VI. Aufenthaltsgesetz

über die Freizügigkeit vom 21. Juni 1999 (ABl. L 114 vom 30.4.2002, S. 6) auszustellen sind, werden auf Antrag als Dokumente mit elektronischem Speicher- und Verarbeitungsmedium ausgestellt. ³Dokumente nach den Sätzen 1 und 2 enthalten folgende sichtbar aufgebrachte Angaben:

1. Name und Vornamen,
2. Doktorgrad,
3. Lichtbild,
4. Geburtsdatum und Geburtsort,
5. Anschrift,
6. Gültigkeitsbeginn und Gültigkeitsdauer,
7. Ausstellungsort,
8. Art des Aufenthaltstitels oder Aufenthaltsrechts und dessen Rechtsgrundlage,
9. Ausstellungsbehörde,
10. Seriennummer des zugehörigen Passes oder Passersatzpapiers,
11. Gültigkeitsdauer des zugehörigen Passes oder Passersatzpapiers,
12. Anmerkungen,
13. Unterschrift,
14. Seriennummer,
15. Staatsangehörigkeit,
16. Geschlecht,
17. Größe und Augenfarbe,
18. Zugangsnummer.

⁴Dokumente nach Satz 1 können unter den Voraussetzungen des § 48 Absatz 2 oder 4 als Ausweisersatz bezeichnet und mit dem Hinweis versehen werden, dass die Personalien auf den Angaben des Inhabers beruhen. ⁵Die Unterschrift durch den Antragsteller nach Satz 3 Nummer 13 ist zu leisten, wenn er zum Zeitpunkt der Beantragung des Dokuments zehn Jahre oder älter ist.

(2) ¹Dokumente mit elektronischem Speicher- und Verarbeitungsmedium nach Absatz 1 enthalten eine Zone für das automatische Lesen. ²Diese darf lediglich die folgenden sichtbar aufgedruckten Angaben enthalten:

1. die Abkürzungen
    a) „AR" für den Aufenthaltstiteltyp nach § 4 Absatz 1 Nummer 2 bis 4,
    b „AS" für den Aufenthaltstiteltyp nach § 28 Satz 2 der Aufenthaltsverordnung,

VI. Aufenthaltsgesetz

2. die Abkürzung „D" für Bundesrepublik Deutschland,
3. die Seriennummer des Aufenthaltstitels, die sich aus der Behördenkennzahl der Ausländerbehörde und einer zufällig zu vergebenden Aufenthaltstitelnummer zusammensetzt und die neben Ziffern auch Buchstaben enthalten kann,
4. das Geburtsdatum,
5. die Abkürzung „F" für Personen weiblichen Geschlechts und „M" für Personen männlichen Geschlechts,
6. die Gültigkeitsdauer des Aufenthaltstitels oder im Falle eines unbefristeten Aufenthaltsrechts die technische Kartennutzungsdauer,
7. die Abkürzung der Staatsangehörigkeit,
8. den Namen,
9. den oder die Vornamen,
10. die Prüfziffern und
11. Leerstellen.

³Die Seriennummer und die Prüfziffern dürfen keine Daten über den Inhaber oder Hinweise auf solche Daten enthalten. ⁴Jedes Dokument erhält eine neue Seriennummer.

(3) ¹Das in dem Dokument nach Absatz 1 enthaltene elektronische Speicher- und Verarbeitungsmedium enthält folgende Daten:

1. die Daten nach Absatz 1 Satz 3 Nummer 1 bis 5 sowie den im amtlichen Gemeindeverzeichnis verwendeten eindeutigen Gemeindeschlüssel,
2. die Daten der Zone für das automatische Lesen nach Absatz 2 Satz 2,
3. Nebenbestimmungen,
4. zwei Fingerabdrücke, die Bezeichnung der erfassten Finger sowie die Angaben zur Qualität der Abdrücke sowie
5. den Geburtsnamen.

²Die gespeicherten Daten sind gegen unbefugtes Verändern, Löschen und Auslesen zu sichern. ³Die Erfassung von Fingerabdrücken erfolgt ab Vollendung des sechsten Lebensjahres.

(4) ¹Das elektronische Speicher- und Verarbeitungsmedium eines Dokuments nach Absatz 1 kann ausgestaltet werden als qualifizierte elektronische Signaturerstellungseinheit nach Artikel 3 Nummer 23 der Verordnung (EU) Nr. 910/2014 des Europäischen Parlaments und des Rates vom 23. Juli

2014 über elektronische Identifizierung und Vertrauensdienste für elektronische Transaktionen im Binnenmarkt und zur Aufhebung der Richtlinie 1999/93/EG (ABl. L 257 vom 28.8.2014, S. 73). ²Die Zertifizierung nach Artikel 30 der Verordnung (EU) Nr. 910/2014 erfolgt durch das Bundesamt für Sicherheit in der Informationstechnik. ³Die Vorschriften des Vertrauensdienstegesetzes bleiben unberührt.

(5) ¹Das elektronische Speicher- und Verarbeitungsmedium eines Dokuments nach Absatz 1 kann auch für die Zusatzfunktion eines elektronischen Identitätsnachweises genutzt werden. ²Insoweit sind § 2 Absatz 3 bis 7, 10 und 12, § 4 Absatz 3, § 7 Absatz 4 und 5, § 10 Absatz 1, 2 Satz 1, Absatz 3 bis 5, 6 Satz 1, Absatz 7, 8 Satz 1 und Absatz 9, § 11 Absatz 1 bis 5 und 7, § 12 Absatz 2 Satz 2, die §§ 13, 16, 18, 18a, 19 Absatz 1 und 3 bis 6, die §§ 19a, 20 Absatz 2 und 3, die §§ 21, 21a, 21b, 27 Absatz 2 und 3, § 32 Absatz 1 Nummer 5 und 6 mit Ausnahme des dort angeführten § 19 Absatz 2, Nummer 6a bis 8, Absatz 2 und 3 sowie § 33 Nummer 1, 2 und 4 des Personalausweisgesetzes mit der Maßgabe entsprechend anzuwenden, dass die Ausländerbehörde an die Stelle der Personalausweisbehörde tritt. ³Neben den in § 18 Absatz 3 Satz 2 des Personalausweisgesetzes aufgeführten Daten können im Rahmen des elektronischen Identitätsnachweises unter den Voraussetzungen des § 18 Absatz 4 des Personalausweisgesetzes auch die nach Absatz 3 Nummer 3 gespeicherten Nebenbestimmungen sowie die Abkürzung der Staatsangehörigkeit übermittelt werden. ⁴Für das Sperrkennwort und die Sperrmerkmale gilt Absatz 2 Satz 3 entsprechend.

(6) Die mit der Ausführung dieses Gesetzes betrauten oder zur hoheitlichen Identitätsfeststellung befugten Behörden dürfen die in der Zone für das automatische Lesen enthaltenen Daten zur Erfüllung ihrer gesetzlichen Aufgaben erheben, verarbeiten und nutzen.

(7) ¹Öffentliche Stellen dürfen die im elektronischen Speicher- und Verarbeitungsmedium eines Dokuments nach Absatz 1 gespeicherten Daten mit Ausnahme der biometrischen Daten erheben, verarbeiten und nutzen, soweit dies zur Erfüllung ihrer jeweiligen gesetzlichen Aufgaben erforderlich ist. ²Die im elektronischen Speicher- und Verarbeitungsmedium gespeicherte Anschrift und die nach Absatz 1 Satz 3 Nummer 5 aufzubringende Anschrift dürfen durch die Ausländerbehörden sowie durch andere durch Landesrecht bestimmte Behörden geändert werden.

(8) ¹Die durch technische Mittel vorgenommene Erhebung und Verwendung personenbezogener Daten aus Dokumenten nach Absatz 1 dürfen nur im Wege des elektronischen Identitätsnachweises nach Absatz 5 erfolgen, soweit nicht durch Gesetz etwas anderes bestimmt ist. ²Gleiches gilt für die Erhebung und Verwendung personenbezogener Daten mit Hilfe eines Dokuments nach Absatz 1.

§ 78a Vordrucke für Aufenthaltstitel in Ausnahmefällen, Ausweisersatz und Bescheinigungen

(1) ¹Aufenthaltstitel nach § 4 Absatz 1 Satz 2 Nummer 2 bis 4 können abweichend von § 78 nach einem einheitlichen Vordruckmuster ausgestellt werden, wenn

1. der Aufenthaltstitel zum Zwecke der Verlängerung der Aufenthaltsdauer um einen Monat erteilt werden soll oder
2. die Ausstellung zur Vermeidung außergewöhnlicher Härten geboten ist.

²Das Vordruckmuster enthält folgende Angaben:

1. Name und Vornamen des Inhabers,
2. Gültigkeitsdauer,
3. Ausstellungsort und -datum,
4. Art des Aufenthaltstitels oder Aufenthaltsrechts,
5. Ausstellungsbehörde,
6. Seriennummer des zugehörigen Passes oder Passersatzpapiers,
7. Anmerkungen,
8. Lichtbild.

³Auf dem Vordruckmuster ist kenntlich zu machen, dass es sich um eine Ausstellung im Ausnahmefall handelt.

(2) Vordrucke nach Absatz 1 Satz 1 enthalten eine Zone für das automatische Lesen mit folgenden Angaben:

1. Name und Vornamen,
2. Geburtsdatum,
3. Geschlecht,
4. Staatsangehörigkeit,
5. Art des Aufenthaltstitels,

6. Seriennummer des Vordrucks,
7. ausstellender Staat,
8. Gültigkeitsdauer,
9. Prüfziffern,
10. Leerstellen.

(3) Öffentliche Stellen können die in der Zone für das automatische Lesen nach Absatz 2 enthaltenen Daten zur Erfüllung ihrer gesetzlichen Aufgaben speichern, übermitteln und nutzen.

(4) ¹Das Vordruckmuster für den Ausweisersatz enthält eine Seriennummer und eine Zone für das automatische Lesen. ²In dem Vordruckmuster können neben der Bezeichnung von Ausstellungsbehörde, Ausstellungsort und -datum, Gültigkeitszeitraum oder -dauer, Name und Vornamen des Inhabers, Aufenthaltsstatus sowie Nebenbestimmungen folgende Angaben über die Person des Inhabers vorgesehen sein:

1. Geburtsdatum und Geburtsort,
2. Staatsangehörigkeit,
3. Geschlecht,
4. Größe,
5. Farbe der Augen,
6. Anschrift,
7. Lichtbild,
8. eigenhändige Unterschrift,
9. zwei Fingerabdrücke,
10. Hinweis, dass die Personalangaben auf den Angaben des Ausländers beruhen.

³Sofern Fingerabdrücke nach Satz 2 Nummer 9 erfasst werden, müssen diese in mit Sicherheitsverfahren verschlüsselter Form auf einem elektronischen Speicher- und Verarbeitungsmedium in den Ausweisersatz eingebracht werden. ⁴Das Gleiche gilt, sofern Lichtbilder in elektronischer Form eingebracht werden. ⁵Die Absätze 2 und 3 gelten entsprechend. ⁶§ 78 Absatz 1 Satz 4 bleibt unberührt.

(5) ¹Die Bescheinigungen nach § 60a Absatz 4 und § 81 Absatz 5 werden nach einheitlichem Vordruckmuster ausgestellt, das eine Seriennummer enthält und mit einer Zone für das automatische Lesen versehen sein kann. ²Die Bescheinigung darf im Übrigen nur die in Absatz 4 bezeichneten Da-

ten enthalten sowie den Hinweis, dass der Ausländer mit ihr nicht der Passpflicht genügt. ³Die Absätze 2 und 3 gelten entsprechend.

§ 79 Entscheidung über den Aufenthalt

(1) ¹Über den Aufenthalt von Ausländern wird auf der Grundlage der im Bundesgebiet bekannten Umstände und zugänglichen Erkenntnisse entschieden. ²Über das Vorliegen der Voraussetzungen des § 60 Absatz 5 und 7 entscheidet die Ausländerbehörde auf der Grundlage der ihr vorliegenden und im Bundesgebiet zugänglichen Erkenntnisse und, soweit es im Einzelfall erforderlich ist, der den Behörden des Bundes außerhalb des Bundesgebiets zugänglichen Erkenntnisse.

(2) Beantragt ein Ausländer, gegen den wegen des Verdachts einer Straftat oder einer Ordnungswidrigkeit ermittelt wird, die Erteilung oder Verlängerung eines Aufenthaltstitels, ist die Entscheidung über den Aufenthaltstitel bis zum Abschluss des Verfahrens, im Falle einer gerichtlichen Entscheidung bis zu deren Rechtskraft auszusetzen, es sei denn, über den Aufenthaltstitel kann ohne Rücksicht auf den Ausgang des Verfahrens entschieden werden.

§ 80 Handlungsfähigkeit

(1) Fähig zur Vornahme von Verfahrenshandlungen nach diesem Gesetz ist ein Ausländer, der volljährig ist, sofern er nicht nach Maßgabe des Bürgerlichen Gesetzbuchs geschäftsunfähig oder in dieser Angelegenheit zu betreuen und einem Einwilligungsvorbehalt zu unterstellen wäre.

(2) ¹Die mangelnde Handlungsfähigkeit eines Minderjährigen steht seiner Zurückweisung und Zurückschiebung nicht entgegen. ²Das Gleiche gilt für die Androhung und Durchführung der Abschiebung in den Herkunftsstaat, wenn sich sein gesetzlicher Vertreter nicht im Bundesgebiet aufhält oder dessen Aufenthaltsort im Bundesgebiet unbekannt ist.

(3) ¹Bei der Anwendung dieses Gesetzes sind die Vorschriften des Bürgerlichen Gesetzbuchs dafür maßgebend, ob ein Ausländer als minderjährig oder volljährig anzusehen ist. ²Die Geschäftsfähigkeit und die sonstige rechtliche Handlungsfähigkeit eines nach dem Recht seines Heimatstaates volljährigen Ausländers bleiben davon unberührt.

(4) Die gesetzlichen Vertreter eines Ausländers, der minderjährig ist, und sonstige Personen, die an Stelle der gesetzlichen Vertreter den Ausländer im Bundesgebiet betreuen, sind verpflichtet, für den Ausländer die erforderlichen Anträge auf Erteilung und Verlängerung des Aufenthaltstitels und auf Erteilung und Verlängerung des Passes, des Passersatzes und des Ausweisersatzes zu stellen.

§ 81 Beantragung des Aufenthaltstitels

(1) Ein Aufenthaltstitel wird einem Ausländer nur auf seinen Antrag erteilt, soweit nichts anderes bestimmt ist.

(2) ¹Ein Aufenthaltstitel, der nach Maßgabe der Rechtsverordnung nach § 99 Abs. 1 Nr. 2 nach der Einreise eingeholt werden kann, ist unverzüglich nach der Einreise oder innerhalb der in der Rechtsverordnung bestimmten Frist zu beantragen. ²Für ein im Bundesgebiet geborenes Kind, dem nicht von Amts wegen ein Aufenthaltstitel zu erteilen ist, ist der Antrag innerhalb von sechs Monaten nach der Geburt zu stellen.

(3) ¹Beantragt ein Ausländer, der sich rechtmäßig im Bundesgebiet aufhält, ohne einen Aufenthaltstitel zu besitzen, die Erteilung eines Aufenthaltstitels, gilt sein Aufenthalt bis zur Entscheidung der Ausländerbehörde als erlaubt. ²Wird der Antrag verspätet gestellt, gilt ab dem Zeitpunkt der Antragstellung bis zur Entscheidung der Ausländerbehörde die Abschiebung als ausgesetzt.

(4) ¹Beantragt ein Ausländer vor Ablauf seines Aufenthaltstitels dessen Verlängerung oder die Erteilung eines anderen Aufenthaltstitels, gilt der bisherige Aufenthaltstitel vom Zeitpunkt seines Ablaufs bis zur Entscheidung der Ausländerbehörde als fortbestehend. ²Dies gilt nicht für ein Visum nach § 6 Absatz 1. ³Wurde der Antrag auf Erteilung oder Verlängerung eines Aufenthaltstitels verspätet gestellt, kann die Ausländerbehörde zur Vermeidung einer unbilligen Härte die Fortgeltungswirkung anordnen.

(5) Dem Ausländer ist eine Bescheinigung über die Wirkung seiner Antragstellung (Fiktionsbescheinigung) auszustellen.

(6) Wenn der Antrag auf Erteilung einer Aufenthaltserlaubnis zum Familiennachzug zu einem Inhaber einer ICT-Karte oder einer Mobiler-ICT-Karte gleichzeitig mit dem Antrag auf Erteilung einer ICT-Karte oder einer Mo-

biler-ICT-Karte gestellt wird, so wird über den Antrag auf Erteilung einer Aufenthaltserlaubnis zum Zweck des Familiennachzugs gleichzeitig mit dem Antrag auf Erteilung einer ICT-Karte oder einer Mobiler-ICT-Karte entschieden.

§ 82 Mitwirkung des Ausländers

(1) [1]Der Ausländer ist verpflichtet, seine Belange und für ihn günstige Umstände, soweit sie nicht offenkundig oder bekannt sind, unter Angabe nachprüfbarer Umstände unverzüglich geltend zu machen und die erforderlichen Nachweise über seine persönlichen Verhältnisse, sonstige erforderliche Bescheinigungen und Erlaubnisse sowie sonstige erforderliche Nachweise, die er erbringen kann, unverzüglich beizubringen. [2]Die Ausländerbehörde kann ihm dafür eine angemessene Frist setzen. [3]Sie setzt ihm eine solche Frist, wenn sie die Bearbeitung eines Antrags auf Erteilung eines Aufenthaltstitels wegen fehlender oder unvollständiger Angaben aussetzt, und benennt dabei die nachzuholenden Angaben. [4]Nach Ablauf der Frist geltend gemachte Umstände und beigebrachte Nachweise können unberücksichtigt bleiben. [5]Der Ausländer, der eine ICT-Karte nach § 19b beantragt hat, ist verpflichtet, der zuständigen Ausländerbehörde jede Änderung mitzuteilen, die während des Antragsverfahrens eintritt und die Auswirkungen auf die Voraussetzungen der Erteilung der ICT-Karte hat.

(2) Absatz 1 findet im Widerspruchsverfahren entsprechende Anwendung.

(3) [1]Der Ausländer soll auf seine Pflichten nach Absatz 1 sowie seine wesentlichen Rechte und Pflichten nach diesem Gesetz, insbesondere die Verpflichtungen aus den §§ 44a, 48, 49 und 81 und die Möglichkeit der Antragstellung nach § 11 Abs. 1 Satz 3 hingewiesen werden. [2]Im Falle der Fristsetzung ist er auf die Folgen der Fristversäumung hinzuweisen.

(4) [1]Soweit es zur Vorbereitung und Durchführung von Maßnahmen nach diesem Gesetz und nach ausländerrechtlichen Bestimmungen in anderen Gesetzen erforderlich ist, kann angeordnet werden, dass ein Ausländer bei der zuständigen Behörde sowie den Vertretungen oder ermächtigten Bediensteten des Staates, dessen Staatsangehörigkeit er vermutlich besitzt, persönlich erscheint sowie eine ärztliche Untersuchung zur Feststellung der Reisefähigkeit durchgeführt wird. [2]Kommt der Ausländer einer Anordnung nach Satz 1 nicht nach, kann sie zwangsweise durchgesetzt werden.

³§ 40 Abs. 1 und 2, die §§ 41, 42 Abs. 1 Satz 1 und 3 des Bundespolizeigesetzes finden entsprechende Anwendung.

(5) ¹Der Ausländer, für den nach diesem Gesetz, dem Asylgesetz oder den zur Durchführung dieser Gesetze erlassenen Bestimmungen ein Dokument ausgestellt werden soll, hat auf Verlangen

1. ein aktuelles Lichtbild nach Maßgabe einer nach § 99 Abs. 1 Nr. 13 und 13a erlassenen Rechtsverordnung vorzulegen oder bei der Aufnahme eines solchen Lichtbildes mitzuwirken und
2. bei der Abnahme seiner Fingerabdrücke nach Maßgabe einer nach § 99 Absatz 1 Nummer 13 und 13a erlassenen Rechtsverordnung mitzuwirken.

²Das Lichtbild und die Fingerabdrücke dürfen in Dokumente nach Satz 1 eingebracht und von den zuständigen Behörden zur Sicherung und einer späteren Feststellung der Identität verarbeitet und genutzt werden.

(6) ¹Ausländer, die im Besitz einer Aufenthaltserlaubnis nach den §§ 18 oder 18a oder im Besitz einer Blauen Karte EU oder einer ICT-Karte sind, sind verpflichtet, der zuständigen Ausländerbehörde mitzuteilen, wenn die Beschäftigung, für die der Aufenthaltstitel erteilt wurde, vorzeitig beendet wird. ²Dies gilt nicht, wenn der Ausländer eine Beschäftigung aufnehmen darf, ohne einer Erlaubnis zu bedürfen, die nur mit einer Zustimmung nach § 39 Absatz 2 erteilt werden kann. ³Der Ausländer ist bei Erteilung des Aufenthaltstitels über seine Verpflichtung nach Satz 1 zu unterrichten.

§ 83 Beschränkung der Anfechtbarkeit

(1) ¹Die Versagung eines nationalen Visums und eines Passersatzes an der Grenze sind unanfechtbar. ²Der Ausländer wird bei der Versagung eines nationalen Visums und eines Passersatzes an der Grenze auf die Möglichkeit einer Antragstellung bei der zuständigen Auslandsvertretung hingewiesen.

(2) Gegen die Versagung der Aussetzung der Abschiebung findet kein Widerspruch statt.

(3) Gegen die Anordnung und Befristung eines Einreise- und Aufenthaltsverbots durch das Bundesamt für Migration und Flüchtlinge findet kein Widerspruch statt.

§ 84 Wirkungen von Widerspruch und Klage

(1) ¹Widerspruch und Klage gegen

1. die Ablehnung eines Antrages auf Erteilung oder Verlängerung des Aufenthaltstitels,
2. die Auflage nach § 61 Absatz 1e, in einer Ausreiseeinrichtung Wohnung zu nehmen,
3. die Änderung oder Aufhebung einer Nebenbestimmung, die die Ausübung einer Erwerbstätigkeit betrifft,
4. den Widerruf des Aufenthaltstitels des Ausländers nach § 52 Abs. 1 Satz 1 Nr. 4 in den Fällen des § 75 Absatz 2 Satz 1 des Asylgesetzes,
5. den Widerruf oder die Rücknahme der Anerkennung von Forschungseinrichtungen für den Abschluss von Aufnahmevereinbarungen nach § 20,
6. die Ausreiseuntersagung nach § 46 Absatz 2 Satz 1
7. die Befristung eines Einreise- und Aufenthaltsverbots nach § 11,
8. die Anordnung eines Einreise- und Aufenthaltsverbots nach § 11 Absatz 6 sowie
9. die Feststellung nach § 85a Absatz 1 Satz 2.

haben keine aufschiebende Wirkung. ²Die Klage gegen die Anordnung eines Einreise- und Aufenthaltsverbots nach § 11 Absatz 7 hat keine aufschiebende Wirkung.

(2) ¹Widerspruch und Klage lassen unbeschadet ihrer aufschiebenden Wirkung die Wirksamkeit der Ausweisung und eines sonstigen Verwaltungsaktes, der die Rechtmäßigkeit des Aufenthalts beendet, unberührt. ²Für Zwecke der Aufnahme oder Ausübung einer Erwerbstätigkeit gilt der Aufenthaltstitel als fortbestehend, solange die Frist zur Erhebung des Widerspruchs oder der Klage noch nicht abgelaufen ist, während eines gerichtlichen Verfahrens über einen zulässigen Antrag auf Anordnung oder Wiederherstellung der aufschiebenden Wirkung oder solange der eingelegte Rechtsbehelf aufschiebende Wirkung hat. ³Eine Unterbrechung der Rechtmäßigkeit des Aufenthalts tritt nicht ein, wenn der Verwaltungsakt durch eine behördliche oder unanfechtbare gerichtliche Entscheidung aufgehoben wird.

§ 85 Berechnung von Aufenthaltszeiten

Unterbrechungen der Rechtmäßigkeit des Aufenthalts bis zu einem Jahr können außer Betracht bleiben.

§ 85a Verfahren bei konkreten Anhaltspunkten einer missbräuchlichen Anerkennung der Vaterschaft

(1) ¹Wird der Ausländerbehörde von einer beurkundenden Behörde oder einer Urkundsperson mitgeteilt, dass konkrete Anhaltspunkte für eine missbräuchliche Anerkennung der Vaterschaft im Sinne von § 1597a Absatz 1 des Bürgerlichen Gesetzbuchs bestehen, prüft die Ausländerbehörde, ob eine solche vorliegt. ²Ergibt die Prüfung, dass die Anerkennung der Vaterschaft missbräuchlich ist, stellt die Ausländerbehörde dies durch schriftlichen oder elektronischen Verwaltungsakt fest. ³Ergibt die Prüfung, dass die Anerkennung der Vaterschaft nicht missbräuchlich ist, stellt die Ausländerbehörde das Verfahren ein.

(2) ¹Eine missbräuchliche Anerkennung der Vaterschaft wird regelmäßig vermutet, wenn

1. der Anerkennende erklärt, dass seine Anerkennung gezielt gerade einem Zweck im Sinne von § 1597a Absatz 1 des Bürgerlichen Gesetzbuchs dient,
2. die Mutter erklärt, dass ihre Zustimmung gezielt gerade einem Zweck im Sinne von § 1597a Absatz 1 des Bürgerlichen Gesetzbuchs dient,
3. der Anerkennende bereits mehrfach die Vaterschaft von Kindern verschiedener ausländischer Mütter anerkannt hat und jeweils die rechtlichen Voraussetzungen für die erlaubte Einreise oder den erlaubten Aufenthalt des Kindes oder der Mutter durch die Anerkennung geschaffen hat, auch wenn das Kind durch die Anerkennung die deutsche Staatsangehörigkeit erworben hat,
4. dem Anerkennenden oder der Mutter ein Vermögensvorteil für die Anerkennung der Vaterschaft oder die Zustimmung hierzu gewährt oder versprochen worden ist
5. und die Erlangung der rechtlichen Voraussetzungen für die erlaubte Einreise oder den erlaubten Aufenthalt des Kindes, des Anerkennenden oder der Mutter ohne die Anerkennung der Vaterschaft und die Zustimmung hierzu nicht zu erwarten ist. ²Dies gilt auch, wenn die rechtlichen Voraussetzungen für die erlaubte Einreise oder den er-

laubten Aufenthalt des Kindes durch den Erwerb der deutschen Staatsangehörigkeit des Kindes nach § 4 Absatz 1 oder Absatz 3 Satz 1 des Staatsangehörigkeitsgesetzes geschaffen werden sollen.

(3) ¹Ist die Feststellung nach Absatz 1 Satz 2 unanfechtbar, gibt die Ausländerbehörde der beurkundenden Behörde oder der Urkundsperson und dem Standesamt eine beglaubigte Abschrift mit einem Vermerk über den Eintritt der Unanfechtbarkeit zur Kenntnis. ²Stellt die Behörde das Verfahren ein, teilt sie dies der beurkundenden Behörde oder der Urkundsperson, den Beteiligten und dem Standesamt schriftlich oder elektronisch mit.

(4) Im Ausland sind für die Maßnahmen und Feststellungen nach den Absätzen 1 und 3 die deutschen Auslandsvertretungen zuständig.

Abschnitt 4. Datenschutz

§ 86 Erhebung personenbezogener Daten

¹Die mit der Ausführung dieses Gesetzes betrauten Behörden dürfen zum Zweck der Ausführung dieses Gesetzes und ausländerrechtlicher Bestimmungen in anderen Gesetzen personenbezogene Daten erheben, soweit dies zur Erfüllung ihrer Aufgaben nach diesem Gesetz und nach ausländerrechtlichen Bestimmungen in anderen Gesetzen erforderlich ist. ²Daten im Sinne von § 3 Abs. 9 des Bundesdatenschutzgesetzes sowie entsprechender Vorschriften der Datenschutzgesetze der Länder dürfen erhoben werden, soweit dies im Einzelfall zur Aufgabenerfüllung erforderlich ist.

§ 87 Übermittlungen an Ausländerbehörden

(1) Öffentliche Stellen mit Ausnahme von Schulen sowie Bildungs- und Erziehungseinrichtungen haben ihnen bekannt gewordene Umstände den in § 86 Satz 1 genannten Stellen auf Ersuchen mitzuteilen, soweit dies für die dort genannten Zwecke erforderlich ist.

(2) ¹Öffentliche Stellen im Sinne von Absatz 1 haben unverzüglich die zuständige Ausländerbehörde zu unterrichten, wenn sie im Zusammenhang mit der Erfüllung ihrer Aufgaben Kenntnis erlangen von

VI. Aufenthaltsgesetz

1. dem Aufenthalt eines Ausländers, der keinen erforderlichen Aufenthaltstitel besitzt und dessen Abschiebung nicht ausgesetzt ist,
2. dem Verstoß gegen eine räumliche Beschränkung,
2a. der Inanspruchnahme oder Beantragung von Sozialleistungen durch einen Ausländer, für sich selbst, seine Familienangehörigen oder für sonstige Haushaltsangehörige in den Fällen des § 7 Absatz 1 Satz 2 Nummer 2 oder Satz 4 des Zweiten Buches Sozialgesetzbuch oder in den Fällen des § 23 Absatz 3 Satz 1 Nummer 2, 3 oder 4, Satz 3, 6 oder 7 des Zwölften Buches Sozialgesetzbuch oder
3. einem sonstigen Ausweisungsgrund;

in den Fällen der Nummern 1 und 2 und sonstiger nach diesem Gesetz strafbarer Handlungen kann statt der Ausländerbehörde die zuständige Polizeibehörde unterrichtet werden, wenn eine der in § 71 Abs. 5 bezeichneten Maßnahmen in Betracht kommt; die Polizeibehörde unterrichtet unverzüglich die Ausländerbehörde. Öffentliche Stellen sollen unverzüglich die zuständige Ausländerbehörde unterrichten, wenn sie im Zusammenhang mit der Erfüllung ihrer Aufgaben Kenntnis erlangen von einer besonderen Integrationsbedürftigkeit im Sinne einer nach § 43 Abs. 4 erlassenen Rechtsverordnung. ³Die Auslandsvertretungen übermitteln der zuständigen Ausländerbehörde personenbezogene Daten eines Ausländers, die geeignet sind, dessen Identität oder Staatsangehörigkeit festzustellen, wenn sie davon Kenntnis erlangen, dass die Daten für die Durchsetzung der vollziehbaren Ausreisepflicht gegenüber dem Ausländer gegenwärtig von Bedeutung sein können.

(3) ¹Die Beauftragte der Bundesregierung für Migration, Flüchtlinge und Integration ist nach den Absätzen 1 und 2 zu Mitteilungen über einen diesem Personenkreis angehörenden Ausländer nur verpflichtet, soweit dadurch die Erfüllung der eigenen Aufgaben nicht gefährdet wird. ²Die Landesregierungen können durch Rechtsverordnung bestimmen, dass Ausländerbeauftragte des Landes und Ausländerbeauftragte von Gemeinden nach den Absätzen 1 und 2 zu Mitteilungen über einen Ausländer, der sich rechtmäßig in dem Land oder der Gemeinde aufhält oder der sich bis zum Erlass eines die Rechtmäßigkeit des Aufenthalts beendenden Verwaltungsaktes rechtmäßig dort aufgehalten hat, nur nach Maßgabe des Satzes 1 verpflichtet sind.

(4) ¹Die für die Einleitung und Durchführung eines Straf- oder eines Bußgeldverfahrens zuständigen Stellen haben die zuständige Ausländerbehörde unverzüglich über die Einleitung des Strafverfahrens sowie die Erledigung des Straf- oder Bußgeldverfahrens bei der Staatsanwaltschaft, bei Gericht oder bei der für die Verfolgung und Ahndung der Ordnungswidrigkeit zuständigen Verwaltungsbehörde unter Angabe der gesetzlichen Vorschriften zu unterrichten. ²Satz 1 gilt entsprechend für die Einleitung eines Auslieferungsverfahrens gegen einen Ausländer. ³Satz 1 gilt nicht für Verfahren wegen einer Ordnungswidrigkeit, die nur mit einer Geldbuße bis zu eintausend Euro geahndet werden kann, sowie für Verfahren wegen einer Zuwiderhandlung im Sinne des § 24 des Straßenverkehrsgesetzes oder wegen einer fahrlässigen Zuwiderhandlung im Sinne des § 24a des Straßenverkehrsgesetzes. ⁴Die Zeugenschutzdienststelle unterrichtet die zuständige Ausländerbehörde unverzüglich über Beginn und Ende des Zeugenschutzes für einen Ausländer.

(5) Die nach § 72 Abs. 6 zu beteiligenden Stellen haben den Ausländerbehörden

1. von Amts wegen Umstände mitzuteilen, die einen Widerruf eines nach § 25 Abs. 4a oder 4b erteilten Aufenthaltstitels oder die Verkürzung oder Aufhebung einer nach § 59 Absatz 7 gewährten Ausreisefrist rechtfertigen und
2. von Amts wegen Angaben zur zuständigen Stelle oder zum Übergang der Zuständigkeit mitzuteilen, sofern in einem Strafverfahren eine Beteiligung nach § 72 Abs. 6 erfolgte oder eine Mitteilung nach Nummer 1 gemacht wurde.

§ 88 Übermittlungen bei besonderen gesetzlichen Verwendungsregelungen

(1) Eine Übermittlung personenbezogener Daten und sonstiger Angaben nach § 87 unterbleibt, soweit besondere gesetzliche Verwendungsregelungen entgegenstehen.

(2) Personenbezogene Daten, die von einem Arzt oder anderen in § 203 Absatz 1 Nummer 1, 2, 4 bis 7 und Absatz 4 des Strafgesetzbuches genannten Personen einer öffentlichen Stelle zugänglich gemacht worden sind, dürfen von dieser übermittelt werden,

1. wenn dies zur Abwehr von erheblichen Gefahren für Leib und Leben des Ausländers oder von Dritten erforderlich ist, der Ausländer die öffentliche Gesundheit gefährdet und besondere Schutzmaßnahmen zum Ausschluss der Gefährdung nicht möglich sind oder von dem Ausländer nicht eingehalten werden oder
2. soweit die Daten für die Feststellung erforderlich sind, ob die in § 54 Absatz 2 Nummer 4 bezeichneten Voraussetzungen vorliegen.

(3) [1]Personenbezogene Daten, die nach § 30 der Abgabenordnung dem Steuergeheimnis unterliegen, dürfen übermittelt werden, wenn der Ausländer gegen eine Vorschrift des Steuerrechts einschließlich des Zollrechts und des Monopolrechts oder des Außenwirtschaftsrechts oder gegen Einfuhr-, Ausfuhr-, Durchfuhr- oder Verbringungsverbote oder -beschränkungen verstoßen hat und wegen dieses Verstoßes ein strafrechtliches Ermittlungsverfahren eingeleitet oder eine Geldbuße von mindestens fünfhundert Euro verhängt worden ist. [2]In den Fällen des Satzes 1 dürfen auch die mit der polizeilichen Kontrolle des grenzüberschreitenden Verkehrs beauftragten Behörden unterrichtet werden, wenn ein Ausreiseverbot nach § 46 Abs. 2 erlassen werden soll.

(4) Auf die Übermittlung durch die mit der Ausführung dieses Gesetzes betrauten Behörden und durch nichtöffentliche Stellen finden die Absätze 1 bis 3 entsprechende Anwendung.

§ 88a Verarbeitung von Daten im Zusammenhang mit Integrationsmaßnahmen

(1) [1]Bei der Durchführung von Integrationskursen ist eine Übermittlung von teilnehmerbezogenen Daten, insbesondere von Daten der Bestätigung der Teilnahmeberechtigung, der Zulassung zur Teilnahme nach § 44 Absatz 4 sowie der Anmeldung zu und der Teilnahme an einem Integrationskurs, durch die Ausländerbehörde, die Bundesagentur für Arbeit, den Träger der Grundsicherung für Arbeitsuchende, die Träger der Leistungen nach dem Asylbewerberleistungsgesetz, das Bundesverwaltungsamt und die für die Durchführung der Integrationskurse zugelassenen privaten und öffentlichen Träger an das Bundesamt für Migration und Flüchtlinge zulässig, soweit sie für die Erteilung einer Zulassung oder Berechtigung zum Integrationskurs, die Feststellung der ordnungsgemäßen Teilnahme, die Feststellung der Erfüllung der Teilnahmeverpflichtung nach § 44a Absatz 1 Satz 1, die Be-

scheinigung der erfolgreichen Teilnahme oder die Abrechnung und Durchführung der Integrationskurse erforderlich ist. ²Die für die Durchführung der Integrationskurse zugelassenen privaten und öffentlichen Träger dürfen die zuständige Ausländerbehörde, die Bundesagentur für Arbeit, den zuständigen Träger der Grundsicherung für Arbeitsuchende oder den zuständigen Träger der Leistungen nach dem Asylbewerberleistungsgesetz über eine nicht ordnungsgemäße Teilnahme eines nach § 44a Absatz 1 Satz 1 zur Teilnahme verpflichteten Ausländers informieren. ³Das Bundesamt für Migration und Flüchtlinge darf die nach Satz 1 übermittelten Daten auf Ersuchen an Ausländerbehörden, die Bundesagentur für Arbeit, Träger der Grundsicherung für Arbeitsuchende oder Träger der Leistungen nach dem Asylbewerberleistungsgesetz und Staatsangehörigkeitsbehörden weitergeben, soweit dies für die Erteilung einer Zulassung oder Berechtigung zum Integrationskurs, zur Kontrolle der Erfüllung der Teilnahmeverpflichtung, für die Verlängerung einer Aufenthaltserlaubnis, für die Erteilung einer Niederlassungserlaubnis oder einer Erlaubnis zum Daueraufenthalt – EU, zur Überwachung der Eingliederungsvereinbarung oder zur Durchführung des Einbürgerungsverfahrens erforderlich ist. ⁴Darüber hinaus ist eine Verarbeitung und Nutzung von personenbezogenen Daten durch das Bundesamt für Migration und Flüchtlinge nur für die Durchführung und Abrechnung der Integrationskurse sowie für die Durchführung eines wissenschaftlichen Forschungsvorhabens nach § 75 Nummer 4a unter den Voraussetzungen des § 8 Absatz 7 und 8 der Integrationskursverordnung zulässig.

(1a) ¹Absatz 1 gilt entsprechend für die Nutzung von Daten aus dem Asylverfahren beim Bundesamt für Migration und Flüchtlinge, soweit die Nutzung für die Entscheidung über die Zulassung zum Integrationskurs erforderlich ist. ²Zur Feststellung der Voraussetzungen des § 44 Absatz 4 Satz 2 im Rahmen der Entscheidung über die Zulassung zum Integrationskurs gilt dies entsprechend auch für die Nutzung von Daten aus dem Ausländerzentralregister.

(2) Bedient sich das Bundesamt für Migration und Flüchtlinge gemäß § 75 Nummer 9 privater oder öffentlicher Träger, um ein migrationsspezifisches Beratungsangebot durchzuführen, ist eine Übermittlung von aggregierten Daten über das Beratungsgeschehen von den Trägern an das Bundesamt für Migration und Flüchtlinge zulässig.

(3) ¹Bei der Durchführung von Maßnahmen der berufsbezogenen Deutschsprachförderung nach §45a ist eine Übermittlung teilnehmerbezogener Daten über die Anmeldung, die Dauer der Teilnahme und die Art des Abschlusses der Maßnahme durch die Ausländerbehörde, die Bundesagentur für Arbeit, den Träger der Grundsicherung für Arbeitsuchende, das Bundesverwaltungsamt und die mit der Durchführung der Maßnahmen betrauten privaten und öffentlichen Träger an das Bundesamt für Migration und Flüchtlinge zulässig, soweit dies für die Erteilung einer Zulassung zur Maßnahme, die Feststellung und Bescheinigung der ordnungsgemäßen Teilnahme oder die Durchführung und Abrechnung der Maßnahme erforderlich ist. ²Das Bundesamt für Migration und Flüchtlinge darf die nach Satz 1 übermittelten Daten auf Ersuchen an die Ausländerbehörde, die Bundesagentur für Arbeit, den Träger der Grundsicherung für Arbeitsuchende und die Staatsangehörigkeitsbehörden weitergeben, soweit dies für die Erteilung einer Zulassung oder Berechtigung zur Maßnahme, zur Kontrolle der ordnungsgemäßen Teilnahme, für die Erteilung einer Niederlassungserlaubnis oder einer Erlaubnis zum Daueraufenthalt-EU, zur Überwachung der Eingliederungsvereinbarung oder zur Durchführung des Einbürgerungsverfahrens erforderlich ist. ³Die mit der Durchführung der berufsbezogenen Deutschsprachförderung betrauten privaten und öffentlichen Träger dürfen die zuständige Ausländerbehörde, die Bundesagentur für Arbeit oder den zuständigen Träger der Grundsicherung für Arbeitsuchende über eine nicht ordnungsgemäße Teilnahme informieren.

§ 89 Verfahren bei identitätsüberprüfenden, -feststellenden und -sichernden Maßnahmen

(1) ¹Das Bundeskriminalamt leistet Amtshilfe bei der Auswertung der nach § 49 von den mit der Ausführung dieses Gesetzes betrauten Behörden erhobenen und nach § 73 übermittelten Daten. ²Es darf hierfür auch von ihm zur Erfüllung seiner Aufgaben gespeicherte erkennungsdienstliche Daten verwenden. ³Die nach § 49 Abs. 3 bis 5 sowie 8 und 9 erhobenen Daten werden getrennt von anderen erkennungsdienstlichen Daten gespeichert. ⁴Die Daten nach § 49 Abs. 7 werden bei der aufzeichnenden Behörde gespeichert.

(1a) Im Rahmen seiner Amtshilfe nach Absatz 1 Satz 1 darf das Bundeskriminalamt die erkennungsdienstlichen Daten nach Absatz 1 Satz 1 zum

Zwecke der Identitätsfeststellung auch an die für die Überprüfung der Identität von Personen zuständigen öffentlichen Stellen von Drittstaaten mit Ausnahme des Herkunftsstaates der betroffenen Person sowie von Drittstaaten, in denen die betroffene Person eine Verfolgung oder einen ernsthaften Schaden zu befürchten hat, übermitteln. Die Verantwortung für die Zulässigkeit der Übermittlung trägt das Bundeskriminalamt. Das Bundeskriminalamt hat die Übermittlung und ihren Anlass aufzuzeichnen. Die empfangende Stelle personenbezogener Daten ist darauf hinzuweisen, dass sie nur zu dem Zweck genutzt werden dürfen, zu dem sie übermittelt worden sind. Ferner ist ihr der beim Bundeskriminalamt vorgesehene Löschungszeitpunkt mitzuteilen. Die Übermittlung unterbleibt, wenn tatsächliche Anhaltspunkte dafür vorliegen, dass

1. unter Berücksichtigung der Art der Daten und ihrer Erhebung die schutzwürdigen Interessen der betroffenen Person, insbesondere ihr Interesse, Schutz vor Verfolgung zu erhalten, das Allgemeininteresse an der Übermittlung überwiegen oder
2. die Übermittlung der Daten zu den Grundrechten, dem Abkommen vom 28. Juli 1951 über die Rechtsstellung der Flüchtlinge sowie der Konvention zum Schutz der Menschenrechte und Grundfreiheiten in Widerspruch stünde, insbesondere dadurch, dass durch die Nutzung der übermittelten Daten im Empfängerstaat Verletzungen von elementaren rechtsstaatlichen Grundsätzen oder Menschenrechtsverletzungen drohen.

(2) ¹Die Nutzung der nach § 49 Absatz 3 bis 5 oder Absatz 7 bis 9 erhobenen Daten ist auch zulässig zur Feststellung der Identität oder der Zuordnung von Beweismitteln im Rahmen der Strafverfolgung oder zur polizeilichen Gefahrenabwehr. ²Sie dürfen, soweit und solange es erforderlich ist, den für diese Maßnahmen zuständigen Behörden übermittelt oder überlassen werden.

(3) ¹Die nach § 49 Abs. 1 erhobenen Daten sind von allen Behörden unmittelbar nach Beendigung der Prüfung der Echtheit des Dokuments oder der Identität des Inhabers zu löschen. ²Die nach § 49 Abs. 3 bis 5, 7, 8 oder 9 erhobenen Daten sind von allen Behörden, die sie speichern, zu löschen, wenn

1. dem Ausländer ein gültiger Pass oder Passersatz ausgestellt und von der Ausländerbehörde ein Aufenthaltstitel erteilt worden ist,

2. seit der letzten Ausreise, der versuchten unerlaubten Einreise oder der Beendigung des unerlaubten Aufenthalts zehn Jahre vergangen sind,
3. in den Fällen des § 49 Abs. 5 Nr. 3 und 4 seit der Zurückweisung oder Zurückschiebung drei Jahre vergangen sind oder
4. im Falle des § 49 Abs. 5 Nr. 5 seit der Beantragung des Visums sowie im Falle des § 49 Abs. 7 seit der Sprachaufzeichnung zehn Jahre vergangen sind.

³Die Löschung ist zu protokollieren.

(4) Absatz 3 gilt nicht, soweit und solange die Daten im Rahmen eines Strafverfahrens oder zur Abwehr einer Gefahr für die öffentliche Sicherheit oder Ordnung benötigt werden.

§ 89a Verfahrensvorschriften für die Fundpapier-Datenbank

(1) Das Bundesverwaltungsamt gleicht die nach § 49 erhobenen Daten eines Ausländers auf Ersuchen der Behörde, die die Daten erhoben hat, mit den in der Fundpapier-Datenbank gespeicherten Daten ab, um durch die Zuordnung zu einem aufgefundenen Papier die Identität oder Staatsangehörigkeit eines Ausländers festzustellen, soweit hieran Zweifel bestehen.

(2) Zur Durchführung des Datenabgleichs übermittelt die ersuchende Stelle das Lichtbild oder die Fingerabdrücke sowie andere in § 49b Nr. 1 genannte Daten an das Bundesverwaltungsamt.

(3) Stimmen die übermittelten Daten des Ausländers mit den gespeicherten Daten des Inhabers eines Fundpapiers überein, so werden die Daten nach § 49b an die ersuchende Stelle übermittelt.

(4) ¹Kann das Bundesverwaltungsamt die Identität eines Ausländers nicht eindeutig feststellen, übermittelt es zur Identitätsprüfung an die ersuchende Stelle die in der Fundpapier-Datenbank gespeicherten Angaben zu ähnlichen Personen, wenn zu erwarten ist, dass deren Kenntnis die Identitätsfeststellung des Ausländers durch die Zuordnung zu einem der Fundpapiere ermöglicht. ²Die ersuchende Stelle hat alle vom Bundesverwaltungsamt übermittelten Angaben, die dem Ausländer nicht zugeordnet werden können, unverzüglich zu löschen und entsprechende Aufzeichnungen zu vernichten.

(5) ¹Die Übermittlung der Daten soll durch Datenfernübertragung erfolgen. ²Ein Abruf der Daten im automatisierten Verfahren ist nach Maßgabe des § 10 Abs. 2 bis 4 des Bundesdatenschutzgesetzes zulässig.

(6) ¹Das Bundesverwaltungsamt gleicht auf Ersuchen

1. einer zur Feststellung der Identität oder Staatsangehörigkeit eines Ausländers nach § 16 Abs. 2 des Asylgesetzes zuständigen Behörde und
2. einer für die Strafverfolgung oder die polizeiliche Gefahrenabwehr zuständigen Behörde zur Feststellung der Identität eines Ausländers oder der Zuordnung von Beweismitteln

die von dieser Behörde übermittelten Daten mit den in der Fundpapier-Datenbank gespeicherten Daten ab. ²Die Absätze 2 bis 5 gelten entsprechend.

(7) ¹Die Daten nach § 49b sind zehn Jahre nach der erstmaligen Speicherung von Daten zu dem betreffenden Dokument zu löschen. ²Entfällt der Zweck der Speicherung vor Ablauf dieser Frist, sind die Daten unverzüglich zu löschen.

(8) Die beteiligten Stellen haben dem jeweiligen Stand der Technik entsprechende Maßnahmen zur Sicherstellung von Datenschutz und Datensicherheit zu treffen, die insbesondere die Vertraulichkeit und Unversehrtheit der Daten gewährleisten; im Falle der Nutzung allgemein zugänglicher Netze sind dem jeweiligen Stand der Technik entsprechende Verschlüsselungsverfahren anzuwenden.

§ 90 Übermittlungen durch Ausländerbehörden

(1) Ergeben sich im Einzelfall konkrete Anhaltspunkte für

1. eine Beschäftigung oder Tätigkeit von Ausländern ohne erforderlichen Aufenthaltstitel nach § 4,
2. Verstöße gegen die Mitwirkungspflicht nach § 60 Abs. 1 Satz 1 Nr. 2 des Ersten Buches Sozialgesetzbuch gegenüber einer Dienststelle der Bundesagentur für Arbeit, einem Träger der gesetzlichen Kranken-, Pflege-, Unfall- oder Rentenversicherung, einem Träger der Grundsicherung für Arbeitsuchende oder der Sozialhilfe oder Verstöße gegen die Meldepflicht nach § 8a des Asylbewerberleistungsgesetzes,
3. die in § 6 Abs. 3 Nr. 1 bis 4 des Schwarzarbeitsbekämpfungsgesetzes bezeichneten Verstöße,

unterrichten die mit der Ausführung dieses Gesetzes betrauten Behörden die für die Verfolgung und Ahndung der Verstöße nach den Nummern 1 bis 3 zuständigen Behörden, die Träger der Grundsicherung für Arbeitsuchende oder der Sozialhilfe sowie die nach § 10 des Asylbewerberleistungsgesetzes zuständigen Behörden.

(2) Bei der Verfolgung und Ahndung von Verstößen gegen dieses Gesetz arbeiten die mit der Ausführung dieses Gesetzes betrauten Behörden insbesondere mit den anderen in § 2 Abs. 2 des Schwarzarbeitsbekämpfungsgesetzes genannten Behörden zusammen.

(3) Die mit der Ausführung dieses Gesetzes betrauten Behörden teilen Umstände und Maßnahmen nach diesem Gesetz, deren Kenntnis für Leistungen nach dem Asylbewerberleistungsgesetz erforderlich ist, sowie die ihnen mitgeteilten Erteilungen von Zustimmungen zur Aufnahme einer Beschäftigung an Leistungsberechtigte nach dem Asylbewerberleistungsgesetz und Angaben über das Erlöschen, den Widerruf oder die Rücknahme von erteilten Zustimmungen zur Aufnahme einer Beschäftigung den nach § 10 des Asylbewerberleistungsgesetzes zuständigen Behörden mit.

(4) Die Ausländerbehörden unterrichten die nach § 72 Abs. 6 zu beteiligenden Stellen unverzüglich über

1. die Erteilung oder Versagung eines Aufenthaltstitels nach § 25 Abs. 4a oder 4b,
2. die Festsetzung, Verkürzung oder Aufhebung einer Ausreisefrist nach § 59 Absatz 7 oder
3. den Übergang der Zuständigkeit der Ausländerbehörde auf eine andere Ausländerbehörde; hierzu ist die Ausländerbehörde verpflichtet, die zuständig geworden ist.

(5) Zu den in § 755 der Zivilprozessordnung genannten Zwecken übermittelt die Ausländerbehörde dem Gerichtsvollzieher auf Ersuchen den Aufenthaltsort einer Person.

(6) ¹Zur Durchführung eines Vollstreckungsverfahrens übermittelt die Ausländerbehörde der Vollstreckungsbehörde auf deren Ersuchen die Angabe über den Aufenthaltsort des Vollstreckungsschuldners. ²Die Angabe über den Aufenthaltsort darf von der Ausländerbehörde nur übermittelt werden, wenn sich die Vollstreckungsbehörde die Angabe nicht durch Abfrage bei

der Meldebehörde beschaffen kann und dies in ihrem Ersuchen gegenüber der Ausländerbehörde bestätigt.

§ 90a Mitteilungen der Ausländerbehörden an die Meldebehörden

(1) ¹Die Ausländerbehörden unterrichten unverzüglich die zuständigen Meldebehörden, wenn sie Anhaltspunkte dafür haben, dass die im Melderegister zu meldepflichtigen Ausländern gespeicherten Daten unrichtig oder unvollständig sind. ²Sie teilen den Meldebehörden insbesondere mit, wenn ein meldepflichtiger Ausländer

1. sich im Bundesgebiet aufhält, der nicht gemeldet ist,
2. dauerhaft aus dem Bundesgebiet ausgereist ist.

(2) Die Mitteilungen nach Absatz 1 sollen folgende Angaben zum meldepflichtigen Ausländer enthalten:

1. Familienname, Geburtsname und Vornamen,
2. Tag, Ort und Staat der Geburt,
3. Staatsangehörigkeiten,
4. letzte Anschrift im Inland sowie
5. Datum der Ausreise.

§ 90b Datenabgleich zwischen Ausländer- und Meldebehörden

¹Die Ausländer- und Meldebehörden übermitteln einander jährlich die in § 90a Abs. 2 genannten Daten zum Zweck der Datenpflege, soweit sie denselben örtlichen Zuständigkeitsbereich haben. ²Die empfangende Behörde gleicht die übermittelten Daten mit den bei ihr gespeicherten Daten ab, ein automatisierter Abgleich ist zulässig. ³Die übermittelten Daten dürfen nur für die Durchführung des Abgleichs sowie die Datenpflege verwendet werden und sind sodann unverzüglich zu löschen; überlassene Datenträger sind unverzüglich zurückzugeben oder zu vernichten.

§ 90c Datenübermittlungen im Visumverfahren über das Auswärtige Amt

(1) ¹Die Übermittlung von Daten im Visumverfahren von den Auslandsvertretungen an die im Visumverfahren beteiligten Behörden und von diesen zurück an die Auslandsvertretungen erfolgt automatisiert über eine vom

Auswärtigen Amt betriebene technische Vorrichtung zur Unterstützung des Visumverfahrens. ²Die technische Vorrichtung stellt die vollständige, korrekte und fristgerechte Übermittlung der Daten nach Satz 1 sicher. ³Zu diesem Zweck werden die Daten nach Satz 1 in der technischen Vorrichtung gespeichert.

(2) In der technischen Vorrichtung dürfen personenbezogene Daten nur erhoben, verarbeitet oder genutzt werden, soweit dies für den in Absatz 1 Satz 1 und 2 genannten Zweck erforderlich ist.

(3) Die nach Absatz 1 Satz 3 gespeicherten Daten sind unverzüglich zu löschen, wenn die Daten nicht mehr zu dem in Absatz 1 Satz 1 und 2 genannten Zweck benötigt werden, spätestens nach Erteilung oder Versagung des Visums oder Rücknahme des Visumantrags.

§ 91 Speicherung und Löschung personenbezogener Daten

(1) ¹Die Daten über die Ausweisung, Zurückschiebung und die Abschiebung sind zehn Jahre nach dem Ablauf der in § 11 Abs. 1 Satz 3 bezeichneten Frist zu löschen. ²Sie sind vor diesem Zeitpunkt zu löschen, soweit sie Erkenntnisse enthalten, die nach anderen gesetzlichen Bestimmungen nicht mehr gegen den Ausländer verwertet werden dürfen.

(2) Mitteilungen nach § 87 Abs. 1, die für eine anstehende ausländerrechtliche Entscheidung unerheblich sind und voraussichtlich auch für eine spätere ausländerrechtliche Entscheidung nicht erheblich werden können, sind unverzüglich zu vernichten.

(3) § 20 Abs. 5 des Bundesdatenschutzgesetzes sowie entsprechende Vorschriften in den Datenschutzgesetzen der Länder finden keine Anwendung.

§ 91a Register zum vorübergehenden Schutz

(1) Das Bundesamt für Migration und Flüchtlinge führt ein Register über die Ausländer nach § 24 Abs. 1, die ein Visum oder eine Aufenthaltserlaubnis beantragt haben, und über deren Familienangehörige im Sinne des Artikels 15 Abs. 1 der Richtlinie 2001/55/EG zum Zweck der Aufenthaltsgewährung, der Verteilung der aufgenommenen Ausländer im Bundesgebiet, der Wohnsitzverlegung aufgenommener Ausländer in andere Mitgliedstaaten

der Europäischen Union, der Familienzusammenführung und der Förderung der freiwilligen Rückkehr.

(2) Folgende Daten werden in dem Register gespeichert:

1. zum Ausländer:
   a) die Personalien, mit Ausnahme der früher geführten Namen und der Wohnanschrift im Inland, sowie der letzte Wohnort im Herkunftsland, die Herkunftsregion und freiwillig gemachte Angaben zur Religionszugehörigkeit,
   b) Angaben zum Beruf und zur beruflichen Ausbildung,
   c) das Eingangsdatum seines Antrages auf Erteilung eines Visums oder einer Aufenthaltserlaubnis, die für die Bearbeitung seines Antrages zuständige Stelle und Angaben zur Entscheidung über den Antrag oder den Stand des Verfahrens,
   d) Angaben zum Identitäts- und Reisedokument,
   e) die AZR-Nummer und die Visadatei-Nummer,
   f) Zielland und Zeitpunkt der Ausreise,
2. die Personalien nach Nummer 1 Buchstabe a mit Ausnahme der freiwillig gemachten Angaben zur Religionszugehörigkeit der Familienangehörigen des Ausländers nach Absatz 1,
3. Angaben zu Dokumenten zum Nachweis der Ehe, der Lebenspartnerschaft oder der Verwandtschaft.

(3) Die Ausländerbehörden und die Auslandsvertretungen sind verpflichtet, die in Absatz 2 bezeichneten Daten unverzüglich an die Registerbehörde zu übermitteln, wenn

1. eine Aufenthaltserlaubnis nach § 24 Abs. 1 oder
2. ein Visum zur Inanspruchnahme vorübergehenden Schutzes im Bundesgebiet

beantragt wurden.

(4) Die §§ 8 und 9 des AZR-Gesetzes gelten entsprechend.

(5) Die Daten dürfen auf Ersuchen an die Ausländerbehörden, Auslandsvertretungen und andere Organisationseinheiten des Bundesamtes für Migration und Flüchtlinge einschließlich der dort eingerichteten nationalen Kontaktstelle nach Artikel 27 Abs. 1 der Richtlinie 2001/55/EG zum Zweck der Erfüllung ihrer ausländer- und asylrechtlichen Aufgaben im Zusammen-

hang mit der Aufenthaltsgewährung, der Verteilung der aufgenommenen Ausländer im Bundesgebiet, der Wohnsitzverlegung aufgenommener Ausländer in andere Mitgliedstaaten der Europäischen Union, der Familienzusammenführung und der Förderung der freiwilligen Rückkehr übermittelt werden.

(6) ¹Die Registerbehörde hat über Datenübermittlungen nach Absatz 5 Aufzeichnungen zu fertigen. ²§ 13 des AZR-Gesetzes gilt entsprechend.

(7) ¹Die Datenübermittlungen nach den Absätzen 3 und 5 erfolgen schriftlich, elektronisch oder im automatisierten Verfahren. ²§ 22 Abs. 2 bis 4 des AZR-Gesetzes gilt entsprechend.

(8) ¹Die Daten sind spätestens zwei Jahre nach Beendigung des vorübergehenden Schutzes des Ausländers zu löschen. ²Für die Auskunft an den Betroffenen und die Sperrung der Daten gelten § 34 Abs. 1 und 2 und § 37 des AZR-Gesetzes entsprechend.

§ 91b Datenübermittlung durch das Bundesamt für Migration und Flüchtlinge als nationale Kontaktstelle

Das Bundesamt für Migration und Flüchtlinge als nationale Kontaktstelle nach Artikel 27 Abs. 1 der Richtlinie 2001/55/EG darf die Daten des Registers nach § 91a zum Zweck der Verlegung des Wohnsitzes aufgenommener Ausländer in andere Mitgliedstaaten der Europäischen Union oder zur Familienzusammenführung an folgende Stellen übermitteln:

1. nationale Kontaktstellen anderer Mitgliedstaaten der Europäischen Union,
2. Organe und Einrichtungen der Europäischen Union,
3. sonstige ausländische oder über- und zwischenstaatliche Stellen, wenn bei diesen Stellen ein angemessenes Datenschutzniveau nach Maßgabe des § 4b Abs. 3 des Bundesdatenschutzgesetzes gewährleistet ist.

§ 91c Innergemeinschaftliche Auskünfte zur Durchführung der Richtlinie 2003/109/EG

(1) ¹Das Bundesamt für Migration und Flüchtlinge unterrichtet als nationale Kontaktstelle im Sinne des Artikels 25 der Richtlinie 2003/109/EG die zu-

VI. Aufenthaltsgesetz

ständige Behörde eines anderen Mitgliedstaates der Europäischen Union, in dem der Ausländer die Rechtsstellung eines langfristig Aufenthaltsberechtigten besitzt, über den Inhalt und den Tag einer Entscheidung über die Erteilung oder Verlängerung einer Aufenthaltserlaubnis nach § 38a Abs. 1 oder über die Erteilung einer Erlaubnis zum Daueraufenthalt – EU. ²Die Behörde, die die Entscheidung getroffen hat, übermittelt dem Bundesamt für Migration und Flüchtlinge unverzüglich die hierfür erforderlichen Angaben. ³Der nationalen Kontaktstelle können die für Unterrichtungen nach Satz 1 erforderlichen Daten aus dem Ausländerzentralregister unter Nutzung der AZR-Nummer automatisiert übermittelt werden.

(1a) ¹Das Bundesamt für Migration und Flüchtlinge leitet von Amts wegen Auskunftsersuchen der Ausländerbehörden über das Fortbestehen des internationalen Schutzes im Sinne von § 2 Absatz 13 in einem anderen Mitgliedstaat an die zuständigen Stellen des betroffenen Mitgliedstaates der Europäischen Union weiter. ²Hierzu übermittelt die jeweils zuständige Ausländerbehörde dem Bundesamt für Migration und Flüchtlinge die erforderlichen Angaben. ³Das Bundesamt für Migration und Flüchtlinge leitet die auf die Anfragen eingehenden Antworten an die jeweils zuständige Ausländerbehörde weiter.

(2) ¹Das Bundesamt für Migration und Flüchtlinge leitet von Amts wegen an die zuständigen Stellen des betroffenen Mitgliedstaates der Europäischen Union Anfragen im Verfahren nach § 51 Absatz 8 unter Angabe der vorgesehenen Maßnahme und der von der Ausländerbehörde mitgeteilten wesentlichen tatsächlichen und rechtlichen Gründe der vorgesehenen Maßnahme weiter. ²Hierzu übermittelt die Ausländerbehörde dem Bundesamt für Migration und Flüchtlinge die erforderlichen Angaben. ³Das Bundesamt für Migration und Flüchtlinge leitet an die zuständige Ausländerbehörde die in diesem Zusammenhang eingegangenen Antworten von Stellen anderer Mitgliedstaaten der Europäischen Union weiter.

(3) ¹Das Bundesamt für Migration und Flüchtlinge teilt der zuständigen Behörde eines anderen Mitgliedstaates der Europäischen Union von Amts wegen mit, dass einem Ausländer, der dort die Rechtsstellung eines langfristig Aufenthaltsberechtigten besitzt, die Abschiebung oder Zurückschiebung

1. in den Mitgliedstaat der Europäischen Union, in dem der Ausländer langfristig aufenthaltsberechtigt ist, oder
2. in ein Gebiet außerhalb der Europäischen Union

VI. Aufenthaltsgesetz

angedroht oder eine solche Maßnahme durchgeführt wurde oder dass eine entsprechende Abschiebungsanordnung nach § 58a erlassen oder durchgeführt wurde. ²In der Mitteilung wird der wesentliche Grund der Aufenthaltsbeendigung angegeben. ³Die Auskunft wird erteilt, sobald die deutsche Behörde, die nach § 71 die betreffende Maßnahme anordnet, dem Bundesamt für Migration und Flüchtlinge die beabsichtigte oder durchgeführte Maßnahme mitteilt. ⁴Die in Satz 3 genannten Behörden übermitteln hierzu dem Bundesamt für Migration und Flüchtlinge unverzüglich die erforderlichen Angaben.

(4) ¹Zur Identifizierung des Ausländers werden bei Mitteilungen nach den Absätzen 1 bis 3 seine Personalien übermittelt. ²Sind in den Fällen des Absatzes 3 Familienangehörige ebenfalls betroffen, die mit dem langfristig Aufenthaltsberechtigten in familiärer Lebensgemeinschaft leben, werden auch ihre Personalien übermittelt.

(5) ¹Das Bundesamt für Migration und Flüchtlinge leitet an die zuständigen Ausländerbehörden Anfragen von Stellen anderer Mitgliedstaaten der Europäischen Union im Zusammenhang mit der nach Artikel 22 Abs. 3 zweiter Unterabsatz der Richtlinie 2003/109/EG vorgesehenen Beteiligung weiter. ²Die zuständige Ausländerbehörde teilt dem Bundesamt für Migration und Flüchtlinge folgende ihr bekannte Angaben mit:

1. Personalien des betroffenen langfristig aufenthaltsberechtigten Ausländers,
2. aufenthalts- und asylrechtliche Entscheidungen, die gegen oder für diesen getroffen worden sind,
3. Interessen für oder gegen die Rückführung in das Bundesgebiet oder einen Drittstaat oder
4. sonstige Umstände, von denen anzunehmen ist, dass sie für die aufenthaltsrechtliche Entscheidung des konsultierenden Mitgliedstaates von Bedeutung sein können.

³Anderenfalls teilt sie mit, dass keine sachdienlichen Angaben bekannt sind. ⁴Diese Angaben leitet das Bundesamt für Migration und Flüchtlinge von Amts wegen an die zuständige Stelle des konsultierenden Mitgliedstaates der Europäischen Union weiter.

(5a) Das Bundesamt für Migration und Flüchtlinge gibt den zuständigen Stellen der anderen Mitgliedstaaten der Europäischen Union auf Ersuchen innerhalb eines Monats nach Eingang des Ersuchens Auskunft darüber, ob ein Ausländer in der Bundesrepublik Deutschland weiterhin die Rechtsstellung eines international Schutzberechtigten genießt.

(5b) Enthält die durch einen anderen Mitgliedstaat der Europäischen Union ausgestellte langfristige Aufenthaltsberechtigung – EU eines international Schutzberechtigten den Hinweis, dass dieser Staat dieser Person internationalen Schutz gewährt, und ist die Verantwortung für den internationalen Schutz im Sinne von § 2 Absatz 13 nach Maßgaben der einschlägigen Rechtsvorschriften auf Deutschland übergegangen, bevor dem international Schutzberechtigten eine Erlaubnis zum Daueraufenthalt – EU nach § 9a erteilt wurde, so ersucht das Bundesamt für Migration und Flüchtlinge die zuständige Stelle des anderen Mitgliedstaates, den Hinweis in der langfristigen Aufenthaltsberechtigung – EU entsprechend zu ändern.

(5c) Wird einem in einem anderen Mitgliedstaat der Europäischen Union langfristig Aufenthaltsberechtigten in Deutschland internationaler Schutz im Sinne von § 2 Absatz 13 gewährt, bevor ihm eine Erlaubnis zum Daueraufenthalt – EU nach § 9a erteilt wurde, so ersucht das Bundesamt für Migration und Flüchtlinge die zuständige Stelle des anderen Mitgliedstaates, in die dort ausgestellte langfristige Aufenthaltsberechtigung – EU den Hinweis aufzunehmen, dass Deutschland dieser Person internationalen Schutz gewährt.

(6) Das Bundesamt für Migration und Flüchtlinge teilt der jeweils zuständigen Ausländerbehörde von Amts wegen den Inhalt von Mitteilungen anderer Mitgliedstaaten der Europäischen Union mit,

1. wonach der andere Mitgliedstaat der Europäischen Union aufenthaltsbeendende Maßnahmen beabsichtigt oder durchführt, die sich gegen einen Ausländer richten, der eine Erlaubnis zum Daueraufenthalt – EU besitzt,
2. wonach ein Ausländer, der eine Erlaubnis zum Daueraufenthalt – EU besitzt, in einem anderen Mitgliedstaat der Europäischen Union langfristig Aufenthaltsberechtigter geworden ist oder ihm in einem anderen Mitgliedstaat der Europäischen Union ein Aufenthaltstitel erteilt oder sein Aufenthaltstitel verlängert wurde.

§ 91d Auskünfte zur Durchführung der Richtlinie (EU) 2016/801

(1) ¹Das Bundesamt für Migration und Flüchtlinge nimmt als nationale Kontaktstelle nach Artikel 37 Absatz 1 der Richtlinie (EU) 2016/801 Mitteilungen nach § 16a Absatz 1 und § 20a Absatz 1 entgegen. ²Das Bundesamt für Migration und Flüchtlinge

1. prüft die Mitteilungen hinsichtlich der Vollständigkeit der nach § 16a Absatz 1 oder § 20a Absatz 1 vorzulegenden Nachweise,
2. leitet die Mitteilungen unverzüglich an die zuständige Ausländerbehörde weiter und teilt das Datum des Zugangs der vollständigen Mitteilung mit und
3. teilt der aufnehmenden Ausbildungseinrichtung oder der aufnehmenden Forschungseinrichtung die zuständige Ausländerbehörde mit.

³Die Zuständigkeit der Ausländerbehörde bleibt unberührt.

(2) ¹Das Bundesamt für Migration und Flüchtlinge nimmt Anträge nach § 20b entgegen und leitet diese Anträge an die zuständige Ausländerbehörde weiter. ²Es teilt dem Antragsteller die zuständige Ausländerbehörde mit.

(3) ¹Das Bundesamt für Migration und Flüchtlinge erteilt der zuständigen Behörde eines anderen Mitgliedstaates der Europäischen Union auf Ersuchen die erforderlichen Auskünfte, um den zuständigen Behörden des anderen Mitgliedstaates der Europäischen Union eine Prüfung zu ermöglichen, ob die Voraussetzungen für die Mobilität des Ausländers nach den Artikeln 28 bis 31 der Richtlinie (EU) 2016/801 vorliegen. ²Die Auskünfte umfassen

1. die Personalien des Ausländers und Angaben zum Identitäts- und Reisedokument,
2. Angaben zu seinem gegenwärtigen und früheren Aufenthaltsstatus in Deutschland,
3. Angaben zu abgeschlossenen oder der Ausländerbehörde bekannten strafrechtlichen Ermittlungsverfahren,
4. sonstige den Ausländer betreffende Daten, sofern sie im Ausländerzentralregister gespeichert werden oder die aus der Ausländer- oder Visumakte hervorgehen und der andere Mitgliedstaat der Europäischen Union um ihre Übermittlung ersucht hat.

³Die Ausländerbehörden und die Auslandsvertretungen übermitteln hierzu dem Bundesamt für Migration und Flüchtlinge auf dessen Ersuchen die für die Erteilung der Auskunft erforderlichen Angaben.

(4) ¹Die Auslandsvertretungen und die Ausländerbehörden können über das Bundesamt für Migration und Flüchtlinge Ersuchen um Auskunft an zuständige Stellen anderer Mitgliedstaaten der Europäischen Union richten, soweit dies erforderlich ist, um die Voraussetzungen der Mobilität nach den §§ 16a und 20a und der Erteilung einer Aufenthaltserlaubnis nach § 20b oder eines entsprechenden Visums zu prüfen. ²Sie können hierzu

1. die Personalien des Ausländers,
2. Angaben zu seinem Identitäts- und Reisedokument und zu seinem im anderen Mitgliedstaat der Europäischen Union ausgestellten Aufenthaltstitel sowie
3. Angaben zum Gegenstand des Antrags auf Erteilung des Aufenthaltstitels und zum Ort der Antragstellung

übermitteln und aus besonderem Anlass den Inhalt der erwünschten Auskünfte genauer bezeichnen. ³Das Bundesamt für Migration und Flüchtlinge leitet eingegangene Auskünfte an die zuständigen Ausländerbehörden und Auslandsvertretungen weiter. ⁴Die Daten, die in den Auskünften der zuständigen Stellen anderer Mitgliedstaaten der Europäischen Union übermittelt werden, dürfen die Ausländerbehörden und Auslandsvertretungen zu diesem Zweck nutzen.

(5) ¹Das Bundesamt für Migration und Flüchtlinge unterrichtet die zuständige Behörde eines anderen Mitgliedstaates der Europäischen Union, in dem der Ausländer einen Aufenthaltstitel nach der Richtlinie (EU) 2016/801 besitzt, über den Inhalt und den Tag einer Entscheidung über

1. die Ablehnung der nach § 16a Absatz 1 und § 20a Absatz 1 mitgeteilten Mobilität nach § 20c Absatz 3 sowie
2. die Erteilung einer Aufenthaltserlaubnis nach § 20b.

²Die Ausländerbehörde, die die Entscheidung getroffen hat, übermittelt dem Bundesamt für Migration und Flüchtlinge unverzüglich die hierfür erforderlichen Angaben. ³Die Ausländerbehörden können der nationalen Kontaktstelle die für die Unterrichtungen nach Satz 1 erforderlichen Daten aus dem Ausländerzentralregister unter Nutzung der AZR-Nummer automatisiert übermitteln.

(6) ¹Wird ein Aufenthaltstitel nach § 16 Absatz 1, den §§ 17b, 18d oder § 20 widerrufen, zurückgenommen, nicht verlängert oder läuft er nach einer Verkürzung der Frist gemäß § 7 Absatz 2 Satz 2 ab, so unterrichtet das Bundesamt für Migration und Flüchtlinge unverzüglich die zuständigen Behörden des anderen Mitgliedstaates, sofern sich der Ausländer dort im Rahmen des Anwendungsbereichs der Richtlinie (EU) 2016/801 aufhält und dies dem Bundesamt für Migration und Flüchtlinge bekannt ist. ²Die Ausländerbehörde, die die Entscheidung getroffen hat, übermittelt dem Bundesamt für Migration und Flüchtlinge unverzüglich die hierfür erforderlichen Angaben. ³Die Ausländerbehörden können der nationalen Kontaktstelle die für die Unterrichtungen nach Satz 1 erforderlichen Daten aus dem Ausländerzentralregister unter Nutzung der AZR-Nummer automatisiert übermitteln.

§ 91e Gemeinsame Vorschriften für das Register zum vorübergehenden Schutz und zu innergemeinschaftlichen Datenübermittlungen

Im Sinne der §§ 91a bis 91d sind

1. Personalien: Namen, insbesondere Familienname, Geburtsname, Vornamen und früher geführte Namen, Geburtsdatum, Geburtsort, Geschlecht, Staatsangehörigkeiten und Wohnanschrift im Inland,
2. Angaben zum Identitäts- und Reisedokument: Art, Nummer, ausgebende Stelle, Ausstellungsdatum und Gültigkeitsdauer.

§ 91f Auskünfte zur Durchführung der Richtlinie 2009/50/EG innerhalb der Europäischen Union

(1) ¹Das Bundesamt für Migration und Flüchtlinge unterrichtet als nationale Kontaktstelle im Sinne des Artikels 22 Absatz 1 der Richtlinie 2009/50/EG die zuständige Behörde eines anderen Mitgliedstaates der Europäischen Union, in dem der Ausländer eine Blaue Karte EU besitzt, über den Inhalt und den Tag einer Entscheidung über die Erteilung einer Blauen Karte EU. ²Die Behörde, die die Entscheidung getroffen hat, übermittelt der nationalen Kontaktstelle unverzüglich die hierfür erforderlichen Angaben. ³Der nationalen Kontaktstelle können die für Unterrichtungen nach Satz 1 erforderlichen Daten aus dem Ausländerzentralregister durch die Ausländerbehörden unter Nutzung der AZR-Nummer automatisiert übermittelt werden.

(2) Das Bundesamt für Migration und Flüchtlinge übermittelt den zuständigen Organen der Europäischen Union jährlich

1. die Daten, die nach der Verordnung (EG) Nr. 862/2007 des Europäischen Parlaments und des Rates vom 11. Juli 2007 zu Gemeinschaftsstatistiken über Wanderung und internationalen Schutz und zur Aufhebung der Verordnung (EWG) Nr. 311/76 des Rates über die Erstellung von Statistiken über ausländische Arbeitnehmer (ABl. L 199 vom 31.7.2007, S. 23) im Zusammenhang mit der Erteilung von Blauen Karten EU zu übermitteln sind, sowie
2. ein Verzeichnis der Berufe, für die durch Rechtsverordnung nach § 19a Absatz 2 Nummer 1 ein Gehalt nach Artikel 5 Absatz 5 der Richtlinie 2009/50/EG bestimmt wurde.

§ 91g Auskünfte zur Durchführung der Richtlinie 2014/66/EU

(1) [1]Das Bundesamt für Migration und Flüchtlinge nimmt als nationale Kontaktstelle nach Artikel 26 Absatz 1 der Richtlinie 2014/66/EU Mitteilungen nach § 19c entgegen. [2]Das Bundesamt für Migration und Flüchtlinge

1. prüft die Mitteilungen hinsichtlich der Vollständigkeit der nach § 19c Absatz 1 vorzulegenden Nachweise,
2. leitet die Mitteilungen unverzüglich an die zuständige Ausländerbehörde weiter und teilt das Datum des Zugangs der vollständigen Mitteilung mit und
3. teilt der aufnehmenden Niederlassung in dem anderen Mitgliedstaat die zuständige Ausländerbehörde mit.

[3]Die Zuständigkeit der Ausländerbehörde bleibt unberührt.

(2) [1]Das Bundesamt für Migration und Flüchtlinge nimmt Anträge nach § 19d entgegen und leitet diese Anträge an die zuständige Ausländerbehörde weiter. [2]Es teilt dem Antragsteller die zuständige Ausländerbehörde mit.

(3) [1]Das Bundesamt für Migration und Flüchtlinge erteilt der zuständigen Behörde eines anderen Mitgliedstaates der Europäischen Union auf Ersuchen die erforderlichen Auskünfte, um den zuständigen Behörden des anderen Mitgliedstaates der Europäischen Union eine Prüfung zu ermöglichen, ob die Voraussetzungen für die Mobilität des Ausländers nach der Richtlinie 2014/66/EU vorliegen. [2]Die Auskünfte umfassen

VI. Aufenthaltsgesetz

1. die Personalien des Ausländers und Angaben zum Identitäts- und Reisedokument,
2. Angaben zu seinem gegenwärtigen und früheren Aufenthaltsstatus in Deutschland,
3. Angaben zu abgeschlossenen oder der Ausländerbehörde bekannten strafrechtlichen Ermittlungsverfahren,
4. sonstige den Ausländer betreffende Daten, sofern sie im Ausländerzentralregister gespeichert werden oder sie aus der Ausländer- oder Visumakte hervorgehen und der andere Mitgliedstaat der Europäischen Union um ihre Übermittlung ersucht hat.

³Die Ausländerbehörden und die Auslandsvertretungen übermitteln hierzu dem Bundesamt für Migration und Flüchtlinge auf dessen Ersuchen die für die Erteilung der Auskunft erforderlichen Angaben.

(4) ¹Die Auslandsvertretungen und die Ausländerbehörden können über das Bundesamt für Migration und Flüchtlinge Ersuchen um Auskunft an zuständige Stellen anderer Mitgliedstaaten der Europäischen Union richten, soweit dies erforderlich ist, um die Voraussetzungen der Mobilität nach § 19c oder der Erteilung einer Mobiler-ICT-Karte zu prüfen. ²Sie können hierzu

1. die Personalien des Ausländers,
2. Angaben zu seinem Identitäts- und Reisedokument und zu seinem im anderen Mitgliedstaat der Europäischen Union ausgestellten Aufenthaltstitel sowie
3. Angaben zum Gegenstand des Antrags auf Erteilung des Aufenthaltstitels und zum Ort der Antragstellung

übermitteln und aus besonderem Anlass den Inhalt der erwünschten Auskünfte genauer bezeichnen. ³Das Bundesamt für Migration und Flüchtlinge leitet eingegangene Auskünfte an die zuständigen Ausländerbehörden und Auslandsvertretungen weiter. ⁴Die Daten, die in den Auskünften der zuständigen Stellen anderer Mitgliedstaaten der Europäischen Union übermittelt werden, dürfen die Ausländerbehörden und Auslandsvertretungen zu diesem Zweck nutzen.

(5) ¹Das Bundesamt für Migration und Flüchtlinge unterrichtet die zuständige Behörde eines anderen Mitgliedstaates der Europäischen Union, in dem

der Ausländer eine ICT-Karte besitzt, über den Inhalt und den Tag einer Entscheidung über

1. die Ablehnung der nach § 19c Absatz 1 mitgeteilten Mobilität gemäß § 19c Absatz 4 sowie
2. die Erteilung einer Mobiler-ICT-Karte nach § 19d.

²Wird eine ICT-Karte nach § 19b widerrufen, zurückgenommen oder nicht verlängert oder läuft sie nach einer Verkürzung der Frist gemäß § 7 Absatz 2 Satz 2 ab, so unterrichtet das Bundesamt für Migration und Flüchtlinge unverzüglich die Behörde des anderen Mitgliedstaates, in dem der Ausländer von der in der Richtlinie 2014/66/EU vorgesehenen Möglichkeit, einen Teil des unternehmensinternen Transfers in einem anderen Mitgliedstaat der Europäischen Union durchzuführen, Gebrauch gemacht hat, sofern dies der Ausländerbehörde bekannt ist. ³Die Behörde, die die Entscheidung getroffen hat, übermittelt dem Bundesamt für Migration und Flüchtlinge unverzüglich die hierfür erforderlichen Angaben. ⁴Die Ausländerbehörden können der nationalen Kontaktstelle die für die Unterrichtungen nach Satz 1 erforderlichen Daten aus dem Ausländerzentralregister unter Nutzung der AZR-Nummer automatisiert übermitteln.

(6) Das Bundesamt für Migration und Flüchtlinge übermittelt den zuständigen Organen der Europäischen Union jährlich

1. die Zahl
   a) der erstmals erteilten ICT-Karten,
   b) der erstmals erteilten Mobiler-ICT-Karten und
   c) der Mitteilungen nach § 19c Absatz 1,
2. jeweils die Staatsangehörigkeit des Ausländers und
3. jeweils die Gültigkeitsdauer oder die Dauer des geplanten Aufenthalts.

Kapitel 8. Beauftragte für Migration, Flüchtlinge und Integration

§ 92 Amt der Beauftragten

(1) Die Bundesregierung bestellt eine Beauftragte oder einen Beauftragten für Migration, Flüchtlinge und Integration.

VI. Aufenthaltsgesetz

(2) ¹Das Amt der Beauftragten wird bei einer obersten Bundesbehörde eingerichtet und kann von einem Mitglied des Deutschen Bundestages bekleidet werden. ²Ohne dass es einer Genehmigung (§ 5 Abs. 2 Satz 2 des Bundesministergesetzes, § 7 des Gesetzes über die Rechtsverhältnisse der Parlamentarischen Staatssekretäre) bedarf, kann die Beauftragte zugleich ein Amt nach dem Gesetz über die Rechtsverhältnisse der Parlamentarischen Staatssekretäre innehaben. ³Die Amtsführung der Beauftragten bleibt in diesem Falle von der Rechtsstellung nach dem Gesetz über die Rechtsverhältnisse der Parlamentarischen Staatssekretäre unberührt.

(3) ¹Die für die Erfüllung der Aufgaben notwendige Personal- und Sachausstattung ist zur Verfügung zu stellen. ²Der Ansatz ist im Einzelplan der obersten Bundesbehörde nach Absatz 2 Satz 1 in einem eigenen Kapitel auszuweisen.

(4) Das Amt endet, außer im Falle der Entlassung, mit dem Zusammentreten eines neuen Bundestages.

§ 93 Aufgaben

Die Beauftragte hat die Aufgaben,

1. die Integration der dauerhaft im Bundesgebiet ansässigen Migranten zu fördern und insbesondere die Bundesregierung bei der Weiterentwicklung ihrer Integrationspolitik auch im Hinblick auf arbeitsmarkt- und sozialpolitische Aspekte zu unterstützen sowie für die Weiterentwicklung der Integrationspolitik auch im europäischen Rahmen Anregungen zu geben;
2. die Voraussetzungen für ein möglichst spannungsfreies Zusammenleben zwischen Ausländern und Deutschen sowie unterschiedlichen Gruppen von Ausländern weiterzuentwickeln, Verständnis füreinander zu fördern und Fremdenfeindlichkeit entgegenzuwirken;
3. nicht gerechtfertigten Ungleichbehandlungen, soweit sie Ausländer betreffen, entgegenzuwirken;
4. den Belangen der im Bundesgebiet befindlichen Ausländer zu einer angemessenen Berücksichtigung zu verhelfen;
5. über die gesetzlichen Möglichkeiten der Einbürgerung zu informieren;

6. auf die Wahrung der Freizügigkeitsrechte der im Bundesgebiet lebenden Unionsbürger zu achten und zu deren weiterer Ausgestaltung Vorschläge zu machen;
7. Initiativen zur Integration der dauerhaft im Bundesgebiet ansässigen Migranten auch bei den Ländern und kommunalen Gebietskörperschaften sowie bei den gesellschaftlichen Gruppen anzuregen und zu unterstützen;
8. die Zuwanderung ins Bundesgebiet und in die Europäische Union sowie die Entwicklung der Zuwanderung in anderen Staaten zu beobachten;
9. in den Aufgabenbereichen der Nummern 1 bis 8 mit den Stellen der Gemeinden, der Länder, anderer Mitgliedstaaten der Europäischen Union und der Europäischen Union selbst, die gleiche oder ähnliche Aufgaben haben wie die Beauftragte, zusammenzuarbeiten;
10. die Öffentlichkeit zu den in den Nummern 1 bis 9 genannten Aufgabenbereichen zu informieren.

§ 94 Amtsbefugnisse

(1) [1]Die Beauftragte wird bei Rechtsetzungsvorhaben der Bundesregierung oder einzelner Bundesministerien sowie bei sonstigen Angelegenheiten, die ihren Aufgabenbereich betreffen, möglichst frühzeitig beteiligt. [2]Sie kann der Bundesregierung Vorschläge machen und Stellungnahmen zuleiten. [3]Die Bundesministerien unterstützen die Beauftragte bei der Erfüllung ihrer Aufgaben.

(2) Die Beauftragte für Migration, Flüchtlinge und Integration erstattet dem Deutschen Bundestag mindestens alle zwei Jahre einen Bericht.

(3) [1]Liegen der Beauftragten hinreichende Anhaltspunkte vor, dass öffentliche Stellen des Bundes Verstöße im Sinne des § 93 Nr. 3 begehen oder sonst die gesetzlichen Rechte von Ausländern nicht wahren, so kann sie eine Stellungnahme anfordern. [2]Sie kann diese Stellungnahme mit einer eigenen Bewertung versehen und der öffentlichen und deren vorgesetzter Stelle zuleiten. [3]Die öffentlichen Stellen des Bundes sind verpflichtet, Auskunft zu erteilen und Fragen zu beantworten. [4]Personenbezogene Daten übermitteln die öffentlichen Stellen nur, wenn sich der Betroffene selbst mit der Bitte, in seiner Sache gegenüber der öffentlichen Stelle tätig zu werden,

an die Beauftragte gewandt hat oder die Einwilligung des Ausländers anderweitig nachgewiesen ist.

Kapitel 9. Straf- und Bußgeldvorschriften

§ 95 Strafvorschriften

(1) Mit Freiheitsstrafe bis zu einem Jahr oder mit Geldstrafe wird bestraft, wer

1. entgegen § 3 Abs. 1 in Verbindung mit § 48 Abs. 2 sich im Bundesgebiet aufhält,
2. ohne erforderlichen Aufenthaltstitel nach § 4 Absatz 1 Satz 1 sich im Bundesgebiet aufhält, wenn
    a) er vollziehbar ausreisepflichtig ist,
    b) ihm eine Ausreisefrist nicht gewährt wurde oder diese abgelaufen ist und
    c) dessen Abschiebung nicht ausgesetzt ist,
3. entgegen § 14 Abs. 1 Nr. 1 oder 2 in das Bundesgebiet einreist,
4. einer vollziehbaren Anordnung nach § 46 Abs. 2 Satz 1 oder 2 oder § 47 Abs. 1 Satz 2 oder Abs. 2 zuwiderhandelt,
5. entgegen § 49 Abs. 2 eine Angabe nicht, nicht richtig oder nicht vollständig macht, sofern die Tat nicht in Absatz 2 Nr. 2 mit Strafe bedroht ist,
6. entgegen § 49 Abs. 10 eine dort genannte Maßnahme nicht duldet,
6a. entgegen § 56 wiederholt einer Meldepflicht nicht nachkommt, wiederholt gegen räumliche Beschränkungen des Aufenthalts oder sonstige Auflagen verstößt oder trotz wiederholten Hinweises auf die rechtlichen Folgen einer Weigerung der Verpflichtung zur Wohnsitznahme nicht nachkommt oder entgegen § 56 Abs. 4 bestimmte Kommunikationsmittel nutzt oder bestimmte Kontaktverbote nicht beachtet,
7. wiederholt einer räumlichen Beschränkung nach § 61 Abs. 1 oder Absatz 1c zuwiderhandelt oder
8. im Bundesgebiet einer überwiegend aus Ausländern bestehenden Vereinigung oder Gruppe angehört, deren Bestehen, Zielsetzung oder

Tätigkeit vor den Behörden geheim gehalten wird, um ihr Verbot abzuwenden.

(1a) Ebenso wird bestraft, wer vorsätzlich eine in § 404 Abs. 2 Nr. 4 des Dritten Buches Sozialgesetzbuch oder in § 98 Abs. 3 Nr. 1 bezeichnete Handlung begeht, für den Aufenthalt im Bundesgebiet nach § 4 Abs. 1 Satz 1 eines Aufenthaltstitels bedarf und als Aufenthaltstitel nur ein Schengen-Visum nach § 6 Abs. 1 Nummer 1 besitzt.

(2) Mit Freiheitsstrafe bis zu drei Jahren oder mit Geldstrafe wird bestraft, wer

1. entgegen § 11 Absatz 1 oder in Zuwiderhandlung einer vollziehbaren Anordnung nach § 11 Absatz 6 Satz 1 oder Absatz 7 Satz 1
   a) in das Bundesgebiet einreist oder
   b) sich darin aufhält,
1a. einer vollstreckbaren gerichtlichen Anordnung nach § 56a Absatz 1 zuwiderhandelt und dadurch die kontinuierliche Feststellung seines Aufenthaltsortes durch eine in § 56a Absatz 3 genannte zuständige Stelle verhindert oder
2. unrichtige oder unvollständige Angaben macht oder benutzt, um für sich oder einen anderen einen Aufenthaltstitel oder eine Duldung zu beschaffen oder das Erlöschen oder die nachträgliche Beschränkung des Aufenthaltstitels oder der Duldung abzuwenden oder eine so beschaffte Urkunde wissentlich zur Täuschung im Rechtsverkehr gebraucht.

(3) In den Fällen des Absatzes 1 Nr. 3 und der Absätze 1a und 2 Nr. 1 Buchstabe a ist der Versuch strafbar.

(4) Gegenstände, auf die sich eine Straftat nach Absatz 2 Nr. 2 bezieht, können eingezogen werden.

(5) Artikel 31 Abs. 1 des Abkommens über die Rechtsstellung der Flüchtlinge bleibt unberührt.

(6) In den Fällen des Absatzes 1 Nr. 2 und 3 steht einem Handeln ohne erforderlichen Aufenthaltstitel ein Handeln auf Grund eines durch Drohung, Bestechung oder Kollusion erwirkten oder durch unrichtige oder unvollständige Angaben erschlichenen Aufenthaltstitels gleich.

(7) In Fällen des Absatzes 2 Nummer 1a wird die Tat nur auf Antrag einer dort genannten zuständigen Stelle verfolgt.

§ 96 Einschleusen von Ausländern

(1) Mit Freiheitsstrafe von drei Monaten bis zu fünf Jahren, in minder schweren Fällen mit Freiheitsstrafe bis zu fünf Jahren oder mit Geldstrafe wird bestraft, wer einen anderen anstiftet oder ihm dazu Hilfe leistet, eine Handlung

1. nach § 95 Abs. 1 Nr. 3 oder Abs. 2 Nr. 1 Buchstabe a zu begehen und
   a) dafür einen Vorteil erhält oder sich versprechen lässt oder
   b) wiederholt oder zugunsten von mehreren Ausländern handelt oder
2. nach § 95 Abs. 1 Nr. 1 oder Nr. 2, Abs. 1a oder Abs. 2 Nr. 1 Buchstabe b oder Nr. 2 zu begehen und dafür einen Vermögensvorteil erhält oder sich versprechen lässt.

(2) Mit Freiheitsstrafe von sechs Monaten bis zu zehn Jahren wird bestraft, wer in den Fällen des Absatzes 1

1. gewerbsmäßig handelt,
2. als Mitglied einer Bande, die sich zur fortgesetzten Begehung solcher Taten verbunden hat, handelt,
3. eine Schusswaffe bei sich führt, wenn sich die Tat auf eine Handlung nach § 95 Abs. 1 Nr. 3 oder Abs. 2 Nr. 1 Buchstabe a bezieht,
4. eine andere Waffe bei sich führt, um diese bei der Tat zu verwenden, wenn sich die Tat auf eine Handlung nach § 95 Abs. 1 Nr. 3 oder Abs. 2 Nr. 1 Buchstabe a bezieht, oder
5. den Geschleusten einer das Leben gefährdenden, unmenschlichen oder erniedrigenden Behandlung oder der Gefahr einer schweren Gesundheitsschädigung aussetzt.

(3) Der Versuch ist strafbar.

(4) Absatz 1 Nr. 1 Buchstabe a, Nr. 2, Absatz 2 Nr. 1, 2 und 5 und Absatz 3 sind auf Zuwiderhandlungen gegen Rechtsvorschriften über die Einreise und den Aufenthalt von Ausländern in das Hoheitsgebiet der Mitgliedstaaten der Europäischen Union oder eines Schengen-Staates anzuwenden, wenn

1. sie den in § 95 Abs. 1 Nr. 2 oder 3 oder Abs. 2 Nr. 1 bezeichneten Handlungen entsprechen und
2. der Täter einen Ausländer unterstützt, der nicht die Staatsangehörigkeit eines Mitgliedstaates der Europäischen Union oder eines anderen Vertragsstaates des Abkommens über den Europäischen Wirtschaftsraum besitzt.

(5) § 74a des Strafgesetzbuchs ist anzuwenden.

§ 97 Einschleusen mit Todesfolge; gewerbs- und bandenmäßiges Einschleusen

(1) Mit Freiheitsstrafe nicht unter drei Jahren wird bestraft, wer in den Fällen des § 96 Abs. 1, auch in Verbindung mit § 96 Abs. 4, den Tod des Geschleusten verursacht.

(2) Mit Freiheitsstrafe von einem Jahr bis zu zehn Jahren wird bestraft, wer in den Fällen des § 96 Abs. 1, auch in Verbindung mit § 96 Abs. 4, als Mitglied einer Bande, die sich zur fortgesetzten Begehung solcher Taten verbunden hat, gewerbsmäßig handelt.

(3) In minder schweren Fällen des Absatzes 1 ist die Strafe Freiheitsstrafe von einem Jahr bis zu zehn Jahren, in minder schweren Fällen des Absatzes 2 Freiheitsstrafe von sechs Monaten bis zu zehn Jahren.

(4) § 74a des Strafgesetzbuches ist anzuwenden.

§ 98 Bußgeldvorschriften

(1) Ordnungswidrig handelt, wer eine in § 95 Abs. 1 Nr. 1 oder 2 oder Abs. 2 Nr. 1 Buchstabe b bezeichnete Handlung fahrlässig begeht.

(2) Ordnungswidrig handelt, wer

1. entgegen § 4 Abs. 5 Satz 1 einen Nachweis nicht führt,
2. entgegen § 13 Abs. 1 Satz 2 sich der polizeilichen Kontrolle des grenzüberschreitenden Verkehrs nicht unterzieht,
2a. entgegen § 47a Satz 1, auch in Verbindung mit Satz 2, oder entgegen § 47a Satz 3, ein dort genanntes Dokument nicht oder nicht rechtzeitig vorlegt oder einen Abgleich mit dem Lichtbild nicht oder nicht rechtzeitig ermöglicht,

3. entgegen § 48 Abs. 1 oder 3 Satz 1 eine dort genannte Urkunde oder Unterlage oder einen dort genannten Datenträger nicht oder nicht rechtzeitig vorlegt, nicht oder nicht rechtzeitig aushändigt oder nicht oder nicht rechtzeitig überlässt oder
4. einer vollziehbaren Anordnung nach § 44a Abs. 1 Satz 1 Nr. 3, Satz 2 oder 3 zuwiderhandelt.

(2a) Ordnungswidrig handelt, wer vorsätzlich oder leichtfertig

1. entgegen § 4 Absatz 3 Satz 2 einen Ausländer mit einer nachhaltigen entgeltlichen Dienst- oder Werkleistung beauftragt, die der Ausländer auf Gewinnerzielung gerichtet ausübt,
2. entgegen § 19c Absatz 1 Satz 2 oder 3 eine Mitteilung nicht, nicht richtig oder nicht rechtzeitig macht,
3. entgegen § 19d Absatz 7 eine Anzeige nicht, nicht richtig, nicht vollständig oder nicht rechtzeitig erstattet oder
4. entgegen § 60a Absatz 2 Satz 7 eine Mitteilung nicht, nicht richtig, nicht vollständig, nicht in vorgeschriebener Weise oder nicht rechtzeitig macht.

(3) Ordnungswidrig handelt, wer vorsätzlich oder fahrlässig

1. entgegen § 4 Abs. 3 Satz 1 eine selbständige Tätigkeit ausübt,
2. einer vollziehbaren Auflage nach § 12 Abs. 2 Satz 2 oder Abs. 4 zuwiderhandelt,
2a. entgegen § 12a Absatz 1 Satz 1 den Wohnsitz nicht oder nicht für die vorgeschriebene Dauer in dem Land nimmt, in dem er zu wohnen verpflichtet ist,
2b einer vollziehbaren Anordnung nach § 12a Absatz 2, 3 oder 4 Satz 1 oder § 61 Absatz 1c zuwiderhandelt,
3. entgegen § 13 Abs. 1 außerhalb einer zugelassenen Grenzübergangsstelle oder außerhalb der festgesetzten Verkehrsstunden einreist oder ausreist oder einen Pass oder Passersatz nicht mitführt,
4. einer vollziehbaren Anordnung nach § 46 Abs. 1, § 56 Absatz 1 Satz 2 oder Abs. 3 oder § 61 Absatz 1e zuwiderhandelt,
5. entgegen § 56 Absatz 1 Satz 1 eine Meldung nicht, nicht richtig oder nicht rechtzeitig macht,
5a. einer räumlichen Beschränkung nach § 56 Absatz 2 oder § 61 Absatz 1 Satz 1 zuwiderhandelt,

6. entgegen § 80 Abs. 4 einen der dort genannten Anträge nicht stellt oder
7. einer Rechtsverordnung nach § 99 Absatz 1 Nummer 3a Buchstabe d, Nummer 7, 10 oder 13a Satz 1 Buchstabe j zuwiderhandelt, soweit sie für einen bestimmten Tatbestand auf diese Bußgeldvorschrift verweist.

(4) In den Fällen des Absatzes 2 Nr. 2 und des Absatzes 3 Nr. 3 kann der Versuch der Ordnungswidrigkeit geahndet werden.

(5) Die Ordnungswidrigkeit kann in den Fällen des Absatzes 2a Nummer 1 mit einer Geldbuße bis zu fünfhunderttausend Euro, in den Fällen des Absatzes 2a Nummer 2, 3 und 4 mit einer Geldbuße bis zu dreißigtausend Euro, in den Fällen des Absatzes 2 Nr. 2 und des Absatzes 3 Nr. 1 mit einer Geldbuße bis zu fünftausend Euro, in den Fällen der Absätze 1 und 2 Nr. 1, 2a und 3 und des Absatzes 3 Nr. 3 mit einer Geldbuße bis zu dreitausend Euro und in den übrigen Fällen mit einer Geldbuße bis zu tausend Euro geahndet werden.

(6) Artikel 31 Abs. 1 des Abkommens über die Rechtsstellung der Flüchtlinge bleibt unberührt.

Kapitel 9a. Rechtsfolgen bei illegaler Beschäftigung

§ 98a Vergütung

(1) [1]Der Arbeitgeber ist verpflichtet, dem Ausländer, den er ohne die nach § 284 Absatz 1 des Dritten Buches Sozialgesetzbuch erforderliche Genehmigung oder ohne die nach § 4 Absatz 3 erforderliche Berechtigung zur Erwerbstätigkeit beschäftigt hat, die vereinbarte Vergütung zu zahlen. [2]Für die Vergütung wird vermutet, dass der Arbeitgeber den Ausländer drei Monate beschäftigt hat.

(2) Als vereinbarte Vergütung ist die übliche Vergütung anzusehen, es sei denn, der Arbeitgeber hat mit dem Ausländer zulässigerweise eine geringere oder eine höhere Vergütung vereinbart.

(3) Ein Unternehmer, der einen anderen Unternehmer mit der Erbringung von Werk- oder Dienstleistungen beauftragt, haftet für die Erfüllung der

Verpflichtung dieses Unternehmers nach Absatz 1 wie ein Bürge, der auf die Einrede der Vorausklage verzichtet hat.

(4) Für den Generalunternehmer und alle zwischengeschalteten Unternehmer ohne unmittelbare vertragliche Beziehung zu dem Arbeitgeber gilt Absatz 3 entsprechend, es sei denn, dem Generalunternehmer oder dem zwischengeschalteten Unternehmer war nicht bekannt, dass der Arbeitgeber Ausländer ohne die nach § 284 Absatz 1 des Dritten Buches Sozialgesetzbuch erforderliche Genehmigung oder ohne die nach § 4 Absatz 3 erforderliche Berechtigung zur Erwerbstätigkeit beschäftigt hat.

(5) Die Haftung nach den Absätzen 3 und 4 entfällt, wenn der Unternehmer nachweist, dass er auf Grund sorgfältiger Prüfung davon ausgehen konnte, dass der Arbeitgeber keine Ausländer ohne die nach § 284 Absatz 1 des Dritten Buches Sozialgesetzbuch erforderliche Genehmigung oder ohne die nach § 4 Absatz 3 erforderliche Berechtigung zur Erwerbstätigkeit beschäftigt hat.

(6) Ein Ausländer, der im Geltungsbereich dieses Gesetzes ohne die nach § 284 Absatz 1 des Dritten Buches Sozialgesetzbuch erforderliche Genehmigung oder ohne die nach § 4 Absatz 3 erforderliche Berechtigung zur Erwerbstätigkeit beschäftigt worden ist, kann Klage auf Erfüllung der Zahlungsverpflichtungen nach Absatz 3 und 4 auch vor einem deutschen Gericht für Arbeitssachen erheben.

(7) Die Vorschriften des Arbeitnehmer-Entsendegesetzes bleiben unberührt.

§ 98b Ausschluss von Subventionen

(1) [1]Die zuständige Behörde kann Anträge auf Subventionen im Sinne des § 264 des Strafgesetzbuches ganz oder teilweise ablehnen, wenn der Antragsteller oder dessen nach Satzung oder Gesetz Vertretungsberechtigter

1. nach § 404 Absatz 2 Nummer 3 des Dritten Buches Sozialgesetzbuch mit einer Geldbuße von wenigstens Zweitausendfünfhundert Euro rechtskräftig belegt worden ist oder
2. nach den §§ 10, 10a oder 11 des Schwarzarbeitsbekämpfungsgesetzes zu einer Freiheitsstrafe von mehr als drei Monaten oder einer Geldstrafe von mehr als 90 Tagessätzen rechtskräftig verurteilt worden ist.

²Ablehnungen nach Satz 1 können je nach Schwere des der Geldbuße oder der Freiheits- oder der Geldstrafe zugrunde liegenden Verstoßes in einem Zeitraum von bis zu fünf Jahren ab Rechtskraft der Geldbuße, der Freiheits- oder der Geldstrafe erfolgen.

(2) Absatz 1 gilt nicht, wenn

1. auf die beantragte Subvention ein Rechtsanspruch besteht,
2. der Antragsteller eine natürliche Person ist und die Beschäftigung, durch die der Verstoß nach Absatz 1 Satz 1 begangen wurde, seinen privaten Zwecken diente, oder
3. der Verstoß nach Absatz 1 Satz 1 darin bestand, dass ein Unionsbürger rechtswidrig beschäftigt wurde.

§ 98c Ausschluss von der Vergabe öffentlicher Aufträge

(1) ¹Öffentliche Auftraggeber nach § 99 des Gesetzes gegen Wettbewerbsbeschränkungen können einen Bewerber oder einen Bieter vom Wettbewerb um einen Liefer-, Bau- oder Dienstleistungsauftrag ausschließen, wenn dieser oder dessen nach Satzung oder Gesetz Vertretungsberechtigter

1. nach § 404 Absatz 2 Nummer 3 des Dritten Buches Sozialgesetzbuch mit einer Geldbuße von wenigstens Zweitausendfünfhundert Euro rechtskräftig belegt worden ist oder
2. nach den §§ 10, 10a oder 11 des Schwarzarbeitsbekämpfungsgesetzes zu einer Freiheitsstrafe von mehr als drei Monaten oder einer Geldstrafe von mehr als 90 Tagessätzen rechtskräftig verurteilt worden ist.

²Ausschlüsse nach Satz 1 können bis zur nachgewiesenen Wiederherstellung der Zuverlässigkeit, je nach Schwere des der Geldbuße, der Freiheits- oder der Geldstrafe zugrunde liegenden Verstoßes in einem Zeitraum von bis zu fünf Jahren ab Rechtskraft der Geldbuße, der Freiheits- oder der Geldstrafe erfolgen.

(2) Absatz 1 gilt nicht, wenn der Verstoß nach Absatz 1 Satz 1 darin bestand, dass ein Unionsbürger rechtswidrig beschäftigt wurde.

(3) Macht ein öffentlicher Auftraggeber von der Möglichkeit nach Absatz 1 Gebrauch, gilt § 21 Absatz 2 bis 5 des Arbeitnehmer-Entsendegesetzes entsprechend.

Kapitel 10. Verordnungsermächtigungen; Übergangs- und Schlussvorschriften

§ 99 Verordnungsermächtigung

(1) Das Bundesministerium des Innern wird ermächtigt, durch Rechtsverordnung mit Zustimmung des Bundesrates

1. zur Erleichterung des Aufenthalts von Ausländern Befreiungen vom Erfordernis des Aufenthaltstitels vorzusehen, das Verfahren für die Erteilung von Befreiungen und die Fortgeltung und weitere Erteilung von Aufenthaltstiteln nach diesem Gesetz bei Eintritt eines Befreiungsgrundes zu regeln sowie zur Steuerung der Erwerbstätigkeit von Ausländern im Bundesgebiet Befreiungen einzuschränken,
2. zu bestimmen, dass der Aufenthaltstitel vor der Einreise bei der Ausländerbehörde oder nach der Einreise eingeholt werden kann,
3. zu bestimmen, in welchen Fällen die Erteilung eines Visums der Zustimmung der Ausländerbehörde bedarf, um die Mitwirkung anderer beteiligter Behörden zu sichern,
3a. Näheres zum Verfahren zur Erteilung von Aufenthaltstiteln an Forscher nach § 20 zu bestimmen, insbesondere
    a) die Voraussetzungen und das Verfahren sowie die Dauer der Anerkennung von Forschungseinrichtungen, die Aufhebung der Anerkennung einer Forschungseinrichtung und die Voraussetzungen und den Inhalt des Abschlusses von Aufnahmevereinbarungen nach § 20 Abs. 1 Nr. 1 zu regeln,
    b) vorzusehen, dass die für die Anerkennung zuständige Behörde die Anschriften der anerkannten Forschungseinrichtungen veröffentlicht und in den Veröffentlichungen auf Erklärungen nach § 20 Abs. 3 hinweist,
    c) Ausländerbehörden und Auslandsvertretungen zu verpflichten, der für die Anerkennung zuständigen Behörde Erkenntnisse über anerkannte Forschungseinrichtungen mitzuteilen, die die Aufhebung der Anerkennung begründen können,
    d) anerkannte Forschungseinrichtungen zu verpflichten, den Wegfall von Voraussetzungen für die Anerkennung, den Wegfall von Voraussetzungen für Aufnahmevereinbarungen, die abgeschlossen worden sind, oder die Änderung sonstiger bedeutsamer Umstände mitzuteilen,

VI. Aufenthaltsgesetz

  e) beim Bundesamt für Migration und Flüchtlinge einen Beirat für Forschungsmigration einzurichten, der es bei der Anerkennung von Forschungseinrichtungen unterstützt und die Anwendung des § 20 beobachtet und bewertet,
  f) den Zeitpunkt des Beginns der Bearbeitung von Anträgen auf Anerkennung von Forschungseinrichtungen,
3b. selbständige Tätigkeiten zu bestimmen, für deren Ausübung stets oder unter bestimmten Voraussetzungen keine Erlaubnis nach § 4 Abs. 3 Satz 1 erforderlich ist,
4. Ausländer, die im Zusammenhang mit der Hilfeleistung in Rettungs- und Katastrophenfällen einreisen, von der Passpflicht zu befreien,
5. andere amtliche deutsche Ausweise als Passersatz einzuführen oder zuzulassen,
6. amtliche Ausweise, die nicht von deutschen Behörden ausgestellt worden sind, allgemein als Passersatz zuzulassen,
7. zu bestimmen, dass zur Wahrung von Interessen der Bundesrepublik Deutschland Ausländer, die vom Erfordernis des Aufenthaltstitels befreit sind, und Ausländer, die mit einem Visum einreisen, bei oder nach der Einreise der Ausländerbehörde oder einer sonstigen Behörde den Aufenthalt anzuzeigen haben,
8. zur Ermöglichung oder Erleichterung des Reiseverkehrs zu bestimmen, dass Ausländern die bereits bestehende Berechtigung zur Rückkehr in das Bundesgebiet in einem Passersatz bescheinigt werden kann,
9. zu bestimmen, unter welchen Voraussetzungen ein Ausweisersatz ausgestellt werden kann und wie lange er gültig ist,
10. die ausweisrechtlichen Pflichten von Ausländern, die sich im Bundesgebiet aufhalten, zu regeln hinsichtlich der Ausstellung und Verlängerung, des Verlustes und des Wiederauffindens sowie der Vorlage und der Abgabe eines Passes, Passersatzes und Ausweisersatzes sowie der Eintragungen über die Einreise, die Ausreise, das Antreffen im Bundesgebiet und über Entscheidungen der zuständigen Behörden in solchen Papieren,
11. Näheres zum Register nach § 91a sowie zu den Voraussetzungen und dem Verfahren der Datenübermittlung zu bestimmen,
12. zu bestimmen, wie der Wohnsitz von Ausländern, denen vorübergehend Schutz gemäß § 24 Abs. 1 gewährt worden ist, in einen anderen Mitgliedstaat der Europäischen Union verlegt werden kann,

13. Näheres über die Anforderungen an Lichtbilder und Fingerabdrücke sowie für die Muster und Ausstellungsmodalitäten für die bei der Ausführung dieses Gesetzes zu verwendenden Vordrucke sowie die Aufnahme und die Einbringung von Merkmalen in verschlüsselter Form nach § 78a Absatz 4 und 5 festzulegen,

13a. Regelungen für Reiseausweise für Ausländer, Reiseausweise für Flüchtlinge und Reiseausweise für Staatenlose mit elektronischem Speicher- und Verarbeitungsmedium nach Maßgabe der Verordnung (EG) Nr. 2252/2004 des Rates vom 13. Dezember 2004 über Normen für Sicherheitsmerkmale und biometrische Daten in von den Mitgliedstaaten ausgestellten Pässen und Reisedokumenten (ABl. L 385 vom 29.12.2004, S. 1) und der Verordnung (EG) Nr. 444/2009 des Europäischen Parlaments und des Rates vom 28. Mai 2009 zur Änderung der Verordnung (EG) Nr. 2252/2004 des Rates über Normen für Sicherheitsmerkmale und biometrische Daten in von den Mitgliedstaaten ausgestellten Pässen und Reisedokumenten (ABl. L 142 vom 6.6.2009, S. 1) zu treffen sowie Näheres über die Ausfertigung von Dokumenten mit elektronischem Speicher- und Verarbeitungsmedium nach § 78 nach Maßgabe der Verordnung (EG) Nr. 1030/2002 des Rates vom 13. Juni 2002 zur einheitlichen Gestaltung des Aufenthaltstitels für Drittstaatenangehörige (ABl. L 157 vom 15.6.2002, S. 1) sowie der Verordnung (EG) Nr. 380/2008 des Rates vom 18. April 2008 zur Änderung der Verordnung (EG) Nr. 1030/2002 zur einheitlichen Gestaltung des Aufenthaltstitels für Drittstaatenangehörige (ABl. L 115 vom 29.4.2008, S. 1) zu bestimmen und insoweit für Reiseausweise und Dokumente nach § 78 Folgendes festzulegen:

a) das Verfahren und die technischen Anforderungen für die Erfassung und Qualitätssicherung des Lichtbildes und der Fingerabdrücke sowie den Zugriffsschutz auf die im elektronischen Speicher- und Verarbeitungsmedium abgelegten Daten,

b) Altersgrenzen für die Erhebung von Fingerabdrücken und Befreiungen von der Pflicht zur Abgabe von Fingerabdrücken und Lichtbildern,

c) die Reihenfolge der zu speichernden Fingerabdrücke bei Fehlen eines Zeigefingers, ungenügender Qualität des Fingerabdrucks oder Verletzungen der Fingerkuppe,

d) die Form des Verfahrens und die Einzelheiten über das Verfahren der Übermittlung sämtlicher Antragsdaten von den Ausländerbe-

hörden an den Hersteller der Dokumente sowie zur vorübergehenden Speicherung der Antragsdaten bei der Ausländerbehörde und beim Hersteller,
- e) die Speicherung der Fingerabdrücke und des Lichtbildes in der Ausländerbehörde bis zur Aushändigung des Dokuments,
- f) das Einsichtsrecht des Dokumenteninhabers in die im elektronischen Speichermedium gespeicherten Daten,
- g) die Anforderungen an die zur elektronischen Erfassung des Lichtbildes und der Fingerabdrücke, deren Qualitätssicherung sowie zur Übermittlung der Antragsdaten von der Ausländerbehörde an den Hersteller der Dokumente einzusetzenden technischen Systeme und Bestandteile sowie das Verfahren zur Überprüfung der Einhaltung dieser Anforderungen,
- h) Näheres zur Verarbeitung der Fingerabdruckdaten und des digitalen Lichtbildes,
- i) Näheres zur Seriennummer und zur maschinenlesbaren Personaldatenseite,
- j) die Pflichten von Ausländern, die sich im Bundesgebiet aufhalten, hinsichtlich der Ausstellung, Neubeantragung und Verlängerung, des Verlustes und Wiederauffindens sowie der Vorlage und Abgabe von Dokumenten nach § 78.

Das Bundesministerium des Innern wird ferner ermächtigt, durch Rechtsverordnung mit Zustimmung des Bundesrates Einzelheiten des Prüfverfahrens entsprechend § 34 Nummer 4 des Personalausweisgesetzes und Einzelheiten zum elektronischen Identitätsnachweis entsprechend § 34 Nummer 5 bis 7 des Personalausweisgesetzes festzulegen.

14. zu bestimmen, dass die
    - a) Meldebehörden,
    - b) Staatsangehörigkeits- und Bescheinigungsbehörden nach § 15 des Bundesvertriebenengesetzes,
    - c) Pass- und Personalausweisbehörden,
    - d) Sozial- und Jugendämter,
    - e) Justiz-, Polizei- und Ordnungsbehörden,
    - f) Bundesagentur für Arbeit,
    - g) Finanz- und Hauptzollämter,
    - h) Gewerbebehörden,
    - i) Auslandsvertretungen und

j) Träger der Grundsicherung für Arbeitsuchende

ohne Ersuchen den Ausländerbehörden personenbezogene Daten von Ausländern, Amtshandlungen und sonstige Maßnahmen gegenüber Ausländern sowie sonstige Erkenntnisse über Ausländer mitzuteilen haben, soweit diese Angaben zur Erfüllung der Aufgaben der Ausländerbehörden nach diesem Gesetz und nach ausländerrechtlichen Bestimmungen in anderen Gesetzen erforderlich sind; die Rechtsverordnung bestimmt Art und Umfang der Daten, die Maßnahmen und die sonstigen Erkenntnisse, die mitzuteilen sind; Datenübermittlungen dürfen nur insoweit vorgesehen werden, als die Daten zur Erfüllung der Aufgaben der Ausländerbehörden nach diesem Gesetz oder nach ausländerrechtlichen Bestimmungen in anderen Gesetzen erforderlich sind.

15. Regelungen über die fachbezogene elektronische Datenübermittlung zwischen den mit der Ausführung dieses Gesetzes beauftragten Behörden zu treffen, die sich auf Folgendes beziehen:
    a) die technischen Grundsätze des Aufbaus der verwendeten Standards,
    b) das Verfahren der Datenübermittlung und
    c) die an der elektronischen Datenübermittlung im Ausländerwesen beteiligten Behörden.

(2) [1]Das Bundesministerium des Innern wird ferner ermächtigt, durch Rechtsverordnung mit Zustimmung des Bundesrates zu bestimmen, dass

1. jede Ausländerbehörde eine Datei über Ausländer führt, die sich in ihrem Bezirk aufhalten oder aufgehalten haben, die bei ihr einen Antrag gestellt oder Einreise und Aufenthalt angezeigt haben und für und gegen die sie eine ausländerrechtliche Maßnahme oder Entscheidung getroffen hat,
2. jede Auslandsvertretung eine Datei über beantragte, erteilte, versagte, zurückgenommene, annullierte, widerrufene und aufgehobene Visa sowie zurückgenommene Visumanträge führen darf und die Auslandsvertretungen die jeweils dort gespeicherten Daten untereinander austauschen dürfen sowie
3. die mit der Ausführung dieses Gesetzes betrauten Behörden eine sonstige zur Erfüllung ihrer Aufgaben erforderliche Datei führen.

²Nach Satz 1 Nr. 1 werden erfasst die Personalien einschließlich der Staatsangehörigkeit und der Anschrift des Ausländers, Angaben zum Pass, über ausländerrechtliche Maßnahmen und über die Erfassung im Ausländerzentralregister sowie über frühere Anschriften des Ausländers, die zuständige Ausländerbehörde und die Abgabe von Akten an eine andere Ausländerbehörde. ³Erfasst werden ferner Angaben zur Nutzung eines Dokuments nach § 78 Absatz 1 zum elektronischen Identitätsnachweis einschließlich dessen Ein- und Ausschaltung sowie Sperrung und Entsperrung. ⁴Die Befugnis der Ausländerbehörden, weitere personenbezogene Daten zu speichern, richtet sich nach den datenschutzrechtlichen Bestimmungen der Länder.

(3) Das Bundesministerium des Innern wird ermächtigt, durch Rechtsverordnung im Einvernehmen mit dem Auswärtigen Amt ohne Zustimmung des Bundesrates die zuständige Stelle im Sinne des § 73 Absatz 1 und des § 73a Absatz 1 zu bestimmen.

(3a) Das Bundesministerium des Innern wird ermächtigt, durch Rechtsverordnung im Einvernehmen mit dem Auswärtigen Amt ohne Zustimmung des Bundesrates nach Maßgabe von Artikel 3 Absatz 2 der Verordnung (EG) Nr. 810/2009 die Staaten festzulegen, deren Staatsangehörige zur Durchreise durch die internationalen Transitzonen deutscher Flughäfen im Besitz eines Visums für den Flughafentransit sein müssen.

(4) ¹Das Bundesministerium des Innern kann Rechtsverordnungen nach Absatz 1 Nr. 1 und 2, soweit es zur Erfüllung einer zwischenstaatlichen Vereinbarung oder zur Wahrung öffentlicher Interessen erforderlich ist, ohne Zustimmung des Bundesrates erlassen und ändern. ²Eine Rechtsverordnung nach Satz 1 tritt spätestens drei Monate nach ihrem Inkrafttreten außer Kraft. ³Ihre Geltungsdauer kann durch Rechtsverordnung mit Zustimmung des Bundesrates verlängert werden.

§ 100 Sprachliche Anpassung

¹Das Bundesministerium des Innern kann durch Rechtsverordnung ohne Zustimmung des Bundesrates die in diesem Gesetz verwendeten Personenbezeichnungen, soweit dies ohne Änderung des Regelungsinhalts möglich und sprachlich sachgerecht ist, durch geschlechtsneutrale oder durch maskuline und feminine Personenbezeichnungen ersetzen und die dadurch veranlassten sprachlichen Anpassungen vornehmen. ²Das Bundesministeri-

um des Innern kann nach Erlass einer Verordnung nach Satz 1 den Wortlaut dieses Gesetzes im Bundesgesetzblatt bekannt machen.

§ 101 Fortgeltung bisheriger Aufenthaltsrechte

(1) ¹Eine vor dem 1. Januar 2005 erteilte Aufenthaltsberechtigung oder unbefristete Aufenthaltserlaubnis gilt fort als Niederlassungserlaubnis entsprechend dem ihrer Erteilung zu Grunde liegenden Aufenthaltszweck und Sachverhalt. ²Eine unbefristete Aufenthaltserlaubnis, die nach § 1 Abs. 3 des Gesetzes über Maßnahmen für im Rahmen humanitärer Hilfsaktionen aufgenommene Flüchtlinge vom 22. Juli 1980 (BGBl. I S. 1057) oder in entsprechender Anwendung des vorgenannten Gesetzes erteilt worden ist, und eine anschließend erteilte Aufenthaltsberechtigung gelten fort als Niederlassungserlaubnis nach § 23 Abs. 2.

(2) Die übrigen Aufenthaltsgenehmigungen gelten fort als Aufenthaltserlaubnisse entsprechend dem ihrer Erteilung zu Grunde liegenden Aufenthaltszweck und Sachverhalt.

(3) Ein Aufenthaltstitel, der vor dem 28. August 2007 mit dem Vermerk „Daueraufenthalt-EG" versehen wurde, gilt als Erlaubnis zum Daueraufenthalt – EU fort.

§ 102 Fortgeltung ausländerrechtlicher Maßnahmen und Anrechnung

(1) ¹Die vor dem 1. Januar 2005 getroffenen sonstigen ausländerrechtlichen Maßnahmen, insbesondere zeitliche und räumliche Beschränkungen, Bedingungen und Auflagen, Verbote und Beschränkungen der politischen Betätigung sowie Ausweisungen, Abschiebungsandrohungen, Aussetzungen der Abschiebung und Abschiebungen einschließlich ihrer Rechtsfolgen und der Befristung ihrer Wirkungen sowie begünstigende Maßnahmen, die Anerkennung von Pässen und Passersatzpapieren und Befreiungen von der Passpflicht, Entscheidungen über Kosten und Gebühren, bleiben wirksam. ²Ebenso bleiben Maßnahmen und Vereinbarungen im Zusammenhang mit Sicherheitsleistungen wirksam, auch wenn sie sich ganz oder teilweise auf Zeiträume nach Inkrafttreten dieses Gesetzes beziehen. ³Entsprechendes gilt für die kraft Gesetzes eingetretenen Wirkungen der Antragstellung nach § 69 des Ausländergesetzes.

(2) Auf die Frist für die Erteilung einer Niederlassungserlaubnis nach § 26 Abs. 4 wird die Zeit des Besitzes einer Aufenthaltsbefugnis oder einer Duldung vor dem 1. Januar 2005 angerechnet.

§ 103 Anwendung bisherigen Rechts

¹Für Personen, die vor dem Inkrafttreten dieses Gesetzes gemäß § 1 des Gesetzes über Maßnahmen für im Rahmen humanitärer Hilfsaktionen aufgenommene Flüchtlinge vom 22. Juli 1980 (BGBl. I S. 1057) die Rechtsstellung nach den Artikeln 2 bis 34 des Abkommens über die Rechtsstellung der Flüchtlinge genießen, finden die §§ 2a und 2b des Gesetzes über Maßnahmen für im Rahmen humanitärer Hilfsaktionen aufgenommene Flüchtlinge in der bis zum 1. Januar 2005 geltenden Fassung weiter Anwendung. ²In diesen Fällen gilt § 52 Abs. 1 Satz 1 Nr. 4 entsprechend.

§ 104 Übergangsregelungen

(1) ¹Über vor dem 1. Januar 2005 gestellte Anträge auf Erteilung einer unbefristeten Aufenthaltserlaubnis oder einer Aufenthaltsberechtigung ist nach dem bis zu diesem Zeitpunkt geltenden Recht zu entscheiden. ²§ 101 Abs. 1 gilt entsprechend.

(2) ¹Bei Ausländern, die vor dem 1. Januar 2005 im Besitz einer Aufenthaltserlaubnis oder Aufenthaltsbefugnis sind, ist es bei der Entscheidung über die Erteilung einer Niederlassungserlaubnis oder einer Erlaubnis zum Daueraufenthalt – EU hinsichtlich der sprachlichen Kenntnisse nur erforderlich, dass sie sich auf einfache Art in deutscher Sprache mündlich verständigen können. ²§ 9 Abs. 2 Satz 1 Nr. 3 und 8 findet keine Anwendung.

(3) Bei Ausländern, die sich vor dem 1. Januar 2005 rechtmäßig in Deutschland aufhalten, gilt hinsichtlich der vor diesem Zeitpunkt geborenen Kinder für den Nachzug § 20 des Ausländergesetzes in der zuletzt gültigen Fassung, es sei denn, das Aufenthaltsgesetz gewährt eine günstigere Rechtsstellung.

(4) (weggefallen)

(5) Auch für Ausländer, die bis zum Ablauf des 31. Juli 2015 im Rahmen des Programms zur dauerhaften Neuansiedlung von Schutzsuchenden einen Aufenthaltstitel nach § 23 Absatz 2 erhalten haben, sind die Regelungen

über den Familiennachzug, das Bleibeinteresse, die Teilnahme an Integrationskursen und die Aufenthaltsverfestigung auf Grund des § 23 Absatz 4 entsprechend anzuwenden.

(6) [1]§ 23 Abs. 2 in der bis zum 24. Mai 2007 geltenden Fassung findet in den Fällen weiter Anwendung, in denen die Anordnung der obersten Landesbehörde, die auf Grund der bis zum 24. Mai 2007 geltenden Fassung getroffen wurde, eine Erteilung einer Niederlassungserlaubnis bei besonders gelagerten politischen Interessen der Bundesrepublik Deutschland vorsieht. [2]§ 23 Abs. 2 Satz 5 und § 44 Abs. 1 Nr. 2 sind auf die betroffenen Ausländer und die Familienangehörigen, die mit ihnen ihren Wohnsitz in das Bundesgebiet verlegen, entsprechend anzuwenden.

(7) Eine Niederlassungserlaubnis kann auch Ehegatten, Lebenspartnern und minderjährigen ledigen Kindern eines Ausländers erteilt werden, die vor dem 1. Januar 2005 im Besitz einer Aufenthaltsbefugnis nach § 31 Abs. 1 des Ausländergesetzes oder einer Aufenthaltserlaubnis nach § 35 Abs. 2 des Ausländergesetzes waren, wenn die Voraussetzungen des § 26 Abs. 4 erfüllt sind und sie weiterhin die Voraussetzungen erfüllen, wonach eine Aufenthaltsbefugnis nach § 31 des Ausländergesetzes oder eine Aufenthaltserlaubnis nach § 35 Abs. 2 des Ausländergesetzes erteilt werden durfte.

(8) § 28 Absatz 2 in der bis zum 5. September 2013 geltenden Fassung findet weiter Anwendung auf Familienangehörige eines Deutschen, die am 5. September 2013 bereits einen Aufenthaltstitel nach § 28 Absatz 1 innehatten.

(9) [1]Ausländer, die eine Aufenthaltserlaubnis nach § 25 Absatz 3 besitzen, weil das Bundesamt oder die Ausländerbehörde festgestellt hat, dass Abschiebungsverbote nach § 60 Absatz 2, 3 oder 7 Satz 2 in der vor dem 1. Dezember 2013 gültigen Fassung vorliegen, gelten als subsidiär Schutzberechtigte im Sinne des § 4 Absatz 1 des Asylgesetzes und erhalten von Amts wegen eine Aufenthaltserlaubnis nach § 25 Absatz 2 Satz 1 zweite Alternative, es sei denn, das Bundesamt hat die Ausländerbehörde über das Vorliegen von Ausschlusstatbeständen im Sinne des § 25 Absatz 3 Satz 2 Buchstabe a bis d in der vor dem 1. Dezember 2013 gültigen Fassung unterrichtet. [2]Die Zeiten des Besitzes der Aufenthaltserlaubnis nach § 25 Absatz 3 Satz 1 in der vor dem 1. Dezember 2013 gültigen Fassung stehen Zeiten des Besitzes einer Aufenthaltserlaubnis nach § 25 Absatz 2 Satz 1 zweite Alternative gleich. [3]§ 73b des Asylgesetzes gilt entsprechend.

(10) Für Betroffene nach § 73b Absatz 1, die als nicht entsandte Mitarbeiter des Auswärtigen Amts in einer Auslandsvertretung tätig sind, findet § 73b Absatz 4 ab dem 1. Februar 2016 Anwendung.

(11) Für Ausländer, denen zwischen dem 1. Januar 2011 und dem 31. Juli 2015 subsidiärer Schutz nach der Richtlinie 2011/95/EU oder der Richtlinie 2004/38/EG unanfechtbar zuerkannt wurde, beginnt die Frist nach § 29 Absatz 2 Satz 2 Nummer 1 mit Inkrafttreten dieses Gesetzes zu laufen.

(12) Im Falle einer Abschiebungsandrohung nach den §§ 34 und 35 des Asylgesetzes oder einer Abschiebungsanordnung nach § 34a des Asylgesetzes, die bereits vor dem 1. August 2015 erlassen oder angeordnet worden ist, sind die Ausländerbehörden für die Befristung eines Einreise- und Aufenthaltsverbots nach § 11 Absatz 2 zuständig.

(13) ¹Bis zum 16. März 2018 wird ein Familiennachzug zu Personen, denen nach dem 17. März 2016 eine Aufenthaltserlaubnis nach § 25 Absatz 2 Satz 1 zweite Alternative erteilt worden ist, nicht gewährt. ²Für Ausländer, denen nach dem 17. März 2016 eine Aufenthaltserlaubnis nach § 25 Absatz 2 Satz 1 zweite Alternative erteilt wurde, beginnt die Frist des § 29 Absatz 2 Satz 2 Nummer 1 ab dem 16. März 2018 zu laufen. Die §§ 22, 23 bleiben unberührt.

(14) § 12a in der bis zum 6. August 2019 geltenden Fassung findet weiter Anwendung auf Ausländer, für die vor dem 6. August 2019 eine Verpflichtung nach § 12a Absatz 1 bis 4 oder 6 begründet wurde.

§ 104a Altfallregelung

(1) ¹Einem geduldeten Ausländer soll abweichend von § 5 Abs. 1 Nr. 1 und Abs. 2 eine Aufenthaltserlaubnis erteilt werden, wenn er sich am 1. Juli 2007 seit mindestens acht Jahren oder, falls er zusammen mit einem oder mehreren minderjährigen ledigen Kindern in häuslicher Gemeinschaft lebt, seit mindestens sechs Jahren ununterbrochen geduldet, gestattet oder mit einer Aufenthaltserlaubnis aus humanitären Gründen im Bundesgebiet aufgehalten hat und er

1. über ausreichenden Wohnraum verfügt,

2. über hinreichende mündliche Deutschkenntnisse im Sinne des Niveaus A2 des Gemeinsamen Europäischen Referenzrahmens für Sprachen verfügt,
3. bei Kindern im schulpflichtigen Alter den tatsächlichen Schulbesuch nachweist,
4. die Ausländerbehörde nicht vorsätzlich über aufenthaltsrechtlich relevante Umstände getäuscht oder behördliche Maßnahmen zur Aufenthaltsbeendigung nicht vorsätzlich hinausgezögert oder behindert hat,
5. keine Bezüge zu extremistischen oder terroristischen Organisationen hat und diese auch nicht unterstützt und
6. nicht wegen einer im Bundesgebiet begangenen vorsätzlichen Straftat verurteilt wurde, wobei Geldstrafen von insgesamt bis zu 50 Tagessätzen oder bis zu 90 Tagessätzen wegen Straftaten, die nach dem Aufenthaltsgesetz oder dem Asylgesetz nur von Ausländern begangen werden können, grundsätzlich außer Betracht bleiben.

²Wenn der Ausländer seinen Lebensunterhalt eigenständig durch Erwerbstätigkeit sichert, wird die Aufenthaltserlaubnis nach § 23 Abs. 1 Satz 1 erteilt. ³Im Übrigen wird sie nach Satz 1 erteilt; sie gilt als Aufenthaltstitel nach Kapitel 2 Abschnitt 5; die §§ 9 und 26 Abs. 4 finden keine Anwendung. ⁴Von der Voraussetzung des Satzes 1 Nr. 2 kann bis zum 1. Juli 2008 abgesehen werden. ⁵Von der Voraussetzung des Satzes 1 Nr. 2 wird abgesehen, wenn der Ausländer sie wegen einer körperlichen, geistigen oder seelischen Krankheit oder Behinderung oder aus Altersgründen nicht erfüllen kann.

(2) ¹Dem geduldeten volljährigen ledigen Kind eines geduldeten Ausländers, der sich am 1. Juli 2007 seit mindestens acht Jahren oder, falls er zusammen mit einem oder mehreren minderjährigen ledigen Kindern in häuslicher Gemeinschaft lebt, seit mindestens sechs Jahren ununterbrochen geduldet, gestattet oder mit einer Aufenthaltserlaubnis aus humanitären Gründen im Bundesgebiet aufgehalten hat, kann eine Aufenthaltserlaubnis nach § 23 Abs. 1 Satz 1 erteilt werden, wenn es bei der Einreise minderjährig war und gewährleistet erscheint, dass es sich auf Grund seiner bisherigen Ausbildung und Lebensverhältnisse in die Lebensverhältnisse der Bundesrepublik Deutschland einfügen kann. ²Das Gleiche gilt für einen Ausländer, der sich als unbegleiteter Minderjähriger seit mindestens sechs Jahren ununterbrochen geduldet, gestattet oder mit einer Aufenthaltserlaubnis aus humanitären Gründen im Bundesgebiet aufgehalten hat und

bei dem gewährleistet erscheint, dass er sich auf Grund seiner bisherigen Ausbildung und Lebensverhältnisse in die Lebensverhältnisse der Bundesrepublik Deutschland einfügen kann.

(3) ¹Hat ein in häuslicher Gemeinschaft lebendes Familienmitglied Straftaten im Sinne des Absatzes 1 Satz 1 Nr. 6 begangen, führt dies zur Versagung der Aufenthaltserlaubnis nach dieser Vorschrift für andere Familienmitglieder. ²Satz 1 gilt nicht für den Ehegatten eines Ausländers, der Straftaten im Sinne des Absatzes 1 Satz 1 Nr. 6 begangen hat, wenn der Ehegatte die Voraussetzungen des Absatzes 1 im Übrigen erfüllt und es zur Vermeidung einer besonderen Härte erforderlich ist, ihm den weiteren Aufenthalt zu ermöglichen. ³Sofern im Ausnahmefall Kinder von ihren Eltern getrennt werden, muss ihre Betreuung in Deutschland sichergestellt sein.

(4) ¹Die Aufenthaltserlaubnis kann unter der Bedingung erteilt werden, dass der Ausländer an einem Integrationsgespräch teilnimmt oder eine Integrationsvereinbarung abgeschlossen wird. ²Die Aufenthaltserlaubnis berechtigt zur Ausübung einer Erwerbstätigkeit.

(5) ¹Die Aufenthaltserlaubnis wird mit einer Gültigkeit bis zum 31. Dezember 2009 erteilt. ²Sie soll um weitere zwei Jahre als Aufenthaltserlaubnis nach § 23 Abs. 1 Satz 1 verlängert werden, wenn der Lebensunterhalt des Ausländers bis zum 31. Dezember 2009 überwiegend eigenständig durch Erwerbstätigkeit gesichert war oder wenn der Ausländer mindestens seit dem 1. April 2009 seinen Lebensunterhalt nicht nur vorübergehend eigenständig sichert. ³Für die Zukunft müssen in beiden Fällen Tatsachen die Annahme rechtfertigen, dass der Lebensunterhalt überwiegend gesichert sein wird. ⁴Im Fall des Absatzes 1 Satz 4 wird die Aufenthaltserlaubnis zunächst mit einer Gültigkeit bis zum 1. Juli 2008 erteilt und nur verlängert, wenn der Ausländer spätestens bis dahin nachweist, dass er die Voraussetzung des Absatzes 1 Satz 1 Nr. 2 erfüllt. ⁵§ 81 Abs. 4 findet keine Anwendung.

(6) ¹Bei der Verlängerung der Aufenthaltserlaubnis kann zur Vermeidung von Härtefällen von Absatz 5 abgewichen werden. ²Dies gilt bei

1. Auszubildenden in anerkannten Lehrberufen oder in staatlich geförderten Berufsvorbereitungsmaßnahmen,
2. Familien mit Kindern, die nur vorübergehend auf ergänzende Sozialleistungen angewiesen sind,

3. Alleinerziehenden mit Kindern, die vorübergehend auf Sozialleistungen angewiesen sind, und denen eine Arbeitsaufnahme nach § 10 Abs. 1 Nr. 3 des Zweiten Buches Sozialgesetzbuch nicht zumutbar ist,
4. erwerbsunfähigen Personen, deren Lebensunterhalt einschließlich einer erforderlichen Betreuung und Pflege in sonstiger Weise ohne Leistungen der öffentlichen Hand dauerhaft gesichert ist, es sei denn, die Leistungen beruhen auf Beitragszahlungen,
5. Personen, die am 31. Dezember 2009 das 65. Lebensjahr vollendet haben, wenn sie in ihrem Herkunftsland keine Familie, dafür aber im Bundesgebiet Angehörige (Kinder oder Enkel) mit dauerhaftem Aufenthalt bzw. deutscher Staatsangehörigkeit haben und soweit sichergestellt ist, dass für diesen Personenkreis keine Sozialleistungen in Anspruch genommen werden.

(7) ¹Die Länder dürfen anordnen, dass aus Gründen der Sicherheit der Bundesrepublik Deutschland eine Aufenthaltserlaubnis nach den Absätzen 1 und 2 Staatsangehörigen bestimmter Staaten zu versagen ist. ²Zur Wahrung der Bundeseinheitlichkeit bedarf die Anordnung des Einvernehmens mit dem Bundesministerium des Innern.

§ 104b Aufenthaltsrecht für integrierte Kinder von geduldeten Ausländern

Einem minderjährigen ledigen Kind kann im Fall der Ausreise seiner Eltern oder des allein personensorgeberechtigten Elternteils, denen oder dem eine Aufenthaltserlaubnis nicht nach § 104a erteilt oder verlängert wird, abweichend von § 5 Abs. 1 Nr. 1, Abs. 2 und § 10 Abs. 3 Satz 1 eine eigenständige Aufenthaltserlaubnis nach § 23 Abs. 1 Satz 1 erteilt werden, wenn

1. es am 1. Juli 2007 das 14. Lebensjahr vollendet hat,
2. es sich seit mindestens sechs Jahren rechtmäßig oder geduldet in Deutschland aufhält,
3. es die deutsche Sprache beherrscht,
4. es sich auf Grund seiner bisherigen Schulausbildung und Lebensführung in die Lebensverhältnisse der Bundesrepublik Deutschland eingefügt hat und gewährleistet ist, dass es sich auch in Zukunft in die Lebensverhältnisse der Bundesrepublik Deutschland einfügen wird und
5. seine Personensorge sichergestellt ist.

§ 105 (weggefallen)

§ 105a Bestimmungen zum Verwaltungsverfahren

Von den in § 4 Abs. 2 Satz 2 und 4, Abs. 5 Satz 2, § 15a Abs. 4 Satz 2 und 3, § 23 Abs. 1 Satz 3, § 23a Abs. 1 Satz 1, Abs. 2 Satz 2, § 43 Abs. 4, § 44a Abs. 1 Satz 2, Abs. 3 Satz 1, § 49a Abs. 2, § 61 Absatz 1d, § 72 Absatz 2, § 73 Abs. 2, Abs. 3 Satz 1 und 2, den §§ 78, 78a, § 79 Abs. 2, § 81 Abs. 5, § 82 Abs. 1 Satz 3, Abs. 3, § 87 Absatz 1, 2 Satz 1 und 2, Absatz 4 Satz 1, 2 und 4 und Absatz 5, § 89 Abs. 1 Satz 2 und 3, Abs. 3 und 4, § 89a Abs. 2, Abs. 4 Satz 2, Abs. 8, den §§ 90, 90a, 90b, 91 Abs. 1 und 2, § 91a Abs. 3, 4 und 7, § 91c Abs. 1 Satz 2, Abs. 2 Satz 2, Abs. 3 Satz 4 und Abs. 4 Satz 2, §§ 99 und 104a Abs. 7 Satz 2 getroffenen Regelungen und von den auf Grund von § 43 Abs. 4 und § 99 getroffenen Regelungen des Verwaltungsverfahrens kann durch Landesrecht nicht abgewichen werden.

§ 105b Übergangsvorschrift für Aufenthaltstitel nach einheitlichem Vordruckmuster

[1]Aufenthaltstitel nach § 4 Absatz 1 Satz 2 Nummer 2 bis 4, die bis zum Ablauf des 31. August 2011 nach einheitlichem Vordruckmuster gemäß § 78 in der bis zu diesem Zeitpunkt geltenden Fassung dieses Gesetzes ausgestellt wurden, sind bei Neuausstellung, spätestens aber bis zum Ablauf des 31. August 2021 als eigenständige Dokumente mit elektronischem Speicher- und Verarbeitungsmedium nach § 78 auszustellen. [2]Unbeschadet dessen können Inhaber eines Aufenthaltstitels nach § 4 Absatz 1 Satz 2 Nummer 2 bis 4 ein eigenständiges Dokument mit elektronischem Speicher- und Verarbeitungsmedium nach § 78 beantragen, wenn sie ein berechtigtes Interesse an der Neuausstellung darlegen.

§ 105c Überleitung von Maßnahmen zur Überwachung ausgewiesener Ausländer aus Gründen der inneren Sicherheit

Maßnahmen und Verpflichtungen nach § 54a Absatz 1 bis 4 in der bis zum 31. Dezember 2015 geltenden Fassung, die vor dem 1. Januar 2016 bestanden, gelten nach dem 1. Januar 2016 als Maßnahmen und Verpflichtungen im Sinne von § 56 in der ab dem 1. Januar 2016 geltenden Fassung.

§ 106 Einschränkung von Grundrechten

(1) Die Grundrechte der körperlichen Unversehrtheit (Artikel 2 Abs. 2 Satz 1 des Grundgesetzes) und der Freiheit der Person (Artikel 2 Abs. 2 Satz 2 des Grundgesetzes) werden nach Maßgabe dieses Gesetzes eingeschränkt.

(2) ¹Das Verfahren bei Freiheitsentziehungen richtet sich nach Buch 7 des Gesetzes über das Verfahren in Familiensachen und in den Angelegenheiten der freiwilligen Gerichtsbarkeit. ²Ist über die Fortdauer der Zurückweisungshaft oder der Abschiebungshaft zu entscheiden, so kann das Amtsgericht das Verfahren durch unanfechtbaren Beschluss an das Gericht abgeben, in dessen Bezirk die Zurückweisungshaft oder Abschiebungshaft jeweils vollzogen wird.

§ 107 Stadtstaatenklausel

Die Senate der Länder Berlin, Bremen und Hamburg werden ermächtigt, die Vorschriften dieses Gesetzes über die Zuständigkeit von Behörden dem besonderen Verwaltungsaufbau ihrer Länder anzupassen.

VII. Bundesmeldegesetz (BMG) (Auszug)

Bundesmeldegesetz vom 3. Mai 2013 (BGBl. I S. 1084), zuletzt geändert durch Art. 11 Abs. 4 des Gesetzes zur Durchführung der Verordnung (EU) Nr. 910/2014 des Europäischen Parlaments und des Rates vom 23. Juli 2014 über elektronische Identifizierung und Vertrauensdienste für elektronische Transaktionen im Binnenmarkt und zur Aufhebung der Richtlinie 1999/93/EG (eIDAS-Durchführungsgesetz) vom 18. Juli 2017 (BGBl. I S. 2745)

§ 1 Meldebehörden
Meldebehörden sind die durch Landesrecht dazu bestimmten Behörden.

§ 2 Aufgaben und Befugnisse der Meldebehörden
(1) Die Meldebehörden haben die in ihrem Zuständigkeitsbereich wohnhaften Personen (Einwohner) zu registrieren, um deren Identität und deren Wohnungen feststellen und nachweisen zu können.

(2) ¹Die Meldebehörden führen zur Erfüllung ihrer Aufgaben Melderegister. ²Diese enthalten Daten, die bei der betroffenen Person erhoben, von öffentlichen Stellen übermittelt oder sonst amtlich bekannt werden.

(3) Die Meldebehörden erteilen Melderegisterauskünfte, wirken nach Maßgabe dieses Gesetzes oder sonstiger Rechtsvorschriften bei der Durchführung von Aufgaben anderer öffentlicher Stellen mit und übermitteln Daten.

(4) ¹Die Meldebehörden dürfen personenbezogene Daten, die im Melderegister gespeichert werden, nur nach Maßgabe dieses Gesetzes oder sonstiger Rechtsvorschriften erheben, verarbeiten oder nutzen. ²Daten nicht meldepflichtiger Personen dürfen nur erhoben, verarbeitet und genutzt werden, wenn eine Einwilligung vorliegt, die den Vorschriften des Datenschutzgesetzes des jeweiligen Landes entspricht.

§ 3 Speicherung von Daten

(1) Zur Erfüllung ihrer Aufgaben nach § 2 Absatz 1 und 3 speichern die Meldebehörden folgende Daten sowie die zum Nachweis ihrer Richtigkeit erforderlichen Hinweise im Melderegister:

1. Familienname,
2. frühere Namen,
3. Vornamen unter Kennzeichnung des gebräuchlichen Vornamens,
4. Doktorgrad,
5. Ordensname, Künstlername,
6. Geburtsdatum und Geburtsort sowie bei Geburt im Ausland auch den Staat,
7. Geschlecht,
8. keine Eintragung,
9. zum gesetzlichen Vertreter
    a) Familienname,
    b) Vornamen,
    c) Doktorgrad,
    d) Anschrift,
    e) Geburtsdatum,
    f) Geschlecht,
    g) Sterbedatum sowie
    h) Auskunftssperren nach § 51 und bedingte Sperrvermerke nach § 52,
10. derzeitige Staatsangehörigkeiten,
11. rechtliche Zugehörigkeit zu einer öffentlich-rechtlichen Religionsgesellschaft,
12. derzeitige Anschriften, frühere Anschriften im Zuständigkeitsbereich der Meldebehörde sowie Anschrift der letzten alleinigen Wohnung oder Hauptwohnung und der letzten Nebenwohnungen außerhalb des Zuständigkeitsbereichs der Meldebehörde, gekennzeichnet nach Haupt- und Nebenwohnung, bei Zuzug aus dem Ausland auch den Staat und die letzte Anschrift im Inland, bei Wegzug in das Ausland auch die Zuzugsanschrift im Ausland und den Staat,
13. Einzugsdatum, Auszugsdatum, Datum des letzten Wegzugs aus einer Wohnung im Inland sowie Datum des letzten Zuzugs aus dem Ausland,

14. Familienstand, bei Verheirateten oder Personen, die eine Lebenspartnerschaft führen, zusätzlich Datum und Ort der Eheschließung oder der Begründung der Lebenspartnerschaft sowie bei Eheschließung oder Begründung der Lebenspartnerschaft im Ausland auch den Staat,
15. zum Ehegatten oder Lebenspartner
    a) Familienname,
    b) Vornamen,
    c) Geburtsname,
    d) Doktorgrad,
    e) Geburtsdatum,
    f) Geschlecht,
    g) derzeitige Anschriften im Zuständigkeitsbereich der Meldebehörde sowie Anschrift der letzten alleinigen Wohnung oder Hauptwohnung außerhalb des Zuständigkeitsbereichs der Meldebehörde,
    h) Sterbedatum sowie
    i) Auskunftssperren nach § 51 und bedingte Sperrvermerke nach § 52,
16. zu minderjährigen Kindern
    a) Familienname,
    b) Vornamen,
    c) Geburtsdatum,
    d) Geschlecht,
    e) Anschrift im Inland,
    f) Sterbedatum,
    g) Auskunftssperren nach § 51 und bedingte Sperrvermerke nach § 52,
17. Ausstellungsbehörde, Ausstellungsdatum, letzter Tag der Gültigkeitsdauer und Seriennummer des Personalausweises, vorläufigen Personalausweises oder Ersatz-Personalausweises, des anerkannten und gültigen Passes oder Passersatzpapiers sowie Sperrkennwort und Sperrsumme des Personalausweises,
17a. die Seriennummer des Ankunftsnachweises nach § 63a Absatz 1 Nummer 10 des Asylgesetzes mit Ausstellungsdatum und Gültigkeitsdauer,
18. Auskunfts- und Übermittlungssperren,
19. Sterbedatum und Sterbeort sowie bei Versterben im Ausland auch den Staat.

(2) Über die in Absatz 1 genannten Daten hinaus speichern die Meldebehörden folgende Daten sowie die zum Nachweis ihrer Richtigkeit erforderlichen Hinweise im Melderegister:

1. für die Vorbereitung und Durchführung von Wahlen und Abstimmungen auf staatlicher und kommunaler Ebene die Tatsache, dass die betroffene Person
    a) von der Wahlberechtigung oder der Wählbarkeit ausgeschlossen ist,
    b) als Unionsbürger (§ 6 Absatz 3 Satz 1 des Europawahlgesetzes) bei der Wahl des Europäischen Parlaments von Amts wegen in ein Wählerverzeichnis im Inland einzutragen ist; ebenfalls zu speichern ist die Gebietskörperschaft oder der Wahlkreis im Herkunftsmitgliedstaat, wo die betroffene Person zuletzt in ein Wählerverzeichnis eingetragen war,
    c) als im Ausland lebender Deutscher einen Hinweis auf Wahlen zum Deutschen Bundestag sowie auf Wahlen der Abgeordneten des Europäischen Parlaments aus der Bundesrepublik Deutschland erhält; ebenfalls ist nach Mitteilung durch die betroffene Person ihre derzeitige Anschrift im Ausland zu speichern,
2. für das Verfahren zur Bildung und Anwendung der elektronischen Lohnsteuerabzugsmerkmale nach § 39e Absatz 2 Satz 2 und 3 des Einkommensteuergesetzes
    a) die Zugehörigkeit zu einer steuererhebenden Religionsgesellschaft sowie das Datum des Eintritts und Austritts,
    b) den Familienstand,
    c) das Datum der Begründung oder Auflösung der Ehe oder Lebenspartnerschaft sowie
    d) die Identifikationsnummern oder die Vorläufigen Bearbeitungsmerkmale
        aa) des Ehegatten oder Lebenspartners,
        bb) der minderjährigen Kinder, die ihre alleinige Wohnung oder ihre Hauptwohnung im Zuständigkeitsbereich derselben Meldebehörde haben,
3. für Zwecke nach § 139b Absatz 2 der Abgabenordnung die Identifikationsnummer nach § 139b der Abgabenordnung und bis zu deren Speicherung im Melderegister das Vorläufige Bearbeitungsmerkmal nach § 139b Absatz 6 Satz 2 der Abgabenordnung,

4. für die Ausstellung von Pässen und Ausweisen
die Tatsache, dass Passversagungsgründe vorliegen, ein Pass versagt oder entzogen oder eine Anordnung nach § 6 Absatz 7, § 6a Absatz 1 oder § 6a Absatz 2 des Personalausweisgesetzes getroffen worden ist,
5. für staatsangehörigkeitsrechtliche Verfahren
die Tatsache, dass die deutsche Staatsangehörigkeit nach § 4 Absatz 3 oder § 40b des Staatsangehörigkeitsgesetzes erworben wurde und nach § 29 des Staatsangehörigkeitsgesetzes ein Verlust der deutschen Staatsangehörigkeit eintreten kann,
6. für Zwecke der Suchdienste
die Anschrift vom 1. September 1939 derjenigen Einwohner, die aus den in § 1 Absatz 2 Nummer 3 des Bundesvertriebenengesetzes bezeichneten Gebieten stammen,
7. für waffenrechtliche Verfahren
die Tatsache, dass eine waffenrechtliche Erlaubnis erteilt worden ist, sowie die Behörde, die diese Tatsache mitteilt, mit Angabe des Datums, an dem die waffenrechtliche Erlaubnis erstmals erteilt worden ist,
8. für sprengstoffrechtliche Verfahren
die Tatsache, dass eine sprengstoffrechtliche Erlaubnis oder ein Befähigungsschein nach § 20 des Sprengstoffgesetzes erteilt worden ist, sowie die Behörde, die diese Tatsache mitteilt, mit Angabe des Datums der erstmaligen Erteilung,
9. zur Beantwortung von Aufenthaltsanfragen anderer Behörden und sonstiger öffentlicher Stellen, wenn der Einwohner die Wohnung aufgegeben hat und der Meldebehörde eine neue Wohnung nicht bekannt ist,
das Ersuchen um Datenübermittlung mit dem Datum der Anfrage und der Angabe der anfragenden Stelle für die Dauer von bis zu zwei Jahren,
10. für die Prüfung, ob die von der meldepflichtigen Person gemachten Angaben richtig sind, und zur Gewährleistung der Auskunftsrechte in § 19 Absatz 1 Satz 3 und § 50 Absatz 4
den Namen und die Anschrift des Eigentümers der Wohnung und, wenn dieser nicht selbst Wohnungsgeber ist, den Namen des Eigentümers der Wohnung sowie den Namen und die Anschrift des Wohnungsgebers,
11. im Spannungs- oder Verteidigungsfall für die Wehrerfassung

die Tatsache, dass ein Einwohner bereits vor der Erfassung seines Jahrganges erfasst worden ist.

§ 4 Ordnungsmerkmale

(1) ¹Die Meldebehörden dürfen ihre Register mit Hilfe von Ordnungsmerkmalen führen. ²Die Ordnungsmerkmale können aus den in § 3 Absatz 1 Nummer 6 und 7 genannten Daten gebildet werden. ³Durch geeignete technische Maßnahmen sind die Ordnungsmerkmale vor Verwechslungen zu schützen.

(2) Soweit von den Meldebehörden bereits Ordnungsmerkmale verarbeitet und genutzt werden, die andere als die in § 3 Absatz 1 Nummer 6 und 7 genannten Daten enthalten, dürfen diese noch für eine Übergangsfrist von sechs Jahren nach Inkrafttreten dieses Gesetzes verarbeitet und genutzt werden.

(3) ¹Ordnungsmerkmale dürfen im Rahmen von Datenübermittlungen an öffentliche Stellen und öffentlich-rechtliche Religionsgesellschaften übermittelt werden. ²Der Empfänger der Daten darf die Ordnungsmerkmale nur im Verkehr mit der jeweiligen Meldebehörde verwenden, eine Weiterübermittlung ist unzulässig. ³Soweit Ordnungsmerkmale personenbezogene Daten enthalten, dürfen sie nur übermittelt werden, wenn dem Empfänger auch die im Ordnungsmerkmal enthaltenen personenbezogenen Daten übermittelt werden dürfen.

(4) Absatz 3 Satz 2 und 3 gilt entsprechend für die Weitergabe von Ordnungsmerkmalen innerhalb der Verwaltungseinheit, der die Meldebehörde angehört.

§ 5 Zweckbindung der Daten

(1) ¹Die Meldebehörden dürfen die in § 3 Absatz 2 bezeichneten Daten nur für die dort genannten Zwecke verarbeiten oder nutzen. ²Sie haben durch technische und organisatorische Maßnahmen sicherzustellen, dass diese Daten nur nach Maßgabe des Satzes 1 verarbeitet oder genutzt werden.

(2) ¹Die in § 3 Absatz 2 bezeichneten Daten dürfen nur insoweit zusammen mit den in § 3 Absatz 1 bezeichneten Daten verarbeitet oder genutzt

werden, als dies zur Erfüllung der jeweiligen Aufgabe erforderlich ist. ²§ 34 Absatz 3 und 4 bleibt unberührt mit der Maßgabe, dass

1. die in § 3 Absatz 2 Nummer 1 genannten Daten nur an die Stellen übermittelt werden dürfen, die für die Vorbereitung und Durchführung der dort genannten Wahlen und Abstimmungen zuständig sind, und
2. die in § 3 Absatz 2 Nummer 2 und 3 genannten Daten nur an das Bundeszentralamt für Steuern übermittelt werden dürfen. Das in § 3 Absatz 2 Nummer 2 Buchstabe c genannte Datum zur Auflösung der Ehe oder Lebenspartnerschaft darf auch an die amtliche Statistik übermittelt werden.

²Die in Satz 2 Nummer 1 und 2 genannten Daten dürfen nach § 33 auch an die Meldebehörden übermittelt werden.

§ 6 Richtigkeit und Vollständigkeit des Melderegisters

(1) ¹Ist das Melderegister unrichtig oder unvollständig, hat es die Meldebehörde von Amts wegen zu berichtigen oder zu ergänzen (Fortschreibung). ²Über die Fortschreibung sind unverzüglich diejenigen öffentlichen Stellen zu unterrichten, denen im Rahmen regelmäßiger Datenübermittlungen die unrichtigen oder unvollständigen Daten übermittelt worden sind.

(2) ¹Soweit die in Absatz 1 Satz 2 genannten öffentlichen Stellen nicht Aufgaben der amtlichen Statistik wahrnehmen oder öffentlich-rechtliche Religionsgesellschaften sind, haben sie die Meldebehörden unverzüglich zu unterrichten, wenn ihnen konkrete Anhaltspunkte für die Unrichtigkeit oder Unvollständigkeit der übermittelten Daten vorliegen. ²Öffentliche Stellen, denen auf ihr Ersuchen hin Meldedaten übermittelt worden sind, haben die Meldebehörden zu unterrichten, wenn ihnen solche Anhaltspunkte vorliegen. ³Gesetzliche Geheimhaltungspflichten, insbesondere das Steuergeheimnis nach § 30 der Abgabenordnung, sowie Berufs- oder besondere Amtsgeheimnisse stehen der Unterrichtung nicht entgegen, soweit sie sich auf die Angabe beschränkt, dass konkrete Anhaltspunkte für die Unrichtigkeit oder Unvollständigkeit übermittelter Daten vorliegen.

(3) Liegen der Meldebehörde bezüglich einer einzelnen namentlich bezeichneten Person oder bei einer Vielzahl namentlich bezeichneter Personen konkrete Anhaltspunkte für die Unrichtigkeit oder Unvollständigkeit

des Melderegisters vor, hat sie den Sachverhalt von Amts wegen zu ermitteln.

(4) Bei der Weitergabe von Daten und Hinweisen nach § 37 sind Absatz 1 Satz 2 und Absatz 2 entsprechend anzuwenden.

§ 7 Meldegeheimnis

(1) Personen, die bei Meldebehörden oder anderen Stellen, die im Auftrag der Meldebehörden handeln, beschäftigt sind, ist es verboten, personenbezogene Daten unbefugt zu erheben, zu verarbeiten oder zu nutzen.

(2) ¹Die in Absatz 1 genannten Personen sind bei Aufnahme ihrer Tätigkeit von ihrem Arbeitgeber über ihre Pflichten nach Absatz 1 zu belehren und schriftlich auf die Einhaltung des Meldegeheimnisses zu verpflichten. ²Ihre Pflichten bestehen auch nach Beendigung ihrer Tätigkeit fort.

...

§ 34 Datenübermittlungen an andere öffentliche Stellen

(1) ¹Die Meldebehörde darf einer anderen öffentlichen Stelle im Sinne von § 2 Absatz 1 bis 3 und 4 Satz 2 des Bundesdatenschutzgesetzes im Inland aus dem Melderegister folgende Daten übermitteln, soweit dies zur Erfüllung der in ihrer Zuständigkeit oder in der Zuständigkeit des Empfängers liegenden öffentlichen Aufgaben erforderlich ist:

1. Familienname,
2. frühere Namen,
3. Vornamen unter Kennzeichnung des gebräuchlichen Vornamens,
4. Doktorgrad,
5. Ordensname, Künstlername,
6. derzeitige und frühere Anschriften, Haupt- und Nebenwohnung; bei Zuzug aus dem Ausland auch den Staat und die letzte Anschrift im Inland, bei Wegzug in das Ausland auch die Zuzugsanschrift im Ausland und den Staat,
7. Einzugsdatum, Auszugsdatum, Datum des letzten Wegzugs aus einer Wohnung im Inland sowie Datum des letzten Zuzugs aus dem Ausland,

8. Geburtsdatum und Geburtsort sowie bei Geburt im Ausland auch den Staat,
9. Geschlecht,
10. zum gesetzlichen Vertreter
    a) Familienname,
    b) Vornamen,
    c) Doktorgrad,
    d) Anschrift,
    e) Geburtsdatum,
    f) Sterbedatum,
    g) Auskunftssperren nach § 51 und bedingte Sperrvermerke nach § 52,
11. derzeitige Staatsangehörigkeiten einschließlich der nach § 3 Absatz 2 Nummer 5 gespeicherten Daten,
12. Familienstand, bei Verheirateten oder Lebenspartnern zusätzlich Datum, Ort und Staat der Eheschließung oder der Begründung der Lebenspartnerschaft,
13. Auskunftssperren nach § 51 und bedingte Sperrvermerke nach § 52 sowie
14. Sterbedatum und Sterbeort sowie bei Versterben im Ausland auch den Staat.

²Den in Absatz 4 Satz 1 bezeichneten Behörden darf die Meldebehörde unter den Voraussetzungen des Satzes 1 über die dort genannten Daten hinaus auch Angaben nach § 3 Absatz 1 Nummer 17, mit Ausnahme des Sperrkennworts und der Sperrsumme des Personalausweises, übermitteln.

(2) Werden Daten über eine Vielzahl nicht namentlich bezeichneter Personen übermittelt, dürfen für die Zusammensetzung der Personengruppe nur die in Absatz 1 Satz 1 genannten Daten zugrunde gelegt werden.

(3) Die Übermittlung weiterer als der in Absatz 1 Satz 1 bezeichneten Daten oder die Übermittlung der in § 3 Absatz 1 oder 2 genannten Hinweise im Melderegister an andere öffentliche Stellen ist nur dann zulässig, wenn der Empfänger

1. ohne Kenntnis der Daten nicht in der Lage wäre, eine ihm durch Rechtsvorschrift übertragene Aufgabe zu erfüllen, und
2. die Daten bei der betroffenen Person nur mit unverhältnismäßig hohem Aufwand erheben könnte oder von einer Datenerhebung nach

VII. BMG (Auszug)

der Art der Aufgabe, zu der die Daten erforderlich sind, abgesehen werden muss.

(4) ¹Die Prüfung bei der Meldebehörde, ob die Voraussetzungen nach Absatz 3 und § 8 vorliegen, entfällt, wenn sie von den folgenden Behörden um Übermittlung von Daten und Hinweisen nach Absatz 3 ersucht wird:

1. Polizeibehörden des Bundes und der Länder,
2. Staatsanwaltschaften,
3. Amtsanwaltschaften,
4. Gerichte, soweit sie Aufgaben der Strafverfolgung, der Strafvollstreckung oder des Strafvollzugs wahrnehmen,
5. Justizvollzugsbehörden,
6. Verfassungsschutzbehörden des Bundes und der Länder,
7. Bundesnachrichtendienst,
8. Militärischer Abschirmdienst,
9. Zollfahndungsdienst,
10. Hauptzollämter,
11. Finanzbehörden, soweit sie strafverfolgend tätig sind, oder
12. Bundesamt für Justiz, soweit es Aufgaben der Vollstreckungshilfe nach dem Rahmenbeschluss 2005/214/JI des Rates vom 24. Februar 2005 über die Anwendung des Grundsatzes der gegenseitigen Anerkennung von Geldstrafen und Geldbußen (ABl. L 76 vom 22.3.2005, S. 16), der durch den Rahmenbeschluss 2009/299/JI (ABl. L 81 vom 27.3.2009, S. 24) geändert worden ist, sowie Aufgaben des Strafnachrichtenaustausches nach dem Rahmenbeschluss 2009/315/JI des Rates vom 26. Februar 2009 über die Durchführung und den Inhalt des Austauschs von Informationen aus dem Strafregister zwischen den Mitgliedstaaten (ABl. L 93 vom 7.4.2009, S. 23) wahrnimmt.

²Die ersuchende Behörde hat den Namen und die Anschrift der betroffenen Person unter Hinweis auf den Anlass der Übermittlung aufzuzeichnen. ³Diese Aufzeichnungen sind aufzubewahren, durch technische und organisatorische Maßnahmen zu sichern und nach Ablauf des Kalenderjahres, das dem Jahr der Erstellung der Aufzeichnung folgt, zu vernichten. ⁴Satz 3 gilt nicht, wenn die Daten nach Satz 2 Bestandteil von Akten oder Dateien geworden sind.

(5) ¹Wurde eine Auskunftssperre nach § 51 Absatz 1 auf Veranlassung einer in Absatz 4 Satz 1 Nummer 1 und 6 bis 9 genannten Behörde von Amts

wegen eingetragen, sind die betroffene Person und die veranlassende Stelle über jedes Ersuchen um Übermittlung von Daten zur betroffenen Person unverzüglich zu unterrichten. ²Sofern nach Anhörung der betroffenen Person, oder, wenn diese nicht erreichbar ist, nach Anhörung der veranlassenden Stelle, eine Gefahr nach § 51 Absatz 1 nicht ausgeschlossen werden kann, ist eine Übermittlung in diesen Fällen nicht zulässig; die ersuchende Stelle erhält eine Mitteilung, die keine Rückschlüsse darauf zulassen darf, ob zu der betroffenen Person keine Daten vorhanden sind oder eine Auskunftssperre besteht. ³Abweichend von den Sätzen 1 und 2 wird bei Übermittlungsersuchen einer in Absatz 4 Satz 1 genannten Stelle ausschließlich die veranlassende Stelle unterrichtet und angehört.

(6) ¹Datenübermittlungen und Auskünfte von Meldebehörden an andere öffentliche Stellen im Inland sind gebührenfrei. ²Landesrechtliche Regelungen zur Gebührenerhebung bei Datenübermittlungen aus zentralen Meldedatenbeständen oder Portalen auf Landesebene bleiben unberührt.

§ 35 Datenübermittlungen an ausländische Stellen

Im Rahmen von Tätigkeiten, die ganz oder teilweise in den Anwendungsbereich des Rechts der Europäischen Union fallen, gilt § 34 Absatz 1 Satz 1 nach Maßgabe der dafür geltenden Gesetze und Vereinbarungen, wenn Daten übermittelt werden an

1. öffentliche Stellen in anderen Mitgliedstaaten der Europäischen Union,
2. öffentliche Stellen in anderen Vertragsstaaten des Abkommens über den Europäischen Wirtschaftsraum,
3. Organe und Einrichtungen der Europäischen Union oder
4. Organe und Einrichtungen der Europäischen Atomgemeinschaft.

§ 36 Regelmäßige Datenübermittlungen

(1) Datenübermittlungen an andere öffentliche Stellen, die ohne Ersuchen in allgemein bestimmten Fällen regelmäßig wiederkehrend durchgeführt werden (regelmäßige Datenübermittlungen), sind zulässig, soweit dies durch Bundes- oder Landesrecht bestimmt ist, in dem Anlass und Zweck der Übermittlungen, der Datenempfänger und die zu übermittelnden Daten festgelegt sind.

(2) ¹Eine Datenübermittlung nach § 58c Absatz 1 Satz 1 des Soldatengesetzes ist nur zulässig, soweit die betroffene Person nicht widersprochen hat. ²Die betroffene Person ist auf ihr Widerspruchsrecht bei der Anmeldung und spätestens im Oktober eines jeden Jahres durch ortsübliche Bekanntmachung hinzuweisen.

...

§ 38 Automatisierter Abruf

(1) Die Meldebehörde darf einer anderen öffentlichen Stelle folgende Daten durch automatisierte Abrufverfahren übermitteln (einfache Behördenauskunft):

1. Familienname,
2. frühere Namen,
3. Vornamen unter Kennzeichnung des gebräuchlichen Vornamens,
4. Ordensname, Künstlername,
5. Geburtsdatum und Geburtsort sowie bei Geburt im Ausland auch den Staat,
6. Doktorgrad,
7. Geschlecht
8. derzeitige Anschriften oder Wegzugsanschrift, gekennzeichnet nach Haupt- und Nebenwohnung,
9. Sterbedatum und Sterbeort sowie
10. bedingte Sperrvermerke nach § 52.

(2) Ein Abruf ist nur zulässig, soweit diese Daten der abrufenden Stelle zur Erfüllung ihrer Aufgaben bekannt sein müssen. Ist im Melderegister eine Auskunftssperre nach § 51 eingetragen, erhält die abrufende Stelle eine Mitteilung, die keine Rückschlüsse darauf zulassen darf, ob zu der betroffenen Person keine Daten vorhanden sind oder eine Auskunftssperre besteht; in diesen Fällen ist der Abruf von der Meldebehörde wie ein Ersuchen um Datenübermittlung nach § 34 zu behandeln.

(3) Den in § 34 Absatz 4 Satz 1 genannten Behörden dürfen darüber hinaus durch das automatisierte Abrufverfahren folgende Daten übermittelt werden:

1. derzeitige Staatsangehörigkeiten,
2. frühere Anschriften, gekennzeichnet nach Haupt- und Nebenwohnung
3. Einzugsdatum und Auszugsdatum,
4. Ausstellungsbehörde, Ausstellungsdatum, Gültigkeitsdauer, Seriennummer des Personalausweises, vorläufigen Personalausweises oder Ersatz-Personalausweises, des anerkannten und gültigen Passes oder Passersatzpapiers und
5. Daten nach § 3 Absatz 2 Nummer 7 und 8.

(4) ¹Als Auswahldaten für Abrufe dürfen die in § 34 Absatz 4 Satz 1 genannten Behörden Daten nach § 34 Absatz 1 verwenden, alle übrigen öffentlichen Stellen nur den Familiennamen, frühere Namen, Vornamen, das Geschlecht, das Geburtsdatum und den Geburtsort sowie bei Geburt im Ausland auch den Staat und die derzeitige oder eine frühere Anschrift. ²Für Familiennamen, frühere Namen und Vornamen ist eine phonetische Suche zulässig. Werden auf Grund eines Abrufs die Datensätze mehrerer Personen angezeigt, darf die abrufberechtigte Stelle diese Daten nur in dem Umfang verwenden, der zur Erfüllung der ihr durch Rechtsvorschrift übertragenen Aufgaben erforderlich ist. ³Nicht erforderliche Daten sind unverzüglich zu löschen.

(5) ¹Die Übermittlung weiterer Daten und Hinweise durch automatisierte Abrufverfahren nach den Absätzen 1 bis 3 ist zulässig, soweit dies durch Bundes- oder Landesrecht bestimmt ist, in dem auch Anlass und Zweck der Übermittlungen, der Datenempfänger und die zu übermittelnden Daten festgelegt sind. ²Die Verwendung von weiteren Auswahldaten nach Absatz 4 ist zulässig, soweit dies durch Bundes- oder Landesrecht bestimmt ist, in dem auch Anlass und Zweck des Abrufs festgelegt sind.

§ 39 Verfahren des automatisierten Abrufs

(1) ¹Bei der Einrichtung eines automatisierten Abrufverfahrens hat die abrufberechtigte Stelle durch geeignete technische und organisatorische Maßnahmen sicherzustellen, dass Daten nur von hierzu befugten Personen abgerufen werden können. ²§ 10 Absatz 2 gilt entsprechend. Zusätzlich darf über die Identität der abrufenden Stelle kein Zweifel bestehen. ³§ 3 des Gesetzes über die Verbindung der informationstechnischen Netze des Bundes und der Länder – Gesetz zur Ausführung von Artikel 91c Absatz 4

des Grundgesetzes – vom 10. August 2009 (BGBl. I S. 2702) in der jeweils geltenden Fassung bleibt unberührt.

(2) ¹Werden auf Grund eines automatisierten Abrufs nach § 38 Absatz 1 bis 3 die Datensätze von unterschiedlichen Personen gefunden, dürfen hierzu Identifikationsmerkmale gebildet und übermittelt werden. ²Zur Bildung dieser Identifikationsmerkmale dürfen die in § 3 genannten Daten nicht verarbeitet und genutzt werden. ³Der Empfänger der Daten darf das Identifikationsmerkmal nur an die Meldebehörde übermitteln.

(3) ¹Für die in § 34 Absatz 4 Satz 1 genannten sowie weitere durch Bundes- oder Landesrecht bestimmte öffentliche Stellen ist bei zentralen Meldedatenbeständen der Länder oder, sofern solche nicht vorhanden sind, bei sonstigen Stellen, die durch Landesrecht dazu bestimmt sind, oder bei den Meldebehörden zu jeder Zeit sicherzustellen, dass Daten über das Internet oder über das Verbindungsnetz des Bundes und der Länder abgerufen werden können. ²Absatz 1 Satz 2 bis 4 gilt entsprechend.

(4) ¹Die Verantwortung für die Zulässigkeit des einzelnen automatisierten Abrufs trägt die abrufende Stelle. ²Die Meldebehörde überprüft die Zulässigkeit des Abrufs nur, wenn dazu Anlass besteht.

§ 40 Protokollierungspflicht bei automatisiertem Abruf

(1) Die Meldebehörde hat bei einem automatisierten Abruf von Daten einer einzelnen Person Folgendes zu protokollieren:

1. die abrufberechtigte Stelle,
2. die abgerufenen Daten,
3. den Zeitpunkt des Abrufs,
4. soweit vorhanden, das Aktenzeichen der abrufenden Behörde und
5. die Kennung der abrufenden Person.

(2) Werden Daten über eine Vielzahl nicht näher bezeichneter Personen nach § 34 Absatz 2 abgerufen, sind zusätzlich der Anlass, die Abrufkriterien und die Anzahl der Treffer zu protokollieren.

(3) Ist die abrufende Stelle eine der in § 34 Absatz 4 Satz 1 genannten Behörden, hat sie die Protokollierung vorzunehmen.

(4) ¹Die Protokolldaten sind mindestens zwölf Monate aufzubewahren und zu sichern. Sie sind spätestens zum Ende des Kalenderjahres zu löschen, das auf die Speicherung folgt. ²Die Protokolldaten dürfen nur für Zwecke der Datenschutzkontrolle, hieraus folgender Strafverfahren, der Sicherstellung des Betriebs der Register und der Auskunftserteilung an die betroffene Person verarbeitet und genutzt werden.

§ 41 Zweckbindung übermittelter Daten und Hinweise

¹Die Datenempfänger dürfen die Daten und Hinweise, soweit gesetzlich nichts anderes bestimmt ist, nur für die Zwecke verarbeiten oder nutzen, zu deren Erfüllung sie ihnen übermittelt oder weitergegeben wurden. ²In den Fällen der §§ 51 und 52 ist eine Verarbeitung oder Nutzung der übermittelten oder weitergegebenen Daten und Hinweise nur zulässig, wenn die Beeinträchtigung schutzwürdiger Interessen der betroffenen Person ausgeschlossen werden kann.

VIII. Bundesfreiwilligendienstgesetz (BFDG)

Gesetz über den Bundesfreiwilligendienst (Bundesfreiwilligendienstgesetz – BDFG) vom 28. April 2011 (BGBl. I S. 687), zuletzt geändert durch Art. 5, Art. 15 Abs. 5 des Asylverfahrensbeschleunigungsgesetzes vom 20. Oktober 2015 (BGBl. I S. 1722)

§ 1 Aufgaben des Bundesfreiwilligendienstes

[1]Im Bundesfreiwilligendienst engagieren sich Frauen und Männer für das Allgemeinwohl, insbesondere im sozialen, ökologischen und kulturellen Bereich sowie im Bereich des Sports, der Integration und des Zivil- und Katastrophenschutzes. [2]Der Bundesfreiwilligendienst fördert das lebenslange Lernen.

§ 2 Freiwillige

Freiwillige im Sinne dieses Gesetzes sind Personen, die

1. die Vollzeitschulpflicht erfüllt haben,
2. einen freiwilligen Dienst ohne Erwerbsabsicht, außerhalb einer Berufsausbildung und vergleichbar einer Vollzeitbeschäftigung, oder, sofern sie das 27. Lebensjahr vollendet haben, auch vergleichbar einer Voll- oder Teilzeitbeschäftigung von mehr als 20 Stunden pro Woche leisten,
3. sich auf Grund einer Vereinbarung nach § 8 zur Leistung eines Bundesfreiwilligendienstes für eine Zeit von mindestens sechs Monaten und höchstens 24 Monaten verpflichtet haben und
4. für den Dienst nur unentgeltliche Unterkunft, Verpflegung und Arbeitskleidung sowie ein angemessenes Taschengeld oder anstelle von Unterkunft, Verpflegung und Arbeitskleidung entsprechende Geldersatzleistungen erhalten dürfen; ein Taschengeld ist dann angemessen, wenn es
    a) 6 Prozent der in der allgemeinen Rentenversicherung geltenden Beitragsbemessungsgrenze (§ 159 des Sechsten Buches Sozialgesetzbuch) nicht übersteigt,

b) dem Taschengeld anderer Personen entspricht, die einen Jugendfreiwilligendienst nach dem Jugendfreiwilligendienstegesetz leisten und eine vergleichbare Tätigkeit in derselben Einsatzstelle ausüben,
c) bei einem Dienst vergleichbar einer Teilzeitbeschäftigung anteilig gekürzt ist und
d) für Freiwillige, die das 25. Lebensjahr noch nicht vollendet haben und für die kein Anspruch auf einen Freibetrag nach § 32 Absatz 6 des Einkommensteuergesetzes oder Kindergeld besteht, erhöht ist.

§ 3 Einsatzbereiche, Dauer

(1) [1]Der Bundesfreiwilligendienst wird in der Regel ganztägig als überwiegend praktische Hilfstätigkeit in gemeinwohlorientierten Einrichtungen geleistet, insbesondere in Einrichtungen der Kinder- und Jugendhilfe, einschließlich der Einrichtungen für außerschulische Jugendbildung und für Jugendarbeit, in Einrichtungen der Wohlfahrts-, Gesundheits- und Altenpflege, der Behindertenhilfe, der Kultur und Denkmalpflege, des Sports, der Integration, des Zivil- und Katastrophenschutzes und in Einrichtungen, die im Bereich des Umweltschutzes einschließlich des Naturschutzes und der Bildung zur Nachhaltigkeit tätig sind. [2]Der Bundesfreiwilligendienst ist arbeitsmarktneutral auszugestalten.

(2) [1]Der Bundesfreiwilligendienst wird in der Regel für eine Dauer von zwölf zusammenhängenden Monaten geleistet. [2]Der Dienst dauert mindestens sechs Monate und höchstens 18 Monate. [3]Er kann ausnahmsweise bis zu einer Dauer von 24 Monaten verlängert werden, wenn dies im Rahmen eines besonderen pädagogischen Konzepts begründet ist. [4]Im Rahmen eines pädagogischen Gesamtkonzepts ist auch eine Ableistung in zeitlich getrennten Abschnitten möglich, wenn ein Abschnitt mindestens drei Monate dauert. [5]Die Gesamtdauer aller Abschnitte sowie mehrerer geleisteter Bundesfreiwilligendienste darf bis zum 27. Lebensjahr die zulässige Gesamtdauer nach den Sätzen 2 und 3 nicht überschreiten, danach müssen zwischen jedem Ableisten der nach den Sätzen 2 und 3 zulässigen Gesamtdauer fünf Jahre liegen; auf das Ableisten der Gesamtdauer ist ein Jugendfreiwilligendienst nach dem Jugendfreiwilligendienstegesetz anzurechnen.

§ 4 Pädagogische Begleitung

(1) Der Bundesfreiwilligendienst wird pädagogisch begleitet mit dem Ziel, soziale, ökologische, kulturelle und interkulturelle Kompetenzen zu vermitteln und das Verantwortungsbewusstsein für das Gemeinwohl zu stärken.

(2) Die Freiwilligen erhalten von den Einsatzstellen fachliche Anleitung.

(3) [1]Während des Bundesfreiwilligendienstes finden Seminare statt, für die Teilnahmepflicht besteht. [2]Die Seminarzeit gilt als Dienstzeit. [3]Die Gesamtdauer der Seminare beträgt bei einer zwölfmonatigen Teilnahme am Bundesfreiwilligendienst mindestens 25 Tage; Freiwillige, die das 27. Lebensjahr vollendet haben, nehmen in angemessenem Umfang an den Seminaren teil. [4]Wird ein Dienst über den Zeitraum von zwölf Monaten hinaus vereinbart oder verlängert, erhöht sich die Zahl der Seminartage für jeden weiteren Monat um mindestens einen Tag. [5]Bei einem kürzeren Dienst als zwölf Monate verringert sich die Zahl der Seminartage für jeden Monat um zwei Tage. [6]Die Freiwilligen wirken an der inhaltlichen Gestaltung und der Durchführung der Seminare mit.

(4) [1]Die Freiwilligen nehmen im Rahmen der Seminare nach Absatz 3 an einem fünftägigen Seminar zur politischen Bildung teil. [2]In diesem Seminar darf die Behandlung politischer Fragen nicht auf die Darlegung einer einseitigen Meinung beschränkt werden. [3]Das Gesamtbild des Unterrichts ist so zu gestalten, dass die Dienstleistenden nicht zugunsten oder zuungunsten einer bestimmten politischen Richtung beeinflusst werden.

(5) Die Seminare, insbesondere das Seminar zur politischen Bildung, können gemeinsam für Freiwillige und Personen, die Jugendfreiwilligendienste oder freiwilligen Wehrdienst leisten, durchgeführt werden.

§ 5 Anderer Dienst im Ausland

Die bestehenden Anerkennungen sowie die Möglichkeit neuer Anerkennungen von Trägern, Vorhaben und Einsatzplänen des Anderen Dienstes im Ausland nach § 14b Absatz 3 des Zivildienstgesetzes bleiben unberührt.

§ 6 Einsatzstellen

(1) Die Freiwilligen leisten den Bundesfreiwilligendienst in einer dafür anerkannten Einsatzstelle.

(2) ¹Eine Einsatzstelle kann auf ihren Antrag von der zuständigen Bundesbehörde anerkannt werden, wenn sie

1. Aufgaben insbesondere in Einrichtungen der Kinder- und Jugendhilfe, einschließlich der Einrichtungen für außerschulische Jugendbildung und für Jugendarbeit in Einrichtungen der Wohlfahrts-, Gesundheits- und Altenpflege, der Behindertenhilfe, der Kultur und Denkmalpflege, des Sports, der Integration, des Zivil- und Katastrophenschutzes und in Einrichtungen, die im Bereich des Umweltschutzes einschließlich des Naturschutzes und der Bildung zur Nachhaltigkeit tätig sind, wahrnimmt,

2. die Gewähr bietet, dass Beschäftigung, Leitung und Betreuung der Freiwilligen den Bestimmungen dieses Gesetzes entsprechen sowie

3. die Freiwilligen persönlich und fachlich begleitet und für deren Leitung und Betreuung qualifiziertes Personal einsetzt.

²Die Anerkennung wird für bestimmte Plätze ausgesprochen. ³Sie kann mit Auflagen verbunden werden.

(3) Die am 1. April 2011 nach § 4 des Zivildienstgesetzes anerkannten Beschäftigungsstellen und Dienstplätze des Zivildienstes gelten als anerkannte Einsatzstellen und -plätze nach Absatz 2.

(4) ¹Die Anerkennung ist zurückzunehmen oder zu widerrufen, wenn eine der in Absatz 2 genannten Voraussetzungen nicht vorgelegen hat oder nicht mehr vorliegt. ²Sie kann auch aus anderen wichtigen Gründen widerrufen werden, insbesondere, wenn eine Auflage nicht oder nicht innerhalb der gesetzten Frist erfüllt worden ist.

(5) ¹Die Einsatzstelle kann mit der Erfüllung von gesetzlichen oder sich aus der Vereinbarung ergebenden Aufgaben mit deren Einverständnis einen Träger oder eine Zentralstelle beauftragen. ²Dies ist im Vorschlag nach § 8 Absatz 1 festzuhalten.

§ 7 Zentralstellen

(1) ¹Träger und Einsatzstellen können Zentralstellen bilden. ²Die Zentralstellen tragen dafür Sorge, dass die ihnen angehörenden Träger und Einsatzstellen ordnungsgemäß an der Durchführung des Bundesfreiwilligendienstes mitwirken. ³Das Bundesministerium für Familie, Senioren, Frauen und Jugend bestimmt durch Rechtsverordnung, die nicht der Zustimmung des Bundesrates bedarf, Mindestanforderungen für die Bildung einer Zentralstelle, insbesondere hinsichtlich der für die Bildung einer Zentralstelle erforderlichen Zahl, Größe und geografischen Verteilung der Einsatzstellen und Träger.

(2) Für Einsatzstellen und Träger, die keinem bundeszentralen Träger angehören, richtet die zuständige Bundesbehörde auf deren Wunsch eine eigene Zentralstelle ein.

(3) Jede Einsatzstelle ordnet sich einer oder mehreren Zentralstellen zu.

(4) Die Zentralstellen können den ihnen angeschlossenen Einsatzstellen Auflagen erteilen, insbesondere zum Anschluss an einen Träger sowie zur Gestaltung und Organisation der pädagogischen Begleitung der Freiwilligen.

(5) ¹Die zuständige Behörde teilt den Zentralstellen nach Inkrafttreten des jährlichen Haushaltsgesetzes bis möglichst zum 31. Januar eines jeden Jahres mit, wie viele Plätze im Bereich der Zuständigkeit der jeweiligen Zentralstelle ab August des Jahres besetzt werden können. ²Die Zentralstellen nehmen die regional angemessene Verteilung dieser Plätze auf die ihnen zugeordneten Träger und Einsatzstellen in eigener Verantwortung vor. ³Sie können die Zuteilung von Plätzen mit Auflagen verbinden.

§ 8 Vereinbarung

(1) ¹Der Bund und die oder der Freiwillige schließen vor Beginn des Bundesfreiwilligendienstes auf gemeinsamen Vorschlag der oder des Freiwilligen und der Einsatzstelle eine schriftliche Vereinbarung ab. ²Die Vereinbarung muss enthalten:

1. Vor- und Familienname, Geburtstag und Anschrift der oder des Freiwilligen, bei Minderjährigen die Anschrift der Erziehungsberechtigten sowie die Einwilligung des gesetzlichen Vertreters,

2. die Angabe, ob für die Freiwillige oder den Freiwilligen ein Anspruch auf einen Freibetrag nach § 32 Absatz 6 des Einkommensteuergesetzes oder Kindergeld besteht,
3. die Bezeichnung der Einsatzstelle und, sofern diese einem Träger angehört, die Bezeichnung des Trägers,
4. die Angabe des Zeitraumes, für den die oder der Freiwillige sich zum Bundesfreiwilligendienst verpflichtet sowie eine Regelung zur vorzeitigen Beendigung des Dienstverhältnisses,
5. den Hinweis, dass die Bestimmungen dieses Gesetzes während der Durchführung des Bundesfreiwilligendienstes einzuhalten sind,
6. Angaben zur Art und Höhe der Geld- und Sachleistungen sowie
7. die Angabe der Anzahl der Urlaubstage und der Seminartage.

(2) ¹Die Einsatzstelle kann mit der Erfüllung von gesetzlichen oder sich aus der Vereinbarung ergebenden Aufgaben einen Träger oder eine Zentralstelle beauftragen. ²Dies ist im Vorschlag nach Absatz 1 festzuhalten.

(3) ¹Die Einsatzstelle legt den Vorschlag in Absprache mit der Zentralstelle, der sie angeschlossen ist, der zuständigen Bundesbehörde vor. ²Die Zentralstelle stellt sicher, dass ein besetzbarer Platz nach § 7 Absatz 5 zur Verfügung steht. ³Die zuständige Bundesbehörde unterrichtet die Freiwillige oder den Freiwilligen sowie die Einsatzstelle, gegebenenfalls den Träger und die Zentralstelle, über den Abschluss der Vereinbarung oder teilt ihnen die Gründe mit, die dem Abschluss einer Vereinbarung entgegenstehen.

§ 9 Haftung

(1) ¹Für Schäden, die die oder der Freiwillige vorsätzlich oder fahrlässig herbeigeführt hat, haftet der Bund, wenn die schädigende Handlung auf sein Verlangen vorgenommen worden ist. ²Insoweit kann die oder der Freiwillige verlangen, dass der Bund sie oder ihn von Schadensersatzansprüchen der oder des Geschädigten freistellt.

(2) Für Schäden bei der Ausübung ihrer Tätigkeit haften Freiwillige nur wie Arbeitnehmerinnen und Arbeitnehmer.

§ 10 Beteiligung der Freiwilligen

¹Die Freiwilligen wählen Sprecherinnen und Sprecher, die ihre Interessen gegenüber den Einsatzstellen, Trägern, Zentralstellen und der zuständigen Bundesbehörde vertreten. ²Das Bundesministerium für Familie, Senioren, Frauen und Jugend regelt die Einzelheiten zum Wahlverfahren durch Rechtsverordnung, die nicht der Zustimmung des Bundesrates bedarf.

§ 11 Bescheinigung, Zeugnis

(1) ¹Die Einsatzstelle stellt der oder dem Freiwilligen nach Abschluss des Dienstes eine Bescheinigung über den geleisteten Dienst aus. ²Eine Zweitausfertigung der Bescheinigung ist der zuständigen Bundesbehörde zuzuleiten.

(2) ¹Bei Beendigung des freiwilligen Dienstes erhält die oder der Freiwillige von der Einsatzstelle ein schriftliches Zeugnis über die Art und Dauer des freiwilligen Dienstes. ²Das Zeugnis ist auf die Leistungen und die Führung während der Dienstzeit zu erstrecken. ³Dabei sind in das Zeugnis berufsqualifizierende Merkmale des Bundesfreiwilligendienstes aufzunehmen.

§ 12 Datenschutz

¹Die Einsatzstellen, Zentralstellen und Träger dürfen personenbezogene Daten nach § 8 Absatz 1 Satz 2 erheben, verarbeiten und nutzen, soweit dies für die Durchführung dieses Gesetzes erforderlich ist. ²Die Daten sind nach Abwicklung des Bundesfreiwilligendienstes zu löschen.

§ 13 Anwendung arbeitsrechtlicher, arbeitsschutzrechtlicher und sonstiger Bestimmungen

(1) Für eine Tätigkeit im Rahmen eines Bundesfreiwilligendienstes im Sinne dieses Gesetzes sind die Arbeitsschutzbestimmungen, das Jugendarbeitsschutzgesetz und das Bundesurlaubsgesetz entsprechend anzuwenden.

(2) ¹Soweit keine ausdrückliche sozialversicherungsrechtliche Regelung vorhanden ist, finden auf den Bundesfreiwilligendienst die sozialversicherungsrechtlichen Bestimmungen entsprechende Anwendung, die für die Jugendfreiwilligendienste nach dem Jugendfreiwilligendienstegesetz gelten. ²Im Übrigen sind folgende Vorschriften entsprechend anzuwenden:

1. § 3 der Sonderurlaubsverordnung,
2. § 45 Absatz 3 Satz 1 Buchstabe c des Bundesversorgungsgesetzes,
3. § 1 Absatz 1 Nummer 2 Buchstabe h der Verordnung über den Ausgleich gemeinwirtschaftlicher Leistungen im Straßenpersonenverkehr,
4. § 1 Absatz 1 Nummer 2 Buchstabe h der Verordnung über den Ausgleich gemeinwirtschaftlicher Leistungen im Eisenbahnverkehr.

§ 14 Zuständige Bundesbehörde

(1) ¹Dieses Gesetz wird, soweit es nichts anderes bestimmt, in bundeseigener Verwaltung ausgeführt. ²Die Durchführung wird dem Bundesamt für den Zivildienst als selbstständiger Bundesoberbehörde übertragen, welche die Bezeichnung „Bundesamt für Familie und zivilgesellschaftliche Aufgaben" (Bundesamt) erhält und dem Bundesministerium für Familie, Senioren, Frauen und Jugend untersteht.

(2) Dem Bundesamt können weitere Aufgaben übertragen werden.

§ 15 Beirat für den Bundesfreiwilligendienst

(1) ¹Bei dem Bundesministerium für Familie, Senioren, Frauen und Jugend wird ein Beirat für den Bundesfreiwilligendienst gebildet. ²Der Beirat berät das Bundesministerium für Familie, Senioren, Frauen und Jugend in Fragen des Bundesfreiwilligendienstes.

(2) Dem Beirat gehören an:

1. bis zu sieben Bundessprecherinnen oder Bundessprecher der Freiwilligen,
2. bis zu sieben Vertreterinnen oder Vertreter der Zentralstellen,
3. je eine Vertreterin oder ein Vertreter der evangelischen Kirche und der katholischen Kirche,
4. je eine Vertreterin oder ein Vertreter der Gewerkschaften und der Arbeitgeberverbände,
5. vier Vertreterinnen oder Vertreter der Länder und
6. eine Vertreterin oder ein Vertreter der kommunalen Spitzenverbände.

(3) ¹Das Bundesministerium für Familie, Senioren, Frauen und Jugend beruft die Mitglieder des Beirats in der Regel für die Dauer von vier Jahren. ²Die in Absatz 2 genannten Stellen sollen hierzu Vorschläge machen. ³Die

Mitglieder nach Absatz 2 Nummer 1 sind für die Dauer ihrer Dienstzeit zu berufen. ⁴Für jedes Mitglied wird eine persönliche Stellvertretung berufen.

(4) Die Sitzungen des Beirats werden von der oder dem von der Bundesministerin oder dem Bundesminister für Familie, Senioren, Frauen und Jugend dafür benannten Vertreterin oder Vertreter einberufen und geleitet.

§ 16 Übertragung von Aufgaben

¹Die Einsatzstellen, Zentralstellen und Träger können mit ihrem Einverständnis mit der Wahrnehmung von Aufgaben beauftragt werden. ²Die hierdurch entstehenden Kosten können in angemessenem Umfang erstattet werden.

§ 17 Kosten

(1) ¹Soweit die Freiwilligen Unterkunft, Verpflegung und Arbeitskleidung oder entsprechende Geldersatzleistungen erhalten, erbringen die Einsatzstellen diese Leistungen auf ihre Kosten für den Bund. ²Sie tragen die ihnen aus der Beschäftigung der Freiwilligen entstehenden Verwaltungskosten.

(2) ¹Für den Bund zahlen die Einsatzstellen den Freiwilligen das Taschengeld, soweit ein Taschengeld vereinbart ist. ²Für die Einsatzstellen gelten die Melde-, Beitragsnachweis- und Zahlungspflichten des Sozialversicherungsrechts. ³Die Einsatzstellen tragen die Kosten der pädagogischen Begleitung der Freiwilligen.

(3) ¹Den Einsatzstellen wird der Aufwand für das Taschengeld, die Sozialversicherungsbeiträge und die pädagogische Begleitung im Rahmen der im Haushaltsplan vorgesehenen Mittel erstattet; das Bundesministerium für Familie, Senioren, Frauen und Jugend legt im Einvernehmen mit dem Bundesministerium der Finanzen einheitliche Obergrenzen für die Erstattung fest. ²Der Zuschuss für den Aufwand für die pädagogische Begleitung wird nach den für das freiwillige soziale Jahr im Inland geltenden Richtlinien des Bundes festgesetzt.

§ 18 Bundesfreiwilligendienst mit Flüchtlingsbezug

(1) ¹Ein Bundesfreiwilligendienst mit Flüchtlingsbezug liegt vor, wenn die Tätigkeitsbeschreibung eines Einsatzplatzes einen Bezug zur Unterstützung von Asylberechtigten, Personen mit internationalem Schutz nach der Richtlinie 2011/95/EU des Europäischen Parlaments und des Rates vom 13. Dezember 2011 über Normen für die Anerkennung von Drittstaatsangehörigen oder Staatenlosen als Personen mit Anspruch auf internationalen Schutz, für einen einheitlichen Status für Flüchtlinge oder für Personen mit Anrecht auf subsidiären Schutz und für den Inhalt des zu gewährenden Schutzes (ABl. L 337 vom 20.12.2011, S. 9) oder Asylbewerbern erkennen lässt oder wenn ein Asylberechtigter, eine Person mit internationalem Schutz nach der Richtlinie 2011/95/EU oder ein Asylbewerber, bei dem ein rechtmäßiger und dauerhafter Aufenthalt zu erwarten ist, diesen absolviert. ²Bei einem Asylbewerber, der aus einem sicheren Herkunftsstaat nach § 29a des Asylgesetzes stammt, wird vermutet, dass ein rechtmäßiger und dauerhafter Aufenthalt nicht zu erwarten ist.

(2) Freiwillige können einen Bundesfreiwilligendienst mit Flüchtlingsbezug auch dann als Teilzeitbeschäftigung von mehr als 20 Stunden pro Woche leisten, wenn sie abweichend von § 2 Nummer 2 das 27. Lebensjahr noch nicht vollendet haben.

(3) ¹Abweichend von § 4 Absatz 3 bis 5 werden Freiwillige, die ihren Dienst auf einem Einsatzplatz mit Flüchtlingsbezug leisten, pädagogisch besonders begleitet. ²Diese Begleitung kann außer durch Seminare auch durch andere geeignete Bildungs- und Begleitmaßnahmen erfolgen.

(4) ¹Abweichend von § 6 Absatz 1 können Freiwillige, deren Einsatzplatz einen Flüchtlingsbezug im Sinne von Absatz 1 aufweist, von ihrer anerkannten Einsatzstelle in eine andere gemeinwohlorientierte, nicht im Sinne dieses Gesetzes anerkannte Einrichtung mit Flüchtlingsbezug entsendet werden. ²Hierzu bedarf es der Aufklärung des oder der Freiwilligen über diesen Umstand und der Zustimmung der oder des zu entsendenden Freiwilligen.

(5) Die Vereinbarung nach § 8 muss bei einem Bundesfreiwilligendienst mit Flüchtlingsbezug auch die Art und den Umfang der nach Absatz 3 vorgesehenen pädagogischen Begleitung enthalten.

(6) Das Bundesministerium für Familie, Senioren, Frauen und Jugend regelt in Ergänzung von § 17 Absatz 3 durch eine Richtlinie den Zuschuss für den Aufwand, der durch die pädagogische Begleitung nach Absatz 3 verursacht wird.

IX. SGB II (Auszug)

Sozialgesetzbuch (SGB) Zweites Buch (II) – Grundsicherung für Arbeitsuchende – vom 24. Dezember 2003 (BGBl. I S. 2954), i.d.F. der Bekanntmachung vom 13. Mai 2011 (BGBl. I S. 850, 852, ber. 2094), zuletzt geändert durch Art. 20 des Gesetzes zur Änderung des Bundesversorgungsgesetzes und anderer Vorschriften vom 17. Juli 2017 (BGBl. I S. 2541)

§ 1 Aufgabe und Ziel der Grundsicherung für Arbeitsuchende

(1) Die Grundsicherung für Arbeitsuchende soll es Leistungsberechtigten ermöglichen, ein Leben zu führen, das der Würde des Menschen entspricht.

(2) ¹Die Grundsicherung für Arbeitsuchende soll die Eigenverantwortung von erwerbsfähigen Leistungsberechtigten und Personen, die mit ihnen in einer Bedarfsgemeinschaft leben, stärken und dazu beitragen, dass sie ihren Lebensunterhalt unabhängig von der Grundsicherung aus eigenen Mitteln und Kräften bestreiten können. ²Sie soll erwerbsfähige Leistungsberechtigte bei der Aufnahme oder Beibehaltung einer Erwerbstätigkeit unterstützen und den Lebensunterhalt sichern, soweit sie ihn nicht auf andere Weise bestreiten können. ³Die Gleichstellung von Männern und Frauen ist als durchgängiges Prinzip zu verfolgen. ⁴Die Leistungen der Grundsicherung sind insbesondere darauf auszurichten, dass

1. durch eine Erwerbstätigkeit Hilfebedürftigkeit vermieden oder beseitigt, die Dauer der Hilfebedürftigkeit verkürzt oder der Umfang der Hilfebedürftigkeit verringert wird,
2. die Erwerbsfähigkeit einer leistungsberechtigten Person erhalten, verbessert oder wieder hergestellt wird,
3. geschlechtsspezifischen Nachteilen von erwerbsfähigen Leistungsberechtigten entgegengewirkt wird,
4. die familienspezifischen Lebensverhältnisse von erwerbsfähigen Leistungsberechtigten, die Kinder erziehen oder pflegebedürftige Angehörige betreuen, berücksichtigt werden,
5. behindertenspezifische Nachteile überwunden werden,

6. Anreize zur Aufnahme und Ausübung einer Erwerbstätigkeit geschaffen und aufrechterhalten werden.

(3) Die Grundsicherung für Arbeitsuchende umfasst Leistungen zur

Beratung,

1. Beendigung oder Verringerung der Hilfebedürftigkeit insbesondere durch Eingliederung in Ausbildung oder Arbeit und
2. Sicherung des Lebensunterhalts.

§ 2 Grundsatz des Forderns

(1) ¹Erwerbsfähige Leistungsberechtigte und die mit ihnen in einer Bedarfsgemeinschaft lebenden Personen müssen alle Möglichkeiten zur Beendigung oder Verringerung ihrer Hilfebedürftigkeit ausschöpfen. ²Eine erwerbsfähige leistungsberechtigte Person muss aktiv an allen Maßnahmen zu ihrer Eingliederung in Arbeit mitwirken, insbesondere eine Eingliederungsvereinbarung abschließen. ³Wenn eine Erwerbstätigkeit auf dem allgemeinen Arbeitsmarkt in absehbarer Zeit nicht möglich ist, hat die erwerbsfähige leistungsberechtigte Person eine ihr angebotene zumutbare Arbeitsgelegenheit zu übernehmen.

(2) ¹Erwerbsfähige Leistungsberechtigte und die mit ihnen in einer Bedarfsgemeinschaft lebenden Personen haben in eigener Verantwortung alle Möglichkeiten zu nutzen, ihren Lebensunterhalt aus eigenen Mitteln und Kräften zu bestreiten. ²Erwerbsfähige Leistungsberechtigte müssen ihre Arbeitskraft zur Beschaffung des Lebensunterhalts für sich und die mit ihnen in einer Bedarfsgemeinschaft lebenden Personen einsetzen.

§ 3 Leistungsgrundsätze

(1) ¹Leistungen zur Eingliederung in Arbeit können erbracht werden, soweit sie zur Vermeidung oder Beseitigung, Verkürzung oder Verminderung der Hilfebedürftigkeit für die Eingliederung erforderlich sind. ²Bei den Leistungen zur Eingliederung in Arbeit sind

1. die Eignung,
2. die individuelle Lebenssituation, insbesondere die familiäre Situation,
3. die voraussichtliche Dauer der Hilfebedürftigkeit und

4. die Dauerhaftigkeit der Eingliederung

der erwerbsfähigen Leistungsberechtigten zu berücksichtigen. ³Vorrangig sollen Maßnahmen eingesetzt werden, die die unmittelbare Aufnahme einer Erwerbstätigkeit ermöglichen. ⁴Bei der Leistungserbringung sind die Grundsätze von Wirtschaftlichkeit und Sparsamkeit zu beachten.

(2) ¹Bei der Beantragung von Leistungen nach diesem Buch sollen unverzüglich Leistungen zur Eingliederung in Arbeit nach dem Ersten Abschnitt des Dritten Kapitels erbracht werden. ²Bei fehlendem Berufsabschluss sind insbesondere die Möglichkeiten zur Vermittlung in eine Ausbildung zu nutzen.

(2a) ¹Die Agentur für Arbeit hat darauf hinzuwirken, dass erwerbsfähige Leistungsberechtigte, die

1. nicht über ausreichende deutsche Sprachkenntnisse verfügen, an einem Integrationskurs nach § 43 des Aufenthaltsgesetzes teilnehmen, oder
2. darüber hinaus notwendige berufsbezogene Sprachkenntnisse benötigen, an der berufsbezogenen Deutschsprachförderung nach § 45a des Aufenthaltsgesetzes teilnehmen,

sofern sie teilnahmeberechtigt sind und nicht unmittelbar in eine Ausbildung oder Arbeit vermittelt werden können und ihnen eine Teilnahme an einem Integrationskurs oder an der berufsbezogenen Deutschsprachförderung daneben nicht zumutbar ist. ²Für die Teilnahmeberechtigung, die Verpflichtung zur Teilnahme und die Zugangsvoraussetzungen gelten die Bestimmungen der §§ 44, 44a und 45a des Aufenthaltsgesetzes sowie des § 9 Absatz 1 Satz 1 des Bundesvertriebenengesetzes in Verbindung mit der Integrationskursverordnung und der Verordnung über die berufsbezogene Deutschsprachförderung. ³Eine Verpflichtung zur Teilnahme ist in die Eingliederungsvereinbarung als vorrangige Maßnahme aufzunehmen.

(3) Leistungen zur Sicherung des Lebensunterhalts dürfen nur erbracht werden, soweit die Hilfebedürftigkeit nicht anderweitig beseitigt werden kann; die nach diesem Buch vorgesehenen Leistungen decken den Bedarf der erwerbsfähigen Leistungsberechtigten und der mit ihnen in einer Bedarfsgemeinschaft lebenden Personen.

§ 4 Leistungsformen

(1) Die Leistungen der Grundsicherung für Arbeitsuchende werden erbracht in Form von

1. Dienstleistungen,
2. Geldleistungen und
3. Sachleistungen.

(2) ¹Die nach § 6 zuständigen Träger wirken darauf hin, dass erwerbsfähige Leistungsberechtigte und die mit ihnen in einer Bedarfsgemeinschaft lebenden Personen die erforderliche Beratung und Hilfe anderer Träger, insbesondere der Kranken- und Rentenversicherung, erhalten. ²Die nach § 6 zuständigen Träger wirken auch darauf hin, dass Kinder und Jugendliche Zugang zu geeigneten vorhandenen Angeboten der gesellschaftlichen Teilhabe erhalten. ³Sie arbeiten zu diesem Zweck mit Schulen und Kindertageseinrichtungen, den Trägern der Jugendhilfe, den Gemeinden und Gemeindeverbänden, freien Trägern, Vereinen und Verbänden und sonstigen handelnden Personen vor Ort zusammen. ⁴Sie sollen die Eltern unterstützen und in geeigneter Weise dazu beitragen, dass Kinder und Jugendliche Leistungen für Bildung und Teilhabe möglichst in Anspruch nehmen.

§ 5 Verhältnis zu anderen Leistungen

(1) ¹Auf Rechtsvorschriften beruhende Leistungen Anderer, insbesondere der Träger anderer Sozialleistungen, werden durch dieses Buch nicht berührt. ²Ermessensleistungen dürfen nicht deshalb versagt werden, weil dieses Buch entsprechende Leistungen vorsieht.

(2) ¹Der Anspruch auf Leistungen zur Sicherung des Lebensunterhalts nach diesem Buch schließt Leistungen nach dem Dritten Kapitel des Zwölften Buches aus. ²Leistungen nach dem Vierten Kapitel des Zwölften Buches sind gegenüber dem Sozialgeld vorrangig.

(3) ¹Stellen Leistungsberechtigte trotz Aufforderung einen erforderlichen Antrag auf Leistungen eines anderen Trägers nicht, können die Leistungsträger nach diesem Buch den Antrag stellen sowie Rechtsbehelfe und Rechtsmittel einlegen. ²Der Ablauf von Fristen, die ohne Verschulden der Leistungsträger nach diesem Buch verstrichen sind, wirkt nicht gegen die Leistungsträger nach diesem Buch; dies gilt nicht für Verfahrensfristen, soweit die Leistungsträger nach diesem Buch das Verfahren selbst betreiben.

³Wird eine Leistung aufgrund eines Antrages nach Satz 1 von einem anderen Träger nach § 66 des Ersten Buches bestandskräftig entzogen oder versagt, sind die Leistungen zur Sicherung des Lebensunterhalts nach diesem Buch ganz oder teilweise so lange zu entziehen oder zu versagen, bis die leistungsberechtigte Person ihrer Verpflichtung nach den §§ 60 bis 64 des Ersten Buches gegenüber dem anderen Trägern nachgekommen ist. ⁴Eine Entziehung oder Versagung nach Satz 3 ist nur möglich, wenn die leistungsberechtigte Person vom zuständigen Leistungsträger nach diesem Buch zuvor schriftlich auf diese Folgen hingewiesen wurde. ⁵Wird die Mitwirkung gegenüber dem anderen Träger nachgeholt, ist die Versagung oder Entziehung rückwirkend aufzuheben. ⁶Die Sätze 3 bis 5 gelten nicht für die vorzeitige Inanspruchnahme einer Rente wegen Alters.

(4) Leistungen zur Eingliederung in Arbeit nach dem Ersten Abschnitt des Dritten Kapitels werden nicht an oder für erwerbsfähige Leistungsberechtigte erbracht, die einen Anspruch auf Arbeitslosengeld oder Teilarbeitslosengeld haben.

...

§ 7 Leistungsberechtigte

(1) ¹Leistungen nach diesem Buch erhalten Personen, die

1. das 15. Lebensjahr vollendet und die Altersgrenze nach § 7a noch nicht erreicht haben.
2. erwerbsfähig sind,
3. hilfebedürftig sind und
4. ihren gewöhnlichen Aufenthalt in der Bundesrepublik Deutschland haben (erwerbsfähige Leistungsberechtigte).

²Ausgenommen sind

1. Ausländerinnen und Ausländer, die weder in der Bundesrepublik Deutschland Arbeitnehmerinnen, Arbeitnehmer oder Selbständige noch aufgrund des § 2 Absatz 3 des Freizügigkeitsgesetzes/EU freizügigkeitsberechtigt sind, und ihre Familienangehörigen für die ersten drei Monate ihres Aufenthalts,
2. Ausländerinnen und Ausländer,

a) die kein Aufenthaltsrecht haben,
b) deren Aufenthaltsrecht sich allein aus dem Zweck der Arbeitsuche ergibt oder
c) die ihr Aufenthaltsrecht allein oder neben einem Aufenthaltsrecht nach Buchstabe b aus Artikel 10 der Verordnung (EU) Nr. 492/2011 des Europäischen Parlaments und des Rates vom 5. April 2011 über die Freizügigkeit der Arbeitnehmer innerhalb der Union (ABl. L 141 vom 27.5.2011, S. 1), die durch die Verordnung (EU) 2016/589 (ABl. L 107 vom 22.4.2016, S. 1) geändert worden ist, ableiten,

und ihre Familienangehörigen.
3. Leistungsberechtigte nach § 1 des Asylbewerberleistungsgesetzes.

³Satz 2 Nummer 1 gilt nicht für Ausländerinnen und Ausländer, die sich mit einem Aufenthaltstitel nach Kapitel 2 Abschnitt 5 des Aufenthaltsgesetzes in der Bundesrepublik Deutschland aufhalten. ⁴Abweichend von Satz 2 Nummer 2 erhalten Ausländerinnen und Ausländer und ihre Familienangehörigen Leistungen nach diesem Buch, wenn sie seit mindestens fünf Jahren ihren gewöhnlichen Aufenthalt im Bundesgebiet haben; dies gilt nicht, wenn der Verlust des Rechts nach § 2 Absatz 1 des Freizügigkeitsgesetzes/EU festgestellt wurde. ⁵Die Frist nach Satz 4 beginnt mit der Anmeldung bei der zuständigen Meldebehörde. Zeiten des nicht rechtmäßigen Aufenthalts, in denen eine Ausreisepflicht besteht, werden auf Zeiten des gewöhnlichen Aufenthalts nicht angerechnet. ⁵Aufenthaltsrechtliche Bestimmungen bleiben unberührt.

(2) ¹Leistungen erhalten auch Personen, die mit erwerbsfähigen Leistungsberechtigten in einer Bedarfsgemeinschaft leben. ²Dienstleistungen und Sachleistungen werden ihnen nur erbracht, wenn dadurch Hemmnisse bei der Eingliederung der erwerbsfähigen Leistungsberechtigten beseitigt oder vermindert werden. ³Zur Deckung der Bedarfe nach § 28 erhalten die dort genannten Personen auch dann Leistungen für Bildung und Teilhabe, wenn sie mit Personen in einem Haushalt zusammenleben, mit denen sie nur deshalb keine Bedarfsgemeinschaft bilden, weil diese aufgrund des zu berücksichtigenden Einkommens oder Vermögens selbst nicht leistungsberechtigt sind.

(3) Zur Bedarfsgemeinschaft gehören

1. die erwerbsfähigen Leistungsberechtigten,

2. die im Haushalt lebenden Eltern oder der im Haushalt lebende Elternteil eines unverheirateten erwerbsfähigen Kindes, welches das 25. Lebensjahr noch nicht vollendet hat, und die im Haushalt lebende Partnerin oder der im Haushalt lebende Partner dieses Elternteils,
3. als Partnerin oder Partner der erwerbsfähigen Leistungsberechtigten
   a) die nicht dauernd getrennt lebende Ehegattin oder der nicht dauernd getrennt lebende Ehegatte,
   b) die nicht dauernd getrennt lebende Lebenspartnerin oder der nicht dauernd getrennt lebende Lebenspartner,
   c) eine Person, die mit der erwerbsfähigen leistungsberechtigten Person in einem gemeinsamen Haushalt so zusammenlebt, dass nach verständiger Würdigung der wechselseitige Wille anzunehmen ist, Verantwortung füreinander zu tragen und füreinander einzustehen,
4. die dem Haushalt angehörenden unverheirateten Kinder der in den Nummern 1 bis 3 genannten Personen, wenn sie das 25. Lebensjahr noch nicht vollendet haben, soweit sie die Leistungen zur Sicherung ihres Lebensunterhalts nicht aus eigenem Einkommen oder Vermögen beschaffen können.

(3a) Ein wechselseitiger Wille, Verantwortung füreinander zu tragen und füreinander einzustehen, wird vermutet, wenn Partner

1. länger als ein Jahr zusammenleben,
2. mit einem gemeinsamen Kind zusammenleben,
3. Kinder oder Angehörige im Haushalt versorgen oder
4. befugt sind, über Einkommen oder Vermögen des anderen zu verfügen.

(4) [1]Leistungen nach diesem Buch erhält nicht, wer in einer stationären Einrichtung untergebracht ist, Rente wegen Alters oder Knappschaftsausgleichsleistung oder ähnliche Leistungen öffentlich-rechtlicher Art bezieht. [2]Dem Aufenthalt in einer stationären Einrichtung ist der Aufenthalt in einer Einrichtung zum Vollzug richterlich angeordneter Freiheitsentziehung gleichgestellt. [3]Abweichend von Satz 1 erhält Leistungen nach diesem Buch,

1. wer voraussichtlich für weniger als sechs Monate in einem Krankenhaus (§ 107 des Fünften Buches) untergebracht ist oder

2. wer in einer stationären Einrichtung nach Satz 1 untergebracht und unter den üblichen Bedingungen des allgemeinen Arbeitsmarktes mindestens 15 Stunden wöchentlich erwerbstätig ist.

(4a) ¹Erwerbsfähige Leistungsberechtigte erhalten keine Leistungen, wenn sie sich ohne Zustimmung des zuständigen Trägers nach diesem Buch außerhalb des zeit- und ortsnahen Bereichs aufhalten und deshalb nicht für die Eingliederung in Arbeit zur Verfügung stehen. ²Die Zustimmung ist zu erteilen, wenn für den Aufenthalt außerhalb des zeit- und ortsnahen Bereichs ein wichtiger Grund vorliegt und die Eingliederung in Arbeit nicht beeinträchtigt wird. ³Ein wichtiger Grund liegt insbesondere vor bei

1. Teilnahme an einer ärztlich verordneten Maßnahme der medizinischen Vorsorge oder Rehabilitation,
2. Teilnahme an einer Veranstaltung, die staatspolitischen, kirchlichen oder gewerkschaftlichen Zwecken dient oder sonst im öffentlichen Interesse liegt oder
3. Ausübung einer ehrenamtlichen Tätigkeit.

⁴Die Zustimmung kann auch erteilt werden, wenn für den Aufenthalt außerhalb des zeit- und ortsnahen Bereichs kein wichtiger Grund vorliegt und die Eingliederung in Arbeit nicht beeinträchtigt wird. ⁵Die Dauer der Abwesenheiten nach Satz 4 soll in der Regel insgesamt drei Wochen im Kalenderjahr nicht überschreiten.[1]

(5) ¹Auszubildende, deren Ausbildung im Rahmen des Bundesausbildungsförderungsgesetzes dem Grunde nach förderungsfähig ist, haben über die Leistungen nach § 27 hinaus keinen Anspruch auf Leistungen zur Sicherung des Lebensunterhalts. ²Satz 1 gilt auch für Auszubildende, deren Bedarf sich nach § 61 Absatz 2 und 3, § 62 Absatz 3, § 123 Absatz 1 Nummer 2 und 3 sowie § 124 Absatz 1 Nummer 3 und Absatz 3 des Dritten Buches bemisst.

(6) Absatz 5 Satz 1 ist nicht anzuwenden auf Auszubildende,

---

1 Bis zum Inkrafttreten einer Rechtsverordnung nach § 13 Abs. 3 SGB II gilt nach § 77 Abs. 1 SGB II die bis zum 31. Dezember 2010 geltende Fassung von § 7 Abs. 4a SGB II weiter:
„Leistungen nach diesem Buch erhält nicht, wer sich ohne Zustimmung des persönlichen Ansprechpartners außerhalb des in der Erreichbarkeits-Anordnung vom 23. Oktober 1997 (ANBA 1997,1685), geändert durch die Anordnung vom 16. November 2001 (ANBA 2001, 1476), definierten zeit- und ortsnahen Bereich aufhält; die übrigen Bestimmungen dieser Anordnung gelten entsprechend. Zur Erreichbarkeits-Anordnung s. Ordnungsziffer I 2 i.

1. die von § 2 Absatz 1a des Bundesausbildungsförderungsgesetzes keinen Anspruch auf Ausbildungsförderung haben,
2. deren Bedarf sich nach den §§ 12, 13 Absatz 1 in Verbindung mit Absatz 2 Nummer 1 oder nach § 13 Absatz 1 Nummer 1 in Verbindung mit Absatz 2 Nummer 2 des Bundesausbildungsförderungsgesetzes bemisst und die Leistungen nach dem Bundesausbildungsförderungsgesetz
    a) erhalten oder nur wegen der Vorschriften zur Berücksichtigung von Einkommen und Vermögen nicht erhalten oder
    b) beantragt haben und über deren Antrag das zuständige Amt für Ausbildungsförderung noch nicht entschieden hat; lehnt das zuständige Amt für Ausbildungsförderung die Leistungen ab, findet Absatz 5 mit Beginn des folgenden Monats Anwendung, oder
3. die eine Abendhauptschule, eine Abendrealschule oder ein Abendgymnasium besuchen, sofern sie aufgrund des § 10 Absatz 3 des Bundesausbildungsförderungsgesetzes keinen Anspruch auf Ausbildungsförderung haben.

§ 7a Altersgrenze

[1]Personen, die vor dem 1. Januar 1947 geboren sind, erreichen die Altersgrenze mit Ablauf des Monats, in dem sie das 65. Lebensjahr vollenden. [2]Für Personen, die nach dem 31. Dezember 1946 geboren sind, wird die Altersgrenze wie folgt angehoben:

für den Geburtsjahrgang	erfolgt eine Anhebung um Monate	auf den Ablauf des Monats, in dem ein Lebensalter vollendet wird von
1947	1	65 Jahren und 1 Monat
1948	2	65 Jahren und 2 Monaten
1949	3	65 Jahren und 3 Monaten
1950	4	65 Jahren und 4 Monaten
1951	5	65 Jahren und 5 Monaten
1952	6	65 Jahren und 6 Monaten
1953	7	65 Jahren und 7 Monaten

1954	8	65 Jahren und 8 Monaten
1955	9	65 Jahren und 9 Monaten
1956	10	65 Jahren und 10 Monaten
1957	11	65 Jahren und 11 Monaten
1958	12	66 Jahren
1959	14	66 Jahren und 2 Monaten
1960	16	66 Jahren und 4 Monaten
1961	18	66 Jahren und 6 Monaten
1962	20	66 Jahren und 8 Monaten
1963	22	66 Jahren und 10 Monaten
ab 1964	24	67 Jahren.

§ 8 Erwerbsfähigkeit

(1) Erwerbsfähig ist, wer nicht wegen Krankheit oder Behinderung auf absehbare Zeit außerstande ist, unter den üblichen Bedingungen des allgemeinen Arbeitsmarktes mindestens drei Stunden täglich erwerbstätig zu sein.

(2) [1]Im Sinne von Absatz 1 können Ausländerinnen und Ausländer nur erwerbstätig sein, wenn ihnen die Aufnahme einer Beschäftigung erlaubt ist oder erlaubt werden könnte. [2]Die rechtliche Möglichkeit, eine Beschäftigung vorbehaltlich einer Zustimmung nach § 39 des Aufenthaltsgesetzes aufzunehmen, ist ausreichend.

§ 9 Hilfebedürftigkeit

(1) Hilfebedürftig ist, wer seinen Lebensunterhalt nicht oder nicht ausreichend aus dem zu berücksichtigenden Einkommen oder Vermögen sichern kann und die erforderliche Hilfe nicht von anderen, insbesondere von Angehörigen oder von Trägern anderer Sozialleistungen, erhält.

(2) [1]Bei Personen, die in einer Bedarfsgemeinschaft leben, sind auch das Einkommen und Vermögen des Partners zu berücksichtigen. [2]Bei unverheirateten Kindern, die mit ihren Eltern oder einem Elternteil in einer Be-

darfsgemeinschaft leben und die ihren Lebensunterhalt nicht aus eigenem Einkommen oder Vermögen sichern können, sind auch das Einkommen und Vermögen der Eltern oder des Elternteils und dessen in Bedarfsgemeinschaft lebender Partnerin oder lebenden Partners zu berücksichtigen. ³Ist in einer Bedarfsgemeinschaft nicht der gesamte Bedarf aus eigenen Kräften und Mitteln gedeckt, gilt jede Person der Bedarfsgemeinschaft im Verhältnis des eigenen Bedarfs zum Gesamtbedarf als hilfebedürftig, dabei bleiben die Bedarfe nach § 28 außer Betracht. ⁴In den Fällen des § 7 Absatz 2 Satz 3 ist Einkommen und Vermögen, soweit es die nach Satz 3 zu berücksichtigenden Bedarfe übersteigt, im Verhältnis mehrerer Leistungsberechtigter zueinander zu gleichen Teilen zu berücksichtigen.

(3) Absatz 2 Satz 2 findet keine Anwendung auf ein Kind, das schwanger ist oder sein Kind bis zur Vollendung des sechsten Lebensjahres betreut.

(4) Hilfebedürftig ist auch derjenige, dem der sofortige Verbrauch oder die sofortige Verwertung von zu berücksichtigendem Vermögen nicht möglich ist oder für den dies eine besondere Härte bedeuten würde.

(5) Leben Hilfebedürftige in Haushaltsgemeinschaft mit Verwandten oder Verschwägerten, so wird vermutet, dass sie von ihnen Leistungen erhalten, soweit dies nach deren Einkommen und Vermögen erwartet werden kann.

§ 10 Zumutbarkeit

(1) Einer erwerbsfähigen leistungsberechtigten Person ist jede Arbeit zumutbar, es sei denn, dass

1. sie zu der bestimmten Arbeit körperlich, geistig oder seelisch nicht in der Lage ist,
2. die Ausübung der Arbeit die künftige Ausübung der bisherigen überwiegenden Arbeit wesentlich erschweren würde, weil die bisherige Tätigkeit besondere körperliche Anforderungen stellt,
3. die Ausübung der Arbeit die Erziehung ihres Kindes oder des Kindes ihrer Partnerin oder ihres Partners gefährden würde; die Erziehung eines Kindes, das das dritte Lebensjahr vollendet hat, ist in der Regel nicht gefährdet, soweit die Betreuung in einer Tageseinrichtung oder in Tagespflege im Sinne der Vorschriften des Achten Buches oder auf sonstige Weise sichergestellt ist; die zuständigen kommunalen Träger

sollen darauf hinwirken, dass erwerbsfähigen Erziehenden vorrangig ein Platz zur Tagesbetreuung des Kindes angeboten wird,

4. die Ausübung der Arbeit mit der Pflege einer oder eines Angehörigen nicht vereinbar wäre und die Pflege nicht auf andere Weise sichergestellt werden kann,
5. der Ausübung der Arbeit ein sonstiger wichtiger Grund entgegensteht.

(2) Eine Arbeit ist nicht allein deshalb unzumutbar, weil

1. sie nicht einer früheren beruflichen Tätigkeit entspricht, für die die erwerbsfähige leistungsberechtigte Person ausgebildet ist oder die früher ausgeübt wurde,
2. sie im Hinblick auf die Ausbildung der erwerbsfähigen leistungsberechtigten Person als geringerwertig anzusehen ist,
3. der Beschäftigungsort vom Wohnort der erwerbsfähigen leistungsberechtigten Person weiter entfernt ist als ein früherer Beschäftigungs- oder Ausbildungsort,
4. die Arbeitsbedingungen ungünstiger sind als bei den bisherigen Beschäftigungen der erwerbsfähigen leistungsberechtigten Person,
5. sie mit der Beendigung einer Erwerbstätigkeit verbunden ist, es sei denn, es liegen begründete Anhaltspunkte vor, dass durch die bisherige Tätigkeit künftig die Hilfebedürftigkeit beendet werden kann.

(3) Die Absätze 1 und 2 gelten für die Teilnahme an Maßnahmen zur Eingliederung in Arbeit entsprechend.

§ 11 Zu berücksichtigendes Einkommen

(1) [1]Als Einkommen zu berücksichtigen sind Einnahmen in Geld abzüglich der nach § 11b abzusetzenden Beträge mit Ausnahme der in § 11a genannten Einnahmen. [2]Dies gilt auch für Einnahmen in Geldeswert, die im Rahmen einer Erwerbstätigkeit, des Bundesfreiwilligendienstes oder eines Jugendfreiwilligendienstes zufließen. [3]Als Einkommen zu berücksichtigen sind auch Zuflüsse aus darlehensweise gewährten Sozialleistungen, soweit sie dem Lebensunterhalt dienen. [4]Der Kinderzuschlag nach § 6a des Bundeskindergeldgesetzes ist als Einkommen dem jeweiligen Kind zuzurechnen. [5]Dies gilt auch für das Kindergeld für zur Bedarfsgemeinschaft gehörende Kinder, soweit es bei dem jeweiligen Kind zur Sicherung des Lebensunterhalts, mit Ausnahme der Bedarfe nach § 28, benötigt wird.

(2) ¹Laufende Einnahmen sind für den Monat zu berücksichtigen, in dem sie zufließen. ²Zu den laufenden Einnahmen zählen auch Einnahmen, die an einzelnen Tagen eines Monats aufgrund von kurzzeitigen Beschäftigungsverhältnissen erzielt werden. ³Für laufende Einnahmen, die in größeren als monatlichen Zeitabständen zufließen, gilt Absatz 3 entsprechend.

(3) ¹Einmalige Einnahmen sind in dem Monat, in dem sie zufließen, zu berücksichtigen. ²Zu den einmaligen Einnahmen gehören auch als Nachzahlung zufließende Einnahmen, die nicht für den Monat des Zuflusses erbracht werden. ³Sofern für den Monat des Zuflusses bereits Leistungen ohne Berücksichtigung der einmaligen Einnahme erbracht worden sind, werden sie im Folgemonat berücksichtigt. ⁴Entfiele der Leistungsanspruch durch die Berücksichtigung in einem Monat, ist die einmalige Einnahme auf einen Zeitraum von sechs Monaten gleichmäßig aufzuteilen und monatlich mit einem entsprechenden Teilbetrag zu berücksichtigen.

§ 11a Nicht zu berücksichtigendes Einkommen

(1) Nicht als Einkommen zu berücksichtigen sind

1. Leistungen nach diesem Buch,
2. die Grundrente nach dem Bundesversorgungsgesetz und nach den Gesetzen, die eine entsprechende Anwendung des Bundesversorgungsgesetzes vorsehen,
3. die Renten oder Beihilfen, die nach dem Bundesentschädigungsgesetz für Schaden an Leben sowie an Körper oder Gesundheit erbracht werden, bis zur Höhe der vergleichbaren Grundrente nach dem Bundesversorgungsgesetz.

(2) Entschädigungen, die wegen eines Schadens, der kein Vermögensschaden ist, nach § 253 Absatz 2 des Bürgerlichen Gesetzbuchs geleistet werden, sind nicht als Einkommen zu berücksichtigen.

(3) ¹Leistungen, die aufgrund öffentlich-rechtlicher Vorschriften zu einem ausdrücklich genannten Zweck erbracht werden, sind nur so weit als Einkommen zu berücksichtigen, als die Leistungen nach diesem Buch im Einzelfall demselben Zweck dienen. ²Abweichend von Satz 1 sind als Einkommen zu berücksichtigen

1. die Leistungen nach § 39 des Achten Buches, die für den erzieherischen Einsatz erbracht werden,
   a) für das dritte Pflegekind zu 75 Prozent,
   b) für das vierte und jedes weitere Pflegekind vollständig,
2. die Leistungen nach § 23 des Achten Buches,
3. die Leistungen der Ausbildungsförderung nach dem Bundesausbildungsförderungsgesetz sowie vergleichbare Leistungen der Begabtenförderungswerke; § 14b Absatz 2 Satz 1 des Bundesausbildungsförderungsgesetzes bleibt unberührt,
4. die Berufsausbildungsbeihilfe nach dem Dritten Buch mit Ausnahme der Bedarfe nach § 64 Absatz 3 Satz 1 des Dritten Buches sowie
5. Reisekosten zur Teilhabe am Arbeitsleben nach § 127 Absatz 1 Satz 1 des Dritten Buches in Verbindung mit § 53 des Neunten Buches.

(4) Zuwendungen der freien Wohlfahrtspflege sind nicht als Einkommen zu berücksichtigen, soweit sie die Lage der Empfängerinnen und Empfänger nicht so günstig beeinflussen, dass daneben Leistungen nach diesem Buch nicht gerechtfertigt wären.

(5) Zuwendungen, die ein anderer erbringt, ohne hierzu eine rechtliche oder sittliche Pflicht zu haben, sind nicht als Einkommen zu berücksichtigen, soweit

1. ihre Berücksichtigung für die Leistungsberechtigten grob unbillig wäre oder
2. sie die Lage der Leistungsberechtigten nicht so günstig beeinflussen, dass daneben Leistungen nach diesem Buch nicht gerechtfertigt wären.

(6) [1]Überbrückungsgeld nach § 51 des Strafvollzugsgesetzes oder vergleichbare Leistungen nach landesrechtlichen Regelungen sind nicht als Einkommen zu berücksichtigen, soweit sie den Bedarf der leistungsberechtigten Person für 28 Tage übersteigen. [2]Die Berücksichtigung des als Einkommen verbleibenden Teils der in Satz 1 bezeichneten Leistungen richtet sich nach § 11 Absatz 3.

§ 11b Absetzbeträge

(1) [1]Vom Einkommen abzusetzen sind

1. auf das Einkommen entrichtete Steuern,
2. Pflichtbeiträge zur Sozialversicherung einschließlich der Beiträge zur Arbeitsförderung,
3. Beiträge zu öffentlichen oder privaten Versicherungen oder ähnlichen Einrichtungen, soweit diese Beiträge gesetzlich vorgeschrieben oder nach Grund und Höhe angemessen sind; hierzu gehören Beiträge
   a) zur Vorsorge für den Fall der Krankheit und der Pflegebedürftigkeit für Personen, die in der gesetzlichen Krankenversicherung nicht versicherungspflichtig sind,
   b) zur Altersvorsorge von Personen, die von der Versicherungspflicht in der gesetzlichen Rentenversicherung befreit sind,
   soweit die Beiträge nicht nach § 26 bezuschusst werden,
4. geförderte Altersvorsorgebeiträge nach § 82 des Einkommensteuergesetzes, soweit sie den Mindesteigenbeitrag nach § 86 des Einkommensteuergesetzes nicht überschreiten,
5. die mit der Erzielung des Einkommens verbundenen notwendigen Ausgaben,
6. für Erwerbstätige ferner ein Betrag nach Absatz 3,
7. Aufwendungen zur Erfüllung gesetzlicher Unterhaltsverpflichtungen bis zu dem in einem Unterhaltstitel oder in einer notariell beurkundeten Unterhaltsvereinbarung festgelegten Betrag,
8. bei erwerbsfähigen Leistungsberechtigten, deren Einkommen nach dem Vierten Abschnitt des Bundesausbildungsförderungsgesetzes oder nach § 67 oder § 126 des Dritten Buches bei der Berechnung der Leistungen der Ausbildungsförderung für mindestens ein Kind berücksichtigt wird, der nach den Vorschriften der Ausbildungsförderung berücksichtigte Betrag.

²Bei der Verteilung einer einmaligen Einnahme nach § 11 Absatz 3 Satz 4 sind die auf die einmalige Einnahme im Zuflussmonat entfallenden Beträge nach den Nummern 1, 2, 5 und 6 vorweg abzusetzen.

(2) ¹Bei erwerbsfähigen Leistungsberechtigten, die erwerbstätig sind, ist anstelle der Beträge nach Absatz 1 Satz 1 Nummer 3 bis 5 ein Betrag von insgesamt 100 Euro monatlich von dem Einkommen aus Erwerbstätigkeit abzusetzen. Beträgt das monatliche Einkommen aus Erwerbstätigkeit mehr als 400 Euro, gilt Satz 1 nicht, wenn die oder der erwerbsfähige Leistungsberechtigte nachweist, dass die Summe der Beträge nach Absatz 1 Satz 1 Nummer 3 bis 5 den Betrag von 100 Euro übersteigt. Erhält eine leistungs-

berechtigte Person mindestens aus einer Tätigkeit Bezüge oder Einnahmen, die nach § 3 Nummer 12, 26, 26a oder 26b des Einkommensteuergesetzes steuerfrei sind, gelten die Sätze 1 und 2 mit den Maßgaben, dass jeweils an die Stelle des Betrages von

1. 100 Euro monatlich der Betrag von 200 Euro monatlich, höchstens jedoch der Betrag, der sich aus der Summe von 100 Euro und dem Betrag der steuerfreien Bezüge oder Einnahmen ergibt, und
2. 400 Euro der Betrag, der sich nach Nummer 1 ergibt,

tritt. § 11a Absatz 3 bleibt unberührt. Von den in § 11a Absatz 3 Satz 2 Nummer 3 bis 5 genannten Leistungen, von dem Ausbildungsgeld nach dem Dritten Buch sowie von dem erhaltenen Unterhaltsbeitrag nach § 10 Absatz 2 des Aufstiegsfortbildungsförderungsgesetzes sind für die Absetzbeträge nach § 11b Absatz 1 Satz 1 Nummer 3 bis 5 mindestens 100 Euro abzusetzen, wenn die Absetzung nicht bereits nach den Sätzen 1 bis 3 erfolgt. Von dem Taschengeld nach § 2 Nummer 4 des Bundesfreiwilligendienstgesetzes oder § 2 Absatz 1 Nummer 3 des Jugendfreiwilligendienstegesetzes ist anstelle der Beträge nach § 11b Absatz 1 Satz 1 Nummer 3 bis 5 ein Betrag von insgesamt 200 Euro monatlich abzusetzen, soweit die Absetzung nicht bereits nach den Sätzen 1 bis 3 erfolgt.

(3) Bei erwerbsfähigen Leistungsberechtigten, die erwerbstätig sind, ist von dem monatlichen Einkommen aus Erwerbstätigkeit ein weiterer Betrag abzusetzen. ²Dieser beläuft sich

1. für den Teil des monatlichen Einkommens, das 100 Euro übersteigt und nicht mehr als 1 000 Euro beträgt, auf 20 Prozent und
2. für den Teil des monatlichen Einkommens, das 1 000 Euro übersteigt und nicht mehr als 1 200 Euro beträgt, auf 10 Prozent.

³Anstelle des Betrages von 1 200 Euro tritt für erwerbsfähige Leistungsberechtigte, die entweder mit mindestens einem minderjährigen Kind in Bedarfsgemeinschaft leben oder die mindestens ein minderjähriges Kind haben, ein Betrag von 1 500 Euro.

§ 12 Zu berücksichtigendes Vermögen

(1) Als Vermögen sind alle verwertbaren Vermögensgegenstände zu berücksichtigen.

(2) ¹Vom Vermögen sind abzusetzen

1. ein Grundfreibetrag in Höhe von 150 Euro je vollendetem Lebensjahr für jede in der Bedarfsgemeinschaft lebende volljährige Person und deren Partnerin oder Partner, mindestens aber jeweils 3 100 Euro; der Grundfreibetrag darf für jede volljährige Person und ihre Partnerin oder ihren Partner jeweils den nach Satz 2 maßgebenden Höchstbetrag nicht übersteigen,
1a. ein Grundfreibetrag in Höhe von 3100 Euro für jedes leistungsberechtigte minderjährige Kind,
2. Altersvorsorge in Höhe des nach Bundesrecht ausdrücklich als Altersvorsorge geförderten Vermögens einschließlich seiner Erträge und der geförderten laufenden Altersvorsorgebeiträge, soweit die Inhaberin oder der Inhaber das Altersvorsorgevermögen nicht vorzeitig verwendet,
3. geldwerte Ansprüche, die der Altersvorsorge dienen, soweit die Inhaberin oder der Inhaber sie vor dem Eintritt in den Ruhestand aufgrund einer unwiderruflichen vertraglichen Vereinbarung nicht verwerten kann und der Wert der geldwerten Ansprüche 750 Euro je vollendetem Lebensjahr der erwerbsfähigen leistungsberechtigten Person und deren Partnerin oder Partner, höchstens jedoch jeweils den nach Satz 2 maßgebenden Höchstbetrag nicht übersteigt,
4. ein Freibetrag für notwendige Anschaffungen in Höhe von 750 Euro für jeden in der Bedarfsgemeinschaft lebenden Leistungsberechtigten.

²Bei Personen, die

1. vor dem 1. Januar 1958 geboren sind, darf der Grundfreibetrag nach Satz 1 Nummer 1 jeweils 9750 Euro und der Wert der geldwerten Ansprüche nach Satz 1 Nummer 3 jeweils 48 750 Euro,
2. nach dem 31. Dezember 1957 und vor dem 1. Januar 1964 geboren sind, darf der Grundfreibetrag nach Satz 1 Nummer 1 jeweils 9 900 Euro und der Wert der geldwerten Ansprüche nach Satz 1 Nummer 3 jeweils 49 500 Euro,
3. nach dem 31. Dezember 1963 geboren sind, darf der Grundfreibetrag nach Satz 1 Nummer 1 jeweils 10050 Euro und der Wert der geldwerten Ansprüche nach Satz 1 Nummer 3 jeweils 50 250 Euro

nicht übersteigen.

(3) ¹Als Vermögen sind nicht zu berücksichtigen

1. angemessener Hausrat,
2. ein angemessenes Kraftfahrzeug für jede in der Bedarfsgemeinschaft lebende erwerbsfähige Person,
3. von der Inhaberin oder dem Inhaber als für die Altersvorsorge bestimmt bezeichnete Vermögensgegenstände in angemessenem Umfang, wenn die erwerbsfähige leistungsberechtigte Person oder deren Partnerin oder Partner von der Versicherungspflicht in der gesetzlichen Rentenversicherung befreit ist,
4. ein selbst genutztes Hausgrundstück von angemessener Größe oder eine entsprechende Eigentumswohnung,
5. Vermögen, solange es nachweislich zur baldigen Beschaffung oder Erhaltung eines Hausgrundstücks von angemessener Größe bestimmt ist, soweit dieses zu Wohnzwecken behinderter oder pflegebedürftiger Menschen dient oder dienen soll und dieser Zweck durch den Einsatz oder die Verwertung des Vermögens gefährdet würde,
6. Sachen und Rechte, soweit ihre Verwertung offensichtlich unwirtschaftlich ist oder für den Betroffenen eine besondere Härte bedeuten würde.

²Für die Angemessenheit sind die Lebensumstände während des Bezugs der Leistungen zur Grundsicherung für Arbeitsuchende maßgebend.

(4) ¹Das Vermögen ist mit seinem Verkehrswert zu berücksichtigen. ²Für die Bewertung ist der Zeitpunkt maßgebend, in dem der Antrag auf Bewilligung oder erneute Bewilligung der Leistungen der Grundsicherung für Arbeitsuchende gestellt wird, bei späterem Erwerb von Vermögen der Zeitpunkt des Erwerbs. ³Wesentliche Änderungen des Verkehrswertes sind zu berücksichtigen.

§ 12a Vorrangige Leistungen

¹Leistungsberechtigte sind verpflichtet, Sozialleistungen anderer Träger in Anspruch zu nehmen und die dafür erforderlichen Anträge zu stellen, sofern dies zur Vermeidung, Beseitigung, Verkürzung oder Verminderung der Hilfebedürftigkeit erforderlich ist. ²Abweichend von Satz 1 sind Leistungsberechtigte nicht verpflichtet,

1. bis zur Vollendung des 63. Lebensjahres eine Rente wegen Alters vorzeitig in Anspruch zu nehmen oder
2. Wohngeld nach dem Wohngeldgesetz oder Kinderzuschlag nach dem Bundeskindergeldgesetz in Anspruch zu nehmen, wenn dadurch nicht die Hilfebedürftigkeit aller Mitglieder der Bedarfsgemeinschaft für einen zusammenhängenden Zeitraum von mindestens drei Monaten beseitigt würde.

...

§ 14 Grundsatz des Förderns

(1) Die Träger der Leistungen nach diesem Buch unterstützen erwerbsfähige Leistungsberechtigte umfassend mit dem Ziel der Eingliederung in Arbeit.

(2) [1]Leistungsberechtigte Personen erhalten Beratung. [2]Aufgabe der Beratung ist insbesondere die Erteilung von Auskunft und Rat zu Selbsthilfeobliegenheiten und Mitwirkungspflichten, zur Berechnung der Leistungen zur Sicherung des Lebensunterhalts und zur Auswahl der Leistungen im Rahmen des Eingliederungsprozesses. [3]Art und Umfang der Beratung richten sich nach dem Beratungsbedarf der leistungsberechtigten Person.

(3) Die Agentur für Arbeit soll eine persönliche Ansprechpartnerin oder einen persönlichen Ansprechpartner für jede erwerbsfähige leistungsberechtigte Person und die mit dieser in einer Bedarfsgemeinschaft lebenden Personen benennen.

(4) Die Träger der Leistungen nach diesem Buch erbringen unter Beachtung der Grundsätze von Wirtschaftlichkeit und Sparsamkeit alle im Einzelfall für die Eingliederung in Arbeit erforderlichen Leistungen.

§ 15 Eingliederungsvereinbarung

(1) [1]Die Agentur für Arbeit soll unverzüglich zusammen mit jeder erwerbsfähigen leistungsberechtigten Person die für die Eingliederung erforderlichen persönlichen Merkmale, berufliche Fähigkeiten und die Eignung feststellen (Potenzialanalyse). [2]Die Feststellungen erstrecken sich auch darauf, ob und durch welche Umstände die berufliche Eingliederung voraussichtlich erschwert sein wird.

(2) ¹Die Agentur für Arbeit soll im Einvernehmen mit dem kommunalen Träger mit jeder erwerbsfähigen leistungsberechtigten Person unter Berücksichtigung der Feststellungen nach Absatz 1 die für ihre Eingliederung erforderlichen Leistungen vereinbaren (Eingliederungsvereinbarung). ²In der Eingliederungsvereinbarung soll bestimmt werden,

1. welche Leistungen zur Eingliederung in Ausbildung oder Arbeit nach diesem Abschnitt die leistungsberechtigte Person erhält,
2. welche Bemühungen erwerbsfähige Leistungsberechtigte in welcher Häufigkeit zur Eingliederung in Arbeit mindestens unternehmen sollen und in welcher Form diese Bemühungen nachzuweisen sind,
3. wie Leistungen anderer Leistungsträger in den Eingliederungsprozess einbezogen werden.

³Die Eingliederungsvereinbarung kann insbesondere bestimmen, in welche Tätigkeiten oder Tätigkeitsbereiche die leistungsberechtigte Person vermittelt werden soll.

(3) ¹Die Eingliederungsvereinbarung soll regelmäßig, spätestens jedoch nach Ablauf von sechs Monaten, gemeinsam überprüft und fortgeschrieben werden. ²Bei jeder folgenden Eingliederungsvereinbarung sind die bisher gewonnenen Erfahrungen zu berücksichtigen. ³Soweit eine Vereinbarung nach Absatz 2 nicht zustande kommt, sollen die Regelungen durch Verwaltungsakt getroffen werden.

(4) ¹In der Eingliederungsvereinbarung kann auch vereinbart werden, welche Leistungen die Personen erhalten, die mit der oder dem erwerbsfähigen Leistungsberechtigten in einer Bedarfsgemeinschaft leben. ²Diese Personen sind hierbei zu beteiligen.

§ 16 Leistungen zur Eingliederung

(1) ¹Zur Eingliederung in Arbeit erbringt die Agentur für Arbeit Leistungen nach § 35 des Dritten Buches. ²Sie kann folgende Leistungen des Dritten Kapitels des Dritten Buches erbringen:

1. die übrigen Leistungen der Beratung und Vermittlung nach dem Ersten Abschnitt,
2. Leistungen zur Aktivierung und beruflichen Eingliederung nach dem Zweiten Abschnitt,

3. Leistungen zur Berufsausbildung nach dem Vierten Unterabschnitt des Dritten Abschnitts und Leistungen nach den §§ 54a und 130,
4. Leistungen zur beruflichen Weiterbildung nach dem Vierten Abschnitt und Leistungen nach den §§ 131a und 131b,
5. Leistungen zur Aufnahme einer sozialversicherungspflichtigen Beschäftigung nach dem Ersten Unterabschnitt des Fünften Abschnitts.

³Für Eingliederungsleistungen an erwerbsfähige behinderte Leistungsberechtigte nach diesem Buch gelten die §§ 112 bis 114, 115 Nummer 1 bis 3 mit Ausnahme berufsvorbereitender Bildungsmaßnahmen und der Berufsausbildungsbeihilfe, § 116 Absatz 1, 2 und 5, die §§ 117, 118 Satz 1 Nummer 3, Satz 2 und die §§ 127 und 128 des Dritten Buches entsprechend. § 1 Absatz 2 Nummer 4 sowie § 36 und § 81 Absatz 3 des Dritten Buches sind entsprechend anzuwenden.

(2) Soweit dieses Buch nichts Abweichendes regelt, gelten für die Leistungen nach Absatz 1 die Voraussetzungen und Rechtsfolgen des Dritten Buches mit Ausnahme der Verordnungsermächtigung nach § 47 des Dritten Buches sowie der Anordnungsermächtigungen für die Bundesagentur und mit der Maßgabe, dass an die Stelle des Arbeitslosengeldes das Arbeitslosengeld II tritt. § 44 Absatz 3 Satz 3 des Dritten Buches gilt mit der Maßgabe, dass die Förderung aus dem Vermittlungsbudget auch die anderen Leistungen nach dem Zweiten Buch nicht aufstocken, ersetzen oder umgehen darf.

(3) Abweichend von § 44 Absatz 1 Satz 1 des Dritten Buches können Leistungen auch für die Anbahnung und Aufnahme einer schulischen Berufsausbildung erbracht werden.

(3a) ¹Abweichend von § 81 Absatz 4 des Dritten Buches kann die Agentur für Arbeit unter Anwendung des Vergaberechts Träger mit der Durchführung von Maßnahmen der beruflichen Weiterbildung beauftragen, wenn die Maßnahme den Anforderungen des § 180 des Dritten Buches entspricht und

1. eine dem Bildungsziel entsprechende Maßnahme örtlich nicht verfügbar ist oder
2. die Eignung und persönlichen Verhältnisse der erwerbsfähigen Leistungsberechtigten dies erfordern.

²§ 176 Absatz 2 des Dritten Buches findet keine Anwendung.

(4) ¹Die Agentur für Arbeit als Träger der Grundsicherung für Arbeitsuchende kann die Ausbildungsvermittlung durch die für die Arbeitsförderung zuständigen Stellen der Bundesagentur wahrnehmen lassen. ²Das Bundesministerium für Arbeit und Soziales wird ermächtigt, durch Rechtsverordnung ohne Zustimmung des Bundesrates das Nähere über die Höhe, Möglichkeiten der Pauschalierung und den Zeitpunkt der Fälligkeit der Erstattung von Aufwendungen bei der Ausführung des Auftrags nach Satz 1 festzulegen.

§ 16a Kommunale Eingliederungsleistungen

Zur Verwirklichung einer ganzheitlichen und umfassenden Betreuung und Unterstützung bei der Eingliederung in Arbeit können die folgenden Leistungen, die für die Eingliederung der oder des erwerbsfähigen Leistungsberechtigten in das Erwerbsleben erforderlich sind, erbracht werden:

1. die Betreuung minderjähriger oder behinderter Kinder oder die häusliche Pflege von Angehörigen,
2. die Schuldnerberatung,
3. die psychosoziale Betreuung,
4. die Suchtberatung.

§ 16b Einstiegsgeld

(1) ¹Zur Überwindung von Hilfebedürftigkeit kann erwerbsfähigen Leistungsberechtigten, bei Aufnahme einer sozialversicherungspflichtigen oder selbständigen Erwerbstätigkeit ein Einstiegsgeld erbracht werden, wenn dies zur Eingliederung in den allgemeinen Arbeitsmarkt erforderlich ist. ²Das Einstiegsgeld kann auch erbracht werden, wenn die Hilfebedürftigkeit durch oder nach Aufnahme der Erwerbstätigkeit entfällt.

(2) ¹Das Einstiegsgeld wird, soweit für diesen Zeitraum eine Erwerbstätigkeit besteht, für höchstens 24 Monate erbracht. ²Bei der Bemessung der Höhe des Einstiegsgeldes sollen die vorherige Dauer der Arbeitslosigkeit sowie die Größe der Bedarfsgemeinschaft berücksichtigt werden, in der die oder der erwerbsfähige Leistungsberechtigte lebt.

(3) ¹Das Bundesministerium für Arbeit und Soziales wird ermächtigt, im Einvernehmen mit dem Bundesministerium der Finanzen ohne Zustimmung des Bundesrates durch Rechtsverordnung zu bestimmen, wie das

Einstiegsgeld zu bemessen ist. ²Bei der Bemessung ist neben der Berücksichtigung der in Absatz 2 Satz 2 genannten Kriterien auch ein Bezug zu dem für die oder den erwerbsfähigen Leistungsberechtigten jeweils maßgebenden Regelbedarf herzustellen.

§ 16c Leistungen zur Eingliederung von Selbständigen

(1) ¹Erwerbsfähige Leistungsberechtigte, die eine selbständige, hauptberufliche Tätigkeit aufnehmen oder ausüben, können Darlehen und Zuschüsse für die Beschaffung von Sachgütern erhalten, die für die Ausübung der selbständigen Tätigkeit notwendig und angemessen sind. ²Zuschüsse dürfen einen Betrag von 5 000 Euro nicht übersteigen.

(2) ¹Erwerbsfähige Leistungsberechtigte, die eine selbständige, hauptberufliche Tätigkeit ausüben, können durch geeignete Dritte durch Beratung oder Vermittlung von Kenntnissen und Fertigkeiten gefördert werden, wenn dies für die weitere Ausübung der selbständigen Tätigkeit erforderlich ist. ²Die Vermittlung von beruflichen Kenntnissen ist ausgeschlossen.

(3) zur Eingliederung von erwerbsfähigen Leistungsberechtigten, die eine selbständige, hauptberufliche Tätigkeit aufnehmen oder ausüben, können nur gewährt werden, wenn zu erwarten ist, dass die selbständige Tätigkeit wirtschaftlich tragfähig ist und die Hilfebedürftigkeit durch die selbständige Tätigkeit innerhalb eines angemessenen Zeitraums dauerhaft überwunden oder verringert wird. ²Zur Beurteilung der Tragfähigkeit der selbständigen Tätigkeit soll die Agentur für Arbeit die Stellungnahme einer fachkundigen Stelle verlangen.

§ 16d Arbeitsgelegenheiten

(1) ¹Erwerbsfähige Leistungsberechtigte können zur Erhaltung oder Wiedererlangung ihrer Beschäftigungsfähigkeit, die für eine Eingliederung in Arbeit erforderlich ist, in Arbeitsgelegenheiten zugewiesen werden, wenn die darin verrichteten Arbeiten zusätzlich sind, im öffentlichen Interesse liegen und wettbewerbsneutral sind. ²§ 18d Satz 2 findet Anwendung.

(2) ¹Arbeiten sind zusätzlich, wenn sie ohne die Förderung nicht, nicht in diesem Umfang oder erst zu einem späteren Zeitpunkt durchgeführt würden. ²Arbeiten, die auf Grund einer rechtlichen Verpflichtung durchzufüh-

ren sind oder die üblicherweise von juristischen Personen des öffentlichen Rechts durchgeführt werden, sind nur förderungsfähig, wenn sie ohne die Förderung voraussichtlich erst nach zwei Jahren durchgeführt würden. ³Ausgenommen sind Arbeiten zur Bewältigung von Naturkatastrophen und sonstigen außergewöhnlichen Ereignissen.

(3) ¹Arbeiten liegen im öffentlichen Interesse, wenn das Arbeitsergebnis der Allgemeinheit dient. Arbeiten, deren Ergebnis überwiegend erwerbswirtschaftlichen Interessen oder den Interessen eines begrenzten Personenkreises dient, liegen nicht im öffentlichen Interesse. Das Vorliegen des öffentlichen Interesses wird nicht allein dadurch ausgeschlossen, dass das Arbeitsergebnis auch den in der Maßnahme beschäftigten Leistungsberechtigten zugute kommt, wenn sichergestellt ist, dass die Arbeiten nicht zu einer Bereicherung Einzelner führen.

(4) Arbeiten sind wettbewerbsneutral, wenn durch sie eine Beeinträchtigung der Wirtschaft infolge der Förderung nicht zu befürchten ist und Erwerbstätigkeit auf dem allgemeinen Arbeitsmarkt weder verdrängt noch in ihrer Entstehung verhindert wird.

(5) Leistungen zur Eingliederung in Arbeit nach diesem Buch, mit denen die Aufnahme einer Erwerbstätigkeit auf dem allgemeinen Arbeitsmarkt unmittelbar unterstützt werden kann, haben Vorrang gegenüber der Zuweisung in Arbeitsgelegenheiten.

(6) ¹Erwerbsfähige Leistungsberechtigte dürfen innerhalb eines Zeitraums von fünf Jahren nicht länger als insgesamt 24 Monate in Arbeitsgelegenheiten zugewiesen werden. ²Der Zeitraum beginnt mit Eintritt in die erste Arbeitsgelegenheit. ³Abweichend von Satz 1 können erwerbsfähige Leistungsberechtigte nach Ablauf der 24 Monate bis zu zwölf weitere Monate in Arbeitsgelegenheiten zugewiesen werden, wenn die Voraussetzungen der Absätze 1 und 5 weiterhin vorliegen.

(7) ¹Den erwerbsfähigen Leistungsberechtigten ist während einer Arbeitsgelegenheit zuzüglich zum Arbeitslosengeld II von der Agentur für Arbeit eine angemessene Entschädigung für Mehraufwendungen zu zahlen. ²Die Arbeiten begründen kein Arbeitsverhältnis im Sinne des Arbeitsrechts und auch kein Beschäftigungsverhältnis im Sinne des Vierten Buches; die Vorschriften über den Arbeitsschutz und das Bundesurlaubsgesetz mit Ausnahme der Regelungen über das Urlaubsentgelt sind entsprechend anzuwenden.

³Für Schäden bei der Ausübung ihrer Tätigkeit haften die erwerbsfähigen Leistungsberechtigten wie Arbeitnehmerinnen und Arbeitnehmer.

(8) Auf Antrag werden die unmittelbar im Zusammenhang mit der Verrichtung von Arbeiten nach Absatz 1 erforderlichen Kosten erstattet. Hierzu können auch Personalkosten gehören, die entstehen, wenn eine besondere Anleitung, eine tätigkeitsbezogene Unterweisung oder eine sozialpädagogische Betreuung notwendig ist.

§ 16e Förderung von Arbeitsverhältnissen

(1) Arbeitgeber können auf Antrag für die Beschäftigung von zugewiesenen erwerbsfähigen Leistungsberechtigten durch Zuschüsse zum Arbeitsentgelt gefördert werden, wenn zwischen dem Arbeitgeber und der erwerbsfähigen leistungsberechtigten Person ein Arbeitsverhältnis begründet wird.

(2) ¹Der Zuschuss nach Absatz 1 richtet sich nach der Leistungsfähigkeit des erwerbsfähigen Leistungsberechtigten und beträgt bis zu 75 Prozent des berücksichtigungsfähigen Arbeitsentgelts. ²Berücksichtigungsfähig sind das zu zahlende Arbeitsentgelt und der pauschalierte Anteil des Arbeitgebers am Gesamtsozialversicherungsbeitrag abzüglich des Beitrags zur Arbeitsförderung. ³Einmalig gezahltes Arbeitsentgelt ist nicht berücksichtigungsfähig. ⁴§ 91 Absatz 2 des Dritten Buches gilt entsprechend. ⁵Auf Antrag können dem Arbeitgeber während der Förderung des Arbeitsverhältnisses die erforderlichen Kosten einer notwendigen sozialpädagogischen Betreuung erstattet werden.

(3) Eine erwerbsfähige leistungsberechtigte Person kann einem Arbeitgeber zugewiesen werden, wenn

1. sie langzeitarbeitslos im Sinne des § 18 des Dritten Buches ist und in ihren Erwerbsmöglichkeiten durch mindestens zwei weitere in ihrer Person liegende Vermittlungshemmnisse besonders schwer beeinträchtigt ist,
2. sie für einen Zeitraum von mindestens sechs Monaten verstärkte vermittlerische Unterstützung nach § 16 Absatz 1 Satz 1 unter Einbeziehung der übrigen Eingliederungsleistungen nach diesem Buch erhalten hat,

3. eine Erwerbstätigkeit auf dem allgemeinen Arbeitsmarkt für die Dauer der Zuweisung ohne die Förderung voraussichtlich nicht möglich ist und
4. für sie innerhalb eines Zeitraums von fünf Jahren Zuschüsse an Arbeitgeber nach Absatz 1 höchstens für eine Dauer von 24 Monaten erbracht werden. Der Zeitraum beginnt mit dem ersten nach Absatz 1 geförderten Arbeitsverhältnis.

(4) Die Agentur für Arbeit soll die erwerbsfähige leistungsberechtigte Person umgehend abberufen, wenn sie diese in eine zumutbare Arbeit oder Ausbildung vermitteln kann oder die Förderung aus anderen Gründen beendet wird. Die erwerbsfähige leistungsberechtigte Person kann das Arbeitsverhältnis ohne Einhaltung einer Frist kündigen, wenn sie eine Arbeit oder Ausbildung aufnimmt, an einer Maßnahme der Berufsausbildung oder beruflichen Weiterbildung teilnehmen kann oder nach Satz 1 abberufen wird. Der Arbeitgeber kann das Arbeitsverhältnis ohne Einhaltung einer Frist kündigen, wenn die Arbeitnehmerin oder der Arbeitnehmer nach Satz 1 abberufen wird.

(5) Eine Förderung ist ausgeschlossen, wenn zu vermuten ist, dass der Arbeitgeber

1. die Beendigung eines anderen Beschäftigungsverhältnisses veranlasst hat, um eine Förderung nach Absatz 1 zu erhalten, oder
2. eine bisher für das Beschäftigungsverhältnis erbrachte Förderung ohne besonderen Grund nicht mehr in Anspruch nimmt.

§ 16f Freie Förderung

(1) [1]Die Agentur für Arbeit kann die Möglichkeiten der gesetzlich geregelten Eingliederungsleistungen durch freie Leistungen zur Eingliederung in Arbeit erweitern. [2]Die freien Leistungen müssen den Zielen und Grundsätzen dieses Buches entsprechen.

(2) [1]Die Ziele der Leistungen sind vor Förderbeginn zu beschreiben. [2]Eine Kombination oder Modularisierung von Inhalten ist zulässig. [3]Die Leistungen der Freien Förderung dürfen gesetzliche Leistungen nicht umgehen oder aufstocken. [4]Ausgenommen hiervon sind Leistungen für

1. Langzeitarbeitslose und

2. erwerbsfähige Leistungsberechtigte, die das 25. Lebensjahr noch nicht vollendet haben und deren berufliche Eingliederung auf Grund von schwerwiegenden Vermittlungshemmnissen besonders erschwert ist,

bei denen in angemessener Zeit von in der Regel sechs Monaten nicht mit Aussicht auf Erfolg auf einzelne Gesetzesgrundlagen dieses Buches oder des Dritten Buches zurückgegriffen werden kann. [5]Bei Leistungen an Arbeitgeber ist darauf zu achten, Wettbewerbsverfälschungen zu vermeiden. [6]Projektförderungen im Sinne von Zuwendungen sind nach Maßgabe der §§ 23 und 44 der Bundeshaushaltsordnung zulässig. [7]Bei längerfristig angelegten Förderungen ist der Erfolg regelmäßig zu überprüfen und zu dokumentieren.

§ 16g Förderung bei Wegfall der Hilfebedürftigkeit

(1) Entfällt die Hilfebedürftigkeit der oder des Erwerbsfähigen während einer Maßnahme zur Eingliederung, kann sie weiter gefördert werden, wenn dies wirtschaftlich erscheint und die oder der Erwerbsfähige die Maßnahme voraussichtlich erfolgreich abschließen wird.

(2) [1]Zur nachhaltigen Eingliederung in Arbeit können Leistungen nach dem Ersten Abschnitt des Dritten Kapitels, nach § 44 oder § 45 Absatz 1 Satz 1 Nummer 5 des Dritten Buches oder nach § 16a oder § 16f bis zu sechs Monate nach Beschäftigungsaufnahme auch erbracht werden, wenn die Hilfebedürftigkeit der oder des Erwerbsfähigen aufgrund des zu berücksichtigenden Einkommens entfallen ist. [2]Während der Förderdauer nach Satz 1 gilt § 15 entsprechend.

§ 16h Förderung schwer zu erreichender junger Menschen

(1) [1]Für Leistungsberechtigte, die das 25. Lebensjahr noch nicht vollendet haben, kann die Agentur für Arbeit Leistungen erbringen mit dem Ziel, die aufgrund der individuellen Situation der Leistungsberechtigten bestehenden Schwierigkeiten zu überwinden,

1. eine schulische, ausbildungsbezogene oder berufliche Qualifikation abzuschließen oder anders ins Arbeitsleben einzumünden und
2. Sozialleistungen zu beantragen oder anzunehmen.

²Die Förderung umfasst zusätzliche Betreuungs- und Unterstützungsleistungen mit dem Ziel, dass Leistungen der Grundsicherung für Arbeitsuchende in Anspruch genommen werden, erforderliche therapeutische Behandlungen eingeleitet werden und an Regelangebote dieses Buches zur Aktivierung und Stabilisierung und eine frühzeitige intensive berufsorientierte Förderung herangeführt wird.

(2) ¹Leistungen nach Absatz 1 können erbracht werden, wenn die Voraussetzungen der Leistungsberechtigung mit hinreichender Wahrscheinlichkeit vorliegen oder zu erwarten sind oder eine Leistungsberechtigung dem Grunde nach besteht. ²Einer Leistung nach Absatz 1 steht eine fehlende Antragstellung der leistungsberechtigten Person nicht entgegen.

(3) Über die Leistungserbringung stimmen sich die Agentur für Arbeit und der örtlich zuständige Träger der öffentlichen Jugendhilfe ab.

(4) Träger bedürfen einer Zulassung nach dem Fünften Kapitel des Dritten Buches, um Maßnahmen nach Absatz 1 durchzuführen.

(5) Zuwendungen sind nach Maßgabe der §§ 23 und 44 der Bundeshaushaltsordnung zulässig.

...

§ 19 Arbeitslosengeld II, Sozialgeld und Leistungen für Bildung und Teilhabe

(1) Erwerbsfähige Leistungsberechtigte erhalten Arbeitslosengeld II. ²Nichterwerbsfähige Leistungsberechtigte, die mit erwerbsfähigen Leistungsberechtigten in einer Bedarfsgemeinschaft leben, erhalten Sozialgeld, soweit sie keinen Anspruch auf Leistungen nach dem Vierten Kapitel des Zwölften Buches haben. ³Die Leistungen umfassen den Regelbedarf, Mehrbedarfe und den Bedarf für Unterkunft und Heizung.

(2) ¹Leistungsberechtigte haben unter den Voraussetzungen des § 28 Anspruch auf Leistungen für Bildung und Teilhabe, soweit sie keinen Anspruch auf Leistungen nach dem Vierten Kapitel des Zwölften Buches haben. ²Soweit für Kinder Leistungen zur Deckung von Bedarfen für Bildung und Teilhabe nach § 6b des Bundeskindergeldgesetzes gewährt werden,

haben sie keinen Anspruch auf entsprechende Leistungen zur Deckung von Bedarfen nach § 28.

(3)¹Die Leistungen zur Sicherung des Lebensunterhalts werden in Höhe der Bedarfe nach den Absätzen 1 und 2 erbracht, soweit diese nicht durch das zu berücksichtigende Einkommen und Vermögen gedeckt sind. ²Zu berücksichtigendes Einkommen und Vermögen deckt zunächst die Bedarfe nach den §§ 20, 21 und 23, darüber hinaus die Bedarfe nach § 22. ³Sind nur noch Leistungen für Bildung und Teilhabe zu leisten, deckt weiteres zu berücksichtigendes Einkommen und Vermögen die Bedarfe in der Reihenfolge der Absätze 2 bis 7 nach § 28.

§ 20 Regelbedarf zur Sicherung des Lebensunterhalts

(1)¹Der Regelbedarf zur Sicherung des Lebensunterhalts umfasst insbesondere Ernährung, Kleidung, Körperpflege, Hausrat, Haushaltsenergie ohne die auf die Heizung und Erzeugung von Warmwasser entfallenden Anteile sowie persönliche Bedürfnisse des täglichen Lebens. ²Zu den persönlichen Bedürfnissen des täglichen Lebens gehört in vertretbarem Umfang eine Teilhabe am sozialen und kulturellen Leben in der Gemeinschaft. ³Der Regelbedarf wird als monatlicher Pauschalbetrag berücksichtigt. ⁴Über die Verwendung der zur Deckung des Regelbedarfs erbrachten Leistungen entscheiden die Leistungsberechtigten eigenverantwortlich; dabei haben sie das Eintreten unregelmäßig anfallender Bedarfe zu berücksichtigen.

(1a)¹Der Regelbedarf wird in Höhe der jeweiligen Regelbedarfsstufe entsprechend § 28 des Zwölften Buches in Verbindung mit dem Regelbedarfs-Ermittlungsgesetz und den §§ 28a und 40 des Zwölften Buches in Verbindung mit der für das jeweilige Jahr geltenden Regelbedarfsstufen-Fortschreibungsverordnung anerkannt. ²Soweit in diesem Buch auf einen Regelbedarf oder eine Regelbedarfsstufe verwiesen wird, ist auf den Betrag der für den jeweiligen Zeitraum geltenden Neuermittlung entsprechend § 28 des Zwölften Buches in Verbindung mit dem Regelbedarfs-Ermittlungsgesetz abzustellen. ³In Jahren, in denen keine Neuermittlung nach § 28 des Zwölften Buches erfolgt, ist auf den Betrag abzustellen, der sich für den jeweiligen Zeitraum entsprechend der Regelbedarfsstufen-Fortschreibungsverordnung nach den §§ 28a und 40 des Zwölften Buches ergibt.

(2) ¹Als Regelbedarf wird bei Personen, die alleinstehend oder alleinerziehend sind oder deren Partnerin oder Partner minderjährig ist, monatlich ein Betrag in Höhe der Regelbedarfsstufe 1[2] anerkannt. ²Für sonstige erwerbsfähige Angehörige der Bedarfsgemeinschaft wird als Regelbedarf anerkannt:

1. monatlich ein Betrag in Höhe der Regelbedarfsstufe 4[3], sofern sie das 18. Lebensjahr noch nicht vollendet haben,
2. monatlich ein Betrag in Höhe der Regelbedarfsstufe 3[4] in den übrigen Fällen.

(3) Abweichend von Absatz 2 Satz 1 ist bei Personen, die das 25. Lebensjahr noch nicht vollendet haben und ohne Zusicherung des zuständigen kommunalen Trägers nach § 22 Absatz 5 umziehen, bis zur Vollendung des 25. Lebensjahres der in Absatz 2 Satz 2 Nummer 2 genannte Betrag als Regelbedarf[5] anzuerkennen.

(4) Haben zwei Partner der Bedarfsgemeinschaft das 18. Lebensjahr vollendet, ist als Regelbedarf für jede dieser Personen monatlich ein Betrag in Höhe der Regelbedarfsstufe 2[6] anzuerkennen.

(5) (weggefallen)

§ 21 Mehrbedarfe

(1) Mehrbedarfe umfassen Bedarfe nach den Absätzen 2 bis 7, die nicht durch den Regelbedarf abgedeckt sind.

(2) Bei werdenden Müttern wird nach der zwölften Schwangerschaftswoche ein Mehrbedarf von 17 Prozent des nach § 20 maßgebenden Regelbedarfs anerkannt.

(3) Bei Personen, die mit einem oder mehreren minderjährigen Kindern zusammenleben und allein für deren Pflege und Erziehung sorgen, ist ein Mehrbedarf anzuerkennen

---

2 Derzeit 416 Euro.
3 Derzeit 316 Euro.
4 Derzeit 332 Euro.
5 Derzeit 332 Euro.
6 Derzeit 374 Euro.

1. in Höhe von 36 Prozent des nach § 20 Absatz 2 maßgebenden Bedarfs, wenn sie mit einem Kind unter sieben Jahren oder mit zwei oder drei Kindern unter 16 Jahren zusammenleben, oder
2. in Höhe von 12 Prozent des nach § 20 Absatz 2 maßgebenden Bedarfs für jedes Kind, wenn sich dadurch ein höherer Prozentsatz als nach der Nummer 1 ergibt, höchstens jedoch in Höhe von 60 Prozent des nach § 20 Absatz 2 maßgebenden Regelbedarfs.

(4) ¹Bei erwerbsfähigen behinderten Leistungsberechtigten, denen Leistungen zur Teilhabe am Arbeitsleben nach § 33 *[ab 1.1.2018: § 49]* des Neunten Buches mit Ausnahme der Leistungen nach § 33 Absatz 3 Nummer 2 und 4 des Neunten Buches sowie sonstige Hilfen zur Erlangung eines geeigneten Platzes im Arbeitsleben oder Eingliederungshilfen nach § 54 Absatz 1 Satz 1 Nummer 1 bis 3 des Zwölften Buches erbracht werden, wird ein Mehrbedarf von 35 Prozent des nach § 20 maßgebenden Regelbedarfs anerkannt. 1 kann auch nach Beendigung der dort genannten Maßnahmen während einer angemessenen Übergangszeit, vor allem einer Einarbeitungszeit, angewendet werden.

(5) Bei Leistungsberechtigten, die aus medizinischen Gründen einer kostenaufwändigen Ernährung bedürfen, wird ein Mehrbedarf in angemessener Höhe anerkannt.

(6) Bei Leistungsberechtigten wird ein Mehrbedarf anerkannt, soweit im Einzelfall ein unabweisbarer, laufender, nicht nur einmaliger besonderer Bedarf besteht. Der Mehrbedarf ist unabweisbar, wenn er insbesondere nicht durch die Zuwendungen Dritter sowie unter Berücksichtigung von Einsparmöglichkeiten der Leistungsberechtigten gedeckt ist und seiner Höhe nach erheblich von einem durchschnittlichen Bedarf abweicht.

(7) Bei Leistungsberechtigten wird ein Mehrbedarf anerkannt, soweit Warmwasser durch in der Unterkunft installierte Vorrichtungen erzeugt wird (dezentrale Warmwassererzeugung) und deshalb keine Bedarfe für zentral bereitgestelltes Warmwasser nach § 22 anerkannt werden. Der Mehrbedarf beträgt für jede im Haushalt lebende leistungsberechtigte Person jeweils

1. 2,3 Prozent des für sie geltenden Regelbedarfs nach § 20 Absatz 2 Satz 1 oder Satz 2 Nummer 2, Absatz 3 oder 4,

2. 1,4 Prozent des für sie geltenden Regelbedarfs nach § 20 Absatz 2 Satz 2 Nummer 1 oder § 23 Nummer 1 bei Leistungsberechtigten im 15. Lebensjahr,
3. 1,2 Prozent des Regelbedarfs nach § 23 Nummer 1 bei Leistungsberechtigten vom Beginn des siebten bis zur Vollendung des 14. Lebensjahres oder
4. 0,8 Prozent des Regelbedarfs nach § 23 Nummer 1 bei Leistungsberechtigten bis zur Vollendung des sechsten Lebensjahres,

soweit nicht im Einzelfall ein abweichender Bedarf besteht oder ein Teil des angemessenen Warmwasserbedarfs nach § 22 Absatz 1 anerkannt wird.

(8) Die Summe des insgesamt anerkannten Mehrbedarfs nach den Absätzen 2 bis 5 darf die Höhe des für erwerbsfähige Leistungsberechtigte maßgebenden Regelbedarfs nicht übersteigen.

§ 22 Bedarfe für Unterkunft und Heizung

(1) [1]Bedarfe für Unterkunft und Heizung werden in Höhe der tatsächlichen Aufwendungen anerkannt, soweit diese angemessen sind. [2]Erhöhen sich nach einem nicht erforderlichen Umzug die Aufwendungen für Unterkunft und Heizung, wird nur der bisherige Bedarf anerkannt. [3]Soweit die Aufwendungen für die Unterkunft und Heizung den der Besonderheit des Einzelfalles angemessenen Umfang übersteigen, sind sie als Bedarf so lange anzuerkennen, wie es der oder dem alleinstehenden Leistungsberechtigten oder der Bedarfsgemeinschaft nicht möglich oder nicht zuzumuten ist, durch einen Wohnungswechsel, durch Vermieten oder auf andere Weise die Aufwendungen zu senken, in der Regel jedoch längstens für sechs Monate. [4]Eine Absenkung der nach Satz 1 unangemessenen Aufwendungen muss nicht gefordert werden, wenn diese unter Berücksichtigung der bei einem Wohnungswechsel zu erbringenden Leistungen unwirtschaftlich wäre.

(2) [1]Als Bedarf für die Unterkunft werden auch unabweisbare Aufwendungen für Instandhaltung und Reparatur bei selbst bewohntem Wohneigentum im Sinne des § 12 Absatz 3 Satz 1 Nummer 4 anerkannt, soweit diese unter Berücksichtigung der im laufenden sowie den darauffolgenden elf Kalendermonaten anfallenden Aufwendungen insgesamt angemessen sind. [2]Übersteigen unabweisbare Aufwendungen für Instandhaltung und Repara-

tur den Bedarf für die Unterkunft nach Satz 1, kann der kommunale Träger zur Deckung dieses Teils der Aufwendungen ein Darlehen erbringen, das dinglich gesichert werden soll.

(3) Rückzahlungen und Guthaben, die dem Bedarf für Unterkunft und Heizung zuzuordnen sind, mindern die Aufwendungen für Unterkunft und Heizung nach dem Monat der Rückzahlung oder der Gutschrift; Rückzahlungen, die sich auf die Kosten für Haushaltsenergie oder nicht anerkannte Aufwendungen für Unterkunft und Heizung beziehen, bleiben außer Betracht.

(4) [1]Vor Abschluss eines Vertrages über eine neue Unterkunft soll die leistungsberechtigte Person die Zusicherung des für die neue Unterkunft örtlich zuständigen kommunalen Trägers zur Berücksichtigung der Aufwendungen für die neue Unterkunft einholen. [2]Der kommunale Träger ist zur Zusicherung verpflichtet, wenn die Aufwendungen für die neue Unterkunft angemessen sind.

(5) [1]Sofern Personen, die das 25. Lebensjahr noch nicht vollendet haben, umziehen, werden Bedarfe für Unterkunft und Heizung für die Zeit nach einem Umzug bis zur Vollendung des 25. Lebensjahres nur anerkannt, wenn der kommunale Träger dies vor Abschluss des Vertrages über die Unterkunft zugesichert hat. [2]Der kommunale Träger ist zur Zusicherung verpflichtet, wenn

1. die oder der Betroffene aus schwerwiegenden sozialen Gründen nicht auf die Wohnung der Eltern oder eines Elternteils verwiesen werden kann,
2. der Bezug der Unterkunft zur Eingliederung in den Arbeitsmarkt erforderlich ist oder
3. ein sonstiger, ähnlich schwerwiegender Grund vorliegt.

[3]Unter den Voraussetzungen des Satzes 2 kann vom Erfordernis der Zusicherung abgesehen werden, wenn es der oder dem Betroffenen aus wichtigem Grund nicht zumutbar war, die Zusicherung einzuholen. [4]Bedarfe für Unterkunft und Heizung werden bei Personen, die das 25. Lebensjahr noch nicht vollendet haben, nicht anerkannt, wenn diese vor der Beantragung von Leistungen in eine Unterkunft in der Absicht umziehen, die Voraussetzungen für die Gewährung der Leistungen herbeizuführen.

(6) Wohnungsbeschaffungskosten und Umzugskosten können bei vorheriger Zusicherung durch den bis zum Umzug örtlich zuständigen kommunalen Träger als Bedarf anerkannt werden; Aufwendungen für eine Mietkaution und für den Erwerb von Genossenschaftsanteilen können bei vorheriger Zusicherung durch den am Ort der neuen Unterkunft zuständigen kommunalen Träger als Bedarf anerkannt werden. Die Zusicherung soll erteilt werden, wenn der Umzug durch den kommunalen Träger veranlasst oder aus anderen Gründen notwendig ist und wenn ohne die Zusicherung eine Unterkunft in einem angemessenen Zeitraum nicht gefunden werden kann. Aufwendungen für eine Mietkaution und für Genossenschaftsanteile sollen als Darlehen erbracht werden.

(7) [1]Soweit Arbeitslosengeld II für den Bedarf für Unterkunft und Heizung geleistet wird, ist es auf Antrag der leistungsberechtigten Person an den Vermieter oder andere Empfangsberechtigte zu zahlen. [2]Es soll an den Vermieter oder andere Empfangsberechtigte gezahlt werden, wenn die zweckentsprechende Verwendung durch die leistungsberechtigte Person nicht sichergestellt ist. [3]Das ist insbesondere der Fall, wenn

1. Mietrückstände bestehen, die zu einer außerordentlichen Kündigung des Mietverhältnisses berechtigen,
2. Energiekostenrückstände bestehen, die zu einer Unterbrechung der Energieversorgung berechtigen,
3. konkrete Anhaltspunkte für ein krankheits- oder suchtbedingtes Unvermögen der leistungsberechtigten Person bestehen, die Mittel zweckentsprechend zu verwenden, oder
4. konkrete Anhaltspunkte dafür bestehen, dass die im Schuldnerverzeichnis eingetragene leistungsberechtigte Person die Mittel nicht zweckentsprechend verwendet.

[4]Der kommunale Träger hat die leistungsberechtigte Person über eine Zahlung der Leistungen für die Unterkunft und Heizung an den Vermieter oder andere Empfangsberechtigte schriftlich zu unterrichten.

(8) Sofern Arbeitslosengeld II für den Bedarf für Unterkunft und Heizung erbracht wird, können auch Schulden übernommen werden, soweit dies zur Sicherung der Unterkunft oder zur Behebung einer vergleichbaren Notlage gerechtfertigt ist. Sie sollen übernommen werden, wenn dies gerechtfertigt und notwendig ist und sonst Wohnungslosigkeit einzutreten droht.

Vermögen nach § 12 Absatz 2 Satz 1 Nummer 1 ist vorrangig einzusetzen. Geldleistungen sollen als Darlehen erbracht werden.

(9) Geht bei einem Gericht eine Klage auf Räumung von Wohnraum im Falle der Kündigung des Mietverhältnisses nach § 543 Absatz 1, 2 Satz 1 Nummer 3 in Verbindung mit § 569 Absatz 3 des Bürgerlichen Gesetzbuchs ein, teilt das Gericht dem örtlich zuständigen Träger nach diesem Buch oder der von diesem beauftragten Stelle zur Wahrnehmung der in Absatz 8 bestimmten Aufgaben unverzüglich Folgendes mit:

den Tag des Eingangs der Klage,

1. die Namen und die Anschriften der Parteien,
2. die Höhe der monatlich zu entrichtenden Miete,
3. die Höhe des geltend gemachten Mietrückstandes und der geltend gemachten Entschädigung und
4. den Termin zur mündlichen Verhandlung, sofern dieser bereits bestimmt ist.

²Außerdem kann der Tag der Rechtshängigkeit mitgeteilt werden. ³Die Übermittlung unterbleibt, wenn die Nichtzahlung der Miete nach dem Inhalt der Klageschrift offensichtlich nicht auf Zahlungsunfähigkeit der Mieterin oder des Mieters beruht.

(10) ¹Zur Beurteilung der Angemessenheit der Aufwendungen für Unterkunft und Heizung nach Absatz 1 Satz 1 ist die Bildung einer Gesamtangemessenheitsgrenze zulässig. ²Dabei kann für die Aufwendungen für Heizung der Wert berücksichtigt werden, der bei einer gesonderten Beurteilung der Angemessenheit der Aufwendungen für Unterkunft und der Aufwendungen für Heizung ohne Prüfung der Angemessenheit im Einzelfall höchstens anzuerkennen wäre. ³Absatz 1 Satz 2 bis 4 gilt entsprechend.

§ 22a Satzungsermächtigung

(1) ¹Die Länder können die Kreise und kreisfreien Städte durch Gesetz ermächtigen oder verpflichten, durch Satzung zu bestimmen, in welcher Höhe Aufwendungen für Unterkunft und Heizung in ihrem Gebiet angemessen sind. ²Eine solche Satzung bedarf der vorherigen Zustimmung der obersten Landesbehörde oder einer von ihr bestimmten Stelle, wenn dies durch Landesgesetz vorgesehen ist. ³Die Länder Berlin und Hamburg be-

stimmen, welche Form der Rechtsetzung an die Stelle einer nach Satz 1 vorgesehenen Satzung tritt. [4]Das Land Bremen kann eine Bestimmung nach Satz 3 treffen.

(2) [1]Die Länder können die Kreise und kreisfreien Städte auch ermächtigen, abweichend von § 22 Absatz 1 Satz 1 die Bedarfe für Unterkunft und Heizung in ihrem Gebiet durch eine monatliche Pauschale zu berücksichtigen, wenn auf dem örtlichen Wohnungsmarkt ausreichend freier Wohnraum verfügbar ist und dies dem Grundsatz der Wirtschaftlichkeit entspricht. [2]In der Satzung sind Regelungen für den Fall vorzusehen, dass die Pauschalierung im Einzelfall zu unzumutbaren Ergebnissen führt. [3]Absatz 1 Satz 2 bis 4 gilt entsprechend.

(3) [1]Die Bestimmung der angemessenen Aufwendungen für Unterkunft und Heizung soll die Verhältnisse des einfachen Standards auf dem örtlichen Wohnungsmarkt abbilden. [2]Sie soll die Auswirkungen auf den örtlichen Wohnungsmarkt berücksichtigen hinsichtlich:

1. der Vermeidung von Mietpreis erhöhenden Wirkungen,
2. der Verfügbarkeit von Wohnraum des einfachen Standards,
3. aller verschiedenen Anbietergruppen und
4. der Schaffung und Erhaltung sozial ausgeglichener Bewohnerstrukturen.

§ 22b Inhalt der Satzung

(1) [1]In der Satzung ist zu bestimmen,

1. welche Wohnfläche entsprechend der Struktur des örtlichen Wohnungsmarktes als angemessen anerkannt wird und
2. in welcher Höhe Aufwendungen für die Unterkunft als angemessen anerkannt werden.

[2]In der Satzung kann auch die Höhe des als angemessen anerkannten Verbrauchswertes oder der als angemessen anerkannten Aufwendungen für die Heizung bestimmt werden. [3]Bei einer Bestimmung nach Satz 2 kann sowohl eine Quadratmeterhöchstmiete als auch eine Gesamtangemessenheitsgrenze unter Berücksichtigung der in den Sätzen 1 und 2 genannten Werte gebildet werden. [4]Um die Verhältnisse des einfachen Standards auf dem örtlichen Wohnungsmarkt realitätsgerecht abzubilden, können die

Kreise und kreisfreien Städte ihr Gebiet in mehrere Vergleichsräume unterteilen, für die sie jeweils eigene Angemessenheitswerte bestimmen.

(2) ¹Der Satzung ist eine Begründung beizufügen. ²Darin ist darzulegen, wie die Angemessenheit der Aufwendungen für Unterkunft und Heizung ermittelt wird. ³Die Satzung ist mit ihrer Begründung ortsüblich bekannt zu machen.

(3) ¹In der Satzung soll für Personen mit einem besonderen Bedarf für Unterkunft und Heizung eine Sonderregelung getroffen werden. ²Dies gilt insbesondere für Personen, die einen erhöhten Raumbedarf haben wegen

1. einer Behinderung oder
2. der Ausübung ihres Umgangsrechts.

§ 22c Datenerhebung, -auswertung und -überprüfung

(1) ¹Zur Bestimmung der angemessenen Aufwendungen für Unterkunft und Heizung sollen die Kreise und kreisfreien Städte insbesondere

1. Mietspiegel, qualifizierte Mietspiegel und Mietdatenbanken und
2. geeignete eigene statistische Datenerhebungen und -auswertungen oder Erhebungen Dritter

einzeln oder kombiniert berücksichtigen. ²Hilfsweise können auch die monatlichen Höchstbeträge nach § 12 Absatz 1 des Wohngeldgesetzes berücksichtigt werden. ³In die Auswertung sollen sowohl Neuvertrags- als auch Bestandsmieten einfließen. ⁴Die Methodik der Datenerhebung und -auswertung ist in der Begründung der Satzung darzulegen.

(2) Die Kreise und kreisfreien Städte müssen die durch Satzung bestimmten Werte für die Unterkunft mindestens alle zwei Jahre und die durch Satzung bestimmten Werte für die Heizung mindestens jährlich überprüfen und gegebenenfalls neu festsetzen.

§ 23 Besonderheiten beim Sozialgeld

Beim Sozialgeld gelten ergänzend folgende Maßgaben:

1. Als Regelbedarf wird bis zur Vollendung des sechsten Lebensjahres ein Betrag in Höhe der Regelbedarfsstufe 6[7], vom Beginn des siebten bis zur Vollendung des 14. Lebensjahres ein Betrag in Höhe der Regelbedarfsstufe 5[8] und im 15. Lebensjahr ein Betrag in Höhe der Regelbedarfsstufe 4[9] anerkannt;
2. Mehrbedarfe nach § 21 Absatz 4 werden auch bei behinderten Menschen, die das 15. Lebensjahr vollendet haben, anerkannt, wenn Leistungen der Eingliederungshilfe nach § 54 Absatz 1 Nummer 1 und 2 des Zwölften Buches erbracht werden;
3. § 21 Absatz 4 Satz 2 gilt auch nach Beendigung der in § 54 Absatz 1 Nummer 1 und 2 des Zwölften Buches genannten Maßnahmen;
4. bei nicht erwerbsfähigen Personen, die voll erwerbsgemindert nach dem Sechsten Buch sind, wird ein Mehrbedarf von 17 Prozent der nach § 20 maßgebenden Regelbedarfe anerkannt, wenn sie Inhaberin oder Inhaber eines Ausweises nach § 69 Absatz 5 *[ab 1.1.2018: § 152 Abs. 5]* des Neunten Buches mit dem Merkzeichen G sind; dies gilt nicht, wenn bereits ein Anspruch auf einen Mehrbedarf wegen Behinderung nach § 21 Absatz 4 oder nach der vorstehenden Nummer 2 oder 3 besteht.

§ 24 Abweichende Erbringung von Leistungen

(1) [1]Kann im Einzelfall ein vom Regelbedarf zur Sicherung des Lebensunterhalts umfasster und nach den Umständen unabweisbarer Bedarf nicht gedeckt werden, erbringt die Agentur für Arbeit bei entsprechendem Nachweis den Bedarf als Sachleistung oder als Geldleistung und gewährt der oder dem Leistungsberechtigten ein entsprechendes Darlehen. [2]Bei Sachleistungen wird das Darlehen in Höhe des für die Agentur für Arbeit entstandenen Anschaffungswertes gewährt. [3]Weiter gehende Leistungen sind ausgeschlossen.

(2) Solange sich Leistungsberechtigte, insbesondere bei Drogen- oder Alkoholabhängigkeit sowie im Falle unwirtschaftlichen Verhaltens, als ungeeignet erweisen, mit den Leistungen für den Regelbedarf nach § 20 ihren Bedarf zu decken, kann das Arbeitslosengeld II bis zur Höhe des Regel-

---
7 Derzeit 232 Euro.
8 Derzeit 296 Euro.
9 Derzeit 316 Euro.

bedarfs für den Lebensunterhalt in voller Höhe oder anteilig in Form von Sachleistungen erbracht werden.

(3) ¹Nicht vom Regelbedarf nach § 20 umfasst sind Bedarfe für

1. Erstausstattungen für die Wohnung einschließlich Haushaltsgeräten,
2. Erstausstattungen für Bekleidung und Erstausstattungen bei Schwangerschaft und Geburt sowie
3. Anschaffung und Reparaturen von orthopädischen Schuhen, Reparaturen von therapeutischen Geräten und Ausrüstungen sowie die Miete von therapeutischen Geräten.

²Leistungen für diese Bedarfe werden gesondert erbracht. ³Leistungen nach Satz 2 werden auch erbracht, wenn Leistungsberechtigte keine Leistungen zur Sicherung des Lebensunterhalts einschließlich der angemessenen Kosten für Unterkunft und Heizung benötigen, den Bedarf nach Satz 1 jedoch aus eigenen Kräften und Mitteln nicht voll decken können. ⁴In diesem Fall kann das Einkommen berücksichtigt werden, das Leistungsberechtigte innerhalb eines Zeitraumes von bis zu sechs Monaten nach Ablauf des Monats erwerben, in dem über die Leistung entschieden wird. ⁵Die Leistungen für Bedarfe nach Satz 1 Nummer 1 und 2 können als Sachleistung oder Geldleistung, auch in Form von Pauschalbeträgen erbracht werden. ⁶Bei der Bemessung der Pauschalbeträge sind geeignete Angaben über die erforderlichen Aufwendungen und nachvollziehbare Erfahrungswerte zu berücksichtigen.

(4) ¹Leistungen zur Sicherung des Lebensunterhalts können als Darlehen erbracht werden, soweit in dem Monat, für den die Leistungen erbracht werden, voraussichtlich Einnahmen anfallen. ²Satz 1 gilt auch, soweit Leistungsberechtigte einmalige Einnahmen nach § 11 Absatz 3 Satz 4 vorzeitig verbraucht haben.

(5) ¹Soweit Leistungsberechtigten der sofortige Verbrauch oder die sofortige Verwertung von zu berücksichtigendem Vermögen nicht möglich ist oder für sie eine besondere Härte bedeuten würde, sind Leistungen als Darlehen zu erbringen. ²Die Leistungen können davon abhängig gemacht werden, dass der Anspruch auf Rückzahlung dinglich oder in anderer Weise gesichert wird.

(6) In Fällen des § 22 Absatz 5 werden Leistungen für Erstausstattungen für die Wohnung nur erbracht, wenn der kommunale Träger die Übernahme

der Leistungen für Unterkunft und Heizung zugesichert hat oder vom Erfordernis der Zusicherung abgesehen werden konnte.

§ 25 Leistungen bei medizinischer Rehabilitation der Rentenversicherung und bei Anspruch auf Verletztengeld aus der Unfallversicherung

¹Haben Leistungsberechtigte dem Grunde nach Anspruch auf Übergangsgeld bei medizinischen Leistungen der gesetzlichen Rentenversicherung, erbringen die Träger der Leistungen nach diesem Buch die bisherigen Leistungen als Vorschuss auf die Leistungen der Rentenversicherung weiter; dies gilt entsprechend bei einem Anspruch auf Verletztengeld aus der gesetzlichen Unfallversicherung. ²Werden Vorschüsse länger als einen Monat geleistet, erhalten die Träger der Leistungen nach diesem Buch von den zur Leistung verpflichteten Trägern monatliche Abschlagszahlungen in Höhe der Vorschüsse des jeweils abgelaufenen Monats. ³§ 102 des Zehnten Buches gilt entsprechend.

§ 26 Zuschüsse zu Beiträgen zur Krankenversicherung und Pflegeversicherung

(1) ¹Für Bezieherinnen und Bezieher von Arbeitslosengeld II oder Sozialgeld, die gegen das Risiko Krankheit bei einem privaten Krankenversicherungsunternehmen im Rahmen von Versicherungsverträgen, die der Versicherungspflicht nach § 193 Absatz 3 des Versicherungsvertragsgesetzes genügen, versichert sind, wird für die Dauer des Leistungsbezugs ein Zuschuss zum Beitrag geleistet; der Zuschuss ist begrenzt auf die Höhe des nach § 152 Absatz 4 des Versicherungsaufsichtsgesetzes halbierten Beitrags für den Basistarif in der privaten Krankenversicherung, den Hilfebedürftige zu leisten haben. ²Für Bezieherinnen und Bezieher von Sozialgeld, die in der gesetzlichen Krankenversicherung versicherungspflichtig oder freiwillig versichert sind, wird für die Dauer des Leistungsbezugs ein Zuschuss in Höhe des Beitrags geleistet, soweit dieser nicht nach § 11b Absatz 1 Satz 1 Nummer 2 abgesetzt wird; Gleiches gilt für Bezieherinnen und Bezieher von Arbeitslosengeld II, die nicht nach § 5 Absatz 1 Nummer 2a des Fünften Buches versicherungspflichtig sind.

(2) ¹Für Personen, die

1. in der gesetzlichen Krankenversicherung versicherungspflichtig oder freiwillig versichert sind oder
2. unter den Voraussetzungen des Absatzes 1 Satz 1 erster Halbsatz privat krankenversichert sind

und die allein durch die Zahlung des Beitrags hilfebedürftig würden, wird ein Zuschuss zum Beitrag in Höhe des Betrages geleistet, der notwendig ist, um die Hilfebedürftigkeit zu vermeiden. ²In den Fällen des Satzes 1 Nummer 2 gilt die Begrenzung des Zuschusses nach Absatz 1 Satz 1 zweiter Halbsatz entsprechend.

(3) ¹Für Bezieherinnen und Bezieher von Arbeitslosengeld II oder Sozialgeld, die gegen das Risiko Pflegebedürftigkeit bei einem privaten Versicherungsunternehmen in Erfüllung ihrer Versicherungspflicht nach § 23 des Elften Buches versichert sind, wird für die Dauer des Leistungsbezugs ein Zuschuss zum Beitrag geleistet; der Zuschuss ist begrenzt auf die Hälfte des Höchstbeitrags in der sozialen Pflegeversicherung. ²Für Bezieherinnen und Bezieher von Sozialgeld, die in der sozialen Pflegeversicherung versicherungspflichtig sind, wird für die Dauer des Leistungsbezugs ein Zuschuss in Höhe des Beitrags geleistet, soweit dieser nicht nach § 11b Absatz 1 Satz 1 Nummer 2 abgesetzt wird; Gleiches gilt für Bezieherinnen und Bezieher von Arbeitslosengeld II, die nicht nach § 20 Absatz 1 Satz 2 Nummer 2a des Elften Buches versicherungspflichtig sind.

(4) ¹Für Personen, die

1. in der sozialen Pflegeversicherung versicherungspflichtig sind oder
2. unter den Voraussetzungen des Absatzes 3 Satz 1 erster Halbsatz privat pflegeversichert sind

und die allein durch die Zahlung des Beitrags hilfebedürftig würden, wird ein Zuschuss zum Beitrag in Höhe des Betrages geleistet, der notwendig ist, um die Hilfebedürftigkeit zu vermeiden. ²In den Fällen des Satzes 1 Nummer 2 gilt die Begrenzung des Zuschusses nach Absatz 3 Satz 1 zweiter Halbsatz entsprechend.

(5) ¹Der Zuschuss nach Absatz 1 Satz 1, nach Absatz 2 Satz 1 Nummer 2, nach Absatz 3 Satz 1 und nach Absatz 4 Satz 1 Nummer 2 ist an das private Versicherungsunternehmen zu zahlen, bei dem die leistungsberechtigte Person versichert ist. ²Der Zuschuss nach Absatz 1 Satz 2 und Absatz 3

Satz 2 ist an die Krankenkasse zu zahlen, bei der die leistungsberechtigte Person versichert ist.

§ 27 Leistungen für Auszubildende

(1) ¹Auszubildende im Sinne des § 7 Absatz 5 erhalten Leistungen zur Sicherung des Lebensunterhalts nach Maßgabe der folgenden Absätze. ²Die Leistungen für Auszubildende im Sinne des § 7 Absatz 5 gelten nicht als Arbeitslosengeld II.

(2) Leistungen werden in Höhe der Mehrbedarfe nach § 21 Absatz 2, 3, 5 und 6 und in Höhe der Leistungen nach § 24 Absatz 3 Nummer 2 erbracht, soweit die Mehrbedarfe nicht durch zu berücksichtigendes Einkommen oder Vermögen gedeckt sind.

(3) ¹Leistungen können für Regelbedarfe, den Mehrbedarf nach § 21 Absatz 7, Bedarfe für Unterkunft und Heizung, Bedarfe für Bildung und Teilhabe und notwendige Beiträge zur Kranken- und Pflegeversicherung als Darlehen erbracht werden, sofern der Leistungsausschluss nach § 7 Absatz 5 eine besondere Härte bedeutet. ²Eine besondere Härte ist auch anzunehmen, wenn Auszubildenden, deren Bedarf sich nach §§ 12 oder 13 Absatz 1 Nummer 1 des Bundesausbildungsförderungsgesetzes bemisst, aufgrund von § 10 Absatz 3 des Bundesausbildungsförderungsgesetzes keine Leistungen zustehen, diese Ausbildung im Einzelfall für die Eingliederung der oder des Auszubildenden in das Erwerbsleben zwingend erforderlich ist und ohne die Erbringung von Leistungen zum Lebensunterhalt der Abbruch der Ausbildung droht; in diesem Fall sind Leistungen als Zuschuss zu erbringen. ³Satz 2 gilt nur für Ausbildungen, die vor dem 31. Dezember 2020 begonnen wurden. ⁴Für den Monat der Aufnahme einer Ausbildung können Leistungen entsprechend § 24 Absatz 4 Satz 1 erbracht werden. ⁵Leistungen nach Satz 1 sind gegenüber den Leistungen nach Absatz 2 nachrangig.

§ 28 Bedarfe für Bildung und Teilhabe

(1) ¹Bedarfe für Bildung und Teilhabe am sozialen und kulturellen Leben in der Gemeinschaft werden bei Kindern, Jugendlichen und jungen Erwachsenen neben dem Regelbedarf nach Maßgabe der Absätze 2 bis 7 gesondert berücksichtigt. ²Bedarfe für Bildung werden nur bei Personen berücksich-

tigt, die das 25. Lebensjahr noch nicht vollendet haben, eine allgemein- oder berufsbildende Schule besuchen und keine Ausbildungsvergütung erhalten (Schülerinnen und Schüler).

(2) ¹Bei Schülerinnen und Schülern werden die tatsächlichen Aufwendungen anerkannt für

1. Schulausflüge und
2. mehrtägige Klassenfahrten im Rahmen der schulrechtlichen Bestimmungen.

²Für Kinder, die eine Tageseinrichtung besuchen oder für die Kindertagespflege geleistet wird, gilt Satz 1 entsprechend.

(3) ¹Für die Ausstattung mit persönlichem Schulbedarf werden bei Schülerinnen und Schülern 70 Euro zum 1. August und 30 Euro zum 1. Februar eines jeden Jahres berücksichtigt. ²Abweichend von Satz 1 werden bei Schülerinnen und Schülern, die im jeweiligen Schuljahr nach den in Satz 1 genannten Stichtagen erstmalig oder aufgrund einer Unterbrechung ihres Schulbesuches erneut in eine Schule aufgenommen werden, für den Monat, in dem der erste Schultag liegt, 70 Euro berücksichtigt, wenn dieser Tag in den Zeitraum von August bis Januar des Schuljahres fällt, oder 100 Euro berücksichtigt, wenn dieser Tag in den Zeitraum von Februar bis Juli des Schuljahres fällt.

(4) ¹Bei Schülerinnen und Schülern, die für den Besuch der nächstgelegenen Schule des gewählten Bildungsgangs auf Schülerbeförderung angewiesen sind, werden die dafür erforderlichen tatsächlichen Aufwendungen berücksichtigt, soweit sie nicht von Dritten übernommen werden und es der leistungsberechtigten Person nicht zugemutet werden kann, die Aufwendungen aus dem Regelbedarf zu bestreiten. ²Als zumutbare Eigenleistung gilt in der Regel der in § 9 Absatz 2 des Regelbedarfs-Ermittlungsgesetzes genannte Betrag.

(5) Bei Schülerinnen und Schülern wird eine schulische Angebote ergänzende angemessene Lernförderung berücksichtigt, soweit diese geeignet und zusätzlich erforderlich ist, um die nach den schulrechtlichen Bestimmungen festgelegten wesentlichen Lernziele zu erreichen.

(6) ¹Bei Teilnahme an einer gemeinschaftlichen Mittagsverpflegung werden die entstehenden Mehraufwendungen berücksichtigt für

IX. SGB II (Auszug)

1. Schülerinnen und Schüler und
2. Kinder, die eine Tageseinrichtung besuchen oder für die Kindertagespflege geleistet wird.

²Für Schülerinnen und Schüler gilt dies unter der Voraussetzung, dass die Mittagsverpflegung in schulischer Verantwortung angeboten wird. ³In den Fällen des Satzes 2 ist für die Ermittlung des monatlichen Bedarfs die Anzahl der Schultage in dem Land zugrunde zu legen, in dem der Schulbesuch stattfindet.

(7) ¹Bei Leistungsberechtigten bis zur Vollendung des 18. Lebensjahres wird ein Bedarf zur Teilhabe am sozialen und kulturellen Leben in der Gemeinschaft in Höhe von insgesamt 10 Euro monatlich berücksichtigt für

1. Mitgliedsbeiträge in den Bereichen Sport, Spiel, Kultur und Geselligkeit,
2. Unterricht in künstlerischen Fächern (zum Beispiel Musikunterricht) und vergleichbare angeleitete Aktivitäten der kulturellen Bildung und
3. die Teilnahme an Freizeiten.

²Neben der Berücksichtigung von Bedarfen nach Satz 1 können auch weitere tatsächliche Aufwendungen berücksichtigt werden, wenn sie im Zusammenhang mit der Teilnahme an Aktivitäten nach Satz 1 Nummer 1 bis 3 entstehen und es den Leistungsberechtigten im begründeten Ausnahmefall nicht zugemutet werden kann, diese aus dem Regelbedarf zu bestreiten.

X. SGB III (Auszug)

Sozialgesetzbuch (SGB) Drittes Buch (III) – Arbeitsförderung vom 24. März 1997 (BGBl. I S. 594) zuletzt geändert durch Art. 2 des Gesetzes zur Reform der Pflegeberufe und anderer Gesetze vom 17. Juli 2017 (BGBl. I S. 2581)

...

§ 29 Beratungsangebot

(1) Die Agentur für Arbeit hat jungen Menschen und Erwachsenen, die am Arbeitsleben teilnehmen oder teilnehmen wollen, Berufsberatung und Arbeitgebern Arbeitsmarktberatung anzubieten.

(2) [1]Art und Umfang der Beratung richten sich nach dem Beratungsbedarf der oder des Ratsuchenden. [2]Die Agentur für Arbeit berät geschlechtersensibel. [3]Insbesondere wirkt sie darauf hin, das Berufswahlspektrum von Frauen und Männern zu erweitern.

(3) Die Agentur für Arbeit soll bei der Beratung die Kenntnisse über den Arbeitsmarkt des europäischen Wirtschaftsraumes und die Erfahrungen aus der Zusammenarbeit mit den Arbeitsverwaltungen anderer Staaten nutzen.

§ 30 Berufsberatung

Die Berufsberatung umfasst die Erteilung von Auskunft und Rat

1. zur Berufswahl, zur beruflichen Entwicklung und zum Berufswechsel,
2. zur Lage und Entwicklung des Arbeitsmarktes und der Berufe,
3. zu den Möglichkeiten der beruflichen Bildung,
4. zur Ausbildungs- und Arbeitsstellensuche,
5. zu Leistungen der Arbeitsförderung,
6. zu Fragen der Ausbildungsförderung und der schulischen Bildung, soweit sie für die Berufswahl und die berufliche Bildung von Bedeutung sind.

...

§ 35 Vermittlungsangebot

(1) ¹Die Agentur für Arbeit hat Ausbildungsuchenden, Arbeitsuchenden und Arbeitgebern Ausbildungsvermittlung und Arbeitsvermittlung (Vermittlung) anzubieten. ²Die Vermittlung umfasst alle Tätigkeiten, die darauf gerichtet sind, Ausbildungsuchende mit Arbeitgebern zur Begründung eines Ausbildungsverhältnisses und Arbeitsuchende mit Arbeitgebern zur Begründung eines Beschäftigungsverhältnisses zusammenzuführen. ³Die Agentur für Arbeit stellt sicher, dass Ausbildungsuchende und Arbeitslose, deren berufliche Eingliederung voraussichtlich erschwert sein wird, eine verstärkte vermittlerische Unterstützung erhalten.

(2) ¹Die Agentur für Arbeit hat durch Vermittlung darauf hinzuwirken, dass Ausbildungsuchende eine Ausbildungsstelle, Arbeitsuchende eine Arbeitsstelle und Arbeitgeber geeignete Auszubildende sowie geeignete Arbeitnehmerinnen und Arbeitnehmer erhalten. ²Sie hat dabei die Neigung, Eignung und Leistungsfähigkeit der Ausbildungsuchenden und Arbeitsuchenden sowie die Anforderungen der angebotenen Stellen zu berücksichtigen.

(3) ¹Die Agentur für Arbeit hat Vermittlung auch über die Selbstinformationseinrichtungen nach § 40 Absatz 2 im Internet durchzuführen. ²Soweit es für diesen Zweck erforderlich ist, darf sie die Daten aus den Selbstinformationseinrichtungen nutzen und übermitteln.

...

§ 44 Förderung aus dem Vermittlungsbudget

(1) ¹Ausbildungsuchende, von Arbeitslosigkeit bedrohte Arbeitsuchende und Arbeitslose können aus dem Vermittlungsbudget der Agentur für Arbeit bei der Anbahnung oder Aufnahme einer versicherungspflichtigen Beschäftigung gefördert werden, wenn dies für die berufliche Eingliederung notwendig ist. ²Sie sollen insbesondere bei der Erreichung der in der Eingliederungsvereinbarung festgelegten Eingliederungsziele unterstützt werden. ³Die Förderung umfasst die Übernahme der angemessenen Kosten, soweit der Arbeitgeber gleichartige Leistungen nicht oder voraussichtlich nicht erbringen wird.

(2) Nach Absatz 1 kann auch die Anbahnung oder die Aufnahme einer versicherungspflichtigen Beschäftigung mit einer Arbeitszeit von mindestens 15 Stunden wöchentlich in einem anderen Mitgliedstaat der Europäischen Union, einem anderen Vertragsstaat des Abkommens über den Europäischen Wirtschaftsraum oder in der Schweiz gefördert werden.

(3) [1]Die Agentur für Arbeit entscheidet über den Umfang der zu erbringenden Leistungen; sie kann Pauschalen festlegen. [2]Leistungen zur Sicherung des Lebensunterhalts sind ausgeschlossen. [3]Die Förderung aus dem Vermittlungsbudget darf die anderen Leistungen nach diesem Buch nicht aufstocken, ersetzen oder umgehen.

§ 45 Maßnahmen zur Aktivierung und beruflichen Eingliederung

(1) [1]Ausbildungsuchende, von Arbeitslosigkeit bedrohte Arbeitsuchende und Arbeitslose können bei Teilnahme an Maßnahmen gefördert werden, die ihre berufliche Eingliederung durch

1. Heranführung an den Ausbildungs- und Arbeitsmarkt,
2. Feststellung, Verringerung oder Beseitigung von Vermittlungshemmnissen,
3. Vermittlung in eine versicherungspflichtige Beschäftigung,
4. Heranführung an eine selbständige Tätigkeit oder
5. Stabilisierung einer Beschäftigungsaufnahme

unterstützen (Maßnahmen zur Aktivierung und beruflichen Eingliederung). [2]Für die Aktivierung von Arbeitslosen, deren berufliche Eingliederung auf Grund von schwerwiegenden Vermittlungshemmnissen, insbesondere auf Grund der Dauer ihrer Arbeitslosigkeit, besonders erschwert ist, sollen Maßnahmen gefördert werden, die nach inhaltlicher Ausgestaltung und Dauer den erhöhten Stabilisierungs- und Unterstützungsbedarf der Arbeitslosen berücksichtigen. [3]Versicherungspflichtige Beschäftigungen mit einer Arbeitszeit von mindestens 15 Stunden wöchentlich in einem anderen Mitgliedstaat der Europäischen Union oder einem anderen Vertragsstaat des Abkommens über den Europäischen Wirtschaftsraum sind den versicherungspflichtigen Beschäftigungen nach Satz 1 Nummer 3 gleichgestellt. [4]Die Förderung umfasst die Übernahme der angemessenen Kosten für die Teilnahme, soweit dies für die berufliche Eingliederung notwendig ist. [5]Die

Förderung kann auf die Weiterleitung von Arbeitslosengeld beschränkt werden.

(2) ¹Die Dauer der Einzel- oder Gruppenmaßnahmen muss deren Zweck und Inhalt entsprechen. ²Soweit Maßnahmen oder Teile von Maßnahmen nach Absatz 1 bei oder von einem Arbeitgeber durchgeführt werden, dürfen diese jeweils die Dauer von sechs Wochen nicht überschreiten. ³Die Vermittlung von beruflichen Kenntnissen in Maßnahmen zur Aktivierung und beruflichen Eingliederung darf die Dauer von acht Wochen nicht überschreiten. Maßnahmen des Dritten Abschnitts sind ausgeschlossen.

(3) Die Agentur für Arbeit kann unter Anwendung des Vergaberechts Träger mit der Durchführung von Maßnahmen nach Absatz 1 beauftragen.

(4) ¹Die Agentur für Arbeit kann der oder dem Berechtigten das Vorliegen der Voraussetzungen für eine Förderung nach Absatz 1 bescheinigen und Maßnahmeziel und -inhalt festlegen (Aktivierungs- und Vermittlungsgutschein). ²Der Aktivierungs- und Vermittlungsgutschein kann zeitlich befristet sowie regional beschränkt werden. ³Der Aktivierungs- und Vermittlungsgutschein berechtigt zur Auswahl

1. eines Trägers, der eine dem Maßnahmeziel und -inhalt entsprechende und nach § 179 zugelassene Maßnahme anbietet,
2. eines Trägers, der eine ausschließlich erfolgsbezogen vergütete Arbeitsvermittlung in versicherungspflichtige Beschäftigung anbietet, oder
3. eines Arbeitgebers, der eine dem Maßnahmeziel und -inhalt entsprechende betriebliche Maßnahme von einer Dauer bis zu sechs Wochen anbietet.

⁴Der ausgewählte Träger nach Satz 3 Nummer 1 und der ausgewählte Arbeitgeber nach Satz 3 Nummer 3 haben der Agentur für Arbeit den Aktivierungs- und Vermittlungsgutschein vor Beginn der Maßnahme vorzulegen. ⁵Der ausgewählte Träger nach Satz 3 Nummer 2 hat der Agentur für Arbeit den Aktivierungs- und Vermittlungsgutschein nach erstmaligem Vorliegen der Auszahlungsvoraussetzungen vorzulegen.

(5) Die Agentur für Arbeit soll die Entscheidung über die Ausgabe eines Aktivierungs- und Vermittlungsgutscheins nach Absatz 4 von der Eignung und den persönlichen Verhältnissen der Förderberechtigten oder der örtlichen Verfügbarkeit von Arbeitsmarktdienstleistungen abhängig machen.

(6) ¹Die Vergütung richtet sich nach Art und Umfang der Maßnahme und kann aufwands- oder erfolgsbezogen gestaltet sein; eine Pauschalierung ist zulässig. ²§ 83 Absatz 2 gilt entsprechend. ³Bei einer erfolgreichen Arbeitsvermittlung in versicherungspflichtige Beschäftigung durch einen Träger nach Absatz 4 Satz 3 Nummer 2 beträgt die Vergütung 2 000 Euro. ⁴Bei Langzeitarbeitslosen und behinderten Menschen nach § 2 Absatz 1 des Neunten Buches kann die Vergütung auf eine Höhe von bis zu 2 500 Euro festgelegt werden. ⁵Die Vergütung nach den Sätzen 3 und 4 wird in Höhe von 1 000 Euro nach einer sechswöchigen und der Restbetrag nach einer sechsmonatigen Dauer des Beschäftigungsverhältnisses gezahlt. ⁶Eine erfolgsbezogene Vergütung für die Arbeitsvermittlung in versicherungspflichtige Beschäftigung ist ausgeschlossen, wenn das Beschäftigungsverhältnis

1. von vornherein auf eine Dauer von weniger als drei Monaten begrenzt ist oder
2. bei einem früheren Arbeitgeber begründet wird, bei dem die Arbeitnehmerin oder der Arbeitnehmer während der letzten vier Jahre vor Aufnahme der Beschäftigung mehr als drei Monate lang versicherungspflichtig beschäftigt war; dies gilt nicht, wenn es sich um die befristete Beschäftigung besonders betroffener schwerbehinderter Menschen handelt.

(7) ¹Arbeitslose, die Anspruch auf Arbeitslosengeld haben, dessen Dauer nicht allein auf § 147 Absatz 3 beruht, und nach einer Arbeitslosigkeit von sechs Wochen innerhalb einer Frist von drei Monaten noch nicht vermittelt sind, haben Anspruch auf einen Aktivierungs- und Vermittlungsgutschein nach Absatz 4 Satz 3 Nummer 2. ²In die Frist werden Zeiten nicht eingerechnet, in denen die oder der Arbeitslose an Maßnahmen zur Aktivierung und beruflichen Eingliederung sowie an Maßnahmen der beruflichen Weiterbildung teilgenommen hat.

(8) Abweichend von Absatz 2 Satz 2 und Absatz 4 Satz 3 Nummer 3 darf bei Langzeitarbeitslosen oder Arbeitslosen, deren berufliche Eingliederung auf Grund von schwerwiegenden Vermittlungshemmnissen besonders erschwert ist, die Teilnahme an Maßnahmen oder Teilen von Maßnahmen, die bei oder von einem Arbeitgeber durchgeführt werden, jeweils die Dauer von zwölf Wochen nicht überschreiten.

X. SGB III (Auszug)

§ 51 Berufsvorbereitende Bildungsmaßnahmen

(1) Die Agentur für Arbeit kann förderungsbedürftige junge Menschen durch berufsvorbereitende Bildungsmaßnahmen fördern, um sie auf die Aufnahme einer Berufsausbildung vorzubereiten oder, wenn die Aufnahme einer Berufsausbildung wegen in ihrer Person liegender Gründe nicht möglich ist, ihnen die berufliche Eingliederung zu erleichtern.

(2) ¹Eine berufsvorbereitende Bildungsmaßnahme ist förderungsfähig, wenn sie

1. nicht den Schulgesetzen der Länder unterliegt und
2. nach Aus- und Fortbildung sowie Berufserfahrung der Leitung und der Lehr- und Fachkräfte, nach Gestaltung des Lehrplans, nach Unterrichtsmethode und Güte der zum Einsatz vorgesehenen Lehr- und Lernmittel eine erfolgreiche berufliche Bildung erwarten lässt.

²Eine berufsvorbereitende Bildungsmaßnahme, die teilweise im Ausland durchgeführt wird, ist auch für den im Ausland durchgeführten Teil förderungsfähig, wenn dieser Teil im Verhältnis zur Gesamtdauer der berufsvorbereitenden Bildungsmaßnahme angemessen ist und die Hälfte der vorgesehenen Förderdauer nicht übersteigt.

(3) Eine berufsvorbereitende Bildungsmaßnahme kann zur Erleichterung der beruflichen Eingliederung auch allgemeinbildende Fächer enthalten und auf den nachträglichen Erwerb des Hauptschulabschlusses oder eines gleichwertigen Schulabschlusses vorbereiten.

(4) Betriebliche Praktika können abgestimmt auf den individuellen Förderbedarf in angemessenem Umfang vorgesehen werden.

§ 54a Einstiegsqualifizierung

(1) ¹Arbeitgeber, die eine betriebliche Einstiegsqualifizierung durchführen, können durch Zuschüsse zur Vergütung bis zu einer Höhe von 231 Euro monatlich zuzüglich eines pauschalierten Anteils am durchschnittlichen Gesamtsozialversicherungsbeitrag der oder des Auszubildenden gefördert werden. ²Die betriebliche Einstiegsqualifizierung dient der Vermittlung und Vertiefung von Grundlagen für den Erwerb beruflicher Handlungsfähigkeit. ³Soweit die betriebliche Einstiegsqualifizierung als Berufsausbildungsvor-

bereitung nach dem Berufsbildungsgesetz durchgeführt wird, gelten die §§ 68 bis 70 des Berufsbildungsgesetzes.

(2) Eine Einstiegsqualifizierung kann für die Dauer von sechs bis längstens zwölf Monaten gefördert werden, wenn sie

1. auf der Grundlage eines Vertrags im Sinne des § 26 des Berufsbildungsgesetzes mit der oder dem Auszubildenden durchgeführt wird,
2. auf einen anerkannten Ausbildungsberuf im Sinne des § 4 Absatz 1 des Berufsbildungsgesetzes, § 25 Absatz 1 Satz 1 der Handwerksordnung, des Seearbeitsgesetzes oder des Altenpflegegesetzes vorbereitet und
3. in Vollzeit oder wegen der Erziehung eigener Kinder oder der Pflege von Familienangehörigen in Teilzeit von mindestens 20 Wochenstunden durchgeführt wird.

(3) [1]Der Abschluss des Vertrags ist der nach dem Berufsbildungsgesetz, im Fall der Vorbereitung auf einen nach dem Altenpflegegesetz anerkannten Ausbildungsberuf der nach Landesrecht zuständigen Stelle anzuzeigen. [2]Die vermittelten Fertigkeiten, Kenntnisse und Fähigkeiten sind vom Betrieb zu bescheinigen. [3]Die zuständige Stelle stellt über die erfolgreich durchgeführte betriebliche Einstiegsqualifizierung ein Zertifikat aus.

(4) Förderungsfähig sind

1. bei der Agentur für Arbeit gemeldete Ausbildungsbewerberinnen und -bewerber mit aus individuellen Gründen eingeschränkten Vermittlungsperspektiven, die auch nach den bundesweiten Nachvermittlungsaktionen keine Ausbildungsstelle haben,
2. Ausbildungsuchende, die noch nicht in vollem Maße über die erforderliche Ausbildungsreife verfügen, und
3. lernbeeinträchtigte und sozial benachteiligte Ausbildungsuchende.

(5) [1]Die Förderung einer oder eines Auszubildenden, die oder der bereits eine betriebliche Einstiegsqualifizierung bei dem Antrag stellenden Betrieb oder in einem anderen Betrieb des Unternehmens durchlaufen hat, oder in einem Betrieb des Unternehmens oder eines verbundenen Unternehmens in den letzten drei Jahren vor Beginn der Einstiegsqualifizierung versicherungspflichtig beschäftigt war, ist ausgeschlossen. [2]Gleiches gilt, wenn die Einstiegsqualifizierung im Betrieb der Ehegatten, Lebenspartnerinnen oder Lebenspartner oder Eltern durchgeführt wird.

X. SGB III (Auszug)

§ 57 Förderungsfähige Berufsausbildung

(1) Eine Berufsausbildung ist förderungsfähig, wenn sie in einem nach dem Berufsbildungsgesetz, der Handwerksordnung oder dem Seearbeitsgesetz staatlich anerkannten Ausbildungsberuf betrieblich oder außerbetrieblich oder nach dem Altenpflegegesetz betrieblich durchgeführt wird und der dafür vorgeschriebene Berufsausbildungsvertrag abgeschlossen worden ist.

(2) ¹Förderungsfähig ist die erste Berufsausbildung. ²Eine zweite Berufsausbildung kann gefördert werden, wenn zu erwarten ist, dass eine berufliche Eingliederung dauerhaft auf andere Weise nicht erreicht werden kann und durch die zweite Berufsausbildung die berufliche Eingliederung erreicht wird.

(3) Nach der vorzeitigen Lösung eines Berufsausbildungsverhältnisses darf erneut gefördert werden, wenn für die Lösung ein berechtigter Grund bestand.

§ 59 Förderungsfähiger Personenkreis

(1) ¹Gefördert werden

1. Deutsche im Sinne des Grundgesetzes,
2. Unionsbürger, die ein Recht auf Daueraufenthalt im Sinne des Freizügigkeitsgesetzes/EU besitzen sowie andere Ausländer, die eine Niederlassungserlaubnis oder eine Erlaubnis zum Daueraufenthalt – EU nach dem Aufenthaltsgesetz besitzen,
3. Ehegatten oder Lebenspartner und Kinder von Unionsbürgern, die unter den Voraussetzungen des § 3 Absatz 1 und 4 des Freizügigkeitsgesetzes/EU unionsrechtlich freizügigkeitsberechtigt sind oder denen diese Rechte als Kinder nur deshalb nicht zustehen, weil sie 21 Jahre oder älter sind und von ihren Eltern oder deren Ehegatten oder Lebenspartnern keinen Unterhalt erhalten,
4. Unionsbürger, die vor dem Beginn der Ausbildung im Inland in einem Beschäftigungsverhältnis gestanden haben, dessen Gegenstand mit dem der Ausbildung in inhaltlichem Zusammenhang steht,
5. Staatsangehörige eines anderen Vertragsstaates des Abkommens über den Europäischen Wirtschaftsraum unter den Voraussetzungen der Nummern 2 bis 4,

6. Ausländer, die ihren gewöhnlichen Aufenthalt im Inland haben und die außerhalb des Bundesgebiets als Flüchtlinge im Sinne des Abkommens über die Rechtsstellung der Flüchtlinge vom 28. Juli 1951 (BGBl. 1953 II S. 559) anerkannt und im Gebiet der Bundesrepublik Deutschland nicht nur vorübergehend zum Aufenthalt berechtigt sind,
7. heimatlose Ausländer im Sinne des Gesetzes über die Rechtsstellung heimatloser Ausländer im Bundesgebiet in der im Bundesgesetzblatt Teil III, Gliederungsnummer 243-1, veröffentlichten bereinigten Fassung, das zuletzt durch Artikel 7 des Gesetzes vom 30. Juli 2004 (BGBl. I S. 1950) geändert worden ist.

²§ 8 Absatz 2, 4 und 5 des Bundesausbildungsförderungsgesetzes gilt entsprechend.

(2) Geduldete Ausländerinnen und Ausländer (§ 60a des Aufenthaltsgesetzes), die ihren ständigen Wohnsitz im Inland haben, werden während einer betrieblich durchgeführten Berufsausbildung gefördert, wenn sie sich seit mindestens 15 Monaten ununterbrochen rechtmäßig, gestattet oder geduldet im Bundesgebiet aufhalten.

(3) Im Übrigen werden Ausländerinnen und Ausländer gefördert, wenn

1. sie selbst sich vor Beginn der Berufsausbildung insgesamt fünf Jahre im Inland aufgehalten haben und rechtmäßig erwerbstätig gewesen sind oder
2. zumindest ein Elternteil während der letzten sechs Jahre vor Beginn der Berufsausbildung sich insgesamt drei Jahre im Inland aufgehalten hat und rechtmäßig erwerbstätig gewesen ist, im Übrigen von dem Zeitpunkt an, in dem im weiteren Verlauf der Berufsausbildung diese Voraussetzungen vorgelegen haben; von dem Erfordernis der Erwerbstätigkeit des Elternteils während der letzten sechs Jahre kann abgesehen werden, wenn sie aus einem von ihm nicht zu vertretenden Grunde nicht ausgeübt worden ist und er im Inland mindestens sechs Monate erwerbstätig gewesen ist; ist die oder der Auszubildende in den Haushalt einer oder eines Verwandten aufgenommen, so kann diese oder dieser zur Erfüllung dieser Voraussetzungen an die Stelle des Elternteils treten, sofern die oder der Auszubildende sich in den letzten drei Jahren vor Beginn der Berufsausbildung rechtmäßig im Inland aufgehalten hat.

§ 75 Ausbildungsbegleitende Hilfen

(1) ¹Ausbildungsbegleitende Hilfen sind Maßnahmen für förderungsbedürftige junge Menschen, die über die Vermittlung von betriebs- und ausbildungsüblichen Inhalten hinausgehen, insbesondere müssen ausbildungsbegleitende Hilfen während einer Einstiegsqualifizierung über die Vermittlung der vom Betrieb im Rahmen der Einstiegsqualifizierung zu vermittelnden Fertigkeiten, Kenntnisse und Fähigkeiten hinausgehen. ²Hierzu gehören Maßnahmen

1. zum Abbau von Sprach- und Bildungsdefiziten,
2. zur Förderung fachpraktischer und fachtheoretischer Fertigkeiten, Kenntnisse und Fähigkeiten und
3. zur sozialpädagogischen Begleitung.

(2) ¹Ausbildungsbegleitende Hilfen sind förderungsfähig, wenn sie

1. die förderungsbedürftigen jungen Menschen während einer betrieblichen Berufsausbildung oder einer Einstiegsqualifizierung unterstützen,
2. zur Unterstützung nach der vorzeitigen Lösung eines betrieblichen Berufsausbildungsverhältnisses bis zur Aufnahme einer weiteren betrieblichen oder einer außerbetrieblichen Berufsausbildung erforderlich sind oder
3. nach erfolgreicher Beendigung einer mit ausbildungsbegleitenden Hilfen geförderten betrieblichen Berufsausbildung bis zur Begründung oder Festigung eines Arbeitsverhältnisses fortgesetzt werden und hierfür erforderlich sind.

²Sie enden spätestens sechs Monate nach Begründung eines Arbeitsverhältnisses.

§ 78 Förderungsbedürftige junge Menschen

(1) Förderungsbedürftig sind lernbeeinträchtigte und sozial benachteiligte junge Menschen, die wegen in ihrer Person liegender Gründe ohne die Förderung

1. eine Einstiegsqualifizierung oder eine Berufsausbildung nicht beginnen, fortsetzen oder erfolgreich beenden können,

2. nach der vorzeitigen Lösung eines Berufsausbildungsverhältnisses eine weitere Berufsausbildung nicht beginnen können oder
3. nach erfolgreicher Beendigung einer Berufsausbildung ein Arbeitsverhältnis nicht begründen oder festigen können.

(2) ¹Förderungsbedürftig sind auch

1. junge Menschen, die ohne die Förderung mit ausbildungsbegleitenden Hilfen eine Einstiegsqualifizierung oder eine erste betriebliche Berufsausbildung nicht beginnen oder fortsetzen können oder voraussichtlich Schwierigkeiten haben werden, diese erfolgreich abzuschließen, oder
2. Auszubildende, die nach der vorzeitigen Lösung eines betrieblichen Berufsausbildungsverhältnisses unter den Voraussetzungen des § 76 Absatz 3 eine Berufsausbildung außerbetrieblich fortsetzen.

²Satz 1 Nummer 1 gilt entsprechend für junge Menschen, die bereits eine Berufsausbildung absolviert haben und deren zweite Berufsausbildung für ihre dauerhafte berufliche Eingliederung erforderlich ist.

(3) ¹§ 59 Absatz 1 und 3 gilt entsprechend. ²§ 59 Absatz 2 gilt für ausbildungsbegleitende Hilfen entsprechend; das gilt auch für außerhalb einer betrieblichen Berufsausbildung liegende, in § 75 Absatz 2 genannte Phasen.

...

§ 81 Grundsatz

(1) ¹Arbeitnehmerinnen und Arbeitnehmer können bei beruflicher Weiterbildung durch Übernahme der Weiterbildungskosten gefördert werden, wenn

1. die Weiterbildung notwendig ist, um sie bei Arbeitslosigkeit beruflich einzugliedern, eine ihnen drohende Arbeitslosigkeit abzuwenden oder weil bei ihnen wegen fehlenden Berufsabschlusses die Notwendigkeit der Weiterbildung anerkannt ist,
2. die Agentur für Arbeit sie vor Beginn der Teilnahme beraten hat und
3. die Maßnahme und der Träger der Maßnahme für die Förderung zugelassen sind.

²Als Weiterbildung gilt die Zeit vom ersten Tag bis zum letzten Tag der Maßnahme mit Unterrichtsveranstaltungen, es sei denn, die Maßnahme ist vorzeitig beendet worden.

(2) ¹Anerkannt wird die Notwendigkeit der Weiterbildung bei Arbeitnehmerinnen und Arbeitnehmern wegen fehlenden Berufsabschlusses, wenn sie

1. über einen Berufsabschluss verfügen, jedoch auf Grund einer mehr als vier Jahre ausgeübten Beschäftigung in an- oder ungelernter Tätigkeit eine dem Berufsabschluss entsprechende Beschäftigung voraussichtlich nicht mehr ausüben können, oder
2. nicht über einen Berufsabschluss verfügen, für den nach bundes- oder landesrechtlichen Vorschriften eine Ausbildungsdauer von mindestens zwei Jahren festgelegt ist; Arbeitnehmerinnen und Arbeitnehmer ohne einen solchen Berufsabschluss, die noch nicht drei Jahre beruflich tätig gewesen sind, können nur gefördert werden, wenn eine Berufsausbildung oder eine berufsvorbereitende Bildungsmaßnahme aus in ihrer Person liegenden Gründen nicht möglich oder nicht zumutbar ist.

²Zeiten der Arbeitslosigkeit, der Kindererziehung und der Pflege einer pflegebedürftigen Person mit mindestens Pflegegrad 2 stehen Zeiten einer Beschäftigung nach Satz 1 Nummer 1 gleich.

(3) ¹Arbeitnehmerinnen und Arbeitnehmer werden durch Übernahme der Weiterbildungskosten zum nachträglichen Erwerb des Hauptschulabschlusses oder eines gleichwertigen Schulabschlusses gefördert, wenn

1. sie die Voraussetzungen für die Förderung der beruflichen Weiterbildung nach Absatz 1 erfüllen und
2. zu erwarten ist, dass sie an der Maßnahme erfolgreich teilnehmen werden.

²Absatz 2 Satz 1 Nummer 2 zweiter Halbsatz gilt entsprechend. ³Die Leistung wird nur erbracht, soweit sie nicht für den gleichen Zweck durch Dritte erbracht wird. ⁴Die Agentur für Arbeit hat darauf hinzuwirken, dass sich die für die allgemeine Schulbildung zuständigen Länder an den Kosten der Maßnahme beteiligen. ⁵Leistungen Dritter zur Aufstockung der Leistung bleiben anrechnungsfrei.

(3a) Arbeitnehmerinnen und Arbeitnehmer können zum Erwerb von Grundkompetenzen durch Übernahme der Weiterbildungskosten gefördert werden, wenn

1. die in Absatz 1 genannten Voraussetzungen für die Förderung der beruflichen Weiterbildung erfüllt sind,
2. die Arbeitnehmerinnen und Arbeitnehmer nicht über ausreichende Grundkompetenzen verfügen, um erfolgreich an einer beruflichen Weiterbildung teilzunehmen, die zu einem Abschluss in einem Ausbildungsberuf führt, für den nach bundes- oder landesrechtlichen Vorschriften eine Ausbildungsdauer von mindestens zwei Jahren festgelegt ist, und
3. nach einer Teilnahme an der Maßnahme zum Erwerb von Grundkompetenzen der erfolgreiche Abschluss einer beruflichen Weiterbildung nach Nummer 2 erwartet werden kann.

(4) [1]Der Arbeitnehmerin oder dem Arbeitnehmer wird das Vorliegen der Voraussetzungen für eine Förderung bescheinigt (Bildungsgutschein). [2]Der Bildungsgutschein kann zeitlich befristet sowie regional und auf bestimmte Bildungsziele beschränkt werden. [3]Der von der Arbeitnehmerin oder vom Arbeitnehmer ausgewählte Träger hat der Agentur für Arbeit den Bildungsgutschein vor Beginn der Maßnahme vorzulegen. [4]Die Agentur für Arbeit kann auf die Ausstellung eines Bildungsgutscheins bei beschäftigten Arbeitnehmerinnen und Arbeitnehmern verzichten, wenn der Arbeitgeber und die Arbeitnehmerin oder der Arbeitnehmer damit einverstanden sind.

(5) [1]Für die berufliche Weiterbildung von Arbeitnehmerinnen und Arbeitnehmern, bei denen die Notwendigkeit der Weiterbildung wegen eines fehlenden Berufsabschlusses nach Absatz 2 anerkannt ist, können Arbeitgeber durch Zuschüsse zum Arbeitsentgelt gefördert werden, soweit die Weiterbildung im Rahmen eines bestehenden Arbeitsverhältnisses durchgeführt wird. [2]Die Zuschüsse können bis zur Höhe des Betrags erbracht werden, der sich als anteiliges Arbeitsentgelt für weiterbildungsbedingte Zeiten ohne Arbeitsleistung errechnet; dieses umfasst auch den darauf entfallenden pauschalierten Arbeitgeberanteil am Gesamtsozialversicherungsbeitrag.

X. SGB III (Auszug)

§ 82 Förderung besonderer Arbeitnehmerinnen und Arbeitnehmer

¹Arbeitnehmerinnen und Arbeitnehmer können bei beruflicher Weiterbildung durch volle oder teilweise Übernahme der Weiterbildungskosten gefördert werden, wenn

1. sie bei Beginn der Teilnahme das 45. Lebensjahr vollendet haben,
2. sie im Rahmen eines bestehenden Arbeitsverhältnisses für die Zeit der Teilnahme an der Maßnahme weiterhin Anspruch auf Arbeitsentgelt haben,
3. der Betrieb, dem sie angehören, weniger als 250 Beschäftigte hat,
4. die Maßnahme außerhalb des Betriebs, dem sie angehören, durchgeführt wird,
5. Kenntnisse und Fertigkeiten vermittelt werden, die über ausschließlich arbeitsplatzbezogene kurzfristige Anpassungsfortbildungen hinausgehen, und
6. die Maßnahme und der Träger der Maßnahme für die Förderung zugelassen sind.

²Die Voraussetzungen des Satzes 1 Nummer 1 und 2 gelten nicht, wenn der Betrieb, dem die Arbeitnehmerinnen und Arbeitnehmer angehören, weniger als zehn Beschäftigte hat; in diesem Fall sollen Arbeitnehmerinnen und Arbeitnehmer durch volle Übernahme der Weiterbildungskosten gefördert werden. ³§ 81 Absatz 4 gilt. ⁴Der Bildungsgutschein kann in Förderhöhe und Förderumfang beschränkt werden. ⁵Bei der Feststellung der Zahl der Beschäftigten sind Teilzeitbeschäftigte mit einer regelmäßigen wöchentlichen Arbeitszeit von nicht mehr als zehn Stunden mit 0,25, von nicht mehr als 20 Stunden mit 0,50 und von nicht mehr als 30 Stunden mit 0,75 zu berücksichtigen.

§ 83 Weiterbildungskosten

(1) Weiterbildungskosten sind die durch die Weiterbildung unmittelbar entstehenden

1. Lehrgangskosten und Kosten für die Eignungsfeststellung,
2. Fahrkosten,
3. Kosten für auswärtige Unterbringung und Verpflegung,
4. Kosten für die Betreuung von Kindern.

(2) ¹Leistungen können unmittelbar an den Träger der Maßnahme ausgezahlt werden, soweit Kosten bei dem Träger unmittelbar entstehen. ²Soweit ein Bescheid über die Bewilligung von unmittelbar an den Träger erbrachten Leistungen aufgehoben worden ist, sind diese Leistungen ausschließlich von dem Träger zu erstatten.

§ 84 Lehrgangskosten

(1) Lehrgangskosten sind Lehrgangsgebühren einschließlich

1. der Kosten für erforderliche Lernmittel, Arbeitskleidung und Prüfungsstücke,
2. der Prüfungsgebühren für gesetzlich geregelte oder allgemein anerkannte Zwischen- und Abschlussprüfungen sowie
3. der Kosten für eine notwendige Eignungsfeststellung.

(2) Lehrgangskosten können auch für die Zeit vom Ausscheiden einer Teilnehmerin oder eines Teilnehmers bis zum planmäßigen Ende der Maßnahme übernommen werden, wenn

1. die Teilnehmerin oder der Teilnehmer wegen Arbeitsaufnahme vorzeitig ausgeschieden ist,
2. das Arbeitsverhältnis durch Vermittlung des Trägers der Maßnahme zustande gekommen ist und
3. eine Nachbesetzung des frei gewordenen Platzes in der Maßnahme nicht möglich ist.

§ 85 Fahrkosten

Für Übernahme und Höhe der Fahrkosten gilt § 63 Absatz 1 und 3 entsprechend.

§ 86 Kosten für auswärtige Unterbringung und für Verpflegung

Ist eine auswärtige Unterbringung erforderlich, so kann

1. für die Unterbringung je Tag ein Betrag in Höhe von 31 Euro gezahlt werden, je Kalendermonat jedoch höchstens 340 Euro, und
2. für die Verpflegung je Tag ein Betrag in Höhe von 18 Euro gezahlt werden, je Kalendermonat jedoch höchstens 136 Euro.

§ 87 Kinderbetreuungskosten

Kosten für die Betreuung der aufsichtsbedürftigen Kinder der Arbeitnehmerin oder des Arbeitnehmers können in Höhe von 130 Euro monatlich je Kind übernommen werden.

§ 88 Eingliederungszuschuss

Arbeitgeber können zur Eingliederung von Arbeitnehmerinnen und Arbeitnehmern, deren Vermittlung wegen in ihrer Person liegender Gründe erschwert ist, einen Zuschuss zum Arbeitsentgelt zum Ausgleich einer Minderleistung erhalten (Eingliederungszuschuss).

...

§ 112 Teilhabe am Arbeitsleben

(1) Für behinderte Menschen können Leistungen zur Förderung der Teilhabe am Arbeitsleben erbracht werden, um ihre Erwerbsfähigkeit zu erhalten, zu verbessern, herzustellen oder wiederherzustellen und ihre Teilhabe am Arbeitsleben zu sichern, soweit Art oder Schwere der Behinderung dies erfordern.

(2) ¹Bei der Auswahl der Leistungen sind Eignung, Neigung, bisherige Tätigkeit sowie Lage und Entwicklung des Arbeitsmarktes angemessen zu berücksichtigen. ²Soweit erforderlich, ist auch die berufliche Eignung abzuklären oder eine Arbeitserprobung durchzuführen.

...

§ 121 Übergangsgeld ohne Vorbeschäftigungszeit

¹Ein behinderter Mensch kann auch dann Übergangsgeld erhalten, wenn die Voraussetzung der Vorbeschäftigungszeit nicht erfüllt ist, jedoch innerhalb des letzten Jahres vor Beginn der Teilnahme

1. durch den behinderten Menschen ein Berufsausbildungsabschluss auf Grund einer Zulassung zur Prüfung nach § 43 Absatz 2 des Berufsbil-

dungsgesetzes oder § 36 Absatz 2 der Handwerksordnung erworben worden ist oder

2. sein Prüfungszeugnis auf Grund einer Rechtsverordnung nach § 50 Absatz 1 des Berufsbildungsgesetzes oder § 40 Absatz 1 der Handwerksordnung dem Zeugnis über das Bestehen der Abschlussprüfung in einem nach dem Berufsbildungsgesetz oder der Handwerksordnung anerkannten Ausbildungsberuf gleichgestellt worden ist.

²Der Zeitraum von einem Jahr verlängert sich um Zeiten, in denen der behinderte Mensch nach dem Erwerb des Prüfungszeugnisses bei der Agentur für Arbeit arbeitslos gemeldet war.

...

§ 130 Assistierte Ausbildung

(1) ¹Die Agentur für Arbeit kann förderungsbedürftige junge Menschen und deren Ausbildungsbetriebe während einer betrieblichen Berufsausbildung (ausbildungsbegleitende Phase) durch Maßnahmen der Assistierten Ausbildung mit dem Ziel des erfolgreichen Abschlusses der Berufsausbildung unterstützen. ²Die Maßnahme kann auch eine vorgeschaltete ausbildungsvorbereitende Phase enthalten.

(2) ¹Förderungsbedürftig sind lernbeeinträchtigte und sozial benachteiligte junge Menschen, die wegen in ihrer Person liegender Gründe ohne die Förderung eine betriebliche Berufsausbildung nicht beginnen, fortsetzen oder erfolgreich beenden können. ²§ 57 Absatz 1 und 2 sowie § 59 gelten entsprechend; § 59 Absatz 2 gilt auch für die ausbildungsvorbereitende Phase.

(3) Der förderungsbedürftige junge Mensch wird, auch im Betrieb, individuell und kontinuierlich unterstützt und sozialpädagogisch begleitet.

(4) ¹In der ausbildungsbegleitenden Phase werden förderungsbedürftige junge Menschen unterstützt

1. zum Abbau von Sprach- und Bildungsdefiziten,
2. zur Förderung fachtheoretischer Fertigkeiten, Kenntnisse und Fähigkeiten und
3. zur Stabilisierung des Berufsausbildungsverhältnisses.

X. SGB III (Auszug)

²Die Unterstützung ist mit dem Ausbildungsbetrieb abzustimmen und muss über die Vermittlung betriebs- und ausbildungsüblicher Inhalte hinausgehen.

(5) ¹In einer ausbildungsvorbereitenden Phase werden förderungsbedürftige junge Menschen

1. auf die Aufnahme einer betrieblichen Berufsausbildung vorbereitet und
2. bei der Suche nach einer betrieblichen Ausbildungsstelle unterstützt.

²Die ausbildungsvorbereitende Phase darf eine Dauer von bis zu sechs Monaten umfassen. ³Konnte der förderungsbedürftige junge Mensch in dieser Zeit nicht in eine betriebliche Berufsausbildung vermittelt werden, kann die ausbildungsvorbereitende Phase bis zu zwei weitere Monate fortgesetzt werden. ⁴Sie darf nicht den Schulgesetzen der Länder unterliegen. ⁵Betriebliche Praktika können abgestimmt auf den individuellen Förderbedarf in angemessenem Umfang vorgesehen werden.

(6) ¹Betriebe, die einen förderungsbedürftigen jungen Menschen betrieblich ausbilden, können bei der Durchführung der Berufsausbildung unterstützt werden

1. administrativ und organisatorisch und
2. zur Stabilisierung des Berufsausbildungsverhältnisses.

²Im Fall des Absatzes 1 Satz 2 können Betriebe, die das Ziel verfolgen, einen förderungsbedürftigen jungen Menschen betrieblich auszubilden, zur Aufnahme der Berufsausbildung in der ausbildungsvorbereitenden Phase im Sinne von Satz 1 unterstützt werden.

(7) ¹§ 77 gilt entsprechend. ²Die Leistungen an den Träger der Maßnahme umfassen die Maßnahmekosten. ³§ 79 Absatz 3 Satz 1 Nummer 1 und 2 gilt entsprechend.

(8) ¹Abweichend von Absatz 2 Satz 1 können unter den Voraussetzungen von Satz 2 auch junge Menschen förderungsbedürftig sein, die aufgrund besonderer Lebensumstände eine betriebliche Berufsausbildung nicht beginnen, fortsetzen oder erfolgreich beenden können. ²Voraussetzung ist, dass eine Landeskonzeption für den Bereich des Übergangs von der Schule in den Beruf besteht, in der die besonderen Lebensumstände konkretisiert sind, dass eine spezifische Landeskonzeption zur Assistierten Ausbildung

vorliegt und dass sich Dritte mit mindestens 50 Prozent an der Förderung beteiligen.

(9) ¹Maßnahmen können bis zum 30. September 2018 beginnen. ²Die Unterstützung von Auszubildenden und deren Ausbildungsbetrieben kann in bereits laufenden Maßnahmen auch nach diesem Zeitpunkt beginnen. ³Die oder der Auszubildende muss spätestens in dem Ausbildungsjahr den Termin für die vorgesehene reguläre Abschlussprüfung haben, in dem die ausbildungsbegleitende Phase der Maßnahme endet.

§ 131 Sonderregelung zur Eingliederung von Ausländerinnen und Ausländern mit Aufenthaltsgestattung

¹Für Ausländerinnen und Ausländer, die eine Aufenthaltsgestattung nach dem Asylgesetz besitzen und aufgrund des § 61 des Asylgesetzes keine Erwerbstätigkeit ausüben dürfen, können bis zum 31. Dezember 2018 Leistungen nach dem Zweiten und Dritten Unterabschnitt des Ersten Abschnitts des Dritten Kapitels sowie Leistungen nach den §§ 44 und 45 erbracht werden, wenn bei ihnen ein rechtmäßiger und dauerhafter Aufenthalt zu erwarten ist. ²Bei einem Asylbewerber, der aus einem sicheren Herkunftsstaat nach § 29a des Asylgesetzes stammt, wird vermutet, dass ein rechtmäßiger und dauerhafter Aufenthalt nicht zu erwarten ist.

...

§ 132 Sonderregelung für die Ausbildungsförderung von Ausländerinnen und Ausländern

(1) ¹Ausländerinnen und Ausländer, bei denen ein rechtmäßiger und dauerhafter Aufenthalt zu erwarten ist, gehören nach Maßgabe der folgenden Sätze zum förderungsfähigen Personenkreis nach § 59 für Leistungen

1. nach den §§ 51, 75 und 130, wenn ihr Aufenthalt seit mindestens drei Monaten gestattet ist, und
2. nach den §§ 56 und 122, wenn ihr Aufenthalt seit mindestens 15 Monaten gestattet ist.

²Bei einer Asylbewerberin oder einem Asylbewerber, die oder der aus einem sicheren Herkunftsstaat nach § 29a des Asylgesetzes stammt, wird

vermutet, dass ein rechtmäßiger und dauerhafter Aufenthalt nicht zu erwarten ist. ³Die oder der Auszubildende wird bei einer Berufsausbildung ergänzend zu § 60 Absatz 1 Nummer 1 nur mit Berufsausbildungsbeihilfe gefördert, wenn sie oder er nicht in einer Aufnahmeeinrichtung wohnt. ⁴Eine Förderung mit einer berufsvorbereitenden Bildungsmaßnahme setzt ergänzend zu § 52 voraus, dass die Kenntnisse der deutschen Sprache einen erfolgreichen Übergang in eine Berufsausbildung erwarten lassen.

(2) Geduldete Ausländerinnen und Ausländer (§ 60a des Aufenthaltsgesetzes) gehören zum förderungsfähigen Personenkreis nach § 59 für Leistungen

1. nach den §§ 75 und 130 Absatz 1 Satz 1, wenn sie sich seit mindestens zwölf Monaten ununterbrochen rechtmäßig, gestattet oder geduldet im Bundesgebiet aufhalten; dies gilt auch für außerhalb einer betrieblichen Berufsausbildung liegende, in § 75 Absatz 2 genannte Phasen, und
2. nach den §§ 51, 56 und 122, wenn sie sich seit mindestens sechs Jahren ununterbrochen rechtmäßig, gestattet oder geduldet im Bundesgebiet aufhalten und kein Beschäftigungsverbot nach § 60a Absatz 6 des Aufenthaltsgesetzes besteht.

(3) Ausländerinnen und Ausländer, die eine Aufenthaltserlaubnis nach § 25 Absatz 3, Absatz 4 Satz 2 oder Absatz 5, § 31 des Aufenthaltsgesetzes oder als Ehefrau oder Ehemann oder Lebenspartnerin oder Lebenspartner oder Kind einer Ausländerin oder eines Ausländers mit Aufenthaltserlaubnis eine Aufenthaltserlaubnis nach § 30 oder den §§ 32 bis 34 des Aufenthaltsgesetzes besitzen, gehören zum förderungsfähigen Personenkreis nach § 59 für Leistungen nach den §§ 56, 75, 122 und 130, wenn sie sich seit mindestens drei Monaten ununterbrochen rechtmäßig, gestattet oder geduldet im Bundesgebiet aufhalten.

(4) Die Sonderregelung gilt für

1. Maßnahmen, die bis zum 31. Dezember 2018 beginnen, und
2. Berufsausbildungsbeihilfe oder Ausbildungsgeld, wenn diese oder dieses vor dem 31. Dezember 2018 beantragt wird und die weiteren Anspruchsvoraussetzungen zu diesem Zeitpunkt erfüllt sind.

(5) Findet während der Leistung ein Wechsel des Aufenthaltsstatus statt, ohne dass ein Beschäftigungsverbot vorliegt, kann eine einmal begonnene

Förderung zu Ende geführt werden. Die Teilnahme an einer Förderung steht der Abschiebung nicht entgegen.

...

§ 421 Förderung der Teilnahme an Sprachkursen

(1) ¹Die Agentur für Arbeit kann die Teilnahme von Ausländerinnen und Ausländern, die eine Aufenthaltsgestattung besitzen und bei denen ein rechtmäßiger und dauerhafter Aufenthalt zu erwarten ist, an Maßnahmen zur Erlangung erster Kenntnisse der deutschen Sprache fördern, wenn dies zu ihrer Eingliederung notwendig ist und der Maßnahmeeintritt bis zum 31. Dezember 2015 erfolgt. ²Dies gilt auch für Ausländerinnen und Ausländer nach Satz 1, die auf Grund des § 61 des Asylgesetzes eine Erwerbstätigkeit nicht ausüben dürfen. ³Bei einem Asylbewerber, der aus einem sicheren Herkunftsstaat nach § 29a des Asylgesetzes stammt, wird vermutet, dass ein rechtmäßiger und dauerhafter Aufenthalt nicht zu erwarten ist.

(2) ¹Die Dauer der Teilnahme an der Maßnahme beträgt bis zu acht Wochen. ²Die Teilnahme kann durch Übernahme der Maßnahmekosten gefördert werden, wenn die Träger die erforderliche Leistungsfähigkeit und Zuverlässigkeit besitzen.

(3) Dem Träger werden als Maßnahmekosten erstattet:

1. die angemessenen Aufwendungen für das zur Durchführung der Maßnahme eingesetzte erforderliche Personal sowie für das erforderliche Leistungs- und Verwaltungspersonal,
2. die angemessenen Sachkosten einschließlich der Kosten für Lehr- und Lernmittel und
3. die erforderlichen Fahrkosten der Teilnehmenden.

(4) Die Berechtigung der Ausländerin oder des Ausländers zur Teilnahme an einem Integrationskurs schließt eine Förderung nach Absatz 1 nicht aus.

(5) Die Leistungen nach dieser Vorschrift sind Leistungen der aktiven Arbeitsförderung im Sinne des § 3 Absatz 1 und 2.

X. SGB III (Auszug)

§ 421a Arbeiten in Maßnahmen des Arbeitsmarktprogramms Flüchtlingsintegrationsmaßnahmen

[1]Arbeiten in Maßnahmen, die durch das Arbeitsmarktprogramm Flüchtlingsintegrationsmaßnahmen bereitgestellt werden, begründen kein Arbeitsverhältnis im Sinne des Arbeitsrechts und kein Beschäftigungsverhältnis im Sinne des Vierten Buches; die Vorschriften über den Arbeitsschutz und das Bundesurlaubsgesetz mit Ausnahme der Regelungen über das Urlaubsentgelt sind entsprechend anzuwenden. [2]Für Schäden bei der Ausübung ihrer Tätigkeit haften die Teilnehmerinnen und Teilnehmer an den Maßnahmen wie Arbeitnehmerinnen und Arbeitnehmer.

...

XI. SGB V (Auszug)

Sozialgesetzbuch (SGB) – Fünftes Buch (V) – Gesetzliche Krankenversicherung vom 20. Dezember 1988 (BGBl. I S. 2477), zuletzt geändert durch Art. 4 des Gesetzes zur Stärkung der betrieblichen Altersversorgung und zur Änderung anderer Gesetze (Betriebsrentenstärkungsgesetz) vom 17. August 2017 (BGBl. I S. 3214)

...

§ 5 Versicherungspflicht

(1) Versicherungspflichtig sind

1. Arbeiter, Angestellte und zu ihrer Berufsausbildung Beschäftigte, die gegen Arbeitsentgelt beschäftigt sind,
2. Personen in der Zeit, für die sie Arbeitslosengeld nach dem Dritten Buch beziehen oder nur deshalb nicht beziehen, weil der Anspruch wegen einer Sperrzeit (§ 159 des Dritten Buches) oder wegen einer Urlaubsabgeltung (§ 157 Absatz 2 des Dritten Buches) ruht; dies gilt auch, wenn die Entscheidung, die zum Bezug der Leistung geführt hat, rückwirkend aufgehoben oder die Leistung zurückgefordert oder zurückgezahlt worden ist,
2a. Personen in der Zeit, für die sie Arbeitslosengeld II nach dem Zweiten Buch beziehen, es sei denn, dass diese Leistung nur darlehensweise gewährt wird oder nur Leistungen nach § 24 Absatz 3 Satz 1 des Zweiten Buches bezogen werden; dies gilt auch, wenn die Entscheidung, die zum Bezug der Leistung geführt hat, rückwirkend aufgehoben oder die Leistung zurückgefordert oder zurückgezahlt worden ist,
3. Landwirte, ihre mitarbeitenden Familienangehörigen und Altenteiler nach näherer Bestimmung des Zweiten Gesetzes über die Krankenversicherung der Landwirte,
4. Künstler und Publizisten nach näherer Bestimmung des Künstlersozialversicherungsgesetzes,

5. Personen, die in Einrichtungen der Jugendhilfe für eine Erwerbstätigkeit befähigt werden sollen,
6. Teilnehmer an Leistungen zur Teilhabe am Arbeitsleben sowie an Abklärungen der beruflichen Eignung oder Arbeitserprobung, es sei denn, die Maßnahmen werden nach den Vorschriften des Bundesversorgungsgesetzes erbracht,
7. behinderte Menschen, die in anerkannten Werkstätten für behinderte Menschen oder in Blindenwerkstätten im Sinne des § 143 des Neunten Buches oder für diese Einrichtungen in Heimarbeit tätig sind,
8. behinderte Menschen, die in Anstalten, Heimen oder gleichartigen Einrichtungen in gewisser Regelmäßigkeit eine Leistung erbringen, die einem Fünftel der Leistung eines voll erwerbsfähigen Beschäftigten in gleichartiger Beschäftigung entspricht; hierzu zählen auch Dienstleistungen für den Träger der Einrichtung,
9. Studenten, die an staatlichen oder staatlich anerkannten Hochschulen eingeschrieben sind, unabhängig davon, ob sie ihren Wohnsitz oder gewöhnlichen Aufenthalt im Inland haben, wenn für sie auf Grund über- oder zwischenstaatlichen Rechts kein Anspruch auf Sachleistungen besteht, bis zum Abschluß des vierzehnten Fachsemesters, längstens bis zur Vollendung des dreißigsten Lebensjahres; Studenten nach Abschluß des vierzehnten Fachsemesters oder nach Vollendung des dreißigsten Lebensjahres sind nur versicherungspflichtig, wenn die Art der Ausbildung oder familiäre sowie persönliche Gründe, insbesondere der Erwerb der Zugangsvoraussetzungen in einer Ausbildungsstätte des Zweiten Bildungswegs, die Überschreitung der Altersgrenze oder eine längere Fachstudienzeit rechtfertigen,
10. Personen, die eine in Studien- oder Prüfungsordnungen vorgeschriebene berufspraktische Tätigkeit ohne Arbeitsentgelt verrichten, sowie zu ihrer Berufsausbildung ohne Arbeitsentgelt Beschäftigte; Auszubildende des Zweiten Bildungswegs, die sich in einem förderungsfähigen Teil eines Ausbildungsabschnitts nach dem Bundesausbildungsförderungsgesetz befinden, sind Praktikanten gleichgestellt,
11. Personen, die die Voraussetzungen für den Anspruch auf eine Rente aus der gesetzlichen Rentenversicherung erfüllen und diese Rente beantragt haben, wenn sie seit der erstmaligen Aufnahme einer Erwerbstätigkeit bis zur Stellung des Rentenantrags mindestens neun Zehntel der zweiten Hälfte des Zeitraums Mitglied oder nach § 10 versichert waren,

11a. Personen, die eine selbständige künstlerische oder publizistische Tätigkeit vor dem 1. Januar 1983 aufgenommen haben, die Voraussetzungen für den Anspruch auf eine Rente aus der Rentenversicherung erfüllen und diese Rente beantragt haben, wenn sie mindestens neun Zehntel des Zeitraums zwischen dem 1. Januar 1985 und der Stellung des Rentenantrags nach dem Künstlersozialversicherungsgesetz in der gesetzlichen Krankenversicherung versichert waren; für Personen, die am 3. Oktober 1990 ihren Wohnsitz im Beitrittsgebiet hatten, ist anstelle des 1. Januar 1985 der 1. Januar 1992 maßgebend,

11b. Personen, die die Voraussetzungen für den Anspruch
   a) auf eine Waisenrente nach § 48 des Sechsten Buches oder
   b) auf eine entsprechende Leistung einer berufsständischen Versorgungseinrichtung, wenn der verstorbene Elternteil zuletzt als Beschäftigter von der Versicherungspflicht in der gesetzlichen Rentenversicherung wegen einer Pflichtmitgliedschaft in einer berufsständischen Versorgungseinrichtung nach § 6 Absatz 1 Satz 1 Nummer 1 des Sechsten Buches befreit war,

   erfüllen und diese beantragt haben; dies gilt nicht für Personen, die zuletzt vor der Stellung des Rentenantrags privat krankenversichert waren, es sei denn, sie erfüllen die Voraussetzungen für eine Familienversicherung mit Ausnahme des § 10 Absatz 1 Satz 1 Nummer 2 oder die Voraussetzungen der Nummer 11,

12. Personen, die die Voraussetzungen für den Anspruch auf eine Rente aus der gesetzlichen Rentenversicherung erfüllen und diese Rente beantragt haben, wenn sie zu den in § 1 oder § 17a des Fremdrentengesetzes oder zu den in § 20 des Gesetzes zur Wiedergutmachung nationalsozialistischen Unrechts in der Sozialversicherung genannten Personen gehören und ihren Wohnsitz innerhalb der letzten 10 Jahre vor der Stellung des Rentenantrags in das Inland verlegt haben,

13. Personen, die keinen anderweitigen Anspruch auf Absicherung im Krankheitsfall haben und
   a) zuletzt gesetzlich krankenversichert waren oder
   b) bisher nicht gesetzlich oder privat krankenversichert waren, es sei denn, dass sie zu den in Absatz 5 oder den in § 6 Abs. 1 oder 2 genannten Personen gehören oder bei Ausübung ihrer beruflichen Tätigkeit im Inland gehört hätten.

(2) ¹Der nach Absatz 1 Nr. 11 erforderlichen Mitgliedszeit steht bis zum 31. Dezember 1988 die Zeit der Ehe mit einem Mitglied gleich, wenn die mit dem Mitglied verheiratete Person nicht mehr als nur geringfügig beschäftigt oder geringfügig selbständig tätig war. ²Bei Personen, die ihren Rentenanspruch aus der Versicherung einer anderen Person ableiten, gelten die Voraussetzungen des Absatzes 1 Nr. 11 oder 12 als erfüllt, wenn die andere Person diese Voraussetzungen erfüllt hatte. ³Auf die nach Absatz 1 Nummer 11 erforderliche Mitgliedszeit wird für jedes Kind, Stiefkind oder Pflegekind (§ 56 Absatz 2 Nummer 2 des Ersten Buches) eine Zeit von drei Jahren angerechnet.

(3) Als gegen Arbeitsentgelt beschäftigte Arbeiter und Angestellte im Sinne des Absatzes 1 Nr. 1 gelten Bezieher von Vorruhestandsgeld, wenn sie unmittelbar vor Bezug des Vorruhestandsgeldes versicherungspflichtig waren und das Vorruhestandsgeld mindestens in Höhe von 65 vom Hundert des Bruttoarbeitsentgelts im Sinne des § 3 Abs. 2 des Vorruhestandsgesetzes gezahlt wird.

(4) Als Bezieher von Vorruhestandsgeld ist nicht versicherungspflichtig, wer im Ausland seinen Wohnsitz oder gewöhnlichen Aufenthalt in einem Staat hat, mit dem für Arbeitnehmer mit Wohnsitz oder gewöhnlichem Aufenthalt in diesem Staat keine über- oder zwischenstaatlichen Regelungen über Sachleistungen bei Krankheit bestehen.

(4a) ¹Auszubildende, die im Rahmen eines Berufsausbildungsvertrages nach dem Berufsbildungsgesetz in einer außerbetrieblichen Einrichtung ausgebildet werden, stehen den Beschäftigten zur Berufsausbildung im Sinne des Absatzes 1 Nr. 1 gleich. ²Teilnehmer an dualen Studiengängen stehen den Beschäftigten zur Berufsausbildung im Sinne des Absatzes 1 Nummer 1 gleich. ³Als zu ihrer Berufsausbildung Beschäftigte im Sinne des Absatzes 1 Nr. 1 gelten Personen, die als nicht satzungsmäßige Mitglieder geistlicher Genossenschaften oder ähnlicher religiöser Gemeinschaften für den Dienst in einer solchen Genossenschaft oder ähnlichen religiösen Gemeinschaft außerschulisch ausgebildet werden.

(5) ¹Nach Absatz 1 Nr. 1 oder 5 bis 12 ist nicht versicherungspflichtig, wer hauptberuflich selbständig erwerbstätig ist. ²Bei Personen, die im Zusammenhang mit ihrer selbständigen Erwerbstätigkeit regelmäßig mindestens einen Arbeitnehmer mehr als geringfügig beschäftigen, wird vermutet, dass

sie hauptberuflich selbständig erwerbstätig sind; als Arbeitnehmer gelten für Gesellschafter auch die Arbeitnehmer der Gesellschaft.

(5a) ¹Nach Absatz 1 Nr. 2a ist nicht versicherungspflichtig, wer zuletzt vor dem Bezug von Arbeitslosengeld II privat krankenversichert war oder weder gesetzlich noch privat krankenversichert war und zu den in Absatz 5 oder den in § 6 Abs. 1 oder 2 genannten Personen gehört oder bei Ausübung seiner beruflichen Tätigkeit im Inland gehört hätte. ²Satz 1 gilt nicht für Personen, die am 31. Dezember 2008 nach § 5 Abs. 1 Nr. 2a versicherungspflichtig waren, für die Dauer ihrer Hilfebedürftigkeit. ³Personen nach Satz 1 sind nicht nach § 10 versichert. ⁴Personen nach Satz 1, die am 31. Dezember 2015 die Voraussetzungen des § 10 erfüllt haben, sind ab dem 1. Januar 2016 versicherungspflichtig nach Absatz 1 Nummer 2a, solange sie diese Voraussetzungen erfüllen.

(6) ¹Nach Absatz 1 Nr. 5 bis 7 oder 8 ist nicht versicherungspflichtig, wer nach Absatz 1 Nr. 1 versicherungspflichtig ist. ²Trifft eine Versicherungspflicht nach Absatz 1 Nr. 6 mit einer Versicherungspflicht nach Absatz 1 Nr. 7 oder 8 zusammen, geht die Versicherungspflicht vor, nach der die höheren Beiträge zu zahlen sind.

(7) ¹Nach Absatz 1 Nr. 9 oder 10 ist nicht versicherungspflichtig, wer nach Absatz 1 Nr. 1 bis 8, 11 bis 12 versicherungspflichtig oder nach § 10 versichert ist, es sei denn, der Ehegatte, der Lebenspartner oder das Kind des Studenten oder Praktikanten ist nicht versichert oder die Versicherungspflicht nach Absatz 1 Nummer 11b besteht über die Altersgrenze des § 10 Absatz 2 Nummer 3 hinaus. ²Die Versicherungspflicht nach Absatz 1 Nr. 9 geht der Versicherungspflicht nach Absatz 1 Nr. 10 vor.

(8) ¹Nach Absatz 1 Nr. 11 bis 12 ist nicht versicherungspflichtig, wer nach Absatz 1 Nr. 1 bis 7 oder 8 versicherungspflichtig ist. ²Satz 1 gilt für die in § 190 Abs. 11a genannten Personen entsprechend. ³Bei Beziehern einer Rente der gesetzlichen Rentenversicherung, die nach dem 31. März 2002 nach § 5 Abs. 1 Nr. 11 versicherungspflichtig geworden sind, deren Anspruch auf Rente schon an diesem Tag bestand und die bis zu diesem Zeitpunkt nach § 10 oder nach § 7 des Zweiten Gesetzes über die Krankenversicherung der Landwirte versichert waren, aber nicht die Vorversicherungszeit des § 5 Abs. 1 Nr. 11 in der seit dem 1. Januar 1993 geltenden Fassung erfüllt hatten und deren Versicherung nach § 10 oder nach § 7 des Zweiten Gesetzes über die Krankenversicherung der Landwirte nicht von

einer der in § 9 Abs. 1 Nr. 6 genannten Personen abgeleitet worden ist, geht die Versicherung nach § 10 oder nach § 7 des Zweiten Gesetzes über die Krankenversicherung der Landwirte der Versicherung nach § 5 Abs. 1 Nr. 11 vor.

(8a) [1]Nach Absatz 1 Nr. 13 ist nicht versicherungspflichtig, wer nach Absatz 1 Nr. 1 bis 12 versicherungspflichtig, freiwilliges Mitglied oder nach § 10 versichert ist. [2]Satz 1 gilt entsprechend für Empfänger laufender Leistungen nach dem Dritten, Vierten, Sechsten und Siebten Kapitel des Zwölften Buches und für Empfänger laufender Leistungen nach § 2 des Asylbewerberleistungsgesetzes. [3]Satz 2 gilt auch, wenn der Anspruch auf diese Leistungen für weniger als einen Monat unterbrochen wird. [4]Der Anspruch auf Leistungen nach § 19 Abs. 2 gilt nicht als Absicherung im Krankheitsfall im Sinne von Absatz 1 Nr. 13, sofern im Anschluss daran kein anderweitiger Anspruch auf Absicherung im Krankheitsfall besteht.

(9) [1]Kommt eine Versicherung nach den §§ 5, 9 oder 10 nach Kündigung des Versicherungsvertrages nicht zu Stande oder endet eine Versicherung nach den §§ 5 oder 10 vor Erfüllung der Vorversicherungszeit nach § 9, ist das private Krankenversicherungsunternehmen zum erneuten Abschluss eines Versicherungsvertrages verpflichtet, wenn der vorherige Vertrag für mindestens fünf Jahre vor seiner Kündigung ununterbrochen bestanden hat. [2]Der Abschluss erfolgt ohne Risikoprüfung zu gleichen Tarifbedingungen, die zum Zeitpunkt der Kündigung bestanden haben; die bis zum Ausscheiden erworbenen Alterungsrückstellungen sind dem Vertrag zuzuschreiben. [3]Wird eine gesetzliche Krankenversicherung nach Satz 1 nicht begründet, tritt der neue Versicherungsvertrag am Tag nach der Beendigung des vorhergehenden Versicherungsvertrages in Kraft. [4]Endet die gesetzliche Krankenversicherung nach Satz 1 vor Erfüllung der Vorversicherungszeit, tritt der neue Versicherungsvertrag am Tag nach Beendigung der gesetzlichen Krankenversicherung in Kraft. [5]Die Verpflichtung nach Satz 1 endet drei Monate nach der Beendigung des Versicherungsvertrages, wenn eine Versicherung nach den §§ 5, 9 oder 10 nicht begründet wurde. [6]Bei Beendigung der Versicherung nach den §§ 5 oder 10 vor Erfüllung der Vorversicherungszeiten nach § 9 endet die Verpflichtung nach Satz 1 längstens zwölf Monate nach der Beendigung des privaten Versicherungsvertrages. [7]Die vorstehenden Regelungen zum Versicherungsvertrag sind auf eine Anwartschaftsversicherung in der privaten Krankenversicherung entsprechend anzuwenden.

(10) (nicht belegt)

(11) ¹Ausländer, die nicht Angehörige eines Mitgliedstaates der Europäischen Union, Angehörige eines Vertragsstaates des Abkommens über den Europäischen Wirtschaftsraum oder Staatsangehörige der Schweiz sind, werden von der Versicherungspflicht nach Absatz 1 Nr. 13 erfasst, wenn sie eine Niederlassungserlaubnis oder eine Aufenthaltserlaubnis mit einer Befristung auf mehr als zwölf Monate nach dem Aufenthaltsgesetz besitzen und für die Erteilung dieser Aufenthaltstitel keine Verpflichtung zur Sicherung des Lebensunterhalts nach § 5 Abs. 1 Nr. 1 des Aufenthaltsgesetzes besteht. ²Angehörige eines anderen Mitgliedstaates der Europäischen Union, Angehörige eines anderen Vertragsstaates des Abkommens über den Europäischen Wirtschaftsraum oder Staatsangehörige der Schweiz werden von der Versicherungspflicht nach Absatz 1 Nr. 13 nicht erfasst, wenn die Voraussetzung für die Wohnortnahme in Deutschland die Existenz eines Krankenversicherungsschutzes nach § 4 des Freizügigkeitsgesetzes/EU ist. ³Bei Leistungsberechtigten nach dem Asylbewerberleistungsgesetz liegt eine Absicherung im Krankheitsfall bereits dann vor, wenn ein Anspruch auf Leistungen bei Krankheit, Schwangerschaft und Geburt nach § 4 des Asylbewerberleistungsgesetzes dem Grunde nach besteht.

...

§ 9 Freiwillige Versicherung

(1) ¹Der Versicherung können beitreten

1. Personen, die als Mitglieder aus der Versicherungspflicht ausgeschieden sind und in den letzten fünf Jahren vor dem Ausscheiden mindestens vierundzwanzig Monate oder unmittelbar vor dem Ausscheiden ununterbrochen mindestens zwölf Monate versichert waren; Zeiten der Mitgliedschaft nach § 189 und Zeiten, in denen eine Versicherung allein deshalb bestanden hat, weil Arbeitslosengeld II zu Unrecht bezogen wurde, werden nicht berücksichtigt,
2. Personen, deren Versicherung nach § 10 erlischt oder nur deswegen nicht besteht, weil die Voraussetzungen des § 10 Abs. 3 vorliegen, wenn sie oder der Elternteil, aus dessen Versicherung die Familienver-

sicherung abgeleitet wurde, die in Nummer 1 genannte Vorversicherungszeit erfüllen,
3. Personen, die erstmals eine Beschäftigung im Inland aufnehmen und nach § 6 Absatz 1 Nummer 1 versicherungsfrei sind; Beschäftigungen vor oder während der beruflichen Ausbildung bleiben unberücksichtigt,
4. schwerbehinderte Menschen im Sinne des Neunten Buches, wenn sie, ein Elternteil, ihr Ehegatte oder ihr Lebenspartner in den letzten fünf Jahren vor dem Beitritt mindestens drei Jahre versichert waren, es sei denn, sie konnten wegen ihrer Behinderung diese Voraussetzung nicht erfüllen; die Satzung kann das Recht zum Beitritt von einer Altersgrenze abhängig machen,
5. Arbeitnehmer, deren Mitgliedschaft durch Beschäftigung im Ausland oder bei einer zwischenstaatlichen oder überstaatlichen Organisation endete, wenn sie innerhalb von zwei Monaten nach Rückkehr in das Inland oder nach Beendigung ihrer Tätigkeit bei der zwischenstaatlichen oder überstaatlichen Organisation wieder eine Beschäftigung aufnehmen,
6. innerhalb von sechs Monaten nach dem Eintritt der Versicherungspflicht Bezieher einer Rente der gesetzlichen Rentenversicherung, die nach dem 31. März 2002 nach § 5 Abs. 1 Nr. 11 versicherungspflichtig geworden sind, deren Anspruch auf Rente schon an diesem Tag bestand, die aber nicht die Vorversicherungszeit nach § 5 Abs. 1 Nr. 11 in der seit dem 1. Januar 1993 geltenden Fassung erfüllt hatten und die deswegen bis zum 31. März 2002 freiwillige Mitglieder waren,
7. innerhalb von sechs Monaten nach ständiger Aufenthaltnahme im Inland oder innerhalb von drei Monaten nach Ende des Bezugs von Arbeitslosengeld II Spätaussiedler sowie deren gemäß § 7 Abs. 2 Satz 1 des Bundesvertriebenengesetzes leistungsberechtigte Ehegatten und Abkömmlinge, die bis zum Verlassen ihres früheren Versicherungsbereichs bei einem dortigen Träger der gesetzlichen Krankenversicherung versichert waren.

²Für die Berechnung der Vorversicherungszeiten nach Satz 1 Nr. 1 gelten 360 Tage eines Bezugs von Leistungen, die nach § 339 des Dritten Buches berechnet werden, als zwölf Monate.

(2) Der Beitritt ist der Krankenkasse innerhalb von drei Monaten anzuzeigen,

1. im Falle des Absatzes 1 Nr. 1 nach Beendigung der Mitgliedschaft,
2. im Falle des Absatzes 1 Nr. 2 nach Beendigung der Versicherung oder nach Geburt des Kindes,
3. im Falle des Absatzes 1 Satz 1 Nummer 3 nach Aufnahme der Beschäftigung,
4. im Falle des Absatzes 1 Nr. 4 nach Feststellung der Behinderung nach § 68 des Neunten Buches,
5. im Falle des Absatzes 1 Nummer 5 nach Rückkehr in das Inland oder nach Beendigung der Tätigkeit bei der zwischenstaatlichen oder überstaatlichen Organisation.

(3) Kann zum Zeitpunkt des Beitritts zur gesetzlichen Krankenversicherung nach Absatz 1 Nr. 7 eine Bescheinigung nach § 15 Abs. 1 oder 2 des Bundesvertriebenengesetzes nicht vorgelegt werden, reicht als vorläufiger Nachweis der vom Bundesverwaltungsamt im Verteilungsverfahren nach § 8 Abs. 1 des Bundesvertriebenengesetzes ausgestellte Registrierschein und die Bestätigung der für die Ausstellung einer Bescheinigung nach § 15 Abs. 1 oder 2 des Bundesvertriebenengesetzes zuständigen Behörde, dass die Ausstellung dieser Bescheinigung beantragt wurde.

...

§ 16 Ruhen des Anspruchs

(1) [1]Der Anspruch auf Leistungen ruht, solange Versicherte

1. sich im Ausland aufhalten, und zwar auch dann, wenn sie dort während eines vorübergehenden Aufenthalts erkranken, soweit in diesem Gesetzbuch nichts Abweichendes bestimmt ist,
2. Dienst auf Grund einer gesetzlichen Dienstpflicht oder Dienstleistungen und Übungen nach dem Vierten Abschnitt des Soldatengesetzes leisten,
2a. in einem Wehrdienstverhältnis besonderer Art nach § 6 des Einsatz-Weiterverwendungsgesetzes stehen,
3. nach dienstrechtlichen Vorschriften Anspruch auf Heilfürsorge haben oder als Entwicklungshelfer Entwicklungsdienst leisten,
4. sich in Untersuchungshaft befinden, nach § 126a der Strafprozeßordnung einstweilen untergebracht sind oder gegen sie eine Freiheitsstra-

fe oder freiheitsentziehende Maßregel der Besserung und Sicherung vollzogen wird, soweit die Versicherten als Gefangene Anspruch auf Gesundheitsfürsorge nach dem Strafvollzugsgesetz haben oder sonstige Gesundheitsfürsorge erhalten. ²Satz 1 gilt nicht für den Anspruch auf Mutterschaftsgeld.

(2) Der Anspruch auf Leistungen ruht, soweit Versicherte gleichartige Leistungen von einem Träger der Unfallversicherung im Ausland erhalten.

(3) ¹Der Anspruch auf Leistungen ruht, soweit durch das Seearbeitsgesetz für den Fall der Erkrankung oder Verletzung Vorsorge getroffen ist. ²Er ruht insbesondere, solange sich das Besatzungsmitglied an Bord des Schiffes oder auf der Reise befindet, es sei denn, das Besatzungsmitglied hat nach § 100 Absatz 1 des Seearbeitsgesetzes die Leistungen der Krankenkasse gewählt oder der Reeder hat das Besatzungsmitglied nach § 100 Absatz 2 des Seearbeitsgesetzes an die Krankenkasse verwiesen.

(3a) ¹Der Anspruch auf Leistungen für nach dem Künstlersozialversicherungsgesetz Versicherte, die mit einem Betrag in Höhe von Beitragsanteilen für zwei Monate im Rückstand sind und trotz Mahnung nicht zahlen, ruht nach näherer Bestimmung des § 16 Abs. 2 des Künstlersozialversicherungsgesetzes. ²Satz 1 gilt entsprechend für Mitglieder nach den Vorschriften dieses Buches, die mit einem Betrag in Höhe von Beitragsanteilen für zwei Monate im Rückstand sind und trotz Mahnung nicht zahlen, ausgenommen sind Untersuchungen zur Früherkennung von Krankheiten nach den §§ 25 und 26 und Leistungen, die zur Behandlung akuter Erkrankungen und Schmerzzustände sowie bei Schwangerschaft und Mutterschaft erforderlich sind; das Ruhen endet, wenn alle rückständigen und die auf die Zeit des Ruhens entfallenden Beitragsanteile gezahlt sind. ³Ist eine wirksame Ratenzahlungsvereinbarung zu Stande gekommen, hat das Mitglied ab diesem Zeitpunkt wieder Anspruch auf Leistungen, solange die Raten vertragsgemäß entrichtet werden. ⁴Das Ruhen tritt nicht ein oder endet, wenn Versicherte hilfebedürftig im Sinne des Zweiten oder Zwölften Buches sind oder werden.

(4) Der Anspruch auf Krankengeld ruht nicht, solange sich Versicherte nach Eintritt der Arbeitsunfähigkeit mit Zustimmung der Krankenkasse im Ausland aufhalten.

XI. SGB V (Auszug)

§ 264 Übernahme der Krankenbehandlung für nicht Versicherungspflichtige gegen Kostenerstattung

(1) ¹Die Krankenkasse kann für Arbeits- und Erwerbslose, die nicht gesetzlich gegen Krankheit versichert sind, für andere Hilfeempfänger sowie für die vom Bundesministerium für Gesundheit bezeichneten Personenkreise die Krankenbehandlung übernehmen, sofern der Krankenkasse Ersatz der vollen Aufwendungen für den Einzelfall sowie eines angemessenen Teils ihrer Verwaltungskosten gewährleistet wird. ²Die Krankenkasse ist zur Übernahme der Krankenbehandlung nach Satz 1 für Empfänger von Gesundheitsleistungen nach den §§ 4 und 6 des Asylbewerberleistungsgesetzes verpflichtet, wenn sie durch die Landesregierung oder die von der Landesregierung beauftragte oberste Landesbehörde dazu aufgefordert wird und mit ihr eine entsprechende Vereinbarung mindestens auf Ebene der Landkreise oder kreisfreien Städte geschlossen wird. ³Die Vereinbarung über die Übernahme der Krankenbehandlung nach Satz 1 für den in Satz 2 genannten Personenkreis hat insbesondere Regelungen zur Erbringung der Leistungen sowie zum Ersatz der Aufwendungen und Verwaltungskosten nach Satz 1 zu enthalten; die Ausgabe einer elektronischen Gesundheitskarte kann vereinbart werden. ⁴Wird von der Landesregierung oder der von ihr beauftragten obersten Landesbehörde eine Rahmenvereinbarung auf Landesebene zur Übernahme der Krankenbehandlung für den in Satz 2 genannten Personenkreis gefordert, sind die Landesverbände der Krankenkassen und die Ersatzkassen gemeinsam zum Abschluss einer Rahmenvereinbarung verpflichtet. ⁵Zudem vereinbart der Spitzenverband Bund der Krankenkassen mit den auf Bundesebene bestehenden Spitzenorganisationen der nach dem Asylbewerberleistungsgesetz zuständigen Behörden Rahmenempfehlungen zur Übernahme der Krankenbehandlung für den in Satz 2 genannten Personenkreis. ⁶Die Rahmenempfehlungen nach Satz 5, die von den zuständigen Behörden nach dem Asylbewerberleistungsgesetz und den Krankenkassen nach den Sätzen 1 bis 3 sowie von den Vertragspartnern auf Landesebene nach Satz 4 übernommen werden sollen, regeln insbesondere die Umsetzung der leistungsrechtlichen Regelungen nach den §§ 4 und 6 des Asylbewerberleistungsgesetzes, die Abrechnung und die Abrechnungsprüfung der Leistungen sowie den Ersatz der Aufwendungen und der Verwaltungskosten der Krankenkassen nach Satz 1. ⁷Bis zum Inkrafttreten einer Regelung, wonach die elektronische Gesundheitskarte bei Vereinbarungen nach Satz 3 zweiter Halbsatz die Angabe zu enthalten hat, dass es sich um einen Empfänger von Gesundheitsleistungen nach den

§§ 4 und 6 des Asylbewerberleistungsgesetzes handelt, stellen die Vereinbarungspartner die Erkennbarkeit dieses Status in anderer geeigneter Weise sicher.

(2) ¹Die Krankenbehandlung von Empfängern von Leistungen nach dem Dritten bis Neunten Kapitel des Zwölften Buches, von Empfängern laufender Leistungen nach § 2 des Asylbewerberleistungsgesetzes und von Empfängern von Krankenhilfeleistungen nach dem Achten Buch, die nicht versichert sind, wird von der Krankenkasse übernommen. ²Satz 1 gilt nicht für Empfänger, die voraussichtlich nicht mindestens einen Monat ununterbrochen Hilfe zum Lebensunterhalt beziehen, für Personen, die ausschließlich Leistungen nach § 11 Abs. 5 Satz 3 und § 33 des Zwölften Buches beziehen sowie für die in § 24 des Zwölften Buches genannten Personen.

(3) ¹Die in Absatz 2 Satz 1 genannten Empfänger haben unverzüglich eine Krankenkasse im Bereich des für die Hilfe zuständigen Trägers der Sozialhilfe oder der öffentlichen Jugendhilfe zu wählen, die ihre Krankenbehandlung übernimmt. ²Leben mehrere Empfänger in häuslicher Gemeinschaft, wird das Wahlrecht vom Haushaltsvorstand für sich und für die Familienangehörigen ausgeübt, die bei Versicherungspflicht des Haushaltsvorstands nach § 10 versichert wären. ³Wird das Wahlrecht nach den Sätzen 1 und 2 nicht ausgeübt, gelten § 28i des Vierten Buches und § 175 Abs. 3 Satz 2 entsprechend.

(4) ¹Für die in Absatz 2 Satz 1 genannten Empfänger gelten § 11 Abs. 1 sowie die §§ 61 und 62 entsprechend. ²Sie erhalten eine elektronische Gesundheitskarte nach § 291. ³Als Versichertenstatus nach § 291 Abs. 2 Nr. 7 gilt für Empfänger bis zur Vollendung des 65. Lebensjahres die Statusbezeichnung „Mitglied", für Empfänger nach Vollendung des 65. Lebensjahres die Statusbezeichnung „Rentner". ⁴Empfänger, die das 65. Lebensjahr noch nicht vollendet haben, in häuslicher Gemeinschaft leben und nicht Haushaltsvorstand sind, erhalten die Statusbezeichnung „Familienversicherte".

(5) ¹Wenn Empfänger nicht mehr bedürftig im Sinne des Zwölften Buches oder des Achten Buches sind, meldet der Träger der Sozialhilfe oder der öffentlichen Jugendhilfe diese bei der jeweiligen Krankenkasse ab. ²Bei der Abmeldung hat der Träger der Sozialhilfe oder der öffentlichen Jugendhilfe die elektronische Gesundheitskarte vom Empfänger einzuziehen und an die Krankenkasse zu übermitteln. ³Aufwendungen, die der Krankenkasse

nach Abmeldung durch eine missbräuchliche Verwendung der Karte entstehen, hat der Träger der Sozialhilfe oder der öffentlichen Jugendhilfe zu erstatten. ⁴Satz 3 gilt nicht in den Fällen, in denen die Krankenkasse auf Grund gesetzlicher Vorschriften oder vertraglicher Vereinbarungen verpflichtet ist, ihre Leistungspflicht vor der Inanspruchnahme der Leistung zu prüfen.

(6) ¹Bei der Bemessung der Vergütungen nach § 85 oder § 87a ist die vertragsärztliche Versorgung der Empfänger zu berücksichtigen. ²Werden die Gesamtvergütungen nach § 85 nach Kopfpauschalen berechnet, gelten die Empfänger als Mitglieder. ³Leben mehrere Empfänger in häuslicher Gemeinschaft, gilt abweichend von Satz 2 nur der Haushaltsvorstand nach Absatz 3 als Mitglied; die vertragsärztliche Versorgung der Familienangehörigen, die nach § 10 versichert wären, wird durch die für den Haushaltsvorstand zu zahlende Kopfpauschale vergütet.

(7) ¹Die Aufwendungen, die den Krankenkassen durch die Übernahme der Krankenbehandlung nach den Absätzen 2 bis 6 entstehen, werden ihnen von den für die Hilfe zuständigen Trägern der Sozialhilfe oder der öffentlichen Jugendhilfe vierteljährlich erstattet. ²Als angemessene Verwaltungskosten einschließlich Personalaufwand für den Personenkreis nach Absatz 2 werden bis zu 5 vom Hundert der abgerechneten Leistungsaufwendungen festgelegt. ³Wenn Anhaltspunkte für eine unwirtschaftliche Leistungserbringung oder -gewährung vorliegen, kann der zuständige Träger der Sozialhilfe oder der öffentlichen Jugendhilfe von der jeweiligen Krankenkasse verlangen, die Angemessenheit der Aufwendungen zu prüfen und nachzuweisen.

...

§ 291 Elektronische Gesundheitskarte als Versicherungsnachweis

(1) ¹Die Krankenkasse stellt für jeden Versicherten eine elektronische Gesundheitskarte aus. ²Sie dient dem Nachweis der Berechtigung zur Inanspruchnahme von Leistungen im Rahmen der vertragsärztlichen Versorgung (Versicherungsnachweis) sowie der Abrechnung mit den Leistungserbringern. ³Neben der Verwendung nach Satz 2 hat die elektronische Gesundheitskarte die Durchführung der Anwendungen nach § 291a Absatz 2 und

3 zu gewährleisten. ⁴Die elektronische Gesundheitskarte ist von dem Versicherten zu unterschreiben. ⁵Die Karte gilt nur für die Dauer der Mitgliedschaft bei der ausstellenden Krankenkasse und ist nicht übertragbar. ⁶Bei Inanspruchnahme ärztlicher Behandlung bestätigt der Versicherte auf dem Abrechnungsschein des Arztes das Bestehen der Mitgliedschaft durch seine Unterschrift. ⁷Die Krankenkasse kann die Gültigkeit der Karte befristen.

(2) ¹Die elektronische Gesundheitskarte enthält vorbehaltlich des § 291a folgende Angaben:

1. die Bezeichnung der ausstellenden Krankenkasse, einschließlich eines Kennzeichens für die Kassenärztliche Vereinigung, in deren Bezirk der Versicherte seinen Wohnsitz hat,
2. den Familiennamen und Vornamen des Versicherten,
3. das Geburtsdatum des Versicherten,
4. das Geschlecht des Versicherten,
5. die Anschrift des Versicherten,
6. die Krankenversichertennummer des Versicherten,
7. den Versichertenstatus, für die Personengruppen nach § 264 Absatz 2 den Status der auftragsweisen Betreuung,
8. den Zuzahlungsstatus des Versicherten,
9. den Tag des Beginns des Versicherungsschutzes,
10. bei befristeter Gültigkeit der elektronischen Gesundheitskarte das Datum des Fristablaufs.

²Über die Angaben nach Satz 1 hinaus kann die elektronische Gesundheitskarte auch Angaben zum Nachweis von Wahltarifen nach § 53, von zusätzlichen Vertragsverhältnissen und in den Fällen des § 16 Absatz 1 Satz 1 Nummer 2 bis 4 und Absatz 3a Angaben zum Ruhen des Anspruchs auf Leistungen enthalten. ³Die Angaben nach den Sätzen 1 und 2 sind in einer Form zu speichern, die geeignet ist für eine maschinelle Übertragung auf die für die vertragsärztliche Versorgung vorgesehenen Abrechnungsunterlagen und Vordrucke nach § 295 Absatz 3 Nummer 1 und 2. ⁴Die elektronische Gesundheitskarte ist mit einem Lichtbild des Versicherten zu versehen. Versicherte bis zur Vollendung des 15. Lebensjahres sowie Versicherte, deren Mitwirkung bei der Erstellung des Lichtbildes nicht möglich ist, erhalten eine elektronische Gesundheitskarte ohne Lichtbild.

(2a) Die elektronische Gesundheitskarte muss technisch geeignet sein, Authentifizierung, Verschlüsselung und elektronische Signatur zu ermöglichen.

(2b) ¹Die Krankenkassen sind verpflichtet, Dienste anzubieten, mit denen die Leistungserbringer die Gültigkeit und die Aktualität der Daten nach Absatz 1 und 2 bei den Krankenkassen online überprüfen und auf der elektronischen Gesundheitskarte aktualisieren können. ²Diese Dienste müssen auch ohne Netzanbindung an die Praxisverwaltungssysteme der Leistungserbringer online genutzt werden können. ³Die an der vertragsärztlichen Versorgung teilnehmenden Ärzte, Einrichtungen und Zahnärzte prüfen bei der erstmaligen Inanspruchnahme ihrer Leistungen durch einen Versicherten im Quartal die Leistungspflicht der Krankenkasse durch Nutzung der Dienste nach Satz 1. ⁴Dazu ermöglichen sie den Online-Abgleich und die -Aktualisierung der auf der elektronischen Gesundheitskarte gespeicherten Daten nach Absatz 1 und 2 mit den bei der Krankenkasse vorliegenden aktuellen Daten. ⁵Die Prüfungspflicht besteht ab dem Zeitpunkt, ab dem die Dienste nach Satz 1 sowie die Anbindung an die Telematikinfrastruktur zur Verfügung stehen und die Vereinbarungen nach § 291a Absatz 7a und 7b geschlossen sind. ⁶Die hierfür erforderlichen Maßnahmen hat die Gesellschaft für Telematik bis zum 30. Juni 2016 durchzuführen. ⁷Hält die Gesellschaft für Telematik die Frist nach Satz 6 nicht ein, dürfen die Ausgaben in den Haushalten des Spitzenverbands Bund der Krankenkassen sowie der Kassenärztlichen Bundesvereinigungen ab 2017 die Ausgaben des Jahres 2014 abzüglich 1 Prozent so lange nicht überschreiten, bis die Maßnahmen nach Satz 1 durchgeführt worden sind. ⁸Die Ausgaben zur Finanzierung der Deutschen Verbindungsstelle Krankenversicherung – Ausland, des Medizinischen Dienstes des Spitzenverbands Bund der Krankenkassen und der Gesellschaft für Telematik, die Umlagen nach den §§ 65b und 303a Absatz 3 dieses Gesetzes in Verbindung mit § 6 der Datentransparenzverordnung, die Umlagen an die Bundeszentrale für gesundheitliche Aufklärung nach § 20a sowie der Sicherstellungszuschlag für Hebammen nach § 134a Absatz 1b zählen nicht zu den Ausgaben nach Satz 7. ⁹Das Bundesministerium für Gesundheit kann die Frist nach Satz 6 durch Rechtsverordnung ohne Zustimmung des Bundesrates verlängern. ¹⁰§ 15 Absatz 5 ist entsprechend anzuwenden. ¹¹Die Durchführung der Prüfung ist auf der elektronischen Gesundheitskarte zu speichern. ¹²Die Mitteilung der durchgeführten Prüfung ist Bestandteil der an die Kassenärztliche oder Kassenzahnärztliche

Vereinigung zu übermittelnden Abrechnungsunterlagen nach § 295. [13]Die technischen Einzelheiten zur Durchführung des Verfahrens nach Satz 2 bis 5 sind in den Vereinbarungen nach § 295 Absatz 3 zu regeln. [14]Den an der vertragsärztlichen Versorgung teilnehmenden Ärzten, Einrichtungen und Zahnärzten, die die Prüfung nach Satz 3 ab dem 1. Juli 2018 nicht durchführen, ist die Vergütung vertragsärztlicher Leistungen pauschal um 1 Prozent so lange zu kürzen, bis sie die Prüfung nach Satz 3 durchführen. [15]Das Bundesministerium für Gesundheit kann die Frist nach Satz 14 durch Rechtsverordnung mit Zustimmung des Bundesrates verlängern.

(3) Das Nähere zur bundesweiten Verwendung der elektronischen Gesundheitskarte als Versicherungsnachweis vereinbaren die Vertragspartner im Rahmen der Verträge nach § 87 Absatz 1.

(4) [1]Bei Beendigung des Versicherungsschutzes oder bei einem Krankenkassenwechsel ist die elektronische Gesundheitskarte von der bisherigen Krankenkasse einzuziehen oder zu sperren, sobald die Dienste nach Absatz 2b zur Verfügung stehen. [2]Abweichend von Satz 1 kann der Spitzenverband Bund der Krankenkassen zur Verbesserung der Wirtschaftlichkeit und der Optimierung der Verfahrensabläufe für die Versicherten die Weiternutzung der elektronischen Gesundheitskarte bei Kassenwechsel beschließen; dabei ist sicherzustellen, dass die Daten nach Absatz 2 Satz 1 Nummer 1, 6, 7, 9 und 10 fristgerecht aktualisiert werden. [3]Der Beschluss bedarf der Genehmigung des Bundesministeriums für Gesundheit. [4]Vor Erteilung der Genehmigung ist der oder dem Bundesbeauftragten für den Datenschutz und die Informationsfreiheit Gelegenheit zur Stellungnahme zu geben. [5]Wird die elektronische Gesundheitskarte nach Satz 1 eingezogen, hat die einziehende Krankenkasse sicherzustellen, dass eine Weiternutzung der Daten nach § 291a Abs. 3 Satz 1 durch die Versicherten möglich ist. [6]Vor Einzug der elektronischen Gesundheitskarte hat die einziehende Krankenkasse über Möglichkeiten zur Löschung der Daten nach § 291a Abs. 3 Satz 1 zu informieren. [7]Die Sätze 5 und 6 gelten auch bei Austausch der elektronischen Gesundheitskarte im Rahmen eines bestehenden Versicherungsverhältnisses.

...

XII. SGB VIII (Auszug)

Sozialgesetzbuch (SGB) Achtes Buch (VIII) in der Fassung vom 11. September 2012 (BGBl. I 2022), zuletzt geändert durch Art. 3 des Gesetzes zur Neuregelung des Schutzes von Geheimnissen bei der Mitwirkung Dritter an der Berufsausübung schweigepflichtiger Personen vom 30. Oktober 2017 (BGBl. I S. 3618)

§ 1 Recht auf Erziehung, Elternverantwortung, Jugendhilfe

(1) Jeder junge Mensch hat ein Recht auf Förderung seiner Entwicklung und auf Erziehung zu einer eigenverantwortlichen und gemeinschaftsfähigen Persönlichkeit.

(2) [1]Pflege und Erziehung der Kinder sind das natürliche Recht der Eltern und die zuvörderst ihnen obliegende Pflicht. [2]Über ihre Betätigung wacht die staatliche Gemeinschaft.

(3) Jugendhilfe soll zur Verwirklichung des Rechts nach Absatz 1 insbesondere

1. junge Menschen in ihrer individuellen und sozialen Entwicklung fördern und dazu beitragen, Benachteiligungen zu vermeiden oder abzubauen,
2. Eltern und andere Erziehungsberechtigte bei der Erziehung beraten und unterstützen,
3. Kinder und Jugendliche vor Gefahren für ihr Wohl schützen,
4. dazu beitragen, positive Lebensbedingungen für junge Menschen und ihre Familien sowie eine kinder- und familienfreundliche Umwelt zu erhalten oder zu schaffen.

§ 2 Aufgaben der Jugendhilfe

(1) Die Jugendhilfe umfasst Leistungen und andere Aufgaben zugunsten junger Menschen und Familien.

(2) Leistungen der Jugendhilfe sind:

1. Angebote der Jugendarbeit, der Jugendsozialarbeit und des erzieherischen Kinder- und Jugendschutzes (§§ 11 bis 14),
2. Angebote zur Förderung der Erziehung in der Familie (§§ 16 bis 21),
3. Angebote zur Förderung von Kindern in Tageseinrichtungen und in Tagespflege (§§ 22 bis 25),
4. Hilfe zur Erziehung und ergänzende Leistungen (§§ 27 bis 35, 36, 37, 39, 40),
5. Hilfe für seelisch behinderte Kinder und Jugendliche und ergänzende Leistungen (§§ 35a bis 37, 39, 40),
6. Hilfe für junge Volljährige und Nachbetreuung (§ 41).

(3) Andere Aufgaben der Jugendhilfe sind

1. die Inobhutnahme von Kindern und Jugendlichen (§ 42),
2. die vorläufige Inobhutnahme von ausländischen Kindern und Jugendlichen nach unbegleiteter Einreise (§ 42a),
3. die Erteilung, der Widerruf und die Zurücknahme der Pflegeerlaubnis (§§ 43, 44),
4. die Erteilung, der Widerruf und die Zurücknahme der Erlaubnis für den Betrieb einer Einrichtung sowie die Erteilung nachträglicher Auflagen und die damit verbundenen Aufgaben (§§ 45 bis 47, 48a),
5. die Tätigkeitsuntersagung (§§ 48, 48a),
6. die Mitwirkung in Verfahren vor den Familiengerichten (§ 50),
7. die Beratung und Belehrung in Verfahren zur Annahme als Kind (§ 51),
8. die Mitwirkung in Verfahren nach dem Jugendgerichtsgesetz (§ 52),
9. die Beratung und Unterstützung von Müttern bei Vaterschaftsfeststellung und Geltendmachung von Unterhaltsansprüchen sowie von Pflegern und Vormündern (§§ 52a, 53),
10. die Erteilung, der Widerruf und die Zurücknahme der Erlaubnis zur Übernahme von Vereinsvormundschaften (§ 54),
11. Beistandschaft, Amtspflegschaft, Amtsvormundschaft und Gegenvormundschaft des Jugendamts (§§ 55 bis 58),
12. Beurkundung (§ 59),
13. die Aufnahme von vollstreckbaren Urkunden (§ 60).

§ 3 Freie und öffentliche Jugendhilfe

(1) Die Jugendhilfe ist gekennzeichnet durch die Vielfalt von Trägern unterschiedlicher Wertorientierungen und die Vielfalt von Inhalten, Methoden und Arbeitsformen.

(2) [1]Leistungen der Jugendhilfe werden von Trägern der freien Jugendhilfe und von Trägern der öffentlichen Jugendhilfe erbracht. [2]Leistungsverpflichtungen, die durch dieses Buch begründet werden, richten sich an die Träger der öffentlichen Jugendhilfe.

(3) [1]Andere Aufgaben der Jugendhilfe werden von Trägern der öffentlichen Jugendhilfe wahrgenommen. [2]Soweit dies ausdrücklich bestimmt ist, können Träger der freien Jugendhilfe diese Aufgaben wahrnehmen oder mit ihrer Ausführung betraut werden.

§ 4 Zusammenarbeit der öffentlichen Jugendhilfe mit der freien Jugendhilfe

(1) [1]Die öffentliche Jugendhilfe soll mit der freien Jugendhilfe zum Wohl junger Menschen und ihrer Familien partnerschaftlich zusammenarbeiten. [2]Sie hat dabei die Selbständigkeit der freien Jugendhilfe in Zielsetzung und Durchführung ihrer Aufgaben sowie in der Gestaltung ihrer Organisationsstruktur zu achten.

(2) Soweit geeignete Einrichtungen, Dienste und Veranstaltungen von anerkannten Trägern der freien Jugendhilfe betrieben werden oder rechtzeitig geschaffen werden können, soll die öffentliche Jugendhilfe von eigenen Maßnahmen absehen.

(3) Die öffentliche Jugendhilfe soll die freie Jugendhilfe nach Maßgabe dieses Buches fördern und dabei die verschiedenen Formen der Selbsthilfe stärken.

§ 5 Wunsch- und Wahlrecht

(1) [1]Die Leistungsberechtigten haben das Recht, zwischen Einrichtungen und Diensten verschiedener Träger zu wählen und Wünsche hinsichtlich der Gestaltung der Hilfe zu äußern. [2]Sie sind auf dieses Recht hinzuweisen.

(2) ¹Der Wahl und den Wünschen soll entsprochen werden, sofern dies nicht mit unverhältnismäßigen Mehrkosten verbunden ist. ²Wünscht der Leistungsberechtigte die Erbringung einer in §78a genannten Leistung in einer Einrichtung, mit deren Träger keine Vereinbarungen nach §78b bestehen, so soll der Wahl nur entsprochen werden, wenn die Erbringung der Leistung in dieser Einrichtung im Einzelfall oder nach Maßgabe des Hilfeplans (§36) geboten ist.

§ 6 Geltungsbereich

(1) ¹Leistungen nach diesem Buch werden jungen Menschen, Müttern, Vätern und Personensorgeberechtigten von Kindern und Jugendlichen gewährt, die ihren tatsächlichen Aufenthalt im Inland haben. ²Für die Erfüllung anderer Aufgaben gilt Satz 1 entsprechend. ³Umgangsberechtigte haben unabhängig von ihrem tatsächlichen Aufenthalt Anspruch auf Beratung und Unterstützung bei der Ausübung des Umgangsrechts, wenn das Kind oder der Jugendliche seinen gewöhnlichen Aufenthalt im Inland hat.

(2) ¹Ausländer können Leistungen nach diesem Buch nur beanspruchen, wenn sie rechtmäßig oder auf Grund einer ausländerrechtlichen Duldung ihren gewöhnlichen Aufenthalt im Inland haben. ²Absatz 1 Satz 2 bleibt unberührt.

(3) Deutschen können Leistungen nach diesem Buch auch gewährt werden, wenn sie ihren Aufenthalt im Ausland haben und soweit sie nicht Hilfe vom Aufenthaltsland erhalten.

(4) Regelungen des über- und zwischenstaatlichen Rechts bleiben unberührt.

§ 7 Begriffsbestimmungen

(1) Im Sinne dieses Buches ist

1. Kind, wer noch nicht 14 Jahre alt ist, soweit nicht die Absätze 2 bis 4 etwas anderes bestimmen,
2. Jugendlicher, wer 14, aber noch nicht 18 Jahre alt ist,
3. junger Volljähriger, wer 18, aber noch nicht 27 Jahre alt ist,
4. junger Mensch, wer noch nicht 27 Jahre alt ist,

5. Personensorgeberechtigter, wem allein oder gemeinsam mit einer anderen Person nach den Vorschriften des Bürgerlichen Gesetzbuchs die Personensorge zusteht,
6. Erziehungsberechtigter, der Personensorgeberechtigte und jede sonstige Person über 18 Jahre, soweit sie auf Grund einer Vereinbarung mit dem Personensorgeberechtigten nicht nur vorübergehend und nicht nur für einzelne Verrichtungen Aufgaben der Personensorge wahrnimmt.

(2) Kind im Sinne des § 1 Absatz 2 ist, wer noch nicht 18 Jahre alt ist.

(3) Werktage im Sinne der §§ 42a bis 42c sind die Wochentage Montag bis Freitag; ausgenommen sind gesetzliche Feiertage.

(4) Die Bestimmungen dieses Buches, die sich auf die Annahme als Kind beziehen, gelten nur für Personen, die das 18. Lebensjahr noch nicht vollendet haben.

§ 8 Beteiligung von Kindern und Jugendlichen

(1) [1]Kinder und Jugendliche sind entsprechend ihrem Entwicklungsstand an allen sie betreffenden Entscheidungen der öffentlichen Jugendhilfe zu beteiligen. [2]Sie sind in geeigneter Weise auf ihre Rechte im Verwaltungsverfahren sowie im Verfahren vor dem Familiengericht und dem Verwaltungsgericht hinzuweisen.

(2) Kinder und Jugendliche haben das Recht, sich in allen Angelegenheiten der Erziehung und Entwicklung an das Jugendamt zu wenden.

(3) [1]Kinder und Jugendliche haben Anspruch auf Beratung ohne Kenntnis des Personensorgeberechtigten, wenn die Beratung auf Grund einer Not- und Konfliktlage erforderlich ist und solange durch die Mitteilung an den Personensorgeberechtigten der Beratungszweck vereitelt würde. [2]§ 36 des Ersten Buches bleibt unberührt.

§ 8a Schutzauftrag bei Kindeswohlgefährdung

(1) [1]Werden dem Jugendamt gewichtige Anhaltspunkte für die Gefährdung des Wohls eines Kindes oder Jugendlichen bekannt, so hat es das Gefährdungsrisiko im Zusammenwirken mehrerer Fachkräfte einzuschätzen. [2]So-

weit der wirksame Schutz dieses Kindes oder dieses Jugendlichen nicht in Frage gestellt wird, hat das Jugendamt die Erziehungsberechtigten sowie das Kind oder den Jugendlichen in die Gefährdungseinschätzung einzubeziehen und, sofern dies nach fachlicher Einschätzung erforderlich ist, sich dabei einen unmittelbaren Eindruck von dem Kind und von seiner persönlichen Umgebung zu verschaffen. ³Hält das Jugendamt zur Abwendung der Gefährdung die Gewährung von Hilfen für geeignet und notwendig, so hat es diese den Erziehungsberechtigten anzubieten.

(2) ¹Hält das Jugendamt das Tätigwerden des Familiengerichts für erforderlich, so hat es das Gericht anzurufen; dies gilt auch, wenn die Erziehungsberechtigten nicht bereit oder in der Lage sind, bei der Abschätzung des Gefährdungsrisikos mitzuwirken. ²Besteht eine dringende Gefahr und kann die Entscheidung des Gerichts nicht abgewartet werden, so ist das Jugendamt verpflichtet, das Kind oder den Jugendlichen in Obhut zu nehmen.

(3) ¹Soweit zur Abwendung der Gefährdung das Tätigwerden anderer Leistungsträger, der Einrichtungen der Gesundheitshilfe oder der Polizei notwendig ist, hat das Jugendamt auf die Inanspruchnahme durch die Erziehungsberechtigten hinzuwirken. ²Ist ein sofortiges Tätigwerden erforderlich und wirken die Personensorgeberechtigten oder die Erziehungsberechtigten nicht mit, so schaltet das Jugendamt die anderen zur Abwendung der Gefährdung zuständigen Stellen selbst ein.

(4) ¹In Vereinbarungen mit den Trägern von Einrichtungen und Diensten, die Leistungen nach diesem Buch erbringen, ist sicherzustellen, dass

1. deren Fachkräfte bei Bekanntwerden gewichtiger Anhaltspunkte für die Gefährdung eines von ihnen betreuten Kindes oder Jugendlichen eine Gefährdungseinschätzung vornehmen,
2. bei der Gefährdungseinschätzung eine insoweit erfahrene Fachkraft beratend hinzugezogen wird sowie
3. die Erziehungsberechtigten sowie das Kind oder der Jugendliche in die Gefährdungseinschätzung einbezogen werden, soweit hierdurch der wirksame Schutz des Kindes oder Jugendlichen nicht in Frage gestellt wird.

²In die Vereinbarung ist neben den Kriterien für die Qualifikation der beratend hinzuzuziehenden insoweit erfahrenen Fachkraft insbesondere die Verpflichtung aufzunehmen, dass die Fachkräfte der Träger bei den Erzie-

hungsberechtigten auf die Inanspruchnahme von Hilfen hinwirken, wenn sie diese für erforderlich halten, und das Jugendamt informieren, falls die Gefährdung nicht anders abgewendet werden kann.

(5) [1]Werden einem örtlichen Träger gewichtige Anhaltspunkte für die Gefährdung des Wohls eines Kindes oder eines Jugendlichen bekannt, so sind dem für die Gewährung von Leistungen zuständigen örtlichen Träger die Daten mitzuteilen, deren Kenntnis zur Wahrnehmung des Schutzauftrags bei Kindeswohlgefährdung nach § 8a erforderlich ist. [2]Die Mitteilung soll im Rahmen eines Gespräches zwischen den Fachkräften der beiden örtlichen Träger erfolgen, an dem die Personensorgeberechtigten sowie das Kind oder der Jugendliche beteiligt werden sollen, soweit hierdurch der wirksame Schutz des Kindes oder des Jugendlichen nicht in Frage gestellt wird.

§ 8b Fachliche Beratung und Begleitung zum Schutz von Kindern und Jugendlichen

(1) Personen, die beruflich in Kontakt mit Kindern oder Jugendlichen stehen, haben bei der Einschätzung einer Kindeswohlgefährdung im Einzelfall gegenüber dem örtlichen Träger der Jugendhilfe Anspruch auf Beratung durch eine insoweit erfahrene Fachkraft.

(2) Träger von Einrichtungen, in denen sich Kinder oder Jugendliche ganztägig oder für einen Teil des Tages aufhalten oder in denen sie Unterkunft erhalten, und die zuständigen Leistungsträger, haben gegenüber dem überörtlichen Träger der Jugendhilfe Anspruch auf Beratung bei der Entwicklung und Anwendung fachlicher Handlungsleitlinien

1. zur Sicherung des Kindeswohls und zum Schutz vor Gewalt sowie
2. zu Verfahren der Beteiligung von Kindern und Jugendlichen an strukturellen Entscheidungen in der Einrichtung sowie zu Beschwerdeverfahren in persönlichen Angelegenheiten.

§ 9 Grundrichtung der Erziehung, Gleichberechtigung von Mädchen und Jungen

Bei der Ausgestaltung der Leistungen und der Erfüllung der Aufgaben sind

1. die von den Personensorgeberechtigten bestimmte Grundrichtung der Erziehung sowie die Rechte der Personensorgeberechtigten und des Kindes oder des Jugendlichen bei der Bestimmung der religiösen Erziehung zu beachten,
2. die wachsende Fähigkeit und das wachsende Bedürfnis des Kindes oder des Jugendlichen zu selbständigem, verantwortungsbewusstem Handeln sowie die jeweiligen besonderen sozialen und kulturellen Bedürfnisse und Eigenarten junger Menschen und ihrer Familien zu berücksichtigen,
3. die unterschiedlichen Lebenslagen von Mädchen und Jungen zu berücksichtigen, Benachteiligungen abzubauen und die Gleichberechtigung von Mädchen und Jungen zu fördern.

§ 10 Verhältnis zu anderen Leistungen und Verpflichtungen

(1) [1]Verpflichtungen anderer, insbesondere der Träger anderer Sozialleistungen und der Schulen, werden durch dieses Buch nicht berührt. [2]Auf Rechtsvorschriften beruhende Leistungen anderer dürfen nicht deshalb versagt werden, weil nach diesem Buch entsprechende Leistungen vorgesehen sind.

(2) [1]Unterhaltspflichtige Personen werden nach Maßgabe der §§ 90 bis 97b an den Kosten für Leistungen und vorläufige Maßnahmen nach diesem Buch beteiligt. [2]Soweit die Zahlung des Kostenbeitrags die Leistungsfähigkeit des Unterhaltspflichtigen mindert oder der Bedarf des jungen Menschen durch Leistungen und vorläufige Maßnahmen nach diesem Buch gedeckt ist, ist dies bei der Berechnung des Unterhalts zu berücksichtigen.

(3) [1]Die Leistungen nach diesem Buch gehen Leistungen nach dem Zweiten Buch vor. [2]Abweichend von Satz 1 gehen Leistungen nach § 3 Absatz 2, den §§ 14 bis 16g, § 19 Absatz 2 in Verbindung mit § 28 Absatz 6 des Zweiten Buches sowie Leistungen nach § 6b Absatz 2 des Bundeskindergeldgesetzes in Verbindung mit § 28 Absatz 6 des Zweiten Buches den Leistungen nach diesem Buch vor.

(4) [1]Die Leistungen nach diesem Buch gehen Leistungen nach dem Zwölften Buch vor. [2]Abweichend von Satz 1 gehen Leistungen nach § 27a Absatz 1 in Verbindung mit § 34 Absatz 6 des Zwölften Buches und Leistungen der Eingliederungshilfe nach dem Zwölften Buch für junge Menschen,

die körperlich oder geistig behindert oder von einer solchen Behinderung bedroht sind, den Leistungen nach diesem Buch vor. ³Landesrecht kann regeln, dass Leistungen der Frühförderung für Kinder unabhängig von der Art der Behinderung vorrangig von anderen Leistungsträgern gewährt werden.

§ 11 Jugendarbeit

(1) ¹Jungen Menschen sind die zur Förderung ihrer Entwicklung erforderlichen Angebote der Jugendarbeit zur Verfügung zu stellen. ²Sie sollen an den Interessen junger Menschen anknüpfen und von ihnen mitbestimmt und mitgestaltet werden, sie zur Selbstbestimmung befähigen und zu gesellschaftlicher Mitverantwortung und zu sozialem Engagement anregen und hinführen.

(2) ¹Jugendarbeit wird angeboten von Verbänden, Gruppen und Initiativen der Jugend, von anderen Trägern der Jugendarbeit und den Trägern der öffentlichen Jugendhilfe. ²Sie umfasst für Mitglieder bestimmte Angebote, die offene Jugendarbeit und gemeinwesenorientierte Angebote.

(3) Zu den Schwerpunkten der Jugendarbeit gehören:

1. außerschulische Jugendbildung mit allgemeiner, politischer, sozialer, gesundheitlicher, kultureller, naturkundlicher und technischer Bildung,
2. Jugendarbeit in Sport, Spiel und Geselligkeit,
3. arbeitswelt-, schul- und familienbezogene Jugendarbeit,
4. internationale Jugendarbeit,
5. Kinder- und Jugenderholung,
6. Jugendberatung.

(4) Angebote der Jugendarbeit können auch Personen, die das 27. Lebensjahr vollendet haben, in angemessenem Umfang einbeziehen.

§ 12 Förderung der Jugendverbände

(1) Die eigenverantwortliche Tätigkeit der Jugendverbände und Jugendgruppen ist unter Wahrung ihres satzungsgemäßen Eigenlebens nach Maßgabe des § 74 zu fördern.

(2) ¹In Jugendverbänden und Jugendgruppen wird Jugendarbeit von jungen Menschen selbst organisiert, gemeinschaftlich gestaltet und mitverantwortet. ²Ihre Arbeit ist auf Dauer angelegt und in der Regel auf die eigenen Mitglieder ausgerichtet, sie kann sich aber auch an junge Menschen wenden, die nicht Mitglieder sind. ³Durch Jugendverbände und ihre Zusammenschlüsse werden Anliegen und Interessen junger Menschen zum Ausdruck gebracht und vertreten.

§ 13 Jugendsozialarbeit

(1) Jungen Menschen, die zum Ausgleich sozialer Benachteiligungen oder zur Überwindung individueller Beeinträchtigungen in erhöhtem Maße auf Unterstützung angewiesen sind, sollen im Rahmen der Jugendhilfe sozialpädagogische Hilfen angeboten werden, die ihre schulische und berufliche Ausbildung, Eingliederung in die Arbeitswelt und ihre soziale Integration fördern.

(2) Soweit die Ausbildung dieser jungen Menschen nicht durch Maßnahmen und Programme anderer Träger und Organisationen sichergestellt wird, können geeignete sozialpädagogisch begleitete Ausbildungs- und Beschäftigungsmaßnahmen angeboten werden, die den Fähigkeiten und dem Entwicklungsstand dieser jungen Menschen Rechnung tragen.

(3) ¹Jungen Menschen kann während der Teilnahme an schulischen oder beruflichen Bildungsmaßnahmen oder bei der beruflichen Eingliederung Unterkunft in sozialpädagogisch begleiteten Wohnformen angeboten werden. ²In diesen Fällen sollen auch der notwendige Unterhalt des jungen Menschen sichergestellt und Krankenhilfe nach Maßgabe des § 40 geleistet werden.

(4) Die Angebote sollen mit den Maßnahmen der Schulverwaltung, der Bundesagentur für Arbeit, der Träger betrieblicher und außerbetrieblicher Ausbildung sowie der Träger von Beschäftigungsangeboten abgestimmt werden.

§ 14 Erzieherischer Kinder- und Jugendschutz

(1) Jungen Menschen und Erziehungsberechtigten sollen Angebote des erzieherischen Kinder- und Jugendschutzes gemacht werden.

(2) Die Maßnahmen sollen

1. junge Menschen befähigen, sich vor gefährdenden Einflüssen zu schützen und sie zu Kritikfähigkeit, Entscheidungsfähigkeit und Eigenverantwortlichkeit sowie zur Verantwortung gegenüber ihren Mitmenschen führen,
2. Eltern und andere Erziehungsberechtigte besser befähigen, Kinder und Jugendliche vor gefährdenden Einflüssen zu schützen.

§ 15 Landesrechtsvorbehalt
Das Nähere über Inhalt und Umfang der in diesem Abschnitt geregelten Aufgaben und Leistungen regelt das Landesrecht.

§ 16 Allgemeine Förderung der Erziehung in der Familie
(1) [1]Müttern, Vätern, anderen Erziehungsberechtigten und jungen Menschen sollen Leistungen der allgemeinen Förderung der Erziehung in der Familie angeboten werden. [2]Sie sollen dazu beitragen, dass Mütter, Väter und andere Erziehungsberechtigte ihre Erziehungsverantwortung besser wahrnehmen können. [3]Sie sollen auch Wege aufzeigen, wie Konfliktsituationen in der Familie gewaltfrei gelöst werden können.

(2) Leistungen zur Förderung der Erziehung in der Familie sind insbesondere

1. Angebote der Familienbildung, die auf Bedürfnisse und Interessen sowie auf Erfahrungen von Familien in unterschiedlichen Lebenslagen und Erziehungssituationen eingehen, die Familien in ihrer Gesundheitskompetenz stärken, die Familie zur Mitarbeit in Erziehungseinrichtungen und in Formen der Selbst- und Nachbarschaftshilfe besser befähigen sowie junge Menschen auf Ehe, Partnerschaft und das Zusammenleben mit Kindern vorbereiten,
2. Angebote der Beratung in allgemeinen Fragen der Erziehung und Entwicklung junger Menschen,
3. Angebote der Familienfreizeit und der Familienerholung, insbesondere in belastenden Familiensituationen, die bei Bedarf die erzieherische Betreuung der Kinder einschließen.

(3) Müttern und Vätern sowie schwangeren Frauen und werdenden Vätern sollen Beratung und Hilfe in Fragen der Partnerschaft und des Aufbaus elterlicher Erziehungs- und Beziehungskompetenzen angeboten werden.

(4) Das Nähere über Inhalt und Umfang der Aufgaben regelt das Landesrecht.

(5) (aufgehoben)

§ 17 Beratung in Fragen der Partnerschaft, Trennung und Scheidung

(1) [1]Mütter und Väter haben im Rahmen der Jugendhilfe Anspruch auf Beratung in Fragen der Partnerschaft, wenn sie für ein Kind oder einen Jugendlichen zu sorgen haben oder tatsächlich sorgen. [2]Die Beratung soll helfen,

1. ein partnerschaftliches Zusammenleben in der Familie aufzubauen,
2. Konflikte und Krisen in der Familie zu bewältigen,
3. im Fall der Trennung oder Scheidung die Bedingungen für eine dem Wohl des Kindes oder des Jugendlichen förderliche Wahrnehmung der Elternverantwortung zu schaffen.

(2) Im Fall der Trennung und Scheidung sind Eltern unter angemessener Beteiligung des betroffenen Kindes oder Jugendlichen bei der Entwicklung eines einvernehmlichen Konzepts für die Wahrnehmung der elterlichen Sorge und der elterlichen Verantwortung zu unterstützen; dieses Konzept kann auch als Grundlage für einen Vergleich oder eine gerichtliche Entscheidung im familiengerichtlichen Verfahren dienen.

(3) Die Gerichte teilen die Rechtshängigkeit von Scheidungssachen, wenn gemeinschaftliche minderjährige Kinder vorhanden sind, sowie Namen und Anschriften der beteiligte Eheleute und Kinder dem Jugendamt mit, damit dieses die Eltern über das Leistungsangebot der Jugendhilfe nach Absatz 2 unterrichtet.

§ 18 Beratung und Unterstützung bei der Ausübung der Personensorge und des Umgangsrechts

(1) Mütter und Väter, die allein für ein Kind oder einen Jugendlichen zu sorgen haben oder tatsächlich sorgen, haben Anspruch auf Beratung und Unterstützung

1. bei der Ausübung der Personensorge einschließlich der Geltendmachung von Unterhalts- oder Unterhaltsersatzansprüchen des Kindes oder Jugendlichen,
2. bei der Geltendmachung ihrer Unterhaltsansprüche nach § 1615l des Bürgerlichen Gesetzbuchs.

(2) Mütter und Väter, die mit dem anderen Elternteil nicht verheiratet sind, haben Anspruch auf Beratung über die Abgabe einer Sorgeerklärung und die Möglichkeit der gerichtlichen Übertragung der gemeinsamen elterlichen Sorge.

(3) [1]Kinder und Jugendliche haben Anspruch auf Beratung und Unterstützung bei der Ausübung des Umgangsrechts nach § 1684 Absatz 1 des Bürgerlichen Gesetzbuchs. [2]Sie sollen darin unterstützt werden, dass die Personen, die nach Maßgabe der §§ 1684, 1685 und 1686a des Bürgerlichen Gesetzbuchs zum Umgang mit ihnen berechtigt sind, von diesem Recht zu ihrem Wohl Gebrauch machen. [3]Eltern, andere Umgangsberechtigte sowie Personen, in deren Obhut sich das Kind befindet, haben Anspruch auf Beratung und Unterstützung bei der Ausübung des Umgangsrechts. [4]Bei der Befugnis, Auskunft über die persönlichen Verhältnisse des Kindes zu verlangen, bei der Herstellung von Umgangskontakten und bei der Ausführung gerichtlicher oder vereinbarter Umgangsregelungen soll vermittelt und in geeigneten Fällen Hilfestellung geleistet werden.

(4) Ein junger Volljähriger hat bis zur Vollendung des 21. Lebensjahres Anspruch auf Beratung und Unterstützung bei der Geltendmachung von Unterhalts- oder Unterhaltsersatzansprüchen.

§ 19 Gemeinsame Wohnformen für Mütter/Väter und Kinder

(1) [1]Mütter oder Väter, die allein für ein Kind unter sechs Jahren zu sorgen haben oder tatsächlich sorgen, sollen gemeinsam mit dem Kind in einer geeigneten Wohnform betreut werden, wenn und solange sie auf Grund ihrer Persönlichkeitsentwicklung dieser Form der Unterstützung bei der Pflege und Erziehung des Kindes bedürfen. [2]Die Betreuung schließt auch ältere Geschwister ein, sofern die Mutter oder der Vater für sie allein zu sorgen hat. [3]Eine schwangere Frau kann auch vor der Geburt des Kindes in der Wohnform betreut werden.

(2) Während dieser Zeit soll darauf hingewirkt werden, dass die Mutter oder der Vater eine schulische oder berufliche Ausbildung beginnt oder fortführt oder eine Berufstätigkeit aufnimmt.

(3) Die Leistung soll auch den notwendigen Unterhalt der betreuten Personen sowie die Krankenhilfe nach Maßgabe des § 40 umfassen.

§ 20 Betreuung und Versorgung des Kindes in Notsituationen

(1) Fällt der Elternteil, der die überwiegende Betreuung des Kindes übernommen hat, für die Wahrnehmung dieser Aufgabe aus gesundheitlichen oder anderen zwingenden Gründen aus, so soll der andere Elternteil bei der Betreuung und Versorgung des im Haushalt lebenden Kindes unterstützt werden, wenn

1. er wegen berufsbedingter Abwesenheit nicht in der Lage ist, die Aufgabe wahrzunehmen,
2. die Hilfe erforderlich ist, um das Wohl des Kindes zu gewährleisten,
3. Angebote der Förderung des Kindes in Tageseinrichtungen oder in Kindertagespflege nicht ausreichen.

(2) Fällt ein allein erziehender Elternteil oder fallen beide Elternteile aus gesundheitlichen oder anderen zwingenden Gründen aus, so soll unter der Voraussetzung des Absatzes 1 Nummer 3 das Kind im elterlichen Haushalt versorgt und betreut werden, wenn und solange es für sein Wohl erforderlich ist.

§ 21 Unterstützung bei notwendiger Unterbringung zur Erfüllung der Schulpflicht

[1]Können Personensorgeberechtigte wegen des mit ihrer beruflichen Tätigkeit verbundenen ständigen Ortswechsels die Erfüllung der Schulpflicht ihres Kindes oder Jugendlichen nicht sicherstellen und ist deshalb eine anderweitige Unterbringung des Kindes oder des Jugendlichen notwendig, so haben sie Anspruch auf Beratung und Unterstützung. [2]In geeigneten Fällen können die Kosten der Unterbringung in einer für das Kind oder den Jugendlichen geeigneten Wohnform einschließlich des notwendigen Unterhalts sowie die Krankenhilfe übernommen werden. [3]Die Leistung kann über das schulpflichtige Alter hinaus gewährt werden, sofern eine

begonnene Schulausbildung noch nicht abgeschlossen ist, längstens aber bis zur Vollendung des 21. Lebensjahres.

§ 22 Grundsätze der Förderung

(1) ¹Tageseinrichtungen sind Einrichtungen, in denen sich Kinder für einen Teil des Tages oder ganztägig aufhalten und in Gruppen gefördert werden. ²Kindertagespflege wird von einer geeigneten Tagespflegeperson in ihrem Haushalt oder im Haushalt des Personensorgeberechtigten geleistet. ³Das Nähere über die Abgrenzung von Tageseinrichtungen und Kindertagespflege regelt das Landesrecht. ⁴Es kann auch regeln, dass Kindertagespflege in anderen geeigneten Räumen geleistet wird.

(2) Tageseinrichtungen für Kinder und Kindertagespflege sollen

1. die Entwicklung des Kindes zu einer eigenverantwortlichen und gemeinschaftsfähigen Persönlichkeit fördern,
2. die Erziehung und Bildung in der Familie unterstützen und ergänzen,
3. den Eltern dabei helfen, Erwerbstätigkeit und Kindererziehung besser miteinander vereinbaren zu können.

(3) ¹Der Förderungsauftrag umfasst Erziehung, Bildung und Betreuung des Kindes und bezieht sich auf die soziale, emotionale, körperliche und geistige Entwicklung des Kindes. ²Er schließt die Vermittlung orientierender Werte und Regeln ein. ³Die Förderung soll sich am Alter und Entwicklungsstand, den sprachlichen und sonstigen Fähigkeiten, der Lebenssituation sowie den Interessen und Bedürfnissen des einzelnen Kindes orientieren und seine ethnische Herkunft berücksichtigen.

§ 22a Förderung in Tageseinrichtungen

(1) ¹Die Träger der öffentlichen Jugendhilfe sollen die Qualität der Förderung in ihren Einrichtungen durch geeignete Maßnahmen sicherstellen und weiterentwickeln. ²Dazu gehören die Entwicklung und der Einsatz einer pädagogischen Konzeption als Grundlage für die Erfüllung des Förderungsauftrags sowie der Einsatz von Instrumenten und Verfahren zur Evaluation der Arbeit in den Einrichtungen.

(2) ¹Die Träger der öffentlichen Jugendhilfe sollen sicherstellen, dass die Fachkräfte in ihren Einrichtungen zusammenarbeiten

1. mit den Erziehungsberechtigten und Tagespflegepersonen zum Wohl der Kinder und zur Sicherung der Kontinuität des Erziehungsprozesses,
2. mit anderen kinder- und familienbezogenen Institutionen und Initiativen im Gemeinwesen, insbesondere solchen der Familienbildung und -beratung,
3. mit den Schulen, um den Kindern einen guten Übergang in die Schule zu sichern und um die Arbeit mit Schulkindern in Horten und altersgemischten Gruppen zu unterstützen.

²Die Erziehungsberechtigten sind an den Entscheidungen in wesentlichen Angelegenheiten der Erziehung, Bildung und Betreuung zu beteiligen.

(3) ¹Das Angebot soll sich pädagogisch und organisatorisch an den Bedürfnissen der Kinder und ihrer Familien orientieren. ²Werden Einrichtungen in den Ferienzeiten geschlossen, so hat der Träger der öffentlichen Jugendhilfe für die Kinder, die nicht von den Erziehungsberechtigten betreut werden können, eine anderweitige Betreuungsmöglichkeit sicherzustellen.

(4) ¹Kinder mit und ohne Behinderung sollen, sofern der Hilfebedarf dies zulässt, in Gruppen gemeinsam gefördert werden. ²Zu diesem Zweck sollen die Träger der öffentlichen Jugendhilfe mit den Trägern der Sozialhilfe bei der Planung, konzeptionellen Ausgestaltung und Finanzierung des Angebots zusammenarbeiten.

(5) Die Träger der öffentlichen Jugendhilfe sollen die Realisierung des Förderungsauftrags nach Maßgabe der Absätze 1 bis 4 in den Einrichtungen anderer Träger durch geeignete Maßnahmen sicherstellen.

§ 23 Förderung in Kindertagespflege

(1) Die Förderung in Kindertagespflege nach Maßgabe von § 24 umfasst die Vermittlung des Kindes zu einer geeigneten Tagespflegeperson, soweit diese nicht von der erziehungsberechtigten Person nachgewiesen wird, deren fachliche Beratung, Begleitung und weitere Qualifizierung sowie die Gewährung einer laufenden Geldleistung an die Tagespflegeperson.

(2) Die laufende Geldleistung nach Absatz 1 umfasst

1. die Erstattung angemessener Kosten, die der Tagespflegeperson für den Sachaufwand entstehen,

2. einen Betrag zur Anerkennung ihrer Förderungsleistung nach Maßgabe von Absatz 2a,
3. die Erstattung nachgewiesener Aufwendungen für Beiträge zu einer Unfallversicherung sowie die hälftige Erstattung nachgewiesener Aufwendungen zu einer angemessenen Alterssicherung der Tagespflegeperson und
4. die hälftige Erstattung nachgewiesener Aufwendungen zu einer angemessenen Krankenversicherung und Pflegeversicherung.

(2a) [1]Die Höhe der laufenden Geldleistung wird von den Trägern der öffentlichen Jugendhilfe festgelegt, soweit Landesrecht nicht etwas anderes bestimmt. [2]Der Betrag zur Anerkennung der Förderungsleistung der Tagespflegeperson ist leistungsgerecht auszugestalten. [3]Dabei sind der zeitliche Umfang der Leistung und die Anzahl sowie der Förderbedarf der betreuten Kinder zu berücksichtigen.

(3) [1]Geeignet im Sinne von Absatz 1 sind Personen, die sich durch ihre Persönlichkeit, Sachkompetenz und Kooperationsbereitschaft mit Erziehungsberechtigten und anderen Tagespflegepersonen auszeichnen und über kindgerechte Räumlichkeiten verfügen. [2]Sie sollen über vertiefte Kenntnisse hinsichtlich der Anforderungen der Kindertagespflege verfügen, die sie in qualifizierten Lehrgängen erworben oder in anderer Weise nachgewiesen haben.

(4) [1]Erziehungsberechtigte und Tagespflegepersonen haben Anspruch auf Beratung in allen Fragen der Kindertagespflege. [2]Für Ausfallzeiten einer Tagespflegeperson ist rechtzeitig eine andere Betreuungsmöglichkeit für das Kind sicherzustellen. [3]Zusammenschlüsse von Tagespflegepersonen sollen beraten, unterstützt und gefördert werden.

§ 24 Anspruch auf Förderung in Tageseinrichtungen und in Kindertagespflege

(1) [1]Ein Kind, das das erste Lebensjahr noch nicht vollendet hat, ist in einer Einrichtung oder in Kindertagespflege zu fördern, wenn

1. diese Leistung für seine Entwicklung zu einer eigenverantwortlichen und gemeinschaftsfähigen Persönlichkeit geboten ist oder
2. die Erziehungsberechtigten

a) einer Erwerbstätigkeit nachgehen, eine Erwerbstätigkeit aufnehmen oder Arbeit suchend sind,
b) sich in einer beruflichen Bildungsmaßnahme, in der Schulausbildung oder Hochschulausbildung befinden oder
c) Leistungen zur Eingliederung in Arbeit im Sinne des Zweiten Buches erhalten.

²Lebt das Kind nur mit einem Erziehungsberechtigten zusammen, so tritt diese Person an die Stelle der Erziehungsberechtigten. ³Der Umfang der täglichen Förderung richtet sich nach dem individuellen Bedarf.

(2) ¹Ein Kind, das das erste Lebensjahr vollendet hat, hat bis zur Vollendung des dritten Lebensjahres Anspruch auf frühkindliche Förderung in einer Tageseinrichtung oder in Kindertagespflege. ²Absatz 1 Satz 3 gilt entsprechend.

(3) ¹Ein Kind, das das dritte Lebensjahr vollendet hat, hat bis zum Schuleintritt Anspruch auf Förderung in einer Tageseinrichtung. ²Die Träger der öffentlichen Jugendhilfe haben darauf hinzuwirken, dass für diese Altersgruppe ein bedarfsgerechtes Angebot an Ganztagsplätzen zur Verfügung steht. ³Das Kind kann bei besonderem Bedarf oder ergänzend auch in Kindertagespflege gefördert werden.

(4) ¹Für Kinder im schulpflichtigen Alter ist ein bedarfsgerechtes Angebot in Tageseinrichtungen vorzuhalten. ²Absatz 1 Satz 3 und Absatz 3 Satz 3 gelten entsprechend.

(5) ¹Die Träger der öffentlichen Jugendhilfe oder die von ihnen beauftragten Stellen sind verpflichtet, Eltern oder Elternteile, die Leistungen nach den Absätzen 1 bis 4 in Anspruch nehmen wollen, über das Platzangebot im örtlichen Einzugsbereich und die pädagogische Konzeption der Einrichtungen zu informieren und sie bei der Auswahl zu beraten. ²Landesrecht kann bestimmen, dass die erziehungsberechtigten Personen den zuständigen Träger der öffentlichen Jugendhilfe oder die beauftragte Stelle innerhalb einer bestimmten Frist vor der beabsichtigten Inanspruchnahme der Leistung in Kenntnis setzen.

(6) Weitergehendes Landesrecht bleibt unberührt.

§ 24a Übergangsregelung und stufenweiser Ausbau des Förderangebots für Kinder unter drei Jahren (aufgehoben)

§ 25 Unterstützung selbst organisierter Förderung von Kindern

Mütter, Väter und andere Erziehungsberechtigte, die die Förderung von Kindern selbst organisieren wollen, sollen beraten und unterstützt werden.

§ 26 Landesrechtsvorbehalt

¹Das Nähere über Inhalt und Umfang der in diesem Abschnitt geregelten Aufgaben und Leistungen regelt das Landesrecht. ²Am 31. Dezember 1990 geltende landesrechtliche Regelungen, die das Kindergartenwesen dem Bildungsbereich zuweisen, bleiben unberührt.

§ 27 Hilfe zur Erziehung

(1) Ein Personensorgeberechtigter hat bei der Erziehung eines Kindes oder eines Jugendlichen Anspruch auf Hilfe (Hilfe zur Erziehung), wenn eine dem Wohl des Kindes oder des Jugendlichen entsprechende Erziehung nicht gewährleistet ist und die Hilfe für seine Entwicklung geeignet und notwendig ist.

(2) ¹Hilfe zur Erziehung wird insbesondere nach Maßgabe der §§ 28 bis 35 gewährt. ²Art und Umfang der Hilfe richten sich nach dem erzieherischen Bedarf im Einzelfall; dabei soll das engere soziale Umfeld des Kindes oder des Jugendlichen einbezogen werden. ³Die Hilfe ist in der Regel im Inland zu erbringen; sie darf nur dann im Ausland erbracht werden, wenn dies nach Maßgabe der Hilfeplanung zur Erreichung des Hilfezieles im Einzelfall erforderlich ist.

(2a) Ist eine Erziehung des Kindes oder Jugendlichen außerhalb des Elternhauses erforderlich, so entfällt der Anspruch auf Hilfe zur Erziehung nicht dadurch, dass eine andere unterhaltspflichtige Person bereit ist, diese Aufgabe zu übernehmen; die Gewährung von Hilfe zur Erziehung setzt in diesem Fall voraus, dass diese Person bereit und geeignet ist, den Hilfebedarf in Zusammenarbeit mit dem Träger der öffentlichen Jugendhilfe nach Maßgabe der §§ 36 und 37 zu decken.

(3) ¹Hilfe zur Erziehung umfasst insbesondere die Gewährung pädagogischer und damit verbundener therapeutischer Leistungen. ²Sie soll bei Bedarf Ausbildungs- und Beschäftigungsmaßnahmen im Sinne des § 13 Absatz 2 einschließen.

(4) Wird ein Kind oder eine Jugendliche während ihres Aufenthalts in einer Einrichtung oder einer Pflegefamilie selbst Mutter eines Kindes, so umfasst die Hilfe zur Erziehung auch die Unterstützung bei der Pflege und Erziehung dieses Kindes.

§ 28 Erziehungsberatung

¹Erziehungsberatungsstellen und andere Beratungsdienste und -einrichtungen sollen Kinder, Jugendliche, Eltern und andere Erziehungsberechtigte bei der Klärung und Bewältigung individueller und familienbezogener Probleme und der zugrunde liegenden Faktoren, bei der Lösung von Erziehungsfragen sowie bei Trennung und Scheidung unterstützen. ²Dabei sollen Fachkräfte verschiedener Fachrichtungen zusammenwirken, die mit unterschiedlichen methodischen Ansätzen vertraut sind.

§ 29 Soziale Gruppenarbeit

¹Die Teilnahme an sozialer Gruppenarbeit soll älteren Kindern und Jugendlichen bei der Überwindung von Entwicklungsschwierigkeiten und Verhaltensproblemen helfen. ²Soziale Gruppenarbeit soll auf der Grundlage eines gruppenpädagogischen Konzepts die Entwicklung älterer Kinder und Jugendlicher durch soziales Lernen in der Gruppe fördern.

§ 30 Erziehungsbeistand, Betreuungshelfer

Der Erziehungsbeistand und der Betreuungshelfer sollen das Kind oder den Jugendlichen bei der Bewältigung von Entwicklungsproblemen möglichst unter Einbeziehung des sozialen Umfelds unterstützen und unter Erhaltung des Lebensbezugs zur Familie seine Verselbständigung fördern.

§ 31 Sozialpädagogische Familienhilfe

¹Sozialpädagogische Familienhilfe soll durch intensive Betreuung und Begleitung Familien in ihren Erziehungsaufgaben, bei der Bewältigung von Alltagsproblemen, der Lösung von Konflikten und Krisen sowie im Kontakt mit Ämtern und Institutionen unterstützen und Hilfe zur Selbsthilfe geben. ²Sie ist in der Regel auf längere Dauer angelegt und erfordert die Mitarbeit der Familie.

§ 32 Erziehung in einer Tagesgruppe

¹Hilfe zur Erziehung in einer Tagesgruppe soll die Entwicklung des Kindes oder des Jugendlichen durch soziales Lernen in der Gruppe, Begleitung der schulischen Förderung und Elternarbeit unterstützen und dadurch den Verbleib des Kindes oder des Jugendlichen in seiner Familie sichern. ²Die Hilfe kann auch in geeigneten Formen der Familienpflege geleistet werden.

§ 33 Vollzeitpflege

¹Hilfe zur Erziehung in Vollzeitpflege soll entsprechend dem Alter und Entwicklungsstand des Kindes oder des Jugendlichen und seinen persönlichen Bindungen sowie den Möglichkeiten der Verbesserung der Erziehungsbedingungen in der Herkunftsfamilie Kindern und Jugendlichen in einer anderen Familie eine zeitlich befristete Erziehungshilfe oder eine auf Dauer angelegte Lebensform bieten. ²Für besonders entwicklungsbeeinträchtigte Kinder und Jugendliche sind geeignete Formen der Familienpflege zu schaffen und auszubauen.

§ 34 Heimerziehung, sonstige betreute Wohnform

¹Hilfe zur Erziehung in einer Einrichtung über Tag und Nacht (Heimerziehung) oder in einer sonstigen betreuten Wohnform soll Kinder und Jugendliche durch eine Verbindung von Alltagserleben mit pädagogischen und therapeutischen Angeboten in ihrer Entwicklung fördern. ²Sie soll entsprechend dem Alter und Entwicklungsstand des Kindes oder des Jugendlichen sowie den Möglichkeiten der Verbesserung der Erziehungsbedingungen in der Herkunftsfamilie

1. eine Rückkehr in die Familie zu erreichen versuchen oder

2. die Erziehung in einer anderen Familie vorbereiten oder
3. eine auf längere Zeit angelegte Lebensform bieten und auf ein selbständiges Leben vorbereiten.

³Jugendliche sollen in Fragen der Ausbildung und Beschäftigung sowie der allgemeinen Lebensführung beraten und unterstützt werden.

§ 35 Intensive sozialpädagogische Einzelbetreuung

¹Intensive sozialpädagogische Einzelbetreuung soll Jugendlichen gewährt werden, die einer intensiven Unterstützung zur sozialen Integration und zu einer eigenverantwortlichen Lebensführung bedürfen. ²Die Hilfe ist in der Regel auf längere Zeit angelegt und soll den individuellen Bedürfnissen des Jugendlichen Rechnung tragen.

§ 35a Eingliederungshilfe für seelisch behinderte Kinder und Jugendliche

(1) ¹Kinder oder Jugendliche haben Anspruch auf Eingliederungshilfe, wenn

1. ihre seelische Gesundheit mit hoher Wahrscheinlichkeit länger als sechs Monate von dem für ihr Lebensalter typischen Zustand abweicht und
2. daher ihre Teilhabe am Leben in der Gesellschaft beeinträchtigt ist oder eine solche Beeinträchtigung zu erwarten ist.

²Von einer seelischen Behinderung bedroht im Sinne dieses Buches sind Kinder oder Jugendliche, bei denen eine Beeinträchtigung ihrer Teilhabe am Leben in der Gesellschaft nach fachlicher Erkenntnis mit hoher Wahrscheinlichkeit zu erwarten ist. ³§ 27 Absatz 4 gilt entsprechend.

(1a) ¹Hinsichtlich der Abweichung der seelischen Gesundheit nach Absatz 1 Satz 1 Nummer 1 hat der Träger der öffentlichen Jugendhilfe die Stellungnahme

1. eines Arztes für Kinder- und Jugendpsychiatrie und -psychotherapie,
2. eines Kinder- und Jugendpsychotherapeuten oder
3. eines Arztes oder eines psychologischen Psychotherapeuten, der über besondere Erfahrungen auf dem Gebiet seelischer Störungen bei Kindern und Jugendlichen verfügt,

einzuholen. ²Die Stellungnahme ist auf der Grundlage der Internationalen Klassifikation der Krankheiten in der vom Deutschen Institut für medizinische Dokumentation und Information herausgegebenen deutschen Fassung zu erstellen. ³Dabei ist auch darzulegen, ob die Abweichung Krankheitswert hat oder auf einer Krankheit beruht. ⁴Die Hilfe soll nicht von der Person oder dem Dienst oder der Einrichtung, der die Person angehört, die die Stellungnahme abgibt, erbracht werden.

(2) Die Hilfe wird nach dem Bedarf im Einzelfall

1. in ambulanter Form
2. in Tageseinrichtungen für Kinder oder in anderen teilstationären Einrichtungen,
3. durch geeignete Pflegepersonen und
4. in Einrichtungen über Tag und Nacht sowie sonstigen Wohnformen geleistet.

(3) Aufgabe und Ziel der Hilfe, die Bestimmung des Personenkreises sowie die Art der Leistungen richten sich nach § 53 Absatz 3 und 4 Satz 1, den §§ 54, 56 und 57 des Zwölften Buches, soweit diese Bestimmungen auch auf seelisch behinderte oder von einer solchen Behinderung bedrohte Personen Anwendung finden.

(4) ¹Ist gleichzeitig Hilfe zur Erziehung zu leisten, so sollen Einrichtungen, Dienste und Personen in Anspruch genommen werden, die geeignet sind, sowohl die Aufgaben der Eingliederungshilfe zu erfüllen als auch den erzieherischen Bedarf zu decken. ²Sind heilpädagogische Maßnahmen für Kinder, die noch nicht im schulpflichtigen Alter sind, in Tageseinrichtungen für Kinder zu gewähren und lässt der Hilfebedarf es zu, so sollen Einrichtungen in Anspruch genommen werden, in denen behinderte und nicht behinderte Kinder gemeinsam betreut werden.

§ 36 Mitwirkung, Hilfeplan

(1) ¹Der Personensorgeberechtigte und das Kind oder der Jugendliche sind vor der Entscheidung über die Inanspruchnahme einer Hilfe und vor einer notwendigen Änderung von Art und Umfang der Hilfe zu beraten und auf die möglichen Folgen für die Entwicklung des Kindes oder des Jugendlichen hinzuweisen. ²Vor und während einer langfristig zu leistenden Hilfe außerhalb der eigenen Familie ist zu prüfen, ob die Annahme als Kind in

Betracht kommt. ³Ist Hilfe außerhalb der eigenen Familie erforderlich, so sind die in Satz 1 genannten Personen bei der Auswahl der Einrichtung oder der Pflegestelle zu beteiligen. ⁴Der Wahl und den Wünschen ist zu entsprechen, sofern sie nicht mit unverhältnismäßigen Mehrkosten verbunden sind. ⁵Wünschen die in Satz 1 genannten Personen die Erbringung einer in §78a genannten Leistung in einer Einrichtung, mit deren Träger keine Vereinbarungen nach §78b bestehen, so soll der Wahl nur entsprochen werden, wenn die Erbringung der Leistung in dieser Einrichtung nach Maßgabe des Hilfeplans nach Absatz 2 geboten ist.

(2) ¹Die Entscheidung über die im Einzelfall angezeigte Hilfeart soll, wenn Hilfe voraussichtlich für längere Zeit zu leisten ist, im Zusammenwirken mehrerer Fachkräfte getroffen werden. ²Als Grundlage für die Ausgestaltung der Hilfe sollen sie zusammen mit dem Personensorgeberechtigten und dem Kind oder dem Jugendlichen einen Hilfeplan aufstellen, der Feststellungen über den Bedarf, die zu gewährende Art der Hilfe sowie die notwendigen Leistungen enthält; sie sollen regelmäßig prüfen, ob die gewählte Hilfeart weiterhin geeignet und notwendig ist. ³Werden bei der Durchführung der Hilfe andere Personen, Dienste oder Einrichtungen tätig, so sind sie oder deren Mitarbeiter an der Aufstellung des Hilfeplans und seiner Überprüfung zu beteiligen. ⁴Erscheinen Maßnahmen der beruflichen Eingliederung erforderlich, so sollen auch die für die Eingliederung zuständigen Stellen beteiligt werden.

(3) Erscheinen Hilfen nach §35a erforderlich, so soll bei der Aufstellung und Änderung des Hilfeplans sowie bei der Durchführung der Hilfe die Person, die eine Stellungnahme nach §35a Absatz 1a abgegeben hat, beteiligt werden.

(4) Vor einer Entscheidung über die Gewährung einer Hilfe, die ganz oder teilweise im Ausland erbracht wird, soll zur Feststellung einer seelischen Störung mit Krankheitswert die Stellungnahme einer in §35a Absatz 1a Satz 1 genannten Person eingeholt werden.

§ 36a Steuerungsverantwortung, Selbstbeschaffung

(1) ¹Der Träger der öffentlichen Jugendhilfe trägt die Kosten der Hilfe grundsätzlich nur dann, wenn sie auf der Grundlage seiner Entscheidung nach Maßgabe des Hilfeplans unter Beachtung des Wunsch- und Wahlrechts

erbracht wird; dies gilt auch in den Fällen, in denen Eltern durch das Familiengericht oder Jugendliche und junge Volljährige durch den Jugendrichter zur Inanspruchnahme von Hilfen verpflichtet werden. ²Die Vorschriften über die Heranziehung zu den Kosten der Hilfe bleiben unberührt.

(2) ¹Abweichend von Absatz 1 soll der Träger der öffentlichen Jugendhilfe die niedrigschwellige unmittelbare Inanspruchnahme von ambulanten Hilfen, insbesondere der Erziehungsberatung, zulassen. ²Dazu soll er mit den Leistungserbringern Vereinbarungen schließen, in denen die Voraussetzungen und die Ausgestaltung der Leistungserbringung sowie die Übernahme der Kosten geregelt werden.

(3) ¹Werden Hilfen abweichend von den Absätzen 1 und 2 vom Leistungsberechtigten selbst beschafft, so ist der Träger der öffentlichen Jugendhilfe zur Übernahme der erforderlichen Aufwendungen nur verpflichtet, wenn

1. der Leistungsberechtigte den Träger der öffentlichen Jugendhilfe vor der Selbstbeschaffung über den Hilfebedarf in Kenntnis gesetzt hat,
2. die Voraussetzungen für die Gewährung der Hilfe vorlagen und
3. die Deckung des Bedarfs
   a) bis zu einer Entscheidung des Trägers der öffentlichen Jugendhilfe über die Gewährung der Leistung oder
   b) bis zu einer Entscheidung über ein Rechtsmittel nach einer zu Unrecht abgelehnten Leistung

keinen zeitlichen Aufschub geduldet hat.

²War es dem Leistungsberechtigten unmöglich, den Träger der öffentlichen Jugendhilfe rechtzeitig über den Hilfebedarf in Kenntnis zu setzen, so hat er dies unverzüglich nach Wegfall des Hinderungsgrundes nachzuholen.

...

§ 39 Leistungen zum Unterhalt des Kindes oder des Jugendlichen

(1) ¹Wird Hilfe nach den §§ 32 bis 35 oder nach § 35a Absatz 2 Nummer 2 bis 4 gewährt, so ist auch der notwendige Unterhalt des Kindes oder Jugendlichen außerhalb des Elternhauses sicherzustellen. ²Er umfasst die Kosten für den Sachaufwand sowie für die Pflege und Erziehung des Kindes oder Jugendlichen.

(2) ¹Der gesamte regelmäßig wiederkehrende Bedarf soll durch laufende Leistungen gedeckt werden. ²Sie umfassen außer im Fall des § 32 und des § 35a Absatz 2 Nummer 2 auch einen angemessenen Barbetrag zur persönlichen Verfügung des Kindes oder des Jugendlichen. ³Die Höhe des Betrages wird in den Fällen der §§ 34, 35, 35a Absatz 2 Nummer 4 von der nach Landesrecht zuständigen Behörde festgesetzt; die Beträge sollen nach Altersgruppen gestaffelt sein. ⁴Die laufenden Leistungen im Rahmen der Hilfe in Vollzeitpflege (§ 33) oder bei einer geeigneten Pflegeperson (§ 35a Absatz 2 Nummer 3) sind nach den Absätzen 4 bis 6 zu bemessen.

(3) Einmalige Beihilfen oder Zuschüsse können insbesondere zur Erstausstattung einer Pflegestelle, bei wichtigen persönlichen Anlässen sowie für Urlaubs- und Ferienreisen des Kindes oder des Jugendlichen gewährt werden.

(4) ¹Die laufenden Leistungen sollen auf der Grundlage der tatsächlichen Kosten gewährt werden, sofern sie einen angemessenen Umfang nicht übersteigen. ²Die laufenden Leistungen umfassen auch die Erstattung nachgewiesener Aufwendungen für Beiträge zu einer Unfallversicherung sowie die hälftige Erstattung nachgewiesener Aufwendungen zu einer angemessenen Alterssicherung der Pflegeperson. ³Sie sollen in einem monatlichen Pauschalbetrag gewährt werden, soweit nicht nach der Besonderheit des Einzelfalls abweichende Leistungen geboten sind. ⁴Ist die Pflegeperson in gerader Linie mit dem Kind oder Jugendlichen verwandt und kann sie diesem unter Berücksichtigung ihrer sonstigen Verpflichtungen und ohne Gefährdung ihres angemessenen Unterhalts Unterhalt gewähren, so kann der Teil des monatlichen Pauschalbetrages, der die Kosten für den Sachaufwand des Kindes oder Jugendlichen betrifft, angemessen gekürzt werden. ⁵Wird ein Kind oder ein Jugendlicher im Bereich eines anderen Jugendamts untergebracht, so soll sich die Höhe des zu gewährenden Pauschalbetrages nach den Verhältnissen richten, die am Ort der Pflegestelle gelten.

(5) ¹Die Pauschalbeträge für laufende Leistungen zum Unterhalt sollen von den nach Landesrecht zuständigen Behörden festgesetzt werden. ²Dabei ist dem altersbedingt unterschiedlichen Unterhaltsbedarf von Kindern und Jugendlichen durch eine Staffelung der Beträge nach Altersgruppen Rechnung zu tragen. ³Das Nähere regelt Landesrecht.

(6) ¹Wird das Kind oder der Jugendliche im Rahmen des Familienleistungsausgleichs nach § 31 des Einkommensteuergesetzes bei der Pflegeperson

berücksichtigt, so ist ein Betrag in Höhe der Hälfte des Betrages, der nach § 66 des Einkommensteuergesetzes für ein erstes Kind zu zahlen ist, auf die laufenden Leistungen anzurechnen. ²Ist das Kind oder der Jugendliche nicht das älteste Kind in der Pflegefamilie, so ermäßigt sich der Anrechnungsbetrag für dieses Kind oder diesen Jugendlichen auf ein Viertel des Betrages, der für ein erstes Kind zu zahlen ist.

(7) Wird ein Kind oder eine Jugendliche während ihres Aufenthalts in einer Einrichtung oder einer Pflegefamilie selbst Mutter eines Kindes, so ist auch der notwendige Unterhalt dieses Kindes sicherzustellen.

§ 40 Krankenhilfe

¹Wird Hilfe nach den §§ 33 bis 35 oder nach § 35a Absatz 2 Nummer 3 oder 4 gewährt, so ist auch Krankenhilfe zu leisten; für den Umfang der Hilfe gelten die §§ 47 bis 52 des Zwölften Buches entsprechend. ²Krankenhilfe muss den im Einzelfall notwendigen Bedarf in voller Höhe befriedigen. ³Zuzahlungen und Eigenbeteiligungen sind zu übernehmen. ⁴Das Jugendamt kann in geeigneten Fällen die Beiträge für eine freiwillige Krankenversicherung übernehmen, soweit sie angemessen sind.

§ 41 Hilfe für junge Volljährige, Nachbetreuung

(1) ¹Einem jungen Volljährigen soll Hilfe für die Persönlichkeitsentwicklung und zu einer eigenverantwortlichen Lebensführung gewährt werden, wenn und solange die Hilfe auf Grund der individuellen Situation des jungen Menschen notwendig ist. ²Die Hilfe wird in der Regel nur bis zur Vollendung des 21. Lebensjahres gewährt; in begründeten Einzelfällen soll sie für einen begrenzten Zeitraum darüber hinaus fortgesetzt werden.

(2) Für die Ausgestaltung der Hilfe gelten § 27 Absatz 3 und 4 sowie die §§ 28 bis 30, 33 bis 36, 39 und 40 entsprechend mit der Maßgabe, dass an die Stelle des Personensorgeberechtigten oder des Kindes oder des Jugendlichen der junge Volljährige tritt.

(3) Der junge Volljährige soll auch nach Beendigung der Hilfe bei der Verselbständigung im notwendigen Umfang beraten und unterstützt werden.

§ 42 Inobhutnahme von Kindern und Jugendlichen

(1) ¹Das Jugendamt ist berechtigt und verpflichtet, ein Kind oder einen Jugendlichen in seine Obhut zu nehmen, wenn

1. das Kind oder der Jugendliche um Obhut bittet oder
2. eine dringende Gefahr für das Wohl des Kindes oder des Jugendlichen die Inobhutnahme erfordert und
   a) die Personensorgeberechtigten nicht widersprechen oder
   b) eine familiengerichtliche Entscheidung nicht rechtzeitig eingeholt werden kann oder
3. ein ausländisches Kind oder ein ausländischer Jugendlicher unbegleitet nach Deutschland kommt und sich weder Personensorge- noch Erziehungsberechtigte im Inland aufhalten.

²Die Inobhutnahme umfasst die Befugnis, ein Kind oder einen Jugendlichen bei einer geeigneten Person, in einer geeigneten Einrichtung oder in einer sonstigen Wohnform vorläufig unterzubringen; im Fall von Satz 1 Nummer 2 auch ein Kind oder einen Jugendlichen von einer anderen Person wegzunehmen.

(2) ¹Das Jugendamt hat während der Inobhutnahme die Situation, die zur Inobhutnahme geführt hat, zusammen mit dem Kind oder dem Jugendlichen zu klären und Möglichkeiten der Hilfe und Unterstützung aufzuzeigen. ²Dem Kind oder dem Jugendlichen ist unverzüglich Gelegenheit zu geben, eine Person seines Vertrauens zu benachrichtigen. ³Das Jugendamt hat während der Inobhutnahme für das Wohl des Kindes oder des Jugendlichen zu sorgen und dabei den notwendigen Unterhalt und die Krankenhilfe sicherzustellen; § 39 Absatz 4 Satz 2 gilt entsprechend. ⁴Das Jugendamt ist während der Inobhutnahme berechtigt, alle Rechtshandlungen vorzunehmen, die zum Wohl des Kindes oder Jugendlichen notwendig sind; der mutmaßliche Wille der Personensorge- oder der Erziehungsberechtigten ist dabei angemessen zu berücksichtigen. ⁵Im Fall des Absatzes 1 Satz 1 Nummer 3 gehört zu den Rechtshandlungen nach Satz 4, zu denen das Jugendamt verpflichtet ist, insbesondere die unverzügliche Stellung eines Asylantrags für das Kind oder den Jugendlichen in Fällen, in denen Tatsachen die Annahme rechtfertigen, dass das Kind oder der Jugendliche internationalen Schutz im Sinne des § 1 Absatz 1 Nummer 2 des Asylgesetzes benötigt; dabei ist das Kind oder der Jugendliche zu beteiligen.

(3) ¹Das Jugendamt hat im Fall des Absatzes 1 Satz 1 Nummer 1 und 2 die Personensorge- oder Erziehungsberechtigten unverzüglich von der Inobhutnahme zu unterrichten und mit ihnen das Gefährdungsrisiko abzuschätzen. ²Widersprechen die Personensorge- oder Erziehungsberechtigten der Inobhutnahme, so hat das Jugendamt unverzüglich

1. das Kind oder den Jugendlichen den Personensorge- oder Erziehungsberechtigten zu übergeben, sofern nach der Einschätzung des Jugendamts eine Gefährdung des Kindeswohls nicht besteht oder die Personensorge- oder Erziehungsberechtigten bereit und in der Lage sind, die Gefährdung abzuwenden oder
2. eine Entscheidung des Familiengerichts über die erforderlichen Maßnahmen zum Wohl des Kindes oder des Jugendlichen herbeizuführen.

³Sind die Personensorge- oder Erziehungsberechtigten nicht erreichbar, so gilt Satz 2 Nummer 2 entsprechend. ⁴Im Fall des Absatzes 1 Satz 1 Nummer 3 ist unverzüglich die Bestellung eines Vormunds oder Pflegers zu veranlassen. ⁵Widersprechen die Personensorgeberechtigten der Inobhutnahme nicht, so ist unverzüglich ein Hilfeplanverfahren zur Gewährung einer Hilfe einzuleiten.

(4) Die Inobhutnahme endet mit

1. der Übergabe des Kindes oder Jugendlichen an die Personensorge- oder Erziehungsberechtigten,
2. der Entscheidung über die Gewährung von Hilfen nach dem Sozialgesetzbuch.

(5) ¹Freiheitsentziehende Maßnahmen im Rahmen der Inobhutnahme sind nur zulässig, wenn und soweit sie erforderlich sind, um eine Gefahr für Leib oder Leben des Kindes oder des Jugendlichen oder eine Gefahr für Leib oder Leben Dritter abzuwenden. ²Die Freiheitsentziehung ist ohne gerichtliche Entscheidung spätestens mit Ablauf des Tages nach ihrem Beginn zu beenden.

(6) Ist bei der Inobhutnahme die Anwendung unmittelbaren Zwangs erforderlich, so sind die dazu befugten Stellen hinzuzuziehen.

§ 42a Vorläufige Inobhutnahme von ausländischen Kindern und Jugendlichen nach unbegleiteter Einreise

(1) ¹Das Jugendamt ist berechtigt und verpflichtet, ein ausländisches Kind oder einen ausländischen Jugendlichen vorläufig in Obhut zu nehmen, sobald dessen unbegleitete Einreise nach Deutschland festgestellt wird. ²Ein ausländisches Kind oder ein ausländischer Jugendlicher ist grundsätzlich dann als unbegleitet zu betrachten, wenn die Einreise nicht in Begleitung eines Personensorgeberechtigten oder Erziehungsberechtigten erfolgt; dies gilt auch, wenn das Kind oder der Jugendliche verheiratet ist. ³§ 42 Absatz 1 Satz 2, Absatz 2 Satz 2 und 3, Absatz 5 sowie 6 gilt entsprechend.

(2) ¹Das Jugendamt hat während der vorläufigen Inobhutnahme zusammen mit dem Kind oder dem Jugendlichen einzuschätzen,

1. ob das Wohl des Kindes oder des Jugendlichen durch die Durchführung des Verteilungsverfahrens gefährdet würde,
2. ob sich eine mit dem Kind oder dem Jugendlichen verwandte Person im Inland oder im Ausland aufhält,
3. ob das Wohl des Kindes oder des Jugendlichen eine gemeinsame Inobhutnahme mit Geschwistern oder anderen unbegleiteten ausländischen Kindern oder Jugendlichen erfordert und
4. ob der Gesundheitszustand des Kindes oder des Jugendlichen die Durchführung des Verteilungsverfahrens innerhalb von 14 Werktagen nach Beginn der vorläufigen Inobhutnahme ausschließt; hierzu soll eine ärztliche Stellungnahme eingeholt werden.

²Auf der Grundlage des Ergebnisses der Einschätzung nach Satz 1 entscheidet das Jugendamt über die Anmeldung des Kindes oder des Jugendlichen zur Verteilung oder den Ausschluss der Verteilung.

(3) ¹Das Jugendamt ist während der vorläufigen Inobhutnahme berechtigt und verpflichtet, alle Rechtshandlungen vorzunehmen, die zum Wohl des Kindes oder des Jugendlichen notwendig sind. ²Dabei ist das Kind oder der Jugendliche zu beteiligen und der mutmaßliche Wille der Personen- oder der Erziehungsberechtigten angemessen zu berücksichtigen.

(4) ¹Das Jugendamt hat der nach Landesrecht für die Verteilung von unbegleiteten ausländischen Kindern und Jugendlichen zuständigen Stelle die vorläufige Inobhutnahme des Kindes oder des Jugendlichen innerhalb von sieben Werktagen nach Beginn der Maßnahme zur Erfüllung der in

§ 42b genannten Aufgaben mitzuteilen. ²Zu diesem Zweck sind auch die Ergebnisse der Einschätzung nach Absatz 2 Satz 1 mitzuteilen. ³Die nach Landesrecht zuständige Stelle hat gegenüber dem Bundesverwaltungsamt innerhalb von drei Werktagen das Kind oder den Jugendlichen zur Verteilung anzumelden oder den Ausschluss der Verteilung anzuzeigen.

(5) ¹Soll das Kind oder der Jugendliche im Rahmen eines Verteilungsverfahrens untergebracht werden, so umfasst die vorläufige Inobhutnahme auch die Pflicht,

1. die Begleitung des Kindes oder des Jugendlichen und dessen Übergabe durch eine insofern geeignete Person an das für die Inobhutnahme nach § 42 Absatz 1 Satz 1 Nummer 3 zuständige Jugendamt sicherzustellen sowie
2. dem für die Inobhutnahme nach § 42 Absatz 1 Satz 1 Nummer 3 zuständigen Jugendamt unverzüglich die personenbezogenen Daten zu übermitteln, die zur Wahrnehmung der Aufgaben nach § 42 erforderlich sind.

²Hält sich eine mit dem Kind oder dem Jugendlichen verwandte Person im Inland oder im Ausland auf, hat das Jugendamt auf eine Zusammenführung des Kindes oder des Jugendlichen mit dieser Person hinzuwirken, wenn dies dem Kindeswohl entspricht. ³Das Kind oder der Jugendliche ist an der Übergabe und an der Entscheidung über die Familienzusammenführung angemessen zu beteiligen.

(6) Die vorläufige Inobhutnahme endet mit der Übergabe des Kindes oder des Jugendlichen an die Personensorge- oder Erziehungsberechtigten oder an das aufgrund der Zuweisungsentscheidung der zuständigen Landesbehörde nach § 88a Absatz 2 Satz 1 zuständige Jugendamt oder mit der Anzeige nach Absatz 4 Satz 3 über den Ausschluss des Verteilungsverfahrens nach § 42b Absatz 4.

§ 42b Verfahren zur Verteilung unbegleiteter ausländischer Kinder und Jugendlicher

(1) ¹Das Bundesverwaltungsamt benennt innerhalb von zwei Werktagen nach Anmeldung eines unbegleiteten ausländischen Kindes oder Jugendlichen zur Verteilung durch die zuständige Landesstelle das zu dessen Auf-

nahme verpflichtete Land. ²Maßgebend dafür ist die Aufnahmequote nach
§ 42c.

(2) ¹Im Rahmen der Aufnahmequote nach § 42c soll vorrangig dasjenige
Land benannt werden, in dessen Bereich das Jugendamt liegt, das das Kind
oder den Jugendlichen nach § 42a vorläufig in Obhut genommen hat. ²Hat
dieses Land die Aufnahmequote nach § 42c bereits erfüllt, soll das nächstgelegene Land benannt werden.

(3) ¹Die nach Landesrecht für die Verteilung von unbegleiteten ausländischen Kindern oder Jugendlichen zuständige Stelle des nach Absatz 1 benannten Landes weist das Kind oder den Jugendlichen innerhalb von zwei
Werktagen einem in seinem Bereich gelegenen Jugendamt zur Inobhutnahme nach § 42 Absatz 1 Satz 1 Nummer 3 zu und teilt dies demjenigen
Jugendamt mit, welches das Kind oder den Jugendlichen nach § 42a vorläufig in Obhut genommen hat. ²Maßgeblich für die Zuweisung sind die
spezifischen Schutzbedürfnisse und Bedarfe unbegleiteter ausländischer
Minderjähriger. ³Für die Verteilung von unbegleiteten ausländischen Kindern oder Jugendlichen ist das Landesjugendamt zuständig, es sei denn,
dass Landesrecht etwas anderes regelt.

(4) Die Durchführung eines Verteilungsverfahrens ist bei einem unbegleiteten ausländischen Kind oder Jugendlichen ausgeschlossen, wenn

1. dadurch dessen Wohl gefährdet würde,
2. dessen Gesundheitszustand die Durchführung eines Verteilungsverfahrens innerhalb von 14 Werktagen nach Beginn der vorläufigen
   Inobhutnahme gemäß § 42a nicht zulässt,
3. dessen Zusammenführung mit einer verwandten Person kurzfristig erfolgen kann, zum Beispiel aufgrund der Verordnung (EU) Nr. 604/2013
   des Europäischen Parlaments und des Rates vom 26. Juni 2013 zur
   Festlegung der Kriterien und Verfahren zur Bestimmung des Mitgliedstaats, der für die Prüfung eines von einem Drittstaatsangehörigen
   oder Staatenlosen in einem Mitgliedstaat gestellten Antrags auf internationalen Schutz zuständig ist (ABl. L 180 vom 29.6.2013, S. 31),
   und dies dem Wohl des Kindes entspricht oder
4. die Durchführung des Verteilungsverfahrens nicht innerhalb von einem Monat nach Beginn der vorläufigen Inobhutnahme erfolgt.

(5) ¹Geschwister dürfen nicht getrennt werden, es sei denn, dass das Kindeswohl eine Trennung erfordert. ²Im Übrigen sollen unbegleitete ausländische Kinder oder Jugendliche im Rahmen der Aufnahmequote nach § 42c nach Durchführung des Verteilungsverfahrens gemeinsam nach § 42 in Obhut genommen werden, wenn das Kindeswohl dies erfordert.

(6) ¹Der örtliche Träger stellt durch werktägliche Mitteilungen sicher, dass die nach Landesrecht für die Verteilung von unbegleiteten ausländischen Kindern und Jugendlichen zuständige Stelle jederzeit über die für die Zuweisung nach Absatz 3 erforderlichen Angaben unterrichtet wird. ²Die nach Landesrecht für die Verteilung von unbegleiteten ausländischen Kindern oder Jugendlichen zuständige Stelle stellt durch werktägliche Mitteilungen sicher, dass das Bundesverwaltungsamt jederzeit über die Angaben unterrichtet wird, die für die Benennung des zur Aufnahme verpflichteten Landes nach Absatz 1 erforderlich sind.

(7) ¹Gegen Entscheidungen nach dieser Vorschrift findet kein Widerspruch statt. ²Die Klage gegen Entscheidungen nach dieser Vorschrift hat keine aufschiebende Wirkung.

(8) Das Nähere regelt das Landesrecht.

§ 42c Aufnahmequote

(1) ¹Die Länder können durch Vereinbarung einen Schlüssel als Grundlage für die Benennung des zur Aufnahme verpflichteten Landes nach § 42b Absatz 1 festlegen. ²Bis zum Zustandekommen dieser Vereinbarung oder bei deren Wegfall richtet sich die Aufnahmequote für das jeweilige Kalenderjahr nach dem von dem Büro der Gemeinsamen Wissenschaftskonferenz im Bundesanzeiger veröffentlichten Schlüssel, der für das vorangegangene Kalenderjahr entsprechend den Steuereinnahmen und der Bevölkerungszahl der Länder errechnet worden ist (Königsteiner Schlüssel), und nach dem Ausgleich für den Bestand der Anzahl unbegleiteter ausländischer Minderjähriger, denen am 1. November 2015 in den einzelnen Ländern Jugendhilfe gewährt wird. ³Ein Land kann seiner Aufnahmepflicht eine höhere Quote als die Aufnahmequote nach Satz 1 oder 2 zugrunde legen; dies ist gegenüber dem Bundesverwaltungsamt anzuzeigen.

(2) ¹Ist die Durchführung des Verteilungsverfahrens ausgeschlossen, wird die Anzahl der im Land verbleibenden unbegleiteten ausländischen Kin-

der und Jugendlichen auf die Aufnahmequote nach Absatz 1 angerechnet. ²Gleiches gilt, wenn der örtliche Träger eines anderen Landes die Zuständigkeit für die Inobhutnahme eines unbegleiteten ausländischen Kindes oder Jugendlichen von dem nach § 88a Absatz 2 zuständigen örtlichen Träger übernimmt.

(3) Bis zum 1. Mai 2017 wird die Aufnahmepflicht durch einen Abgleich der aktuellen Anzahl unbegleiteter ausländischer Minderjähriger in den Ländern mit der Aufnahmequote nach Absatz 1 werktäglich ermittelt.

§ 42d Übergangsregelung

(1) Kann ein Land die Anzahl von unbegleiteten ausländischen Kindern oder Jugendlichen, die seiner Aufnahmequote nach § 42c entspricht, nicht aufnehmen, so kann es dies gegenüber dem Bundesverwaltungsamt anzeigen.

(2) In diesem Fall reduziert sich für das Land die Aufnahmequote

1. bis zum 1. Dezember 2015 um zwei Drittel sowie
2. bis zum 1. Januar 2016 um ein Drittel.

(3) ¹Bis zum 31. Dezember 2016 kann die Ausschlussfrist nach § 42b Absatz 4 Nummer 4 um einen Monat verlängert werden, wenn die zuständige Landesstelle gegenüber dem Bundesverwaltungsamt anzeigt, dass die Durchführung des Verteilungsverfahrens in Bezug auf einen unbegleiteten ausländischen Minderjährigen nicht innerhalb dieser Frist erfolgen kann. ²In diesem Fall hat das Jugendamt nach Ablauf eines Monats nach Beginn der vorläufigen Inobhutnahme die Bestellung eines Vormunds oder Pflegers zu veranlassen.

(4) ¹Ab dem 1. August 2016 ist die Geltendmachung des Anspruchs des örtlichen Trägers gegenüber dem nach § 89d Absatz 3 erstattungspflichtigen Land auf Erstattung der Kosten, die vor dem 1. November 2015 entstanden sind, ausgeschlossen. ²Der Erstattungsanspruch des örtlichen Trägers gegenüber dem nach § 89d Absatz 3 erstattungspflichtigen Land verjährt in einem Jahr; im Übrigen gilt § 113 des Zehnten Buches entsprechend.

(5) ¹Die Geltendmachung des Anspruchs des örtlichen Trägers gegenüber dem nach § 89d Absatz 3 erstattungspflichtigen Land auf Erstattung der

Kosten, die nach dem 1. November 2015 entstanden sind, ist ausgeschlossen. ²Die Erstattung dieser Kosten richtet sich nach § 89d Absatz 1.

§ 42e Berichtspflicht

Die Bundesregierung hat dem Deutschen Bundestag jährlich einen Bericht über die Situation unbegleiteter ausländischer Minderjähriger in Deutschland vorzulegen.

§ 42f Behördliches Verfahren zur Altersfeststellung

(1) ¹Das Jugendamt hat im Rahmen der vorläufigen Inobhutnahme der ausländischen Person gemäß § 42a deren Minderjährigkeit durch Einsichtnahme in deren Ausweispapiere festzustellen oder hilfsweise mittels einer qualifizierten Inaugenscheinnahme einzuschätzen und festzustellen. ²§ 8 Absatz 1 und § 42 Absatz 2 Satz 2 sind entsprechend anzuwenden.

(2) ¹Auf Antrag des Betroffenen oder seines Vertreters oder von Amts wegen hat das Jugendamt in Zweifelsfällen eine ärztliche Untersuchung zur Altersbestimmung zu veranlassen. ²Ist eine ärztliche Untersuchung durchzuführen, ist die betroffene Person durch das Jugendamt umfassend über die Untersuchungsmethode und über die möglichen Folgen der Altersbestimmung aufzuklären. ³Ist die ärztliche Untersuchung von Amts wegen durchzuführen, ist die betroffene Person zusätzlich über die Folgen einer Weigerung, sich der ärztlichen Untersuchung zu unterziehen, aufzuklären; die Untersuchung darf nur mit Einwilligung der betroffenen Person und ihres Vertreters durchgeführt werden. ⁴Die §§ 60, 62 und 65 bis 67 des Ersten Buches sind entsprechend anzuwenden.

(3) ¹Widerspruch und Klage gegen die Entscheidung des Jugendamts, aufgrund der Altersfeststellung nach dieser Vorschrift die vorläufige Inobhutnahme nach § 42a oder die Inobhutnahme nach § 42 Absatz 1 Satz 1 Nummer 3 abzulehnen oder zu beenden, haben keine aufschiebende Wirkung. ²Landesrecht kann bestimmen, dass gegen diese Entscheidung Klage ohne Nachprüfung in einem Vorverfahren nach § 68 der Verwaltungsgerichtsordnung erhoben werden kann.

...

XIII. SGB XII (Auszug)

Sozialgesetzbuch (SGB) Zwölftes Buch (XII) – Sozialhilfe – vom 27. Dezember 2003 (BGBl. I S. 3022), zuletzt geändert durch Art. 2 des Gesetzes zur Stärkung der betrieblichen Altersversorgung und zur Änderung anderer Gesetze (Betriebsrentenstärkungsgesetz) vom 17. August 2017 (BGBl. I S. 3214)

...

§ 23 Sozialhilfe für Ausländerinnen und Ausländer

(1) Ausländern, die sich im Inland tatsächlich aufhalten, ist Hilfe zum Lebensunterhalt, Hilfe bei Krankheit, Hilfe bei Schwangerschaft und Mutterschaft sowie Hilfe zur Pflege nach diesem Buch zu leisten. Die Vorschriften des Vierten Kapitels bleiben unberührt. Im Übrigen kann Sozialhilfe geleistet werden, soweit dies im Einzelfall gerechtfertigt ist. Die Einschränkungen nach Satz 1 gelten nicht für Ausländer, die im Besitz einer Niederlassungserlaubnis oder eines befristeten Aufenthaltstitels sind und sich voraussichtlich dauerhaft im Bundesgebiet aufhalten. Rechtsvorschriften, nach denen außer den in Satz 1 genannten Leistungen auch sonstige Sozialhilfe zu leisten ist oder geleistet werden soll, bleiben unberührt.

(2) Leistungsberechtigte nach § 1 des Asylbewerberleistungsgesetzes erhalten keine Leistungen der Sozialhilfe.

(3) Ausländer und ihre Familienangehörigen erhalten keine Leistungen nach Absatz 1 oder nach dem Vierten Kapitel, wenn

1. sie weder in der Bundesrepublik Deutschland Arbeitnehmer oder Selbständige noch auf Grund des § 2 Absatz 3 des Freizügigkeitsgesetzes/EU freizügigkeitsberechtigt sind, für die ersten drei Monate ihres Aufenthalts.
2. sie kein Aufenthaltsrecht haben oder sich ihr Aufenthaltsrecht allein aus dem Zweck der Arbeitsuche ergibt,
3. sie ihr Aufenthaltsrecht allein oder neben einem Aufenthaltsrecht nach Nummer 2 aus Artikel 10 der Verordnung (EU) Nr. 492/2011 des

Europäischen Parlaments und des Rates vom 5. April 2011 über die Freizügigkeit der Arbeitnehmer innerhalb der Union (ABl. L 141 vom 27.5.2011, S. 1), die durch die Verordnung (EU) 2016/589 (ABl. L 107 vom 22.4.2016, S. 1) geändert worden ist, ableiten oder
4. sie eingereist sind, um Sozialhilfe zu erlangen.

²Satz 1 Nummer 1 und 4 gilt nicht für Ausländerinnen und Ausländer, die sich mit einem Aufenthaltstitel nach Kapitel 2 Abschnitt 5 des Aufenthaltsgesetzes in der Bundesrepublik Deutschland aufhalten. ³Hilfebedürftigen Ausländern, die Satz 1 unterfallen, werden bis zur Ausreise, längstens jedoch für einen Zeitraum von einem Monat, einmalig innerhalb von zwei Jahren nur eingeschränkte Hilfen gewährt, um den Zeitraum bis zur Ausreise zu überbrücken (Überbrückungsleistungen); die Zweijahresfrist beginnt mit dem Erhalt der Überbrückungsleistungen nach Satz 3. ⁴Hierüber und über die Möglichkeit der Leistungen nach Absatz 3a sind die Leistungsberechtigten zu unterrichten. ⁵Die Überbrückungsleistungen umfassen:

1. Leistungen zur Deckung der Bedarfe für Ernährung sowie Körper- und Gesundheitspflege,
2. Leistungen zur Deckung der Bedarfe für Unterkunft und Heizung in angemessener Höhe, einschließlich der Bedarfe nach § 35 Absatz 4 und § 30 Absatz 7,
3. die zur Behandlung akuter Erkrankungen und Schmerzzustände erforderliche ärztliche und zahnärztliche Behandlung einschließlich der Versorgung mit Arznei- und Verbandmitteln sowie sonstiger zur Genesung, zur Besserung oder zur Linderung von Krankheiten oder Krankheitsfolgen erforderlichen Leistungen und
4. Leistungen nach § 50 Nummer 1 bis 3.

⁶Soweit dies im Einzelfall besondere Umstände erfordern, werden Leistungsberechtigten nach Satz 3 zur Überwindung einer besonderen Härte andere Leistungen im Sinne von Absatz 1 gewährt; ebenso sind Leistungen über einen Zeitraum von einem Monat hinaus zu erbringen, soweit dies im Einzelfall auf Grund besonderer Umstände zur Überwindung einer besonderen Härte und zur Deckung einer zeitlich befristeten Bedarfslage geboten ist. ⁷Abweichend von Satz 1 Nummer 2 und 3 erhalten Ausländer und ihre Familienangehörigen Leistungen nach Absatz 1 Satz 1 und 2, wenn sie sich seit mindestens fünf Jahren ohne wesentliche Unterbrechung im Bundesgebiet aufhalten; dies gilt nicht, wenn der Verlust des Rechts nach § 2

Absatz 1 des Freizügigkeitsgesetzes/EU festgestellt wurde. [8]Die Frist nach Satz 7 beginnt mit der Anmeldung bei der zuständigen Meldebehörde. [9]Zeiten des nicht rechtmäßigen Aufenthalts, in denen eine Ausreisepflicht besteht, werden auf Zeiten des tatsächlichen Aufenthalts nicht angerechnet. Ausländerrechtliche Bestimmungen bleiben unberührt.

(3a) [1]Neben den Überbrückungsleistungen werden auf Antrag auch die angemessenen Kosten der Rückreise übernommen. [2]Satz 1 gilt entsprechend, soweit die Personen allein durch die angemessenen Kosten der Rückreise die in Absatz 3 Satz 5 Nummer 1 und 2 genannten Bedarfe nicht aus eigenen Mitteln oder mit Hilfe Dritter decken können. Die Leistung ist als Darlehen zu erbringen.

(4) Ausländer, denen Sozialhilfe geleistet wird, sind auf für sie zutreffende Rückführungs- und Weiterwanderungsprogramme hinzuweisen; in geeigneten Fällen ist auf eine Inanspruchnahme solcher Programme hinzuwirken.

(5) [1]Hält sich ein Ausländer entgegen einer räumlichen Beschränkung im Bundesgebiet auf oder wählt er seinen Wohnsitz entgegen einer Wohnsitzauflage oder einer Wohnsitzregelung nach § 12a des Aufenthaltsgesetzes im Bundesgebiet, darf der für den Aufenthaltsort örtlich zuständige Träger nur die nach den Umständen des Einzelfalls gebotene Leistung erbringen. [2]Unabweisbar geboten ist regelmäßig nur eine Reisebeihilfe zur Deckung des Bedarfs für die Reise zu dem Wohnort, an dem ein Ausländer seinen Wohnsitz zu nehmen hat. In den Fällen des § 12a Absatz 1 und 4 des Aufenthaltsgesetzes ist regelmäßig eine Reisebeihilfe zu dem Ort im Bundesgebiet zu gewähren, an dem der Ausländer die Wohnsitznahme begehrt und an dem seine Wohnsitznahme zulässig ist. [3]Der örtlich zuständige Träger am Aufenthaltsort informiert den bislang örtlich zuständigen Träger darüber, ob Leistungen nach Satz 1 bewilligt worden sind. [4]Die Sätze 1 und 2 gelten auch für Ausländer, die eine räumlich nicht beschränkte Aufenthaltserlaubnis nach den §§ 23a, 24 Absatz 1 oder § 25 Absatz 4 oder 5 des Aufenthaltsgesetzes besitzen, wenn sie sich außerhalb des Landes aufhalten, in dem der Aufenthaltstitel erstmals erteilt worden ist. [5]Satz 5 findet keine Anwendung, wenn der Wechsel in ein anderes Land zur Wahrnehmung der Rechte zum Schutz der Ehe und Familie nach Artikel 6 des Grundgesetzes oder aus vergleichbar wichtigen Gründen gerechtfertigt ist.

§ 24 Sozialhilfe für Deutsche im Ausland

(1) ¹Deutsche, die ihren gewöhnlichen Aufenthalt im Ausland haben, erhalten keine Leistungen. ²Hiervon kann im Einzelfall nur abgewichen werden, soweit dies wegen einer außergewöhnlichen Notlage unabweisbar ist und zugleich nachgewiesen wird, dass eine Rückkehr in das Inland aus folgenden Gründen nicht möglich ist:

1. Pflege und Erziehung eines Kindes, das aus rechtlichen Gründen im Ausland bleiben muss,
2. längerfristige stationäre Betreuung in einer Einrichtung oder Schwere der Pflegebedürftigkeit oder
3. hoheitliche Gewalt.

(2) Leistungen werden nicht erbracht, soweit sie von dem hierzu verpflichteten Aufenthaltsland oder von anderen erbracht werden oder zu erwarten sind.

(3) Art und Maß der Leistungserbringung sowie der Einsatz des Einkommens und des Vermögens richten sich nach den besonderen Verhältnissen im Aufenthaltsland.

(4) ¹Die Leistungen sind abweichend von § 18 zu beantragen. ²Für die Leistungen zuständig ist der überörtliche Träger der Sozialhilfe, in dessen Bereich die antragstellende Person geboren ist. ³Liegt der Geburtsort im Ausland oder ist er nicht zu ermitteln, wird der örtlich zuständige Träger von einer Schiedsstelle bestimmt. ⁴§ 108 Abs. 1 Satz 2 gilt entsprechend.

(5) ¹Leben Ehegatten oder Lebenspartner, Verwandte und Verschwägerte bei Einsetzen der Sozialhilfe zusammen, richtet sich die örtliche Zuständigkeit nach der ältesten Person von ihnen, die im Inland geboren ist. ²Ist keine dieser Personen im Inland geboren, ist ein gemeinsamer örtlich zuständiger Träger nach Absatz 4 zu bestimmen. ³Die Zuständigkeit bleibt bestehen, solange eine der Personen nach Satz 1 der Sozialhilfe bedarf.

(6) Die Träger der Sozialhilfe arbeiten mit den deutschen Dienststellen im Ausland zusammen.

XIV. Beschäftigungsverordnung (BeschV)

Verordnung über die Beschäftigung von Ausländerinnen und Ausländern (Beschäftigungsverordnung – BeschV vom 6. Juni 2013 (BGBl. I S. 1499), zuletzt geändert durch Art. 2 der Verordnung zur Umsetzung aufenthaltsrechtlicher Richtlinien der Europäischen Union zur Arbeitsmigration vom 1. August 2017 (BGBl. I S. 3066)

Teil 1. Allgemeine Bestimmungen

§ 1 Anwendungsbereich der Verordnung, Begriffsbestimmungen

(1) [1]Die Verordnung steuert die Zuwanderung ausländischer Arbeitnehmerinnen und Arbeitnehmer und bestimmt, unter welchen Voraussetzungen sie und die bereits in Deutschland lebenden Ausländerinnen und Ausländer zum Arbeitsmarkt zugelassen werden können. [2]Sie regelt, in welchen Fällen

1. ein Aufenthaltstitel, der einer Ausländerin oder einem Ausländer die Ausübung einer Beschäftigung erlaubt, nach § 39 Absatz 1 Satz 1 des Aufenthaltsgesetzes ohne Zustimmung der Bundesagentur für Arbeit erteilt werden kann,
2. die Bundesagentur für Arbeit nach § 39 Absatz 1 Satz 2 des Aufenthaltsgesetzes einem Aufenthaltstitel, der einer Ausländerin oder einem Ausländer die Ausübung einer Beschäftigung erlaubt, zustimmen kann,
3. einer Ausländerin oder einem Ausländer, die oder der keine Aufenthaltserlaubnis zum Zweck der Beschäftigung besitzt, nach § 4 Absatz 2 Satz 3 des Aufenthaltsgesetzes die Ausübung einer Beschäftigung ohne Zustimmung der Bundesagentur für Arbeit erlaubt werden kann,
4. die Bundesagentur für Arbeit der Ausübung einer Beschäftigung einer Ausländerin oder eines Ausländers, die oder der keine Aufenthaltserlaubnis zum Zweck der Beschäftigung besitzt, nach § 4 Absatz 2 Satz 3 in Verbindung mit § 39 des Aufenthaltsgesetzes zustimmen kann und

5. die Zustimmung der Bundesagentur für Arbeit abweichend von § 39 Absatz 2 des Aufenthaltsgesetzes erteilt werden darf.

(2) Vorrangprüfung ist die Prüfung nach § 39 Absatz 2 Satz 1 Nummer 1 des Aufenthaltsgesetzes.

Teil 2. Zuwanderung von Fachkräften

§ 2 Hochqualifizierte, Blaue Karte EU, Hochschulabsolventinnen und Hochschulabsolventen

(1) Keiner Zustimmung bedarf die Erteilung

1. einer Niederlassungserlaubnis an Hochqualifizierte nach § 19 des Aufenthaltsgesetzes,
2. einer Blauen Karte EU nach § 19a des Aufenthaltsgesetzes, wenn die Ausländerin oder der Ausländer
   a) ein Gehalt in Höhe von mindestens zwei Dritteln der jährlichen Beitragsbemessungsgrenze in der allgemeinen Rentenversicherung erhält oder
   b) einen inländischen Hochschulabschluss besitzt und die Voraussetzungen nach Absatz 2 Satz 1 erfüllt,
3. einer Aufenthaltserlaubnis zur Ausübung einer der beruflichen Qualifikation angemessenen Beschäftigung an Ausländerinnen und Ausländer mit einem inländischen Hochschulabschluss.

(2) [1]Ausländerinnen und Ausländer, die einen Beruf ausüben, der zu den Gruppen 21, 221 oder 25 nach der Empfehlung der Kommission vom 29. Oktober 2009 über die Verwendung der Internationalen Standardklassifikation der Berufe (ABl. L 292 vom 10.11.2009, S. 31) gehört, kann die Zustimmung zu einer Blauen Karte EU erteilt werden, wenn die Höhe des Gehalts mindestens 52 Prozent der jährlichen Beitragsbemessungsgrenze in der allgemeinen Rentenversicherung beträgt. [2]Die Zustimmung wird ohne Vorrangprüfung erteilt.

(3) Ausländerinnen und Ausländern mit einem anerkannten ausländischen Hochschulabschluss oder einem ausländischen Hochschulabschluss, der einem deutschen Hochschulabschluss vergleichbar ist, kann die Zustim-

mung zu einem Aufenthaltstitel zur Ausübung einer der beruflichen Qualifikation entsprechenden Beschäftigung erteilt werden.

(4) Das Bundesministerium des Innern gibt das Mindestgehalt nach Absatz 1 Nummer 2 Buchstabe a und Absatz 2 Satz 1 für jedes Kalenderjahr jeweils bis zum 31. Dezember des Vorjahres im Bundesanzeiger bekannt.

§ 3 Führungskräfte

Keiner Zustimmung bedarf die Erteilung eines Aufenthaltstitels an

1. leitende Angestellte mit Generalvollmacht oder Prokura,
2. Mitglieder des Organs einer juristischen Person, die zur gesetzlichen Vertretung berechtigt sind,
3. Gesellschafterinnen und Gesellschafter einer offenen Handelsgesellschaft oder Mitglieder einer anderen Personengesamtheit, soweit sie durch Gesetz, Satzung oder Gesellschaftsvertrag zur Vertretung der Personengesamtheit oder zur Geschäftsführung berufen sind, oder
4. leitende Angestellte eines auch außerhalb Deutschlands tätigen Unternehmens für eine Beschäftigung auf Vorstands-, Direktions- oder Geschäftsleitungsebene oder für eine Tätigkeit in sonstiger leitender Position, die für die Entwicklung des Unternehmens von entscheidender Bedeutung ist.

§ 4 Leitende Angestellte und Spezialisten

[1]Die Zustimmung kann erteilt werden für

1. leitende Angestellte und andere Personen, die zur Ausübung ihrer Beschäftigung über besondere, vor allem unternehmensspezifische Spezialkenntnisse verfügen, eines im Inland ansässigen Unternehmens für eine qualifizierte Beschäftigung in diesem Unternehmen oder
2. leitende Angestellte für eine Beschäftigung in einem auf der Grundlage zwischenstaatlicher Vereinbarungen gegründeten deutsch-ausländischen Gemeinschaftsunternehmen.

[2]Die Zustimmung wird ohne Vorrangprüfung erteilt.

§ 5 Wissenschaft, Forschung und Entwicklung

Keiner Zustimmung bedarf die Erteilung eines Aufenthaltstitels an

1. wissenschaftliches Personal von Hochschulen und von Forschungs- und Entwicklungseinrichtungen, das nicht bereits in den Anwendungsbereich der §§ 20 und 20b des Aufenthaltsgesetzes fällt,
2. Gastwissenschaftlerinnen und Gastwissenschaftler an einer Hochschule oder an einer öffentlich-rechtlichen oder überwiegend aus öffentlichen Mitteln finanzierten oder als öffentliches Unternehmen in privater Rechtsform geführten Forschungseinrichtung, die nicht bereits in den Anwendungsbereich der §§ 20 und 20b des Aufenthaltsgesetzes fallen,
3. Ingenieurinnen und Ingenieure sowie Technikerinnen und Techniker als technische Mitarbeiterinnen und Mitarbeiter im Forschungsteam einer Gastwissenschaftlerin oder eines Gastwissenschaftlers,
4. Lehrkräfte öffentlicher Schulen oder staatlich genehmigter privater Ersatzschulen oder anerkannter privater Ergänzungsschulen oder
5. Lehrkräfte zur Sprachvermittlung an Hochschulen.

§ 6 Ausbildungsberufe

(1) ¹Für Ausländerinnen und Ausländer, die im Inland eine qualifizierte Berufsausbildung in einem staatlich anerkannten oder vergleichbar geregelten Ausbildungsberuf erworben haben, kann die Zustimmung zur Ausübung einer der beruflichen Qualifikation entsprechenden Beschäftigung erteilt werden. ²Eine qualifizierte Berufsausbildung liegt vor, wenn die Ausbildungsdauer mindestens zwei Jahre beträgt.

(2) ¹Für Ausländerinnen und Ausländer, die ihre Berufsqualifikation im Ausland erworben haben, kann die Zustimmung zur Ausübung einer der beruflichen Qualifikation entsprechenden Beschäftigung in einem staatlich anerkannten oder vergleichbar geregelten Ausbildungsberuf erteilt werden, wenn die nach den Regelungen des Bundes oder der Länder für die berufliche Anerkennung zuständige Stelle die Gleichwertigkeit der Berufsqualifikation mit einer inländischen qualifizierten Berufsausbildung festgestellt hat und

1. die betreffenden Personen von der Bundesagentur für Arbeit auf Grund einer Absprache mit der Arbeitsverwaltung des Herkunftslan-

des über das Verfahren, die Auswahl und die Vermittlung vermittelt worden sind oder
2. die Bundesagentur für Arbeit für den entsprechenden Beruf oder die entsprechende Berufsgruppe differenziert nach regionalen Besonderheiten festgestellt hat, dass die Besetzung der offenen Stellen mit ausländischen Bewerbern arbeitsmarkt- und integrationspolitisch verantwortbar ist.

²Die Bundesagentur für Arbeit kann die Zustimmung in den Fällen des Satzes 1 Nummer 2 auf bestimmte Herkunftsländer beschränken und am Bedarf orientierte Zulassungszahlen festlegen.

(3) Die Zustimmung nach den Absätzen 1 und 2 wird ohne Vorrangprüfung erteilt.

§ 7 Absolventinnen und Absolventen deutscher Auslandsschulen

Keiner Zustimmung bedarf die Erteilung eines Aufenthaltstitels an Absolventinnen und Absolventen deutscher Auslandsschulen

1. mit einem anerkannten ausländischen Hochschulabschluss oder einem ausländischen Hochschulabschluss, der einem deutschen Hochschulabschluss vergleichbar ist, zur Ausübung einer der beruflichen Qualifikation entsprechenden Beschäftigung,
2. zur Ausübung einer Beschäftigung in einem staatlich anerkannten oder vergleichbar geregelten Ausbildungsberuf, wenn die zuständige Stelle die Gleichwertigkeit der Berufsqualifikation mit einer inländischen qualifizierten Berufsausbildung festgestellt hat, oder
3. zum Zweck einer qualifizierten betrieblichen Ausbildung in einem staatlich anerkannten oder vergleichbar geregelten Ausbildungsberuf.

§ 8 Betriebliche Aus- und Weiterbildung; Anerkennung ausländischer Berufsqualifikationen

(1) Die Zustimmung kann für die Erteilung eines Aufenthaltstitels nach § 17 Absatz 1 des Aufenthaltsgesetzes erteilt werden.

(2) ¹Die Zustimmung kann für die Erteilung eines Aufenthaltstitels nach § 17a Absatz 1 Satz 3, Absatz 3 und 5 des Aufenthaltsgesetzes erteilt werden. ²Sie wird im Fall des § 17a Absatz 1 Satz 3 ohne Vorrangprüfung

erteilt. ³Im Fall des § 17a Absatz 3 wird die Zustimmung hinsichtlich der während der Bildungsmaßnahme ausgeübten Beschäftigung ohne Vorrangprüfung erteilt.

(3) ¹Ist für eine qualifizierte Beschäftigung

1. die Feststellung der Gleichwertigkeit eines im Ausland erworbenen Berufsabschlusses im Sinne des § 6 Absatz 2 oder
2. in einem im Inland reglementierten Beruf die Befugnis zur Berufsausübung notwendig

und ist hierfür eine vorherige befristete praktische Tätigkeit im Inland erforderlich, kann der Erteilung des Aufenthaltstitels für die Ausübung dieser befristeten Beschäftigung zugestimmt werden. ²Die Zustimmung wird ohne Vorrangprüfung erteilt.

§ 9 Beschäftigung bei Vorbeschäftigungszeiten oder längerem Voraufenthalt

(1) Keiner Zustimmung bedarf die Ausübung einer Beschäftigung bei Ausländerinnen und Ausländern, die eine Blaue Karte EU oder eine Aufenthaltserlaubnis besitzen und

1. zwei Jahre rechtmäßig eine versicherungspflichtige Beschäftigung im Bundesgebiet ausgeübt haben oder
2. sich seit drei Jahren ununterbrochen erlaubt, geduldet oder mit einer Aufenthaltsgestattung im Bundesgebiet aufhalten; Unterbrechungszeiten werden entsprechend § 51 Absatz 1 Nummer 7 des Aufenthaltsgesetzes berücksichtigt.

(2) Auf die Beschäftigungszeit nach Absatz 1 Nummer 1 werden nicht angerechnet Zeiten

1. von Beschäftigungen, die vor dem Zeitpunkt liegen, an dem die Ausländerin oder der Ausländer unter Aufgabe ihres oder seines gewöhnlichen Aufenthaltes ausgereist war,
2. einer nach dem Aufenthaltsgesetz oder dieser Verordnung zeitlich begrenzten Beschäftigung und
3. einer Beschäftigung, für die die Ausländerin oder der Ausländer auf Grund einer zwischenstaatlichen Vereinbarung von der Zustimmungspflicht für eine Beschäftigung befreit war.

(3) ¹Auf die Aufenthaltszeit nach Absatz 1 Nummer 2 werden Zeiten eines Aufenthaltes nach § 16 des Aufenthaltsgesetzes nur zur Hälfte und nur bis zu zwei Jahren angerechnet. ²Zeiten einer Beschäftigung, die nach dem Aufenthaltsgesetz oder dieser Verordnung zeitlich begrenzt ist, werden auf die Aufenthaltszeit angerechnet, wenn der Ausländerin oder dem Ausländer ein Aufenthaltstitel für einen anderen Zweck als den der Beschäftigung erteilt wird.

Teil 3. Vorübergehende Beschäftigung

§ 10 Internationaler Personalaustausch, Auslandsprojekte

(1)¹Die Zustimmung kann erteilt werden zur Ausübung einer Beschäftigung von bis zu drei Jahren

1. Ausländerinnen und Ausländern, die eine Hochschulausbildung oder eine vergleichbare Qualifikation besitzen, im Rahmen des Personalaustausches innerhalb eines international tätigen Unternehmens oder Konzerns,
2. für im Ausland beschäftigte Arbeitnehmerinnen und Arbeitnehmer eines international tätigen Konzerns oder Unternehmens im inländischen Konzern- oder Unternehmensteil, wenn die Tätigkeit zur Vorbereitung von Auslandsprojekten unabdingbar erforderlich ist, die Arbeitnehmerin oder der Arbeitnehmer bei der Durchführung des Projektes im Ausland tätig wird und über eine mit deutschen Facharbeitern vergleichbare Qualifikation und darüber hinaus über besondere, vor allem unternehmensspezifische Spezialkenntnisse verfügt.

²Die Zustimmung wird ohne Vorrangprüfung erteilt.

(2)¹In den Fällen des Absatzes 1 Satz 1 Nummer 2 kann die Zustimmung auch für Arbeitnehmerinnen und Arbeitnehmer des Auftraggebers des Auslandsprojektes erteilt werden, wenn sie im Zusammenhang mit den vorbereitenden Arbeiten vorübergehend vom Auftragnehmer beschäftigt werden, der Auftrag eine entsprechende Verpflichtung für den Auftragnehmer enthält und die Beschäftigung für die spätere Tätigkeit im Rahmen des fertig gestellten Projektes notwendig ist. ²Satz 1 wird auch angewendet, wenn der Auftragnehmer weder eine Zweigstelle noch einen Betrieb im Ausland hat.

§ 10a Unternehmensintern transferierte Arbeitnehmer

(1) Die Zustimmung zur Erteilung einer ICT-Karte nach § 19b des Aufenthaltsgesetzes und zur Erteilung einer Mobiler-ICT-Karte nach § 19d des Aufenthaltsgesetzes kann erteilt werden, wenn

1. die Beschäftigung in der aufnehmenden Niederlassung als Führungskraft, als Spezialistin oder Spezialist oder als Trainee erfolgt,
2. das Arbeitsentgelt nicht ungünstiger ist als das vergleichbarer deutscher Arbeitnehmerinnen und Arbeitnehmer und
3. die Beschäftigung nicht zu ungünstigeren Arbeitsbedingungen erfolgt als die vergleichbarer entsandter Arbeitnehmerinnen und Arbeitnehmer.

(2) Die Zustimmung wird ohne Vorrangprüfung erteilt.

§ 11 Sprachlehrerinnen und Sprachlehrer, Spezialitätenköchinnen und Spezialitätenköche

(1) [1]Die Zustimmung kann für Lehrkräfte zur Erteilung muttersprachlichen Unterrichts in Schulen unter Aufsicht der jeweils zuständigen berufskonsularischen Vertretung mit einer Geltungsdauer von bis zu fünf Jahren erteilt werden. [2]Die Zustimmung wird ohne Vorrangprüfung erteilt.

(2) [1]Die Zustimmung kann für Spezialitätenköchinnen und Spezialitätenköche für die Ausübung einer Vollzeitbeschäftigung in Spezialitätenrestaurants mit einer Geltungsdauer von bis zu vier Jahren erteilt werden. [2]Die erstmalige Zustimmung wird längstens für ein Jahr erteilt.

(3) Für eine erneute Beschäftigung nach den Absätzen 1 und 2 darf die Zustimmung nicht vor Ablauf von drei Jahren nach Ablauf des früheren Aufenthaltstitels erteilt werden.

§ 12 Au-pair-Beschäftigungen

[1]Die Zustimmung kann für Personen mit Grundkenntnissen der deutschen Sprache erteilt werden, die unter 27 Jahre alt sind und in einer Familie,

in der Deutsch als Muttersprache gesprochen wird, bis zu einem Jahr als Au-pair beschäftigt werden. ²Wird in der Familie Deutsch als Familiensprache gesprochen, kann die Zustimmung erteilt werden, wenn der oder die Beschäftigte nicht aus einem Heimatland der Gasteltern stammt. ³Die Zustimmung wird ohne Vorrangprüfung erteilt.

§ 13 Hausangestellte von Entsandten

¹Die Zustimmung zur Ausübung einer Beschäftigung als Hausangestellte oder Hausangestellter bei Personen, die

1. für ihren Arbeitgeber oder im Auftrag eines Unternehmens mit Sitz im Ausland vorübergehend im Inland tätig werden oder
2. die Hausangestellte oder den Hausangestellten auf der Grundlage der Wiener Übereinkommen über diplomatische Beziehungen oder über konsularische Beziehungen eingestellt haben,

kann erteilt werden, wenn diese Personen vor ihrer Einreise die Hausangestellte oder den Hausangestellten seit mindestens einem Jahr in ihrem Haushalt zur Betreuung eines Kindes unter 16 Jahren oder eines pflegebedürftigen Haushaltsmitgliedes beschäftigt haben. ²Die Zustimmung wird ohne Vorrangprüfung und für die Dauer des Aufenthaltes der Person, bei der die Hausangestellten beschäftigt sind, längstens für fünf Jahre erteilt.

§ 14 Sonstige Beschäftigungen

(1) Keiner Zustimmung bedarf die Erteilung eines Aufenthaltstitels an

1. Personen, die im Rahmen eines gesetzlich geregelten oder auf einem Programm der Europäischen Union beruhenden Freiwilligendienstes beschäftigt werden, oder
2. vorwiegend aus karitativen oder religiösen Gründen Beschäftigte.

(2) Keiner Zustimmung bedarf die Erteilung eines Aufenthaltstitels an Studierende sowie Schülerinnen und Schüler ausländischer Hochschulen und Fachschulen zur Ausübung einer Ferienbeschäftigung von bis zu 90 Tagen innerhalb eines Zeitraums von zwölf Monaten, die von der Bundesagentur für Arbeit vermittelt worden ist.

§ 15 Praktika zu Weiterbildungszwecken

Keiner Zustimmung bedarf die Erteilung eines Aufenthaltstitels für ein Praktikum

1. nach § 17b des Aufenthaltsgesetzes,
2. während eines Aufenthaltes zum Zweck der schulischen Ausbildung oder des Studiums, das vorgeschriebener Bestandteil der Ausbildung ist oder zur Erreichung des Ausbildungszieles nachweislich erforderlich ist,
3. im Rahmen eines von der Europäischen Union oder der bilateralen Entwicklungszusammenarbeit finanziell geförderten Programms,
4. mit einer Dauer von bis zu einem Jahr im Rahmen eines internationalen Austauschprogramms von Verbänden, öffentlich-rechtlichen Einrichtungen oder studentischen Organisationen an Studierende oder Absolventen ausländischer Hochschulen im Einvernehmen mit der Bundesagentur für Arbeit,
5. an Fach- und Führungskräfte, die ein Stipendium aus öffentlichen deutschen Mitteln, Mitteln der Europäischen Union oder Mitteln internationaler zwischenstaatlicher Organisationen erhalten, oder
6. mit einer Dauer von bis zu einem Jahr während eines Studiums an einer ausländischen Hochschule, das nach dem vierten Semester studienfachbezogen im Einvernehmen mit der Bundesagentur für Arbeit ausgeübt wird.

§ 15a Saisonabhängige Beschäftigung

(1)[1]Ausländerinnen und Ausländern, die auf Grund einer Absprache der Bundesagentur für Arbeit mit der Arbeitsverwaltung des Herkunftslandes über das Verfahren und die Auswahl zum Zweck der Saisonbeschäftigung nach der Richtlinie 2014/36/EU des Europäischen Parlaments und des Rates vom 26. Februar 2014 über die Bedingungen für die Einreise und den Aufenthalt von Drittstaatsangehörigen zwecks Beschäftigung als Saisonarbeitnehmer (ABl. L 94 vom 28.3.2014, S. 375) vermittelt worden sind, kann die Bundesagentur für Arbeit zur Ausübung einer saisonabhängigen Beschäftigung von regelmäßig mindestens 30 Stunden wöchentlich in der Land- und Forstwirtschaft, im Gartenbau, im Hotel- und Gaststättengewerbe, in der Obst- und Gemüseverarbeitung sowie in Sägewerken

1. eine Arbeitserlaubnis für die Dauer von bis zu 90 Tagen je Zeitraum von 180 Tagen erteilen, wenn es sich um Staatsangehörige eines in Anhang II der Verordnung (EG) Nr. 539/2001 genannten Staates handelt, oder
2. eine Zustimmung erteilen, wenn
   a) die Aufenthaltsdauer mehr als 90 Tage je Zeitraum von 180 Tagen beträgt oder
   b) es sich um Staatsangehörige eines in Anhang I der Verordnung (EG) Nr. 539/2001 genannten Staates handelt.

²Die saisonabhängige Beschäftigung eines Ausländers oder einer Ausländerin darf sechs Monate innerhalb eines Zeitraums von zwölf Monaten nicht überschreiten. ³Die Dauer der saisonabhängigen Beschäftigung darf den Gültigkeitszeitraum des Reisedokuments nicht überschreiten. ⁴Im Fall des § 39 Nummer 11 der Aufenthaltsverordnung gilt die Zustimmung als erteilt, bis über sie entschieden ist. ⁵Ausländerinnen und Ausländern, die in den letzten fünf Jahren mindestens einmal als Saisonbeschäftigte im Bundesgebiet tätig waren, sind im Rahmen der durch die Bundesagentur für Arbeit festgelegten Zahl der Arbeitserlaubnisse und Zustimmungen bevorrechtigt zu berücksichtigen. ⁶Der Zeitraum für die Beschäftigung von Saisonbeschäftigten ist für einen Betrieb auf acht Monate innerhalb eines Zeitraums von zwölf Monaten begrenzt. ⁷Satz 5 gilt nicht für Betriebe des Obst-, Gemüse-, Wein-, Hopfen- und Tabakanbaus.

(2) ¹Die Erteilung einer Arbeitserlaubnis oder der Zustimmung setzt voraus, dass

1. der Nachweis über ausreichenden Krankenversicherungsschutz erbracht wird,
2. der oder dem Saisonbeschäftigten eine angemessene Unterkunft zur Verfügung steht und
3. ein konkretes Arbeitsplatzangebot oder ein gültiger Arbeitsvertrag vorliegt, in dem insbesondere festgelegt sind
   a) der Ort und die Art der Arbeit,
   b) die Dauer der Beschäftigung,
   c) die Vergütung,
   d) die Arbeitszeit pro Woche oder Monat,
   e) die Dauer des bezahlten Urlaubs,
   f) gegebenenfalls andere einschlägige Arbeitsbedingungen und

g) falls möglich, der Zeitpunkt des Beginns der Beschäftigung.

²Stellt der Arbeitgeber der oder dem Saisonbeschäftigten eine Unterkunft zur Verfügung, so muss der Mietzins angemessen sein und darf nicht vom Lohn einbehalten werden. ³In diesem Fall muss der oder die Saisonbeschäftigte einen Mietvertrag erhalten, in dem die Mietbedingungen festgelegt sind. ⁴Der Arbeitgeber hat der Bundesagentur für Arbeit jeden Wechsel der Unterkunft des oder der Saisonbeschäftigten unverzüglich anzuzeigen.

(3) ¹Die Arbeitserlaubnis oder die Zustimmung ist zu versagen oder zu entziehen, wenn

1. sich die Ausländerin oder der Ausländer bereits im Bundesgebiet aufhält, es sei denn, die Einreise ist zur Aufnahme der Saisonbeschäftigung erfolgt oder die Arbeitserlaubnis oder die Zustimmung wird für eine an eine Saisonbeschäftigung anschließende weitere Saisonbeschäftigung beantragt,
2. der oder die Saisonbeschäftigte einen Antrag nach Artikel 16a des Grundgesetzes gestellt hat oder um internationalen Schutz gemäß der Richtlinie 2011/95/EU nachsucht; § 55 Absatz 2 des Asylgesetzes bleibt unberührt,
3. der oder die Saisonbeschäftigte den aus einer früheren Entscheidung über die Zulassung zur Saisonbeschäftigung erwachsenen Verpflichtungen nicht nachgekommen ist,
4. über das Unternehmen des ArbeitgebersArbeitgebers ein Insolvenzverfahren eröffnet wurde, das auf Auflösung des Unternehmens und Abwicklung des Geschäftsbetriebs gerichtet ist,
5. das Unternehmen des Arbeitgebers im Rahmen der Durchführung eines Insolvenzverfahrens aufgelöst wurde und der Geschäftsbetrieb abgewickelt wurde,
6. die Eröffnung eines Insolvenzverfahrens über das Vermögen des Unternehmens des Arbeitgebers mangels Masse abgelehnt wurde und der Geschäftsbetrieb eingestellt wurde oder
7. das Unternehmen des Arbeitgebers keine Geschäftstätigkeit ausübt.

²Die Arbeitserlaubnis oder die Zustimmung ist zu versagen, wenn die durch die Bundesagentur für Arbeit festgelegte Zahl der Arbeitserlaubnisse und Zustimmungen für den maßgeblichen Zeitraum erreicht ist. ³§ 39 Absatz 2 des Aufenthaltsgesetzes bleibt unberührt.

(4) Die Arbeitserlaubnis ist vom Arbeitgeber bei der Bundesagentur für Arbeit zu beantragen.

(5) Bei einer ein- oder mehrmaligen Verlängerung des Beschäftigungsverhältnisses bei demselben oder einem anderen Arbeitgeber kann eine weitere Arbeitserlaubnis erteilt werden, soweit die in Absatz 1 Satz 1 Nummer 1 genannte Höchstdauer nicht überschritten wird.

(6) Die Arbeitserlaubnis und die Zustimmung werden ohne Vorrangprüfung erteilt, soweit die Bundesagentur für Arbeit eine am Bedarf orientierte Zulassungszahl nach § 39 Absatz 6 Satz 3 des Aufenthaltsgesetzes festgelegt hat.

§ 15b Schaustellergehilfen

Die Zustimmung zu einem Aufenthaltstitel zur Ausübung einer Beschäftigung im Schaustellergewerbe kann bis zu insgesamt neun Monaten im Kalenderjahr erteilt werden, wenn die betreffenden Personen auf Grund einer Absprache der Bundesagentur für Arbeit mit der Arbeitsverwaltung des Herkunftslandes über das Verfahren und die Auswahl vermittelt worden sind.

§ 15c Haushaltshilfen

¹Die Zustimmung zu einem Aufenthaltstitel zur Ausübung einer versicherungspflichtigen Vollzeitbeschäftigung bis zu drei Jahren für hauswirtschaftliche Arbeiten und notwendige pflegerische Alltagshilfen in Haushalten mit Pflegebedürftigen im Sinne des Elften Buches Sozialgesetzbuch kann erteilt werden, wenn die betreffenden Personen auf Grund einer Absprache der Bundesagentur für Arbeit mit der Arbeitsverwaltung des Herkunftslandes über das Verfahren und die Auswahl vermittelt worden sind. ²Innerhalb des Zulassungszeitraums von drei Jahren kann die Zustimmung zum Wechsel des Arbeitgebers erteilt werden. ³Für eine erneute Beschäftigung nach der Ausreise darf die Zustimmung nach Satz 1 nur erteilt werden, wenn sich die betreffende Person nach der Ausreise mindestens so lange im Ausland aufgehalten hat, wie sie zuvor im Inland beschäftigt war.

Teil 4. Entsandte Arbeitnehmerinnen und Arbeitnehmer

§ 16 Geschäftsreisende

Keiner Zustimmung bedarf die Erteilung eines Aufenthaltstitels an Personen, die

1. bei einem Arbeitgeber mit Sitz im Inland im kaufmännischen Bereich im Ausland beschäftigt werden,
2. für einen Arbeitgeber mit Sitz im Ausland Besprechungen oder Verhandlungen im Inland führen, Vertragsangebote erstellen, Verträge schließen oder die Durchführung eines Vertrages überwachen oder
3. für einen Arbeitgeber mit Sitz im Ausland einen inländischen Unternehmensteil gründen, überwachen oder steuern,

und die sich im Rahmen ihrer Beschäftigung unter Beibehaltung ihres gewöhnlichen Aufenthaltes im Ausland insgesamt nicht länger als 90 Tage innerhalb eines Zeitraums von 180 Tagen im Inland aufhalten.

§ 17 Betriebliche Weiterbildung

Keiner Zustimmung bedarf die Erteilung eines Aufenthaltstitels an im Ausland beschäftigte Fachkräfte eines international tätigen Konzerns oder Unternehmens zum Zweck einer betrieblichen Weiterbildung im inländischen Konzern- oder Unternehmensteil für bis zu 90 Tage innerhalb eines Zeitraums von zwölf Monaten.

§ 18 Journalistinnen und Journalisten

Keiner Zustimmung bedarf die Erteilung eines Aufenthaltstitels an Beschäftigte eines Arbeitgebers mit Sitz im Ausland,

1. deren Tätigkeit vom Presse- und Informationsamt der Bundesregierung anerkannt ist oder
2. die unter Beibehaltung ihres gewöhnlichen Aufenthaltes im Ausland im Inland journalistisch tätig werden, wenn die Dauer der Tätigkeit 90 Tage innerhalb eines Zeitraums von zwölf Monaten nicht übersteigt.

§ 19 Werklieferungsverträge

(1) ¹Keiner Zustimmung bedarf die Erteilung eines Aufenthaltstitels an Personen, die von ihrem Arbeitgeber mit Sitz im Ausland für bis zu 90 Tage innerhalb eines Zeitraums von zwölf Monaten in das Inland entsandt werden, um

1. gewerblichen Zwecken dienende Maschinen, Anlagen und Programme der elektronischen Datenverarbeitung, die bei dem Arbeitgeber bestellt worden sind, aufzustellen und zu montieren, zu warten oder zu reparieren oder um in die Bedienung dieser Maschinen, Anlagen und Programme einzuweisen,
2. erworbene Maschinen, Anlagen und sonstige Sachen abzunehmen oder in ihre Bedienung eingewiesen zu werden,
3. erworbene, gebrauchte Anlagen zum Zweck des Wiederaufbaus im Sitzstaat des Arbeitgebers zu demontieren,
4. unternehmenseigene Messestände oder Messestände für ein ausländisches Unternehmen, das im Sitzstaat des Arbeitgebers ansässig ist, auf- und abzubauen und zu betreuen oder
5. im Rahmen von Exportlieferungs- und Lizenzverträgen einen Betriebslehrgang zu absolvieren.

²In den Fällen des Satzes 1 Nummer 1 und 3 setzt die Befreiung von der Zustimmung voraus, dass der Arbeitgeber der Bundesagentur für Arbeit die Beschäftigungen vor ihrer Aufnahme angezeigt hat.

(2) ¹Die Zustimmung kann für Personen erteilt werden, die von ihrem Arbeitgeber mit Sitz im Ausland länger als 90 Tage und bis zu einer Dauer von drei Jahren in das Inland entsandt werden, um

1. gewerblichen Zwecken dienende Maschinen, Anlagen und Programme der elektronischen Datenverarbeitung, die bei dem Arbeitgeber bestellt worden sind, aufzustellen und zu montieren, zu warten oder zu reparieren oder um in die Bedienung dieser Maschinen, Anlagen und Programme einzuweisen oder
2. erworbene, gebrauchte Anlagen zum Zweck des Wiederaufbaus im Sitzstaat des Arbeitgebers zu demontieren.

²Die Zustimmung wird ohne Vorrangprüfung erteilt.

§ 20 Internationaler Straßen- und Schienenverkehr

(1) Keiner Zustimmung bedarf die Erteilung eines Aufenthaltstitels an das Fahrpersonal, das

1. im Güterkraftverkehr für einen Arbeitgeber mit Sitz
   a) im Hoheitsgebiet eines anderen Mitgliedstaates der Europäischen Union oder eines anderen Vertragsstaates des Abkommens über den Europäischen Wirtschaftsraum Beförderungen im grenzüberschreitenden Verkehr nach Artikel 2 Nummer 2 oder Kabotagebeförderungen nach Artikel 8 Absatz 2 der Verordnung (EG) Nr. 1072/2009 des Europäischen Parlaments und des Rates vom 21. Oktober 2009 über gemeinsame Regeln für den Zugang zum Markt des grenzüberschreitenden Güterverkehrs (ABlABl. L 300 vom 14.11.2009, S. 72) durchführt und für das dem Arbeitgeber eine Fahrerbescheinigung ausgestellt worden ist,
   b) außerhalb des Hoheitsgebietes eines Mitgliedstaates der Europäischen Union oder eines anderen Vertragsstaates des Abkommens über den Europäischen Wirtschaftsraum Beförderungen im grenzüberschreitenden Güterverkehr mit einem im Sitzstaat des Arbeitgebers zugelassenen Fahrzeug durchführt, für einen Aufenthalt von höchstens 90 Tagen innerhalb eines Zeitraums von zwölf Monaten, oder ein in Deutschland zugelassenes Fahrzeug in einen Staat außerhalb dieses Gebietes überführt,
2. im grenzüberschreitenden Personenverkehr auf der Straße für einen Arbeitgeber mit Sitz im Ausland grenzüberschreitende Fahrten mit einem im Sitzstaat des Arbeitgebers zugelassenen Fahrzeug durchführt. Dies gilt im grenzüberschreitenden Linienverkehr mit Omnibussen auch dann, wenn das Fahrzeug im Inland zugelassen ist.

(2) Keiner Zustimmung bedarf die Erteilung eines Aufenthaltstitels an das Fahrpersonal im grenzüberschreitenden Schienenverkehr, wenn das Beförderungsunternehmen seinen Sitz im Ausland hat.

§ 21 Dienstleistungserbringung

Keiner Zustimmung bedarf die Erteilung eines Aufenthaltstitels an Personen, die von einem Unternehmen mit Sitz in einem Mitgliedstaat der Europäischen Union oder einem Vertragsstaat des Abkommens über den Europäischen Wirtschaftsraum in dem Sitzstaat des Unternehmens ordnungsgemäß beschäftigt sind und zur Erbringung einer Dienstleistung vorübergehend in das Bundesgebiet entsandt werden.

Teil 5. Besondere Berufs- oder Personengruppen

§ 22 Besondere Berufsgruppen
Keiner Zustimmung bedarf die Erteilung eines Aufenthaltstitels an

1. Personen einschließlich ihres Hilfspersonals, die unter Beibehaltung ihres gewöhnlichen Wohnsitzes im Ausland in Vorträgen oder in Darbietungen von besonderem wissenschaftlichen oder künstlerischen Wert oder bei Darbietungen sportlichen Charakters im Inland tätig werden, wenn die Dauer der Tätigkeit 90 Tage innerhalb eines Zeitraums von zwölf Monaten nicht übersteigt,
2. Personen, die im Rahmen von Festspielen oder Musik- und Kulturtagen beschäftigt oder im Rahmen von Gastspielen oder ausländischen Film- und Fernsehproduktionen entsandt werden, wenn die Dauer der Tätigkeit 90 Tage innerhalb eines Zeitraums von zwölf Monaten nicht übersteigt,
3. Personen, die in Tagesdarbietungen bis zu 15 Tage im Jahr auftreten,
4. Berufssportlerinnen und Berufssportler oder Berufstrainerinnen und Berufstrainer, deren Einsatz in deutschen Sportvereinen oder vergleichbaren am Wettkampfsport teilnehmenden sportlichen Einrichtungen vorgesehen ist, wenn sie
   a) das 16. Lebensjahr vollendet haben,
   b) der Verein oder die Einrichtung ein Bruttogehalt zahlt, das mindestens 50 Prozent der Beitragsbemessungsgrenze für die gesetzliche Rentenversicherung beträgt, und
   c) der für die Sportart zuständige deutsche Spitzenverband im Einvernehmen mit dem Deutschen Olympischen Sportbund die sportliche Qualifikation als Berufssportlerin oder Berufssportler oder die fachliche Eignung als Trainerin oder Trainer bestätigt,
5. Fotomodelle, Werbetypen, Mannequins oder Dressmen,
6. Reiseleiterinnen und Reiseleiter, die unter Beibehaltung ihres gewöhnlichen Aufenthaltes im Ausland ausländische Touristengruppen

in das Inland begleiten, wenn die Dauer der Tätigkeit 90 Tage innerhalb von zwölf Monaten nicht übersteigt, oder
7. Dolmetscherinnen und Dolmetscher, die unter Beibehaltung ihres gewöhnlichen Aufenthaltes im Ausland für ein Unternehmen mit Sitz im Ausland an Besprechungen oder Verhandlungen im Inland teilnehmen, wenn die Dauer der Tätigkeit 90 Tage innerhalb eines Zeitraums von zwölf Monaten nicht übersteigt.

§ 23 Internationale Sportveranstaltungen

Keiner Zustimmung bedarf die Erteilung eines Aufenthaltstitels an Personen, die zur Vorbereitung, Teilnahme, Durchführung und Nachbereitung internationaler Sportveranstaltungen durch das jeweilige Organisationskomitee akkreditiert werden, soweit die Bundesregierung Durchführungsgarantien übernommen hat; dies sind insbesondere folgende Personen:

1. die Repräsentantinnen und Repräsentanten, Mitarbeiterinnen und Mitarbeiter und Beauftragten von Verbänden oder Organisationen einschließlich Schiedsrichterinnen und Schiedsrichter sowie Schiedsrichterassistentinnen und Schiedsrichterassistenten,
2. die Sportlerinnen und Sportler sowie bezahltes Personal der teilnehmenden Mannschaften,
3. die Vertreterinnen und Vertreter der offiziellen Verbandspartner und der offiziellen Lizenzpartner,
4. die Vertreterinnen und Vertreter der Medien einschließlich des technischen Personals sowie die Mitarbeiterinnen und Mitarbeiter der Medienpartner.

§ 24 Schifffahrt- und Luftverkehr

Keiner Zustimmung bedarf die Erteilung eines Aufenthaltstitels an

1. die Mitglieder der Besatzungen von Seeschiffen im internationalen Verkehr,
2. die nach dem Seelotsengesetz für den Seelotsendienst zugelassenen Personen,
3. das technische Personal auf Binnenschiffen und im grenzüberschreitenden Verkehr das für die Gästebetreuung erforderliche Bedienungs- und Servicepersonal auf Personenfahrgastschiffen oder

4. die Besatzungen von Luftfahrzeugen mit Ausnahme der Luftfahrzeugführerinnen und Luftfahrzeugführer, Flugingenieurinnen und Flugingenieure sowie Flugnavigatorinnen und Flugnavigatoren bei Unternehmen mit Sitz im Inland.

§ 25 Kultur und Unterhaltung

Die Zustimmung kann für Personen erteilt werden, die

1. eine künstlerische oder artistische Beschäftigung oder eine Beschäftigung als Hilfspersonal, das für die Darbietung erforderlich ist, ausüben oder
2. zu einer länger als 90 Tage dauernden Beschäftigung im Rahmen von Gastspielen oder ausländischen Film- oder Fernsehproduktionen entsandt werden.

§ 26 Beschäftigung bestimmter Staatsangehöriger

(1) Für Staatsangehörige von Andorra, Australien, Israel, Japan, Kanada, der Republik Korea, von Monaco, Neuseeland, San Marino sowie den Vereinigten Staaten von Amerika kann die Zustimmung zur Ausübung jeder Beschäftigung unabhängig vom Sitz des Arbeitgebers erteilt werden.

(2) [1]Für Staatsangehörige von Albanien, Bosnien und Herzegowina, Kosovo, Mazedonien, Montenegro und Serbien können in den Jahren 2016 bis einschließlich 2020 Zustimmungen zur Ausübung jeder Beschäftigung erteilt werden. [2]Die Zustimmung darf nur erteilt werden, wenn der Antrag auf Erteilung des Aufenthaltstitels bei der jeweils zuständigen deutschen Auslandsvertretung im Herkunftsstaat gestellt wurde. [3]Die Zustimmung darf nicht erteilt werden, wenn der Antragsteller in den letzten 24 Monaten vor Antragstellung Leistungen nach dem Asylbewerberleistungsgesetz bezogen hat. [4]Satz 3 gilt nicht für Antragsteller, die nach dem 1. Januar 2015 und vor dem 24. Oktober 2015 einen Asylantrag gestellt haben, sich am 24. Oktober 2015 gestattet, mit einer Duldung oder als Ausreisepflichtige im Bundesgebiet aufgehalten haben und unverzüglich ausreisen.

§ 27 Grenzgängerbeschäftigung
Zur Erteilung einer Grenzgängerkarte nach § 12 Absatz 1 der Aufenthaltsverordnung kann die Zustimmung erteilt werden.

§ 28 Deutsche Volkszugehörige
Deutschen Volkszugehörigen, die einen Aufnahmebescheid nach dem Bundesvertriebenengesetz besitzen, kann die Zustimmung zu einem Aufenthaltstitel zur Ausübung einer vorübergehenden Beschäftigung erteilt werden.

Teil 6. Sonstiges

§ 29 Internationale Abkommen
(1) [1]Für Beschäftigungen im Rahmen der mit den Staaten Türkei, Serbien, Bosnien-Herzegowina und Mazedonien bestehenden Werkvertragsarbeitnehmerabkommen kann die Zustimmung erteilt werden. [2]Dies gilt auch für das zur Durchführung der Werkvertragstätigkeit erforderliche leitende Personal oder Verwaltungspersonal mit betriebsspezifischen Kenntnissen für die Dauer von bis zu vier Jahren. [3]Das Bundesministerium für Arbeit und Soziales kann die Erteilung der Zustimmung durch die Bundesagentur für Arbeit an Beschäftigte der Bauwirtschaft im Rahmen von Werkverträgen im Verhältnis zu den beschäftigten gewerblichen Personen des im Inland ansässigen Unternehmens zahlenmäßig beschränken. [4]Dabei ist darauf zu achten, dass auch kleine und mittelständische im Inland ansässige Unternehmen angemessen berücksichtigt werden.

(2) Die Zustimmung zur Ausübung einer Beschäftigung von bis zu 18 Monaten kann erteilt werden, wenn die betreffenden Personen auf der Grundlage einer zwischenstaatlichen Vereinbarung über die Beschäftigung von Arbeitnehmerinnen und Arbeitnehmern zur beruflichen und sprachlichen Fortbildung (Gastarbeitnehmer-Vereinbarung) mit dem Staat, dessen Staatsangehörigkeit sie besitzen, beschäftigt werden.

(3) [1]Für Beschäftigungen nach zwischenstaatlichen Vereinbarungen, in denen bestimmt ist, dass jemand für eine Beschäftigung keiner Arbeitsgeneh-

migung oder Arbeitserlaubnis bedarf, bedarf es keiner Zustimmung. ²Bei Beschäftigungen nach Vereinbarungen, in denen bestimmt ist, dass eine Arbeitsgenehmigung oder Arbeitserlaubnis erteilt werden kann, kann die Zustimmung erteilt werden.

(4) Für Fach- oder Weltausstellungen, die nach dem am 22. November 1928 in Paris unterzeichneten Abkommen über Internationale Ausstellungen registriert sind, kann für Angehörige der ausstellenden Staaten die Zustimmung erteilt werden, wenn sie für den ausstellenden Staat zur Vorbereitung, Durchführung oder Beendigung des nationalen Ausstellungsbeitrages tätig werden.

(5) Die Zustimmung kann für Personen erteilt werden, die von einem Unternehmen mit Sitz im Ausland ordnungsgemäß beschäftigt werden und auf der Grundlage des Übereinkommens zur Errichtung der Welthandelsorganisation vom 15. April 1994 (BGBl. 1994 II S. 1438, 1441) oder anderer für die Bundesrepublik Deutschland völkerrechtlich verbindlicher Freihandelsabkommen der Europäischen Union oder der Europäischen Union und ihrer Mitgliedstaaten vorübergehend in das Bundesgebiet entsandt werden.

§ 30 Beschäftigungsaufenthalte ohne Aufenthaltstitel

Nicht als Beschäftigung im Sinne des Aufenthaltsgesetzes gelten

1. Tätigkeiten nach den §§ 3 und 16, die bis zu 90 Tage innerhalb eines Zeitraums von 180 Tagen ausgeübt werden,
2. Tätigkeiten nach den §§ 5, 14, 15, 17, 18, 19 Absatz 1 sowie den §§ 20, 22 und 23, die bis zu 90 Tage innerhalb eines Zeitraums von zwölf Monaten ausgeübt werden,
3. Tätigkeiten nach § 21, die von Ausländerinnen und Ausländern, die in einem anderen Mitgliedstaat der Europäischen Union die Rechtsstellung eines langfristig Aufenthaltsberechtigten innehaben, bis zu 90 Tage innerhalb eines Zeitraums von zwölf Monaten ausgeübt werden, und
4. Tätigkeiten von Personen, die nach den §§ 23 bis 30 der Aufenthaltsverordnung vom Erfordernis eines Aufenthaltstitels befreit sind.

Teil 7. Beschäftigung bei Aufenthalt aus völkerrechtlichen, humanitären oder politischen Gründen sowie von Personen mit Duldung und Asylbewerbern

§ 31 Beschäftigung bei Aufenthalt aus völkerrechtlichen, humanitären oder politischen Gründen

Die Erteilung der Erlaubnis zur Beschäftigung an Ausländerinnen und Ausländer mit einer Aufenthaltserlaubnis, die nach Abschnitt 5 des Aufenthaltsgesetzes erteilt worden ist, bedarf keiner Zustimmung der Bundesagentur für Arbeit.

§ 32 Beschäftigung von Personen mit Duldung

(1) ¹Ausländerinnen und Ausländern, die eine Duldung besitzen, kann eine Zustimmung zur Ausübung einer Beschäftigung erteilt werden, wenn sie sich seit drei Monaten erlaubt, geduldet oder mit einer Aufenthaltsgestattung im Bundesgebiet aufhalten. ²Die §§ 39, 40 Absatz 1 Nummer 1 und Absatz 2 sowie § 41 des Aufenthaltsgesetzes gelten entsprechend.

(2) Keiner Zustimmung bedarf die Erteilung einer Erlaubnis zur Ausübung

1. eines Praktikums nach § 22 Absatz 1 Satz 2 Nummer 1 bis 4 des Mindestlohngesetzes,
2. einer Berufsausbildung in einem staatlich anerkannten oder vergleichbar geregelten Ausbildungsberuf,
3. einer Beschäftigung nach § 2 Absatz 1, § 3 Nummer 1 bis 3, § 5, § 14 Absatz 1, § 15 Nummer 2, § 22 Nummer 3 bis 5 und § 23,
4. einer Beschäftigung von Ehegatten, Lebenspartnern, Verwandten und Verschwägerten ersten Grades eines Arbeitgebers in dessen Betrieb, wenn der Arbeitgeber mit diesen in häuslicher Gemeinschaft lebt oder
5. jeder Beschäftigung nach einem ununterbrochen vierjährigen erlaubten, geduldeten oder gestatteten Aufenthalt im Bundesgebiet.

(3) Die Zustimmung für ein Tätigwerden als Leiharbeitnehmer (§ 1 Absatz 1 des Arbeitnehmerüberlassungsgesetzes) darf nur in den Fällen des Absatzes 5 erteilt werden.

(4) Die Absätze 2 und 3 finden auch Anwendung auf Ausländerinnen und Ausländer mit einer Aufenthaltsgestattung.

(5) Die Zustimmung zur Ausübung einer Beschäftigung wird Ausländerinnen und Ausländern mit einer Duldung oder Aufenthaltsgestattung ohne Vorrangprüfung erteilt, wenn sie

1. eine Beschäftigung nach § 2 Absatz 2, § 6 oder § 8 aufnehmen,
2. sich seit 15 Monaten ununterbrochen erlaubt, geduldet oder mit einer Aufenthaltsgestattung im Bundesgebiet aufhalten oder
3. eine Beschäftigung in dem Bezirk einer der in der Anlage zu § 32 aufgeführten Agenturen für Arbeit ausüben.

§ 33 (weggefallen)

Teil 8. Verfahrensregelungen

§ 34 Beschränkung der Zustimmung

(1) Die Bundesagentur für Arbeit kann die Zustimmung zur Ausübung einer Beschäftigung beschränken hinsichtlich

1. der Geltungsdauer,
2. des Betriebs,
3. der beruflichen Tätigkeit,
4. des Arbeitgebers,
5. der Region, in der die Beschäftigung ausgeübt werden kann, und
6. der Lage und Verteilung der Arbeitszeit.

(2) Die Zustimmung wird längstens für drei Jahre erteilt.

(3) Bei Beschäftigungen zur beruflichen Aus- und Weiterbildung nach § 17 Absatz 1 und § 17a Absatz 1 Satz 3 des Aufenthaltsgesetzes ist die Zustimmung wie folgt zu erteilen:

1. bei der Ausbildung für die nach der Ausbildungsordnung festgelegte Ausbildungsdauer und
2. bei der Weiterbildung für die Dauer, die ausweislich eines von der Bundesagentur für Arbeit geprüften Weiterbildungsplanes zur Erreichung des Weiterbildungszieles erforderlich ist.

§ 35 Reichweite der Zustimmung

(1) Die Zustimmung zur Ausübung einer Beschäftigung wird jeweils zu einem bestimmten Aufenthaltstitel erteilt.

(2) Ist die Zustimmung zu einem Aufenthaltstitel erteilt worden, so gilt die Zustimmung im Rahmen ihrer zeitlichen Begrenzung auch für jeden weiteren Aufenthaltstitel fort.

(3) Die Absätze 1 und 2 gelten entsprechend für die Zustimmung zur Ausübung einer Beschäftigung an Personen, die eine Aufenthaltsgestattung oder Duldung besitzen.

(4) Ist die Zustimmung für ein bestimmtes Beschäftigungsverhältnis erteilt worden, so erlischt sie mit der Beendigung dieses Beschäftigungsverhältnisses.

(5) [1]Die Zustimmung zur Ausübung einer Beschäftigung kann ohne Vorrangprüfung erteilt werden, wenn die Beschäftigung nach Ablauf der Geltungsdauer einer für mindestens ein Jahr erteilten Zustimmung bei demselben Arbeitgeber fortgesetzt wird. [2]Dies gilt nicht für Beschäftigungen, die nach dieser Verordnung oder einer zwischenstaatlichen Vereinbarung zeitlich begrenzt sind.

§ 36 Erteilung der Zustimmung

(1) Die Bundesagentur für Arbeit teilt der zuständigen Stelle die Zustimmung zur Erteilung eines Aufenthaltstitels nach § 39 des Aufenthaltsgesetzes oder einer Grenzgängerkarte, deren Versagung nach § 40 des Aufenthaltsgesetzes, den Widerruf nach § 41 des Aufenthaltsgesetzes und die Rücknahme einer Zustimmung mit.

(2) Die Zustimmung zur Ausübung einer Beschäftigung gilt als erteilt, wenn die Bundesagentur für Arbeit der zuständigen Stelle nicht innerhalb von zwei Wochen nach Übermittlung der Zustimmungsanfrage mitteilt, dass die übermittelten Informationen für die Entscheidung über die Zustimmung nicht ausreichen oder dass der Arbeitgeber die erforderlichen Auskünfte nicht oder nicht rechtzeitig erteilt hat.

(3) Die Bundesagentur für Arbeit soll bereits vor der Übermittlung der Zustimmungsanfrage der Ausübung der Beschäftigung gegenüber der zuständigen Stelle zustimmen oder prüfen, ob die arbeitsmarktbezogenen Voraus-

setzungen für eine spätere Zustimmung vorliegen, wenn der Arbeitgeber die hierzu erforderlichen Auskünfte erteilt hat und das Verfahren dadurch beschleunigt wird.

§ 37 Härtefallregelung

Ausländerinnen und Ausländern kann die Zustimmung zur Ausübung einer Beschäftigung ohne Vorrangprüfung erteilt werden, wenn deren Versagung eine besondere Härte bedeuten würde.

Teil 9. Anwerbung und Arbeitsvermittlung aus dem Ausland

§ 38 Anwerbung und Vermittlung

Die Anwerbung in Staaten und die Arbeitsvermittlung aus Staaten, die in der Anlage zu dieser Verordnung aufgeführt sind, darf für eine Beschäftigung in Gesundheits- und Pflegeberufen nur von der Bundesagentur für Arbeit durchgeführt werden.

§ 39 Ordnungswidrigkeiten

Ordnungswidrig im Sinne des § 404 Absatz 2 Nummer 9 des Dritten Buches Sozialgesetzbuch handelt, wer vorsätzlich oder fahrlässig entgegen § 38 eine Anwerbung oder Arbeitsvermittlung durchführt.

Anlage

(zu § 38)

1. Afghanistan (Islamische Republik Afghanistan),
2. Angola (Republik)
3. Äquatorialguinea (Republik)
4. Äthiopien (Demokratische Bundesrepublik)
5. Bangladesch (Volksrepublik),
6. Benin (Republik),
7. Bhutan (Königreich Bhutan),

8. Burkina Faso,
9. Burundi (Republik),
10. Dschibuti (Republik),
11. El Salvador (Republik),
12. Elfenbeinküste (Republik Côte d'Ivoire),
13. Eritrea (Staat Eritrea),
14. Gambia (Republik),
15. Ghana (Republik),
16. Guinea (Republik),
17. Guinea-Bissau (Republik),
18. Haiti (Republik),
19. Honduras (Republik),
20. Indien (Republik),
21. Indonesien (Republik),
22. Irak (Republik),
23. Jemen (Republik),
24. Kambodscha (Königreich Kambodscha),
25. Kamerun (Republik),
26. Kenia (Republik),
27. Komoren (Union Komoren),
28. Kongo (Demokratische Republik),
29. Kongo (Republik),
30. Laos Demokratische Volksrepublik Laos),
31. Lesotho Königreich Lesotho),
32. Liberia (Republik),
33. Madagaskar (Republik),
34. Malawi (Republik),
35. Mali (Republik),
36. Marokko (Königreich Marokko),
37. Mauretanien (Islamische Republik Mauretanien),
38. Mozambik (Republik),
39. Myanmar (Union Myanmar),
40. Nepal (Königreich Nepal),
41. Nicaragua (Republik),
42. Niger (Republik),
43. Nigeria (Bundesrepublik),
44. Pakistan (Islamische Republik Pakistan),
45. Papua-Neuguinea (Unabhängiger Staat Papua-Neuguinea),

46. Peru (Republik),
47. Ruanda (Republik),
48. Sambia (Republik),
49. Senegal (Republik),
50. Sierra Leone (Republik),
51. Simbabwe (Republik),
52. Somalia (Demokratische Republik Somalia),
53. Tansania (Vereinigte Republik Tansania),
54. Togo (Togolesische Republik),
55. Tschad (Republik),
56. Uganda (Republik),
57. Zentralafrikanische Republik.

XV. Aufenthaltsverordnung (AufenthV)

Aufenthaltsverordnung vom 25. November 2004 (BGBl. I S. 2945), zuletzt geändert durch Art. 1 der Verordnung zur Umsetzung aufenthaltsrechtlicher Richtlinien der Europäischen Union zur Arbeitsmigration vom 1. August 2017 (BGBl. I S. 3066)

Kapitel 1. Allgemeine Bestimmungen

§ 1 Begriffsbestimmungen

(1) Schengen-Staaten sind die Staaten im Sinne des § 2 Absatz 5 des Aufenthaltsgesetzes.

(2) Ein Kurzaufenthalt ist ein Aufenthalt im gemeinsamen Gebiet der Schengen-Staaten von höchstens 90 Tagen je Zeitraum von 180 Tagen, wobei der Zeitraum von 180 Tagen, der jedem Tag des Aufenthalts vorangeht, berücksichtigt wird.

(3) Reiseausweise für Flüchtlinge sind Ausweise auf Grund

1. des Abkommens vom 15. Oktober 1946 betreffend die Ausstellung eines Reiseausweises an Flüchtlinge, die unter die Zuständigkeit des zwischenstaatlichen Ausschusses für die Flüchtlinge fallen (BGBl. 1951 II S. 160) oder
2. des Artikels 28 in Verbindung mit dem Anhang des Abkommens vom 28. Juli 1951 über die Rechtsstellung der Flüchtlinge (BGBl. 1953 II S. 559).

(4) Reiseausweise für Staatenlose sind Ausweise auf Grund des Artikels 28 in Verbindung mit dem Anhang des Übereinkommens vom 28. September 1954 über die Rechtsstellung der Staatenlosen (BGBl. 1976 II S. 473).

(5) Schülersammellisten sind Listen nach Artikel 2 des Beschlusses des Rates vom 30. November 1994 über die vom Rat auf Grund von Artikel K.3 Absatz 2 Buchstabe b des Vertrages über die Europäische Union beschlossene gemeinsame Maßnahme über Reiseerleichterungen für Schüler von Drittstaaten mit Wohnsitz in einem Mitgliedstaat (ABl. EG Nr. L 327 S. 1).

(6) Flugbesatzungsausweise sind „Airline Flight Crew Licenses" und „Crew Member Certificates" nach der Anlage des Anhangs 9 in der jeweils geltenden Fassung zum Abkommen vom 7. Dezember 1944 über die Internationale Zivilluftfahrt (BGBl. 1956 II S. 411).

(7) Binnenschifffahrtsausweise sind in zwischenstaatlichen Vereinbarungen für den Grenzübertritt vorgesehene Ausweise für ziviles Personal, das internationale Binnenwasserstraßen befährt, sowie dessen Familienangehörige, soweit die Geltung für Familienangehörige in den jeweiligen Vereinbarungen vorgesehen ist.

(8) Europäische Reisedokumente für die Rückkehr illegal aufhältiger Drittstaatsangehöriger (Europäische Reisedokumente für die Rückkehr) sind Dokumente nach der Verordnung (EU) 2016/1953 des Europäischen Parlaments und des Rates vom 26. Oktober 2016 (ABl. L 311 vom 17.11.2016, S. 13).

Kapitel 2. Einreise und Aufenthalt im Bundesgebiet
Abschnitt 1. Passpflicht für Ausländer

§ 2 Erfüllung der Passpflicht durch Eintragung in den Pass eines gesetzlichen Vertreters

¹Minderjährige Ausländer, die das 16. Lebensjahr noch nicht vollendet haben, erfüllen die Passpflicht auch durch Eintragung in einem anerkannten und gültigen Pass oder Passersatz eines gesetzlichen Vertreters. ²Für einen minderjährigen Ausländer, der das zehnte Lebensjahr vollendet hat, gilt dies nur, wenn im Pass oder Passersatz sein eigenes Lichtbild angebracht ist.

§ 3 Zulassung nichtdeutscher amtlicher Ausweise als Passersatz

(1) ¹Von anderen Behörden als von deutschen Behörden ausgestellte amtliche Ausweise sind als Passersatz zugelassen, ohne dass es einer Anerkennung nach § 71 Abs. 6 des Aufenthaltsgesetzes bedarf, soweit die Bundesrepublik Deutschland

1. auf Grund zwischenstaatlicher Vereinbarungen oder
2. auf Grund des Rechts der Europäischen Union

verpflichtet ist, dem Inhaber unter den dort festgelegten Voraussetzungen den Grenzübertritt zu gestatten. ²Dies gilt nicht, wenn der ausstellende Staat aus dem Geltungsbereich des Ausweises ausgenommen oder wenn der Inhaber nicht zur Rückkehr in diesen Staat berechtigt ist.

(2) Die Zulassung entfällt, wenn das Bundesministerium des Innern in den Fällen des Absatzes 1 Satz 1 Nr. 1 feststellt, dass

1. die Gegenseitigkeit, soweit diese vereinbart wurde, nicht gewahrt ist oder
2. der amtliche Ausweis
   a) keine hinreichenden Angaben zur eindeutigen Identifizierung des Inhabers oder der ausstellenden Behörde enthält,
   b) keine Sicherheitsmerkmale aufweist, die in einem Mindestmaß vor Fälschung oder Verfälschung schützen, oder
   c) die Angaben nicht in einer germanischen oder romanischen Sprache enthält.

(3) Zu den Ausweisen im Sinne des Absatzes 1 zählen insbesondere:

1. Reiseausweise für Flüchtlinge (§ 1 Abs. 3),
2. Reiseausweise für Staatenlose (§ 1 Abs. 4),
3. Ausweise für Mitglieder und Bedienstete der Organe der Europäischen Gemeinschaften,
4. Ausweise für Abgeordnete der Parlamentarischen Versammlung des Europarates,
5. amtliche Personalausweise der Mitgliedstaaten der Europäischen Union, der anderen Vertragsstaaten des Abkommens über den Europäischen Wirtschaftsraum und der Schweiz für deren Staatsangehörige,
6. Schülersammellisten (§ 1 Abs. 5),
7. Flugbesatzungsausweise, soweit sie für einen Aufenthalt nach § 23 gebraucht werden, und
8. Binnenschifffahrtsausweise, soweit sie für einen Aufenthalt nach § 25 gebraucht werden.

§ 4 Deutsche Passersatzpapiere für Ausländer

(1) ¹Durch deutsche Behörden ausgestellte Passersatzpapiere für Ausländer sind:

1. der Reiseausweis für Ausländer (§ 5 Absatz 1),
2. der Notreiseausweis (§ 13 Absatz 1),
3. der Reiseausweis für Flüchtlinge (§ 1 Absatz 3),
4. der Reiseausweis für Staatenlose (§ 1 Absatz 4),
5. die Schülersammelliste (§ 1 Absatz 5),
6. die Bescheinigung über die Wohnsitzverlegung (§ 43 Absatz 2),
7. das Europäische Reisedokument für die Rückkehr (§ 1 Absatz 8).

²Passersatzpapiere nach Satz 1 Nummer 3 und 4 werden mit einer Gültigkeitsdauer von bis zu drei Jahren ausgestellt; eine Verlängerung ist nicht zulässig. ³Passersatzpapiere nach Satz 1 Nummer 1, 3 und 4 werden abweichend von Absatz 4 Satz 1 auch als vorläufige Dokumente ohne elektronisches Speicher- und Verarbeitungsmedium ausgegeben, deren Gültigkeit, auch nach Verlängerungen, ein Jahr nicht überschreiten darf. ⁴An Kinder bis zum vollendeten zwölften Lebensjahr werden abweichend von Absatz 4 Satz 1 Passersatzpapiere nach Satz 1 Nummer 1, 3 und 4 ohne elektronisches Speicher- und Verarbeitungsmedium ausgegeben; in begründeten Fällen können sie auch mit elektronischem Speicher- und Verarbeitungsmedium ausgegeben werden. ⁵Passersatzpapiere nach Satz 4 ohne elektronisches Speicher- und Verarbeitungsmedium sind höchstens sechs Jahre gültig, längstens jedoch bis zur Vollendung des zwölften Lebensjahres. ⁶Eine Verlängerung dieser Passersatzpapiere ist vor Ablauf der Gültigkeit bis zur Vollendung des zwölften Lebensjahres zulässig; es ist jeweils ein aktuelles Lichtbild einzubringen. ⁷Passersatzpapiere nach Satz 1 Nummer 3 und 4, die an heimatlose Ausländer nach dem Gesetz über die Rechtsstellung heimatloser Ausländer im Bundesgebiet ausgestellt werden, können mit einer Gültigkeitsdauer von bis zu zehn Jahren ausgestellt werden.

(2) Passersatzpapiere nach Absatz 1 Satz 1 Nummer 1, 3 und 4 enthalten neben der Angabe der ausstellenden Behörde, dem Tag der Ausstellung, dem letzten Tag der Gültigkeitsdauer und der Seriennummer sowie dem Lichtbild und der Unterschrift des Inhabers des Passersatzpapiers ausschließlich folgende sichtbar aufgebrachte Angaben über den Inhaber des Passersatzpapiers:

1. Familienname und ggf. Geburtsname,
2. den oder die Vornamen,
3. Doktorgrad,
4. Tag und Ort der Geburt,
5. Geschlecht,
6. Größe,
7. Farbe der Augen,
8. Wohnort,
9. Staatsangehörigkeit.

(3) ¹Passersatzpapiere nach Absatz 1 Satz 1 Nummer 1, 3 und 4 enthalten eine Zone für das automatische Lesen. ²Diese darf lediglich enthalten:

1. die Abkürzung „PT" für Passtyp von Passersatzpapieren nach Absatz 1 Satz 1 Nummer 1, 3 und 4 einschließlich vorläufiger Passersatzpapiere,
2. die Abkürzung „D" für Bundesrepublik Deutschland,
3. den Familiennamen,
4. den oder die Vornamen,
5. die Seriennummer des Passersatzes, die sich aus der Behördenkennzahl der Ausländerbehörde und einer zufällig zu vergebenden Passersatznummer zusammensetzt, die neben Ziffern auch Buchstaben enthalten kann und bei vorläufigen Passersatzpapieren aus einem Serienbuchstaben und sieben Ziffern besteht,
6. die Abkürzung der Staatsangehörigkeit,
7. den Tag der Geburt,
8. die Abkürzung „F" für Passersatzpapierinhaber weiblichen Geschlechts und „M" für Passersatzpapierinhaber männlichen Geschlechts,
9. die Gültigkeitsdauer des Passersatzes,
10. die Prüfziffern und
11. Leerstellen.

³Die Seriennummer und die Prüfziffern dürfen keine Daten über die Person des Passersatzpapierinhabers oder Hinweise auf solche Daten enthalten. ⁴Jedes Passersatzpapier erhält eine neue Seriennummer.

(4) ¹Auf Grund der Verordnung (EG) Nr. 2252/2004 des Rates vom 13. Dezember 2004 über Normen für Sicherheitsmerkmale und biometrische Daten in von den Mitgliedstaaten ausgestellten Pässen und Reisedokumenten

(ABl. L 385 vom 29.12.2004, S. 1) sind Passersatzpapiere nach Absatz 1 Satz 1 Nummer 1, 3 und 4 mit Ausnahme der in § 6 Satz 2 und § 7 genannten Reiseausweise für Ausländer mit einem elektronischen Speicher- und Verarbeitungsmedium zu versehen, auf dem das Lichtbild, die Fingerabdrücke, die Bezeichnung der erfassten Finger, die Angaben zur Qualität der Abdrücke und die in Absatz 3 Satz 2 genannten Angaben gespeichert werden. ²Die gespeicherten Daten sind nach dem Stand der Technik gegen unbefugtes Auslesen, Verändern und Löschen zu sichern. ³Eine bundesweite Datenbank der biometrischen Daten nach Satz 1 wird nicht errichtet.

(5) ¹Abweichend von Absatz 4 Satz 1 werden in Passersatzpapieren mit elektronischem Speicher- und Verarbeitungsmedium bei Antragstellern, die das sechste Lebensjahr noch nicht vollendet haben, keine Fingerabdrücke gespeichert. ²Die Unterschrift durch den Antragsteller ist zu leisten, wenn er zum Zeitpunkt der Beantragung des Passersatzes das zehnte Lebensjahr vollendet hat.

(6) ¹Passersatzpapiere nach Absatz 1 Satz 1 Nummer 1 können mit dem Hinweis ausgestellt werden, dass die Personendaten auf den eigenen Angaben des Antragstellers beruhen. ²Das Gleiche gilt für Passersatzpapiere nach Absatz 1 Nummer 3 und 4, wenn ernsthafte Zweifel an den Identitätsangaben des Antragstellers bestehen.

(7) ¹Ein Passersatz für Ausländer wird in der Regel entzogen, wenn die Ausstellungsvoraussetzungen nicht mehr vorliegen. ²Er ist zu entziehen, wenn der Ausländer auf Grund besonderer Vorschriften zur Rückgabe verpflichtet ist und die Rückgabe nicht unverzüglich erfolgt.

(8) ¹Deutsche Auslandsvertretungen entziehen einen Passersatz im Benehmen mit der zuständigen oder zuletzt zuständigen Ausländerbehörde im Inland. ²Ist eine solche Behörde nicht vorhanden oder feststellbar, ist das Benehmen mit der Behörde herzustellen, die den Passersatz ausgestellt hat, wenn er verlängert wurde, mit der Behörde, die ihn verlängert hat.

§ 5 Allgemeine Voraussetzungen der Ausstellung des Reiseausweises für Ausländer

(1) Einem Ausländer, der nachweislich keinen Pass oder Passersatz besitzt und ihn nicht auf zumutbare Weise erlangen kann, kann nach Maßgabe

der nachfolgenden Bestimmungen ein Reiseausweis für Ausländer ausgestellt werden.

(2) Als zumutbar im Sinne des Absatzes 1 gilt es insbesondere,

1. derart rechtzeitig vor Ablauf der Gültigkeit eines Passes oder Passersatzes bei den zuständigen Behörden im In- und Ausland die erforderlichen Anträge für die Neuerteilung oder Verlängerung zu stellen, dass mit der Neuerteilung oder Verlängerung innerhalb der Gültigkeitsdauer des bisherigen Passes oder Passersatzes gerechnet werden kann,
2. in der den Bestimmungen des deutschen Passrechts, insbesondere den §§ 6 und 15 des Passgesetzes in der jeweils geltenden Fassung, entsprechenden Weise an der Ausstellung oder Verlängerung mitzuwirken und die Behandlung eines Antrages durch die Behörden des Herkunftsstaates nach dem Recht des Herkunftsstaates zu dulden, sofern dies nicht zu einer unzumutbaren Härte führt,
3. die Wehrpflicht, sofern deren Erfüllung nicht aus zwingenden Gründen unzumutbar ist, und andere zumutbare staatsbürgerliche Pflichten zu erfüllen oder
4. für die behördlichen Maßnahmen die vom Herkunftsstaat allgemein festgelegten Gebühren zu zahlen.

(3) Ein Reiseausweis für Ausländer wird in der Regel nicht ausgestellt, wenn der Herkunftsstaat die Ausstellung eines Passes oder Passersatzes aus Gründen verweigert, auf Grund derer auch nach deutschem Passrecht, insbesondere nach § 7 des Passgesetzes oder wegen unterlassener Mitwirkung nach § 6 des Passgesetzes, der Pass versagt oder sonst die Ausstellung verweigert werden kann.

(4) [1]Ein Reiseausweis für Ausländer soll nicht ausgestellt werden, wenn der Antragsteller bereits einen Reiseausweis für Ausländer missbräuchlich verwendet hat oder tatsächliche Anhaltspunkte dafür vorliegen, dass der Reiseausweis für Ausländer missbräuchlich verwendet werden soll. [2]Ein Missbrauch liegt insbesondere vor bei einem im Einzelfall erheblichen Verstoß gegen im Reiseausweis für Ausländer eingetragene Beschränkungen oder beim Gebrauch des Reiseausweises für Ausländer zur Begehung oder Vorbereitung einer Straftat. [3]Als Anhaltspunkt für die Absicht einer missbräuchlichen Verwendung kann insbesondere auch gewertet werden, dass der wiederholte Verlust von Passersatzpapieren des Antragstellers geltend gemacht wird.

(5) Der Reiseausweis für Ausländer ohne elektronisches Speicher- und Verarbeitungsmedium darf, soweit dies zulässig ist, nur verlängert werden, wenn die Ausstellungsvoraussetzungen weiterhin vorliegen.

§ 6 Ausstellung des Reiseausweises für Ausländer im Inland
¹Im Inland darf ein Reiseausweis für Ausländer nach Maßgabe des § 5 ausgestellt werden,

1. wenn der Ausländer eine Aufenthaltserlaubnis, Niederlassungserlaubnis oder Erlaubnis zum Daueraufenthalt-EG besitzt,
2. wenn dem Ausländer eine Aufenthaltserlaubnis, Niederlassungserlaubnis oder Erlaubnis zum Daueraufenthalt – EU erteilt wird, sobald er als Inhaber des Reiseausweises für Ausländer die Passpflicht erfüllt,
3. um dem Ausländer die endgültige Ausreise aus dem Bundesgebiet zu ermöglichen oder,
4. wenn der Ausländer Asylbewerber ist, für die Ausstellung des Reiseausweises für Ausländer ein dringendes öffentliches Interesse besteht, zwingende Gründe es erfordern oder die Versagung des Reiseausweises für Ausländer eine unbillige Härte bedeuten würde und die Durchführung des Asylverfahrens nicht gefährdet wird.

²In den Fällen des Satzes 1 Nummer 3 und 4 wird der Reiseausweis für Ausländer ohne elektronisches Speicher- und Verarbeitungsmedium ausgestellt. ³Die ausstellende Behörde darf in den Fällen des Satzes 1 Nummer 3 und 4 Ausnahmen von § 5 Absatz 2 und 3 sowie in den Fällen des Satzes 1 Nummer 3 Ausnahmen von § 5 Absatz 4 zulassen. ⁴Bei Ausländern, denen nach einer Aufnahmezusage nach § 23 Absatz 4 des Aufenthaltsgesetzes eine Aufenthaltserlaubnis erteilt worden ist, ist die Erlangung eines Passes oder Passersatzes regelmäßig nicht zumutbar. ⁵Dies gilt entsprechend für Ausländer, die bis zum Ablauf des 31. Juli 2015 im Rahmen des Programms zur dauerhaften Neuansiedlung von Schutzsuchenden (Resettlement-Flüchtlinge) einen Aufenthaltstitel nach § 23 Absatz 2 des Aufenthaltsgesetzes erhalten haben.

§ 7 Ausstellung des Reiseausweises für Ausländer im Ausland
(1) Im Ausland darf ein Reiseausweis für Ausländer ohne elektronisches Speicher- und Verarbeitungsmedium nach Maßgabe des § 5 ausgestellt

werden, um dem Ausländer die Einreise in das Bundesgebiet zu ermöglichen, sofern die Voraussetzungen für die Erteilung eines hierfür erforderlichen Aufenthaltstitels vorliegen.

(2) Im Ausland darf ein Reiseausweis für Ausländer ohne elektronisches Speicher- und Verarbeitungsmedium zudem nach Maßgabe des § 5 einem in § 28 Abs. 1 Satz 1 Nr. 1 bis 3 des Aufenthaltsgesetzes bezeichneten ausländischen Familienangehörigen oder dem Lebenspartner eines Deutschen erteilt werden, wenn dieser im Ausland mit dem Deutschen in familiärer Lebensgemeinschaft lebt.

§ 8 Gültigkeitsdauer des Reiseausweises für Ausländer

(1) ¹Die Gültigkeitsdauer des Reiseausweises für Ausländer darf die Gültigkeitsdauer des Aufenthaltstitels oder der Aufenthaltsgestattung des Ausländers nicht überschreiten. ²Der Reiseausweis für Ausländer darf im Übrigen ausgestellt werden bis zu einer Gültigkeitsdauer von

1. zehn Jahren, wenn der Inhaber im Zeitpunkt der Ausstellung das 24. Lebensjahr vollendet hat,
2. sechs Jahren, wenn der Inhaber im Zeitpunkt der Ausstellung das 24. Lebensjahr noch nicht vollendet hat.

(2) ¹In den Fällen des § 6 Satz 1 Nr. 3 und 4 und des § 7 Abs. 1 darf der Reiseausweis für Ausländer abweichend von Absatz 1 nur für eine Gültigkeitsdauer von höchstens einem Monat ausgestellt werden. ²In Fällen, in denen der Staat, in oder durch den die beabsichtigte Reise führt, die Einreise nur mit einem Reiseausweis für Ausländer gestattet, der über den beabsichtigten Zeitpunkt der Einreise oder Ausreise hinaus gültig ist, kann der Reiseausweis für Ausländer abweichend von Satz 1 für einen entsprechend längeren Gültigkeitszeitraum ausgestellt werden der auch nach Verlängerung zwölf Monate nicht überschreiten darf.

(3) ¹Ein nach § 6 Satz 1 Nr. 3 und 4 ausgestellter Reiseausweis für Ausländer darf nicht verlängert werden. ²Der Ausschluss der Verlängerung ist im Reiseausweis für Ausländer zu vermerken.

§ 9 Räumlicher Geltungsbereich des Reiseausweises für Ausländer

(1) ¹Der Reiseausweis für Ausländer kann für alle Staaten oder mit einer Beschränkung des Geltungsbereichs auf bestimmte Staaten oder Erdteile ausgestellt werden. ²Der Staat, dessen Staatsangehörigkeit der Ausländer besitzt, ist aus dem Geltungsbereich auszunehmen, wenn nicht in Ausnahmefällen die Erstreckung des Geltungsbereichs auf diesen Staat gerechtfertigt ist.

(2) ¹In den Fällen des § 6 Satz 1 Nr. 4 ist der Geltungsbereich des Reiseausweises für Ausländer auf die den Zweck der Reise betreffenden Staaten zu beschränken. ²Abweichend von Absatz 1 Satz 2 ist eine Erstreckung des Geltungsbereichs auf den Herkunftsstaat unzulässig.

(3) Abweichend von Absatz 1 Satz 2 soll der Geltungsbereich eines Reiseausweises für Ausländer im Fall des § 6 Satz 1 Nr. 3 den Staat einschließen, dessen Staatsangehörigkeit der Ausländer besitzt.

(4) Der Geltungsbereich des im Ausland ausgestellten Reiseausweises für Ausländer ist in den Fällen des § 7 Abs. 1 räumlich auf die Bundesrepublik Deutschland, den Ausreisestaat, den Staat der Ausstellung sowie die im Reiseausweis für Ausländer einzeln aufzuführenden, auf dem geplanten Reiseweg zu durchreisenden Staaten zu beschränken.

§ 10 Sonstige Beschränkungen im Reiseausweis für Ausländer

¹In den Reiseausweis für Ausländer können zur Vermeidung von Missbrauch bei oder nach der Ausstellung sonstige Beschränkungen aufgenommen werden, insbesondere die Bezeichnung der zur Einreise in das Bundesgebiet zu benutzenden Grenzübergangsstelle oder die Bezeichnung der Person, in deren Begleitung sich der Ausländer befinden muss. ²§ 46 Abs. 2 des Aufenthaltsgesetzes bleibt unberührt.

§ 11 Verfahren der Ausstellung oder Verlängerung des Reiseausweises für Ausländer im Ausland

(1) ¹Im Ausland darf ein Reiseausweis für Ausländer nur mit Zustimmung des Bundesministeriums des Innern oder der von ihm bestimmten Stelle ausgestellt werden. ²Dasselbe gilt für die zulässige Verlängerung eines nach Satz 1 ausgestellten Reiseausweises für Ausländer im Ausland.

(2) ¹Im Ausland darf ein im Inland ausgestellter oder verlängerter Reiseausweis für Ausländer nur mit Zustimmung der zuständigen oder zuletzt zuständigen Ausländerbehörde verlängert werden. ²Ist eine solche Behörde nicht vorhanden oder feststellbar, ist die Zustimmung bei der Behörde einzuholen, die den Reiseausweis ausgestellt hat, wenn er verlängert wurde, bei der Behörde, die ihn verlängert hat.

(3) ¹Die Aufhebung von Beschränkungen nach den §§ 9 und 10 im Ausland bedarf der Zustimmung der zuständigen oder zuletzt zuständigen Ausländerbehörde. ²Ist eine solche Behörde nicht vorhanden oder feststellbar, ist die Zustimmung bei der Behörde einzuholen, die die Beschränkung eingetragen hat.

§ 12 Grenzgängerkarte

(1) ¹Einem Ausländer, der sich in einem an das Bundesgebiet angrenzenden Staat rechtmäßig aufhält und der mindestens einmal wöchentlich dorthin zurückkehrt, kann eine Grenzgängerkarte für die Ausübung einer Erwerbstätigkeit oder eines Studiums im Bundesgebiet erteilt werden, wenn er

1. in familiärer Lebensgemeinschaft mit seinem deutschen Ehegatten oder Lebenspartner lebt,
2. in familiärer Lebensgemeinschaft mit seinem Ehegatten oder Lebenspartner lebt, der Unionsbürger ist und als Grenzgänger im Bundesgebiet eine Erwerbstätigkeit ausübt oder ohne Grenzgänger zu sein seinen Wohnsitz vom Bundesgebiet in einen an Deutschland angrenzenden Staat verlegt hat, oder
3. die Voraussetzungen für die Erteilung eines Aufenthaltstitels zur Ausübung einer Erwerbstätigkeit oder eines Studiums nur deshalb nicht erfüllt, weil er Grenzgänger ist.

²Eine Grenzgängerkarte zur Ausübung einer Beschäftigung im Bundesgebiet darf nur erteilt werden, wenn die Bundesagentur für Arbeit der Ausübung der Beschäftigung zugestimmt hat oder die Ausübung der Beschäftigung ohne Zustimmung der Bundesagentur für Arbeit zulässig ist. ³Im Fall der selbständigen Tätigkeit kann die Grenzgängerkarte unabhängig vom Vorliegen der Voraussetzungen des § 21 des Aufenthaltsgesetzes erteilt werden. ⁴Für eine Grenzgängerkarte zur Ausübung eines Studiums gilt § 16 Absatz 3 des Aufenthaltsgesetzes entsprechend. ⁵Einem Ausländer, der Beamter ist,

in einem an das Bundesgebiet angrenzenden Staat wohnt und mindestens einmal wöchentlich dorthin zurückkehrt, wird eine Grenzgängerkarte zur Erfüllung seiner Dienstpflichten im Bundesgebiet erteilt. ⁶Die Grenzgängerkarte kann bei der erstmaligen Erteilung bis zu einer Gültigkeitsdauer von zwei Jahren ausgestellt werden. ⁷Sie kann für jeweils zwei Jahre verlängert werden, solange die Ausstellungsvoraussetzungen weiterhin vorliegen.

(2) Staatsangehörigen der Schweiz wird unter den Voraussetzungen und zu den Bedingungen eine Grenzgängerkarte ausgestellt und verlängert, die in Artikel 7 Abs. 2, Artikel 13 Abs. 2, Artikel 28 Abs. 1 und Artikel 32 Abs. 2 des Anhangs I zum Abkommen vom 21. Juni 1999 zwischen der Europäischen Gemeinschaft und ihren Mitgliedstaaten einerseits und der Schweizerischen Eidgenossenschaft andererseits über die Freizügigkeit (BGBl. 2001 II S. 810) genannt sind.

§ 13 Notreiseausweis

(1) Zur Vermeidung einer unbilligen Härte, oder soweit ein besonderes öffentliches Interesse besteht, darf einem Ausländer ein Notreiseausweis ausgestellt werden, wenn der Ausländer seine Identität glaubhaft machen kann und er

1. Unionsbürger oder Staatsangehöriger eines anderen Vertragsstaates des Abkommens über den Europäischen Wirtschaftsraum, der Schweiz oder eines Staates ist, der in Anhang II der Verordnung (EG) Nr. 539/2001 aufgeführt ist, oder
2. aus sonstigen Gründen zum Aufenthalt im Bundesgebiet, einem anderen Mitgliedstaat der Europäischen Union, einem anderen Vertragsstaat des Abkommens über den Europäischen Wirtschaftsraum oder in der Schweiz oder zur Rückkehr dorthin berechtigt ist.

(2) Die mit der polizeilichen Kontrolle des grenzüberschreitenden Verkehrs beauftragten Behörden können nach Maßgabe des Absatzes 1 an der Grenze einen Notreiseausweis ausstellen, wenn der Ausländer keinen Pass oder Passersatz mitführt.

(3) Die Ausländerbehörde kann nach Maßgabe des Absatzes 1 einen Notreiseausweis ausstellen, wenn die Beschaffung eines anderen Passes oder Passersatzes, insbesondere eines Reiseausweises für Ausländer, im Einzelfall nicht in Betracht kommt.

(4) ¹Die ausstellende Behörde kann die bereits bestehende Berechtigung zur Rückkehr in das Bundesgebiet auf dem Notreiseausweis bescheinigen, sofern die Bescheinigung der beabsichtigten Auslandsreise dienlich ist. ²Die in Absatz 2 genannten Behörden bedürfen hierfür der Zustimmung der Ausländerbehörde.

(5) ¹Abweichend von Absatz 1 können die mit der polizeilichen Kontrolle des grenzüberschreitenden Verkehrs beauftragten Behörden

1. zivilem Schiffspersonal eines in der See- oder Küstenschifffahrt oder in der Rhein-Seeschifffahrt verkehrenden Schiffes für den Aufenthalt im Hafenort während der Liegezeit des Schiffes und
2. zivilem Flugpersonal für einen in § 23 Abs. 1 genannten Aufenthalt

sowie die jeweils mit einem solchen Aufenthalt verbundene Ein- und Ausreise einen Notreiseausweis ausstellen, wenn es keinen Pass oder Passersatz, insbesondere keinen der in § 3 Abs. 3 genannten Passersatzpapiere, mitführt. ²Absatz 4 findet keine Anwendung.

(6) Die Gültigkeitsdauer des Notreiseausweises darf längstens einen Monat betragen.

§ 14 Befreiung von der Passpflicht in Rettungsfällen
¹Von der Passpflicht sind befreit

1. Ausländer, die aus den Nachbarstaaten, auf dem Seeweg oder im Wege von Rettungsflügen aus anderen Staaten einreisen und bei Unglücks- oder Katastrophenfällen Hilfe leisten oder in Anspruch nehmen wollen, und
2. Ausländer, die zum Flug- oder Begleitpersonal von Rettungsflügen gehören.

²Die Befreiung endet, sobald für den Ausländer die Beschaffung oder Beantragung eines Passes oder Passersatzes auch in Anbetracht der besonderen Umstände des Falles und des Vorranges der Leistung oder Inanspruchnahme von Hilfe zumutbar wird.

Abschnitt 2. Befreiung vom Erfordernis eines Aufenthaltstitels
Unterabschnitt 1. Allgemeine Regelungen

§ 15 Gemeinschaftsrechtliche Regelung der Kurzaufenthalte

Die Befreiung vom Erfordernis eines Aufenthaltstitels für die Einreise und den Aufenthalt von Ausländern für Kurzaufenthalte richtet sich nach dem Recht der Europäischen Union, insbesondere dem Schengener Durchführungsübereinkommen und der Verordnung (EG) Nr. 539/2001 in Verbindung mit den nachfolgenden Bestimmungen.

§ 16 Vorrang älterer Sichtvermerksabkommen

Die Inhaber der in Anlage A zu dieser Verordnung genannten Dokumente sind für die Einreise und den Aufenthalt im Bundesgebiet, auch bei Überschreitung der zeitlichen Grenze eines Kurzaufenthalts, vom Erfordernis eines Aufenthaltstitels befreit, soweit völkerrechtliche Verpflichtungen, insbesondere aus einem Sichtvermerksabkommen, die vor dem 1. September 1993 gegenüber den in Anlage A aufgeführten Staaten eingegangen wurden, dem Erfordernis des Aufenthaltstitels oder dieser zeitlichen Begrenzung entgegenstehen.

§ 17 Nichtbestehen der Befreiung bei Erwerbstätigkeit während eines Kurzaufenthalts

(1) Für die Einreise und den Kurzaufenthalt sind die Personen nach Artikel 1 Absatz 2 der Verordnung (EG) Nr. 539/2001 in der jeweils geltenden Fassung und die Inhaber eines von einem Schengen-Staat ausgestellten Aufenthaltstitels oder nationalen Visums für den längerfristigen Aufenthalt vom Erfordernis eines Aufenthaltstitels nicht befreit, sofern sie im Bundesgebiet eine Erwerbstätigkeit ausüben.

(2) ¹Absatz 1 findet keine Anwendung, soweit der Ausländer im Bundesgebiet bis zu 90 Tage innerhalb von zwölf Monaten lediglich Tätigkeiten ausübt, die nach § 30 Nummer 2 und 3 der Beschäftigungsverordnung nicht als Beschäftigung gelten, oder diesen entsprechende selbständige Tätigkeiten ausübt. ²Die zeitliche Beschränkung des Satzes 1 gilt nicht für Kraft-

fahrer im grenzüberschreitenden Straßenverkehr, die lediglich Güter oder Personen durch das Bundesgebiet hindurchbefördern, ohne dass die Güter oder Personen das Transportfahrzeug wechseln. ³Die Frist nach Satz 1 beträgt für Tätigkeiten nach § 15a und § 30 Nummer 1 der Beschäftigungsverordnung 90 Tage innerhalb von 180 Tagen. ⁴Selbständige Tätigkeiten nach den Sätzen 1 und 2 dürfen unter den dort genannten Voraussetzungen ohne den nach § 4 Abs. 3 Satz 1 des Aufenthaltsgesetzes erforderlichen Aufenthaltstitel ausgeübt werden.

§ 17a Befreiung zur Dienstleistungserbringung für langfristig Aufenthaltsberechtigte

Ausländer, die in einem anderen Mitgliedstaat der Europäischen Union die Rechtsstellung eines langfristig Aufenthaltsberechtigten innehaben, sind für die Einreise und den Aufenthalt im Bundesgebiet zum Zweck einer Beschäftigung nach § 30 Nummer 3 der Beschäftigungsverordnung für einen Zeitraum von bis zu 90 Tagen innerhalb von zwölf Monaten vom Erfordernis eines Aufenthaltstitels befreit.

Unterabschnitt 2. Befreiungen für Inhaber bestimmter Ausweise

§ 18 Befreiung für Inhaber von Reiseausweisen für Flüchtlinge und Staatenlose

¹Inhaber von Reiseausweisen für Flüchtlinge oder für Staatenlose sind für die Einreise und den Kurzaufenthalt vom Erfordernis eines Aufenthaltstitels befreit, sofern

1. der Reiseausweis von einem Mitgliedstaat der Europäischen Union, einem anderen Vertragsstaat des Abkommens über den Europäischen Wirtschaftsraum, der Schweiz oder von einem in Anhang II der Verordnung (EG) Nr. 539/2001 aufgeführten Staat ausgestellt wurde,
2. der Reiseausweis eine Rückkehrberechtigung enthält, die bei der Einreise noch mindestens vier Monate gültig ist und
3. sie keine Erwerbstätigkeit mit Ausnahme der in § 17 Abs. 2 bezeichneten ausüben.

²Satz 1 Nr. 2 gilt nicht für Inhaber von Reiseausweisen für Flüchtlinge, die von einem der in Anlage A Nr. 3 genannten Staaten ausgestellt wurden.

§ 19 Befreiung für Inhaber dienstlicher Pässe

Für die Einreise und den Kurzaufenthalt sind Staatsangehörige der in Anlage B zu dieser Verordnung aufgeführten Staaten vom Erfordernis eines Aufenthaltstitels befreit, wenn sie einen der in Anlage B genannten dienstlichen Pässe besitzen und keine Erwerbstätigkeit mit Ausnahme der in § 17 Abs. 2 bezeichneten ausüben.

§ 20 Befreiung für Inhaber von Ausweisen der Europäischen Union und zwischenstaatlicher Organisationen und der Vatikanstadt

Vom Erfordernis eines Aufenthaltstitels befreit sind Inhaber

1. von Ausweisen für Mitglieder und Bedienstete der Organe der Europäischen Gemeinschaften,
2. von Ausweisen für Abgeordnete der Parlamentarischen Versammlung des Europarates,
3. von vatikanischen Pässen, wenn sie sich nicht länger als 90 Tage im Bundesgebiet aufhalten,
4. von Passierscheinen zwischenstaatlicher Organisationen, die diese den in ihrem Auftrag reisenden Personen ausstellen, soweit die Bundesrepublik Deutschland auf Grund einer Vereinbarung mit der ausstellenden Organisation verpflichtet ist, dem Inhaber die Einreise und den Aufenthalt zu gestatten.

§ 21 Befreiung für Inhaber von Grenzgängerkarten

Inhaber von Grenzgängerkarten sind für die Einreise, den Aufenthalt und für die in der Grenzgängerkarte bezeichnete Erwerbstätigkeit im Bundesgebiet vom Erfordernis eines Aufenthaltstitels befreit.

§ 22 Befreiung für Schüler auf Sammellisten

(1) Schüler, die als Mitglied einer Schülergruppe in Begleitung einer Lehrkraft einer allgemein bildenden oder berufsbildenden Schule an einer Reise

in oder durch das Bundesgebiet teilnehmen, sind für die Einreise, Durchreise und einen Kurzaufenthalt im Bundesgebiet vom Erfordernis eines Aufenthaltstitels befreit, wenn sie

1. Staatsangehörige eines in Anhang I der Verordnung (EG) Nr. 539/2001 aufgeführten Staates sind,
2. ihren Wohnsitz innerhalb der Europäischen Union, in einem anderen Vertragsstaat des Abkommens über den Europäischen Wirtschaftsraum oder in einem in Anhang II der Verordnung (EG) Nr. 539/2001 aufgeführten Staat oder der Schweiz haben,
3. in einer Sammelliste eingetragen sind, die den Voraussetzungen entspricht, die in Artikel 1 Buchstabe b in Verbindung mit dem Anhang des Beschlusses des Rates vom 30. November 1994 über die vom Rat auf Grund von Artikel K.3 Abs. 2 Buchstabe b des Vertrages über die Europäische Union beschlossene gemeinsame Maßnahme über Reiseerleichterungen für Schüler von Drittstaaten mit Wohnsitz in einem Mitgliedstaat festgelegt sind, und
4. keine Erwerbstätigkeit ausüben.

(2)¹Schüler mit Wohnsitz im Bundesgebiet, die für eine Reise in das Ausland in einer Schülergruppe in Begleitung einer Lehrkraft einer allgemeinbildenden oder berufsbildenden inländischen Schule auf einer von deutschen Behörden ausgestellten Schülersammelliste aufgeführt sind, sind für die Wiedereinreise in das Bundesgebiet vom Erfordernis eines Aufenthaltstitels befreit, wenn die Ausländerbehörde angeordnet hat, dass die Abschiebung nach der Wiedereinreise ausgesetzt wird. ²Diese Anordnung ist auf der Schülersammelliste zu vermerken.

Unterabschnitt 3. Befreiungen im grenzüberschreitenden Beförderungswesen

§ 23 Befreiung für ziviles Flugpersonal

(1) Ziviles Flugpersonal, das im Besitz eines Flugbesatzungsausweises ist, ist vom Erfordernis eines Aufenthaltstitels befreit, sofern es

1. sich nur auf dem Flughafen, auf dem das Flugzeug zwischengelandet ist oder seinen Flug beendet hat, aufhält,

2. sich nur im Gebiet einer in der Nähe des Flughafens gelegenen Gemeinde aufhält oder
3. zu einem anderen Flughafen wechselt.

(2) [1]Ziviles Flugpersonal, das nicht im Besitz eines Flugbesatzungsausweises ist, kann für einen in Absatz 1 genannten Aufenthalt vom Erfordernis eines Aufenthaltstitels befreit werden, sofern es die Passpflicht erfüllt. [2]Zuständig sind die mit der Kontrolle des grenzüberschreitenden Verkehrs beauftragten Behörden. [3]Zum Nachweis der Befreiung wird ein Passierschein ausgestellt.

§ 24 Befreiung für Seeleute

(1) Seelotsen, die in Ausübung ihres Berufes handeln und sich durch amtliche Papiere über ihre Person und Seelotseneigenschaft ausweisen, benötigen für ihre Einreise und ihren Aufenthalt keinen Aufenthaltstitel.

(2) [1]Ziviles Schiffspersonal eines in der See- oder Küstenschifffahrt oder in der Rhein-Seeschifffahrt verkehrenden Schiffes kann, sofern es nicht unter Absatz 1 fällt, für den Aufenthalt im Hafenort während der Liegezeit des Schiffes vom Erfordernis eines Aufenthaltstitels befreit werden, sofern es die Passpflicht erfüllt. [2]Zuständig sind die mit der Kontrolle des grenzüberschreitenden Verkehrs beauftragten Behörden. [3]Zum Nachweis der Befreiung wird ein Passierschein ausgestellt.

(3) Ziviles Schiffspersonal im Sinne der vorstehenden Absätze sind der Kapitän eines Schiffes, die Besatzungsmitglieder, die angemustert und auf der Besatzungsliste verzeichnet sind, sowie sonstige an Bord beschäftigte Personen, die auf einer Besatzungsliste verzeichnet sind.

§ 25 Befreiung in der internationalen zivilen Binnenschifffahrt

(1) Ausländer, die

1. auf einem von einem Unternehmen mit Sitz im Hoheitsgebiet eines Schengen-Staates betriebenen Schiff in der grenzüberschreitenden Binnenschifffahrt tätig sind,
2. im Besitz eines gültigen Aufenthaltstitels des Staates sind, in dem das Unternehmen seinen Sitz hat und dort der Aufenthaltstitel die Tätigkeit in der Binnenschifffahrt erlaubt und

3. in die Besatzungsliste dieses Schiffes eingetragen sind,

sind für die Einreise und für Aufenthalte bis zu sechs Monaten innerhalb eines Zeitraums von zwölf Monaten seit der ersten Einreise vom Erfordernis eines Aufenthaltstitels befreit.

(2) Ausländer, die

1. auf einem von einem Unternehmen mit Sitz im Ausland betriebenen Schiff in der Donauschifffahrt einschließlich der Schifffahrt auf dem Main-Donau-Kanal tätig sind,
2. in die Besatzungsliste dieses Schiffes eingetragen sind und
3. einen Binnenschifffahrtsausweis besitzen,

sind für die Einreise und für Aufenthalte bis zu 90 Tagen innerhalb eines Zeitraums von zwölf Monaten seit der ersten Einreise vom Erfordernis eines Aufenthaltstitels befreit.

(3) Die Befreiung nach Absatz 1 und 2 gilt für die Einreise und den Aufenthalt

1. an Bord,
2. im Gebiet eines Liegehafens und einer nahe gelegenen Gemeinde und
3. bei Reisen zwischen dem Grenzübergang und dem Schiffsliegeort oder zwischen Schiffsliegeorten auf dem kürzesten Wege

im Zusammenhang mit der grenzüberschreitenden Beförderung von Personen oder Sachen sowie in der Donauschifffahrt zur Weiterbeförderung derselben Personen oder Sachen.

(4) Die Absätze 2 und 3 gelten entsprechend für die in Binnenschifffahrtsausweisen eingetragenen Familienangehörigen.

§ 26 Transit ohne Einreise; Flughafentransitvisum

(1) Ausländer, die sich im Bundesgebiet befinden, ohne im Sinne des § 13 Abs. 2 des Aufenthaltsgesetzes einzureisen, sind vom Erfordernis eines Aufenthaltstitels befreit.

(2) [1]Das Erfordernis einer Genehmigung für das Betreten des Transitbereichs eines Flughafens während einer Zwischenlandung oder zum Umsteigen

(Flughafentransitvisum) gilt für Personen, die auf Grund von Artikel 3 Absatz 1 in Verbindung mit Absatz 5 der Verordnung (EG) Nr. 810/2009 des Europäischen Parlaments und des Rates vom 13. Juli 2009 über einen Visakodex der Gemeinschaft (ABl. L 243 vom 15.9.2009, S. 1) ein Flughafentransitvisum benötigen, sowie für Staatsangehörige der in Anlage C genannten Staaten, sofern diese nicht nach Artikel 3 Absatz 5 der Verordnung (EG) Nr. 810/2009 von der Flughafentransitvisumpflicht befreit sind. ²Soweit danach das Erfordernis eines Flughafentransitvisums besteht, gilt die Befreiung nach Absatz 1 nur, wenn der Ausländer ein Flughafentransitvisum besitzt. ³Das Flughafentransitvisum ist kein Aufenthaltstitel.

(3) (weggefallen)

Unterabschnitt 4. Sonstige Befreiungen

§ 27 Befreiung für Personen bei Vertretungen ausländischer Staaten

(1) Vom Erfordernis eines Aufenthaltstitels befreit sind, wenn Gegenseitigkeit besteht,

1. die in die Bundesrepublik Deutschland amtlich entsandten Mitglieder des dienstlichen Hauspersonals berufskonsularischer Vertretungen im Bundesgebiet und ihre mit ihnen im gemeinsamen Haushalt lebenden, nicht ständig im Bundesgebiet ansässigen Familienangehörigen,
2. die nicht amtlich entsandten, mit Zustimmung des Auswärtigen Amtes örtlich angestellten Mitglieder des diplomatischen und berufskonsularischen, des Verwaltungs- und technischen Personals sowie des dienstlichen Hauspersonals diplomatischer und berufskonsularischer Vertretungen im Bundesgebiet und ihre mit Zustimmung des Auswärtigen Amtes zugezogenen, mit ihnen im gemeinsamen Haushalt lebenden Ehegatten oder Lebenspartner, minderjährigen ledigen Kinder und volljährigen ledigen Kinder, die bei der Verlegung ihres ständigen Aufenthalts in das Bundesgebiet das 21. Lebensjahr noch nicht vollendet haben, sich in der Ausbildung befinden und wirtschaftlich von ihnen abhängig sind,

3. die mit Zustimmung des Auswärtigen Amtes beschäftigten privaten Hausangestellten von Mitgliedern diplomatischer und berufskonsularischer Vertretungen im Bundesgebiet,
4. die mitreisenden Familienangehörigen von Repräsentanten anderer Staaten und deren Begleitung im Sinne des § 20 des Gerichtsverfassungsgesetzes,
5. Personen, die dem Haushalt eines entsandten Mitgliedes einer diplomatischen oder berufskonsularischen Vertretung im Bundesgebiet angehören, die mit dem entsandten Mitglied mit Rücksicht auf eine rechtliche oder sittliche Pflicht oder bereits zum Zeitpunkt seiner Entsendung ins Bundesgebiet in einer Haushalts- oder Betreuungsgemeinschaft leben, die nicht von dem entsandten Mitglied beschäftigt werden, deren Unterhalt einschließlich eines angemessenen Schutzes vor Krankheit und Pflegebedürftigkeit ohne Inanspruchnahme von Leistungen nach dem Sozialgesetzbuch gesichert ist und deren Aufenthalt das Auswärtige Amt zum Zweck der Wahrung der auswärtigen Beziehungen der Bundesrepublik Deutschland im Einzelfall zugestimmt hat.

(2) Die nach Absatz 1 als Familienangehörige oder Haushaltsmitglieder vom Erfordernis des Aufenthaltstitels befreiten sowie die von § 1 Abs. 2 Nr. 2 oder 3 des Aufenthaltsgesetzes erfassten Familienangehörigen sind auch im Fall der erlaubten Aufnahme und Ausübung einer Erwerbstätigkeit oder Ausbildung vom Erfordernis eines Aufenthaltstitels befreit, wenn Gegenseitigkeit besteht.

(3) Der Eintritt eines Befreiungsgrundes nach Absatz 1 oder 2 lässt eine bestehende Aufenthaltserlaubnis oder Niederlassungserlaubnis unberührt und steht der Verlängerung einer Aufenthaltserlaubnis oder der Erteilung einer Niederlassungserlaubnis an einen bisherigen Inhaber einer Aufenthaltserlaubnis nach den Vorschriften des Aufenthaltsgesetzes nicht entgegen.

§ 28 Befreiung für freizügigkeitsberechtigte Schweizer

¹Staatsangehörige der Schweiz sind nach Maßgabe des Abkommens vom 21. Juni 1999 zwischen der Europäischen Gemeinschaft und ihren Mitgliedstaaten einerseits und der Schweizerischen Eidgenossenschaft andererseits über die Freizügigkeit vom Erfordernis eines Aufenthaltstitels befreit. ²Soweit in dem Abkommen vorgesehen ist, dass das Aufenthaltsrecht

durch eine Aufenthaltserlaubnis bescheinigt wird, wird diese wie folgt ausgestellt:

1. auf einem Vordruckmuster nach § 58 Satz 1 Nummer 13 oder
2. auf Antrag als Dokument mit elektronischem Speicher- und Verarbeitungsmedium nach § 78 Absatz 1 des Aufenthaltsgesetzes.

§ 29 Befreiung in Rettungsfällen

[1]Für die Einreise und den Aufenthalt im Bundesgebiet sind die in § 14 Satz 1 genannten Ausländer vom Erfordernis eines Aufenthaltstitels befreit. [2]Die Befreiung nach Satz 1 endet, sobald für den Ausländer die Beantragung eines erforderlichen Aufenthaltstitels auch in Anbetracht der besonderen Umstände des Falles und des Vorranges der Leistung oder Inanspruchnahme von Hilfe zumutbar wird.

§ 30 Befreiung für die Durchreise und Durchbeförderung

Für die Einreise in das Bundesgebiet aus einem anderen Schengen-Staat und einen anschließenden Aufenthalt von bis zu drei Tagen sind Ausländer vom Erfordernis eines Aufenthaltstitels befreit, wenn sie

1. auf Grund einer zwischenstaatlichen Vereinbarung über die Gestattung der Durchreise durch das Bundesgebiet reisen, oder
2. auf Grund einer zwischenstaatlichen Vereinbarung oder mit Einwilligung des Bundesministeriums des Innern oder der von ihm beauftragten Stelle durch das Bundesgebiet durchbefördert werden; in diesem Fall gilt die Befreiung auch für die sie begleitenden Aufsichtspersonen.

Abschnitt 3. Visumverfahren

§ 30a (weggefallen)

§ 31 Zustimmung der Ausländerbehörde zur Visumerteilung

(1) [1]Ein Visum bedarf der vorherigen Zustimmung der für den vorgesehenen Aufenthaltsort zuständigen Ausländerbehörde, wenn

1. der Ausländer sich zu anderen Zwecken als zur Erwerbstätigkeit oder zur Arbeitsplatzsuche länger als 90 Tage im Bundesgebiet aufhalten will,
2. der Ausländer im Bundesgebiet
   a) eine selbständige Tätigkeit ausüben will,
   b) eine Beschäftigung nach § 18 Absatz 4 Satz 2 des Aufenthaltsgesetzes ausüben will oder
   c) eine sonstige Beschäftigung ausüben will und wenn er sich entweder bereits zuvor auf der Grundlage einer Aufenthaltserlaubnis, die nicht der Saisonbeschäftigung diente, einer Blauen Karte EU, einer ICT-Karte, einer Mobiler-ICT-Karte, einer Niederlassungserlaubnis, einer Erlaubnis zum Daueraufenthalt-EG, einer Duldung oder einer Aufenthaltsgestattung im Bundesgebiet aufgehalten hat oder wenn gegen ihn aufenthaltsbeendende Maßnahmen erfolgt sind oder
3. die Daten des Ausländers nach § 73 Absatz 1 Satz 1 des Aufenthaltsgesetzes an die Sicherheitsbehörden übermittelt werden, soweit das Bundesministerium des Innern die Zustimmungsbedürftigkeit unter Berücksichtigung der aktuellen Sicherheitslage angeordnet hat.

²Das Visum des Ehegatten oder Lebenspartners und der minderjährigen Kinder eines Ausländers, der eine sonstige Beschäftigung ausüben will, bedarf in der Regel nicht der Zustimmung der Ausländerbehörde, wenn

1. das Visum des Ausländers nicht der Zustimmungspflicht der Ausländerbehörde nach Satz 1 Nummer 2 Buchstabe c unterliegt,
2. das Visum des Ehegatten oder Lebenspartners nicht selbst der Zustimmungspflicht der Ausländerbehörde nach Satz 1 Nummer 2 Buchstabe a bis c unterliegt,
3. die Visumanträge in zeitlichem Zusammenhang gestellt werden und
4. die Ehe oder Lebenspartnerschaft bereits bei der Visumbeantragung des Ausländers besteht.

³Im Fall des Satzes 1 Nr. 3 gilt die Zustimmung als erteilt, wenn nicht die Ausländerbehörde der Erteilung des Visums binnen zehn Tagen nach Übermittlung der Daten des Visumantrages an sie widerspricht oder die Ausländerbehörde im Einzelfall innerhalb dieses Zeitraums der Auslandsvertretung mitgeteilt hat, dass die Prüfung nicht innerhalb dieser Frist abgeschlossen wird. ⁴Dasselbe gilt im Fall eines Ausländers, der eine sonstige

Beschäftigung ausüben will, und seiner Familienangehörigen nach Satz 2, wenn das Visum nur auf Grund eines Voraufenthalts im Sinne von Satz 1 Nummer 2 Buchstabe c der Zustimmung der Ausländerbehörde bedarf. ⁵Dasselbe gilt bei Anträgen auf Erteilung eines Visums zu einem Aufenthalt nach § 16 Absatz 1, 6 oder Absatz 7 oder nach § 20 des Aufenthaltsgesetzes, soweit das Visum nicht nach § 34 Nummer 3 bis 5 zustimmungsfrei ist, mit der Maßgabe, dass die Frist drei Wochen und zwei Werktage beträgt.

(2) ¹Wird der Aufenthalt des Ausländers von einer öffentlichen Stelle mit Sitz im Bundesgebiet vermittelt, kann die Zustimmung zur Visumerteilung auch von der Ausländerbehörde erteilt werden, die für den Sitz der vermittelnden Stelle zuständig ist. ²Im Visum ist ein Hinweis auf diese Vorschrift aufzunehmen und die Ausländerbehörde zu bezeichnen.

(3) Die Ausländerbehörde kann insbesondere im Fall eines Anspruchs auf Erteilung eines Aufenthaltstitels, eines öffentlichen Interesses, in den Fällen der §§ 18, 19, 19a, 19b, 19d oder 21 des Aufenthaltsgesetzes, in denen auf Grund von Absatz 1 Satz 1 Nummer 2 eine Zustimmung der Ausländerbehörde vorgesehen ist, oder in dringenden Fällen der Visumerteilung vor der Beantragung des Visums bei der Auslandsvertretung zustimmen (Vorabzustimmung).

§ 32 Zustimmung der obersten Landesbehörde

Ein Visum bedarf nicht der Zustimmung der Ausländerbehörde nach § 31, wenn die oberste Landesbehörde der Visumerteilung zugestimmt hat.

§ 33 Zustimmungsfreiheit bei Spätaussiedlern

Abweichend von § 31 bedarf das Visum nicht der Zustimmung der Ausländerbehörde bei Inhabern von Aufnahmebescheiden nach dem Bundesvertriebenengesetz und den nach § 27 Abs. 1 Satz 2 bis 4 des Bundesvertriebenengesetzes in den Aufnahmebescheid einbezogenen Ehegatten und Abkömmlingen.

§ 34 Zustimmungsfreiheit bei Wissenschaftlern und Studenten

¹Abweichend von § 31 bedarf das Visum nicht der Zustimmung der Ausländerbehörde bei

1. Wissenschaftlern, die für eine wissenschaftliche Tätigkeit von deutschen Wissenschaftsorganisationen oder einer deutschen öffentlichen Stelle vermittelt werden und in diesem Zusammenhang in der Bundesrepublik Deutschland ein Stipendium aus öffentlichen Mitteln erhalten,
2. a) Gastwissenschaftlern,
   b) Ingenieuren und Technikern als technischen Mitarbeitern im Forschungsteam eines Gastwissenschaftlers und
   c) Lehrpersonen und wissenschaftlichen Mitarbeitern,
   die auf Einladung an einer Hochschule oder einer öffentlich-rechtlichen, überwiegend aus öffentlichen Mitteln finanzierten oder als öffentliches Unternehmen in privater Rechtsform geführten Forschungseinrichtung tätig werden,
3. Ausländern, die für ein Studium von einer deutschen Wissenschaftsorganisation oder einer deutschen öffentlichen Stelle vermittelt werden, die Stipendien auch aus öffentlichen Mitteln vergibt, und in diesem Zusammenhang in der Bundesrepublik Deutschland ein Stipendium auf Grund eines auch für öffentliche Mittel verwendeten Vergabeverfahrens erhalten,
4. Forschern, die eine Aufnahmevereinbarung nach § 38f mit einer vom Bundesamt für Migration und Flüchtlinge anerkannten Forschungseinrichtung abgeschlossen haben,
5. Ausländern, die als Absolventen deutscher Auslandsschulen über eine deutsche Hochschulzugangsberechtigung verfügen und ein Studium (§ 16 Absatz 1 und 6 des Aufenthaltsgesetzes) im Bundesgebiet aufnehmen,
6. Ausländern, die an einer deutschen Auslandsschule eine internationale Hochschulzugangsberechtigung oder eine nationale Hochschulzugangsberechtigung in Verbindung mit dem Deutschen Sprachdiplom der Kultusministerkonferenz erlangt haben und ein Studium (§ 16 Absatz 1 und 6 des Aufenthaltsgesetzes) im Bundesgebiet aufnehmen, oder
7. Ausländern, die an einer mit deutschen Mitteln geförderten Schule im Ausland eine nationale Hochschulzugangsberechtigung in Verbindung mit dem Deutschen Sprachdiplom der Kultusministerkonferenz erlangt haben und ein Studium (§ 16 Absatz 1 und 6 des Aufenthaltsgesetzes) im Bundesgebiet aufnehmen.

²Satz 1 gilt entsprechend, wenn der Aufenthalt aus Mitteln der Europäischen Union gefördert wird. ³Satz 1 gilt in den Fällen der Nummern 1 bis 4 entsprechend für den mit- oder nacheinreisenden Ehegatten oder Lebenspartner des Ausländers, wenn die Ehe oder Lebenspartnerschaft bereits bei der Einreise des Ausländers in das Bundesgebiet bestand, sowie für die minderjährigen ledigen Kinder des Ausländers.

§ 35 Zustimmungsfreiheit bei bestimmten Arbeitsaufenthalten und Praktika

Abweichend von § 31 bedarf das Visum nicht der Zustimmung der Ausländerbehörde bei Ausländern, die

1. auf Grund einer zwischenstaatlichen Vereinbarung als Gastarbeitnehmer oder als Werkvertragsarbeitnehmer tätig werden,
2. eine von der Bundesagentur für Arbeit vermittelte Beschäftigung bis zu einer Höchstdauer von neun Monaten ausüben,
3. ohne Begründung eines gewöhnlichen Aufenthalts im Bundesgebiet als Besatzungsmitglieder eines Seeschiffes tätig werden, das berechtigt ist, die Bundesflagge zu führen, und das in das internationale Seeschifffahrtsregister eingetragen ist (§ 12 des Flaggenrechtsgesetzes),
4. auf Grund einer zwischenstaatlichen Vereinbarung im Rahmen eines Ferienaufenthalts von bis zu einem Jahr eine Erwerbstätigkeit ausüben dürfen oder
5. eine Tätigkeit bis zu längstens drei Monaten ausüben wollen, für die sie nur ein Stipendium erhalten, das ausschließlich aus öffentlichen Mitteln gezahlt wird.

§ 36 Zustimmungsfreiheit bei dienstlichen Aufenthalten von Mitgliedern ausländischer Streitkräfte

¹Abweichend von § 31 bedarf das Visum nicht der Zustimmung der Ausländerbehörde, das einem Mitglied ausländischer Streitkräfte für einen dienstlichen Aufenthalt im Bundesgebiet erteilt wird, der auf Grund einer zwischenstaatlichen Vereinbarung stattfindet. ²Zwischenstaatliche Vereinbarungen, die eine Befreiung von der Visumpflicht vorsehen, bleiben unberührt.

§ 37 Zustimmungsfreiheit in sonstigen Fällen

Abweichend von § 31 Abs. 1 Satz 1 Nr. 1 und 2 bedarf das Visum nicht der Zustimmung der Ausländerbehörde für Ausländer, die im Bundesgebiet lediglich Tätigkeiten, die nach § 30 Nummer 1 bis 3 der Beschäftigungsverordnung nicht als Beschäftigung gelten, oder diesen entsprechende selbständige Tätigkeiten ausüben wollen.

§ 38 Ersatzzuständigkeit der Ausländerbehörde

Ein Ausländer kann ein nationales Visum bei der am Sitz des Auswärtigen Amtes zuständigen Ausländerbehörde einholen, soweit die Bundesrepublik Deutschland in dem Staat seines gewöhnlichen Aufenthalts keine Auslandsvertretung unterhält oder diese vorübergehend keine Visa erteilen kann und das Auswärtige Amt keine andere Auslandsvertretung zur Visumerteilung ermächtigt hat.

Abschnitt 3a. Anerkennung von Forschungseinrichtungen und Abschluss von Aufnahmevereinbarungen

§ 38a Voraussetzungen für die Anerkennung von Forschungseinrichtungen

(1) ¹Eine öffentliche oder private Einrichtung soll auf Antrag zum Abschluss von Aufnahmevereinbarungen oder von entsprechenden Verträgen nach § 20 Abs. 1 Nr. 1 des Aufenthaltsgesetzes anerkannt werden, wenn sie im Inland Forschung betreibt. ²Forschung ist jede systematisch betriebene schöpferische und rechtlich zulässige Tätigkeit, die den Zweck verfolgt, den Wissensstand zu erweitern, einschließlich der Erkenntnisse über den Menschen, die Kultur und die Gesellschaft, oder solches Wissen einzusetzen, um neue Anwendungsmöglichkeiten zu finden.

(2) ¹Der Antrag auf Anerkennung ist schriftlich beim Bundesamt für Migration und Flüchtlinge zu stellen. ²Er hat folgende Angaben zu enthalten:

1. Name, Rechtsform und Anschrift der Forschungseinrichtung,
2. Namen und Vornamen der gesetzlichen Vertreter der Forschungseinrichtung,

3. die Anschriften der Forschungsstätten, in denen Ausländer, mit denen Aufnahmevereinbarungen oder entsprechende Verträge abgeschlossen werden, tätig werden sollen,
4. einen Abdruck der Satzung, des Gesellschaftsvertrages, des Stiftungsgeschäfts, eines anderen Rechtsgeschäfts oder der Rechtsnormen, aus denen sich Zweck und Gegenstand der Tätigkeit der Forschungseinrichtung ergeben, sowie
5. Angaben zur Tätigkeit der Forschungseinrichtung, aus denen hervorgeht, dass sie im Inland Forschung betreibt.

³Bei öffentlichen Einrichtungen sind die Angaben zu Satz 2 Nummer 4 und 5 nicht erforderlich. ⁴Im Antragsverfahren sind amtlich vorgeschriebene Vordrucke, Eingabemasken im Internet oder Dateiformate, die mit allgemein verbreiteten Datenverarbeitungsprogrammen erzeugt werden können, zu verwenden. ⁵Das Bundesamt für Migration und Flüchtlinge stellt die jeweils gültigen Vorgaben nach Satz 3 auch im Internet zur Verfügung.

(3) ¹Die Anerkennung kann von der Abgabe einer allgemeinen Erklärung nach § 20 Abs. 3 des Aufenthaltsgesetzes und dem Nachweis der hinreichenden finanziellen Leistungsfähigkeit zur Erfüllung einer solchen Verpflichtung abhängig gemacht werden, wenn die Tätigkeit der Forschungseinrichtung nicht überwiegend aus öffentlichen Mitteln finanziert wird. ²Das Bundesamt für Migration und Flüchtlinge kann auf Antrag feststellen, dass eine Forschungseinrichtung überwiegend aus öffentlichen Mitteln finanziert wird oder dass die Durchführung eines bestimmten Forschungsprojekts im öffentlichen Interesse liegt. ³Eine Liste der wirksamen Feststellungen nach Satz 2 kann das Bundesamt für Migration und Flüchtlinge im Internet veröffentlichen.

(4) Die Anerkennung soll auf mindestens fünf Jahre befristet werden.

(4a) ¹Die Absätze 1 bis 4 gelten weder für staatliche oder staatlich anerkannte Hochschulen noch für andere Forschungseinrichtungen, deren Tätigkeit überwiegend aus öffentlichen Mitteln finanziert wird. ²Diese Hochschulen und Forschungseinrichtungen gelten als anerkannte Forschungseinrichtungen.

(5) Eine anerkannte Forschungseinrichtung ist verpflichtet, dem Bundesamt für Migration und Flüchtlinge unverzüglich Änderungen der in Absatz 2

Satz 2 Nr. 1 bis 3 genannten Verhältnisse oder eine Beendigung des Betreibens von Forschung anzuzeigen.

§ 38b Aufhebung der Anerkennung

(1) [1]Die Anerkennung ist zu widerrufen oder die Verlängerung ist abzulehnen, wenn die Forschungseinrichtung

1. keine Forschung mehr betreibt,
2. erklärt, eine nach § 20 Abs. 1 Nr. 2 des Aufenthaltsgesetzes abgegebene Erklärung nicht mehr erfüllen zu wollen oder
3. eine Verpflichtung nach § 20 Abs. 1 Nr. 2 des Aufenthaltsgesetzes nicht mehr erfüllen kann, weil sie nicht mehr leistungsfähig ist, insbesondere weil über ihr Vermögen das Insolvenzverfahren eröffnet, die Eröffnung des Insolvenzverfahrens mangels Masse abgelehnt wird oder eine vergleichbare Entscheidung ausländischen Rechts getroffen wurde.

[2]Hat die Forschungseinrichtung ihre Anerkennung durch arglistige Täuschung, Drohung, Gewalt oder Bestechung erlangt, ist die Anerkennung zurückzunehmen.

(2) Die Anerkennung kann widerrufen werden, wenn die Forschungseinrichtung schuldhaft Aufnahmevereinbarungen unterzeichnet hat, obwohl die in § 38f genannten Voraussetzungen nicht vorlagen.

(3) [1]Zusammen mit der Entscheidung über die Aufhebung der Anerkennung aus den in Absatz 1 Satz 1 Nr. 2 oder 3, in Absatz 1 Satz 2 oder in Absatz 2 genannten Gründen wird ein Zeitraum bestimmt, währenddessen eine erneute Anerkennung der Forschungseinrichtung nicht zulässig ist (Sperrfrist). [2]Die Sperrfrist darf höchstens fünf Jahre betragen. [3]Sie gilt auch für abhängige Einrichtungen oder Nachfolgeeinrichtungen der Forschungseinrichtung.

(4) Die Ausländerbehörden und die Auslandsvertretungen haben dem Bundesamt für Migration und Flüchtlinge alle ihnen bekannten Tatsachen mitzuteilen, die Anlass für die Aufhebung der Anerkennung einer Forschungseinrichtung geben könnten.

§ 38c Mitteilungspflichten von Forschungseinrichtungen gegenüber den Ausländerbehörden

[1]Eine Forschungseinrichtung ist verpflichtet, der zuständigen Ausländerbehörde schriftlich oder elektronisch mitzuteilen, wenn

1. Umstände vorliegen, die dazu führen können, dass eine Aufnahmevereinbarung nicht erfüllt werden kann oder die Voraussetzungen ihres Abschlusses nach § 38f Abs. 2 entfallen oder
2. ein Ausländer seine Tätigkeit für ein Forschungsvorhaben, für das sie eine Aufnahmevereinbarung abgeschlossen hat, beendet.

[2]Die Mitteilung nach Satz 1 Nr. 1 muss unverzüglich, die Mitteilung nach Satz 1 Nr. 2 innerhalb von zwei Monaten nach Eintritt der zur Mitteilung verpflichtenden Tatsachen gemacht werden. [3]In der Mitteilung sind neben den mitzuteilenden Tatsachen und dem Zeitpunkt ihres Eintritts die Namen, Vornamen und Staatsangehörigkeiten des Ausländers anzugeben sowie die Aufnahmevereinbarung näher zu bezeichnen.

§ 38d Beirat für Forschungsmigration

(1) [1]Beim Bundesamt für Migration und Flüchtlinge wird ein Beirat für Forschungsmigration gebildet, der es bei der Wahrnehmung seiner Aufgaben nach diesem Abschnitt unterstützt. [2]Die Geschäftsstelle des Beirats für Forschungsmigration wird beim Bundesamt für Migration und Flüchtlinge eingerichtet.

(2) Der Beirat für Forschungsmigration hat insbesondere die Aufgaben,

1. Empfehlungen für allgemeine Richtlinien zur Anerkennung von Forschungseinrichtungen abzugeben,
2. das Bundesamt für Migration und Flüchtlinge allgemein und bei der Prüfung einzelner Anträge zu Fragen der Forschung zu beraten,
3. festzustellen, ob ein Bedarf an ausländischen Forschern durch die Anwendung des in § 20 des Aufenthaltsgesetzes und in diesem Abschnitt geregelten Verfahrens angemessen gedeckt wird,
4. im Zusammenhang mit dem in § 20 des Aufenthaltsgesetzes und in diesem Abschnitt geregelten Verfahren etwaige Fehlentwicklungen aufzuzeigen und dabei auch Missbrauchsphänomene oder verwaltungstechnische und sonstige mit Migrationsfragen zusammenhän-

gende Hindernisse bei der Anwerbung von ausländischen Forschern darzustellen.

(3) Der Beirat für Forschungsmigration berichtet dem Präsidenten des Bundesamtes für Migration und Flüchtlinge mindestens einmal im Kalenderjahr über die Erfüllung seiner Aufgaben.

(4) Die Mitglieder des Beirats für Forschungsmigration dürfen zur Erfüllung ihrer Aufgaben Einsicht in Verwaltungsvorgänge nehmen, die beim Bundesamt für Migration und Flüchtlinge geführt werden.

(5) ¹Der Beirat hat neun Mitglieder. ²Der Präsident des Bundesamtes für Migration und Flüchtlinge beruft den Vorsitzenden und jeweils ein weiteres Mitglied des Beirats für Forschungsmigration auf Vorschlag

1. des Bundesministeriums für Bildung und Forschung oder einer von ihm bestimmten Stelle,
2. des Bundesrates,
3. der Hochschulrektorenkonferenz,
4. der Deutschen Forschungsgemeinschaft e.V.,
5. des Auswärtigen Amts oder einer von ihm bestimmten Stelle,
6. des Bundesverbandes der Deutschen Industrie und der Bundesvereinigung der Deutschen Arbeitgeberverbände,
7. des Deutschen Gewerkschaftsbundes und
8. des Deutschen Industrie- und Handelskammertags.

(6) Die Mitglieder des Beirats für Forschungsmigration werden für drei Jahre berufen.

(7) ¹Die Tätigkeit im Beirat für Forschungsmigration ist ehrenamtlich. ²Den Mitgliedern werden Reisekosten entsprechend den Bestimmungen des Bundesreisekostengesetzes erstattet. ³Das Bundesamt für Migration und Flüchtlinge kann jedem Mitglied zudem Büromittelkosten in einer Höhe von jährlich nicht mehr als 200 Euro gegen Einzelnachweis erstatten.

(8) Der Beirat für Forschungsmigration gibt sich eine Geschäftsordnung, die der Genehmigung des Präsidenten des Bundesamtes für Migration und Flüchtlinge bedarf.

§ 38e Veröffentlichungen durch das Bundesamt für Migration und Flüchtlinge

¹Das Bundesamt für Migration und Flüchtlinge veröffentlicht im Internet eine aktuelle Liste der Bezeichnungen und Anschriften der anerkannten Forschungseinrichtungen und über den Umstand der Abgabe oder des Endes der Wirksamkeit von Erklärungen nach § 20 Abs. 3 des Aufenthaltsgesetzes. ²Die genaue Fundstelle der Liste gibt das Bundesamt für Migration und Flüchtlinge auf seiner Internetseite bekannt.

§ 38f Inhalt und Voraussetzungen der Unterzeichnung der Aufnahmevereinbarung oder eines entsprechenden Vertrages

(1) Eine Aufnahmevereinbarung oder ein entsprechender Vertrag muss folgende Angaben enthalten:

1. die Verpflichtung des Ausländers, sich darum zu bemühen, das Forschungsvorhaben abzuschließen,
2. die Verpflichtung der Forschungseinrichtung, den Ausländer zur Durchführung des Forschungsvorhabens aufzunehmen,
3. die Angaben zum wesentlichen Inhalt des Rechtsverhältnisses, das zwischen der Forschungseinrichtung und dem Ausländer begründet werden soll, wenn ihm eine Aufenthaltserlaubnis nach § 20 des Aufenthaltsgesetzes erteilt wird, insbesondere zum Umfang der Tätigkeit des Ausländers und zum Gehalt,
4. eine Bestimmung, wonach die Aufnahmevereinbarung oder der entsprechende Vertrag unwirksam wird, wenn dem Ausländer keine Aufenthaltserlaubnis nach § 20 des Aufenthaltsgesetzes erteilt wird,
5. Beginn und voraussichtlichen Abschluss des Forschungsvorhabens sowie
6. Angaben zum beabsichtigten Aufenthalt zum Zweck der Forschung in einem oder mehreren weiteren Mitgliedstaaten der Europäischen Union im Anwendungsbereich der Richtlinie (EU) 2016/801, soweit diese Absicht bereits zum Zeitpunkt der Antragstellung besteht.

(2) Eine Forschungseinrichtung kann eine Aufnahmevereinbarung oder einen entsprechenden Vertrag nur wirksam abschließen, wenn

1. feststeht, dass das Forschungsvorhaben durchgeführt wird, insbesondere, dass über seine Durchführung von den zuständigen Stellen in-

nerhalb der Forschungseinrichtung nach Prüfung seines Zwecks, seiner Dauer und seiner Finanzierung abschließend entschieden worden ist,
2. der Ausländer, der das Forschungsvorhaben durchführen soll, dafür geeignet und befähigt ist, über den in der Regel hierfür notwendigen Hochschulabschluss verfügt, der Zugang zu Doktoratsprogrammen ermöglicht, und
3. der Lebensunterhalt des Ausländers gesichert ist.

Abschnitt 4. Einholung des Aufenthaltstitels im Bundesgebiet

§ 39 Verlängerung eines Aufenthalts im Bundesgebiet für längerfristige Zwecke

¹Über die im Aufenthaltsgesetz geregelten Fälle hinaus kann ein Ausländer einen Aufenthaltstitel im Bundesgebiet einholen oder verlängern lassen, wenn

1. er ein nationales Visum (§ 6 Absatz 3 des Aufenthaltsgesetzes) oder eine Aufenthaltserlaubnis besitzt,
2. er vom Erfordernis des Aufenthaltstitels befreit ist und die Befreiung nicht auf einen Teil des Bundesgebiets oder auf einen Aufenthalt bis zu längstens sechs Monaten beschränkt ist,
3. er Staatsangehöriger eines in Anhang II der Verordnung (EG) Nr. 539/2001 aufgeführten Staates ist und sich rechtmäßig im Bundesgebiet aufhält oder ein gültiges Schengen-Visum für kurzfristige Aufenthalte (§ 6 Absatz 1 Nummer 1 des Aufenthaltsgesetzes) besitzt, sofern die Voraussetzungen eines Anspruchs auf Erteilung eines Aufenthaltstitels nach der Einreise entstanden sind, es sei denn, es handelt sich um einen Anspruch nach den §§ 16, 17b oder 18d des Aufenthaltsgesetzes,
4. er eine Aufenthaltsgestattung nach dem Asylgesetz besitzt und die Voraussetzungen des § 10 Abs. 1 oder 2 des Aufenthaltsgesetzes vorliegen,
5. seine Abschiebung nach § 60a des Aufenthaltsgesetzes ausgesetzt ist und er auf Grund einer Eheschließung oder der Begründung einer

Lebenspartnerschaft im Bundesgebiet oder der Geburt eines Kindes während seines Aufenthalts im Bundesgebiet einen Anspruch auf Erteilung einer Aufenthaltserlaubnis erworben hat,
6. er einen von einem anderen Schengen-Staat ausgestellten Aufenthaltstitel besitzt und auf Grund dieses Aufenthaltstitels berechtigt ist, sich im Bundesgebiet aufzuhalten, sofern die Voraussetzungen eines Anspruchs auf Erteilung eines Aufenthaltstitels erfüllt sind; § 41 Abs. 3 findet Anwendung,
7. er seit mindestens 18 Monaten eine Blaue Karte EU besitzt, die von einem anderen Mitgliedstaat der Europäischen Union ausgestellt wurde, und er für die Ausübung einer hochqualifizierten Beschäftigung eine Blaue Karte EU beantragt. Gleiches gilt für seine Familienangehörigen, die im Besitz eines Aufenthaltstitels zum Familiennachzug sind, der von demselben Staat ausgestellt wurde wie die Blaue Karte EU des Ausländers. Die Anträge auf die Blaue Karte EU sowie auf die Aufenthaltserlaubnisse zum Familiennachzug sind innerhalb eines Monats nach Einreise in das Bundesgebiet zu stellen,
8. er die Verlängerung einer ICT-Karte nach § 19b des Aufenthaltsgesetzes beantragt,
9. er
   a) einen gültigen Aufenthaltstitel eines anderen Mitgliedstaates besitzt, der ausgestellt worden ist nach der Richtlinie 2014/66/EU des Europäischen Parlaments und des Rates vom 15. Mai 2014 über die Bedingungen für die Einreise und den Aufenthalt von Drittstaatsangehörigen im Rahmen eines unternehmensinternen Transfers (ABl. L 157 vom 27.5.2014, S. 1), und
   b) einen Mobiler-ICT-Karte nach § 19d des Aufenthaltsgesetzes beantragt oder eine Aufenthaltserlaubnis zum Zweck des Familiennachzugs zu einem Inhaber einer Mobiler-ICT-Karte nach § 19d des Aufenthaltsgesetzes beantragt,
10. er
    a) einen gültigen Aufenthaltstitel eines anderen Mitgliedstaates besitzt, der ausgestellt worden ist nach der Richtlinie (EU) 2016/801 des Europäischen Parlaments und des Rates vom 11. Mai 2016 über die Bedingungen für die Einreise und den Aufenthalt von Drittstaatsangehörigen zu Forschungs- oder Studienzwecken, zur Absolvierung eines Praktikums, zur Teilnahme an einem Freiwilligendienst, Schüleraustauschprogrammen oder Bildungsvorha-

ben und zur Ausübung einer Au-pair-Tätigkeit (ABl. L 132 vom 21.5.2016, S. 21), und
b) eines Aufenthaltserlaubnis nach § 20b des Aufenthaltsgesetzes beantragt oder eine Aufenthaltserlaubnis zum Zweck des Familiennachzugs zu einem Inhaber einer Aufenthaltserlaubnis nach § 20b des Aufenthaltsgesetzes beantragt oder

11. er vor Ablauf der Arbeitserlaubnis oder der Arbeitserlaubnisse zum Zweck der Saisonbeschäftigung, die ihm nach § 15a Absatz 1 Satz 1 Nummer 1 der Beschäftigungsverordnung erteilt wurde oder wurden, einen Aufenthaltstitel zum Zweck der Saisonbeschäftigung bei demselben oder einem anderen Arbeitgeber beantragt; dieser Aufenthaltstitel gilt bis zur Entscheidung der Ausländerbehörde als erteilt.

²Satz 1 gilt nicht, wenn eine ICT-Karte nach § 19b des Aufenthaltsgesetzes beantragt wird.

§ 40 Verlängerung eines visumfreien Kurzaufenthalts

Staatsangehörige der in Anhang II der Verordnung (EG) Nr. 539/2001 aufgeführten Staaten können nach der Einreise eine Aufenthaltserlaubnis für einen weiteren Aufenthalt von längstens 90 Tagen, der sich an einen Kurzaufenthalt anschließt, einholen, wenn

1. ein Ausnahmefall im Sinne des Artikels 20 Abs. 2 des Schengener Durchführungsübereinkommens vorliegt und
2. der Ausländer im Bundesgebiet keine Erwerbstätigkeit mit Ausnahme der in § 17 Abs. 2 genannten Tätigkeiten ausübt.

§ 41 Vergünstigung für Angehörige bestimmter Staaten

(1) ¹Staatsangehörige von Australien, Israel, Japan, Kanada, der Republik Korea, von Neuseeland und der Vereinigten Staaten von Amerika können auch für einen Aufenthalt, der kein Kurzaufenthalt ist, visumfrei in das Bundesgebiet einreisen und sich darin aufhalten. ²Ein erforderlicher Aufenthaltstitel kann im Bundesgebiet eingeholt werden.

(2) Dasselbe gilt für Staatsangehörige von Andorra, Brasilien, El Salvador, Honduras, Monaco und San Marino, die keine Erwerbstätigkeit mit Ausnahme der in § 17 Abs. 2 genannten Tätigkeiten ausüben wollen.

(3) ¹Ein erforderlicher Aufenthaltstitel ist innerhalb von 90 Tagen nach der Einreise zu beantragen. ²Die Antragsfrist endet vorzeitig, wenn der Ausländer ausgewiesen wird oder sein Aufenthalt nach § 12 Abs. 4 des Aufenthaltsgesetzes zeitlich beschränkt wird.

(4) Die Absätze 1 bis 3 gelten nicht, wenn eine ICT-Karte nach § 19b des Aufenthaltsgesetzes beantragt wird.

Abschnitt 5. Aufenthalt aus völkerrechtlichen, humanitären oder politischen Gründen

§ 42 Antragstellung auf Verlegung des Wohnsitzes

¹Ein Ausländer, der auf Grund eines Beschlusses des Rates der Europäischen Union gemäß der Richtlinie 2001/ 55/EG des Rates vom 20. Juli 2001 über Mindestnormen für die Gewährung vorübergehenden Schutzes im Falle eines Massenzustroms von Vertriebenen und Maßnahmen zur Förderung einer ausgewogenen Verteilung der Belastungen, die mit der Aufnahme dieser Personen und den Folgen dieser Aufnahme verbunden sind, auf die Mitgliedstaaten (ABl. EG Nr. L 212 S. 12) nach § 24 Abs. 1 des Aufenthaltsgesetzes im Bundesgebiet aufgenommen wurde, kann bei der zuständigen Ausländerbehörde einen Antrag auf die Verlegung seines Wohnsitzes in einen anderen Mitgliedstaat der Europäischen Union stellen. ²Die Ausländerbehörde leitet den Antrag an das Bundesamt für Migration und Flüchtlinge weiter. ³Dieses unterrichtet den anderen Mitgliedstaat, die Europäische Kommission und den Hohen Flüchtlingskommissar der Vereinten Nationen über den gestellten Antrag.

§ 43 Verfahren bei Zustimmung des anderen Mitgliedstaates zur Wohnsitzverlegung

(1) Sobald der andere Mitgliedstaat sein Einverständnis mit der beantragten Wohnsitzverlegung erklärt hat, teilt das Bundesamt für Migration und Flüchtlinge unverzüglich der zuständigen Ausländerbehörde mit,

1. wo und bei welcher Behörde des anderen Mitgliedstaates sich der aufgenommene Ausländer melden soll und

2. welcher Zeitraum für die Ausreise zur Verfügung steht.

(2) ¹Die Ausländerbehörde legt nach Anhörung des aufgenommenen Ausländers einen Zeitpunkt für die Ausreise fest und teilt diesen dem Bundesamt für Migration und Flüchtlinge mit. ²Dieses unterrichtet den anderen Mitgliedstaat über die Einzelheiten der Ausreise und stellt dem Ausländer die hierfür vorgesehene Bescheinigung über die Wohnsitzverlegung aus, die der zuständigen Ausländerbehörde zur Aushändigung an den Ausländer übersandt wird.

Kapitel 3. Gebühren

§ 44 Gebühren für die Niederlassungserlaubnis

An Gebühren sind zu erheben

1. für die Erteilung einer Niederlassungserlaubnis für Hochqualifizierte (§ 19 Abs. 1 des Aufenthaltsgesetzes)   147 Euro,
2. für die Erteilung einer Niederlassungserlaubnis zur Ausübung einer selbständigen Tätigkeit (§ 21 Abs. 4 des Aufenthaltsgesetzes)   124 Euro,
3. für die Erteilung einer Niederlassungserlaubnis in allen übrigen Fällen   113 Euro.

§ 44a Gebühren für die Erlaubnis zum Daueraufenthalt – EU

An Gebühren sind zu erheben 109 Euro.

§ 45 Gebühren für die Aufenthaltserlaubnis, die Blaue Karte EU, die ICT-Karte und die Mobiler-ICT-Karte

An Gebühren sind zu erheben

1. für die Erteilung einer Aufenthaltserlaubnis, einer Blauen Karte EU oder einer ICT-Karte
   a) mit einer Geltungsdauer von bis zu einem Jahr   100 Euro,
   b) mit einer Geltungsdauer von mehr als einem Jahr   100 Euro,

2. für die Verlängerung einer Aufenthaltserlaubnis,
   einer Blauen Karte EU oder einer ICT-Karte
   a) für einen weiteren Aufenthalt von bis zu drei Monaten 96 Euro,
   b) für einen weiteren Aufenthalt von mehr als drei Monaten 93 Euro,
3. für die durch einen Wechsel des Aufenthaltszwecks
   veranlasste Änderung der Aufenthaltserlaubnis
   einschließlich deren Verlängerung 98 Euro,
4. für die Erteilung einer Mobiler-ICT-Karte 80 Euro,
5. für die Verlängerung einer Mobiler-ICT-Karte 70 Euro.

§ 45a Gebühren für den elektronischen Identitätsnachweis

(1) ¹Für die Einschaltung des elektronischen Identitätsnachweises in einem Dokument nach § 78 des Aufenthaltsgesetzes ist eine Gebühr von 6 Euro zu erheben. ²Dies gilt nicht, wenn der elektronische Identitätsnachweis bei Aushändigung des Dokuments erstmals eingeschaltet wird.

(2) ¹Für die Einleitung der Neusetzung der Geheimnummer ist eine Gebühr von 6 Euro zu erheben. ²Sie ist nicht zu erheben, wenn die Einleitung der Neusetzung mit einer gebührenpflichtigen Amtshandlung nach Absatz 1 zusammenfällt.

(3) Für die Entsperrung des elektronischen Identitätsnachweises in einem Dokument nach § 78 des Aufenthaltsgesetzes ist eine Gebühr von 6 Euro zu erheben.

(4) Gebührenfrei sind

1. die erstmalige Einschaltung des elektronischen Identitätsnachweises nach Vollendung des 16. Lebensjahres,
2. die Ausschaltung des elektronischen Identitätsnachweises,
3. die Sperrung des elektronischen Identitätsnachweises und
4. die Änderung der Anschrift im elektronischen Speicher- und Verarbeitungsmedium sowie das Aufbringen eines Aufklebers zur Anschriftenänderung.

§ 45b Gebühren für Aufenthaltstitel in Ausnahmefällen

(1) Für die Ausstellung eines Aufenthaltstitels in den Fällen des § 78a Absatz 1 Satz 1 Nummer 1 des Aufenthaltsgesetzes ist eine Gebühr in Höhe von 50 Euro zu erheben.

(2) Für die Ausstellung eines Aufenthaltstitels in den Fällen des § 78a Absatz 1 Satz 1 Nummer 2 des Aufenthaltsgesetzes ermäßigt sich die nach den §§ 44, 44a oder § 45 zu erhebende Gebühr um 44 Euro.

§ 45c Gebühr bei Neuausstellung

(1) Für die Neuausstellung eines Dokuments nach § 78 Absatz 1 des Aufenthaltsgesetzes beträgt die Gebühr 67 Euro, wenn die Neuausstellung notwendig wird auf Grund

1. des Ablaufs der Gültigkeitsdauer des bisherigen Pass- oder Passersatzpapiers,
2. des Ablaufs der technischen Kartennutzungsdauer oder einer sonstigen Änderung der in § 78 Absatz 1 Satz 3 Nummer 1 bis 18 des Aufenthaltsgesetzes aufgeführten Angaben,
3. des Verlustes des Dokuments nach § 78 Absatz 1 des Aufenthaltsgesetzes,
4. des Verlustes der technischen Funktionsfähigkeit des elektronischen Speicher- und Verarbeitungsmediums oder
5. der Beantragung nach § 105b Satz 2 des Aufenthaltsgesetzes.

(2) Die Gebühr nach Absatz 1 Nummer 4 entfällt, wenn der Ausländer den Defekt nicht durch einen unsachgemäßen Gebrauch oder eine unsachgemäße Verwendung herbeigeführt hat.

§ 46 Gebühren für das Visum

(1) Die Erhebung von Gebühren für die Erteilung und Verlängerung von Schengen-Visa und Flughafentransitvisa richtet sich nach der Verordnung (EG) Nr. 810/2009. Ehegatten, Lebenspartner und minderjährige ledige Kinder Deutscher sowie die Eltern minderjähriger Deutscher sind von den Gebühren befreit.

(2) Die Gebührenhöhe beträgt

1. für die Erteilung eines nationalen Visums
   (Kategorie „D"), auch für mehrmalige Einreisen   75 Euro,
2. für die Verlängerung eines nationalen Visums (Kategorie „D")   25 Euro,
3. für die Verlängerung eines Schengen-Visums im Bundesgebiet über 90 Tage hinaus als nationales Visum
   (§ 6 Absatz 2 des Aufenthaltsgesetzes)   60 Euro.

§ 47 Gebühren für sonstige aufenthaltsrechtliche Amtshandlungen

(1) An Gebühren sind zu erheben

1a. für die nachträgliche Aufhebung oder Verkürzung der
    Befristung eines Einreise- und Aufenthaltsverbots nach
    § 11 Absatz 4 Satz 1 des Aufenthaltsgesetzes   169 Euro,
1b. für die nachträgliche Verlängerung der Frist für ein
    Einreise- und Aufenthaltsverbot nach § 11 Absatz 4
    Satz 3 des Aufenthaltsgesetzes   169 Euro,
2. für die Erteilung einer Betretenserlaubnis (§ 11 Abs. 2
   des Aufenthaltsgesetzes)   100 Euro,
3. für die Aufhebung oder Änderung einer Auflage
   zum Aufenthaltstitel auf Antrag   50 Euro,
4. für einen Hinweis nach § 44a Abs. 3 Satz 1 des
   Aufenthaltsgesetzes in Form einer Beratung, die
   nach einem erfolglosen schriftlichen Hinweis zur
   Vermeidung der in § 44a Abs. 3 Satz 1 des Aufenthaltsgesetzes genannten Maßnahmen erfolgt   21 Euro,
5. für die Ausstellung einer Bescheinigung über die
   Aussetzung der Abschiebung (§ 60a Abs. 4 des
   Aufenthaltsgesetzes)
   a. nur als Klebeetikett   58 Euro,
   b. mit Trägervordruck   62 Euro,
6. für die Erneuerung einer Bescheinigung nach
   § 60a Abs. 4 des Aufenthaltsgesetzes
   a. nur als Klebeetikett   33 Euro,
   b. mit Trägervordruck   37 Euro,
7. für die Aufhebung oder Änderung einer Auflage
   zur Aussetzung der Abschiebung auf Antrag   50 Euro,

8. für die Ausstellung einer Fiktionsbescheinigung nach § 81 Abs. 5 des Aufenthaltsgesetzes   13 Euro,
9. für die Ausstellung einer Bescheinigung über das Aufenthaltsrecht oder sonstiger Bescheinigungen auf Antrag   18 Euro,
10. für die Ausstellung eines Aufenthaltstitels auf besonderem Blatt   18 Euro,
11. für die Übertragung von Aufenthaltstiteln in ein anderes Dokument in den Fällen des § 78a Absatz 1 des Aufenthaltsgesetzes   12 Euro,
12. für die Anerkennung einer Verpflichtungserklärung (§ 68 des Aufenthaltsgesetzes)   29 Euro,
13. für die Ausstellung eines Passierscheins (§ 23 Abs. 2, § 24 Abs. 2)   10 Euro,
14. für die Anerkennung einer Forschungseinrichtung (§ 38a Abs. 1), deren Tätigkeit nicht überwiegend aus öffentlichen Mitteln finanziert wird   219 Euro.

(2) Keine Gebühren sind zu erheben für Änderungen des Aufenthaltstitels, sofern diese eine Nebenbestimmung zur Ausübung einer Beschäftigung betreffen.

(3) [1]Für die Ausstellung einer Aufenthaltskarte (§ 5 Absatz 1 Satz 1 des Freizügigkeitsgesetzes/EU) und die Ausstellung einer Daueraufenthaltskarte (§ 5 Absatz 5 Satz 2 des Freizügigkeitsgesetzes/EU) ist jeweils eine Gebühr in Höhe von 28,80 Euro zu erheben. [2]Wird die Aufenthaltskarte oder die Daueraufenthaltskarte für eine Person ausgestellt, die

1. zum Zeitpunkt der Mitteilung der erforderlichen Angaben nach § 5 Absatz 1 Satz 1 des Freizügigkeitsgesetzes/EU oder
2. zum Zeitpunkt der Antragstellung nach § 5 Absatz 5 Satz 2 des Freizügigkeitsgesetzes/EU

noch nicht 24 Jahre alt ist, beträgt die Gebühr jeweils 22,80 Euro. [3]Die Gebühren nach Satz 1 oder Satz 2 sind auch zu erheben, wenn eine Neuausstellung der Aufenthaltskarte oder Daueraufenthaltskarte aus den in § 45c Absatz 1 genannten Gründen notwendig wird; § 45c Absatz 2 gilt entsprechend. [4]Für die Ausstellung einer Bescheinigung des Daueraufenthalts (§ 5 Absatz 5 Satz 1 des Freizügigkeitsgesetzes/EU) ist eine Gebühr in Höhe von 10 Euro zu erheben.

(4) Sollen eine Aufenthaltskarte (§ 5 Absatz 1 Satz 1 des Freizügigkeitsgesetzes/EU) oder eine Daueraufenthaltskarte (§ 5 Absatz 5 Satz 2 des Freizügigkeitsgesetzes/EU) in den Fällen des § 78a Absatz 1 des Aufenthaltsgesetzes auf einheitlichem Vordruckmuster ausgestellt werden, ist jeweils eine Gebühr in Höhe von 10 Euro zu erheben.

§ 48 Gebühren für pass- und ausweisrechtliche Maßnahmen

(1)[1]An Gebühren sind zu erheben

1a.	für die Ausstellung eines Reiseausweises für Ausländer (§ 4 Absatz 1 Satz 1 Nummer 1)	100 Euro,
1b.	für die Ausstellung eines Reiseausweises für Ausländer (§ 4 Absatz 1 Satz 1 Nummer 1) bis zum vollendeten 24. Lebensjahr	97 Euro,
1c.	für die Ausstellung eines Reiseausweises für Flüchtlinge, eines Reiseausweises für Staatenlose (§ 4 Absatz 1 Satz 1 Nummer 3 und 4) oder eines Reiseausweises für Ausländer (§ 4 Absatz 1 Satz 1 Nummer 1), die subsidiär Schutzberechtigte im Sinne des § 4 Absatz 1 des Asylgesetzes oder Resettlement-Flüchtlinge im Sinne von § 23 Absatz 4 Satz 1 des Aufenthaltsgesetzes sind,	60 Euro,
1d.	für die Ausstellung eines Reiseausweises für Flüchtlinge, eines Reiseausweises für Staatenlose (§ 4 Absatz 1 Satz 1 Nummer 3 und 4) oder eines Reiseausweises für Ausländer (§ 4 Absatz 1 Satz 1 Nummer 1), die subsidiär Schutzberechtigte im Sinne des § 4 Absatz 1 des Asylgesetzes oder Resettlement-Flüchtlinge im Sinne von § 23 Absatz 4 Satz 1 des Aufenthaltsgesetzes sind, bis zum vollendeten 24. Lebensjahr	38 Euro,
1e.	für die Ausstellung eines vorläufigen Reiseausweises für Ausländer (§ 4 Absatz 1 Satz 1 Nummer 1)	67 Euro,
1f.	für die Ausstellung eines vorläufigen Reiseausweises für Flüchtlinge, eines vorläufigen Reiseausweises für Staatenlose (§ 4 Absatz 1 Satz 1	

	Nummer 3 und 4) oder eines Reiseausweises für Ausländer (§ 4 Absatz 1 Satz 1 Nummer 1), die subsidiär Schutzberechtigte im Sinne des § 4 Absatz 1 des Asylgesetzes oder Resettlement-Flüchtlinge im Sinne von § 23 Absatz 4 Satz 1 des Aufenthaltsgesetzes sind,	26 Euro,
1g.	für die Ausstellung eines Reiseausweises ohne Speichermedium für Ausländer (§ 4 Absatz 1 Satz 1 Nummer 1), für Flüchtlinge, für Staatenlose (§ 4 Absatz 1 Satz 1 Nummer 3 und 4) oder für subsidiär Schutzberechtigte im Sinne des § 4 Absatz 1 des Asylgesetzes oder Resettlement-Flüchtlinge im Sinne von § 23 Absatz 4 Satz 1 des Aufenthaltsgesetzes bis zur Vollendung des zwölften Lebensjahres	14 Euro,
2.	für die Verlängerung eines als vorläufiges Dokument (§ 4 Abs. 1 Satz 2) ausgestellten Reiseausweises für Ausländer, eines Reiseausweises für Flüchtlinge oder eines Reiseausweises für Staatenlose	20 Euro,
3.	für die Ausstellung einer Grenzgängerkarte (§ 12) mit einer Gültigkeitsdauer von	
	a) bis zu einem Jahr	61 Euro,
	b) bis zu zwei Jahren	61 Euro,
4.	für die Verlängerung einer Grenzgängerkarte um	
	a) bis zu einem Jahr	35 Euro,
	b) bis zu zwei Jahren	35 Euro,
5.	für die Ausstellung eines Notreiseausweises (§ 4 Abs. 1 Nr. 2, § 13)	18 Euro,
6.	für die Bescheinigung der Rückkehrberechtigung in das Bundesgebiet auf dem Notreiseausweis (§ 13 Abs. 4)	1 Euro,
7.	für die Bestätigung auf einer Schülersammelliste (§ 4 Abs. 1 Nr. 5) pro Person, auf die sich die Bestätigung jeweils bezieht,	12 Euro
8.	für die Ausstellung einer Bescheinigung über die Wohnsitzverlegung (§ 4 Abs. 1 Nr. 6, § 43 Abs. 2)	99 Euro,

9. für die Ausnahme von der Passpflicht (§ 3 Abs. 2 des Aufenthaltsgesetzes) 76 Euro,
10. für die Erteilung eines Ausweisersatzes (§ 48 Abs. 2 in Verbindung mit § 78a Absatz 4 des Aufenthaltsgesetzes) 32 Euro,
11. für die Erteilung eines Ausweisersatzes (§ 48 Absatz 2 in Verbindung mit § 78a Absatz 4 des Aufenthaltsgesetzes) im Fall des § 55 Abs. 2 21 Euro,
12. für die Verlängerung eines Ausweisersatzes (§ 48 Absatz 2 in Verbindung mit § 78a Absatz 4 des Aufenthaltsgesetzes) 16 Euro,
13. für die Änderung eines der in den Nummern 1 bis 12 bezeichneten Dokumente 15 Euro,
14. für die Umschreibung eines der in den Nummern 1 bis 12 bezeichneten Dokumente 34 Euro,
15. für die Neuausstellung eines Dokuments nach § 78 Absatz 1 Satz 1 des Aufenthaltsgesetzes mit dem Zusatz Ausweisersatz (§ 78 Absatz 1 Satz 4 des Aufenthaltsgesetzes) 72 Euro.

²Wird der Notreiseausweis zusammen mit dem Passierschein (§ 23 Abs. 2 Satz 3, § 24 Abs. 2 Satz 3) ausgestellt, so wird die Gebühr nach § 47 Abs. 1 Nr. 13 auf die für den Notreiseausweis zu erhebende Gebühr angerechnet.

(2) Keine Gebühren sind zu erheben

1. für die Änderung eines der in Absatz 1 bezeichneten Dokumente, wenn die Änderung von Amts wegen eingetragen wird,
2. für die Berichtigung der Wohnortangaben in einem der in Absatz 1 bezeichneten Dokumente und
3. für die Eintragung eines Vermerks über die Eheschließung in einem Reiseausweis für Ausländer, einem Reiseausweis für Flüchtlinge oder einem Reiseausweis für Staatenlose.

§ 49 Bearbeitungsgebühren

(1) Für die Bearbeitung eines Antrages auf Erteilung einer Niederlassungserlaubnis und einer Erlaubnis zum Daueraufenthalt – EU sind Gebühren in

Höhe der Hälfte der in den §§ 44, 44a und 52a Absatz 2 Nummer 1 jeweils bestimmten Gebühr zu erheben.

(2) Für die Beantragung aller übrigen gebührenpflichtigen Amtshandlungen sind Bearbeitungsgebühren in Höhe der in den §§ 45 bis 48 Abs. 1 und § 52a jeweils bestimmten Gebühr zu erheben.

(3) Eine Bearbeitungsgebühr wird nicht erhoben, wenn ein Antrag

1. ausschließlich wegen Unzuständigkeit der Behörde oder der mangelnden Handlungsfähigkeit des Antragstellers abgelehnt wird oder
2. vom Antragsteller zurückgenommen wird, bevor mit der sachlichen Bearbeitung begonnen wurde.

§ 50 Gebühren für Amtshandlungen zugunsten Minderjähriger

(1) [1]Für individuell zurechenbare öffentliche Leistungen zugunsten Minderjähriger und die Bearbeitung von Anträgen Minderjähriger sind Gebühren in Höhe der Hälfte der in den §§ 44, 45, 45a, 45b, 45c, 46 Absatz 2, § 47 Absatz 1 und 4, § 48 Abs. 1 Satz 1 Nr. 3 bis 14 und § 49 Abs. 1 und 2 bestimmten Gebühren zu erheben. [2]Die Gebühr für die Erteilung der Niederlassungserlaubnis nach § 35 Abs. 1 Satz 1 des Aufenthaltsgesetzes beträgt 55 Euro.

(2) Für die Verlängerung eines vorläufigen Reiseausweises für Ausländer, für Flüchtlinge oder für Staatenlose an Kinder bis zum vollendeten zwölften Lebensjahr sind jeweils 6 Euro an Gebühren zu erheben.

§ 51 Widerspruchsgebühr

(1) An Gebühren sind zu erheben für den Widerspruch gegen

1. die Ablehnung einer gebührenpflichtigen Amtshandlung die Hälfte der für die Amtshandlung nach den §§ 44 bis 48 Abs. 1, §§ 50 und 52a zu erhebenden Gebühr,
2. eine Bedingung oder eine Auflage des Visums, der Aufenthaltserlaubnis oder der Aussetzung der Abschiebung 50 Euro,

3. die Feststellung der Ausländerbehörde über die Verpflichtung zur Teilnahme an einem Integrationskurs (§ 44a Abs. 1 Satz 2 des Aufenthaltsgesetzes) 20 Euro,
3a. die verpflichtende Aufforderung zur Teilnahme an einem Integrationskurs (§ 44a Abs. 1 Satz 1 Nr. 2 des Aufenthaltsgesetzes) 50 Euro,
4. die Ausweisung 55 Euro,
5. die Abschiebungsandrohung 55 Euro,
6. eine Rückbeförderungsverfügung (§ 64 des Aufenthaltsgesetzes) 55 Euro,
7. eine Untersagungs- oder Zwangsgeldverfügung (§ 63 Abs. 2 und 3 des Aufenthaltsgesetzes) 55 Euro,
8. die Anordnung einer Sicherheitsleistung (§ 66 Abs. 5 des Aufenthaltsgesetzes) 55 Euro,
9. einen Leistungsbescheid (§ 67 Abs. 3 des Aufenthaltsgesetzes) 55 Euro,
10. den Widerruf oder die Rücknahme der Anerkennung einer Forschungseinrichtung (§ 38b Abs. 1 oder 2), deren Tätigkeit nicht überwiegend aus öffentlichen Mitteln finanziert wird 55 Euro,
11. die Zurückschiebung (§ 57 des Aufenthaltsgesetzes) 55 Euro.

(2) Eine Gebühr nach Absatz 1 Nr. 5 wird nicht erhoben, wenn die Abschiebungsandrohung nur mit der Begründung angefochten wird, dass der Verwaltungsakt aufzuheben ist, auf dem die Ausreisepflicht beruht.

(3) § 49 Abs. 3 gilt entsprechend.

§ 52 Befreiungen und Ermäßigungen

(1) Ehegatten, Lebenspartner und minderjährige ledige Kinder Deutscher sowie die Eltern minderjähriger Deutscher sind von den Gebühren für die Erteilung eines nationalen Visums befreit.

(2) ¹Bei Staatsangehörigen der Schweiz ermäßigt sich die Gebühr nach § 45 für die Erteilung oder Verlängerung einer Aufenthaltserlaubnis, die auf Antrag als Dokument mit elektronischem Speicher- und Verarbeitungsmedium nach § 78 Absatz 1 Satz 2 des Aufenthaltsgesetzes ausgestellt wird, auf 28,80 Euro. ²Wird die Aufenthaltserlaubnis für eine Person ausgestellt, die

zum Zeitpunkt der Antragstellung noch nicht 24 Jahre alt ist, ermäßigt sich die Gebühr auf 22,80 Euro. ³Die Gebühren nach den Sätzen 1 und 2 sind auch zu erheben, wenn eine Neuausstellung der Aufenthaltserlaubnis aus den in §45c Absatz 1 genannten Gründen notwendig wird; §45c Absatz 2 gilt entsprechend. ⁴Für die Erteilung oder Verlängerung einer Aufenthaltserlaubnis, die Staatsangehörigen der Schweiz auf einem Vordruckmuster nach §58 Satz 1 Nummer 13 ausgestellt wird, ermäßigt sich die Gebühr auf 8 Euro. ⁵Die Gebühr für die Ausstellung oder Verlängerung einer Grenzgängerkarte nach §48 Absatz 1 Satz 1 Nummer 3 und 4 ermäßigt sich bei Staatsangehörigen der Schweiz auf 8 Euro. ⁶Die Gebühren nach §47 Absatz 1 Nummer 8 für die Ausstellung einer Fiktionsbescheinigung und nach §49 Absatz 2 für die Bearbeitung von Anträgen auf Vornahme der in den Sätzen 1 bis 5 genannten Amtshandlungen entfallen bei Staatsangehörigen der Schweiz.

(3) Asylberechtigte, Resettlement-Flüchtlinge im Sinne von §23 Absatz 4 Satz 1 des Aufenthaltsgesetzes und sonstige Ausländer, die im Bundesgebiet die Rechtsstellung ausländischer Flüchtlinge oder subsidiär Schutzberechtigter im Sinne des §4 Absatz 1 des Asylgesetzes genießen, sind von den Gebühren nach

1. §44 Nr. 3, §45c Absatz 1 Nummer 1 und 2, §45b und §47 Abs. 1 Nr. 11 für die Erteilung, Neuausstellung sowie Ausstellung und Übertragung der Niederlassungserlaubnis in Ausnahmefällen,
2. §45 Nr. 1 und 2, §45c Absatz 1 Nummer 1 und 2, §45b und §47 Abs. 1 Nr. 11 für die Erteilung, Verlängerung, Neuausstellung sowie Ausstellung und Übertragung der Aufenthaltserlaubnis in Ausnahmefällen,
3. §47 Abs. 1 Nr. 8 für die Ausstellung einer Fiktionsbescheinigung,
4. §49 Abs. 1 und 2 für die Bearbeitung von Anträgen auf Vornahme der in den Nummern 1 und 2 genannten Amtshandlungen sowie
5. §45a für die Vornahme der den elektronischen Identitätsnachweis betreffenden Amtshandlungen befreit.

(4) Personen, die aus besonders gelagerten politischen Interessen der Bundesrepublik Deutschland ein Aufenthaltsrecht nach §23 Abs. 2 des Aufenthaltsgesetzes erhalten, sind von den Gebühren nach

1. § 44 Nr. 3, § 45c Absatz 1 Nummer 1 und 2, § 45b und § 47 Abs. 1 Nr. 11 für die Erteilung, Neuausstellung sowie Ausstellung und Übertragung der Niederlassungserlaubnis in Ausnahmefällen,
2. § 49 Abs. 1 und 2 für die Bearbeitung von Anträgen auf Vornahme der in Nummer 1 genannten Amtshandlungen sowie
3. § 45a für die Vornahme der den elektronischen Identitätsnachweis betreffenden Amtshandlungen befreit.

(5) ¹Ausländer, die für ihren Aufenthalt im Bundesgebiet ein Stipendium aus öffentlichen Mitteln erhalten, sind von den Gebühren nach

1. § 46 Absatz 2 Nummer 1 für die Erteilung eines nationalen Visums,
2. § 45 Nr. 1 und 2, § 45c Absatz 1 Nummer 1 und 2, § 45b und § 47 Abs. 1 Nr. 11 für die Erteilung, Verlängerung, Neuausstellung sowie Ausstellung und Übertragung der Aufenthaltserlaubnis in Ausnahmefällen,
3. § 47 Abs. 1 Nr. 8 für die Erteilung einer Fiktionsbescheinigung,
4. § 49 Abs. 2 für die Bearbeitung von Anträgen auf Vornahme der in Nummer 2 genannten Amtshandlungen sowie
5. § 45a für die Vornahme der den elektronischen Identitätsnachweis betreffenden Amtshandlungen

befreit. ²Satz 1 Nr. 1 gilt auch für die Ehegatten oder Lebenspartner und minderjährigen ledigen Kinder, soweit diese in die Förderung einbezogen sind.

(6) Zugunsten von Ausländern, die im Bundesgebiet kein Arbeitsentgelt beziehen und nur eine Aus-, Fort- oder Weiterbildung oder eine Umschulung erhalten, können die in Absatz 5 bezeichneten Gebühren ermäßigt oder kann von ihrer Erhebung abgesehen werden.

(7) Die zu erhebende Gebühr kann in Einzelfällen erlassen oder ermäßigt werden, wenn dies der Förderung kultureller oder sportlicher Interessen, außenpolitischer, entwicklungspolitischer oder sonstiger erheblicher öffentlicher Interessen dient oder humanitäre Gründe hat.

(8) Schüler, Studenten, postgraduierte Studenten und begleitende Lehrer im Rahmen einer Reise zu Studien- oder Ausbildungszwecken und Forscher aus Drittstaaten im Sinne der Empfehlung 2005/761/EG des Europäischen Parlaments und des Rates vom 28. September 2005 zur Erleichterung der Ausstellung einheitlicher Visa durch die Mitgliedstaaten für den kurzfristi-

gen Aufenthalt an Forscher aus Drittstaaten, die sich zu Forschungszwecken innerhalb der Gemeinschaft bewegen (ABl. EU Nr. L 289 S. 23), sind von den Gebühren nach § 46 Nr. 1 und 2 befreit.

§ 52a Befreiung und Ermäßigung bei Assoziationsberechtigung

(1) Assoziationsberechtigte im Sinne dieser Vorschrift sind Ausländer, für die das Assoziationsrecht EU-Türkei auf Grund des Abkommens vom 12. September 1963 zur Gründung einer Assoziation zwischen der Europäischen Wirtschaftsgemeinschaft und der Türkei (BGBl. 1964 II S. 509, 510) Anwendung findet.

(2) ¹Für Assoziationsberechtigte sind die §§ 44 bis 50 mit folgenden Maßgaben anzuwenden. ²Die Gebühr beträgt:

1. für Aufenthaltstitel nach den §§ 44 bis 45, 45c Absatz 1 und § 48 Absatz 1 Satz 1 Nummer 15,
    a. die für eine Person ausgestellt werden, die zum Zeitpunkt der Antragstellung 24 Jahre oder älter ist, 28,80 Euro,
    b. die für eine Person ausgestellt werden, die zum Zeitpunkt der Antragstellung noch nicht 24 Jahre alt ist, wobei § 50 Absatz 1 nicht anzuwenden ist, 22,80 Euro,
2. in den Fällen des § 45b Absatz 2 und des § 47 Absatz 1 Nummer 11 jeweils in Verbindung mit § 44 oder mit § 44a 8 Euro.

(3) Von folgenden Gebühren sind die in Absatz 1 genannten Ausländer befreit:

1. von der nach § 45b Absatz 1 und der nach § 45b Absatz 2 in Verbindung mit § 45 jeweils zu erhebenden Gebühr,
2. von der nach § 47 Absatz 1 Nummer 3 und 8 bis 10 und der nach § 47 Absatz 1 Nummer 11 in Verbindung mit § 45 jeweils zu erhebenden Gebühr,
3. von der nach § 48 Absatz 1 Satz 1 Nummer 3, 4, 8 und 10 bis 12 jeweils zu erhebenden Gebühr und
4. von der nach § 48 Absatz 1 Satz 1 Nummer 13 und 14 jeweils zu erhebenden Gebühr, soweit sie sich auf die Änderung oder Umschreibung der in § 48 Absatz 1 Satz 1 Nummer 3, 4, 8 und 10 bis 12 genannten Dokumente bezieht.

§ 53 Befreiung und Ermäßigung aus Billigkeitsgründen

(1) Ausländer, die ihren Lebensunterhalt nicht ohne Inanspruchnahme von Leistungen nach dem Zweiten oder Zwölften Buch Sozialgesetzbuch oder dem Asylbewerberleistungsgesetz bestreiten können, sind von den Gebühren nach

1. § 45 Nr. 1 und 2 für die Erteilung oder Verlängerung der Aufenthaltserlaubnis,
2. § 47 Abs. 1 Nr. 5 und 6 für die Ausstellung oder Erneuerung der Bescheinigung über die Aussetzung der Abschiebung (§ 60a Abs. 4 des Aufenthaltsgesetzes),
3. § 47 Abs. 1 Nr. 3 und 7 für die Aufhebung oder Änderung einer Auflage zur Aufenthaltserlaubnis oder zur Aussetzung der Abschiebung,
4. § 47 Abs. 1 Nr. 4 für den Hinweis in Form der Beratung,
5. § 47 Abs. 1 Nr. 8 für die Ausstellung einer Fiktionsbescheinigung,
6. § 47 Abs. 1 Nr. 10 für die Ausstellung des Aufenthaltstitels auf besonderem Blatt,
7. § 47 Abs. 1 Nr. 11 für die Übertragung eines Aufenthaltstitels in ein anderes Dokument und § 45c Absatz 1 Nummer 1 und 2 für die Neuausstellung eines Dokuments nach § 78 Absatz 1 des Aufenthaltsgesetzes,
8. § 48 Abs. 1 Nr. 10 und 12 für die Erteilung und Verlängerung eines Ausweisersatzes,
9. § 49 Abs. 2 für die Bearbeitung von Anträgen auf Vornahme der in den Nummern 1 bis 3 und 6 bis 8 bezeichneten Amtshandlungen und
10. § 45a für die Vornahme der den elektronischen Identitätsnachweis betreffenden Amtshandlungen befreit; sonstige Gebühren können ermäßigt oder von ihrer Erhebung kann abgesehen werden.

(2) Gebühren können ermäßigt oder von ihrer Erhebung kann abgesehen werden, wenn es mit Rücksicht auf die wirtschaftlichen Verhältnisse des Gebührenpflichtigen in Deutschland geboten ist.

§ 54 Zwischenstaatliche Vereinbarungen

Zwischenstaatliche Vereinbarungen über die Befreiung oder die Höhe von Gebühren werden durch die Regelungen in diesem Kapitel nicht berührt.

Kapitel 4. Ordnungsrechtliche Vorschriften

§ 55 Ausweisersatz

(1) ¹Einem Ausländer,

1. der einen anerkannten und gültigen Pass oder Passersatz nicht besitzt und nicht in zumutbarer Weise erlangen kann oder
2. dessen Pass oder Passersatz einer inländischen Behörde vorübergehend überlassen wurde,

wird auf Antrag ein Ausweisersatz (§ 48 Abs. 2 in Verbindung mit § 78 Absatz 1 Satz 4 oder § 78a Absatz 4 des Aufenthaltsgesetzes) ausgestellt, sofern er einen Aufenthaltstitel besitzt oder seine Abschiebung ausgesetzt ist. ²Eines Antrages bedarf es nicht, wenn ein Antrag des Ausländers auf Ausstellung eines Reiseausweises für Ausländer, eines Reiseausweises für Flüchtlinge oder eines Reiseausweises für Staatenlose abgelehnt wird und die Voraussetzungen des Satzes 1 erfüllt sind. ³§ 5 Abs. 2 gilt entsprechend.

(2) Einem Ausländer, dessen Pass oder Passersatz der im Inland belegenen oder für das Bundesgebiet konsularisch zuständigen Vertretung eines auswärtigen Staates zur Durchführung eines Visumverfahrens vorübergehend überlassen wurde, kann auf Antrag ein Ausweisersatz ausgestellt werden, wenn dem Ausländer durch seinen Herkunftsstaat kein weiterer Pass oder Passersatz ausgestellt wird.

(3) Die Gültigkeitsdauer des Ausweisersatzes richtet sich nach der Gültigkeit des Aufenthaltstitels oder der Dauer der Aussetzung der Abschiebung, sofern keine kürzere Gültigkeitsdauer eingetragen ist.

§ 56 Ausweisrechtliche Pflichten

(1) Ein Ausländer, der sich im Bundesgebiet aufhält, ist verpflichtet,

1. in Fällen, in denen er keinen anerkannten und gültigen Pass oder Passersatz besitzt, unverzüglich, ansonsten so rechtzeitig vor Ablauf der Gültigkeitsdauer seines Passes oder Passersatzes die Verlängerung oder Neuausstellung eines Passes oder Passersatzes zu beantragen, dass mit der Neuerteilung oder Verlängerung innerhalb der Gültigkeitsdauer des bisherigen Passes oder Passersatzes gerechnet werden kann,

2. unverzüglich einen neuen Pass oder Passersatz zu beantragen, wenn der bisherige Pass oder Passersatz aus anderen Gründen als wegen Ablaufs der Gültigkeitsdauer ungültig geworden oder abhanden gekommen ist,
3. unverzüglich einen neuen Pass oder Passersatz oder die Änderung seines bisherigen Passes oder Passersatzes zu beantragen, sobald im Pass oder Passersatz enthaltene Angaben unzutreffend sind,
4. unverzüglich einen Ausweisersatz zu beantragen, wenn die Ausstellungsvoraussetzungen nach § 55 Abs. 1 oder 2 erfüllt sind und kein deutscher Passersatz beantragt wurde,
5. der für den Wohnort, ersatzweise den Aufenthaltsort im Inland zuständigen Ausländerbehörde oder einer anderen nach Landesrecht zuständigen Stelle unverzüglich den Verlust und das Wiederauffinden seines Passes, seines Passersatzes oder seines Ausweisersatzes anzuzeigen; bei Verlust im Ausland kann die Anzeige auch gegenüber einer deutschen Auslandsvertretung erfolgen, welche die zuständige oder zuletzt zuständige Ausländerbehörde unterrichtet,
6. einen wiederaufgefundenen Pass oder Passersatz unverzüglich zusammen mit sämtlichen nach dem Verlust ausgestellten Pässen oder in- oder ausländischen Passersatzpapieren der für den Wohnort, ersatzweise den Aufenthaltsort im Inland zuständigen Ausländerbehörde vorzulegen, selbst wenn er den Verlust des Passes oder Passersatzes nicht angezeigt hat; bei Verlust im Ausland kann die Vorlage auch bei einer deutschen Auslandsvertretung erfolgen, welche die zuständige oder zuletzt zuständige Ausländerbehörde unterrichtet,
7. seinen deutschen Passersatz unverzüglich nach Ablauf der Gültigkeitsdauer oder, sofern eine deutsche Auslandsvertretung dies durch Eintragung im Passersatz angeordnet hat, nach der Einreise der zuständigen Ausländerbehörde vorzulegen; dies gilt nicht für Bescheinigungen über die Wohnsitzverlegung (§ 43 Abs. 2), Europäische Reisedokumente für die Rückkehr (§ 1 Abs. 8) und für Schülersammellisten (§ 1 Abs. 5), und
8. seinen Pass oder Passersatz zur Anbringung von Vermerken über Ort und Zeit der Ein- und Ausreise, des Antreffens im Bundesgebiet sowie über Maßnahmen und Entscheidungen nach dem Aufenthaltsgesetz in seinem Pass oder Passersatz durch die Ausländerbehörden oder die Polizeibehörden des Bundes oder der Länder sowie die sonstigen mit der polizeilichen Kontrolle des grenzüberschreitenden Verkehrs

beauftragten Behörden auf Verlangen vorzulegen und die Vornahme einer solchen Eintragung zu dulden.

(2) ¹Ausländer, denen nach dem Abkommen vom 21. Juni 1999 zwischen der Europäischen Gemeinschaft und ihren Mitgliedstaaten einerseits und der Schweizerischen Eidgenossenschaft andererseits über die Freizügigkeit zum Nachweis ihres Aufenthaltsrechts eine Aufenthaltserlaubnis oder eine Grenzgängerkarte auszustellen ist, haben innerhalb von drei Monaten nach der Einreise ihren Aufenthalt der Ausländerbehörde anzuzeigen. ²Die Anzeige muss folgende Daten des Ausländers enthalten:

1. Namen,
2. Vornamen,
3. frühere Namen,
4. Geburtsdatum und -ort,
5. Anschrift im Inland,
6. frühere Anschriften,
7. gegenwärtige und frühere Staatsangehörigkeiten,
8. Zweck, Beginn und Dauer des Aufenthalts und
9. das eheliche oder Verwandtschaftsverhältnis zu der Person, von der er ein Aufenthaltsrecht ableitet.

§ 57 Vorlagepflicht beim Vorhandensein mehrerer Ausweisdokumente

Besitzt ein Ausländer mehr als einen Pass, Passersatz oder deutschen Ausweisersatz, so hat er der zuständigen Ausländerbehörde jedes dieser Papiere unverzüglich vorzulegen.

§ 57a Pflichten der Inhaber von Dokumenten mit elektronischem Speicher- und Verarbeitungsmedium nach § 78 des Aufenthaltsgesetzes

Ein Ausländer, dem ein Aufenthaltstitel nach § 4 Absatz 1 Satz 2 Nummer 2 bis 4 des Aufenthaltsgesetzes als Dokument mit elektronischem Speicher- und Verarbeitungsmedium ausgestellt worden ist, ist verpflichtet, unverzüglich

1. der für den Wohnort, ersatzweise der für den Aufenthaltsort im Inland zuständigen Ausländerbehörde oder einer anderen nach Landesrecht zuständigen Stelle den Verlust und das Wiederauffinden des Doku-

ments anzuzeigen und das Dokument vorzulegen, wenn es wiederaufgefunden wurde; bei Verlust im Ausland können die Anzeige und die Vorlage auch gegenüber einer deutschen Auslandsvertretung erfolgen, welche die zuständige oder zuletzt zuständige Ausländerbehörde unterrichtet,
2. nach Kenntnis vom Verlust der technischen Funktionsfähigkeit des elektronischen Speicher- und Verarbeitungsmediums der zuständigen Ausländerbehörde das Dokument vorzulegen und die Neuausstellung zu beantragen.

Kapitel 5. Verfahrensvorschriften
Abschnitt 1. Muster für Aufenthaltstitel, Pass- und Ausweisersatz und sonstige Dokumente

§ 58 Vordruckmuster

[1]Für die Ausstellung der Vordrucke sind als Vordruckmuster zu verwenden:

1. für den Ausweisersatz (§ 78a Absatz 4 des Aufenthaltsgesetzes) das in Anlage D1 abgedruckte Muster,
2. für die Bescheinigung über die Aussetzung der Abschiebung (Duldung; § 60a Abs. 4 des Aufenthaltsgesetzes) das in Anlage D2a abgedruckte Muster (Klebeetikett), sofern ein anerkannter und gültiger Pass oder Passersatz nicht vorhanden ist und die Voraussetzungen für die Ausstellung eines Ausweisersatzes nach § 55 nicht vorliegen, in Verbindung mit dem in Anlage D2b abgedruckten Muster (Trägervordruck),
3. für die Fiktionsbescheinigung (§ 81 Abs. 5 des Aufenthaltsgesetzes) das in Anlage D3 abgedruckte Muster,
4. für den Reiseausweis für Ausländer (§ 4 Abs. 1 Satz 1 Nr. 1)
   a) das in Anlage D4c abgedruckte Muster,
   b) für die Ausstellung als vorläufiges Dokument (§ 4 Abs. 1 Satz 2) das in Anlage D4d abgedruckte Muster,
5. für die Grenzgängerkarte (§ 12) das in Anlage D5a abgedruckte Muster,

6. für den Notreiseausweis (§ 4 Abs. 1 Nr. 2) das in Anlage D6 abgedruckte Muster,
7. für den Reiseausweis für Flüchtlinge (§ 4 Abs. 1 Satz 1 Nr. 3)
   a) das in Anlage D7a abgedruckte Muster,
   b) für die Ausstellung als vorläufiges Dokument (§ 4 Abs. 1 Satz 2) das in Anlage D7b abgedruckte Muster,
8. für den Reiseausweis für Staatenlose (§ 4 Abs. 1 Satz 1 Nr. 4)
   a) das in Anlage D8a abgedruckte Muster,
   b) für die Ausstellung als vorläufiges Dokument (§ 4 Abs. 1 Satz 2) das in Anlage D8b abgedruckte Muster,
9. für die Bescheinigung über die Wohnsitzverlegung (§ 4 Abs. 1 Nr. 6) das in Anlage D9 abgedruckte Muster,
10. für das Europäische Reisedokument für die Rückkehr (§ 4 Abs. 1 Nr. 7) das in Anlage D10 abgedruckte Muster,
11. für das Zusatzblatt
    a) zur Bescheinigung der Aussetzung der Abschiebung das in Anlage D11 abgedruckte Muster,
    b) zum Aufenthaltstitel in Ausnahmefällen (§ 78a Absatz 1 des Aufenthaltsgesetzes) das in Anlage D11 abgedruckte Muster,
    c) zum Aufenthaltstitel mit elektronischem Speicher- und Verarbeitungsmedium (§ 78 Absatz 1 des Aufenthaltsgesetzes) das in Anlage D11a abgedruckte Muster,
12. für die Bescheinigung über die Aufenthaltsgestattung (§ 63 des Asylgesetzes) das in Anlage D12 abgedruckte Muster,
13. für die Aufenthaltskarte für Familienangehörige eines Unionsbürgers oder eines Staatsangehörigen eines EWR-Staates (§ 5 Absatz 1 des Freizügigkeitsgesetzes/EU) in den Fällen des § 11 Absatz 1 Satz 6 des Freizügigkeitsgesetzes/EU und die Aufenthaltserlaubnis, die Ausländern ausgestellt wird, die auf Grund des Abkommens vom 21. Juni 1999 zwischen der Europäischen Gemeinschaft und ihren Mitgliedstaaten einerseits und der Schweizerischen Eidgenossenschaft andererseits über die Freizügigkeit ein Aufenthaltsrecht besitzen, das in Anlage D15 abgedruckte Muster,
14. für die Bescheinigung des Daueraufenthalts für Unionsbürger oder Staatsangehörige eines EWR-Staates und die Daueraufenthaltskarte für Familienangehörige von Unionsbürgern oder von Staatsangehörigen eines EWR-Staates (§ 5 Absatz 5 des Freizügigkeitsgesetzes/EU) in

den Fällen des § 11 Absatz 1 Satz 6 des Freizügigkeitsgesetzes/EU das in Anlage D16 abgedruckte Muster und

15. für die Änderung der Anschrift auf Dokumenten mit elektronischem Speicher- und Verarbeitungsmedium (§ 78 Absatz 7 Satz 2 des Aufenthaltsgesetzes) das in Anlage D17 abgedruckte Muster.

²Die nach den Mustern in den Anlagen D4c, D7a, D8a ausgestellten Passersatzpapiere werden nicht verlängert.

§ 59 Muster der Aufenthaltstitel

(1) ¹Das Muster des Aufenthaltstitels nach § 4 Abs. 1 Satz 2 Nr. 1 des Aufenthaltsgesetzes (Visum) richtet sich nach der Verordnung (EG) Nr. 1683/95 des Rates vom 29. Mai 1995 über eine einheitliche Visagestaltung (ABl. EG Nr. L 164 S. 1), zuletzt geändert durch die Verordnung (EG) Nr. 856/2008 (ABl. L 235 vom 2.9.2008, S. 1), in der jeweils geltenden Fassung. ²Es ist in Anlage D13a abgedruckt. ³Für die Verlängerung im Inland ist das in Anlage D13b abgedruckte Muster zu verwenden.

(2) ¹Die Muster der Aufenthaltstitel, die nach § 78 Absatz 1 des Aufenthaltsgesetzes als eigenständige Dokumente mit elektronischem Speicher- und Verarbeitungsmedium auszustellen sind, sowie die Muster der Aufenthalts- und Daueraufenthaltskarten, die nach § 11 Absatz 1 des Freizügigkeitsgesetzes/EU in Verbindung mit § 78 Absatz 1 des Aufenthaltsgesetzes als Dokumente mit elektronischem Speicher- und Verarbeitungsmedium auszustellen sind, richten sich nach der Verordnung (EG) Nr. 380/2008 des Rates vom 18. April 2008 zur Änderung der Verordnung (EG) Nr. 1030/2002 zur einheitlichen Gestaltung des Aufenthaltstitels für Drittstaatenangehörige (ABl. L 115 vom 29.4.2008, S. 1) in der jeweils geltenden Fassung. ²Gleiches gilt für Aufenthaltserlaubnisse, die nach Maßgabe des Abkommens vom 21. Juni 1999 zwischen der Europäischen Gemeinschaft und ihren Mitgliedstaaten einerseits und der Schweizerischen Eidgenossenschaft andererseits auf Antrag als Dokumente mit elektronischem Speicher- und Verarbeitungsmedium ausgestellt werden. ³Die Muster für Dokumente nach den Sätzen 1 und 2 sind in Anlage D14a abgedruckt. ⁴Aufenthaltstitel nach § 78 Absatz 1 in Verbindung mit § 4 Absatz 1 Satz 2 Nummer 4 des Aufenthaltsgesetzes, die gemäß dem bis zum 1. Dezember 2013 zu verwendenden Muster der Anlage D14a ausgestellt wurden, behalten ihre Gültigkeit.

(3) ¹Die Muster für Vordrucke der Aufenthaltstitel nach § 4 Absatz 1 Nummer 2 bis 4 des Aufenthaltsgesetzes richten sich im Fall des § 78a Absatz 1 Satz 1 des Aufenthaltsgesetzes nach der Verordnung (EG) Nr. 1030/2002 des Rates vom 13. Juni 2002 zur einheitlichen Gestaltung des Aufenthaltstitels für Drittstaatenangehörige (ABl. L 157 vom 15.6.2002, S. 1). ²Sie sind in Anlage D14 abgedruckt. Bei der Niederlassungserlaubnis, der Erlaubnis zum Daueraufenthalt – EU, der Blauen Karte EU, der ICT-Karte, der Mobiler-ICT-Karte und der Aufenthaltserlaubnis ist im Feld für Anmerkungen die für die Erteilung maßgebliche Rechtsgrundlage einzutragen. ³Bei Inhabern der Blauen Karte EU ist bei Erteilung der Erlaubnis zum Daueraufenthalt – EU im Feld für Anmerkungen „Ehem. Inh. der Blauen Karte EU" einzutragen. Für die Erlaubnis zum Daueraufenthalt – EU kann im Falle des § 78a Absatz 1 Satz 1 des Aufenthaltsgesetzes der Vordruck der Anlage D14 mit der Bezeichnung „Daueraufenthalt-EG" weiterverwendet werden.

(4) ¹In einer Aufenthaltserlaubnis, die nach § 20 Absatz 1 des Aufenthaltsgesetzes erteilt wird, oder in einem zu dieser Aufenthaltserlaubnis gehörenden Zusatzblatt nach den Anlagen D11 und D11a oder in dem Trägervordruck nach der Anlage D1 wird der Vermerk „Forscher" eingetragen. ²In einer Aufenthaltserlaubnis, die nach § 20b des Aufenthaltsgesetzes erteilt wird, oder in einem zu dieser Aufenthaltserlaubnis gehörenden Zusatzblatt nach den Anlagen D11 und D11a oder in dem Trägervordruck nach der Anlage D1 wird der Vermerk „Forscher-Mobilität" eingetragen.

(4a) In einer Aufenthaltserlaubnis, die nach § 16 Absatz 1 des Aufenthaltsgesetzes erteilt wird, oder in einem zu dieser Aufenthaltserlaubnis gehörenden Zusatzblatt nach den Anlagen D11 und D11a oder in dem Trägervordruck nach der Anlage D1 wird der Vermerk „Student" eingetragen.

(4b) In einer Aufenthaltserlaubnis, die nach § 17b des Aufenthaltsgesetzes erteilt wird, oder in einem zu dieser Aufenthaltserlaubnis gehörenden Zusatzblatt nach den Anlagen D11 und D11a oder in dem Trägervordruck nach der Anlage D1 wird der Vermerk „Praktikant" eingetragen.

(4c) In einer Aufenthaltserlaubnis, die nach § 18d des Aufenthaltsgesetzes erteilt wird, oder in einem zu dieser Aufenthaltserlaubnis gehörenden Zusatzblatt nach den Anlagen D11 und D11a oder in dem Trägervordruck nach der Anlage D1 wird der Vermerk „Freiwilliger" eingetragen.

(4d) Bei Forschern oder Studenten, die im Rahmen eines bestimmten Programms mit Mobilitätsmaßnahmen oder im Rahmen einer Vereinbarung zwischen zwei oder mehr anerkannten Hochschuleinrichtungen in die Europäische Union reisen, wird das betreffende Programm oder die Vereinbarung auf dem Aufenthaltstitel angegeben.

(4e) In einem Aufenthaltstitel, der für eine Saisonbeschäftigung gemäß § 15a der Beschäftigungsverordnung erteilt wird, oder in einem zu diesem Aufenthaltstitel gehörenden Zusatzblatt nach Anlage D11 oder in dem Trägervordruck nach Anlage D13a wird im Feld Anmerkungen der Vermerk „Saisonbeschäftigung" eingetragen.

(5) Ist in einem Aufenthaltstitel die Nebenbestimmung eingetragen, wonach die Ausübung einer Erwerbstätigkeit nicht gestattet ist, bezieht sich diese Nebenbestimmung nicht auf die in § 17 Abs. 2 genannten Tätigkeiten, sofern im Aufenthaltstitel nicht ausdrücklich etwas anderes bestimmt ist.

(6) Wenn die Grenzbehörde die Einreise nach § 60a Abs. 2a Satz 1 des Aufenthaltsgesetzes zulässt und eine Duldung ausstellt, vermerkt sie dies auf dem nach § 58 Nr. 2 vorgesehenen Vordruck.

§ 59a Hinweis auf Gewährung internationalen Schutzes

(1) Wird einem Ausländer, dem in der Bundesrepublik Deutschland die Rechtsstellung eines international Schutzberechtigten im Sinne von § 2 Absatz 13 des Aufenthaltsgesetzes zuerkannt wurde, eine Erlaubnis zum Daueraufenthalt – EU nach § 9a des Aufenthaltsgesetzes erteilt, so ist in dem Feld für Anmerkungen folgender Hinweis aufzunehmen: „Durch DEU am [Datum] internationaler Schutz gewährt".

(2) ¹Wird einem Ausländer, der im Besitz einer langfristigen Aufenthaltsberechtigung – EU eines anderen Mitgliedstaates der Europäischen Union ist, die den Hinweis enthält, dass dieser Staat dieser Person internationalen Schutz gewährt, eine Erlaubnis zum Daueraufenthalt – EU nach § 9a des Aufenthaltsgesetzes erteilt, so ist in dem Feld für Anmerkungen der Erlaubnis zum Daueraufenthalt – EU ein entsprechender Hinweis aufzunehmen. ²Vor Aufnahme des Hinweises ist der betreffende Mitgliedstaat in dem Verfahren nach § 91c Absatz 1a des Aufenthaltsgesetzes um Auskunft darüber zu ersuchen, ob der Ausländer dort weiterhin internationalen Schutz genießt. ³Wurde der internationale Schutz in dem anderen Mitgliedstaat

durch eine rechtskräftige Entscheidung aberkannt, wird der Hinweis nach Satz 1 nicht aufgenommen.

(3) ¹Ist ein Ausländer im Besitz einer Erlaubnis zum Daueraufenthalt – EU nach § 9a des Aufenthaltsgesetzes, die den Hinweis nach Absatz 2 Satz 1 enthält, und ist die Verantwortung für den internationalen Schutz im Sinne von § 2 Absatz 13 des Aufenthaltsgesetzes nach Maßgabe der einschlägigen Rechtsvorschriften auf Deutschland übergegangen, so ist der Hinweis durch den in Absatz 1 genannten Hinweis zu ersetzen. ²Die Aufnahme dieses Hinweises hat spätestens drei Monate nach Übergang der Verantwortung auf Deutschland zu erfolgen.

(4) ¹Ist der Ausländer im Besitz einer Erlaubnis zum Daueraufenthalt – EU nach § 9a des Aufenthaltsgesetzes und wird ihm in einem anderen Mitgliedstaat der Europäischen Union internationaler Schutz im Sinne von § 2 Absatz 13 des Aufenthaltsgesetzes gewährt, bevor er dort eine langfristige Aufenthaltsberechtigung – EU erhält, so ist durch die zuständige Ausländerbehörde in das Feld für Anmerkungen der Erlaubnis zum Daueraufenthalt – EU folgender Hinweis aufzunehmen: „Durch [Abkürzung des Mitgliedstaates] am [Datum] internationaler Schutz gewährt". ²Die Aufnahme dieses Hinweises hat spätestens drei Monate nachdem ein entsprechendes Ersuchen der zuständigen Stelle des anderen Mitgliedstaates beim Bundesamt für Migration und Flüchtlinge eingegangen ist zu erfolgen.

§ 60 Lichtbild

(1) ¹Lichtbilder müssen den in § 5 der Passverordnung vom 19. Oktober 2007 in der jeweils geltenden Fassung festgelegten Anforderungen entsprechen und den Ausländer zweifelsfrei erkennen lassen. ²Sie müssen die Person ohne Gesichts- und Kopfbedeckung zeigen. ³Die zuständige Behörde kann hinsichtlich der Kopfbedeckung Ausnahmen zulassen oder anordnen, sofern gewährleistet ist, dass die Person hinreichend identifiziert werden kann.

(2) Der Ausländer, für den ein Dokument nach § 58 oder § 59 ausgestellt werden soll, hat der zuständigen Behörde auf Verlangen ein aktuelles Lichtbild nach Absatz 1 vorzulegen oder bei der Anfertigung eines Lichtbildes mitzuwirken.

(3) Das Lichtbild darf von den zuständigen Behörden zum Zweck des Einbringens in ein Dokument nach § 58 oder § 59 und zum späteren Abgleich mit dem tatsächlichen Aussehen des Dokumenteninhabers verarbeitet und genutzt werden.

§ 61 Sicherheitsstandard, Ausstellungstechnik

(1) Die produktions- und sicherheitstechnischen Spezifikationen für die nach dieser Verordnung bestimmten Vordruckmuster werden vom Bundesministerium des Innern festgelegt. Sie werden nicht veröffentlicht.

(2) Einzelheiten zum technischen Verfahren für das Ausfüllen der bundeseinheitlichen Vordrucke werden vom Bundesministerium des Innern festgelegt und bekannt gemacht.

Abschnitt 2. Datenerfassung, Datenverarbeitung und Datenschutz
Unterabschnitt 1. Erfassung und Übermittlung von Antragsdaten zur Herstellung von Dokumenten mit elektronischem Speicher- und Verarbeitungsmedium nach § 4 sowie nach § 78 des Aufenthaltsgesetzes

§ 61a Fingerabdruckerfassung bei der Beantragung von Dokumenten mit elektronischem Speicher- und Verarbeitungsmedium

(1) [1]Die Fingerabdrücke werden in Form des flachen Abdrucks des linken und rechten Zeigefingers des Antragstellers im elektronischen Speicher- und Verarbeitungsmedium des Dokuments gespeichert. [2]Bei Fehlen eines Zeigefingers, ungenügender Qualität des Fingerabdrucks oder Verletzungen der Fingerkuppe wird ersatzweise der flache Abdruck entweder des Daumens, des Mittelfingers oder des Ringfingers gespeichert. [3]Fingerabdrücke sind nicht zu speichern, wenn die Abnahme der Fingerabdrücke aus medizinischen Gründen, die nicht nur vorübergehender Art sind, unmöglich ist.

(2) ¹Auf Verlangen hat die Ausländerbehörde dem Dokumenteninhaber Einsicht in die im elektronischen Speicher- und Verarbeitungsmedium gespeicherten Daten zu gewähren. ²Die bei der Ausländerbehörde gespeicherten Fingerabdrücke sind spätestens nach Aushändigung des Dokuments zu löschen.

§ 61b Form und Verfahren der Datenerfassung, -prüfung sowie der dezentralen Qualitätssicherung

(1) Die Ausländerbehörde hat durch technische und organisatorische Maßnahmen die erforderliche Qualität der Erfassung des Lichtbildes und der Fingerabdrücke sicherzustellen.

(2) Zur elektronischen Erfassung des Lichtbildes und der Fingerabdrücke sowie zu deren Qualitätssicherung dürfen ausschließlich solche technischen Systeme und Bestandteile eingesetzt werden, die dem Stand der Technik entsprechen.

(3) ¹Die Einhaltung des Standes der Technik wird vermutet, wenn die eingesetzten Systeme und Bestandteile den für die Produktionsdatenerfassung, -qualitätsprüfung und -übermittlung maßgeblichen Technischen Richtlinien des Bundesamtes für Sicherheit in der Informationstechnik in der jeweils geltenden Fassung entsprechen. ²Diese Technischen Richtlinien sind vom Bundesamt für Sicherheit in der Informationstechnik im Bundesanzeiger zu veröffentlichen.

(4) ¹Beantragung, Ausstellung und Ausgabe von Dokumenten mit elektronischem Speicher- und Verarbeitungsmedium dürfen nicht zum Anlass genommen werden, die dafür erforderlichen Angaben und die biometrischen Merkmale außer bei den zuständigen Ausländerbehörden zu speichern. ²Entsprechendes gilt für die zur Ausstellung erforderlichen Antragsunterlagen sowie für personenbezogene fotografische Datenträger (Mikrofilme).

(5) ¹Eine zentrale, alle Seriennummern umfassende Speicherung darf nur bei dem Dokumentenhersteller und ausschließlich zum Nachweis des Verbleibs der Dokumente mit elektronischem Speicher- und Verarbeitungsmedium erfolgen. ²Die Speicherung weiterer Angaben einschließlich der biometrischen Daten bei dem Dokumentenhersteller ist unzulässig, soweit sie nicht ausschließlich und vorübergehend der Herstellung der Dokumente dient; die Angaben sind anschließend zu löschen.

(6) ¹Die Seriennummern dürfen nicht so verwendet werden, dass mit ihrer Hilfe ein Abruf personenbezogener Daten aus Dateien oder eine Verknüpfung von Dateien möglich ist. ²Abweichend von Satz 1 dürfen die Seriennummern verwendet werden:

1. durch die Ausländerbehörden für den Abruf personenbezogener Daten aus ihren Dateien,
2. durch die Polizeibehörden und -dienststellen des Bundes und der Länder für den Abruf der in Dateien gespeicherten Seriennummern solcher Dokumente mit elektronischem Speicher- und Verarbeitungsmedium, die für ungültig erklärt worden sind, abhanden gekommen sind oder bei denen der Verdacht einer Benutzung durch Nichtberechtigte besteht.

(7) Die Absätze 4 bis 6 sowie § 4 Absatz 3 Satz 2 und 3 und § 61a Absatz 2 Satz 2 gelten entsprechend für alle übrigen, durch deutsche Behörden ausgestellten Passersatzpapiere für Ausländer.

§ 61c Übermittlung der Daten an den Dokumentenhersteller

(1) ¹Nach der Erfassung werden sämtliche Antragsdaten in den Ausländerbehörden zu einem digitalen Datensatz zusammengeführt und an den Dokumentenhersteller übermittelt. ²Die Datenübermittlung umfasst auch die Qualitätswerte zu den erhobenen Fingerabdrücken und – soweit vorhanden – zu den Lichtbildern, die Behördenkennzahl, die Versionsnummern der Qualitätssicherungssoftware und der Qualitätssollwerte, den Zeitstempel des Antrags sowie die Speichergröße der biometrischen Daten. ³Die Datenübermittlung erfolgt durch elektronische Datenübertragung über verwaltungseigene Kommunikationsnetze oder über das Internet. ⁴Sie erfolgt unmittelbar zwischen Ausländerbehörde und Dokumentenhersteller oder über Vermittlungsstellen. ⁵Die zu übermittelnden Daten sind zur Sicherstellung von Datenschutz und Datensicherheit dem Stand der Technik entsprechend elektronisch zu signieren und zu verschlüsseln.

(2) ¹Zum Signieren und Verschlüsseln der nach Absatz 1 zu übermittelnden Daten sind gültige Zertifikate nach den Anforderungen der vom Bundesamt für Sicherheit in der Informationstechnik erstellten Sicherheitsleitlinien der Wurzelzertifizierungsinstanz der Verwaltung zu nutzen. ²Der Dokumentenhersteller hat geeignete technische und organisatorische Regelungen zu

treffen, die eine Weiterverarbeitung von ungültig signierten Antragsdaten ausschließen.

(3) ¹Die Datenübertragung nach Absatz 1 Satz 3 erfolgt unter Verwendung eines XML-basierten Datenaustauschformats gemäß den für die Produktionsdatenerfassung, -qualitätsprüfung und -übermittlung maßgeblichen Technischen Richtlinien des Bundesamtes für Sicherheit in der Informationstechnik und auf der Grundlage des Übermittlungsprotokolls OSCI-Transport in der jeweils gültigen Fassung. ²§ 61b Absatz 3 Satz 2 gilt entsprechend.

(4) ¹Soweit die Datenübermittlung über Vermittlungsstellen erfolgt, finden die Absätze 1 bis 3 auf die Datenübermittlung zwischen Vermittlungsstelle und Dokumentenhersteller entsprechende Anwendung. ²Die Datenübermittlung zwischen Ausländerbehörde und Vermittlungsstelle muss hinsichtlich Datensicherheit und Datenschutz ein den in Absatz 1 Satz 5 genannten Anforderungen entsprechendes Niveau aufweisen. ³Die Anforderungen an das Verfahren zur Datenübermittlung zwischen Ausländerbehörde und Vermittlungsstelle richten sich nach dem jeweiligen Landesrecht.

§ 61d Nachweis der Erfüllung der Anforderungen

(1) ¹Die Einhaltung der Anforderungen nach den Technischen Richtlinien ist vom Bundesamt für Sicherheit in der Informationstechnik vor dem Einsatz der Systeme und Bestandteile festzustellen (Konformitätsbescheid). ²Hersteller und Lieferanten von technischen Systemen und Bestandteilen, die in den Ausländerbehörden zum Einsatz bei den in § 61b Absatz 1 und 2 geregelten Verfahren bestimmt sind, beantragen spätestens drei Monate vor der voraussichtlichen Inbetriebnahme beim Bundesamt für Sicherheit in der Informationstechnik einen Konformitätsbescheid nach Satz 1.

(2) ¹Die Prüfung der Konformität erfolgt durch eine vom Bundesamt für Sicherheit in der Informationstechnik anerkannte und für das Verfahren nach dieser Vorschrift speziell autorisierte Prüfstelle. ²Die Prüfstelle dokumentiert Ablauf und Ergebnis der Prüfung in einem Prüfbericht. ³Das Bundesamt für Sicherheit in der Informationstechnik stellt auf Grundlage des Prüfberichtes einen Konformitätsbescheid aus. ⁴Die Kosten des Verfahrens, die sich nach der BSI-Kostenverordnung vom 3. März 2005 (BGBl. I S. 519) in der jeweils

gültigen Fassung richten, und die Kosten, die von der jeweiligen Prüfstelle erhoben werden, trägt der Antragsteller.

§ 61e Qualitätsstatistik

¹Der Dokumentenhersteller erstellt eine Qualitätsstatistik. ²Sie enthält anonymisierte Qualitätswerte zu Lichtbildern und Fingerabdrücken, die sowohl in der Ausländerbehörde als auch beim Dokumentenhersteller ermittelt und vom Dokumentenhersteller ausgewertet werden. ³Der Dokumentenhersteller stellt die Ergebnisse der Auswertung dem Bundesministerium des Innern und dem Bundesamt für Sicherheit in der Informationstechnik zur Verfügung. ⁴Die Einzelheiten der Auswertung der Statistikdaten bestimmen sich nach den Technischen Richtlinien des Bundesamtes für Sicherheit in der Informationstechnik hinsichtlich der Vorgaben zur zentralen Qualitätssicherungsstatistik.

§ 61f Automatischer Abruf aus Dateien und automatische Speicherung im öffentlichen Bereich

(1) ¹Behörden und sonstige öffentliche Stellen dürfen Dokumente mit elektronischem Speicher- und Verarbeitungsmedium nicht zum automatischen Abruf personenbezogener Daten verwenden. ²Abweichend von Satz 1 dürfen die Polizeibehörden und -dienststellen des Bundes und der Länder sowie, soweit sie Aufgaben der Grenzkontrolle wahrnehmen, die Zollbehörden Dokumente mit elektronischem Speicher- und Verarbeitungsmedium im Rahmen ihrer Aufgaben und Befugnisse zum automatischen Abruf personenbezogener Daten verwenden, die für Zwecke

1. der Grenzkontrolle,
2. der Fahndung oder Aufenthaltsfeststellung aus Gründen der Strafverfolgung, Strafvollstreckung oder der Abwehr von Gefahren für die öffentliche Sicherheit

im polizeilichen Fahndungsbestand geführt werden. ³Über Abrufe, die zu keiner Feststellung geführt haben, dürfen vorbehaltlich gesetzlicher Regelungen nach Absatz 2 keine personenbezogenen Aufzeichnungen gefertigt werden.

(2) Personenbezogene Daten dürfen, soweit gesetzlich nichts anderes bestimmt ist, beim automatischen Lesen des Dokuments mit elektronischem Speicher- und Verarbeitungsmedium nicht in Dateien gespeichert werden; dies gilt auch für Abrufe aus dem polizeilichen Fahndungsbestand, die zu einer Feststellung geführt haben.

§ 61g Verwendung im nichtöffentlichen Bereich

(1) Das Passersatzpapier kann auch im nichtöffentlichen Bereich als Ausweis und Legitimationspapier benutzt werden.

(2) Die Seriennummern dürfen nicht so verwendet werden, dass mit ihrer Hilfe ein Abruf personenbezogener Daten aus Dateien oder eine Verknüpfung von Dateien möglich ist.

(3) Das Passersatzpapier darf weder zum automatischen Abruf personenbezogener Daten noch zur automatischen Speicherung personenbezogener Daten verwendet werden.

(4) [1]Beförderungsunternehmen dürfen personenbezogene Daten aus der maschinenlesbaren Zone des Passersatzes elektronisch nur auslesen und verarbeiten, soweit sie auf Grund internationaler Abkommen oder Einreisebestimmungen zur Mitwirkung an Kontrolltätigkeiten im internationalen Reiseverkehr und zur Übermittlung personenbezogener Daten verpflichtet sind. [2]Biometrische Daten dürfen nicht ausgelesen werden. [3]Die Daten sind unverzüglich zu löschen, wenn sie für die Erfüllung dieser Pflichten nicht mehr erforderlich sind.

§ 61h Anwendung der Personalausweisverordnung

(1) Hinsichtlich des elektronischen Identitätsnachweises gemäß § 78 Absatz 5 des Aufenthaltsgesetzes sind die §§ 1 bis 4, 5 Absatz 2, 3 und 4 Satz 1 bis 4, die §§ 10, 13 bis 17, 18 Absatz 1, 2 und 4, die §§ 20, 21, 22 Absatz 1 Satz 1, Absatz 2 Satz 1 und 4, Absatz 3, die §§ 23, 24, 25 Absatz 1, 2 Satz 1, Absatz 3, § 26 Absatz 1 und 3 sowie die §§ 27 bis 36 der Personalausweisverordnung mit der Maßgabe entsprechend anzuwenden, dass die Ausländerbehörde an die Stelle der Personalausweisbehörde tritt.

(2) Die Nutzung des elektronischen Identitätsnachweises ist ausgeschlossen, wenn die Identität des Ausländers durch die Ausländerbehörde nicht zweifelsfrei festgestellt ist.

Unterabschnitt 2. Führung von Ausländerdateien durch die Ausländerbehörden und die Auslandsvertretungen

§ 62 Dateienführungspflicht der Ausländerbehörden

Die Ausländerbehörden führen zwei Dateien unter den Bezeichnungen „Ausländerdatei A" und „Ausländerdatei B".

§ 63 Ausländerdatei A

(1) In die Ausländerdatei A werden die Daten eines Ausländers aufgenommen,

1. der bei der Ausländerbehörde
   a. die Erteilung oder Verlängerung eines Aufenthaltstitels beantragt oder
   b. einen Asylantrag einreicht,
2. dessen Aufenthalt der Ausländerbehörde von der Meldebehörde oder einer sonstigen Behörde mitgeteilt wird oder
3. für oder gegen den die Ausländerbehörde eine ausländerrechtliche Maßnahme oder Entscheidung trifft.

(2) Die Daten sind unverzüglich in der Datei zu speichern, sobald die Ausländerbehörde mit dem Ausländer befasst wird oder ihr eine Mitteilung über den Ausländer zugeht.

§ 64 Datensatz der Ausländerdatei A

(1) In die Ausländerdatei A sind über jeden Ausländer, der in der Datei geführt wird, folgende Daten aufzunehmen:

1. Familienname,
2. Geburtsname,
3. Vornamen,

4. Tag und Ort mit Angabe des Staates der Geburt,
5. Geschlecht,
6. Doktorgrad,
7. Staatsangehörigkeiten,
8. Aktenzeichen der Ausländerakte,
9. Hinweis auf andere Datensätze, unter denen der Ausländer in der Datei geführt wird,
10. das Sperrkennwort und die Sperrsumme für die Sperrung oder Entsperrung des elektronischen Identitätsnachweises eines Dokuments nach § 78 Absatz 1 des Aufenthaltsgesetzes und
11. Angaben zur Ausschaltung und Einschaltung sowie Sperrung und Entsperrung des elektronischen Identitätsnachweises eines Dokuments nach § 78 Absatz 1 des Aufenthaltsgesetzes.

(2) Aufzunehmen sind ferner frühere Namen, abweichende Namensschreibweisen, Aliaspersonalien und andere von dem Ausländer geführte Namen wie Ordens- oder Künstlernamen oder der Familienname nach deutschem Recht, der von dem im Pass eingetragenen Familiennamen abweicht.

(3) Die Ausländerbehörde kann den Datensatz auf die in Absatz 1 genannten Daten beschränken und für die in Absatz 2 genannten Daten jeweils einen zusätzlichen Datensatz nach Maßgabe des Absatzes 1 einrichten.

§ 65 Erweiterter Datensatz

In die Ausländerdatei A sollen, soweit die dafür erforderlichen technischen Einrichtungen bei der Ausländerbehörde vorhanden sind, zusätzlich zu den in § 64 genannten Daten folgende Daten aufgenommen werden:

1. Familienstand,
2. gegenwärtige Anschrift und Einzugsdatum,
3. frühere Anschriften und Auszugsdatum,
4. Ausländerzentralregister-Nummer,
5. Angaben zum Pass, Passersatz oder Ausweisersatz:
    a) Art des Dokuments,
    b) Seriennummer,
    c) ausstellender Staat und ausstellende Behörde,
    d) Gültigkeitsdauer,
6. freiwillig gemachte Angaben zur Religionszugehörigkeit,

7. Lichtbild,
8. Visadatei-Nummer,
9. folgende ausländerrechtliche Maßnahmen jeweils mit Erlassdatum:
   a) Erteilung und Verlängerung eines Aufenthaltstitels unter Angabe der Rechtsgrundlage des Aufenthaltstitels und einer Befristung,
   b) Ablehnung eines Antrages auf Erteilung oder Verlängerung eines Aufenthaltstitels,
   c) Erteilung einer Bescheinigung über die Aufenthaltsgestattung unter Angabe der Befristung,
   d) Anerkennung als Asylberechtigter oder die Feststellung, dass die Voraussetzungen des § 25 Abs. 2 des Aufenthaltsgesetzes vorliegen, sowie Angaben zur Bestandskraft,
   e) Ablehnung eines Asylantrags oder eines Antrages auf Anerkennung als heimatloser Ausländer und Angaben zur Bestandskraft,
   f) Widerruf und Rücknahme der Anerkennung als Asylberechtigter oder der Feststellung, dass die Voraussetzungen des § 25 Abs. 2 des Aufenthaltsgesetzes vorliegen,
   g) Bedingungen, Auflagen und räumliche Beschränkungen,
   h) nachträgliche zeitliche Beschränkungen,
   i) Widerruf und Rücknahme eines Aufenthaltstitels oder·Feststellung des Verlusts des Freizügigkeitsrechts nach § 2 Absatz 7, § 5 Absatz 4 oder § 6 Abs. 1 des Freizügigkeitsgesetzes/EU,
   j) sicherheitsrechtliche Befragung nach § 54 Absatz 2 Nummer 7 des Aufenthaltsgesetzes,
   k) Ausweisung,
   l) Ausreiseaufforderung unter Angabe der Ausreisefrist,
   m) Androhung der Abschiebung unter Angabe der Ausreisefrist,
   n) Anordnung und Vollzug der Abschiebung einschließlich der Abschiebungsanordnung nach § 58a des Aufenthaltsgesetzes,
   o) Verlängerung der Ausreisefrist,
   p) Erteilung und Erneuerung einer Bescheinigung über die Aussetzung der Abschiebung (Duldung) nach § 60a des Aufenthaltsgesetzes unter Angabe der Befristung,
   q) Untersagung oder Beschränkung der politischen Betätigung unter Angabe einer Befristung,
   r) Überwachungsmaßnahmen nach § 56 des Aufenthaltsgesetzes,
   s) Erlass eines Ausreiseverbots,
   t) Zustimmung der Ausländerbehörde zur Visumserteilung,

u) Befristung nach § 11 Absatz 2 des Aufenthaltsgesetzes,
v) Erteilung einer Betretenserlaubnis nach § 11 Absatz 8 des Aufenthaltsgesetzes unter Angabe der Befristung,
w) Übermittlung von Einreisebedenken im Hinblick auf § 5 des Aufenthaltsgesetzes an das Ausländerzentralregister,
x) Übermittlung einer Verurteilung nach § 95 Abs. 1 Nr. 3 oder Abs. 2 Nr. 1 des Aufenthaltsgesetzes,
y) Berechtigung oder Verpflichtung zur Teilnahme an Integrationskursen nach den §§ 43 bis 44a des Aufenthaltsgesetzes, Beginn und erfolgreicher Abschluss der Teilnahme an Integrationskursen nach den §§ 43 bis 44a des Aufenthaltsgesetzes sowie, bis zum Abschluss des Kurses, gemeldete Fehlzeiten, Abgabe eines Hinweises nach § 44a Abs. 3 Satz 1 des Aufenthaltsgesetzes sowie Kennziffern, die von der Ausländerbehörde für die anonymisierte Mitteilung der vorstehend genannten Ereignisse an das Bundesamt für Migration und Flüchtlinge zur Erfüllung seiner Koordinierungs- und Steuerungsfunktion verwendet werden,
z) Zustimmung der Bundesagentur für Arbeit nach § 39 des Aufenthaltsgesetzes mit räumlicher Beschränkung und weiteren Nebenbestimmungen, deren Rücknahme sowie deren Versagung nach § 40 des Aufenthaltsgesetzes, deren Widerruf nach § 41 des Aufenthaltsgesetzes oder von der Ausländerbehörde festgestellte Zustimmungsfreiheit,
10. Geschäftszeichen des Bundesverwaltungsamtes für Meldungen zu einer laufenden Beteiligungsanfrage oder einem Nachberichtsfall (BVA-Verfahrensnummer).

§ 66 Datei über Passersatzpapiere

¹Über die ausgestellten Reiseausweise für Ausländer, Reiseausweise für Flüchtlinge, Reiseausweise für Staatenlose und Notreiseausweise hat die ausstellende Behörde oder Dienststelle eine Datei zu führen. ²Die Vorschriften über das Passregister für deutsche Pässe gelten entsprechend.

§ 67 Ausländerdatei B

(1) Die nach § 64 in die Ausländerdatei A aufgenommenen Daten sind in die Ausländerdatei B zu übernehmen, wenn der Ausländer

1. gestorben,
2. aus dem Bezirk der Ausländerbehörde fortgezogen ist oder
3. die Rechtsstellung eines Deutschen im Sinne des Artikels 116 Absatz 1 des Grundgesetzes erworben hat.

(2) ¹Der Grund für die Übernahme der Daten in die Ausländerdatei B ist in der Datei zu vermerken. ²In der Datei ist auch die Abgabe der Ausländerakte an eine andere Ausländerbehörde unter Angabe der Empfängerbehörde zu vermerken.

(3) Im Fall des Absatzes 1 Nr. 2 können auch die in § 65 genannten Daten in die Ausländerdatei B übernommen werden.

§ 68 Löschung

(1) ¹In der Ausländerdatei A sind die Daten eines Ausländers zu löschen, wenn sie nach § 67 Abs. 1 in die Ausländerdatei B übernommen werden. ²Die nur aus Anlass der Zustimmung zur Visumerteilung aufgenommenen Daten eines Ausländers sind zu löschen, wenn der Ausländer nicht innerhalb von zwei Jahren nach Ablauf der Geltungsdauer der Zustimmung eingereist ist.

(2) ¹Die Daten eines Ausländers, der ausgewiesen, zurückgeschoben oder abgeschoben wurde, sind in der Ausländerdatei B zu löschen, wenn die Unterlagen über die Ausweisung und die Abschiebung nach § 91 Abs. 1 des Aufenthaltsgesetzes zu vernichten sind. ²Im Übrigen sind die Daten eines Ausländers in der Ausländerdatei B zehn Jahre nach Übernahme der Daten zu löschen. ³Im Fall des § 67 Absatz 1 Nummer 1 und 3 sollen die Daten fünf Jahre nach Übernahme des Datensatzes gelöscht werden.

§ 69 Visadateien der Auslandsvertretungen

(1) Jede Auslandsvertretung, die mit Visumangelegenheiten betraut ist, führt eine Datei über Visumanträge, die Rücknahme von Visumanträgen und die Erteilung, Versagung, Rücknahme, Annullierung und Aufhebung sowie den Widerruf von Visa.

(2) In der Visadatei werden folgende Daten automatisiert gespeichert, soweit die Speicherung für die Erfüllung der gesetzlichen Aufgaben der Auslandsvertretung erforderlich ist:

1. über den Ausländer:
   a) Nachname,
   b) Geburtsname,
   c) Vornamen,
   d) abweichende Namensschreibweisen, andere Namen und frühere Namen,
   e) Datum, Ort und Land der Geburt,
   f) Geschlecht,
   g) Familienstand,
   h) derzeitige Staatsangehörigkeiten sowie Staatsangehörigkeiten zum Zeitpunkt der Geburt,
   i) nationale Identitätsnummer,
   j) bei Minderjährigen Vor- und Nachnamen der Inhaber der elterlichen Sorge oder der Vormünder,
   k) Heimatanschrift und Wohnanschrift,
   l) Art, Seriennummer und Gültigkeitsdauer von Aufenthaltstiteln für andere Staaten als den Heimatstaat,
   m) Angaben zur derzeitigen Beschäftigung und Name, Anschrift und Telefonnummer des Arbeitgebers; bei Studenten Name und Anschrift der Bildungseinrichtung,
   n) Lichtbild,
   o) Fingerabdrücke oder Gründe für die Befreiung von der Pflicht zur Abgabe von Fingerabdrücken und
   p) Vor- und Nachnamen, Geburtsdatum, Nationalität, Nummer des Reisedokuments oder des Personalausweises des Ehegatten, der Kinder, Enkelkinder oder abhängigen Verwandten in aufsteigender Linie, soweit es sich bei diesen Personen um Unionsbürger, Staatsangehörige eines Staates des Europäischen Wirtschaftsraums oder der Schweiz handelt, und das Verwandtschaftsverhältnis des Ausländers zu der betreffenden Person,
   q) bei beabsichtigten Aufenthalten zur Beschäftigung Angaben zum beabsichtigten Beschäftigungsverhältnis und zur Qualifikation,
2. über die Reise:
   a) Zielstaaten im Schengen-Raum,
   b) Hauptzwecke der Reise,
   c) Schengen-Staat der ersten Einreise,

- d) Art, Seriennummer, ausstellende Behörde, Ausstellungsdatum und Gültigkeitsdauer des Reisedokuments oder Angaben zu einer Ausnahme von der Passpflicht,
- e) das Vorliegen einer Verpflichtungserklärung nach § 66 Absatz 2 oder § 68 Absatz 1 des Aufenthaltsgesetzes und die Stelle, bei der sie vorliegt, sowie das Ausstellungsdatum,
- f) Angaben zu Aufenthaltsadressen des Antragstellers und
- g) Vornamen, Nachname, abweichende Namensschreibweisen, andere Namen und frühere Namen, Anschrift, Geburtsdatum, Geburtsort, Staatsangehörigkeiten, Geschlecht, Telefonnummer und E-Mail-Adresse
  aa) eines Einladers,
  bb) einer Person, die durch Abgabe einer Verpflichtungserklärung oder in anderer Weise die Sicherung des Lebensunterhalts garantiert, und
  cc) einer sonstigen Referenzperson;
  soweit eine Organisation an die Stelle einer in Doppelbuchstabe aa bis cc genannten Person tritt: Name, Anschrift, Telefonnummer und E-Mail-Adresse der Organisation, Sitz, Aufgabenstellung oder Wirkungsbereich und Bezeichnung und der Ort des Registers, in das die Organisation eingetragen ist, die Registernummer der Organisation sowie Vornamen und Nachname von deren Kontaktperson,
3. sonstige Angaben:
   - a) Antragsnummer,
   - b) Angaben, ob der Antrag in Vertretung für einen anderen Schengen-Staat bearbeitet wurde,
   - c) Datum der Antragstellung,
   - d) Anzahl der beantragten Aufenthaltstage,
   - e) beantragte Geltungsdauer,
   - f) Visumgebühr und Auslagen,
   - g) Visadatei-Nummer des Ausländerzentralregisters,
   - h) Seriennummer des vorhergehenden Visums,
   - i) Informationen zum Bearbeitungsstand des Visumantrags,
   - j) Angabe, ob ge- oder verfälschte Dokumente vorgelegt wurden, und Art und Nummer der Dokumente, Angaben zum Aussteller, Ausstellungsdatum und Geltungsdauer,

k) Rückmeldungen der am Visumverfahren beteiligten Behörden und
l) bei Visa für Ausländer, die sich länger als 90 Tage im Bundesgebiet aufhalten oder im Bundesgebiet eine Erwerbstätigkeit ausüben wollen, die Angabe der Rechtsgrundlage,

4. über das Visum:
   a) Nummer der Visummarke,
   b) Datum der Erteilung,
   c) Kategorie des Visums,
   d) Geltungsdauer,
   e) Anzahl der Aufenthaltstage,
   f) Geltungsbereich des Visums sowie Anzahl der erlaubten Einreisen in das Gebiet des Geltungsbereichs und
   g) Bedingungen, Auflagen und sonstige Beschränkungen,
5. über die Versagung, die Rücknahme, die Annullierung, den Widerruf und die Aufhebung des Visums:
   a) Datum der Entscheidung und
   b) Angaben zu den Gründen der Entscheidung.

(3) ¹Die nach Absatz 2 gespeicherten Daten sind spätestens zu löschen:

1. bei Erteilung des Visums zwei Jahre nach Ablauf der Geltungsdauer des Visums,
2. bei Rücknahme des Visumantrags zwei Jahre nach der Rücknahme und
3. bei Versagung, Rücknahme, Annullierung, Widerruf oder Aufhebung des Visums fünf Jahre nach diesen Entscheidungen.

²Die nach Absatz 2 Nummer 1 Buchstabe o gespeicherten Fingerabdrücke sind unverzüglich zu löschen, sobald

1. das Visum ausgehändigt wurde,
2. der Antrag durch den Antragsteller zurückgenommen wurde,
3. die Versagung eines Visums zugegangen ist oder
4. nach Antragstellung ein gesetzlicher Ausnahmegrund von der Pflicht zur Abgabe von Fingerabdrücken vorliegt.

³Die nach Absatz 2 Nummer 3 Buchstabe d und e gespeicherten Daten sind unverzüglich bei Erteilung des Visums zu löschen. ⁴Die nach Absatz 2 Nummer 5 gespeicherten Daten sind unverzüglich zu löschen, wenn der

Grund für die Versagung, die Rücknahme, die Annullierung, die Aufhebung oder den Widerruf wegfällt und das Visum erteilt wird.

(4) Die Auslandsvertretungen dürfen die in den Visadateien gespeicherten Daten im Einzelfall einander übermitteln, soweit dies für die Erfüllung der gesetzlichen Aufgaben der Auslandsvertretungen erforderlich ist.

§ 70 (weggefallen)

Unterabschnitt 3. Datenübermittlungen an die Ausländerbehörden

§ 71 Übermittlungspflicht

(1) ¹Die

1. Meldebehörden,
2. Passbehörden,
3. Ausweisbehörden,
4. Staatsangehörigkeitsbehörden,
5. Justizbehörden,
6. Bundesagentur für Arbeit und
7. Gewerbebehörden

sind unbeschadet der Mitteilungspflichten nach § 87 Abs. 2, 4 und 5 des Aufenthaltsgesetzes verpflichtet, den Ausländerbehörden zur Erfüllung ihrer Aufgaben ohne Ersuchen die in den folgenden Vorschriften bezeichneten erforderlichen Angaben über personenbezogene Daten von Ausländern, Amtshandlungen, sonstige Maßnahmen gegenüber Ausländern und sonstige Erkenntnisse über Ausländer mitzuteilen. ²Die Daten sind an die für den Wohnort des Ausländers zuständige Ausländerbehörde, im Fall mehrerer Wohnungen an die für die Hauptwohnung zuständige Ausländerbehörde zu übermitteln. ³Ist die Hauptwohnung unbekannt, sind die Daten an die für den Sitz der mitteilenden Behörde zuständige Ausländerbehörde zu übermitteln.

(2) Bei Mitteilungen nach den §§ 71 bis 76 dieser Verordnung sind folgende Daten des Ausländers, soweit sie bekannt sind, zu übermitteln:

1. Familienname,
2. Geburtsname,
3. Vornamen,
4. Tag, Ort und Staat der Geburt,
5. Geschlecht,
6. Staatsangehörigkeiten,
7. Anschrift.

§ 72 Mitteilungen der Meldebehörden

(1) Die Meldebehörden teilen den Ausländerbehörden mit

1. die Anmeldung,
2. die Abmeldung,
3. die Änderung der Hauptwohnung,
4. die Eheschließung oder die Begründung einer Lebenspartnerschaft, die Scheidung, Nichtigerklärung oder Aufhebung der Ehe, die Aufhebung der Lebenspartnerschaft,
5. die Namensänderung,
6. die Änderung oder Berichtigung des staatsangehörigkeitsrechtlichen Verhältnisses,
7. die Geburt,
8. den Tod,
9. den Tod des Ehegatten oder des Lebenspartners,
10. die eingetragenen Auskunftssperren gemäß § 51 des Bundesmeldegesetzes und deren Wegfall und
11. das Ordnungsmerkmal der Meldebehörde

eines Ausländers.

(2) In den Fällen des Absatzes 1 sind zusätzlich zu den in § 71 Abs. 2 bezeichneten Daten zu übermitteln:

1. bei einer Anmeldung
    a) Doktorgrad,
    b) Familienstand,

    c) die gesetzlichen Vertreter mit Vor- und Familiennamen, Geschlecht, Tag der Geburt und Anschrift,
    d) Tag des Einzugs,
    e) frühere Anschrift und bei Zuzug aus dem Ausland auch der Staat,
    f) Pass, Passersatz oder Ausweisersatz mit Seriennummer, Angabe der ausstellenden Behörde und Gültigkeitsdauer,
2. bei einer Abmeldung
    a) Tag des Auszugs,
    b) neue Anschrift,
3. bei einer Änderung der Hauptwohnung
    a) die bisherige Hauptwohnung,
    b) das Einzugsdatum,
4. bei einer Eheschließung oder Begründung einer Lebenspartnerschaft der Tag der Eheschließung oder der Begründung der Lebenspartnerschaft sowie
4a. bei einer Scheidung, Nichtigerklärung oder Aufhebung einer Ehe oder bei einer Aufhebung der Lebenspartnerschaft der Tag und Grund der Beendigung der Ehe oder der Lebenspartnerschaft,
5. bei einer Namensänderung der bisherige und der neue Name,
6. bei einer Änderung des staatsangehörigkeitsrechtlichen Verhältnisses
    a) die neue oder weitere Staatsangehörigkeit und
    b) bei Aufgabe oder einem sonstigen Verlust der deutschen Staatsangehörigkeit zusätzlich die in Nummer 1 bezeichneten Daten,
7. bei Geburt
die gesetzlichen Vertreter mit Vor- und Familiennamen, Geschlecht, Tag der Geburt und Anschrift,
8. bei Tod der Sterbetag,
der Sterbetag,
9. bei Tod des Ehegatten oder des Lebenspartners
der Sterbetag,
10. bei einer eingetragenen Auskunftssperre nach § 51 des Bundesmeldegesetzes
die Auskunftssperre und deren Wegfall.

§ 72a Mitteilungen der Pass- und Ausweisbehörden

(1) Die Passbehörden teilen den Ausländerbehörden die Einziehung eines Passes nach § 12 Abs. 1 in Verbindung mit § 11 Absatz 1 Nr. 2 des Passgesetzes wegen des Verlustes der deutschen Staatsangehörigkeit mit.

(2) Die Ausweisbehörden teilen den Ausländerbehörden die Einziehung eines Personalausweises nach dem Personalausweisgesetz wegen des Verlustes der deutschen Staatsangehörigkeit mit.

§ 73 Mitteilungen der Staatsangehörigkeits- und Bescheinigungsbehörden nach § 15 des Bundesvertriebenengesetzes

(1) ¹Die Staatsangehörigkeitsbehörden teilen den Ausländerbehörden mit

1. den Erwerb der deutschen Staatsangehörigkeit durch den Ausländer,
2. die Feststellung der Rechtsstellung als Deutscher ohne deutsche Staatsangehörigkeit,
3. den Verlust der Rechtsstellung als Deutscher und
4. die Feststellung, dass eine Person zu Unrecht als Deutscher, fremder Staatsangehöriger oder Staatenloser geführt worden ist.

²Die Mitteilung nach Satz 1 Nr. 2 entfällt bei Personen, die mit einem Aufnahmebescheid nach dem Bundesvertriebenengesetz eingereist sind.

(2) Die Bescheinigungsbehörden nach § 15 des Bundesvertriebenengesetzes teilen den Ausländerbehörden die Ablehnung der Ausstellung einer Bescheinigung nach § 15 Abs. 1 oder 2 des Bundesvertriebenengesetzes mit.

§ 74 Mitteilungen der Justizbehörden

(1) Die Strafvollstreckungsbehörden teilen den Ausländerbehörden mit

1. den Widerruf einer Strafaussetzung zur Bewährung,
2. den Widerruf der Zurückstellung der Strafvollstreckung.

(2) Die Strafvollzugsbehörden teilen den Ausländerbehörden mit

1. den Antritt der Auslieferungs-, Untersuchungs- und Strafhaft,
2. die Verlegung in eine andere Justizvollzugsanstalt,
3. die vorgesehenen und festgesetzten Termine für die Entlassung aus der Haft.

§ 75 (weggefallen)

§ 76 Mitteilungen der Gewerbebehörden

Die für die Gewerbeüberwachung zuständigen Behörden teilen den Ausländerbehörden mit

1. Gewerbeanzeigen,
2. die Erteilung einer gewerberechtlichen Erlaubnis,
3. die Rücknahme und den Widerruf einer gewerberechtlichen Erlaubnis,
4. die Untersagung der Ausübung eines Gewerbes sowie die Untersagung der Tätigkeit als

Vertretungsberechtigter eines Gewerbetreibenden oder als mit der Leitung eines Gewerbebetriebes beauftragte Person.

§ 76a Form und Verfahren der Datenübermittlung im Ausländerwesen

(1) ¹Für die Datenübermittlung zwischen den mit der Ausführung des Aufenthaltsgesetzes beauftragten Behörden werden der Datenübermittlungsstandard „XAusländer" und das Übermittlungsprotokoll OSCI-Transport in der im Bundesanzeiger bekannt gemachten jeweils gültigen Fassung verwendet. ²Die Möglichkeiten des OSCI-Standards zur sicheren Verschlüsselung und Signatur sind bei der Übertragung zu nutzen.

(2) ¹Absatz 1 ist auf die Datenübermittlung über Vermittlungsstellen entsprechend anzuwenden. ²Erfolgt die Datenübermittlung zwischen den mit der Ausführung des Aufenthaltsgesetzes beauftragten Behörden über Vermittlungsstellen in verwaltungseigenen Kommunikationsnetzen, kann auch ein dem jeweiligen Landesrecht entsprechendes vom OSCI-Transport abweichendes Übermittlungsprotokoll eingesetzt werden, soweit dies hinsichtlich der Datensicherheit und des Datenschutzes ein den genannten Anforderungen entsprechendes Niveau aufweist. ³Die Gleichwertigkeit ist durch die verantwortliche Stelle zu dokumentieren.

Kapitel 6. Ordnungswidrigkeiten

§ 77 Ordnungswidrigkeiten

Ordnungswidrig im Sinne des § 98 Abs. 3 Nr. 7 des Aufenthaltsgesetzes handelt, wer vorsätzlich oder fahrlässig

1. entgegen § 38c eine Mitteilung nicht, nicht richtig, nicht vollständig, nicht in der vorgeschriebenen Weise oder nicht rechtzeitig macht,
2. entgegen § 56 Abs. 1 Nr. 1 bis 3 oder 4 einen Antrag nicht oder nicht rechtzeitig stellt,
3. entgegen § 56 Abs. 1 Nr. 5 oder Abs. 2 Satz 1 eine Anzeige nicht, nicht richtig, nicht vollständig oder nicht rechtzeitig erstattet,
4. entgegen § 56 Abs. 1 Nr. 6 oder 7 oder § 57 eine dort genannte Urkunde nicht oder nicht rechtzeitig vorlegt,
5. entgegen § 57a Nummer 1 eine Anzeige nicht, nicht richtig, nicht vollständig oder nicht rechtzeitig erstattet oder ein Dokument nicht oder nicht rechtzeitig vorlegt oder
6. entgegen § 57a Nummer 2 ein Dokument nicht oder nicht rechtzeitig vorlegt oder die Neuausstellung nicht oder nicht rechtzeitig beantragt.

§ 78 Verwaltungsbehörden im Sinne des Gesetzes über Ordnungswidrigkeiten

Die Zuständigkeit für die Verfolgung und Ahndung von Ordnungswidrigkeiten wird bei Ordnungswidrigkeiten nach § 98 Abs. 2 des Aufenthaltsgesetzes, wenn sie bei der Einreise oder der Ausreise begangen werden, und nach § 98 Abs. 3 Nr. 3 des Aufenthaltsgesetzes auf die in der Rechtsverordnung nach § 58 Abs. 1 des Bundespolizeigesetzes bestimmte Bundespolizeibehörde übertragen, soweit nicht die Länder im Einvernehmen mit dem Bund Aufgaben des grenzpolizeilichen Einzeldienstes mit eigenen Kräften wahrnehmen.

Kapitel 7. Übergangs- und Schlussvorschriften

§ 79 Anwendung auf Freizügigkeitsberechtigte

Die in Kapitel 2 Abschnitt 1, Kapitel 3, § 56, Kapitel 5 sowie in den §§ 81 und 82 enthaltenen Regelungen finden auch Anwendung auf Ausländer, deren Rechtsstellung durch das Freizügigkeitsgesetz/EU geregelt ist.

§ 80 Übergangsregelung für die Verwendung von Mustern

Geht ein Antrag auf Ausstellung eines Passersatzpapiers vor dem 1. März 2017 beim Dokumentenhersteller ein, kann das Passersatzpapier auf Grundlage der bis zum 28. Februar 2017 geltenden Fassung dieser Verordnung ausgestellt werden.

§ 81 Weitergeltung von nach bisherigem Recht ausgestellten Passersatzpapieren

(1) Es behalten die auf Grund des zum Zeitpunkt der Ausstellung geltenden Rechts ausgestellten

1. Reiseausweise für Flüchtlinge nach § 14 Abs. 2 Nr. 1 der Verordnung zur Durchführung des Ausländergesetzes und Reiseausweise für Staatenlose nach § 14 Abs. 2 Nr. 2 der Verordnung zur Durchführung des Ausländergesetzes,
2. Grenzgängerkarten nach § 14 Abs. 1 Nr. 2 der Verordnung zur Durchführung des Ausländergesetzes in Verbindung mit § 19 der Verordnung zur Durchführung des Ausländergesetzes,
3. Eintragungen in Schülersammellisten (§ 1 Abs. 5) und Standardreisedokumente für die Rückführung nach § 1 Absatz 8 in der bis einschließlich 7. April 2017 geltenden Fassung,
4. Reiseausweise für Ausländer, die nach dem in Anlage D4b abgedruckten Muster ausgestellt wurden,
5. Reiseausweise für Ausländer, die nach dem in Anlage D4a abgedruckten Muster mit einem Gültigkeitszeitraum von mehr als einem Jahr ausgestellt wurden,

1. Reiseausweise für Staatenlose, die nach dem in Anlage D8 abgedruckten Muster mit einem Gültigkeitszeitraum von mehr als einem Jahr ausgestellt wurden,
2. Reiseausweise für Flüchtlinge, die nach dem in Anlage D7 abgedruckten Muster mit einem Gültigkeitszeitraum von mehr als einem Jahr ausgestellt wurden, und
3. Grenzgängerkarten, die nach dem in Anlage D5 abgedruckten Muster ausgestellt wurden, für den jeweiligen Gültigkeitszeitraum ihre Geltung.

(2) Zudem gelten weiter die auf Grund des vor dem Inkrafttreten dieser Verordnung geltenden Rechts ausgestellten oder erteilten

1. Reisedokumente nach § 14 Abs. 1 Nr. 1 der Verordnung zur Durchführung des Ausländergesetzes in Verbindung mit den §§ 15 bis 18 der Verordnung zur Durchführung des Ausländergesetzes als Reiseausweise für Ausländer nach dieser Verordnung,
2. Reiseausweise als Passersatz, die Ausländern nach § 14 Abs. 1 Nr. 3 der Verordnung zur Durchführung des Ausländergesetzes in Verbindung mit § 20 der Verordnung zur Durchführung des Ausländergesetzes ausgestellt wurden, als Notreiseausweise nach dieser Verordnung,
3. Befreiungen von der Passpflicht in Verbindung mit der Bescheinigung der Rückkehrberechtigung nach § 24 der Verordnung zur Durchführung des Ausländergesetzes auf dem Ausweisersatz nach § 39 Abs. 1 des Ausländergesetzes als Notreiseausweise nach dieser Verordnung, auf denen nach dieser Verordnung die Rückkehrberechtigung bescheinigt wurde,
4. Passierscheine nach § 14 Abs. 1 Nr. 4 der Verordnung zur Durchführung des Ausländergesetzes, die nach § 21 Abs. 1 der Verordnung zur Durchführung des Ausländergesetzes an Flugpersonal ausgestellt wurden, und Landgangsausweise nach § 14 Abs. 1 Nr. 5 der Verordnung zur Durchführung des Ausländergesetzes, die nach § 21 Abs. 1 Satz 1 der Verordnung zur Durchführung des Ausländergesetzes an Besatzungsmitglieder eines in der See- oder Küstenschifffahrt oder in der Rhein-Seeschifffahrt verkehrenden Schiffes ausgestellt wurden, als Passierscheine und zugleich als Notreiseausweise nach dieser Verordnung und
5. Grenzkarten, die bisher nach den Voraussetzungen ausgestellt wurden, die in Artikel 7 Abs. 2, Artikel 13 Abs. 2, Artikel 28 Abs. 1 und

Artikel 32 Abs. 2 des Anhangs I zum Abkommen vom 21. Juni 1999 zwischen der Europäischen Gemeinschaft und ihren Mitgliedstaaten einerseits und der Schweizerischen Eidgenossenschaft andererseits über die Freizügigkeit genannt sind, als Grenzgängerkarten nach dieser Verordnung.

(3) Der Gültigkeitszeitraum, der räumliche Geltungsbereich und der Berechtigungsgehalt der in den Absätzen 1 und 2 genannten Ausweise bestimmt sich nach den jeweils in ihnen enthaltenen Einträgen sowie dem Recht, das zum Zeitpunkt der Ausstellung des jeweiligen Ausweises galt.

(4) ¹Die Entziehung der in den Absätzen 1 und 2 genannten Ausweise und die nachträgliche Eintragung von Beschränkungen richten sich ausschließlich nach den Vorschriften dieser Verordnung. ²Hat ein Vordruck nach Absatz 1 Nr. 1 und 2 sowie nach Absatz 2 seine Gültigkeit behalten, darf er dennoch nicht mehr für eine Verlängerung verwendet werden.

(5) ¹Die in den Absätzen 1 und 2 genannten Ausweise können von Amts wegen entzogen werden, wenn dem Ausländer anstelle des bisherigen Ausweises ein Passersatz oder Ausweisersatz nach dieser Verordnung ausgestellt wird, dessen Berechtigungsgehalt demjenigen des bisherigen Ausweises zumindest entspricht, und die Voraussetzungen für die Ausstellung des neuen Passersatzes oder Ausweisersatzes vorliegen. ²Anstelle der Einziehung eines Ausweisersatzes, auf dem die Rückkehrberechtigung bescheinigt war, kann bei der Neuausstellung eines Notreiseausweises die Bescheinigung der Rückkehrberechtigung auf dem Ausweisersatz amtlich als ungültig vermerkt und der Ausweisersatz dem Ausländer belassen werden. ³Absatz 4 bleibt unberührt.

(6) Andere als die in den Absätzen 1 und 2 genannten, von deutschen Behörden ausgestellten Passersatzpapiere verlieren nach Ablauf von einem Monat nach Inkrafttreten dieser Verordnung ihre Gültigkeit.

§ 82 Übergangsregelung zur Führung von Ausländerdateien

(1) ¹Bis zum 31. Dezember 2004 gespeicherte Angaben zu ausländerrechtlichen Maßnahmen und Entscheidungen bleiben auch nach Inkrafttreten des Aufenthaltsgesetzes und des Freizügigkeitsgesetzes/EU in der Ausländerdatei gespeichert. ²Nach dem Aufenthaltsgesetz und dem Freizügig-

keitsgesetz/EU zulässige neue Maßnahmen und Entscheidungen sind erst zu speichern, wenn diese im Einzelfall getroffen werden.

(2) ¹Ausländerbehörden können bis zum 31. Dezember 2005 Maßnahmen und Entscheidungen, für die noch keine entsprechenden Kennungen eingerichtet sind, unter bestehenden Kennungen speichern. ²Es dürfen nur Kennungen genutzt werden, die sich auf Maßnahmen und Entscheidungen beziehen, die ab dem 1. Januar 2005 nicht mehr getroffen werden.

(3) Die Ausländerbehörden haben beim Datenabruf der jeweiligen Maßnahme oder Entscheidung festzustellen, ob diese nach dem bisherigen Recht oder auf Grund des Aufenthaltsgesetzes oder des Freizügigkeitsgesetzes/EU erfolgt ist.

(4) Die Ausländerbehörden sind verpflichtet, die nach Absatz 2 gespeicherten Daten spätestens am 31. Dezember 2005 auf die neuen Speichersachverhalte umzuschreiben.

§ 82a Übergangsregelung aus Anlass des Inkrafttretens des Gesetzes zur Umsetzung aufenthalts- und asylrechtlicher Richtlinien der Europäischen Union

¹Angaben zu den mit dem Gesetz zur Umsetzung aufenthalts- und asylrechtlicher Richtlinien der Europäischen Union neu geschaffenen Speichersachverhalten werden in den Ausländerdateien gespeichert, sobald hierfür die informationstechnischen Voraussetzungen geschaffen worden sind, spätestens jedoch sechs Monate nach Inkrafttreten dieses Gesetzes. ²Soweit bis dahin die Angaben noch nicht gespeichert worden sind, sind die Ausländerbehörden verpflichtet, unverzüglich ihre Speicherung nachzuholen.

§ 82b Übergangsregelung zu § 31 Absatz 1 Satz 1 Nummer 1 und 2

Bis zur vollständigen Umsetzung des § 31 Absatz 1 Satz 1 Nummer 1 und 2 im automatisierten Visumverfahren des Bundesverwaltungsamtes, längstens jedoch bis zum 30. Juni 2013, können die Ausländerbehörden auch in den Fällen am Visumverfahren beteiligt werden, in denen auf Grund von § 31 Absatz 1 Satz 1 Nummer 1 und 2 in der Fassung vom 27. Februar 2013

(BGBl. I S. 351) ein Visum nicht der Zustimmung der Ausländerbehörde bedarf.

§ 83 Erfüllung ausweisrechtlicher Verpflichtungen
¹Sofern die Voraussetzungen der Pflicht zur Vorlage nach § 57 zum Zeitpunkt des Inkrafttretens dieser Verordnung erfüllt sind, hat der Ausländer die genannten Papiere, die er zu diesem Zeitpunkt bereits besaß, nach dieser Vorschrift nur auf Verlangen der Ausländerbehörde oder dann vorzulegen, wenn er bei der Ausländerbehörde einen Aufenthaltstitel, eine Duldung oder einen deutschen Passersatz beantragt oder erhält oder eine Anzeige nach § 56 Nr. 5 erstattet. ²Auf Grund anderer Vorschriften bestehende Rechtspflichten bleiben unberührt.

§ 84 Beginn der Anerkennung von Forschungseinrichtungen
Anträge auf die Anerkennung von Forschungseinrichtungen werden ab dem 1. Dezember 2007 bearbeitet.

Anlagen
Anlage A
(zu § 16)

1. Inhaber von Nationalpässen und/oder Reiseausweisen für Flüchtlinge sowie sonstiger in den jeweiligen Abkommen genannten Reisedokumente von

Staat	Zugehörige Fundstelle
Australien	GMBl 1953 S. 575
Brasilien	BGBl. 2008 II S. 1179
Chile	GMBl 1955 S. 22
El Salvador	BAnz. 1998 S. 12778

Honduras	GMBl 1963 S. 363
Japan	BAnz. 1998 S. 12778
Kanada	GMBl 1953 S. 575
Korea (Republik Korea)	BGBl. 1974 II S. 682; BGBl. 1998 II S. 1390
Monaco	GMBl 1959 S. 287
Neuseeland	BGBl. 1972 II S. 1550
Panama	BAnz. 1967 Nr. 171, S. 1
San Marino	BGBl. 1969 II S. 203

2. Inhaber dienstlicher Pässe von

Staat	**Zugehörige Fundstelle**
Ghana	BGBl. 1998 II S. 2909
Philippinen	BAnz. 1968 Nr. 135, S. 2

3. Inhaber von Reiseausweisen für Flüchtlinge von
 Belgien,
 Dänemark,
 Finnland,
 Irland,
 Island,
 Italien,
 Liechtenstein,
 Luxemburg
 Malta,
 Niederlande,
 Norwegen,
 Polen,
 Portugal,
 Rumänien,
 Schweden,
 Schweiz,

Slowakei,
Spanien,
Tschechische Republik, Ungarn

nach Maßgabe des Europäischen Übereinkommens über die Aufhebung des Sichtvermerkszwangs für Flüchtlinge vom 20. April 1959 (BGBl. 1961 II S. 1097, 1098) sowie hinsichtlich der Inhaber von Reiseausweisen für Flüchtlinge der Schweiz auch nach Maßgabe des Abkommens zwischen der Regierung der Bundesrepublik Deutschland und dem Schweizerischen Bundesrat über die Abschaffung des Sichtvermerkszwangs für Flüchtlinge vom 4. Mai 1962 (BGBl. 1962 II S. 2331, 2332).

Anlage B
(zu § 19)

1. Inhaber dienstlicher Pässe (Dienst-, Ministerial-, Diplomaten- und anderer Pässe für in amtlicher Funktion oder im amtlichen Auftrag Reisende) von
   Bolivien,
   Ghana,
   Kolumbien,
   Philippinen,
   Thailand,
   Tschad,
   Türkei.
2. Inhaber von Diplomatenpässen von
   Albanien,
   Algerien,
   Armenien,
   Aserbaidschan,
   Bosnien und Herzegowina,
   Ecuador,
   Georgien,
   Indien,
   Jamaika,
   Kasachstan,
   Kenia,

Malawi,
Marokko,
Mazedonien, ehemalige Jugoslawische Republik,
Moldau,
Montenegro,
Namibia,
Pakistan,
Peru,
Russische Föderation,
Serbien,
Südafrika,
Tunesien,
Ukraine,
Vereinigte Arabische Emirate,
Vietnam.

3. Inhaber von Spezialpässen der Vereinigten Arabischen Emirate.
4. Inhaber von Dienstpässen von Ecuador.
5. Inhaber biometrischer Dienstpässe von
   Moldau,
   Ukraine.
6. Inhaber biometrischer Diplomatenpässe von
   Gabun,
   Mongolei.
7. Inhaber biometrischer Offizialpässe (Diplomaten-, Dienst- und Spezialpässe) von Katar.

Anlage C
(zu § 26 Absatz 2 Satz 1)

Indien
Jordanien

Ausgenommen von der Flughafentransitvisumpflicht sind Staatsangehörige Jordaniens, sofern sie

a) im Besitz eines gültigen Visums Australiens, Israels oder Neuseelands sowie eines bestätigten Flugscheins oder einer gültigen Bordkarte für einen Flug sind, der in den betreffenden Staat führt, oder
b) nach Beendigung eines erlaubten Aufenthalts in einem der vorstehend genannten Staaten nach Jordanien reisen und hierzu im Besitz eines bestätigten Flugscheins oder einer gültigen Bordkarte für einen Flug sind, der nach Jordanien führt.

Der Weiterflug muss innerhalb von zwölf Stunden nach der Ankunft in Deutschland von demjenigen Flughafen ausgehen, in dessen Transitbereich sich der Ausländer ausschließlich befindet.

Libanon
Mali
Sudan
Südsudan
Syrien
Türkei

Ausgenommen von der Flughafentransitvisumpflicht sind Staatsangehörige der Türkei, die Inhaber von Dienstpässen, Ministerialpässen und anderen Pässen für in amtlicher Funktion oder im amtlichen Auftrag Reisende sind.

XVI. Dublin III-VO

Verordnung (EU) Nr. 604/2013 des Europäischen Parlaments und des Rates vom 26. Juni 2013 zur Festlegung der Kriterien und Verfahren zur Bestimmung des Mitgliedstaats, der für die Prüfung eines von einem Drittstaatsangehörigen oder Staatenlosen in einem Mitgliedstaat gestellten Antrags auf internationalen Schutz zuständig ist (ABl. Nr. L 180 S. 31), berichtigt durch ABl. 2017 49, S. 50.

DAS EUROPÄISCHE PARLAMENT UND DER RAT DER EUROPÄISCHEN UNION –

gestützt auf den Vertrag über die Arbeitsweise der Europäischen Union, insbesondere auf Artikel 78 Absatz 2 Buchstabe e,

auf Vorschlag der Europäischen Kommission,

nach Stellungnahme des Europäischen Wirtschafts- und Sozialausschusses[1],

nach Stellungnahme des Ausschusses der Regionen[2],

gemäß dem ordentlichen Gesetzgebungsverfahren[3],

in Erwägung nachstehender Gründe:

(1) Die Verordnung (EG) Nr. 343/2003 des Rates vom 18. Februar 2003 zur Festlegung der Kriterien und Verfahren zur Bestimmung des Mitgliedstaats, der für die Prüfung eines von einem Drittstaatsangehörigen in einem Mitgliedstaat gestellten Asylantrags zuständig ist[4], muss in einigen wesentlichen Punkten geändert werden. Aus Gründen der Klarheit empfiehlt sich eine Neufassung der Verordnung.

(2) Eine gemeinsame Asylpolitik einschließlich eines Gemeinsamen Europäischen Asylsystems (GEAS) ist wesentlicher Bestandteil des Ziels

---

1 Amtl. Anm.: ABl. C 317 vom 23.12.2009, S. 115.
2 Amtl. Anm.: ABl. C 79 vom 27.3.1010, S. 58.
3 Amtl. Anm.: Standpunkt des Europäischen Parlaments vom 7. Mai 2009 (ABl. C 212 E vom 5.8.2010, S. 370) und Standpunkt des Rates in erster Lesung vom 6. Juni 2013 (noch nicht im Amtsblatt veröffentlicht. Standpunkt des Europäischen Parlaments vom 10. Juni 2013 (noch nicht im Amtsblatt veröffentlicht).
4 Amtl. Anm.: ABl. L 50 vom 25.2.2003, S. 1.

der Europäischen Union, schrittweise einen Raum der Freiheit, der Sicherheit und des Rechts aufzubauen, der allen offen steht, die wegen besonderer Umstände rechtmäßig in der Union um Schutz nachsuchen.

(3) Der Europäische Rat ist auf seiner Sondertagung vom 15. und 16. Oktober 1999 in Tampere übereingekommen, auf ein GEAS hinzuwirken, das sich auf die uneingeschränkte und umfassende Anwendung des Genfer Abkommens vom 28. Juli 1951 über die Rechtsstellung der Flüchtlinge in der Fassung des New Yorker Protokolls vom 31. Januar 1967 (im Folgenden „Genfer Abkommen") stützt, damit der Grundsatz der Nichtzurückweisung gewahrt bleibt und niemand dorthin zurückgeschickt wird, wo er Verfolgung ausgesetzt ist. In dieser Hinsicht gelten unbeschadet der in dieser Verordnung festgelegten Zuständigkeitskriterien die Mitgliedstaaten, die alle den Grundsatz der Nichtzurückweisung achten, als sichere Staaten für Drittstaatsangehörige.

(4) Entsprechend den Schlussfolgerungen von Tampere sollte das GEAS auf kurze Sicht eine klare und praktikable Formel für die Bestimmung des für die Prüfung eines Asylantrags zuständigen Mitgliedstaats umfassen.

(5) Eine solche Formel sollte auf objektiven und für die Mitgliedstaaten und die Betroffenen gerechten Kriterien basieren. Sie sollte insbesondere eine rasche Bestimmung des zuständigen Mitgliedstaats ermöglichen, um den effektiven Zugang zu den Verfahren zur Gewährung des internationalen Schutzes zu gewährleisten und das Ziel einer zügigen Bearbeitung der Anträge auf internationalen Schutz nicht zu gefährden.

(6) Die erste Phase auf dem Weg zu einem GEAS, das auf längere Sicht zu einem gemeinsamen Verfahren und einem unionsweit geltenden einheitlichen Status für die Personen, denen internationaler Schutz gewährt wird, führen soll, ist nun abgeschlossen. Der Europäische Rat hat auf seiner Tagung vom 4. November 2004 das Haager Programm angenommen, das die Ziele für den Raum der Freiheit, der Sicherheit und des Rechts vorgab, die im Zeitraum 2005-2010 erreicht werden sollten. Im Haager Programm wurde die Europäische Kommission aufgefordert, die Bewertung der Rechtsakte aus der ersten Phase abzuschließen und dem Europäischen Parlament und dem Rat die Rechtsakte und Maßnahmen der zweiten Phase so vorzulegen, dass sie vor Ende 2010 angenommen werden können.

(7) Im Programm von Stockholm hat der Europäische Rat sein Ziel bekräftigt, bis spätestens 2012 gemäß Artikel 78 des Vertrags über die Arbeitsweise der Europäischen Union (AEUV) für Personen, denen internationaler Schutz gewährt wurde, einen gemeinsamen Raum des Schutzes und der Solidarität zu errichten. Außerdem betonte er, dass das Dublin-System weiterhin ein zentrales Element beim Aufbau des GEAS bildet, da es die Zuständigkeit für die Prüfung von Anträgen auf internationalen Schutz zwischen den Mitgliedstaaten eindeutig zuweist.

(8) Die Mittel des Europäischen Unterstützungsbüros für Asylfragen (EASO), das durch die Verordnung (EU) Nr. 439/2010 des Europäischen Parlaments und des Rates[5] errichtet wurde, sollten dafür bereitstehen, den einschlägigen Dienststellen der für die Durchführung dieser Verordnung zuständigen Mitgliedstaaten angemessene Unterstützung zu leisten. Insbesondere sollte das EASO für Solidaritätsmaßnahmen wie den Asyl-Einsatzpool mit Asyl-Unterstützungsteams Sorge tragen, die diejenigen Mitgliedstaaten unterstützen, die sich einem besonderen Druck gegenübersehen und den Personen, die internationalen Schutz beantragen (im Folgenden „Antragsteller"), keine angemessenen Bedingungen insbesondere hinsichtlich der Aufnahme und des Schutzes bieten können.

(9) Angesichts der Bewertungsergebnisse in Bezug auf die Umsetzung der Instrumente der ersten Phase empfiehlt es sich in dieser Phase, die der Verordnung (EG) Nr. 343/2003 zugrunde liegenden Prinzipien zu bestätigen und angesichts der bisherigen Erfahrungen gleichzeitig die notwendigen Verbesserungen mit Hinblick auf die Leistungsfähigkeit des Dublin-Systems und den auf der Grundlage dieses Systems gewährten Schutz der Antragsteller vorzunehmen. Da ein gut funktionierendes Dublin-System für das GEAS von großer Bedeutung ist, sollten seine Grundlagen und seine Funktionsweise im Zuge des Aufbaus anderer Instrumente des GEAS und der Solidarität der Union überprüft werden. Es sollte ein umfassender „Eignungstest", d. h. eine faktengestützte Überprüfung der rechtlichen, wirtschaftlichen und sozialen Auswirkungen des Dublin-Systems, einschließlich seiner Auswirkungen auf die Grundrechte durchgeführt werden.

---

5 Amtl. Anm.: ABl. L 132 vom 29.5.2010, S. 11.

(10) Zur Wahrung der Gleichbehandlung aller Personen, die internationalen Schutz beantragt haben oder genießen, und der Übereinstimmung mit dem geltenden Asylrecht der Union, insbesondere mit der Richtlinie 2011/95/EU des Europäischen Parlaments und des Rates vom 13. Dezember 2011 über Normen für die Anerkennung von Drittstaatsangehörigen oder Staatenlosen als Personen mit Anspruch auf internationalen Schutz, für einen einheitlichen Status für Flüchtlinge oder für Personen mit Anrecht auf subsidiären Schutz und für den Inhalt des zu gewährenden Schutzes[6] umfasst der Anwendungsbereich dieser Verordnung Personen, mit Anrecht auf subsidiären Schutz.

(11) Die Richtlinie 2013/33/EU des Europäischen Parlaments und des Rates vom 26. Juni 2013 zur Festlegung von Normen für die Aufnahme von Personen, die internationalen Schutz beantragen[7] sollte vorbehaltlich der Einschränkungen der Anwendung jener Richtlinie auf das Verfahren zur Bestimmung des zuständigen Mitgliedstaats nach Maßgabe dieser Verordnung Anwendung finden.

(12) Die Richtlinie 2013/32/EU des Europäischen Parlaments und des Rates vom 26. Juni 2013 zu gemeinsamen Verfahren für die Zuerkennung und Aberkennung des internationalen Schutzes[8] sollte zusätzlich und unbeschadet der Bestimmungen über die in dieser Verordnung geregelten Verfahrensgarantien vorbehaltlich der Beschränkungen der Anwendung dieser Richtlinie gelten.

(13) Bei der Anwendung dieser Verordnung sollte das Wohl des Kindes im Einklang mit dem Übereinkommen der Vereinten Nationen über die Rechte des Kindes von 1989 und mit der Charta der Grundrechte der Europäischen Union eine vorrangige Erwägung der Mitgliedstaaten sein. Bei der Beurteilung des Wohls des Kindes sollten die Mitgliedstaaten insbesondere das Wohlbefinden und die soziale Entwicklung des Minderjährigen, Erwägungen der Sicherheit und der Gefahrenabwehr und den Willen des Minderjährigen unter Berücksichtigung seiner Alters und seiner Reife, einschließlich seines Hintergrunds, berücksichtigen. Darüber hinaus sollten für unbegleitete Minderjährige aufgrund ihrer besonderen Schutzbedürftigkeit spezielle Verfahrensgarantien festgelegt werden.

---

6 Amtl. Anm.: ABl. L 337 vom 20.12.2011, S. 9.
7 Amtl. Anm.: Siehe Seite 96 dieses Amtsblatts.
8 Amtl. Anm.: Siehe Seite 60 dieses Amtsblatts.

(14) Im Einklang mit der Europäischen Konvention zum Schutze der Menschenrechte und Grundfreiheiten und mit der Charta der Grundrechte der Europäischen Union, sollte die Achtung des Familienlebens eine vorrangige Erwägung der Mitgliedstaaten sein, wenn sie diese Verordnung anwenden.
(15) Mit der gemeinsamen Bearbeitung der von den Mitgliedern einer Familie gestellten Anträge auf internationalen Schutz durch ein und denselben Mitgliedstaat kann sichergestellt werden, dass die Anträge sorgfältig geprüft werden, diesbezügliche Entscheidungen kohärent sind und dass die Mitglieder einer Familie nicht voneinander getrennt werden.
(16) Um die uneingeschränkte Achtung des Grundsatzes der Einheit der Familie und des Wohl des Kindes zu gewährleisten, sollte ein zwischen einem Antragsteller und seinem Kind, einem seiner Geschwister oder einem Elternteil bestehendes Abhängigkeitsverhältnis, das durch Schwangerschaft oder Mutterschaft, durch den Gesundheitszustand oder hohes Alter des Antragstellers begründet ist, als ein verbindliches Zuständigkeitskriterium herangezogen werden. Handelt es sich bei dem Antragsteller um einen unbegleiteten Minderjährigen, der einen Familienangehörigen oder Verwandten in einem anderen Mitgliedstaat hat, der für ihn sorgen kann, so sollte dieser Umstand ebenfalls als ein verbindliches Zuständigkeitskriterium gelten.
(17) Die Mitgliedstaaten sollten insbesondere aus humanitären Gründen oder in Härtefällen von den Zuständigkeitskriterien abweichen können, um Familienangehörige, Verwandte oder Personen jeder anderen verwandtschaftlichen Beziehung zusammenzuführen, und einen bei ihm oder einem anderen Mitgliedstaat gestellten Antrag auf internationalen Schutz zu prüfen, auch wenn sie für eine solche Prüfung nach den in dieser Verordnung festgelegten verbindlichen Zuständigkeitskriterien nicht zuständig sind.
(18) Um die Bestimmung des für die Prüfung eines Antrags auf internationalen Schutz zuständigen Mitgliedstaats zu erleichtern, sollte ein persönliches Gespräch mit dem Antragsteller geführt werden. Der Antragsteller sollte unmittelbar bei der Stellung des Antrags auf internationalen Schutz über die Anwendung dieser Verordnung und über die Möglichkeit informiert werden, bei dem Gespräch Angaben über die Anwesenheit von Familienangehörigen, Verwandten oder Personen jeder anderen verwandtschaftlichen Beziehung in den Mitgliedstaaten

zu machen, um das Verfahren zur Bestimmung des zuständigen Mitgliedstaats zu erleichtern.

(19) Um einen wirksamen Schutz der Rechte der Betroffenen zu gewährleisten, sollten im Einklang insbesondere mit Artikel 47 der Charta der Grundrechte der Europäischen Union Rechtsgarantien und das Recht auf einen wirksamen Rechtsbehelf gegen Überstellungsentscheidungen festgeschrieben werden. Um die Einhaltung des Völkerrechts sicherzustellen, sollte ein wirksamer Rechtsbehelf gegen diese Entscheidungen sowohl die Prüfung der Anwendung dieser Verordnung als auch die Prüfung der Rechts- und Sachlage in dem Mitgliedstaat umfassen, in den der Antragsteller überstellt wird.

(20) Die Inhaftnahme von Antragstellern sollte nach dem Grundsatz erfolgen, wonach eine Person nicht allein deshalb in Haft genommen werden darf, weil sie um internationalen Schutz nachsucht. Die Haft sollte so kurz wie möglich dauern und den Grundsätzen der Erforderlichkeit und Verhältnismäßigkeit entsprechen. Insbesondere muss die Inhaftnahme von Antragstellern im Einklang mit Artikel 31 der Genfer Konvention stehen. Die in dieser Verordnung vorgesehenen Verfahren in Bezug auf eine in Haft genommene Person sollten vorrangig schnellstmöglich angewandt werden. Hinsichtlich der allgemeinen Garantien sowie der Bedingungen für die Inhaftnahme sollten die Mitgliedstaaten gegebenenfalls die Bestimmungen der Richtlinie 2013/33/EU auch auf Personen anwenden, die aufgrund dieser Verordnung in Haft genommen wurden.

(21) Mängel in Asylsystemen oder gar der Zusammenbruch von Asylsystemen, die häufig dadurch verschlimmert oder mitverursacht werden, dass die Asylsysteme besonderem Druck ausgesetzt sind, können das reibungslose Funktionieren des mit dieser Verordnung eingeführten Systems beeinträchtigen, was dazu führen könnte, dass die im Asylrecht der Union und in der Grundrechtecharta der Europäischen Union sowie in anderen internationalen Menschenrechts- und Flüchtlingsrechtsverpflichtungen niedergelegten Rechte der Antragsteller verletzt werden könnten.

(22) Ein Prozess für Frühwarnung, Vorsorge und Bewältigung von Asylkrisen, mit dem eine Verschlechterung in oder der Zusammenbruch von Asylsystemen verhindert werden sollen, wobei das EASO in Ausübung seiner Befugnisse aufgrund der Verordnung (EU) Nr. 439/2010 eine Schlüsselrolle spielt, sollte geschaffen werden, um eine tragfä-

hige Zusammenarbeit im Rahmen dieser Verordnung sicherzustellen und das gegenseitige Vertrauen der Mitgliedstaaten in Bezug auf die Asylpolitik zu stärken. Ein derartiger Prozess sollte gewährleisten, dass die Union sobald wie möglich über Bedenken alarmiert wird, wenn Anlass zur Sorge besteht, dass das reibungslose Funktionieren des mit dieser Verordnung geschaffenen Systems infolge des besonderen Drucks auf ein Asylsystem eines oder mehrerer Mitgliedstaaten und/oder der Mängel, die Asylsysteme eines oder mehrerer Mitgliedstaaten aufweisen, beeinträchtigt ist. Mit einem derartigen Prozess könnte die Union frühzeitig Vorbeugemaßnahmen fördern und derartigen Situationen die entsprechende politische Aufmerksamkeit schenken. Solidarität, die ein Kernelement des GEAS bildet, geht Hand in Hand mit gegenseitigem Vertrauen. Durch die Steigerung dieses Vertrauens könnte der Prozess für Frühwarnung, Vorsorge und Bewältigung von Asylkrisen die Lenkung konkreter Maßnahmen echter und praktischer Solidarität gegenüber Mitgliedstaaten verbessern, um den betroffenen Mitgliedstaaten im Allgemeinen und den Antragstellern im Besonderen zu helfen. Gemäß Artikel 80 AEUV sollten die Rechtsakte der Union, immer wenn dies erforderlich ist, entsprechende Maßnahmen für die Anwendung des Solidaritätsgrundsatzes enthalten und der Prozess sollte durch derartige Maßnahmen flankiert werden. Die vom Rat am 8. März 2012 angenommenen Schlussfolgerungen über einen gemeinsamen Rahmen für echte und praktische Solidarität gegenüber Mitgliedstaaten, deren Asylsysteme besonderem Druck, einschließlich durch gemischte Migrationsströme, ausgesetzt sind, stellen ein Instrumentarium aus bereits bestehenden und potenziellen neuen Maßnahmen dar, das im Rahmen eines Mechanismus für Frühwarnung, Vorsorge und Bewältigung von Asylkrisen Beachtung finden sollte.

(23) Die Mitgliedstaaten sollten mit dem EASO bei der Zusammenstellung von Informationen über ihre Fähigkeit, besonderen Druck auf ihre Asyl- und Aufnahmesystemen zu bewältigen, insbesondere im Rahmen der Durchführung dieser Verordnung zusammenarbeiten. Das EASO sollte regelmäßig über die gemäß der Verordnung (EU) Nr. 439/2010 gesammelten Informationen Bericht erstatten.

(24) Überstellungen in den für die Prüfung eines Antrags auf internationalen Schutz zuständigen Mitgliedstaat können entspre-

chend der Verordnung (EG) Nr. 1560/2003 der Kommission[9] auf freiwilliger Basis, in Form der kontrollierten Ausreise oder in Begleitung erfolgen. Die Mitgliedstaaten sollten sich durch entsprechende Information des Antragstellers für Überstellungen auf freiwilliger Basis einsetzen und sicherstellen, dass Überstellungen in Form einer kontrollierten Ausreise oder in Begleitung in humaner Weise und in voller Übereinstimmung mit den Grundrechten und unter Achtung der Menschenwürde sowie dem Wohl des Kindes und unter weitestgehender Berücksichtigung der Entwicklung der einschlägigen Rechtsprechung, inbesondere hinsichtlich Überstellungen aus humanitären Gründen, vorgenommen werden.

(25) Der schrittweise Aufbau eines Raums ohne Binnengrenzen, in dem der freie Personenverkehr gemäß den Bestimmungen des AEUV gewährleistet wird, sowie die Festsetzung der Unionspolitiken zu den Einreise- und Aufenthaltsbedingungen einschließlich allgemeiner Anstrengungen zur Verwaltung der Außengrenzen erfordern ausgewogene, im Geiste der Solidarität anzuwendende Zuständigkeitskriterien.

(26) Für die Verarbeitung personenbezogener Daten durch die Mitgliedstaaten nach dieser Verordnung gilt die Richtlinie 95/46/EG des Europäischen Parlaments und des Rates vom 24. Oktober 1995 zum Schutz natürlicher Personen bei der Verarbeitung personenbezogener Daten und zum freien Datenverkehr[10].

(27) Der Austausch von personenbezogenen einschließlich sensibler Daten über die Gesundheit eines Antragstellers vor einer Überstellung wird gewährleisten, dass die zuständigen Asylbehörden in der Lage sind, Antragstellern eine angemessene Unterstützung zukommen zu lassen und die Kontinuität des Schutzes und der ihnen zustehenden Rechte zu gewährleisten. Der Schutz der Daten von Antragstellern, die in einen anderen Mitgliedstaat überstellt werden, sollte nach Maßgabe der Richtlinie 95/46/EG geregelt werden.

(28) Die Anwendung dieser Verordnung kann dadurch erleichtert und ihre Wirksamkeit erhöht werden, dass die Mitgliedstaaten bilaterale Vereinbarungen treffen, die darauf abzielen, die Kommunikation zwischen den zuständigen Dienststellen zu verbessern, die Verfahrensfristen zu verkürzen, die Bearbeitung von Aufnahme- oder Wiederaufnahmege-

---

9 Amtl. Anm.: ABl. L 222 vom 5.9.2003, S. 3.
10 Amtl. Anm.: ABl. L 281 vom 23.11.1995, S. 31.

suchen zu vereinfachen oder Modalitäten für die Durchführung von Überstellungen festzulegen.
(29) Die Kontinuität zwischen dem in der Verordnung (EG) Nr. 343/2003 festgelegten Verfahren zur Bestimmung des zuständigen Mitgliedstaats und dem in dieser Verordnung vorgesehenen Verfahren sollte sichergestellt werden. Außerdem sollte die Kohärenz zwischen dieser Verordnung und der Verordnung (EU) Nr. 603/2013 des Europäischen Parlaments und des Rates vom 26. Juni 2013 über die Einrichtung von „Eurodac" für den Abgleich von Fingerabdruckdaten zum Zwecke der effektiven Anwendung der Verordnung (EU) Nr. 604/2013 zur Festlegung der Kriterien und Verfahren zur Bestimmung des Mitgliedstaats, der für die Prüfung eines von einem Drittstaatsangehörigen oder Staatenlosen in einem Mitgliedstaat gestellten Antrags auf internationalen Schutz zuständig ist und über der Strafverfolgung dienende Anträge der Strafverfolgungsbehörden der Mitgliedstaaten und Europols auf den Abgleich mit Eurodac-Daten[11] sichergestellt werden.
(30) Die Anwendung dieser Verordnung soll durch das Eurodac-System, das mit Verordnung (EU) Nr. 603/2013 eingerichtet worden ist, erleichtert werden.
(31) Das Visa-Informationssystem, das mit Verordnung (EG) Nr. 767/2008 des Europäischen Parlaments und des Rates vom 9. Juli 2008 über das Visa-Informationssystem (VIS) und den Datenaustausch zwischen den Mitgliedstaaten über Visa für einen kurzfristigen Aufenthalt[12] eingerichtet worden ist, und insbesondere die Anwendung der Artikel 21 und 22, sollen die Anwendung dieser Verordnung ebenfalls erleichtern.
(32) In Bezug auf die Behandlung von Personen, die unter diese Verordnung fallen, sind die Mitgliedstaaten an ihre Verpflichtungen aus den völkerrechtlichen Instrumenten einschließlich der einschlägigen Rechtsprechung des Europäischen Gerichtshofs für Menschenrechte gebunden.
(33) Um einheitliche Bedingungen für die Durchführung dieser Verordnung zu gewährleisten, sollten der Kommission Durchführungsbefugnisse übertragen werden. Diese Befugnisse sollten im Einklang mit der Verordnung (EU) Nr. 182/2011 des Europäischen Parlaments und des Rates vom 16. Februar 2011 zur Festlegung der allgemeinen Regeln

---

11 Amtl. Anm.: Siehe Seite 1 dieses Amtsblatts.
12 Amtl. Anm.: ABl. L 218 vom 13.8.2008, S. 60.

und Grundsätze, nach denen die Mitgliedstaaten die Wahrnehmung der Durchführungsbefugnisse durch die Kommission kontrollieren[13], ausgeübt werden.

(34) Das Prüfungsverfahren sollte verwendet werden für die Annahme einer gemeinsamen Informationsbroschüre über Dublin/Eurodac sowie einer speziellen Informationsbroschüre für unbegleitete Minderjährige; eines Standardformblatts für den Austausch einschlägiger Information über unbegleitete Minderjährige; einheitlicher Bedingungen für die Abfrage und den Austausch von Informationen über Minderjährige und abhängige Personen; einheitlicher Bedingungen für die Vorbereitung und die Übermittlung von Aufnahme- und Wiederaufnahmegesuchen; zweier Verzeichnisse mit Beweismitteln und Indizien für ein Aufnahmegesuch, und deren regelmäßiger Überprüfung; eines Laissez-passer einheitlicher Bedingungen für die Abfrage und den Austausch von Information über Überstellungen; eines Standardformblatts für den Datenaustausch vor einer Überstellung; einer gemeinsamen Gesundheitsbescheinigung; einheitlicher Bedingungen und praktischer Vorkehrungen für den Austausch von Gesundheitsdaten einer Person vor einer Überstellung und gesicherter elektronischer Übermittlungskanäle für Gesuche.

(35) Zur Festlegung ergänzender nicht wesentlicher Vorschriften sollten der Kommission nach Artikel 290 AEUV die Befugnis zum Erlass von Rechtsakten bezüglich der Ermittlung von Familienangehörigen, Geschwistern oder Verwandten eines unbegleiteten Minderjährigen; der Kriterien für die Feststellung des Bestehens einer nachgewiesenen familiären Bindung; die Kriterien, die zur Bewertung der Fähigkeit zur Sorge für einen unbegleiteten Minderjährigen durch einen Verwandten zu berücksichtigen sind, einschließlich der Fälle, in welchem sich Familienangehörige, Geschwister oder Verwandte des unbegleiteten Minderjährigen in mehr als einem Mitgliedstaat aufhalten; der Elemente für die Bewertung eines Abhängigkeitsverhältnisses; der Bedingungen zur Bewertung der Fähigkeit der Aufnahme einer abhängigen Person durch eine Person sowie der Merkmale die zur Beurteilung einer längerfristigen Reiseunfähigkeit zu berücksichtigen sind, übertragen werden. Bei der Ausübung ihrer Befugnis zum Erlass delegierter Rechtsakte geht die Kommission nicht über den in Artikel 6 Absatz 3

---

13 Amtl. Anm.: ABl. L 55 vom 28.2.2011, S. 13.

dieser Verordnung vorgesehenen Umfang des Wohl des Kindes hinaus. Es ist von besonderer Bedeutung, dass die Kommission im Zuge ihrer Vorbereitungsarbeit angemessene Konsultationen, auch auf der Ebene von Sachverständigen, durchführt. Bei der Vorbereitung und Ausarbeitung der delegierten Rechtsakte sollte die Kommission eine gleichzeitige, zügige und angemessene Weiterleitung einschlägiger Dokumente an das Europäische Parlament und an den Rat gewährleisten.

(36) Bei der Anwendung dieser Verordnung, einschließlich der Vorbereitung delegierter Rechtsakte, sollte die Kommission Sachverständige aus unter anderem allen einschlägigen nationalen Behörden konsultieren

(37) Detaillierte Bestimmungen zur Anwendung der Verordnung (EG) Nr. 343/2003 wurden im Wege der Verordnung (EG) Nr. 1560/2003 festgelegt. Aus Gründen der Klarheit oder weil sie einem-allgemeinen Zweck dienen können, sollten einige Bestimmungen der Verordnung (EG) Nr. 1560/2003 in diese Verordnung übernommen werden. Für die Mitgliedstaaten und die Antragsteller ist es gleichermaßen wichtig, dass es ein allgemeines Verfahren zur Lösung von Fällen gibt, in denen die Mitgliedstaaten die Verordnung unterschiedlich anwenden. Es ist daher gerechtfertigt, das in der Verordnung (EG) Nr. 1560/2003 vorgesehene Verfahren zur Schlichtung von Streitigkeiten, die die humanitäre Klausel betreffen, in diese Verordnung zu übernehmen und auf den Regelungsgegenstand dieser Verordnung insgesamt auszudehnen.

(38) Um die Anwendung dieser Verordnung wirksam überwachen zu können, bedarf es einer regelmäßigen Bewertung.

(39) Diese Verordnung steht im Einklang mit den Grundrechten und Grundsätzen, die insbesondere mit der Charta der Grundrechte der Europäischen Union anerkannt wurden. Diese Verordnung zielt insbesondere darauf ab, sowohl die uneingeschränkte Wahrung des in Artikel 18 der Charta verankerten Rechts auf Asyl als auch die in ihren Artikeln 1, 4, 7, 24 und 47 anerkannten Rechte zu gewährleisten. Diese Verordnung sollte daher in diesem Sinne angewandt werden.

(40) Da das Ziel dieser Verordnung, nämlich die Festlegung von Kriterien und Verfahren zur Bestimmung des Mitgliedstaats, der für die Prüfung eines Antrags auf internationalen Schutz zuständig ist, den ein Drittstaatsangehöriger oder Staatenloser in einem Mitgliedstaat gestellt hat, auf Ebene der Mitgliedstaaten nicht ausreichend erreicht werden kann

und daher wegen des Umfangs und der Wirkungen dieser Verordnung besser auf Unionsebene zu erreichen ist, kann die Union im Einklang mit dem in Artikel 5 des Vertrags über die Europäische Union (EUV) niedergelegten Subsidiaritätsprinzip tätig werden. Entsprechend dem in demselben Artikel genannten Verhältnismäßigkeitsprinzip geht diese Verordnung nicht über das für die Erreichung dieses Ziels erforderliche Maß hinaus.

(41) Gemäß Artikel 3 und Artikel 4a Absatz 1 des dem EUV und dem AEUV beigefügten Protokolls Nr. 21 über die Position des Vereinigten Königreichs und Irlands hinsichtlich des Raums der Freiheit, der Sicherheit und des Rechts, haben diese Mitgliedstaaten mitgeteilt, dass sie sich an der Annahme und Anwendung dieser Verordnung beteiligen möchten.

(42) Gemäß den Artikeln 1 und 2 des dem EUV und dem AEUV beigefügten Protokolls Nr. 2 über die Position Dänemarks beteiligt sich Dänemark nicht an der Annahme dieser Verordnung, die für Dänemark nicht bindend oder anwendbar ist –

HABEN FOLGENDE VERORDNUNG ERLASSEN:

Kapitel I. Gegenstand und Definitionen

Artikel 1. Gegenstand

Diese Verordnung legt die Kriterien und Verfahren fest, die bei der Bestimmung des Mitgliedstaats, der für die Prüfung eines von einem Drittstaatsangehörigen oder Staatenlosen in einem Mitgliedstaat gestellten Antrags auf internationalen Schutz zuständig ist, zur Anwendung gelangen (im Folgenden „zuständiger Mitgliedstaat").

Artikel 2. Definitionen

Im Sinne dieser Verordnung bezeichnet der Ausdruck

a) „Drittstaatsangehöriger" jede Person, die nicht Bürger der Union im Sinne von Artikel 20 Absatz 1 des AEUV ist und bei der es sich nicht um einen Staatsangehörigen eines Staates handelt, der sich aufgrund

eines Abkommens mit der Europäischen Union an dieser Verordnung beteiligt;
b) „Antrag auf internationalen Schutz" einen Antrag auf internationalen Schutz im Sinne des Artikels 2 Buchstabe h der Richtlinie 2011/95/EU;
c) „Antragsteller" einen Drittstaatsangehörigen oder Staatenlosen, der einen Antrag auf internationalen Schutz gestellt hat, über den noch nicht endgültig entschieden wurde;
d) „Prüfung eines Antrags auf internationalen Schutz" die Gesamtheit der Prüfungsvorgänge, der Entscheidungen oder Urteile der zuständigen Behörden in Bezug auf einen Antrag auf internationalen Schutz gemäß der Richtlinie 2013/32/EU und der Richtlinie 2011/95/EU mit Ausnahme der Verfahren zur Bestimmung des zuständigen Mitgliedstaats gemäß dieser Verordnung;
e) „Rücknahme eines Antrags auf internationalen Schutz" die vom Antragsteller im Einklang mit der Richtlinie 2013/32/EU ausdrücklich oder stillschweigend unternommenen Schritte zur Beendigung des Verfahrens, das aufgrund des von ihm gestellten Antrags auf internationalen Schutz eingeleitet worden ist;
f) „Begünstigter internationalen Schutzes" einen Drittstaatsangehörigen oder Staatenlosen, dem internationaler Schutz im Sinne von Artikel 2 Buchstabe a der Richtlinie 2011/95/EU zuerkannt wurde;
g) „Familienangehörige" die folgenden Mitglieder der Familie des Antragstellers, die sich im Hoheitsgebiet der Mitgliedstaaten aufhalten, sofern die Familie bereits im Herkunftsland bestanden hat:
    – der Ehegatte des Antragstellers oder sein nicht verheirateter Partner, der mit ihm eine dauerhafte Beziehung führt, soweit nach dem Recht oder nach den Gepflogenheiten des betreffenden Mitgliedstaats nicht verheiratete Paare ausländerrechtlich vergleichbar behandelt werden wie verheiratete Paare,
    – die minderjährigen Kinder des im ersten Gedankenstrich genannten Paares oder des Antragstellers, sofern diese nicht verheiratet sind, gleichgültig, ob es sich nach nationalem Recht um eheliche oder außerehelich geborene oder adoptierte Kinder handelt,
    – bei einem minderjährigen und unverheirateten Antragsteller, der Vater, die Mutter oder ein anderer Erwachsener, der entweder nach dem Recht oder nach den Gepflogenheiten des Mitgliedstaats, in dem der Erwachsene sich aufhält, für den Minderjährigen verantwortlich ist,

- bei einem unverheirateten, minderjährigen Begünstigten internationalen Schutzes, der Vater, die Mutter oder ein anderer Erwachsener, der/die entweder nach dem Recht oder nach den Gepflogenheiten des Mitgliedstaats, in dem sich der Begünstigte aufhält, für ihn verantwortlich ist;
h) „Verwandter": der volljährige Onkel, die volljährige Tante oder ein Großelternteil des Antragstellers, der/die sich im Hoheitsgebiet eines Mitgliedstaats aufhält, ungeachtet dessen, ob es sich gemäß dem nationalen Recht bei dem Antragsteller um ein ehelich oder außerehelich geborenes oder adoptiertes Kind handelt;
i) „Minderjähriger einen Drittstaatsangehörigen oder Staatenlosen unter 18 Jahren;
j) „unbegleiteter Minderjähriger" einen Minderjährigen, der ohne Begleitung eines für ihn nach dem Recht oder nach den Gepflogenheiten des betreffenden Mitgliedstaats verantwortlichen Erwachsenen in das Hoheitsgebiet der Mitgliedstaaten einreist, solange er sich nicht tatsächlich in der Obhut eines solchen Erwachsenen befindet; dies schließt einen Minderjährigen ein, der nach Einreise in das Hoheitsgebiet eines Mitgliedstaats dort ohne Begleitung zurückgelassen wird;
k) „Vertreter" eine Person oder Organisation, die von den zuständigen Behörden zur Unterstützung und Vertretung eines unbegleiteten Minderjährigen in Verfahren nach Maßgabe dieser Verordnung bestellt wurde, um das Wohl des Kindes zu wahren und für den Minderjährigen, soweit erforderlich, Rechtshandlungen vorzunehmen. Wird eine Organisation zum Vertreter bestellt, so bezeichnet der Ausdruck „Vertreter" eine Person, die in Bezug auf den Minderjährigen ihre Pflichten im Einklang mit dieser Verordnung wahrnimmt;
l) „Aufenthaltstitel" jede von den Behörden eines Mitgliedstaats erteilte Erlaubnis, mit der der Aufenthalt eines Drittstaatsangehörigen oder Staatenlosen im Hoheitsgebiet dieses Mitgliedstaats gestattet wird, einschließlich der Dokumente, mit denen die Genehmigung des Aufenthalts im Hoheitsgebiet im Rahmen einer Regelung des vorübergehenden Schutzes oder bis zu dem Zeitpunkt, zu dem die eine Ausweisung verhindernden Umstände nicht mehr gegeben sind, nachgewiesen werden kann; ausgenommen sind Visa und Aufenthaltstitel, die während der zur Bestimmung des zuständigen Mitgliedstaats entsprechend dieser Verordnung erforderlichen Frist oder während der

Prüfung eines Antrags auf internationalen Schutz oder eines Antrags auf Gewährung eines Aufenthaltstitels erteilt wurden;
m) „Visum" die Erlaubnis oder Entscheidung eines Mitgliedstaats, die im Hinblick auf die Einreise zum Zweck der Durchreise oder die Einreise zum Zweck eines Aufenthalts in diesem Mitgliedstaat oder in mehreren Mitgliedstaaten verlangt wird. Es werden folgende Arten von Visa unterschieden:
– „Visum für den längerfristigen Aufenthalt": eine von einem der Mitgliedstaaten im Einklang mit seinem innerstaatlichen Recht oder dem Unionsrecht ausgefertigte Erlaubnis oder Entscheidung, die im Hinblick auf die Einreise zum Zweck eines Aufenthalts in diesem Mitgliedstaat von mehr als drei Monaten verlangt wird;
– „Visum für den kurzfristigen Aufenthalt": eine Erlaubnis oder Entscheidung eines Mitgliedstaats im Hinblick auf die Durchreise durch das Hoheitsgebiet eines oder mehrerer oder aller Mitgliedstaaten oder einen geplanten Aufenthalt in diesem Gebiet von höchstens drei Monaten je Sechsmonatszeitraum ab dem Zeitpunkt der ersten Einreise in das Hoheitsgebiet der Mitgliedstaaten;
– „Visum für den Flughafentransit" ein für die Durchreise durch die internationalen Transitzonen eines oder mehrerer Flughäfen von Mitgliedstaaten gültiges Visum;
n) „Fluchtgefahr" das Vorliegen von Gründen im Einzelfall, die auf objektiven gesetzlich festgelegten Kriterien beruhen und zu der Annahme Anlass geben, dass sich ein Antragsteller, ein Drittstaatsangehöriger oder Staatenloser, gegen den ein Überstellungsverfahren läuft, diesem Verfahren möglicherweise durch Flucht entziehen könnte.

Kapitel II. Allgemeine Grundsätze und Schutzgarantien

Artikel 3. Verfahren zur Prüfung eines Antrags auf internationalen Schutz
(1) ¹Die Mitgliedstaaten prüfen jeden Antrag auf internationalen Schutz, den ein Drittstaatsangehöriger oder Staatenloser im Hoheitsgebiet eines Mitgliedstaats einschließlich an der Grenze oder in den Transitzonen stellt.

²Der Antrag wird von einem einzigen Mitgliedstaat geprüft, der nach den Kriterien des Kapitels III als zuständiger Staat bestimmt wird.

(2) Lässt sich anhand der Kriterien dieser Verordnung der zuständige Mitgliedstaat nicht bestimmen, so ist der erste Mitgliedstaat, in dem der Antrag auf internationalen Schutz gestellt wurde, für dessen Prüfung zuständig.

Erweist es sich als unmöglich, einen Antragsteller an den zunächst als zuständig bestimmten Mitgliedstaat zu überstellen, da es wesentliche Gründe für die Annahme gibt, dass das Asylverfahren und die Aufnahmebedingungen für Antragsteller in diesem Mitgliedstaat systemische Schwachstellen aufweisen, die eine Gefahr einer unmenschlichen oder entwürdigenden Behandlung im Sinne des Artikels 4 der EU-Grundrechtecharta mit sich bringen, so setzt der die Zuständigkeit prüfende Mitgliedstaat, die Prüfung der in Kapitel III vorgesehenen Kriterien fort, um festzustellen, ob ein anderer Mitgliedstaat als zuständig bestimmt werden kann.

Kann keine Überstellung gemäß diesem Absatz an einen aufgrund der Kriterien des Kapitels III bestimmten Mitgliedstaat oder an den ersten Mitgliedstaat, in dem der Antrag gestellt wurde, vorgenommen werden, so wird der die Zuständigkeit prüfende Mitgliedstaat der zuständige Mitgliedstaat.

(3) Jeder Mitgliedstaat behält das Recht, einen Antragsteller nach Maßgabe der Bestimmungen und Schutzgarantien der Richtlinie 32/2013/EU in einen sicheren Drittstaat zurück- oder auszuweisen.

Artikel 4. Recht auf Information

(1) Sobald ein Antrag auf internationalen Schutz im Sinne des Artikels 20 Absatz 2 in einem Mitgliedstaat gestellt wird, unterrichten seine zuständigen Behörden den Antragsteller über die Anwendung dieser Verordnung und insbesondere über folgende Aspekte:

a) die Ziele dieser Verordnung und die Folgen einer weiteren Antragstellung in einem anderen Mitgliedstaat sowie die Folgen eines Umzugs in einen anderen Mitgliedstaat während die Schritte, in welchen der nach dieser Verordnung zuständige Mitgliedstaat bestimmt wird und der Antrag auf internationalen Schutz geprüft wird;
b) die Kriterien für die Bestimmung des zuständigen Mitgliedstaats, die Rangfolge derartiger Kriterien in den einzelnen Schritten des Verfah-

rens und ihre Dauer einschließlich der Tatsache, dass ein in einem Mitgliedstaat gestellter Antrag auf internationalen Schutz dazu führen kann, dass dieser Mitgliedstaat nach dieser Verordnung zuständig wird, selbst wenn diese Zuständigkeit nicht auf derartigen Kriterien beruht;

c) das persönliche Gespräch gemäß Artikel 5 und die Möglichkeit, Angaben über die Anwesenheit von Familienangehörigen, Verwandten oder Personen jeder anderen verwandtschaftlichen Beziehung in den Mitgliedstaaten zu machen, einschließlich der Mittel, mit denen der Antragsteller diese Angaben machen kann;

d) die Möglichkeit zur Einlegung eines Rechtsbehelfs gegen eine Überstellungsentscheidung und gegebenenfalls zur Beantragung einer Aussetzung der Überstellung;

e) den Umstand, dass die zuständigen Behörden der Mitgliedstaaten ihn betreffende Daten allein zur Erfüllung ihrer Verpflichtungen aus dieser Verordnung austauschen dürfen;

f) das Auskunftsrecht bezüglich ihn betreffender Daten und das Recht zu beantragen, dass solche Daten berichtigt werden, sofern sie unrichtig sind, oder gelöscht werden, sofern sie unrechtmäßig verarbeitet wurden, sowie die Verfahren zur Ausübung dieser Rechte einschließlich der Kontaktangaben der Behörden im Sinne des Artikels 35 und der nationalen Datenschutzbehörden, die für die Entgegennahme von Beschwerden über den Schutz personenbezogener Daten zuständig sind.

(2) [1]Die Informationen nach Absatz 1 werden schriftlich in einer Sprache mitgeteilt, die der Antragsteller versteht oder von der vernünftigerweise angenommen werden darf, dass der Antragsteller sie versteht. [2]Die Mitgliedstaaten verwenden hierzu das zu diesem Zweck gemäß Absatz 3 erstellte gemeinsame Merkblatt.

Wenn dies für das richtige Verständnis des Antragstellers notwendig ist, werden die Informationen auch mündlich, beispielsweise bei dem Gespräch nach Artikel 5, erteilt.

(3) [1]Die Kommission erstellt im Wege von Durchführungsrechtsakten ein gemeinsames Merkblatt sowie ein spezielles Merkblatt für unbegleitete Minderjährige, das mindestens die Angaben in Absatz 1 dieses Artikels enthält. [2]Dieses gemeinsame Merkblatt enthält außerdem Informationen

über die Anwendung der Verordnung (EU) Nr. 603/2013 und insbesondere über den Zweck, zu dem die Daten eines Antragstellers in Eurodac verarbeitet werden dürfen. ³Das gemeinsame Merkblatt wird so gestaltet, dass es die Mitgliedstaaten mit zusätzlichen mitgliedstaatsspezifischen Informationen ergänzen können. ⁴Diese Durchführungsrechtsakte werden gemäß dem in Artikel 44 Absatz 2 dieser Verordnung genannten Prüfverfahren erlassen.

Artikel 5. Persönliches Gespräch

(1) ¹Um das Verfahren zur Bestimmung des zuständigen Mitgliedstaats zu erleichtern, führt der die Zuständigkeit prüfende Mitgliedstaat ein persönliches Gespräch mit dem Antragsteller. ²Dieses Gespräch soll auch das richtige Verständnis der dem Antragsteller gemäß Artikel 4 bereitgestellten Informationen ermöglichen.

(2) Auf das persönliche Gespräch darf verzichtet werden, wenn

a) der Antragsteller flüchtig ist oder
b) der Antragsteller, nachdem er die in Artikel 4 genannten Informationen erhalten hat, bereits die sachdienlichen Angaben gemacht hat, so dass der zuständige Mitgliedstaat auf andere Weise bestimmt werden kann. Der Mitgliedstaat, der auf das Gespräch verzichtet, gibt dem Antragsteller Gelegenheit, alle weiteren sachdienlichen Informationen vorzulegen, die für die ordnungsgemäße Bestimmung des zuständigen Mitgliedstaats von Bedeutung sind, bevor eine Entscheidung über die Überstellung des Antragstellers in den nach Artikel 26 Absatz 1 zuständigen Mitgliedstaat ergeht.

(3) Das persönliche Gespräch wird zeitnah geführt, in jedem Fall aber, bevor über die Überstellung des Antragstellers in den zuständigen Mitgliedstaat gemäß Artikel 26 Absatz 1 entschieden wird.

(4) ¹Das persönliche Gespräch wird in einer Sprache geführt, die der Antragsteller versteht oder von der vernünftigerweise angenommen werden darf, dass er sie versteht und in der er sich verständigen kann. ²Die Mitgliedstaaten ziehen erforderlichenfalls einen Dolmetscher hinzu, der eine angemessene Verständigung zwischen dem Antragsteller und der das persönliche Gespräch führenden Person gewährleisten kann.

(5) ¹Das persönliche Gespräch erfolgt unter Bedingungen, die eine angemessene Vertraulichkeit gewährleisten. ²Es wird von einer dafür qualifizierten Person gemäß dem innerstaatlichen Recht durchgeführt.

(6) ¹Der Mitgliedstaat, der das persönliche Gespräch führt, erstellt eine schriftliche Zusammenfassung, die zumindest die wesentlichen Angaben des Antragstellers aus dem Gespräch enthält. ²Diese Zusammenfassung kann in Form eines Berichts oder eines Standardformulars erstellt werden. Der Mitgliedstaat gewährleistet, dass der Antragsteller und/oder der ihn vertretende Rechtsbeistand oder sonstiger Berater zeitnah Zugang zu der Zusammenfassung erhält.

Artikel 6. Garantien für Minderjährige

(1) Das Wohl des Kindes ist in allen Verfahren, die in dieser Verordnung vorgesehen sind, eine vorrangige Erwägung der Mitgliedstaaten.

(2) ¹Die Mitgliedstaaten sorgen dafür, dass ein unbegleiteter Minderjährige in allen Verfahren, die in dieser Verordnung vorgesehen sind, von einem Vertreter vertreten und/oder unterstützt wird. ²Der Vertreter verfügt über die entsprechenden Qualifikationen und Fachkenntnisse, um zu gewährleisten, dass dem Wohl des Minderjährigen während der nach dieser Verordnung durchgeführten Verfahren Rechnung getragen wird. ³Ein solcher Vertreter hat Zugang zu dem Inhalt der einschlägigen Dokumente in der Akte des Antragstellers einschließlich des speziellen Merkblatts für unbegleitete Minderjährige.

Dieser Absatz lässt die entsprechenden Bestimmungen in Artikel 25 der Richtlinie 2013/32/EU unberührt.

(3) Bei der Würdigung des Wohl des Kindes arbeiten die Mitgliedstaaten eng zusammen und tragen dabei insbesondere folgenden Faktoren gebührend Rechnung:

a) Möglichkeiten der Familienzusammenführung;
b) dem Wohlergehen und der sozialen Entwicklung des Minderjährigen unter besonderer Berücksichtigung seines Hintergrundes;
c) Sicherheitserwägungen, insbesondere wenn es sich bei dem Minderjährigen um ein Opfer des Menschenhandels handeln könnte;

d) den Ansichten des Minderjährigen entsprechend seinem Alter und seiner Reife.

(4) Zum Zweck der Durchführung des Artikels 8 unternimmt der Mitgliedstaat, in dem der unbegleitete Minderjährige einen Antrag auf internationalen Schutz gestellt hat, so bald wie möglich geeignete Schritte, um die Familienangehörigen, Geschwister oder Verwandte des unbegleiteten Minderjährigen im Hoheitsgebiet der Mitgliedstaaten zu ermitteln, wobei er das Wohl des Kindes schützt.

Zu diesem Zweck kann der Mitgliedstaat internationale oder andere einschlägige Organisationen um Hilfe ersuchen und den Zugang des Minderjährigen zu den Suchdiensten dieser Organisationen erleichtern.

Das Personal der zuständigen Behörden im Sinne von Artikel 35, die unbegleitete Minderjährige betreffende Anträge bearbeiten, haben eine geeignete Schulung über die besonderen Bedürfnisse Minderjähriger erhalten und werden weiterhin geschult.

(5) ¹Zur Erleichterung geeigneter Maßnahmen zur Ermittlung der im Hoheitsgebiet eines anderen Mitgliedstaats lebenden Familienangehörigen, der Geschwister oder der Verwandten eines unbegleiteten Minderjährigen gemäß Absatz 4 dieses Artikels erlässt die Kommission Durchführungsrechtsakte, einschließlich der Festlegung eines Standardformblatts für den Austausch einschlägiger Informationen zwischen den Mitgliedstaaten. ²Diese Durchführungsrechtsakte werden gemäß dem in Artikel 44 Absatz 2 genannten Prüfverfahren erlassen.

Kapitel III. Kriterien zur Bestimmung des zuständigen Mitgliedstaats

Artikel 7. Rangfolge der Kriterien

(1) Die Kriterien zur Bestimmung des zuständigen Mitgliedstaats finden in der in diesem Kapitel genannten Rangfolge Anwendung.

(2) Bei der Bestimmung des nach den Kriterien dieses Kapitels zuständigen Mitgliedstaats wird von der Situation ausgegangen, die zu dem Zeitpunkt

gegeben ist, zu dem der Antragsteller seinen Antrag auf internationalen Schutz zum ersten Mal in einem Mitgliedstaat stellt.

(3) Im Hinblick auf die Anwendung der in den Artikeln 8, 10 und 6 genannten Kriterien berücksichtigen die Mitgliedstaaten alle vorliegenden Indizien für den Aufenthalt von Familienangehörigen, Verwandten oder Personen jeder anderen verwandtschaftlichen Beziehung des Antragstellers im Hoheitsgebiet eines Mitgliedstaats, sofern diese Indizien vorgelegt werden, bevor ein anderer Mitgliedstaat dem Gesuch um Aufnahme- oder Wiederaufnahme der betreffenden Person gemäß den Artikeln 22 und 25 stattgegeben hat, und sofern über frühere Anträge des Antragstellers auf internationalen Schutz noch keine Erstentscheidung in der Sache ergangen ist.

Artikel 8. Minderjährige

(1) ¹Handelt es sich bei dem Antragsteller um einen unbegleiteten Minderjährigen, so ist der Mitgliedstaat zuständiger Mitgliedstaat, in dem sich ein Familienangehöriger oder eines der Geschwister des unbegleiteten Minderjährigen rechtmäßig aufhält, sofern es dem Wohl des Minderjährigen dient. ²Ist der Antragsteller ein verheirateter Minderjähriger, dessen Ehepartner sich nicht rechtmäßig im Hoheitsgebiet der Mitgliedstaaten aufhält, so ist der Mitgliedstaat zuständiger Mitgliedstaat, in dem sich der Vater, die Mutter, oder ein anderer Erwachsener – der entweder nach dem Recht oder nach den Gepflogenheiten des Mitgliedstaats für den Minderjährigen zuständig ist – oder sich eines seiner Geschwister aufhält.

(2) Ist der Antragsteller ein unbegleiteter Minderjähriger, der einen Verwandten hat, der sich rechtmäßig in einem anderen Mitgliedstaat aufhält, und wurde anhand einer Einzelfallprüfung festgestellt, dass der Verwandte für den Antragsteller sorgen kann, so führt dieser Mitgliedstaat den Minderjährigen und seine Verwandten zusammen und ist der zuständige Mitgliedstaat, sofern es dem Wohl des Minderjährigen dient.

(3) Halten sich Familienangehörige, Geschwister oder Verwandte im Sinne der Absätze 1 und 2 in mehr als einem Mitgliedstaat auf, wird der zuständige Mitgliedstaat danach bestimmt, was dem Wohl des unbegleiteten Minderjährigen dient.

(4) Bei Abwesenheit eines Familienangehörigen eines seiner Geschwisters oder eines Verwandten im Sinne der Absätze 1 und 2, ist der Mitgliedstaat zuständiger Mitgliedstaat, in dem der unbegleitete Minderjährige seinen Antrag auf internationalen Schutz gestellt hat, sofern es dem Wohl des Minderjährigen dient.

(5) ¹Der Kommission wird die Befugnis übertragen gemäß Artikel 45 in Bezug auf die Ermittlung von Familienangehörigen, Geschwistern oder Verwandten eines unbegleiteten Minderjährigen; die Kriterien für die Feststellung des Bestehens einer nachgewiesenen familiären Bindung; die Kriterien zur Beurteilung der Fähigkeit eines Verwandten, für den unbegleiteten Minderjährigen zu sorgen, einschließlich der Fälle, in denen sich die Familienangehörigen, Geschwister oder Verwandten des unbegleiteten Minderjährigen in mehr als einem Mitgliedstaat aufhalten, delegierte Rechtsakte zu erlassen. ²Bei der Ausübung ihrer Befugnis zum Erlass delegierter Rechtsakte geht die Kommission nicht über den in Artikel 6 Absatz 3 vorgesehenen Umfang des Wohls des Kindes hinaus.

(6) ¹Die Kommission legt im Wege von Durchführungsrechtsakten einheitliche Bedingungen für Konsultationen und den Informationsaustausch zwischen den Mitgliedstaaten fest. ²Diese Durchführungsrechtsakte werden gemäß dem in Artikel 44 Absatz 2 genannten Prüfverfahren erlassen.

Artikel 9. Familienangehörige, die Begünstigte internationalen Schutzes sind

Hat der Antragsteller einen Familienangehörigen – ungeachtet der Frage, ob die Familie bereits im Herkunftsland bestanden hat –, der in seiner Eigenschaft als Begünstigter internationalen Schutzes in einem Mitgliedstaat aufenthaltsberechtigt ist, so ist dieser Mitgliedstaat für die Prüfung des Antrags auf internationalen Schutz zuständig, sofern die betreffenden Personen diesen Wunsch schriftlich kundtun.

Artikel 10. Familienangehörige, die internationalen Schutz beantragt haben

Hat ein Antragsteller in einem Mitgliedstaat einen Familienangehörigen, über dessen Antrag auf internationalen Schutz noch keine Erstentscheidung in der Sache ergangen ist, so ist dieser Mitgliedstaat für die Prüfung des

Antrags auf internationalen Schutz zuständig, sofern die betreffenden Personen diesen Wunsch schriftlich kundtun.

Artikel 11. Familienverfahren

Stellen mehrere Familienangehörige und/oder unverheiratete minderjährige Geschwister in demselben Mitgliedstaat gleichzeitig oder in so großer zeitlicher Nähe einen Antrag auf internationalen Schutz, dass die Verfahren zur Bestimmung des zuständigen Mitgliedstaats gemeinsam durchgeführt werden können, und könnte die Anwendung der in dieser Verordnung genannten Kriterien ihre Trennung zur Folge haben, so gilt für die Bestimmung des zuständigen Mitgliedstaats Folgendes:

a) zuständig für die Prüfung der Anträge auf internationalen Schutz sämtlicher Familienangehöriger und/oder unverheirateter minderjähriger Geschwister ist der Mitgliedstaat, der nach den Kriterien für die Aufnahme des größten Teils von ihnen zuständig ist;

b) andernfalls ist für die Prüfung der Mitgliedstaat zuständig, der nach den Kriterien für die Prüfung des von dem ältesten von ihnen gestellten Antrags zuständig ist.

Artikel 12. Ausstellung von Aufenthaltstiteln oder Visa

(1) Besitzt der Antragsteller einen gültigen Aufenthaltstitel, so ist der Mitgliedstaat, der den Aufenthaltstitel ausgestellt hat, für die Prüfung des Antrags auf internationalen Schutz zuständig.

(2) [1]Besitzt der Antragsteller ein gültiges Visum, so ist der Mitgliedstaat, der das Visum erteilt hat, für die Prüfung des Antrags auf internationalen Schutz zuständig, es sei denn, dass das Visum im Auftrag eines anderen Mitgliedstaats im Rahmen einer Vertretungsvereinbarung gemäß Artikel 8 der Verordnung (EG) Nr. 810/2009 des Europäischen Parlaments und des Rates vom 13. Juli 2009 über einen Visakodex der Gemeinschaft[14] erteilt wurde. [2]In diesem Fall ist der vertretene Mitgliedstaat für die Prüfung des Antrags auf internationalen Schutz zuständig.

---

14 Amtl. Anm.: ABl. L 2434 vom 15.9.2009, S. 1.

(3) Besitzt der Antragsteller mehrere gültige Aufenthaltstitel oder Visa verschiedener Mitgliedstaaten, so sind die Mitgliedstaaten für die Prüfung des Antrags auf internationalen Schutz in folgender Reihenfolge zuständig:

a) der Mitgliedstaat, der den Aufenthaltstitel mit der längsten Gültigkeitsdauer erteilt hat, oder bei gleicher Gültigkeitsdauer der Mitgliedstaat, der den zuletzt ablaufenden Aufenthaltstitel erteilt hat;
b) der Mitgliedstaat, der das zuletzt ablaufende Visum erteilt hat, wenn es sich um gleichartige Visa handelt;
c) bei nicht gleichartigen Visa der Mitgliedstaat, der das Visum mit der längsten Gültigkeitsdauer erteilt hat, oder bei gleicher Gültigkeitsdauer der Mitgliedstaat, der das zuletzt ablaufende Visum erteilt hat.

(4) Besitzt der Antragsteller nur einen oder mehrere Aufenthaltstitel, die weniger als zwei Jahre zuvor abgelaufen sind, oder ein oder mehrere Visa, die seit weniger als sechs Monaten abgelaufen sind, aufgrund deren er in das Hoheitsgebiet eines Mitgliedstaats einreisen konnte, so sind die Absätze 1, 2 und 3 anwendbar, solange der Antragsteller das Hoheitsgebiet der Mitgliedstaaten nicht verlassen hat.

Besitzt der Antragsteller einen oder mehrere Aufenthaltstitel, die mehr als zwei Jahre zuvor abgelaufen sind, oder ein oder mehrere Visa, die seit mehr als sechs Monaten abgelaufen sind, aufgrund deren er in das Hoheitsgebiet eines Mitgliedstaats einreisen konnte, und hat er die Hoheitsgebiete der Mitgliedstaaten nicht verlassen, so ist der Mitgliedstaat zuständig, in dem der Antrag auf internationalen Schutz gestellt wird.

(5) [1]Der Umstand, dass der Aufenthaltstitel oder das Visum aufgrund einer falschen oder missbräuchlich verwendeten Identität oder nach Vorlage von gefälschten, falschen oder ungültigen Dokumenten erteilt wurde, hindert nicht daran, dem Mitgliedstaat, der den Titel oder das Visum erteilt hat, die Zuständigkeit zuzuweisen. [2]Der Mitgliedstaat, der den Aufenthaltstitel oder das Visum ausgestellt hat, ist nicht zuständig, wenn nachgewiesen werden kann, dass nach Ausstellung des Titels oder des Visums eine betrügerische Handlung vorgenommen wurde.

Artikel 13. Einreise und/oder Aufenthalt

(1) [1]Wird auf der Grundlage von Beweismitteln oder Indizien gemäß den beiden in Artikel 22 Absatz 3 dieser Verordnung genannten Verzeichnis-

sen, einschließlich der Daten nach der Verordnung (EU) Nr. 603/2013 festgestellt, dass ein Antragsteller aus einem Drittstaat kommend die Land-, See- oder Luftgrenze eines Mitgliedstaats illegal überschritten hat, so ist dieser Mitgliedstaat für die Prüfung des Antrags auf internationalen Schutz zuständig. ²Die Zuständigkeit endet zwölf Monate nach dem Tag des illegalen Grenzübertritts.

(2) Ist ein Mitgliedstaat nicht oder gemäß Absatz 1 dieses Artikels nicht länger zuständig und wird auf der Grundlage von Beweismitteln oder Indizien gemäß den beiden in Artikel 22 Absatz 3 genannten Verzeichnissen festgestellt, dass der Antragsteller – der illegal in die Hoheitsgebiete der Mitgliedstaaten eingereist ist oder bei dem die Umstände der Einreise nicht festgestellt werden können – sich vor der Antragstellung während eines ununterbrochenen Zeitraums von mindestens fünf Monaten in einem Mitgliedstaat aufgehalten hat, so ist dieser Mitgliedstaat für die Prüfung des Antrags auf internationalen Schutz zuständig.

Hat sich der Antragsteller für Zeiträume von mindestens fünf Monaten in verschiedenen Mitgliedstaaten aufgehalten, so ist der Mitgliedstaat, wo er sich zuletzt aufgehalten hat, für die Prüfung des Antrags auf internationalen Schutz zuständig.

Artikel 14. Visafreie Einreise

(1) Reist ein Drittstaatsangehöriger oder Staatenloser in das Hoheitsgebiet eines Mitgliedstaats ein, in dem für ihn kein Visumzwang besteht, so ist dieser Mitgliedstaat für die Prüfung des Antrags auf internationalen Schutz zuständig.

(2) ¹Der Grundsatz nach Absatz 1 findet keine Anwendung, wenn der Drittstaatsangehörige oder Staatenlose seinen Antrag auf internationalen Schutz in einem anderen Mitgliedstaat stellt, in dem er ebenfalls kein Einreisevisum vorweisen muss. ²In diesem Fall ist dieser andere Mitgliedstaat für die Prüfung des Antrags auf internationalen Schutz zuständig.

Artikel 15. Antrag im internationalen Transitbereich eines Flughafens

Stellt ein Drittstaatsangehöriger oder Staatenloser im internationalen Transitbereich eines Flughafens eines Mitgliedstaats einen Antrag auf internationalen Schutz, so ist dieser Mitgliedstaat für die Prüfung des Antrags zuständig.

Kapitel IV. Abhängige Personen und Ermessensklauseln

Artikel 16. Abhängige Personen

(1) Ist ein Antragsteller wegen Schwangerschaft, eines neugeborenen Kindes, schwerer Krankheit, ernsthafter Behinderung oder hohen Alters auf die Unterstützung seines Kindes, eines seiner Geschwister oder eines Elternteils, das/der sich rechtmäßig in einem Mitgliedstaat aufhält, angewiesen oder ist sein Kind, eines seiner Geschwister oder ein Elternteil, das/der sich rechtmäßig in einem Mitgliedstaat aufhält, auf die Unterstützung des Antragstellers angewiesen, so entscheiden die Mitgliedstaaten in der Regel, den Antragsteller und dieses Kind, dieses seiner Geschwister oder Elternteil nicht zu trennen bzw. sie zusammenzuführen, sofern die familiäre Bindung bereits im Herkunftsland bestanden hat, das Kind, eines seiner Geschwister oder der Elternteil in der Lage ist, die abhängige Person zu unterstützen und die betroffenen Personen ihren Wunsch schriftlich kundgetan haben.

(2) [1]Hält sich das Kind, eines seiner Geschwister oder ein Elternteil im Sinne des Absatzes 1 rechtmäßig in einem anderen Mitgliedstaat als der Antragsteller auf, so ist der Mitgliedstaat, in dem sich das Kind, eines seiner Geschwister oder ein Elternteil rechtmäßig aufhält, zuständiger Mitgliedstaat, sofern der Gesundheitszustand des Antragstellers diesen nicht längerfristig daran hindert, in diesen Mitgliedstaat zu reisen. [2]In diesem Fall, ist der Mitgliedstaat, in dem sich der Antragsteller aufhält, zuständiger Mitgliedstaat. Dieser Mitgliedstaat kann nicht zum Gegenstand der Verpflichtung gemacht werden, das Kind, eines seiner Geschwister oder ein Elternteil in sein Hoheitsgebiet zu verbringen.

(3) Der Kommission wird die Befugnis übertragen gemäß Artikel 45 in Bezug auf die Elemente, die zur Beurteilung des Abhängigkeitsverhältnisses zu berücksichtigen sind, in Bezug auf die Kriterien zur Feststellung des Bestehens einer nachgewiesenen familiären Bindung, in Bezug auf die Kriterien zur Beurteilung der Fähigkeit der betreffenden Person zur

Sorge für die abhängige Person und in Bezug auf die Elemente, die zur Beurteilung einer längerfristigen Reiseunfähigkeit zu berücksichtigen sind, delegierte Rechtsakte zu erlassen.

(4) ¹Die Kommission legt im Wege von Durchführungsrechtsakten einheitliche Bedingungen für Konsultationen und den Informationsaustausch zwischen den Mitgliedstaaten fest. ²Diese Durchführungsrechtsakte werden nach dem in Artikel 44 Absatz 2 genannten Prüfverfahren erlassen.

Artikel 17. Ermessensklauseln

(1) Abweichend von Artikel 3 Absatz 1 kann jeder Mitgliedstaat beschließen, einen bei ihm von einem Drittstaatsangehörigen oder Staatenlosen gestellten Antrag auf internationalen Schutz zu prüfen, auch wenn er nach den in dieser Verordnung festgelegten Kriterien nicht für die Prüfung zuständig ist.

¹Der Mitgliedstaat, der gemäß diesem Absatz beschließt, einen Antrag auf internationalen Schutz zu prüfen, wird dadurch zum zuständigen Mitgliedstaat und übernimmt die mit dieser Zuständigkeit einhergehenden Verpflichtungen. ²Er unterrichtet gegebenenfalls über das elektronische Kommunikationsnetz DubliNet, das gemäß Artikel 18 der Verordnung (EG) Nr. 1560/2003 eingerichtet worden ist, den zuvor zuständigen Mitgliedstaat, den Mitgliedstaat, der ein Verfahren zur Bestimmung des zuständigen Mitgliedstaats durchführt, oder den Mitgliedstaat, an den ein Aufnahme- oder Wiederaufnahmegesuch gerichtet wurde.

Der Mitgliedstaat, der nach Maßgabe dieses Absatzes zuständig wird, teilt diese Tatsache unverzüglich über Eurodac nach Maßgabe der Verordnung (EU) Nr. 603/2013 mit, indem er den Zeitpunkt über die erfolgte Entscheidung zur Prüfung des Antrags anfügt.

(2) ¹Der Mitgliedstaat, in dem ein Antrag auf internationalen Schutz gestellt worden ist und der das Verfahren zur Bestimmung des zuständigen Mitgliedstaats durchführt, oder der zuständige Mitgliedstaat kann, bevor eine Erstentscheidung in der Sache ergangen ist, jederzeit einen anderen Mitgliedstaat ersuchen, den Antragsteller aufzunehmen, aus humanitären Gründen, die sich insbesondere aus dem familiären oder kulturellen Kontext ergeben, um Personen jeder verwandtschaftlichen Beziehung zusammenzuführen, auch wenn der andere Mitgliedstaat nach den Kriterien in

den Artikeln 8 bis 11 und 16 nicht zuständig ist. ²Die betroffenen Personen müssen dem schriftlich zustimmen.

Das Aufnahmegesuch umfasst alle Unterlagen, über die der ersuchende Mitgliedstaat verfügt, um dem ersuchten Mitgliedstaat die Beurteilung des Falles zu ermöglichen.

¹Der ersuchte Mitgliedstaat nimmt alle erforderlichen Überprüfungen vor, um zu prüfen, dass die angeführten humanitären Gründe vorliegen, und antwortet dem ersuchenden Mitgliedstaat über das elektronische Kommunikationsnetz DubliNet, das gemäß Artikel 18 der Verordnung (EG) Nr. 1560/2003 eingerichtet wurde, innerhalb von zwei Monaten nach Eingang des Gesuchs. ²Eine Ablehnung des Gesuchs ist zu begründen.

Gibt der ersuchte Mitgliedstaat dem Gesuch statt, so wird ihm die Zuständigkeit für die Antragsprüfung übertragen.

Kapitel V. Pflichten des zuständigen Mitgliedstaats

Artikel 18. Pflichten des zuständigen Mitgliedstaats

(1) Der nach dieser Verordnung zuständige Mitgliedstaat ist verpflichtet:

a) einen Antragsteller, der in einem anderen Mitgliedstaat einen Antrag gestellt hat, nach Maßgabe der Artikel 21, 22 und 29 aufzunehmen;
b) einen Antragsteller, der während der Prüfung seines Antrags in einem anderen Mitgliedstaat einen Antrag gestellt hat oder der sich im Hoheitsgebiet eines anderen Mitgliedstaats ohne Aufenthaltstitel aufhält, nach Maßgabe der Artikel 23, 24, 25 und 29 wieder aufzunehmen;
c) einen Drittstaatsangehörigen oder einen Staatenlosen, der seinen Antrag während der Antragsprüfung zurückgezogen und in einem anderen Mitgliedstaat einen Antrag gestellt hat oder der sich ohne Aufenthaltstitel im Hoheitsgebiet eines anderen Mitgliedstaats aufhält, nach Maßgabe der Artikel 23, 24, 25 und 29 wieder aufzunehmen;
d) einen Drittstaatsangehörigen oder Staatenlosen, dessen Antrag abgelehnt wurde und der in einem anderen Mitgliedstaat einen Antrag gestellt hat oder der sich im Hoheitsgebiet eines anderen Mitgliedstaats

ohne Aufenthaltstitel aufhält, nach Maßgabe der Artikel 23, 24, 25 und 29 wieder aufzunehmen.

(2) Der zuständige Mitgliedstaat prüft in allen dem Anwendungsbereich des Absatzes 1 Buchstaben a und b unterliegenden Fällen den gestellten Antrag auf internationalen Schutz oder schließt seine Prüfung ab.

[1]Hat der zuständige Mitgliedstaat in den in den Anwendungsbereich von Absatz 1 Buchstabe c fallenden Fällen die Prüfung nicht fortgeführt, nachdem der Antragsteller den Antrag zurückgezogen hat, bevor eine Entscheidung in der Sache in erster Instanz ergangen ist, stellt dieser Mitgliedstaat sicher, dass der Antragsteller berechtigt ist, zu beantragen, dass die Prüfung seines Antrags abgeschlossen wird, oder einen neuen Antrag auf internationalen Schutz zu stellen, der nicht als Folgeantrag im Sinne der Richtlinie 2013/32/EU behandelt wird. [2]In diesen Fällen gewährleisten die Mitgliedstaaten, dass die Prüfung des Antrags abgeschlossen wird.

In den in den Anwendungsbereich des Absatzes 1 Buchstabe d fallenden Fällen, in denen der Antrag nur in erster Instanz abgelehnt worden ist, stellt der zuständige Mitgliedstaat sicher, dass die betreffende Person die Möglichkeit hat oder hatte, einen wirksamen Rechtsbehelf gemäß Artikel 46 der Richtlinie 2013/32/EU einzulegen.

Artikel 19. Übertragung der Zuständigkeit

(1) Erteilt ein Mitgliedstaat dem Antragsteller einen Aufenthaltstitel, so obliegen diesem Mitgliedstaat die Pflichten nach Artikel 18 Absatz 1.

(2) Die Pflichten nach Artikel 18 Absatz 1 erlöschen, wenn der zuständige Mitgliedstaat nachweisen kann, dass der Antragsteller oder eine andere Person im Sinne von Artikel 18 Absatz 1 Buchstabe c oder d, um dessen/deren Aufnahme oder Wiederaufnahme er ersucht wurde, das Hoheitsgebiet der Mitgliedstaaten für mindestens drei Monate verlassen hat, es sei denn, die betreffende Person ist im Besitz eines vom zuständigen Mitgliedstaat ausgestellten gültigen Aufenthaltstitels.

Ein nach der Periode der Abwesenheit im Sinne des Unterabsatzes 1 gestellter Antrag gilt als neuer Antrag, der ein neues Verfahren zur Bestimmung des zuständigen Mitgliedstaats auslöst.

(3) Die Pflichten nach Artikel 18 Absatz 1 Buchstaben c und d erlöschen, wenn der zuständige Mitgliedstaat nachweisen kann, dass der Antragsteller oder eine andere Person im Sinne von Artikel 18 Absatz 1 Buchstabe c oder d, um dessen/deren Wiederaufnahme er ersucht wurde, nach Rücknahme oder Ablehnung des Antrags das Hoheitsgebiet der Mitgliedstaaten auf der Grundlage eines Rückführungsbeschlusses oder einer Abschiebungsanordnung verlassen hat.

Ein nach einer vollzogenen Abschiebung gestellter Antrag gilt als neuer Antrag, der ein neues Verfahren zur Bestimmung des zuständigen Mitgliedstaats auslöst.

Kapitel VI. Aufnahme- und Wiederaufnahmeverfahren
Abschnitt I. Einleitung des Verfahrens

Artikel 20. Einleitung des Verfahrens

(1) Das Verfahren zur Bestimmung des zuständigen Mitgliedstaats wird eingeleitet, sobald in einem Mitgliedstaat erstmals ein Antrag auf internationalen Schutz gestellt wird.

(2) ¹Ein Antrag auf internationalen Schutz gilt als gestellt, wenn den zuständigen Behörden des betreffenden Mitgliedstaats ein vom Antragsteller eingereichtes Formblatt oder ein behördliches Protokoll zugegangen ist. ²Bei einem nicht in schriftlicher Form gestellten Antrag sollte die Frist zwischen der Abgabe der Willenserklärung und der Erstellung eines Protokolls so kurz wie möglich sein.

(3) ¹Für die Zwecke dieser Verordnung ist die Situation eines mit dem Antragsteller einreisenden Minderjährigen, der der Definition des Familienangehörigen entspricht, untrennbar mit der Situation seines Familienangehörigen verbunden und fällt in die Zuständigkeit des Mitgliedstaats, der für die Prüfung des Antrags auf internationalen Schutz dieses Familienangehörigen zuständig ist, auch wenn der Minderjährige selbst kein Antragsteller ist, sofern dies dem Wohl des Minderjährigen dient. ²Ebenso wird bei Kindern verfahren, die nach der Ankunft des Antragstellers im Hoheitsgebiet

der Mitgliedstaaten geboren werden, ohne dass ein neues Zuständigkeitsverfahren für diese eingeleitet werden muss.

(4) ¹Stellt ein Antragsteller bei den zuständigen Behörden eines Mitgliedstaats einen Antrag auf internationalen Schutz, während er sich im Hoheitsgebiet eines anderen Mitgliedstaats aufhält, obliegt die Bestimmung des zuständigen Mitgliedstaats dem Mitgliedstaat, in dessen Hoheitsgebiet sich der Antragsteller aufhält. ²Dieser Mitgliedstaat wird unverzüglich von dem mit dem Antrag befassten Mitgliedstaat unterrichtet und gilt dann für die Zwecke dieser Verordnung als der Mitgliedstaat, bei dem der Antrag auf internationalen Schutz gestellt wurde.

Der Antragsteller wird schriftlich von dieser Änderung des die Zuständigkeit prüfenden Mitgliedstaats und dem Zeitpunkt, zu dem sie erfolgt ist, unterrichtet.

(5) Der Mitgliedstaat, bei dem der erste Antrag auf internationalen Schutz gestellt wurde, ist gehalten, einen Antragsteller, der sich ohne Aufenthaltstitel im Hoheitsgebiet eines anderen Mitgliedstaats aufhält oder dort einen Antrag auf internationalen Schutz gestellt hat, nachdem er seinen ersten Antrag noch während des Verfahrens zur Bestimmung des zuständigen Mitgliedstaats zurückgezogen hat, nach den Bestimmungen der Artikel 23, 24, 25 und 29 wieder aufzunehmen, um das Verfahren zur Bestimmung des zuständigen Mitgliedstaats zum Abschluss zu bringen.

Diese Pflicht erlischt, wenn der Mitgliedstaat, der das Verfahren zur Bestimmung des zuständigen Mitgliedstaats abschließen soll, nachweisen kann, dass der Antragsteller zwischenzeitlich das Hoheitsgebiet der Mitgliedstaaten für mindestens drei Monate verlassen oder in einem anderen Mitgliedstaat einen Aufenthaltstitel erhalten hat.

Ein nach einem solchen Abwesenheitszeitraum gestellter Antrag im Sinne von Unterabsatz 2 gilt als neuer Antrag, der ein neues Verfahren zur Bestimmung des zuständigen Mitgliedstaats auslöst.

Abschnitt II. Aufnahmeverfahren

Artikel 21. Aufnahmegesuch

(1) Hält der Mitgliedstaat, in dem ein Antrag auf internationalen Schutz gestellt wurde, einen anderen Mitgliedstaat für die Prüfung des Antrags für zuständig, so kann er so bald wie möglich, auf jeden Fall aber innerhalb von drei Monaten nach Antragstellung im Sinne von Artikel 20 Absatz 2, diesen anderen Mitgliedstaat ersuchen, den Antragsteller aufzunehmen.

Abweichend von Unterabsatz 1 wird im Fall einer Eurodac-Treffermeldung im Zusammenhang mit Daten gemäß Artikel 14 der Verordnung (EU) Nr. 603/2013 dieses Gesuch innerhalb von zwei Monaten nach Erhalt der Treffermeldung gemäß Artikel 15 Absatz 2 jener Verordnung gestellt.

Wird das Gesuch um Aufnahme eines Antragstellers nicht innerhalb der in Unterabsätzen 1 und 2 niedergelegten Frist unterbreitet, so ist der Mitgliedstaat, in dem der Antrag auf internationalen Schutz gestellt wurde, für die Prüfung des Antrags zuständig.

(2) Der ersuchende Mitgliedstaat kann in Fällen, in denen der Antrag auf internationalen Schutz gestellt wurde, nachdem die Einreise oder der Verbleib verweigert wurde, der Betreffende wegen illegalen Aufenthalts festgenommen wurde oder eine Abschiebungsanordnung zugestellt oder vollstreckt wurde, eine dringende Antwort anfordern.

[1]In dem Gesuch werden die Gründe genannt, die eine dringende Antwort rechtfertigen, und es wird angegeben, innerhalb welcher Frist eine Antwort erwartet wird. [2]Diese Frist beträgt mindestens eine Woche.

(3) In den Fällen im Sinne der Unterabsätze 1 und 2 ist für das Gesuch um Aufnahme durch einen anderen Mitgliedstaat ein Formblatt zu verwenden, das Beweismittel oder Indizien gemäß den beiden in Artikel 22 Absatz 3 genannten Verzeichnissen und/oder sachdienliche Angaben aus der Erklärung des Antragstellers enthalten muss, anhand deren die Behörden des ersuchten Mitgliedstaats prüfen können, ob ihr Staat gemäß den in dieser Verordnung definierten Kriterien zuständig ist.

Die Kommission legt im Wege von Durchführungsrechtsakten einheitliche Bedingungen für die Erstellung und Übermittlung von Aufnahmegesuchen fest. Diese Durchführungsrechtsakte werden gemäß dem in Artikel 44 Absatz 2 genannten Prüfverfahren erlassen.

Artikel 22. Antwort auf ein Aufnahmegesuch

(1) Der ersuchte Mitgliedstaat nimmt die erforderlichen Überprüfungen vor und entscheidet über das Gesuch um Aufnahme eines Antragstellers innerhalb von zwei Monaten, nach Erhalt des Gesuchs.

(2) In dem Verfahren zur Bestimmung des zuständigen Mitgliedstaats werden Beweismittel und Indizien verwendet.

(3) ¹Die Kommission legt im Wege von Durchführungsrechtsakten die Erstellung und regelmäßige Überprüfung zweier Verzeichnisse, in denen die sachdienlichen Beweismittel und Indizien gemäß den in den Buchstaben a und b dieses Artikels festgelegten Kriterien aufgeführt sind, fest. ²Diese Durchführungsrechtsakte werden gemäß dem in Artikel 44 Absatz 2 genannten Prüfverfahren erlassen.

a) Beweismittel:
  i) Hierunter fallen förmliche Beweismittel, die insoweit über die Zuständigkeit nach dieser Verordnung entscheiden, als sie nicht durch Gegenbeweise widerlegt werden;
  ii) Die Mitgliedstaaten stellen dem in Artikel 44 vorgesehenen Ausschuss nach Maßgabe der im Verzeichnis der förmlichen Beweismittel festgelegten Klassifizierung Muster der verschiedenen Arten der von ihren Verwaltungen verwendeten Dokumente zur Verfügung;
b) Indizien:
  i) Hierunter fallen einzelne Anhaltspunkte, die, obwohl sie anfechtbar sind, in einigen Fällen nach der ihnen zugebilligten Beweiskraft ausreichen können;
  ii) Ihre Beweiskraft hinsichtlich der Zuständigkeit für die Prüfung des Antrags auf internationalen Schutz wird von Fall zu Fall bewertet.

(4) Das Beweiserfordernis sollte nicht über das für die ordnungsgemäße Anwendung dieser Verordnung erforderliche Maß hinausgehen.

(5) Liegen keine förmlichen Beweismittel vor, erkennt der ersuchte Mitgliedstaat seine Zuständigkeit an, wenn die Indizien kohärent, nachprüfbar und hinreichend detailliert sind, um die Zuständigkeit zu begründen.

(6) ¹Beruft sich der ersuchende Mitgliedstaat auf das Dringlichkeitsverfahren gemäß Artikel 21 Absatz 2, so unternimmt der ersuchte Mitgliedstaat alle Anstrengungen, um die vorgegebene Frist einzuhalten. ²In Ausnahmefällen, in denen nachgewiesen werden kann, dass die Prüfung eines Gesuchs um Aufnahme eines Antragstellers besonders kompliziert ist, kann der ersuchte Mitgliedstaat seine Antwort nach Ablauf der vorgegebenen Frist erteilen, auf jeden Fall ist die Antwort jedoch innerhalb eines Monats zu erteilen. ³In derartigen Fällen muss der ersuchte Mitgliedstaat seine Entscheidung, die Antwort zu einem späteren Zeitpunkt zu erteilen, dem ersuchenden Mitgliedstaat innerhalb der ursprünglich gesetzten Frist mitteilen.

(7) Wird innerhalb der Frist von zwei Monaten gemäß Absatz 1 bzw. der Frist von einem Monat gemäß Absatz 6 keine Antwort erteilt, ist davon auszugehen, dass dem Aufnahmegesuch stattgegeben wird, was die Verpflichtung nach sich zieht, die Person aufzunehmen und angemessene Vorkehrungen für die Ankunft zu treffen.

Abschnitt III. Wiederaufnahmeverfahren

Artikel 23. Wiederaufnahmegesuch bei erneuter Antragstellung im ersuchenden Mitgliedstaat

(1) Ist ein Mitgliedstaat, in dem eine Person im Sinne des Artikels 18 Absatz 1 Buchstaben b, c oder d einen neuen Antrag auf internationalen Schutz gestellt hat, der Auffassung, dass nach Artikel 20 Absatz 5 und Artikel 18 Absatz 1 Buchstaben b, c oder d ein anderer Mitgliedstaat für die Prüfung des Antrags zuständig ist, so kann er den anderen Mitgliedstaat ersuchen, die Person wieder aufzunehmen.

(2) Ein Wiederaufnahmegesuch ist so bald wie möglich, auf jeden Fall aber innerhalb von zwei Monaten nach der Eurodac-Treffermeldung im Sinne von Artikel 9 Absatz 5 der Verordnung (EU) Nr. 603/2013 zu stellen.

Stützt sich das Wiederaufnahmegesuch auf andere Beweismittel als Angaben aus dem Eurodac-System, ist es innerhalb von drei Monaten, nachdem der Antrag auf internationalen Schutz im Sinne von Artikel 20 Absatz 2 gestellt wurde, an den ersuchten Mitgliedstaat zu richten.

(3) Erfolgt das Wiederaufnahmegesuch nicht innerhalb der in Absatz 2 festgesetzten Frist, so ist der Mitgliedstaat für die Prüfung des Antrags auf internationalen Schutz zuständig, in dem der neue Antrag gestellt wurde.

(4) Für ein Wiederaufnahmegesuch ist ein Standardformblatt zu verwenden, das Beweismittel oder Indizien im Sinne der beiden Verzeichnisse nach Artikel 22 Absatz 3 und/oder sachdienliche Angaben aus der Erklärung der betroffenen Person enthalten muss, anhand deren die Behörden des ersuchten Mitgliedstaats prüfen können, ob ihr Staat auf Grundlage der in dieser Verordnung festgelegten Kriterien zuständig ist.

¹Die Kommission legt im Wege von Durchführungsrechtsakten einheitliche Bedingungen für die Erstellung und Übermittlung von Wiederaufnahmegesuchen fest. ²Diese Durchführungsrechtsakte werden gemäß dem in Artikel 44 Absatz 2 genannten Prüfverfahren erlassen.

Artikel 24. Wiederaufnahmegesuch, wenn im ersuchenden Mitgliedstaat kein neuer Antrag gestellt wurde

(1) Ist ein Mitgliedstaat, in dessen Hoheitsgebiet sich eine Person im Sinne des Artikels 18 Absatz 1 Buchstaben b, c oder d ohne Aufenthaltstitel aufhält und bei dem kein neuer Antrag auf internationalen Schutz gestellt wurde, der Auffassung, dass ein anderer Mitgliedstaat gemäß Artikel 20 Absatz 5 und Artikel 18 Absatz 1 Buchstaben b, c oder d zuständig ist, so kann er den anderen Mitgliedstaat ersuchen, die Person wieder aufzunehmen.

(2) Beschließt ein Mitgliedstaat, in dessen Hoheitsgebiet sich eine Person ohne Aufenthaltstitel aufhält, in Abweichung von Artikel 6 Absatz 2 der Richtlinie 2008/115/EG des Europäischen Parlaments und des Rates vom 16. Dezember 2008 über gemeinsame Normen und Verfahren in den Mitgliedstaaten zur Rückführung illegal aufhältiger Drittstaatsangehöriger[15] eine Abfrage der Eurodac-System gemäß Artikel 17 der Verordnung (EU) Nr. 603/2013, so ist das Gesuch um Wiederaufnahme einer Person im Sin-

---

15 Amtl. Anm.: ABl. L 348 vom 24.12.2008, S. 98.

ne des Artikels 18 Absatz 1 Buchstaben b oder c dieser Verordnung oder einer Person im Sinne ihres Artikels 18 Absatz 1 Buchstabe d, deren Antrag auf internationalen Schutz nicht durch eine endgültige Entscheidung abgelehnt wurde, so bald wie möglich, auf jeden Fall aber innerhalb von zwei Monaten nach der Erhalt der Eurodac-Treffermeldung im Sinne von Artikel 17 Absatz 5 der Verordnung (EU) Nr. 603/2013 zu unterbreiten.

Stützt sich das Wiederaufnahmegesuch auf andere Beweismittel als Angaben aus dem Eurodac-System, ist es innerhalb von drei Monaten, nachdem der ersuchende Mitgliedstaat festgestellt hat, dass ein anderer Mitgliedstaat für die betreffende Person zuständig sein könnte, an den ersuchten Mitgliedstaat zu richten.

(3) Wird das Wiederaufnahmegesuch nicht innerhalb der in Absatz 2 genannten Frist unterbreitet, so gibt der Mitgliedstaat, in dessen Hoheitsgebiet sich die betreffende Person ohne Aufenthaltstitel aufhält, dieser Person Gelegenheit, einen neuen Antrag zu stellen.

(4) Hält sich eine Person im Sinne von Artikel 18 Absatz 1 Buchstabe d dieser Verordnung, deren Antrag auf internationalen Schutz in einem Mitgliedstaat durch eine rechtskräftige Entscheidung abgelehnt wurde, ohne Aufenthaltstitel im Hoheitsgebiet eines anderen Mitgliedstaats auf, so kann der letzte Mitgliedstaat den früheren Mitgliedstaat entweder um Wiederaufnahme der betreffenden Person ersuchen oder ein Rückkehrverfahren gemäß der Richtlinie 2008/115/EG durchführen.

Beschließt der letzte Mitgliedstaat, den früheren Mitgliedstaat um Wiederaufnahme der betreffenden Person zu ersuchen, so finden die Bestimmungen der Richtlinie 2008/115/EG keine Anwendung.

(5) Für das Gesuch um Wiederaufnahme der Person im Sinne des Artikels 18 Absatz 1 Buchstaben b, c oder d ist ein Standardformblatt zu verwenden, das Beweismittel oder Indizien im Sinne der beiden Verzeichnisse nach Artikel 22 Absatz 3 und/ oder sachdienliche Angaben aus der Erklärung der Person enthalten muss, anhand deren die Behörden des ersuchten Mitgliedstaats prüfen können, ob ihr Staat auf Grundlage der in dieser Verordnung festgelegten Kriterien zuständig ist.

[1]Die Kommission erstellt und überprüft regelmäßig im Wege von Durchführungsrechtsakten die beiden Verzeichnisse, in denen sachdienliche Beweiselemente und Indizien nach Maßgabe der in Artikel 22 Absatz 3

Buchstaben a und b festgelegten Kriterien angegeben werden, und erlässt einheitliche Bedingungen für die Erstellung und Übermittlung von Wiederaufnahmegesuchen. ²Diese Durchführungsrechtsakte werden gemäß dem in Artikel 44 Absatz 2 genannten Prüfverfahren erlassen.

Artikel 25. Antwort auf ein Wiederaufnahmegesuch

(1) ¹Der ersuchte Mitgliedstaat nimmt die erforderlichen Überprüfungen vor und entscheidet über das Gesuch um Wiederaufnahme der betreffenden Person so rasch wie möglich, in jedem Fall aber nicht später als einen Monat, nachdem er mit dem Gesuch befasst wurde. ²Stützt sich der Antrag auf Angaben aus dem Eurodac-System, verkürzt sich diese Frist auf zwei Wochen.

(2) Wird innerhalb der Frist von einem Monat oder der Frist von zwei Wochen gemäß Absatz 1 keine Antwort erteilt, ist davon auszugehen dass dem Wiederaufnahmegesuch stattgegeben wird, was die Verpflichtung nach sich zieht, die betreffende Person wieder aufzunehmen und angemessene Vorkehrungen für die Ankunft zu treffen.

Abschnitt IV. Verfahrensgarantien

Artikel 26. Zustellung der Überstellungsentscheidung

(1) ¹Stimmt der ersuchte Mitgliedstaat der Aufnahme oder Wiederaufnahme eines Antragstellers oder einer anderen Person im Sinne von Artikel 18 Absatz 1 Buchstabe c oder d zu, setzt der ersuchende Mitgliedstaat die betreffende Person von der Entscheidung in Kenntnis, sie in den zuständigen Mitgliedstaat zu überstellen, sowie gegebenenfalls von der Entscheidung, ihren Antrag auf internationalen Schutz nicht zu prüfen. ²Wird die betreffende Person durch einen Rechtsbeistand oder einen anderen Berater vertreten, so können die Mitgliedstaaten sich dafür entscheiden, die Entscheidung diesem Rechtsbeistand oder Berater anstelle der betreffenden Person zuzustellen und die Entscheidung gegebenenfalls der betroffenen Person mitzuteilen.

(2) Die Entscheidung nach Absatz 1 enthält eine Rechtsbehelfsbelehrung, einschließlich des Rechts, falls erforderlich, aufschiebende Wirkung zu beantragen, und der Fristen für die Einlegung eines Rechtsbehelfs sowie Informationen über die Frist für die Durchführung der Überstellung mit erforderlichenfalls Angaben über den Ort und den Zeitpunkt, an dem oder zu dem sich die betreffende Person zu melden hat, wenn diese Person sich auf eigene Initiative in den zuständigen Mitgliedstaat begibt.

(3) Die Mitgliedstaaten stellen sicher, dass die betreffende Person zusammen mit der Entscheidung nach Absatz 1 Angaben zu Personen oder Einrichtungen erhält, die sie rechtlich beraten können, sofern diese Angaben nicht bereits mitgeteilt wurden.

(4) Wird die betreffende Person nicht durch einen Rechtsbeistand oder einen anderen Berater unterstützt oder vertreten, so informiert der Mitgliedstaat sie in einer Sprache, die sie versteht oder bei der vernünftigerweise angenommen werden kann, dass sie sie versteht, über die wesentlichen Elemente der Entscheidung, darunter stets über mögliche Rechtsbehelfe und die Fristen zur Einlegung solcher Rechtsbehelfe.

Artikel 27. Rechtsmittel

(1) Der Antragsteller oder eine andere Person im Sinne von Artikel 18 Absatz 1 Buchstabe c oder d hat das Recht auf ein wirksames Rechtsmittel gegen eine Überstellungsentscheidung in Form einer auf Sach- und Rechtsfragen gerichteten Überprüfung durch ein Gericht.

(2) Die Mitgliedstaaten sehen eine angemessene Frist vor, in der die betreffende Person ihr Recht auf einen wirksamen Rechtsbehelf nach Absatz 1 wahrnehmen kann.

(3) Zum Zwecke eines Rechtsbehelfs gegen eine Überstellungsentscheidung oder einer Überprüfung einer Überstellungsentscheidung sehen die Mitgliedstaaten in ihrem innerstaatlichen Recht Folgendes vor:

a) dass die betroffene Person aufgrund des Rechtsbehelfs oder der Überprüfung berechtigt ist, bis zum Abschluss des Rechtsbehelfs oder der Überprüfung im Hoheitsgebiet des betreffenden Mitgliedstaats zu bleiben; oder

b) dass die Überstellung automatisch ausgesetzt wird und diese Aussetzung innerhalb einer angemessenen Frist endet, innerhalb der ein Gericht, nach eingehender und gründlicher Prüfung, darüber entschieden hat, ob eine aufschiebende Wirkung des Rechtsbehelfs oder der Überprüfung gewährt wird; oder

c) die betreffende Person hat die Möglichkeit, bei einem Gericht innerhalb einer angemessenen Frist eine Aussetzung der Durchführung der Überstellungsentscheidung bis zum Abschluss des Rechtsbehelfs oder der Überprüfung zu beantragen. Die Mitgliedstaaten sorgen für einen wirksamen Rechtsbehelf in der Form, dass die Überstellung ausgesetzt wird, bis die Entscheidung über den ersten Antrag auf Aussetzung ergangen ist. Die Entscheidung, ob die Durchführung der Überstellungsentscheidung ausgesetzt wird, wird innerhalb einer angemessenen Frist getroffen, welche gleichwohl eine eingehende und gründliche Prüfung des Antrags auf Aussetzung ermöglicht. Die Entscheidung, die Durchführung der Überstellungsentscheidung nicht auszusetzen, ist zu begründen.

(4) Die Mitgliedstaaten können vorsehen, dass die zuständigen Behörden beschließen können, von Amts wegen tätig zu werden, um die Durchführung der Überstellungsentscheidung bis zum Abschluss des Rechtsbehelfs oder der Überprüfung auszusetzen.

(5) Die Mitgliedstaaten stellen sicher, dass die betreffende Person rechtliche Beratung und – wenn nötig – sprachliche Hilfe in Anspruch nehmen kann.

(6) [1]Die Mitgliedstaaten stellen sicher, dass die rechtliche Beratung auf Antrag unentgeltlich gewährt wird, wenn die betreffende Person die Kosten nicht selbst tragen kann. [2]Die Mitgliedstaaten können vorsehen, dass Antragstellern hinsichtlich der Gebühren und anderen Kosten keine günstigere Behandlung zuteil wird, als sie den eigenen Staatsangehörigen in Fragen der rechtlichen Beratung im Allgemeinen gewährt wird.

Ohne den Zugang zur rechtlichen Beratung willkürlich einzuschränken, können die Mitgliedstaaten vorsehen, dass keine unentgeltliche rechtliche Beratung und Vertretung gewährt wird, wenn die zuständige Behörde oder ein Gericht dem Rechtsbehelf oder der Überprüfung keine greifbaren Erfolgsaussichten einräumt.

Beschließt eine andere Stelle als ein Gericht, gemäß diesem Absatz keine unentgeltliche rechtliche Beratung und Vertretung zu gewähren, so sehen die Mitgliedstaaten das Recht vor, bei einem Gericht einen wirksamen Rechtsbehelf gegen diesen Beschluss einzulegen.

In Übereinstimmung mit den Voraussetzungen dieses Absatzes stellen die Mitgliedstaaten sicher, dass die rechtliche Beratung und Vertretung nicht willkürlich eingeschränkt werden und der wirksame Zugang des Antragstellers zu den Gerichten nicht beeinträchtigt wird.

Die rechtliche Beratung umfasst zumindest die Vorbereitung der erforderlichen Verfahrensdokumente und die Vertretung vor Gerichten und kann auf Rechtsbeistand und Berater beschränkt werden, die nach einzelstaatlichem Recht zur Bereitstellung von Unterstützung und Vertretung berufen sind.

Die Verfahren für die Inanspruchnahme rechtlicher Beratung werden im einzelstaatlichen Recht festgelegt.

Abschnitt V. Inhaftnahme zum Zwecke der Überstellung

Artikel 28. Haft

(1) Die Mitgliedstaaten nehmen eine Person nicht allein deshalb in Haft, weil sie dem durch diese Verordnung festgelegten Verfahren unterliegt.

(2) Zwecks Sicherstellung von Überstellungsverfahren, dürfen die Mitgliedstaaten im Einklang mit dieser Verordnung, wenn eine erhebliche Fluchtgefahr besteht, nach einer Einzelfallprüfung die entsprechende Person in Haft nehmen und nur im Falle dass Haft verhältnismäßig ist und sich weniger einschneidende Maßnahmen nicht wirksam anwenden lassen.

(3) Die Haft hat so kurz wie möglich zu sein und nicht länger zu sein, als bei angemessener Handlungsweise notwendig ist, um die erforderlichen Verwaltungsverfahren mit der gebotenen Sorgfalt durchzuführen, bis die Überstellung gemäß dieser Verordnung durchgeführt wird.

¹Wird eine Person nach diesem Artikel in Haft genommen, so darf die Frist für die Stellung eines Aufnahme- oder Wiederaufnahmegesuchs einen Monat ab der Stellung des Antrags nicht überschreiten. ²Der Mitgliedstaat, der das Verfahren gemäß dieser Verordnung durchführt, ersucht in derartigen Fällen um eine dringende Antwort. ³Diese Antwort erfolgt spätestens zwei Wochen nach Eingang des Gesuchs. ⁴Wird innerhalb der Frist von zwei Wochen keine Antwort erteilt, ist davon auszugehen, dass dem Aufnahme- bzw. Wiederaufnahmegesuch stattgegeben wird, was die Verpflichtung nach sich zieht, die Person aufzunehmen und angemessene Vorkehrungen für die Ankunft zu treffen.

Befindet sich eine Person nach diesem Artikel in Haft, so erfolgt die Überstellung aus dem ersuchenden Mitgliedstaat in den zuständigen Mitgliedstaat, sobald diese praktisch durchführbar ist und spätestens innerhalb von sechs Wochen nach der stillschweigenden oder ausdrücklichen Annahme des Gesuchs auf Aufnahme oder Wiederaufnahme der betreffenden Person durch einen anderen Mitgliedstaat oder von dem Zeitpunkt an, ab dem der Rechtsbehelf oder die Überprüfung gemäß Artikel 27 Absatz 3 keine aufschiebende Wirkung mehr hat.

¹Hält der ersuchende Mitgliedstaat die Fristen für die Stellung eines Aufnahme- oder Wiederaufnahmegesuchs nicht ein oder findet die Überstellung nicht innerhalb des Zeitraums von sechs Wochen im Sinne des Unterabsatz 3 statt, wird die Person nicht länger in Haft gehalten. ²Die Artikel 21, 23, 24 und 29 gelten weiterhin entsprechend.

(4) Hinsichtlich der Haftbedingungen und der Garantien für in Haft befindliche Personen gelten zwecks Absicherung der Verfahren für die Überstellung in den zuständigen Mitgliedstaat, die Artikel 9, 10 und 11 der Richtlinie 2013/33/EU.

Abschnitt VI. Überstellung

Artikel 29. Modalitäten und Fristen

(1) Die Überstellung des Antragstellers oder einer anderen Person im Sinne von Artikel 18 Absatz 1 Buchstabe c oder d aus dem ersuchenden Mitgliedstaat in den zuständigen Mitgliedstaat erfolgt gemäß den inner-

staatlichen Rechtsvorschriften des ersuchenden Mitgliedstaats nach Abstimmung der beteiligten Mitgliedstaaten, sobald dies praktisch möglich ist und spätestens innerhalb einer Frist von sechs Monaten nach der Annahme des Aufnahme — oder Wiederaufnahmegesuchs durch einen anderen Mitgliedstaat oder der endgültigen Entscheidung über einen Rechtsbehelf oder eine Überprüfung, wenn diese gemäß Artikel 27 Absatz 3 aufschiebende Wirkung hat.

Wenn Überstellungen in den zuständigen Mitgliedstaat in Form einer kontrollierten Ausreise oder in Begleitung erfolgen, stellt der Mitgliedstaat sicher, dass sie in humaner Weise und unter uneingeschränkter Wahrung der Grundrechte und der Menschenwürde durchgeführt werden.

[1]Erforderlichenfalls stellt der ersuchende Mitgliedstaat dem Antragsteller ein Laissez-passer aus. [2]Die Kommission gestaltet im Wege von Durchführungsrechtsakten das Muster des Laissez-passer. [3]Diese Durchführungsrechtsakte werden gemäß dem in Artikel 44 Absatz 2 genannten Prüfverfahren erlassen.

Der zuständige Mitgliedstaat teilt dem ersuchenden Mitgliedstaat gegebenenfalls mit, dass die betreffende Person eingetroffen ist oder dass sie nicht innerhalb der vorgegebenen Frist erschienen ist.

(2) [1]Wird die Überstellung nicht innerhalb der Frist von sechs Monaten durchgeführt, ist der zuständige Mitgliedstaat nicht mehr zur Aufnahme oder Wiederaufnahme der betreffenden Person verpflichtet und die Zuständigkeit geht auf den ersuchenden Mitgliedstaat über. [2]Diese Frist kann höchstens auf ein Jahr verlängert werden, wenn die Überstellung aufgrund der Inhaftierung der betreffenden Person nicht erfolgen konnte, oder höchstens auf achtzehn Monate, wenn die betreffende Person flüchtig ist.

(3) Wurde eine Person irrtümlich überstellt oder wird einem Rechtsbehelf gegen eine Überstellungsentscheidung oder der Überprüfung einer Überstellungentscheidung nach Vollzug der Überstellung stattgegeben, nimmt der Mitgliedstaat, der die Überstellung durchgeführt hat, die Person unverzüglich wieder auf.

(4) [1]Die Kommission legt im Wege von Durchführungsrechtsakten einheitliche Bedingungen für Konsultationen und den Informationsaustausch zwischen den Mitgliedstaaten, insbesondere für den Fall, dass Überstellungen verschoben werden oder nicht fristgerecht erfolgen, für Überstel-

lungen nach stillschweigender Annahme, für Überstellungen Minderjähriger oder abhängiger Personen und für kontrollierte Überstellungen fest. ²Diese Durchführungsrechtsakte werden gemäß dem in Artikel 44 Absatz 2 genannten Prüfverfahren erlassen.

Artikel 30. Kosten der Überstellung

(1) Die Kosten für die Überstellung eines Antragstellers oder einer anderen Person im Sinne von Artikel 18 Absatz 1 Buchstabe c oder d in den zuständigen Mitgliedstaat werden von dem überstellenden Mitgliedstaat getragen.

(2) Muss die betroffene Person infolge einer irrtümlichen Überstellung oder eines erfolgreichen Rechtsbehelfs gegen eine Überstellungsentscheidung oder der Überprüfung einer Überstellungsentscheidung nach Vollzug der Überstellung rücküberstellt werden, werden die Kosten für die Rücküberstellung von dem Mitgliedstaat getragen, der die erste Überstellung durchgeführt hat.

(3) Die Überstellungskosten werden nicht den nach dieser Verordnung zu überstellenden Personen auferlegt.

Artikel 31. Austausch relevanter Informationen vor Durchführung einer Überstellung

(1) ¹Der den Antragsteller oder eine andere Person im Sinne des Artikels 18 Absatz 1 Buchstabe c oder d überstellende Mitgliedstaat übermittelt dem zuständigen Mitgliedstaat die personenbezogenen Daten der zu überstellenden Person, soweit dies sachdienlich und relevant ist und nicht über das erforderliche Maß hinausgeht, allein zu dem Zweck, um es den zuständigen Behörden im zuständigen Mitgliedstaat gemäß dem innerstaatlichen Recht zu ermöglichen, diese Person in geeigneter Weise zu unterstützen – unter anderem die zum Schutz ihrer lebenswichtigen Interessen unmittelbar notwendige medizinische Versorgung zu leisten – und um die Kontinuität des Schutzes und der Rechte sicherzustellen, die diese Verordnung und andere einschlägige Bestimmungen des Asylrechts bieten. ²Diese Daten werden dem zuständigen Mitgliedstaat innerhalb einer angemessenen Frist vor der Überstellung übermittelt, damit seine zu-

ständigen Behörden gemäß dem innerstaatlichen Recht ausreichend Zeit haben, erforderliche Maßnahmen zu ergreifen.

(2) Der überstellende Mitgliedstaat übermittelt dem zuständigen Mitgliedstaat sämtliche Informationen, die wesentlich für den Schutz der Rechte und der unmittelbaren besonderen Bedürfnisse der zu überstellenden Person sind, soweit der zuständigen Behörde gemäß dem innerstaatlichen Recht entsprechende Informationen vorliegen; hierzu zählen insbesondere

a) alle unmittelbaren Maßnahmen, welche der zuständige Mitgliedstaat ergreifen muss, um sicherzustellen, dass den besonderen Bedürfnissen der zu überstellenden Person angemessen Rechnung getragen wird, einschließlich der gegebenenfalls unmittelbar notwendigen medizinischen Versorgung;
b) Kontaktdaten von Familienangehörigen Verwandten oder Personen jeder anderen verwandtschaftlichen Beziehung im Zielstaat, sofern relevant;
c) bei Minderjährigen Angaben zur Schulbildung;
d) eine Bewertung des Alters des Antragstellers.

(3) [1]Der Informationsaustausch nach Maßgabe dieses Artikels erfolgt nur zwischen den Behörden, die der Kommission gemäß Artikel 35 dieser Verordnung unter Verwendung des auf der Grundlage von Artikel 18 der Verordnung (EG) Nr. 1560/2003 eingerichteten elektronischen Kommunikationsnetzes „DubliNet" mitgeteilt worden sind. [2]Die ausgetauschten Informationen werden nur für die in Absatz 1 genannten Zwecke verwendet und werden nicht weiterverarbeitet.

(4) [1]Zur Erleichterung des Informationsaustauschs zwischen den Mitgliedstaaten legt die Kommission im Wege von Durchführungsrechtsakten ein Standardformblatt für die Übermittlung der nach diesem Artikel erforderlichen Daten fest. [2]Diese Durchführungsrechtsakte werden gemäß dem in Artikel 44 Absatz 2 genannten Prüfverfahren erlassen.

(5) Auf den Informationsaustausch nach Maßgabe dieses Artikels findet Artikel 34 Absätze 8 bis 12 Anwendung.

Artikel 32. Austausch von Gesundheitsdaten vor Durchführung einer Überstellung

(1) ¹Der überstellende Mitgliedstaat übermittelt dem zuständigen Mitgliedstaat Informationen über besondere Bedürfnisse der zu überstellenden Person, insbesondere bei Behinderten, älteren Menschen, Schwangeren, Minderjährigen und Personen, die Folter, Vergewaltigung oder sonstige schwere Formen psychischer, physischer oder sexueller Gewalt erlitten haben, – soweit der zuständigen Behörde gemäß dem innerstaatlichen Recht entsprechende Informationen vorliegen – nur zum Zwecke der medizinischen Versorgung oder Behandlung, wozu in bestimmten Fällen auch Angaben zur körperlichen oder geistigen Gesundheit dieser Person gehören können. ²Diese Informationen werden in einer gemeinsamen Gesundheitsbescheinigung, der die erforderlichen Dokumente beigefügt sind, übermittelt. ³Der zuständige Mitgliedstaat trägt dafür Sorge, dass diesen besonderen Bedürfnissen in geeigneter Weise – insbesondere auch, sofern erforderlich, durch eine medizinische Erstversorgung – Rechnung getragen wird.

¹Die Kommission erstellt im Wege von Durchführungsrechtsakten die gemeinsame Gesundheitsbescheinigung. ²Diese Durchführungsrechtsakte werden gemäß dem in Artikel 44 Absatz 2 genannten Prüfverfahren erlassen.

(2) ¹Der überstellende Mitgliedstaat übermittelt dem zuständigen Mitgliedstaat die Informationen nach Absatz 1 nur mit ausdrücklicher Einwilligung des Antragstellers und/oder seines Vertreters, oder falls die Person aus physischen oder rechtlichen Gründen außerstande ist, ihre Einwilligung zu geben, sofern eine solche Übermittlung zum Schutz lebenswichtiger Interessen des Antragstellers oder eines Dritten erforderlich ist. ²Das Fehlen der Einwilligung, einschließlich einer Verweigerung zur Einwilligung steht der Überstellung nicht entgegen.

(3) Die Verarbeitung der in Absatz 1 genannten personenbezogenen Gesundheitsdaten erfolgt nur durch Angehörige der Gesundheitsberufe, die nach einzelstaatlichem Recht, einschließlich der von den zuständigen einzelstaatlichen Stellen erlassenen Regelungen, der ärztlichen Verschwiegenheit unterliegen, oder durch sonstige Personen, die einem entsprechenden Berufsgeheimnis unterliegen.

(4) ¹Der Informationsaustausch nach Maßgabe dieses Artikels erfolgt nur zwischen den Angehörigen der Gesundheitsberufe oder sonstigen Personen nach Absatz 3. ²Die ausgetauschten Informationen werden nur für die in Absatz 1 genannten Zwecke verwendet und werden nicht weiterverarbeitet.

(5) Die Kommission legt im Wege von Durchführungsrechtsakten einheitliche Bedingungen und praktische Modalitäten für den Informationsaustausch nach Absatz 1 dieses Artikels fest Diese Durchführungsrechtsakte werden gemäß dem in Artikel 44 Absatz 2 genannten Prüfverfahren erlassen.

(6) Auf den Informationsaustausch nach Maßgabe dieses Artikels findet Artikel 34 Absätze 8 bis 12 Anwendung.

Artikel 33. Mechanismus zur Frühwarnung, Vorsorge und Krisenbewältigung

(1) Stellt die Kommission insbesondere auf Grundlage der vom EASO gemäß der Verordnung (EU) Nr. 439/2010 gesammelten Informationen fest, dass die Anwendung der vorliegenden Verordnung infolge der konkreten Gefahr der Ausübung besonderen Drucks auf das Asylsystem eines Mitgliedstaats und/ oder von Problemen beim Funktionieren des Asylsystems eines Mitgliedstaats beeinträchtigt sein könnte, so spricht sie in Zusammenarbeit mit dem EASO Empfehlungen für diesen Mitgliedstaat aus und fordert ihn zur Ausarbeitung eines präventiven Aktionsplans auf.

Der betreffende Mitgliedstaat teilt dem Rat und der Kommission mit, ob er beabsichtigt, einen derartigen präventiven Aktionsplan vorzulegen, um den Druck und/oder die Probleme beim Funktionieren seines Asylsystems zu bewältigen, gleichzeitig aber auch den Schutz der Grundrechte der Personen, die einen Antrag auf internationalen Schutz stellen, zu gewährleisten.

¹Ein Mitgliedstaat kann nach eigenem Ermessen und aus eigener Veranlassung einen präventiven Aktionsplan aufstellen und diesen später überarbeiten. ²Bei der Ausarbeitung eines präventiven Aktionsplans kann der Mitgliedstaat die Kommission, andere Mitgliedstaaten, das EASO und andere einschlägige Agenturen der Union um Unterstützung ersuchen.

(2) ¹Wird ein präventiver Aktionsplan aufgestellt, so legt der betreffende Mitgliedstaat dem Rat und der Kommission diesen Plan vor und erstattet regelmäßig Berichte über dessen Durchführung. ²Die Kommission unterrichtet anschließend das Europäische Parlament über die wesentlichen Elemente des präventiven Aktionsplans. ³Die Kommission unterbreitet dem Rat Berichte über dessen Durchführung und übermittelt dem Europäischen Parlament Berichte über dessen Durchführung.

¹Der betreffende Mitgliedstaat ergreift alle geeigneten Maßnahmen, um die besondere Belastungssituation auf sein Asylsystem zu bewältigen oder um sicherzustellen, dass die festgestellten Mängel behoben werden, bevor sich die Situation verschlechtert. ²Umfasst der präventive Aktionsplan Maßnahmen, mit denen dem besonderen Druck entgegengewirkt werden soll, dem das Asylsystem eines Mitgliedstaats ausgesetzt ist, durch welchen die Anwendung dieser Verordnung in Frage gestellt werden könnte, so holt die Kommission den Rat der EASO ein, bevor sie dem Europäischen Parlament und dem Rat Bericht erstattet.

(3) ¹Stellt die Kommission auf Grundlage der Analyse des EASO fest, dass durch die Durchführung des präventiven Aktionsplans die festgestellten Mängel nicht behoben wurden, oder besteht eine ernste Gefahr, dass die Asylsituation in dem betreffenden Mitgliedstaat sich zu einer Krise entwickelt, die durch einen präventiven Aktionsplan voraussichtlich nicht bewältigt werden kann, so kann die Kommission in Zusammenarbeit mit dem EASO den betreffenden Mitgliedstaat auffordern, einen Krisenbewältigungsaktionsplan auszuarbeiten und diesen erforderlichenfalls zu überarbeiten. ²Der Krisenbewältigungsaktionsplan soll während des gesamten Prozesses die Wahrung des Asylrechts der Union, insbesondere der Grundrechte der Personen, die einen Antrag auf internationalen Schutz stellen, gewährleisten.

Im Anschluss an die Aufforderung, einen Krisenbewältigungsaktionsplan auszuarbeiten, erstellt der betreffende Mitgliedstaat in Zusammenarbeit mit der Kommission und dem EASO zügig einen derartigen Plan, spätestens innerhalb von drei Monaten ab der Aufforderung.

Der betreffende Mitgliedstaat legt seinen Krisenbewältigungsaktionsplan vor und erstattet mindestens alle drei Monate der Kommission und anderen interessierten Akteuren wie gegebenenfalls dem EASO Bericht über dessen Durchführung.

¹Die Kommission unterrichtet das Europäische Parlament und den Rat über den Krisenbewältigungsaktionsplan, eventuelle Überarbeitungen und dessen Durchführung. ²In diesen Berichten legt der betreffende Mitgliedstaat Daten vor, welche die Einhaltung des Krisenbewältigungsaktionsplans belegen, wie die Länge des Verfahrens, die Haftbedingungen und die Aufnahmekapazität im Verhältnis zum Zustrom von Antragstellern.

(4) ¹Der Rat verfolgt während des gesamten Prozesses hinsichtlich Frühwarnung, Bereitschaft und Krisenmanagement gemäß diesem Artikel die Lage genau und kann um zusätzliche Informationen ersuchen und politische Leitlinien vorgeben, insbesondere im Hinblick auf die Dringlichkeit und den Ernst der Lage und somit die Notwendigkeit, dass ein Mitgliedstaat entweder einen präventiven Aktionsplan oder erforderlichenfalls einen Krisenbewältigungsaktionsplan ausarbeitet. ²Das Europäische Parlament und der Rat können während des gesamten Prozesses im Hinblick auf Solidaritätsmaßnahmen, die sie gegebenenfalls für angemessen halten, Leitlinien erörtern und vorgeben.

Kapitel VII. Verwaltungskooperation

Artikel 34. Informationsaustausch

(1) Jeder Mitgliedstaat übermittelt jedem Mitgliedstaat, der dies beantragt, personenbezogene Daten über den Antragsteller, die sachdienlich und relevant sind und nicht über das erforderliche Maß hinausgehen, für

a) die Bestimmung des zuständigen Mitgliedstaats;
b) die Prüfung des Antrags auf internationalen Schutz;
c) die Erfüllung aller Verpflichtungen aus dieser Verordnung.

(2) Die Informationen nach Absatz 1 dürfen nur Folgendes betreffen:

a) die Personalien des Antragstellers und gegebenenfalls seiner Familienangehörigen, Verwandten oder Personen jeder anderen verwandtschaftlichen Beziehung (Name, Vorname – gegebenenfalls früherer Name – Beiname oder Pseudonym, derzeitige und frühere Staatsangehörigkeit, Geburtsdatum und -ort);

b) den Personalausweis oder den Reisepass (Nummer, Gültigkeitsdauer, Ausstellungsdatum, ausstellende Behörde, Ausstellungsort usw.);
c) sonstige zur Identifizierung des Antragstellers erforderliche Angaben, einschließlich Fingerabdrücke, nach Maßgabe der Verordnung (EU) Nr. 603/2013;
d) die Aufenthaltsorte und die Reisewege;
e) die Aufenthaltstitel oder die durch einen Mitgliedstaat erteilten Visa;
f) den Ort der Antragstellung;
g) das Datum jeder früheren Antragsstellung auf internationalen Schutz, das Datum der jetzigen Antragsstellung, den Stand des Verfahrens und den Tenor der gegebenenfalls getroffenen Entscheidung.

(3) [1]Soweit dies zur Prüfung des Antrags auf internationalen Schutz erforderlich ist, kann der zuständige Mitgliedstaat außerdem einen anderen Mitgliedstaat ersuchen, ihm die Gründe, die dem Antrag des Antragstellers zugrunde liegen, und gegebenenfalls die Gründe für die bezüglich seines Antrags getroffene Entscheidung mitzuteilen. [2]Der andere Mitgliedstaat kann eine Beantwortung des Ersuchens ablehnen, wenn die Mitteilung dieser Informationen seine wesentlichen Interessen oder den Schutz der Grundrechte und -freiheiten der betreffenden Person oder anderer Personen gefährden kann. [3]Zur Erteilung dieser Auskünfte hat der ersuchende Mitgliedstaat auf jeden Fall die schriftliche Zustimmung der Person, die den Antrag auf internationalen Schutz gestellt hat, einzuholen. [4]Der Antragsteller muss in diesem Fall wissen, zu welchen einschlägigen Auskünften er seine Zustimmung erteilt.

(4) [1]Jedes Informationsersuchen darf sich nur auf einen individuellen Antrag auf internationalen Schutz beziehen. [2]Es ist zu begründen und sofern es darauf abzielt, ein Kriterium zu überprüfen, das die Zuständigkeit des um Auskunft ersuchten Mitgliedstaats nach sich ziehen kann, ist anzugeben, auf welches Indiz – auch einschlägige Informationen aus zuverlässigen Quellen über die Modalitäten und Mittel der Einreise von Antragstellern in die Hoheitsgebiete der Mitgliedstaaten – oder auf welchen einschlägigen und nachprüfbaren Sachverhalt der Erklärungen des Asylbewerbers es sich stützt. [3]Es besteht Einverständnis darüber, dass solche einschlägigen Informationen aus zuverlässigen Quellen für sich genommen nicht ausreichen, um die Zuständigkeit eines Mitgliedstaats gemäß dieser Verordnung zu bestimmen, dass sie aber bei der Bewertung anderer Hinweise zu einem einzelnen Antragsteller hilfreich sein können.

(5) ¹Der ersuchte Mitgliedstaat ist gehalten, innerhalb einer Frist von fünf Wochen zu antworten. ²Jede Verspätung ist ordnungsgemäß zu begründen. ³Eine Nichteinhaltung dieser Frist von fünf Wochen entbindet den ersuchten Mitgliedstaat nicht von der Pflicht zu antworten. ⁴Ergibt sich aus den Nachforschungen des ersuchten Mitgliedstaats, der die Frist nicht eingehalten hat, Informationen, nach denen er zuständig ist, kann dieser Mitgliedstaat sich nicht auf den Ablauf der in den Artikeln 21, 23 und 24 genannten Fristen berufen, um einem Gesuch um Aufnahme oder Wiederaufnahme nicht nachzukommen. ⁵In diesem Fall werden die in den Artikeln 21, 23 und 24 vorgesehenen Fristen für die Unterbreitung eines Aufnahme- oder Wiederaufnahmegesuchs um einen Zeitraum verlängert, der der Verzögerung bei der Antwort durch den ersuchten Mitgliedstaat entspricht.

(6) Der Informationsaustausch erfolgt auf Antrag eines Mitgliedstaats und kann nur zwischen den Behörden stattfinden, die der Kommission gemäß Artikel 35 Absatz 1 von den Mitgliedstaaten mitgeteilt wurden.

(7) Die übermittelten Informationen dürfen nur zu den in Absatz 1 vorgesehenen Zwecken verwendet werden. Die Informationen dürfen in jedem Mitgliedstaat je nach Art und Zuständigkeit der die Information erhaltenden Behörde nur den Behörden und Gerichten übermittelt werden, die beauftragt sind,

a) den zuständigen Mitgliedstaat zu bestimmen;
b) den Antrag auf internationalen Schutz zu prüfen;
c) alle Verpflichtungen aus dieser Verordnung zu erfüllen.

(8) ¹Der Mitgliedstaat, der die Daten übermittelt, sorgt für deren Richtigkeit und Aktualität. Zeigt sich, dass er unrichtige Daten oder Daten übermittelt hat, die nicht hätten übermittelt werden dürfen, werden die Empfängermitgliedstaaten unverzüglich darüber informiert. ²Sie sind gehalten, diese Informationen zu berichtigen oder zu löschen.

(9) Ein Antragsteller hat das Recht, sich auf Antrag die über seine Person erfassten Daten mitteilen zu lassen.

Stellt der Antragsteller fest, dass bei der Verarbeitung dieser Daten gegen diese Verordnung oder gegen die Richtlinie 95/46/EG verstoßen wurde, insbesondere weil die Angaben unvollständig oder unrichtig sind, hat er das Recht auf deren Berichtigung oder Löschung.

Die Behörde, die die Berichtigung oder Löschung der Daten vornimmt, informiert hierüber den Mitgliedstaat, der die Informationen erteilt oder erhalten hat.

Ein Antragsteller hat das Recht, bei den zuständigen Behörden oder Gerichten des Mitgliedstaats, in dem ihm das Auskunftsrecht oder das Recht auf Berichtigung oder Löschung der ihn betreffenden Daten verweigert wird, Beschwerde einzulegen oder Klage zu erheben.

(10) In jedem betreffenden Mitgliedstaat werden die Weitergabe und der Erhalt der ausgetauschten Informationen in der Akte der betreffenden Person und/oder in einem Register vermerkt.

(11) Die ausgetauschten Daten werden nur so lange aufbewahrt, wie dies zur Erreichung der mit dem Austausch der Daten verfolgten Ziele notwendig ist.

(12) Soweit die Daten nicht automatisiert oder in einer Datei gespeichert sind oder gespeichert werden sollen, ergreift jeder Mitgliedstaat geeignete Maßnahmen, um die Einhaltung dieses Artikels durch wirksame Kontrollen zu gewährleisten.

Artikel 35. Zuständige Behörden und Mittelausstattung

(1) ¹Jeder Mitgliedstaat teilt der Kommission unverzüglich die speziell für die Durchführung dieser Verordnung zuständigen Behörden sowie alle späteren sie betreffenden Änderungen mit. ²Die Mitgliedstaaten tragen dafür Sorge, dass diese Behörden über die nötigen Mittel verfügen, um ihre Aufgabe zu erfüllen und insbesondere die Informationsersuchen sowie die Gesuche um Aufnahme oder Wiederaufnahme von Antragstellern innerhalb der vorgegebenen Fristen zu beantworten.

(2) ¹Die Kommission veröffentlicht im *Amtsblatt der Europäischen Union* eine konsolidierte Liste der in Absatz 1 genannten Behörden. ²Werden Änderungen vorgenommen, veröffentlicht die Kommission einmal im Jahr eine aktualisierte konsolidierte Liste.

(3) Die in Absatz 1 genannten Behörden erhalten die für die Anwendung dieser Verordnung nötige Schulung.

(4) ¹Die Kommission legt im Wege von Durchführungsrechtsakten gesicherte elektronische Übermittlungskanäle zwischen den Behörden nach Absatz 1 für die Übermittlung von Gesuchen, Antworten sowie des gesamten Schriftverkehrs und zur Gewährleistung, dass die Absender automatisch einen elektronischen Übermittlungsnachweis erhalten, fest. ²Diese Durchführungsrechtsakte werden gemäß dem in Artikel 44 Absatz 2 genannten Prüfverfahren erlassen.

Artikel 36. Verwaltungsvereinbarungen

(1) ¹Die Mitgliedstaaten können untereinander bilaterale Verwaltungsvereinbarungen bezüglich der praktischen Modalitäten der Durchführung dieser Verordnung treffen, um deren Anwendung zu erleichtern und die Effizienz zu erhöhen. ²Diese Vereinbarungen können Folgendes betreffen:

a) den Austausch von Verbindungsbeamten;
b) die Vereinfachung der Verfahren und die Verkürzung der Fristen für die Übermittlung und Prüfung von Gesuchen um Aufnahme oder Wiederaufnahme von Antragsteller.

(2) ¹Die Mitgliedstaaten können auch die im Rahmen der Verordnung (EG) Nr. 343/2003 geschlossenen Verwaltungsvereinbarungen beibehalten. ²Soweit diese nicht mit der vorliegenden Verordnung vereinbar sind, nehmen die betreffenden Mitgliedstaaten Änderungen vor, durch die die festgestellten Unvereinbarkeiten behoben werden.

(3) Vor Abschluss oder Änderung der in Absatz 1 Buchstabe b genannten Vereinbarungen konsultieren die betroffenen Mitgliedstaaten die Kommission hinsichtlich der Vereinbarkeit der Vereinbarung mit dieser Verordnung.

(4) ¹Sind die Vereinbarungen nach Absatz 1 Buchstabe b nach Ansicht der Kommission mit dieser Verordnung unvereinbar, so teilt sie dies den betreffenden Mitgliedstaaten innerhalb einer angemessenen Frist mit. ²Die Mitgliedstaaten treffen alle geeigneten Maßnahmen, um die betreffende Vereinbarung innerhalb eines angemessenen Zeitraums so zu ändern, dass die festgestellten Unvereinbarkeiten behoben werden.

(5) Die Mitgliedstaaten unterrichten die Kommission über alle Vereinbarungen nach Absatz 1 sowie über deren Aufhebung oder Änderung.

Kapitel VIII. Schlichtung

Artikel 37. Schlichtung

(1) Können sich die Mitgliedstaaten in Fragen, die die Anwendung dieser Verordnung betreffen, nicht einigen, können sie das Schlichtungsverfahren in Absatz 2 in Anspruch nehmen.

(2) [1]Das Schlichtungsverfahren wird auf Ersuchen eines der an der Meinungsverschiedenheit beteiligten Mitgliedstaaten an den Vorsitzenden des durch Artikel 44 eingesetzten Ausschusses eingeleitet. [2]Mit der Inanspruchnahme des Schlichtungsverfahrens verpflichten sich die beteiligten Mitgliedstaaten, die vorgeschlagene Lösung weitestgehend zu berücksichtigen.

[1]Der Ausschussvorsitzende benennt drei Mitglieder des Ausschusses, die drei nicht an der Angelegenheit beteiligte Mitgliedstaaten vertreten. [2]Diese Ausschussmitglieder nehmen die Argumente der Parteien in schriftlicher oder mündlicher Form entgegen und schlagen nach Beratung, gegebenenfalls nach Abstimmung, binnen eines Monats eine Lösung vor.

[1]Der Ausschussvorsitzende oder sein Stellvertreter führt bei diesen Beratungen den Vorsitz. [2]Er kann sich zur Sache äußern, darf an der Abstimmung aber nicht teilnehmen.

Die vorgeschlagene Lösung ist endgültig und kann ungeachtet dessen, ob sie von den Parteien angenommen oder abgelehnt wurde, nicht angefochten werden.

Kapitel IX. Übergangs- und Schlussbestimmungen

Artikel 38. Datensicherheit und Datenschutz

Die Mitgliedstaaten ergreifen alle geeigneten Maßnahmen, um die Sicherheit der übermittelten personenbezogenen Daten sicherzustellen und insbesondere den unrechtmäßigen oder nicht genehmigten Zugang zu verarbeiteten personenbezogenen Daten oder deren Weitergabe, Änderung oder Verlust zu verhindern.

Jeder Mitgliedstaat sieht vor, dass die gemäß Artikel 28 Absatz 1 der Richtlinie 95/46/EG benannten nationalen Kontrollstellen die Rechtmäßigkeit der Verarbeitung personenbezogener Daten durch den betreffenden Mitgliedstaat gemäß dieser Verordnung im Einklang mit ihren einzelstaatlichen Rechtsvorschriften unabhängig überwachen.

Artikel 39. Vertraulichkeit

Die Mitgliedstaaten stellen sicher, dass die in Artikel 35 genannten Behörden in Bezug auf sämtliche Informationen, die sie im Rahmen ihrer Arbeit erhalten, an den Regeln der Vertraulichkeit gemäß dem einzelstaatlichen Recht gebunden sind.

Artikel 40. Sanktionen

Die Mitgliedstaaten treffen die erforderlichen Maßnahmen, um sicherzustellen, dass jeder Missbrauch von nach Maßgabe dieser Verordnung verarbeiteten Daten nach einzelstaatlichem Recht mit wirksamen, verhältnismäßigen und abschreckenden Sanktionen, einschließlich verwaltungs- und/oder strafrechtlicher Sanktionen, geahndet wird.

Artikel 41. Übergangsmaßnahmen

Wenn ein Antrag nach dem in Artikel 49 Absatz 2 genannten Datum gestellt wurde, werden Sachverhalte, die die Zuständigkeit eines Mitgliedstaats gemäß dieser Verordnung nach sich ziehen können, auch berücksichtigt, wenn sie aus der Zeit davor datieren, mit Ausnahme der in Artikel 13 Absatz 2 genannten Sachverhalte.

Artikel 42. Berechnung der Fristen

Die in dieser Verordnung vorgesehenen Fristen werden wie folgt berechnet:

a) Ist für den Anfang einer nach Tagen, Wochen oder Monaten bemessenen Frist der Zeitpunkt maßgebend, zu dem ein Ereignis eintritt oder eine Handlung vorgenommen wird, so wird bei der Berechnung dieser Frist der Tag, auf den das Ereignis oder die Handlung fällt, nicht mitgerechnet.

b) Eine nach Wochen oder Monaten bemessene Frist endet mit Ablauf des Tages, der in der letzten Woche oder im letzten Monat dieselbe Bezeichnung oder dieselbe Zahl wie der Tag trägt, an dem das Ereignis eingetreten oder die Handlung vorgenommen worden ist, von denen an die Frist zu berechnen ist. Fehlt bei einer nach Monaten bemessenen Frist im letzten Monat der für ihren Ablauf maßgebende Tag, so endet die Frist mit Ablauf des letzten Tages dieses Monats.
c) Eine Frist umfasst die Samstage, die Sonntage und alle gesetzlichen Feiertage in jedem der betroffenen Mitgliedstaaten.

Artikel 43. Geltungsbereich
Für die Französische Republik gilt diese Verordnung nur für ihr europäisches Hoheitsgebiet.

Artikel 44. Ausschuss
(1) ¹Die Kommission wird von einem Ausschuss unterstützt. ²Dieser Ausschuss ist ein Ausschuss im Sinne der Verordnung (EU) Nr. 182/2011.

(2) Wird auf diesen Absatz Bezug genommen, so gilt Artikel 5 der Verordnung (EU) Nr. 182/2011.

Gibt der Ausschuss keine Stellungnahme ab, so erlässt die Kommission den Durchführungsrechtsakt nicht und Artikel 5 Absatz 4 Unterabsatz 3 der Verordnung (EU) Nr. 182/2011 findet Anwendung.

Artikel 45. Ausübung der Befugnisübertragung
(1) Die Befugnis zum Erlass delegierter Rechtsakte wird der Kommission unter den in diesem Artikel festgelegten Bedingungen übertragen.

(2) ¹Die Befugnis zum Erlass delegierter Rechtsakte gemäß dem Artikel 8 Absatz 5 und Artikel 16 Absatz 3 wird der Kommission für einen Zeitraum von fünf Jahren ab dem Datum des Inkrafttretens dieser Verordnung übertragen. ²Die Kommission erstellt spätestens neun Monate vor Ablauf des Zeitraums von fünf Jahren einen Bericht über die Befugnisübertragung. ³Die Befugnisübertragung verlängert sich stillschweigend um Zeiträume gleicher Länge, es sei denn, das Europäische Parlament oder der Rat widersprechen einer solchen Verlängerung spätestens drei Monate vor Ablauf des jeweiligen Zeitraums.

(3) ¹Die Befugnisübertragung gemäß dem Artikel 8 Absatz 5 und Artikel 16 Absatz 3 kann vom Europäischen Parlament oder vom Rat jederzeit widerrufen werden. ²Der Beschluss über den Widerruf beendet die Übertragung der in diesem Beschluss angegebenen Befugnis. ³Er wird am Tag nach seiner Veröffentlichung im *Amtsblatt der Europäischen Union* oder zu einem im Beschluss über den Widerruf angegebenen späteren Zeitpunkt wirksam. ⁴Die Gültigkeit von delegierten Rechtsakten, die bereits in Kraft sind, wird von dem Beschluss über den Widerruf nicht berührt.

(4) Sobald die Kommission einen delegierten Rechtsakt erlässt, übermittelt sie ihn gleichzeitig dem Europäischen Parlament und dem Rat.

(5) ¹Ein delegierter Rechtsakt, der gemäß dem Artikel 8 Absatz 5 und Artikel 16 Absatz 3 erlassen wurde, tritt nur in Kraft, wenn weder das Europäische Parlament noch der Rat innerhalb einer Frist von vier Monaten nach Übermittlung dieses Rechtsakts an das Europäische Parlament und den Rat Einwände erhoben haben oder wenn vor Ablauf dieser Frist das Europäische Parlament und der Rat beide der Kommission mitgeteilt haben, dass sie keine Einwände erheben werden. ²Auf Initiative des Europäischen Parlaments oder des Rates wird diese Frist um zwei Monate verlängert.

Artikel 46. Begleitung und Bewertung

¹Die Kommission erstattet dem Europäischen Parlament und dem Rat bis zum 21. Juli 2016 Bericht über die Anwendung der Verordnung und schlägt gegebenenfalls die erforderlichen Änderungen vor. ²Die Mitgliedstaaten übermitteln der Kommission spätestens sechs Monate vor diesem Datum alle für die Erstellung dieses Berichts sachdienlichen Informationen.

Nach Vorlage dieses Berichts legt die Kommission dem Europäischen Parlament und dem Rat den Bericht über die Anwendung dieser Verordnung gleichzeitig mit den in Artikel 40 der Verordnung (EU) Nr. 603/2013 vorgesehenen Berichten über die Anwendung des Eurodac-Systems vor.

Artikel 47. Statistiken

Die Mitgliedstaaten liefern der Kommission (Eurostat) gemäß Artikel 4 Absatz 4 der Verordnung (EG) Nr. 862/2007 des Europäischen Parlaments und des Rates vom 11. Juli 2007 zu Gemeinschaftsstatistiken über Wanderung und internationalen Schutz[16] Statistiken über die Anwendung dieser Verordnung und der Verordnung (EG) Nr. 1560/2003.

Artikel 48. Aufhebung

Die Verordnung (EG) Nr. 343/2003 wird aufgehoben.

Artikel 11 Absatz 1 und die Artikel 13, 14 und 17 der Verordnung (EG) Nr. 1560/2003 werden aufgehoben.

Bezugnahmen auf die aufgehobene Verordnung oder auf aufgehobene Artikel gelten als Bezugnahmen auf die vorliegende Verordnung und sind nach Maßgabe der Entsprechungstabelle in Anhang II zu lesen.

Artikel 49. Inkrafttreten und Anwendbarkeit

Diese Verordnung tritt am zwanzigsten Tag nach ihrer Veröffentlichung im *Amtsblatt der Europäischen Union* in Kraft.

[1]Die Verordnung ist auf Anträge auf internationalen Schutz anwendbar, die ab dem ersten Tag des sechsten Monats nach ihrem Inkrafttreten gestellt werden und gilt ab diesem Zeitpunkt – ungeachtet des Zeitpunkts der Antragstellung – für alle Gesuche um Aufnahme oder Wiederaufnahme von Antragstellern. [2]Für einen Antrag auf internationalen Schutz, der vor diesem Datum eingereicht wird, erfolgt die Bestimmung des zuständigen Mitgliedstaats nach den Kriterien der Verordnung (EG) Nr. 343/2003.

Die in dieser Verordnung enthaltenen Verweise auf die Verordnung (EU) Nr. 603/2013, Richtlinie 2013/32/EU und Richtlinie 2013/33/EU gelten, bis zu ihrer jeweiligen Anwendbarkeit, als Verweise auf die Verordnung (EG) Nr. 2725/2000[17], Richtlinie 2003/9/EG[18] bzw. Richtlinie 2005/85/EG[19].

Diese Verordnung ist in allen ihren Teilen verbindlich und gilt gemäß den Verträgen unmittelbar in den Mitgliedstaaten.

---

16 Amtl. Anm.: ABl. L 199 vom 31.7.2007, S. 23.
17 Amtl. Anm.: Verordnung (EG) Nr. 2725/2000 des Rates vom 11. Dezember 2000 über die Einrichtung von „Eurodac" für den Vergleich von Fingerabdrücken zum Zwecke der effektiven Anwendung des Dubliner Übereinkommens (ABl. L 316 vom 15.12.2000, S. 1).
18 Amtl. Anm.: Richtlinie 2003/9/EG des Rates vom 27. Januar 2003 zur Festlegung von Mindestnormen für die Aufnahme von Asylbewerbern in den Mitgliedstaaten (ABl. L 31 vom 6.2.2003, S. 18).
19 Amtl. Anm.: Richtlinie 2005/85/EG des Rates vom 1. Dezember 2005 über Mindestnormen für Verfahren in den Mitgliedstaaten zu Zuerkennung und Aberkennung der Flüchtlingseigenschaft (ABl. L 326 vom 13.12.2005, S. 13).

Stichwortverzeichnis

Die fett gedruckte Zahl bezeichnet die Ordnungsziffer des Gesetzes entsprechend der Gliederung im Inhaltsverzeichnis (z.B. **VI** = Aufenthaltsgesetz), die mager gedruckte Zahl den Paragraphen.

Abbau von Sprach- und Bildungsdefiziten X 75
Abbruch einer Ausbildung X 57
Abendgymnasium IX 7
Abendhauptschule IX 7
Abendrealschule IX 7
Abhängige Personen XVI 16
Ablauf der Geltungsdauer eines Aufenthaltstitels **VI** 51
Ablehnung einer Arbeitsgelegenheit nach dem AsylbLG **IV** 5
Ablehnungsgründe
 Forscher **VI** 20c
 Freiwilligendienst **VI** 20c
 Praktikanten **VI** 20c
 Schüler **VI** 20c
 Sprachkurs **VI** 20c
 Studierende **VI** 20c
Abschiebung VI 58
 Androhung **V** 34, 34a, 35 **VI** 59
 Anordnung **VI** 58a
 Asylbewerber **I** 16a
 Aussetzung **V** 41 f., 43
 Einreise- und Aufenthaltsverbot **VI** 11
 Haft **VI** 62, 62a
 Kosten **VI** 66
 Schutz **VI** 19
 Verbot der **VI** 60
 Verzögerung **VI** 62a
 Vollziehbarkeit **V** 43
 vorübergehende Aussetzung **VI** 60a
 Vollzug der Abschiebungshaft **VI** 62a
 Widerruf und Rücknahme eines Abschiebungsverbots **V** 73c
Absetzungsbetrag bei der Einkommensanrechnung nach dem SGB II **IX** 11b
Abstammung, Benachteiligungsverbot **I** 3

Abwesenheit eines SGB II-Beziehers aus den Nahbereich des Job-Centers **IX** 7
Adoption, Prüfung bei Gewährung von Hilfe zur Erziehung **XII** 36
Akteneinsicht im Asylverfahren V 81
Aktivierung und berufliche Eingliederung X 44 f., 130
Aktivierung- und Vermittlungsgutschein X 45, 130
Albanien XIV 26
Alkoholabhängige III 5; **IX** 24
Alleinerziehende
 Beratung und Unterstützung durch die Jugendhilfe **XII** 18
 Mehrbedarf **IX** 21
 Regelbedarf **IX** 20
 Unterbringung mit Kind in geeigneter Wohnform **XII** 19
Alleinstehende
 Regelbedarf **IX** 20
Allgemeine Förderung der Erziehung in der Familie XII 16
Alter
 Feststellung bei minderjährigen Flüchtlingen **XII** 42f
 Flüchtling **II** 24
 Mindestalter für Beschäftigung **II** 24
Ältere Arbeitnehmer
 Beantragung vorrangiger Sozialleistungen **IX** 12a
 Weiterbildung **X** 82
Altersgrenze IX 7, 7a
Altersrente IX 7, 11a
Altersvorsorge
 Absetzung bei der Einkommensanrechnung nach dem SGB II **IX** 11b
 Antrag **IX** 12a
Analogieleistungen IV 2
Anbahnung des Arbeitsverhältnisses, Leistungen der BA X 44

Andere Aufgaben der Jugendhilfe XII 2, 3
Änderung der Verhältnisse IX 12
Andorra XIV 26
Androhung der Abschiebung VI 59
Anerkennung von Abschlüssen bei Flüchtlingen II 22
Anfechtbarkeit, Beschränkung bei Versagung eines Visums VI 83
Anfragen des Generalsekretärs des Europarats III 52
Anhörung V 24, 25
Ankunftsnachweis V 55
Anpassung des Regelbedarfs IX 20
Anschaffungsfreibetrag IX 12
Ansprechpartner IX 14
Anspruchseinschränkungen, Dauer IV 14
Anspruchsgrundlage
  Arbeitslosengeld II **IX** 19
  Bildung und Teilhabe **IX** 19
  Sozialgeld **IX** 19
Anspruchsüberleitung bei Leistungen nach dem AsylbLG IV 7
Antrag
  Asyl **V** 14, 23
  Aufenthaltstitel **VI** 81
  auf internationalen Schutz nach der Dublin III-VO **XVI** 2
  Leistungen der Kinder- und Jugendhilfe **XII** 36a
  ICT-Karte **VI** 81
  mobiler ICT-Karte **VI** 81
Antragsteller nach der Dublin III-VO XVI 2
Anwerbung bei Gesundheits- und Pflegeberufen XIV 38
Anzeige, Einreise **XV** 56
Arbeit, zumutbare **IX** 10
Arbeitgeber
  Haftung für Kosten der Abschiebung **VI** 66
  Rechtsfolgen bei illegaler Beschäftigung eines Ausländers **VI** 98a
  Zuschuss bei Einstiegsqualifizierung **X** 54a
Arbeitsberatung
  Art und Umfang **X** 29
  Europäischen Wirtschaftsraum **X** 29
  Pflicht zur A. **X** 29

Arbeitserlaubnis
  Fortgeltung nach Zuwanderungsgesetz **VI** 105
  Niederlassungserlaubnis **VI** 9
Arbeitserprobung bei Menschen mit Behinderung X 112
Arbeitsgelegenheit
  Ablehnung **IV** 5
  AsylbLG **IV** 5
  Entschädigung **IX** 16d
  Pflicht zu A. **IX** 2
  wichtiger Grund zur Ablehnung **IV** 5
  Zumutbarkeit **IV** 9
Arbeitskleidung X 85
Arbeitskraft IX 9, 10
Arbeitsleben
  Leistungen zu Eingliederung in das A. **IX** 14 ff.
  s. Teilhabe am Arbeitsleben
Arbeitslosengeld II
  Anspruchsgrundlage **IX** 19
  Asylbewerber **IX** 7
  Ausländer **IX** 7
  Auszubildende **IX** 7
  EU-Ausländer **IX** 7
  Höhe **IX** 19
  Leistungsinhalt **IX** 19
  Mitteilung des Antrags **VI** 87
  Vorrang gegenüber Hilfe zum Lebensunterhalt **IX** 5
Arbeitslosenversicherungsbeiträge,
  Absetzung bei der Einkommensanrechnung nach dem SGB II **IX** 11b
Arbeitslosigkeit, Flüchtling II 24
Arbeitsmarktprogramm IV 5a
Arbeitsplatzsuch, Aufenthaltserlaubnis **VI** 18c
Arbeitsrecht, Flüchtling II 24
Arbeitsschutz
  Arbeitsgelegenheit **IX** 16d
  Bundesfreiwilligendienst **VIII** 13
Arbeitsunfähigkeit, Flüchtling II 24
Arbeitsunfall, Flüchtling II 24
Arbeitsverhältnis, Förderung in der Grundsicherung für Arbeitsuchende IX 16e
Arbeitsvermittlung bei Gesundheits- und Pflegeberufen XIV 38
Arbeitszeit, Flüchtling II 24

Stichwortverzeichnis

Ärztliche Behandlung von Leistungsberechtigten nach dem AsylbLG IV 4
Arzneimittel für Leistungsberechtigte nach dem AsylbLG IV 4
Arzt
Datenübermittlung **VI** 88
Vergütung bei Leistungen nach dem AsylbLG **IV** 4
Assistierte Ausbildung X 130
Assoziationsberechtigte, Befreiung und Ermäßigung von Gebühren XV 52a
Asylantrag V 13
Antragstellung **V** 14
Aufenthaltstitel bei **VI** 10
bei sicheren Herkunftsstaates **V** 29a
Bundesamt für Migration und Flüchtlinge **V** 5
durch Jugendamt **XII** 42
Entscheidung über A. **V** 31
Erlöschen des Aufenthaltstitel **VI** 51
erneuter **V** 71
Mitwirkungspflichten des Ausländers **V** 15
offensichtlich unbegründeter **V** 30, 36 f.
Rücknahme **V** 31
unbeachtlicher **V** 29, 36 f.
Unzulässigkeit **V** 29
Verpflichtung zur Stellung bei anderer Stelle **V** 14
Verzicht **V** 31
Zweitantrag **V** 71 a
Asylberechtigte
Aufenthaltserlaubnis **VI** 25, 68
Erlöschen der Anerkennung als A. **V** 72
Nichtanerkennung **V** 26a f.
Rechtsstellung **V** 2
Widerruf und Rücknahme der Anerkennung als A. **V** 73
Wohnsitzauflage **VI** 12a
Asylbewerber
Analogleistungen **IV** 2
Arbeitslosengeld II **IX** 7
Ausschluss bei Leistungspflicht Dritter **IV** 8
Einsetzen **IV** 6b
Erstattung von Leistungen **IV** 7b
Fingerabdrücke **IV** 9, 11
Grundleistungen **IV** 3

Grundsicherung für Arbeitsuchende **IX** 7
Identitätsfeststellung **IV** 11; **VI** 89
Leistungseinschränkungen **IV** 1a
Sicherheitsleistung **IV** 7a
Sozialhilfe **XIII** 23
Wegfall der Leistungsberechtigung **IV** 1
Asylbewerberleistungsgesetz IV
Asylbewerberleistungsstatistik IV 12
Asylgesetz V
Bußgeldvorschriften **V** 86
Datenübermittlung **V** 8
Dolmetscher **V** 17
Geltungsbereich **V** 1
Gerichtsverfahren **V** 74 ff.
Handlungsfähigkeit Minderjähriger **V** 12
Sicherung der Identität **V** 16
Strafvorschriften **V** 84 ff.
Widerspruchsausschluss **V** 11
Zustellungen **V** 10
Asylrecht I 16a, 18
Einreise über sicheren Drittstaat **I** 16a
völkerrechtliche Verträge **I** 16a
Asylverfahren
Aufenthaltsgestattung während A. **V** 55
Einleitung **V** 18 ff.
Nichtbetreiben **V** 33
Ruhen **V** 32a
Übernahme **V** 22a
Verfahren beim Bundesamt **V** 23ff.
Aufenthalt
aus familiären Gründen **VI** 27 ff.
aus völkerrechtlichen, humanitären oder politischen Gründen **VI** 22 ff.
Dauer **VI** 26
Entscheidung über **VI** 79
Flüchtling **II** 31
räumliche Beschränkung **VI** 61
zum Zweck der Ausbildung **VI** 16 f.
zum Zweck der Erwerbstätigkeit **VI** 18 ff.
Aufenthaltsbeendende Maßnahmen; Aussetzung I 16a
Aufenthaltserlaubnis VI 7
Arbeitsplatzsuche **VI** 18c
Beamte **VI** 18

bei Recht auf Wiederkehr **VI** 37
eigenständige für Ehegatten **VI** 31
Forscher **VI** 20, 20a, 20b
Freiwilligendienst **VI** 18d
für Asylberechtigten **VI** 25
für betriebliche Aus- und Weiterbildung **VI** 17
für Ehegatten **VI** 30
für ehemalige Deutsche **VI** 38
für gut integrierte Jugendliche **VI** 25a
für in anderen Mitgliedstaaten der Europäischen Union langfristig Aufenthaltsberechtigte **VI** 38a,
für Kinder **VI** 32 ff., 35
für qualifizierte Geduldete **VI** 18a
für Schulbesuch **VI** 16b
für Sprachkurs **VI** 16b
für Studium **VI** 16
Gebühren **XV** 45
Geduldete **VI** 18a
ICT-Karte **VI** 18b
mobile Forscher **VI** 20b
Mobiler ICT-Karte **VI** 19d
Mobilität im Rahmen des Studiums **VI** 16a
Praktikum EU **VI** 17b
Sprachkurs **VI** 16b
unternehmensinterner Transfer **VI** 19c
Verlängerung **VI** 8
zum Zweck der Forschung **VI** 20
zur Ausübung einer selbständigen Tätigkeit **VI** 21

Aufenthaltsermittlung; Asylsuchender V 66

Aufenthaltsgesetz
Anwendung bisherigen Rechts **VI** 103
Beteiligungserfordernisse **VI** 72 ff.
betriebliche Aus- und Weiterbildung **VI** 17
Bußgeldvorschriften **VI** 98
Datenübermittlung und Datenschutz **VI** 86 ff.
Durchführungsverordnung **XV**
Einschränkung von Grundrechten **VI** 106
Fortgeltung ausländerrechtlicher Maßnahmen **VI** 102
Fortgeltung bisheriger Aufenthaltsrechte **VI** 101
Gebühren **VI** 69
Handlungsfähigkeit Minderjähriger **VI** 80
Strafvorschriften **VI** 95
Übergangsregelungen **VI** 104
Verfahrensvorschriften **VI** 71 ff.
Verordnungsermächtigung **VI** 99
Verwaltungsverfahren **VI** 77 ff.

Aufenthaltsgestattung
Asylbewerberleistungen **IV** 1
Auflagen **V** 60
Beginn **V** 55
Bescheinigung **V** 63
Erlöschen **V** 67
räumliche Beschränkung **V** 56 ff.
während Asylverfahren **V** 55

Aufenthaltsgewährung
durch oberste Landesbehörden **VI** 23
in Härtefällen **VI** 23a
zum vorübergehenden Schutz **VI** 24

Aufenthaltsrecht, besonderes VI 37 f.

Aufenthaltstitel
als eigenständiges Dokument mit elektronischem Speicher- und Verarbeitungsmedium **VI** 78
Antrag **VI** 81
Arbeitserlaubnis **XIV** 34, 36
Aufenthaltserlaubnis **VI** 7
Ausstellung **XVI** 12
Befreiung vom Erfordernis eines **XV** 15 ff.
befristet **VI** 7
bei Asylantrag **VI** 10
Daueraufenthalt-EG **VI** 9a
Dublin III-VO **XVI** 2
Erfordernis für Einreise **VI** 4
Erlöschen **VI** 51
Erteilungsvoraussetzungen **VI** 5
fehlender, Ausreisepflicht **VI** 50
Gebühr für Neuausstellung des Dokuments **XV** 45c
Geltungsbereich **VI** 12
Härtefallregelung **XIV** 37
Mitwirkungspflicht des Ausländers **VI** 82
Muster **XV** 59
Niederlassungserlaubnis **VI** 9

Stichwortverzeichnis

Pflichten der Inhaber **XV** 57a
Rücknahme **VI** 51
Verlängerung **XV** 39
Visum **VI** 6
Vordrucke **VI** 78a, 105b
Widerruf **VI** 51, 52
zur Arbeitsplatzsuche für qualifizierte Fachkräfte **VI** 18c
Zustimmung der Bundesagentur für Arbeit **XIV** 1

Aufenthaltsüberwachung, elektronische VI 56a

Aufenthaltsverordnung VI 99; **XV**
Ordnungswidrigkeiten **XV** 77
Übergangsvorschriften **XV** 79 ff.

Aufenthaltswechsel bei Flüchtlingen II 31

Aufhebung von Verwaltungsakten nach dem AsylbLG IV 9

Aufnahme einer Beschäftigung, Leistungen der BA X 44

Aufnahmeeinrichtung
Aufenthalt **V** 47
Beendigung der Aufenthaltspflicht **V** 48
Entlassung **V** 49
für Asylbegehrende **V** 44
Pflicht zum Wohnen in Aufenthaltseinrichtung **V** 47
Weiterleitung **V** 20
Zuständigkeit **V** 46

Aufnahmequote
für Asylbegehrende **V** 45
minderjährige Flüchtlinge **XII** 42c

Aufnahmeverfahren, zuständiger Mitgliedstaat zur Prüfung XVI 20 ff.

Aufschiebende Wirkung
keine Aufschiebende Wirkung von Widerspruch und Klage nach AsylbLG **IV** 11
keine aufschiebende Wirkung von Widerspruch und Klage nach Aufenthaltsgesetz **VI** 84
Klage gegen Entscheidungen nach AsylG **V** 75

Aufwandsentschädigung bei Arbeitsgelegenheit nach dem AsylbLG IV 5

Au-pair-Beschäftigungen XIV 12

Ausbildung
Aufenthalt zum Zweck der **VI** 16 ff.
Duldung **VI** 60a

Ausbildungsbegleitende Hilfen
Begriff **X** 75
Dauer **X** 75
förderungsbedürftige junge Menschen **X** 78
Förderungsfähigkeit **X** 75

Ausbildungsberufe, Arbeitserlaubnis XIV 6

Ausbildungsuchende IX 7

Ausgaben, Absetzung notwendiger A. vom Einkommen IX 11

Aushändigung von Leistungen nach dem AsylbLG IV 3

Auskunft
AsylbLG **IV** 9
Genfer Flüchtlingskonvention **II** 36

Ausland
Arbeitsberatung **X** 29
Berufsberatung **X** 29
Berufsvorbereitende Bildungsmaßnahme **X** 51
Bundesfreiwilligendienst **VIII** 5
Kinder- und Jugendhilfe im A. **XII** 6
Sozialhilfe für Deutsche im A. **XIII** 24

Ausländer
Abschiebung **VI** 58
Abschiebungsanordnung **VI** 58a
andere Aufgaben der Kinder- und Jugendhilfe **XII** 6
Arbeitslosengeld II **IX** 7
Aufenthaltserlaubnis aus völkerrechtlichen, humanitären oder politischen Gründen **VI** 22 ff.
Ausreisepflicht **VI** 50
ausweisrechtliche Pflichten **XV** 56 f.
Ausweisung **VI** 51
Begriff **VI** 2
Berechtigung zur Teilnahme an Integrationskurs **VI** 44
Berufsausbildungsbeihilfe **X** 59, 131
Durchbeförderung **VI** 74a
Eingliederung **X** 131
Einreise, Aufenthalt, Erwerbstätigkeit und Integration **VI** 1
Einschleusen **VI** 96 f.
Erwerbsfähigkeit **IX** 8
Feststellung der Identität **VI** 49, 89
freiwillige Krankenversicherung **XI** 9

Grenzgängerkarte **XV** 12
Grundsicherung für Arbeitsuchende
  IX 7, 8
heimatlose **V** 1
Integrationskurs **IX** 3
Jugendhilfe für A. **XII** 6
Kostentragungspflicht für Zurückweisung, Zurückschiebung oder Abschiebung **VI** 66
Krankenversicherungspflicht **XI** 5
Maßnahmen gegenüber ausreisepflichtigem **VI** 46
Mitwirkungspflicht bei Aufenthaltstitel **VI** 82
Notreiseausweis **XV** 13
Passpflicht **VI** 3; **XV** 2 ff.
politische Tätigkeit **III** 16; **VI** 47
räumliche Beschränkung **VI** 61
Rechtsfolgen der illegalen Beschäftigung **VI** 98a ff.
Reiseausweis **XV** 5 ff.
Schulbesuch **VI** 16
selbständige Tätigkeit **VI** 21
Sozialhilfe **XIII** 23
Sprachkurs **VI** 16; **X** 421
Straftat **VI** 53 f.
Studium **VI** 16
Überwachung **VI** 56
Verpflichtung zur Teilnahme an Integrationskurs **VI** 44a
Verteilung unerlaubt eingereister auf die Länder **VI** 15a
Wohnsitzverlegung **XV** 42 f.
Zulassung ausländischer Beschäftigter **VI** 18
Zurückschiebung **VI** 57

Ausländerbehörde
Aufgaben nach dem AsylG **V** 19
Mitteilungen an Meldebehörden **VI** 90a
Ordnungsverfügungen **VI** 46
Übermittlung von Daten an **VI** 87
Übermittlung von Daten durch **VI** 90
Unterrichtung **V** 40
Zuständigkeit **VI** 71
Zustimmung zum Visum **V** 31

Ausländerbeschäftigung, Zustimmung der Bundesagentur für Arbeit VI 39
Ausländerdatei A XV 63
Ausländerdatei B XV 67

Auslandsprojekt, Arbeitserlaubnis XIV 10
Auslandsschule,
Arbeitserlaubnis für Absolventen einer A.XIV 7
Auslandsvertretungen, Befreiung vom Erfordernis eines Aufenthaltstitels XV 27
Zuständigkeit **VI** 71
Ausreise VI 13; **XVI** 13
aus dem Bundesgebiet
Ausreisefrist V 37
Ausreisepflicht bei fehlendem Aufenthaltstitel VI 50
Ausschluss
Einstiegsqualifizierung **X** 54a
Leistungen der Grundsicherung für Arbeitsuchende **IX** 7
Sozialhilfe an Ausländer **XIII** 23
Ausschreibung zur Aufenthaltsermittlung V 66
Außerbetriebliche Berufsausbildung, förderungsbedürftige junge Menschen X 78
Außergewöhnliche Maßnahmen gegen Person eines Flüchtlings II 8
Aussetzung der Abschiebung, vorübergehende VI 60a
Australien XIV 26
Ausweisersatz XV 55
Ausweispflicht während Asylverfahren V 64
bei Doppelstaatsangehörigkeit **VI** 48
Ausweisrechtliche Pflichten XV 56 f.
Ausweisung VI 53 ff.
Asylbewerber **I** 16a
Bleibeinteresse **VI** 55
des Ausländers **VI** 51
Einreise- und Aufenthaltsverbot **VI** 11
Flüchtlinge **II** 32 f.
Freiheitsentziehung **III** 5
im Regelfall **VI** 54
Überwachung von Ausländern **VI** 56
Verbot **II** 33
Ausweisungsinteresse VI 54
Auszubildende
Energieschuldenübernahme **IX** 27
Grundsicherung für Arbeitsuchende
  IX 7
kein Arbeitslosengeld II **IX** 27

713

Stichwortverzeichnis

Leistungen nach dem SGB II **IX** 27
Mehrbedarfszuschlag **IX** 27
Mietschuldenübernahme **IX** 27
Unterkunft und Heizung **IX** 27
Automatisierter Abruf
Melderegister VII 38
Protokollierung VII 40
Verfahren VII 39
BAföG, Ausschluss von SGB II-Leistungen bei B.-Berechtigten IX 7
Barbeträge zur persönlichen Verfügung (Taschengeld) XII 39
Beamte, Aufenthaltserlaubnis VI 18
Beantragung eines Aufenthaltstitels VI 81
Bearbeitungsgebühren XV 49
Beauftragter für Migration, Flüchtlinge und Integration VI 92 ff.
Bedarfsgemeinschaft
Begriff **IX** 7
Hilfebedürftigkeit **IX** 9
Leistungen der Grundsicherung für Arbeitsuchende für Angehörige der B. **IX** 7
SGB II-Leistungen für Angehörige der B. **IX** 9
Bedürftigkeit IX 9
Beendigung des Aufenthalts VI 50 ff.
ICT-Karte VI 51
Beförderung von Schülern IX 28
Beförderungskosten des Ausländers bei Zurückweisung, Zurückschiebung oder Abschiebung VI 67
Beförderungsunternehmer
Haftung für Kosten der Rückbeförderung VI 66
Pflichten nach Aufenthaltsgesetz VI 63
Rückbeförderungspflicht VI 64
Befreiung vom Erfordernis eines Aufenthaltstitels XV 15 ff.
Befristeter Aufenthaltstitel VI 7
BEG-Rente, Absetzung vom Einkommen IX 11a
Behinderte Menschen
Eingliederungshilfe für seelisch behinderte Kinder, Jugendliche und junge Volljährige XII 41
Leistungen zur Teilhabe am Arbeitsleben **X** 112 ff.

Mehrbedarf **IX** 21, 23
Schonvermögen **IX** 12
SGB II-Leistungen **IX** 8
Zuständigkeit des Jugendamtes **XII** 10
Behinderung, Benachteiligungsverbot I 3
Beihilfen nach dem BEG, Einkommensanrechnung nach dem SGB II IX 11b
Beirat, Bundesfreiwilligendienst VIII 15
Beitrag
Absetzung vom Einkommen **IX** 11b
Übernahme von B. zur Krankenversicherung **IX** 26
Übernahme von Beiträgen zur Krankenversicherung **IX** 26
Beitritt, Genfer Flüchtlingskonvention II 39
Bekenntnisfreiheit I 4
Beratung
alleinerziehender Elternteile **XII** 18
Elterninitiativen **XII** 25
Erziehungsberatungsstelle **XII** 28
Hinwirken auf Inanspruchnahme von Beratung **IX** 4
in Fragen der Partnerschaft (Trennung, Scheidung) **XII** 17
Inanspruchnahme von Hilfe zur Erziehung **XII** 36 f.
junger Volljähriger bei Unterhaltsgeltendmachung **XII** 18
junger Volljähriger, Nachbetreuung **XII** 41
Kinder und Jugendliche durch das Jugendamt **XII** 8
Minderjährige bei Inobhutnahme **XII** 42
Pflegepersonen **XII** 23
Berufliche Kenntnisse und Fähigkeiten, Vermittlung bei Personen U 25 IX 3
Berufliche Weiterbildung X 81
Berufsausbildungsbeihilfe
Ausländer **X** 59, 132
Ausschluss von SGB II-Leistungen bei B.-Berechtigten **IX** 7
erste Ausbildung **X** 57
Förderung nach Abbruch einer Ausbildung **X** 57

förderungsfähige Berufsausbildung **X** 57
förderungsfähiger Personenkreis **X** 59
zweite Ausbildung **X** 57
Berufsberatung
 Art und Umfang **X** 29
 Europäischer Wirtschaftsraum **X** 29
 Inhalt **X** 30
 Pflicht zur B. **X** 29
Berufskrankheit, Flüchtling II 24
Berufsvorbereitenden Bildungsmaßnahme X 51
 Ausland **X** 51
 förderungsfähige Maßnahme **X** 51
 Vorbereitung auf den Hauptschulabschluss **X** 51
Berufungsverfahren, besondere Vorschriften nach dem AsylG V 79
Beschäftigung
 Förderung in der Grundsicherung für Arbeitsuchende **IX** 16e
 Personen mit Duldung **XIV** 32
 Zulassung ausländischer **VI** 18
 Zustimmung der Bundesagentur für Arbeit zur Ausländerb. **VI** 39
Beschäftigungsverordnung VI 42; **XIV**
Beschäftigungsaufenthalte, Arbeitserlaubnis **XIV** 30
Bescheinigung
 Aufenthaltsgestattung **V** 63
 Ausstellung bei Flüchtlingen **II** 25
 Bundesfreiwilligendienst **VIII** 11
 Einstiegsqualifizierung **X** 54a
Beschwerde, Ausschuss gegen Entscheidungen in Streitigkeiten nach dem AsylG V 80
Beschwerderecht III 13
Beschwerdeverfahren in Jugendhilfeeinrichtungen XII 8b
Beteiligung
 der Betroffenen bei Kindeswohlgefährdung **XII** 8a
 Kinder und Jugendliche durch das Jugendamt **XII** 8
 nach Aufenthaltsgesetz **VI** 72ff.
Betretenserlaubnis VI 11, 72
Betreute Wohnform
 Hilfe zur Erziehung **XII** 34
 Jugendliche **XII** 13

Betreuung, Kind bei Ausfall der Eltern XII 20
Betreuungshelfer XII 30
Betriebliche Aus- und Weiterbildung, Aufenthaltserlaubnis für VI 17
Betriebliche Ausbildung, Arbeitserlaubnis XIV 8
Betriebliche Fortbildung, Arbeitserlaubnis XIV 8
Betriebliche Praktika X 51
Betriebliche Weiterbildung, Arbeitserlaubnis XIV 17
Bewerbungskosten, Leistungen der BA X 44
Bildung und Teilhabe
 Anspruchsgrundlage **IX** 19
 AsylbLG **IV** 3
 außerhalb Bedarfsgemeinschaft **IX** 7
 Höhe **IX** 19
 Inanspruchnahme von Leistungen der B. **IX** 4
 Inhalt **IX** 28
 Unterstützung der Eltern bei der Inanspruchnahme **IX** 4
Bildungsgutschein X 81
Binnenschiffer, Befreiung vom Erfordernis eines Aufenthaltstitels XV 25
Binnenschifffahrtsausweise XV 1
Blaue Karte EU VI 19a,
 Arbeitserlaubnis **XIV** 2
 Beteiligung der Bundesagentur für Arbeit **VI** 72
Bleibeinteresse VI 55
Bosnien-Herzegowina XIV 26
Briefgeheimnis, Verwirkung I 18
Bundesagentur für Arbeit
 Arbeitserlaubnis **XIV** 34
 Beteiligung
  Erteilung der ICT-Karte **VI** 72
  Erteilung Mobiler ICT-Karte **VI** 72
  Studienbegleitendes Praktikum **VI** 72
 Härtefallregelung **XIV** 37
 Widerruf **VI** 41
 Zustimmung zum Aufenthaltstitel **XIV** 1
 Zustimmung zur Ausländerbeschäftigung **VI** 39
 Zustimmung zu Praktikum **XIV** 15

Bundesamt für Migration und Flüchtlinge
Aufgaben **VI** 75
Datenübermittlung an nationale Kontaktstellen der EU **VI** 91b
Entscheidungen über Asylanträge **V** 5
Register über Ausländer **VI** 91a

Bundesfreiwilligendienst
Arbeitsschutz **VIII** 13
Aufgaben **VIII** 1
Ausland **VIII** 5
Beirat **VIII** 15
Bescheinigung **VIII** 11
Beteiligung der Freiwilligen **VIII** 10
Datenschutz **VIII** 12
Dauer **VIII** 3
Einsatzbereich **VIII** 3
Einsatzstellen **VIII** 6
Flüchtlingsbezug **VIII** 18
Freiwillige **VIII** 2
Haftung **VIII** 9
Kosten **VIII** 17
pädagogische Begleitung **VIII** 4
Sozialversicherung **VIII** 13
Übertragung von Aufgaben **VIII** 16
Urlaub **VIII** 13
Vereinbarung **VIII** 8
Zentralstellen **VIII** 7
Zeugnis **VIII** 11
Zuständigkeit **VIII** 14

Bundesfreiwilligendienstgesetz VIII

Bundesmeldegesetz VII 1

Bundesregierung, Weisungsbefugnis VI 74

Bundesstaat
Bundesrepublik als B. **I** 20
Genfer Flüchtlingskonvention **II** 41

Bundesverfassungsgericht I 18

Bürgerkriegsflüchtlinge, Asylbewerberleistungen IV 1

Bußgeldvorschriften
AsylG **V** 86
Aufenthaltsgesetz **VI** 98

Darlehen
Absetzung vom Einkommen **IX** 11
Auszubildende **IX** 27
bei nicht sofort verwertbarem Vermögen **IX** 9
Grundsicherung für Arbeitsuchende **IX** 11
Instandhaltung und Reparatur von Wohneigentum **IX** 22
Mietkaution **IX** 22
nicht verwertbares Vermögen **IX** 24
selbständige Tätigkeit **IX** 16c
unabweisbarer Bedarf **IX** 24
voraussichtliche Einnahmen im Bedarfsmonat **IX** 24

Daten
Erhebung **V** 7; **VI** 86
Speicherung und Löschung **VI** 91
Übermittlung an Ausländerbehörden **VI** 87
Übermittlung durch Ausländerbehörden **VI** 90
Übermittlung nach dem AsylG **V** 8

Datenabgleich zwischen Ausländer- und Meldebehörden VI 90b

Datennutzung, Selbstinformationserwartungen X 35

Datenschutz, Bundesfreiwilligendienst VIII 12

Datenspeicherung VII 3

Datenträger
Auswertung **V** 15a
Vorlage **V** 15

Datenübermittlung
an Ausländerbehörden **XV** 71 ff.
Aufenthaltsgesetz **VI** 86 ff.
ausländische Stellen **VII** 35
Meldebehörden **VII** 34
regelmäßige **VII** 36
Selbstinformationserwartungen **X** 35

Datenübermittlung und Datenschutz
Ausreise ins Heimatland **V** 8
Daten zur gesundheitlichen Beeinträchtigung **V** 8

Datenverarbeitung/-nutzung
für Ausführung des AufenthG **V** 8
für Gefahrenabwehr **V** 8
für gesundheitliche Versorgung und Betreuung **V** 8
für Ordnungswidrigkeiten **V** 8
für Strafverfolgung **V** 8

Daueraufenthalt – EU VI 9a ff.

Demokratische Grundordnung I 18

Deutsche
ehemalige, Aufenthaltstitel **VI** 38
im Ausland **XIII** 24

Kinder- und Jugendhilfe an Deutsche im A. **XII** 6
Deutsche Volkszugehörige
Arbeitserlaubnis **XIV** 28
Dezentrale Warmwasserversorgung
Mehrbedarf **IX** 21
Dienstleistung
Angehörige der Bedarfsgemeinschaft **IX** 7
Grundsicherung für Arbeitsuchende **IX** 4
Dienstleistungserbringung, Arbeitserlaubnis **XIV** 21
Diskriminierungsverbot III 14
Dolmetscher III 6; **V** 17; **XIV** 22
Doppelstaatsangehörigkeit
Ausweispflicht **VI** 48
Dressmen, Arbeitserlaubnis XIV 22
Drittstaaten, sichere **V** 26a
Drittstaatsangehörige XVI 2
Drogenabhängige
Freiheitsentziehung **III** 5
Sachleistung **IX** 24
Dublin III-VO XVI
Duldung VI 60a
Arbeitserlaubnis **XIV** 32 f.
Asylbewerberleistungen **IV** 1
Ausbildung **VI** 60a
Duldung **XIV** 32
falsche Angaben **VI** 60a
Identitätstäuschung **VI** 60a
räumliche Beschränkung **VI** 60a
Täuschung über Staatsangehörigkeit **VI** 60a
unzureichende Mitwirkung bei Beseitigung von Ausreisehindernissen **VI** 60a
Durchbeförderung von Ausländern VI 74a
Durchreise, Befreiung vom Erfordernis eines Aufenthaltstitels XV 30
EG-Ausländer, Ausschluss von Leistungen der Grundsicherung für Arbeitsuchende IX 7
Ehe
Bedarfsgemeinschaft **IX** 7
Schutz der E. **I** 6
Eheähnliche Gemeinschaft
Bedarfsgemeinschaft **IX** 7

Berücksichtigung von Einkommen und Vermögen von Partnern **IX** 9
Regelbedarf **IX** 20
Ehegatte
Berücksichtigung von Einkommen und Vermögen der E. **IX** 9
eigenständiges Aufenthaltsrecht **VI** 31
Familienasyl **V** 26
Nachzug **VI** 30, 31
Regelbedarf **IX** 20
Zustimmung zum Visum **XV** 31
Eheschließung
Flüchtling **II** 12
Freiheit **III** 12
Ehre, persönliche I 5
Ehrenamtliche Tätigkeit IX 7
Absetzung vom Einkommen **IX** 11b
SGB II-Leistungen bei Aufenthalt außerhalb des Nahbereiches **IX** 7
Eigenbemühungen IX 15
Eigenheim IX 22
Eigentum I 18
Flüchtling **II** 8, 13
Eigentumswohnung
Instandhaltung **IX** 22
Schonvermögen **IX** 12
Eigenverantwortung IX 1, **XII** 1
Eignungsfeststellung X 85, **X** 112
Eilfall, Erstattung von Leistungen IV 6a
Einarbeitungszeit IX 21
Einbürgerung II 34
Eingliederung
Ausländer **X** 131
in Arbeit **IX** 14 ff.
Voraussetzungen gegenüber Sozialgeld **IX** 3
Eingliederungshilfe
für seelisch behinderte Kinder, Jugendliche **XII** 35a
junge Volljährige **XII** 41
Eingliederungsleistungen, kommunale **IX** 16a
Eingliederungsmaßnahme IX 10
Eingliederungsvereinbarung
Bildungsmaßnahme **IX** 15
Ersatz durch Verwaltungsakt **IX** 15
Integrationskursteilnahme **IX** 3
Mitwirkung **IX** 2
Schadensersatz **IX** 15
Eingliederungszuschuss X 88

Stichwortverzeichnis

Einkommen
Absetzung notwendiger A. vom Einkommen **IX** 11b
Anrechnung
auf Asylbewerberleistungen **IV** 7
bei SGB II-Leistungen **IX** 9
darlehensweise gewährter Sozialleistungen auf SGB II-Leistungen **IX** 11
Aufgaben **IX** 1
BEG-Rente **IX** 11a
Begriff **IX** 11
darlehensweise gewährte Sozialleistungen **IX** 11
Erwerbstätigenabsetzungsbetrag **IX** 11b
Grundrente nach dem BVG **IX** 11a
Kindergeld **IX** 11
Kinderzuschlag **IX** 11
Pflegegeld nach dem SGB VIII **IX** 11a
Schmerzensgeld **IX** 11a
Zuwendungen anderer **IX** 11a
Einkünfte IX 2
Einmalige Einnahmen
Anrechnung auf SGB II-Leistungen **IX** 11
Verteilung bei der Einkommensanrechnung nach dem SGB II **IX** 11b
Einmalige Leistungen IX 24
Einreise XVI 13
Anzeige **VI** 56
Erfordernis eines Aufenthaltstitels **VI** 4
in das Bundesgebiet **VI** 13
unerlaubte **VI** 14
Verteilung der Ausländer auf die Länder **VI** 15a
visafreie **XVI** 14
Zurückweisung **VI** 15
Einreise- und Aufenthaltsverbot, bei Ausweisung, Zurückschiebung oder Abschiebung VI 11
Einrichtungen, Schaffung von E. XII 4
Einsatzstellen für Bundesfreiwilligendienst VIII 6
Einschleusen
gewerbs- und bandenmäßiges **VI** 97
von Ausländern **VI** 96

Einsetzen von Leistungen nach dem AsylbLG **IV** 6b
Einstiegsgeld IX 16b
Aufnahme einer selbstständigen Tätigkeit **IX** 16c
Einstiegsqualifizierung
Anzeige des Vertragsabschlusses **X** 54a
ausbildungsbegleitende Hilfen **X** 75
Ausschluss **X** 54a
Bescheinigung **X** 54a
Dauer **X** 54a
förderungsfähige Auszubildende **X** 54a
förderungsfähige Maßnahme **X** 54a
Inhalt **X** 54a
Zertifikat **X** 54a
Zuschuss an Arbeitgeber **X** 54a
Einwohner VII 2
Einzelbetreuung, intensive sozialpädagogische. E. XII 35
Elektronische
Aufenthaltsüberwachung **VI** 56a
Gesundheitskarte für Flüchtlinge **XI** 291
Eltern
Bedarfsgemeinschaft **IX** 7
Berücksichtigung von Einkommen und Vermögen der E. **IX** 12
Nachzug **VI** 36
Unterstützung bei Inanspruchnahme von Leistungen der Bildung und Teilhabe **IX** 4
Elterninitiativen XII 25
EMRK, Gerichtshof III 19
Energiekostenrückstand
Auszubildende **IX** 27
Grundsicherung für Arbeitsuchende **IX** 22
Entbindungskosten, Beratung und Unterstützung bei der Geltendmachung XII 18
Entschädigung für Mehraufwendungen IV 7; **IX** 16d
Ereignisse, Definition in GFK II 1
Erfindung durch Flüchtling II 14
Erlaubnis zum Daueraufenthalt – EU VI 9a ff.
Erlöschen
Aufenthaltsgestattung **V** 67

der Anerkennung als Asylberechtigter **V** 72
des Aufenthaltstitels **VI** 51
Ermessen, keine Versagung wegen Leistungen der Grundsicherung für Arbeitsuchende **IX** 5
Ernährung IX 20, 21
Erreichbarkeit IX 7
Erstattung
Leistungen der Kinder- und Jugendhilfe **XII** 36a
Leistungen in einem Eilfall **IV** 6a
Leistungen nach dem AsylbLG **IV** 9
Erstausstattung
Geburt **IX** 24
Haushaltsgerät **IX** 24
Kleidung **IX** 24
Schwangerschaft **IX** 24
Wohnung **IX** 24
Erstscreening bei minderjährige Flüchtlinge XII 42a ff.
Erwerbsfähige Leistungsberechtigte IX 7
Erwerbsfähigkeit, Begriff IX 8
Erwerbstätigenabsetzungsbetrag IV 7, **IX** 11
Erwerbstätigkeit
Aufenthalt zum Zweck der **VI** 18 ff.
Begriff im Aufenthaltsgesetz **VI** 2
Erfordernis eines Aufenthaltstitels **VI** 4
Meldepflicht nach dem AsylbLG **IV** 8a
Niederlassungserlaubnis **VI** 9
von Ausländern **VI** 1
während Asylverfahren **V** 61
während Kurzaufenthalt **XV** 17
s.a. Arbeit
Erzieherischer Kinder- und Jugendschutz XII 14
Erziehung
Berücksichtigung der Selbständigkeit **XII** 9
Familie, Förderung der Erziehung in der F. **XII** 16
Grundrichtung **XII** 9
Hilfe zur E. **XII** 27 ff.
Recht auf E. **XII** 1
Tagesgruppe **XII** 32
Zumutbarkeit von Arbeit **IX** 10

Erziehungsbeistandschaft XII 30
Erziehungsberatung XII 28
Erziehungsberechtigte
Begriff **XII** 7
Beteiligung bei der Gefahrabschätzung **XII** 8a
Erziehungsheime, Unterbringung XII 34, 41
Erziehungshilfe für Minderjährige **XII** 16 ff., 27 ff.
Erziehungsrecht der Eltern I 6; **XII** 1
EU-Ausländer
Arbeitslosengeld II **IX** 7
Grundsicherung für Arbeitsuchende **IX** 7
Europäische Menschenrechtskonvention III
Kündigung **III** 58
Ratifikation **III** 59
räumlicher Geltungsbereich **III** 56
Unterzeichnung **III** 59
Vorbehalte **III** 57
Europäische Reisedokumente XV 1
Europäischer Gerichtshof für Menschenrechte III 19 ff.
Akteneinsicht **III** 40
Amtszeit **III** 23
Anforderungen an Richter **III** 21
Ausschluss von Richtern **III** 26
Ausschuss, Befugnisse **III** 28
Ausschüsse **III** 26
Begründung der Urteile **III** 45
Berichterstatter **III** 24
Beteiligung Dritter **III** 36
Durchführung der Urteile **III** 46
Einzelrichter **III** 26, 27
Ende der Amtszeit **III** 23
Endgültige Urteile **III** 44
Entlassung **III** 23
Entschädigung **III** 41
Europäischer Gerichtshof für Menschenrechte **III** 50
Große Kammer **III** 26, 30, 31, 32
Gutachten durch den E. **III** 47, 48, 49
Gütliche Einigung **III** 39
Immunität der Richter **III** 51
Individualbeschwerde **III** 34
Kammer **III** 26, 29
Kanzlei **III** 24

Kommissar für Menschenrechte **III** 36
Kosten **III** 50
öffentliche Verhandlung **III** 40
Plenum **III** 25
Prüfung der Rechtssache **III** 38
Rechtswegerschöpfung **III** 35
Staatenbeschwerde **III** 29, 33
Streichung von Beschwerden **III** 37
Tätigkeitsverbot für Richter **III** 21
Urteil der Kammer **III** 42
Verbindlichkeit der Urteile **III** 46
Veröffentlichung der Urteile **III** 44
Verweisung an die Große Kammer **III** 43
Vorrechte der Richter **III** 51
Wahl der Richter **III** 22
Wiedereintragung von Beschwerden **III** 37
Wiederwahl der Richter **III** 23
Zahl der Richter **III** 20
Zulässigkeitsvoraussetzungen **III** 35
Zurückweisung einer Beschwerde **III** 35
Europäischer Wirtschaftsraum, Berufsberatung X 29
Fachkräfte, Aufenthaltstitel XIV 2 ff.
Fahrkosten X 85
Schüler **IX** 28
Vermögen **IV** 7
Faires Verfahren, EMRK **III** 6
Falsche Angaben
Duldung **VI** 60a
Familienverfahren nach Dublin III-VO XVI 11
Familiäre Gründe, Aufenthaltserlaubnis VI 27 ff.
Familie
Schutz **I** 6
Unterbringung in einer F. **XII** 33
Familienangehörige
Dublin III-VO **XVI** 2
ICT-Karte **VI** 27
internationaler Schutz **XVI** 9 ff.
Mobilier ICT-Karte **VI** 27
Familienasyl V 26
Familienbeihilfen für Flüchtlinge II 24
Familienbildung XII 16
Familienerziehung XII 16 ff.

Familiengericht
Einschaltung durch das Jugendamt **XII** 8a
Hinweis auf Verfahrensrechte **XII** 8
Familienhilfe, sozialpädagogische F. XII 31
Familienleben, Schutz durch EMRK III 8
Familiennachzug VI 27 ff.
ICT-Karte **VI** 29
mobiler ICT-Karte **VI** 29
zu Ausländern **VI** 29
zu Deutschen **VI** 28
Familienpflege XII 32 f.
Familienunterhalt, Flüchtling II 24
Festnahme III 5
Feststellung von Ansprüchen IX 5
Film, Arbeitserlaubnis XIV 25
Fingerabdrücke IV 9, 11
Fluchtgefahr XVI 2
Flüchtling V 3
Anerkennung von Diplomen **II** 22
Anwendung arbeitsrechtlicher Vorschriften **II** 24
Arbeit durch Jugendliche **II** 24
Arbeitslosigkeit **II** 24
Arbeitsunfähigkeit **II** 24
Arbeitsunfall **II** 24
Arbeitszeit **II** 24
Asylbewerberleistungen **IV**
Aufenthaltswechsel **II** 31
außergewöhnliche Maßnahmen gegen Eigentum **II** 8
außergewöhnliche Maßnahmen gegen Person **II** 8
Ausstellung von Urkunden und Bescheinigungen **II** 25
Ausweisung **II** 32 f.
Befreiung vom Erfordernis eines Aufenthaltstitels **XV** 18
Befreiung von Gegenseitigkeit **II** 7
Berufskrankheit **II** 24
Bundesfreiwilligendienst **VIII** 18
Definition in GFK **II** 1 ff.
Eheschließung **II** 12
Eigentum **II** 13
Einbürgerung **II** 34
elektronische Gesundheitskarte **XI** 291
Erfindung **II** 14

Stichwortverzeichnis

Familienbeihilfen **II** 24
Familienunterhalt **II** 24
Fortdauer des Aufenthalts **II** 10
Frauenarbeit **II** 24
freier Beruf **II** 19
freiwillige Krankenversicherung **XI** 9
Freizügigkeit **II** 26
Gebühren für Ausstellung von Ausweis oder Reisepass **II** 29
Gebühren für Verwaltungsmaßnahmen **II** 25
Gerichtszugang **II** 16
Gleichbehandlung bei Steuern **II** 29
Gleichbehandlung bei Wohnung **II** 21
Heimarbeit **II** 24
Integrationsmaßnahmen **X** 421a
keine Rechtseingriffe durch GFK **II** 5
Krankenbehandlung **XI** 264
Krankenversicherungspflicht **XI** 5
Krankheit **II** 24
Leistungen bei Alter **II** 24
Leistungen bei Tod **II** 24
Leistungen der öffentlichen Fürsorge **II** 23
Lohn **II** 24
Mindestalter für Beschäftigung **II** 24
Mutterschaft **II** 24
nichtselbständige Arbeit **II** 17
Personalausweis **II** 27
Personalstatut **II** 12
Pflichten im Aufenthaltsstaat **II** 2
Prozesskostenhilfe **II** 16
Rationierung **II** 20
Recht auf Religionsunterricht **II** 4
Reiseausweis **II** 28
Religionsausübung **II** 4
Seeleute **II** 11
selbständige Arbeit **II** 18
Stipendium **II** 22
Studienplatz **II** 22
Überführung von Vermögenswerten **II** 30
Überstunden **II** 24
unrechtmäßiger Aufenthalt **II** 31
Urheberrecht **II** 14
Urlaub **II** 24
Verbot unterschiedlicher Behandlung **II** 3
Vereinigungsrecht **II** 15
Verträge **II** 13
Verwaltungshilfe **II** 25
vorläufige Maßnahmen **II** 9
Warenzeichen **II** 14
Wegfall des Schutzes durch GFK **II** 1
Wohlfahrt **II** 20 ff.
Wohnsitzauflage **VI** 12a
Zugang zu Schule **II** 22
Flüchtlingsintegrationsmaßnahme IV 5a, X 421a
Flüchtlingskommissar, Hoher F. der Vereinten Nationen II 35
Flugbesatzungsausweise XV 1
Flughafenunternehmer, Pflichten nach Aufenthaltsgesetz VI 65
Flugpersonal, Befreiung vom Erfordernis eines Aufenthaltstitels XV 23
Folgeantrag nach dem AsylG
Asyl **V** 71
Asylbewerberleistungen **IV** 1
Folter
Verbot der Abschiebung bei Gefahr der **VI** 60
Verbot durch EMRK **III** 3
Fordern, Grundsatz des F. IX 2
Fördern, Grundsatz des F. IX 2, 14
Förderung
allgemeine F. der Erziehung in Familien **XII** 16
der Erziehung in der Familie **XII** 16 ff.
der Jugendverbände **XII** 12
von Kindern in Tageseinrichtungen und Tagespflege **XII** 22 ff.
Forschung
Ablehnungsgründe **VI** 20c
Arbeitserlaubnis **XIV** 5
Aufenthaltserlaubnis zum Zweck der **VI** 20, 20a
Freiheit der F. **I** 5
kurzfristiger Aufenthalt **VI** 20a
Widerruf der Aufenthaltserlaubnis **VI** 52
Forschungseinrichtungen, Anerkennung zum Abschluss von Aufnahmevereinbarungen XV 38a ff.
Fotomodelle, Arbeitserlaubnis XIV 22
Frauen, Gleichstellung IX 1
Frauenarbeit, Flüchtling II 24

721

Freibetrag
  Erwerbstätigkeit **IX** 11b
  Vermögen **IX** 12
Freie Förderung, Grundsicherung für Arbeitsuchende IX 16f
Freie Jugendhilfe, Zusammenarbeit mit der öffentlichen Jugendhilfe XII 4
Freie Meinungsäußerung
  Grenzen **I** 5
  Schutz **I** 5
  Verwirkung **I** 18
Freie Träger IX 4
Freie Träger der Jugendhilfe
  Leistungen **XII** 3
  Wahrnehmung von anderen Aufgaben **XII** 3
Freier Beruf, Flüchtling II 19
Freiheit
  Gewissen, Glauben und Bekenntnis **I** 4
  Meinungsäußerung **I** 5
  Person **I** 2
  Recht auf F. **I** 2
  Schutz durch EMRK **III** 5
Freiheitliche Demokratische Grundordnung I 18
Freiheitsentziehung
  Ausschluss von SGB II-Leistungen **IX** 7
  bei Inobhutnahme von Minderjährigen **XII** 42
  EMRK **III** 5
  Mitteilung der Beschuldigungen **III** 5
  richterliche Entscheidung **III** 5
  Schadenersatz **III** 5
  Vorführung vor den Richter **III** 5
Freiwillige
  s. Bundesfreiwilligendienst **VIII** 2
Freiwillige Krankenversicherung XI 9
Freiwilligendienst
  Ablehnungsgründe **VI** 20c
  Aufenthaltserlaubnis **VI** 18d
  Widerruf der Aufenthaltserlaubnis **VI** 52
Freizeit, Leistung für F. IX 28
Freizügigkeit, Flüchtlinge II 26
Friedensverbrechen, keine Anwendung der GFK II 1
Frist bei Antragstellung durch Jobcenter IX 5

Früherkennung von Krankheiten, Leistungen nach dem AsylbLG IV 4
Frühwarnung XVI 33
Führungskräfte, Arbeitserlaubnis XIV 3
Fundpapier-Datenbank VI 49a
  Inhalt **VI** 49b
  Verfahrensvorschriften **VI** 89a
Fürsorge, Flüchtling II 23
Gebühren
  Ausstellung von Ausweis oder Reisepass für Flüchtlinge **II** 29
  Befreiungen und Ermäßigungen **XV** 52 f.
  für Aufenthaltserlaubnis **XV** 45
  Für Aufenthaltstitel in Ausnahmefällen **XV** 45b
  für elektronischen Identitätsnachweis **XV** 45a
  für Erlaubnis zum Daueraufenthalt-EG **XV** 44a
  für Neuausstellung eines Dokuments nach § 78 AufenthG **XV** 45c
  für Niederlassungserlaubnis **XV** 44
  für Reiseausweis und Grenzgängerkarte **XV** 48
  für Visum **XV** 46
  nach Aufenthaltsgesetz **VI** 69
  Verwaltungsmaßnahmen bei Flüchtlingen **II** 25
Geburt
  Diskriminierungsverbot **III** 14
  eines Kindes im Bundesgebiet, Aufenthaltserlaubnis **VI** 33
  Erstausstattung **IX** 24
  Zuständigkeit des Trägers der Sozialhilfe **XIII** 24
Gedankenfreiheit, Schutz durch EMRK III 9
Geduldete, Aufenthaltserlaubnis VI 18a
Gefährdung des Kindeswohls
  siehe Kindeswohlgefährdung **XII**
Gegenseitigkeit, Befreiung II 7
Geistig behinderte Menschen XII 10
Geldbuße nach AsylbLG IV 13
Geldleistung
  einmalige Leistungen **IX** 24
  Zusammenarbeit der SGB II-Träger mit J. **IX** 4

Gemeinde
Zugang zu geeigneten Angeboten **IX** 4
Zusammenarbeit der SGB II-Träger mit G. **IX** 4
Gemeindeverbände
Zugang zu geeigneten Angeboten **IX** 4
Zusammenarbeit der SGB II-Träger mit G. **IX** 4
Gemeinsame Wohnformen für Mütter/Väter und Kinder XII 19
Gemeinschaftsfähigkeit XII 1
Gemeinschaftsunterkünfte für Asylberechtigte V 53
Generalsekretär für Menschenrechte, Anfragen III 52
Genfer Flüchtlingskonvention II
Ausnahmen von der Anwendung **II** 1
Befreiung von Gegenseitigkeit **II** 7
Beitritt **II** 39
Bundesstaat **II** 41
Einbürgerung **II** 34
Erwerbstätigkeit **II** 17 ff.
Inkrafttreten **II** 43
Kündigung **II** 44
Ratifikation **II** 39
Rechtsstellung der Flüchtlinge **II** 12 ff.
Revision **II** 45
Streitfälle **II** 38
Unterzeichnung **II** 39
Verwaltungsmaßnahmen **II** 25 ff.
Vorbehalt **II** 42
Wohlfahrt **II** 20 ff.
Zusammenarbeit der Staaten **II** 35
Gerichtskosten in Streitigkeiten nach AsylG V 83b
Gerichtsverfahren nach AsylG V 74 ff.
Gerichtszugang, Flüchtlinge II 16
Geschäftsreisende, Arbeitserlaubnis XIV 16
Geschlecht
Benachteiligungsverbot **I** 3
Diskriminierungsverbot **III** 14
Gesellschaftliche Teilhabe
Jugendliche **IX** 4
Kinder **IX** 4
Gesetzgebung, Bindung an Grundrechte I 1

Gesundheits- und Pflegeberufe, Anwerbung und Arbeitsvermittlung aus dem Ausland XIV 38
Gesundheitsdaten XVI 32
Gesundheitsuntersuchung in Aufnahmeeinrichtung und Gemeinschaftsunterkunft V 62
Gewaltenteilung I 20
Gewerkschaften, Schutz durch EMRK III 11
Gewissen, Freiheit des G. I 4; **III** 9
Gewöhnlicher Aufenthalt, Grundsicherung für Arbeitsuchende IX 7
Glauben
Benachteiligungsverbot **I** 3
Freiheit des G. **I** 4
Gleichberechtigung von Mann und Frau I 3
Gleichheit vor dem Gesetz I 3
Gleichstellung von Frauen und Männern IX 1
Grenzbehörde Aufgaben nach AsylG V 18
Grenzgänger, Arbeitserlaubnis XIV 27
Grenzgängerkarte
Ausländer **XV** 12
Befreiung vom Erfordernis eines Aufenthaltstitels **XV** 21
Gebühren **XV** 48
Grenzübertritt VI 13
während Asylverfahren **V** 64
Grundfreibetrag IX 12
Grundgesetz I
Grundleistungen nach dem AsylbLG IV 3
Grundordnung, freiheitliche demokratische I 18
Grundrechte I 1 ff.
Bindung der drei Gewalten an G. **I** 1
Verwirkung **I** 18
Grundrente IV 7, **IX** 11a
Grundrichtung der Erziehung XII 9
Grundsicherung für Arbeitsuchende
Altersvorsorge **IX** 12
Asylbewerber **IX** 7
Ausländer **IX** 7, 8
Auszubildende **IX** 7
Bedarfsgemeinschaft **IX** 7, 9
Behinderung **IX** 8
Darlehen **IX** 9

eheähnliche Partner **IX** 7, 9
Ehegatte **IX** 7, 9
Eingliederung in das A. **IX** 14 ff.
Einkommen **IX** 9
Einkommensanrechnung **IX** 11 ff.
EU-Ausländer **IX** 7
Freibetrag für notwendige Anschaffungen **IX** 12
Gleichstellung **IX** 1
Grundfreibetrag **IX** 12
Grundsatz des Förderns **IX** 14
Grundsatz des Forderns **IX** 2, 3
Haushaltsgemeinschaft **IX** 9
Hilfebedürftigkeit **IX** 9
Kinder **IX** 7, 9
Kinderbetreuung **IX** 9, 10
Kraftfahrzeuge **IX** 12
Krankheit **IX** 8
Lebenspartner **IX** 7, 9
Leistungen **IX** 1
Leistungsberechtigte **IX** 7
Leistungsformen **IX** 4
Leistungsgrundsätze **IX** 3
Nachrang der G. gegenüber Jugendhilfe **XII** 10
Nachranggrundsatz **IX** 3
persönliche Ansprechpartner **IX** 14
Pflege eines Angehörigen **IX** 10
Schüler **IX** 7
Schwangerschaft **IX** 9
stationäre Einrichtungen **IX** 7
Studierende **IX** 7
Tageseinrichtungen **IX** 10
Tagespflege **IX** 10
Vermögen **IX** 9, 12
Wirtschaftlichkeit und Sparsamkeit **IX** 3
zumutbare Arbeit **IX** 10
Zusammenarbeit der SGB II-Träger mit freien T. **IX** 4
Grundsicherung im Alter und bei Erwerbsminderung
Vorrang gegenüber Sozialgeld **IX** 5
Gruppenarbeit, soziale XII 29
Gutachten durch den Europäischen Gerichtshof für Menschenrechte III 47
Guthaben
Haushaltsenergie **IX** 22
Unterkunft **IX** 22

Haft
Abschiebung **VI** 62, **XVI** 28
Vollzug **VI** 62, 62a
Haftung
Bundesfreiwilligendienst **VIII** 9
für Kosten der Zurückweisung, Zurückschiebung oder Abschiebung **VI** 66 f.
für Lebensunterhalts des Ausländers **VI** 68
Verjährung **VI** 70
Handlungsfähigkeit Minderjähriger VI 80
Handlungsfreiheit I 2
Härte, Schonvermögen IX 12
Härtefälle, Aufenthaltserlaubnis in H. VI 23a
Hauptschulabschluss X 51, 81
Hausangestellte von Entsandten, Arbeitserlaubnis XIV 13
Hausbesuch XII 8a
Hausgrundstück, IX 12
Haushalt, Betreuung des Kindes im H. in Notsituationen XII 20
Haushaltsenergie
Berücksichtigung beim Regelbedarf **IX** 20
Guthaben **IX** 22
Rückzahlung **IX** 22
Haushaltsgemeinschaft IX 9
Haushaltsgerät, Erstausstattung IX 24
Haushaltshilfen, Arbeitserlaubnis XIV 15c
Hausrat
Berücksichtigung beim Regelbedarf **IX** 20
Schonvermögen **IX** 12
Hautfarbe, Diskriminierungsverbot III 14
Hebammenhilfe, Leistungen nach dem AsylbLG IV 4
Heilmittel, Leistungen nach dem AsylbLG IV 4
Heimarbeit, Flüchtling II 24
Heimat, Benachteiligungsverbot I 3
Heimatlose XV 4
Heimerziehung XII 34
Heimunterbringung XII 34
Heizung
Auszubildende **IX** 27

Grundsicherung für Arbeit suchende **IX** 22
keine Berücksichtigung beim Regelbedarf **IX** 20
Herkunft
Benachteiligungsverbot **I** 3
Verbot unterschiedlicher Behandlung **II** 3
Hilfe
für junge Volljährige **XII** 41
für seelisch behinderte Kinder und Jugendliche **XII** 35a
zur Erziehung **XII** 6, 27 ff.
Hilfe zum Lebensunterhalt
Nachrang gegenüber Arbeitslosengeld II **IX** 5
Nachrang gegenüber Sozialgeld **IX** 5
Hilfe zur Erziehung XII 27 ff.
Hilfeangebot bei Kindeswohlgefährdung XII 8a
Hilfebedürftigkeit
Hinwirken auf Inanspruchnahme von Hilfe anderer Träger **IX** 4
Schwangere **IX** 9
Hilfeplan XII 36
Hinweis auf Wunsch- und Wahlrecht in der Kinder- und Jugendhilfe XII 5
Hinwirkungspflicht für bedarfsdeckende Angebote der Kinderbetreuung XII 24
Hochqualifizierte
Arbeitserlaubnis **XIV** 2
Niederlassungserlaubnis für **VI** 19
Hochschulabsolventen
Arbeitserlaubnis **XIV** 2
Niederlassungserlaubnis **VI** 18b
Hoher Flüchtlingskommissar der Vereinten Nationen V 9
Hort XII 22
Humanitäre Gründe für Aufenthaltserlaubnis VI 22 ff., 25
ICT-Karte VI 19b
allgemeine Voraussetzungen **VI** 5
Antrag **VI** 81
Beendigung des Aufenthaltsrechts **VI** 51
Beteiligung der Bundesagentur für Arbeit **VI** 72
Ehegattennachzug **VI** 30
Familienangehörige **VI** 27

Familiennachzug **VI** 29
Kindernachzug **VI** 3
Mitteilung an Unternehmen **VI** 77
Versagung der Zustimmung zur Beschäftigung **VI** 40
Widerruf **VI** 52
Zustimmung zum Visum **XV** 31
Identität
Feststellung der I. eines Ausländers **IV** 11, **VI** 49, 89
Sicherung der I. des Asylsuchenden **V** 16
Täuschung **VI** 60a
Illegale Beschäftigung eines Ausländers, Rechtsfolgen VI 98a ff.
Impfopferleistungen bei Einkommensanrechnung nach dem SGB II IX 11a
Information, Recht auf I. XVI 4
Informationsaustausch XVI 31, 34
Informationsfreiheit, Schutz durch EMRK III 10
Inhaftnahme XVI 28 ff.
Innerbetrieblicher Schadensausgleich bei Arbeitsgelegenheit IX 16d
Innergemeinschaftliche Auskünfte VI 91c ff.
Inobhutnahme
Gefahr in Verzug **XII** 8a
verheiratete Minderjährige **XII** 42a
von Kindern und Jugendlichen **XII** 42
vorläufige **XII** 42a ff.
Instandhaltung
Eigenheim **IX** 22
Eigentumswohnung **IX** 22
Integrationskurs VI 43
Ausländer **IX** 3
Berechtigung zur Teilnahme an **VI** 44
Datenverarbeitung im Zusammenhang mit **VI** 88a
Spätaussiedler **IX** 3
Vereinbarung der Teilnahme in Eingliederungsvereinbarung **IX** 3
Verpflichtung zur Teilnahme an **VI** 44a
Integrationskursverordnung VI 43
Integrationsmaßnahme IV 5b
Integrationsprogramm VI 45

Intensive sozialpädagogische Einzelbetreuung XII 35
Internationaler Schutz
　Familienangehörige **V** 26; **XVI** 9 ff.
　Flüchtlinge **V** 3 ff.
　Minderjährige **XVI** 8
　Verfahren **XVI** 3
　Zuständigkeit **XVI** 7
Interner Schutz V 3e
Israel XIV 26
Japan XIV 26
Jobcenter
　Antrag auf Sozialleistungen **IX** 5
　Rechtsbehelfseinlegung **IX** 5
　Rechtsmitteleinlegung **IX** 5
Journalisten, Arbeitserlaubnis XIV 18
Jugend, Arbeit durch jugendliche Flüchtlinge II 24
Jugendberatung XII 11
Jugendbildung, außerschulische J. XII 11
Jugendgruppen XII 11, 12
Jugendhilfe
　andere Aufgaben **XII** 2
　Aufgaben **XII** 1
　Aufgaben, andere **XII** 42 ff.
　Berücksichtigung der Grundrichtung der Erziehung **XII** 9
　Beteiligung von Kindern und Jugendlichen **XII** 8
　Leistungen **XII** 2, Nov 41
　Träger **XII** 3
　Zusammenarbeit der Träger der Jugendhilfe **XII** 4
Jugendhilfeträger IX 4
Jugendliche
　Begriff **XII** 7
　Beteiligung an allen Angelegenheiten **XII** 8
　Beteiligung bei Gefahrabschätzung **XII** 8a
　Bildung und Teilhabe **IX** 28
　Hinweis auf Verfahrensrechte **XII** 8
　Hinwirken auf gesellschaftliche Teilhabe **IX** 4
　Recht auf Zugang zum Jugendamt **XII** 8
Jugendschutz I 5, **XII** 14
Jugendsozialarbeit XII 13
Jugendverbände XII 12

　Angebote der Jugendarbeit **XII** 11
Junge Menschen
　Begriff **XII** 7
　schwer zu erreichende **IX** 16h
Junge Volljährige
　Bedarfsgemeinschaft **IX** 7
　Begriff **XII** 7
　Bildung und Teilhabe **IX** 28
　Hilfe für j. V. **XII** 41
Kanada XIV 26
Karitativ Beschäftigte, Arbeitserlaubnis XIV 14
Keine Bestrafung ohne Gesetz III 7
Kind
　Bedarfsgemeinschaft **IX** 7
　Begriff **XII** 7
　Beteiligung an allen Angelegenheiten **XII** 8
　Beteiligung bei Gefahrabschätzung **XII** 8a
　Betreuung **IX** 9, 10, 16a
　Bildung und Teilhabe **IX** 28
　eigenständiges Aufenthaltsrecht **VI** 35
　Geburt im Bundesgebiet **VI** 33
　Gefährdung des Kindeswohls **XII** 8a
　Grundsicherung für Arbeitsuchende **IX** 7, 9
　Hinweis auf Verfahrensrechte **XII** 8
　Hinwirken auf gesellschaftliche Teilhabe **IX** 4
　Mehrbedarf bei Alleinerziehenden **IX** 21
　Recht auf Zugang zum Jugendamt **XII** 8
　Rentenantrag **IX** 12a
　Verlängerung der Aufenthaltserlaubnis **VI** 34
　Zustimmung zum Visum **XV** 31
Kinder- und Jugenderholung XII 11
Kinder- und Jugendhilfe XII
　Antrag **XII** 36a
　Aufgaben **XII** 1
Kinder- und Jugendschutz, erzieherischer K. und J. XII 14
Kinderbetreuungskosten bei Weiterbildung X 87
Kinderbetreuungszuschlag IX 11b
Kinderehe VI 31
Kinderfreibetrag IX 11

Kindergarten XII 22, 24
Kindergeld, Anrechnung auf SGB II-Leistungen IX 11
Kindernachzug VI 32
Kinderschutz XII 8a, 14
Kindertageseinrichtung, Zusammenarbeit der SGB II-Träger mit K. IX 4
Kindertagespflege XII 23 f.
Kindertagespflegeperson XII 23
Kindertagesstätten, Ausflüge IX 28
Kinderzuschlag
  Anrechnung auf SGB II-Leistungen IX 11
  Pflicht zur Inanspruchnahme IX 12a
Kindeswohlgefährdung XII 8a, 8b
Klage
  keine aufschiebende Wirkung bei K. gegen Ablehnung eines Aufenthaltstitels VI 84
  keine aufschiebende Wirkung bei W. nach AsylbLG IV 11
Klagefrist für Klagen gegen Entscheidungen nach AsylG V 74
Klassenfahrten IX 28
Kleidung
  Berücksichtigung beim Regelbedarf IX 20
  Erstausstattung IX 24
Knappschaftsausgleichsleistung IX 7
Kommunale Eingliederungsleistungen IX 16a
Körperlich Behinderte, Vorrang der Sozialhilfe XII 10
Körperliche Unversehrtheit, Recht auf k. U. I 2
Körperpflege, Berücksichtigung beim Regelbedarf IX 20
Kosovo XIV 26
Kosten
  der Zurückweisung, Zurückschiebung oder Abschiebung VI 66
  Überstellung XVI 30
  Umfang VI 67
Kostenerstattung zwischen Leistungsträgern nach dem AsylbLG IV 10b
Kostenschuldner der Zurückweisung, Zurückschiebung oder Abschiebung VI 66
Kostentragungspflicht des Ausländers VI 66

Kraftfahrzeug, Schonvermögen IX 12
Kranke, Mehrbedarf IX 21
Krankenbehandlung bei nicht Versicherten XI 264
Krankenhausbehandlung, SGB II-Leistungen bei Aufenthalt im Krankenhaus IX 7
Krankenhilfe XII 13, 19, 21, 40, 42
Krankenkost, Mehrbedarf IX 21
Krankenversicherung
  Absetzung des K.-Beitrag vom Einkommen IX 11a
  Hinwirken auf Inanspruchnahme von K.-Leistungen IX 4
  Ruhen XI 16
  Übernahme der Beiträge durch SGB II-Träger IX 26
  Versicherungspflicht XI 5
Krankheit
  Flüchtling II 24
  Leistungen nach dem AsylbLG IV 4
  SGB II-Leistungen IX 8 ff.
Krankheitsverhütung, Leistungen nach dem AsylbLG IV 4
Krieg, vorläufige Maßnahmen II 9
Kriegsdienstverweigerung I 4; III 4, 15
Krisenbewältigung XVI 33
Kultur
  Arbeitserlaubnis XIV 25
  Berücksichtigung beim Regelbedarf IX 20
  Teilhabe am kulturellen Leben IX 28
Kündigung der Genfer Flüchtlingskonvention II 44
Künstler, Arbeitserlaubnis XIV 22
Kurzaufenthalte XV 1
  Befreiung vom Erfordernis eines Aufenthaltstitels XV 15
  Erwerbstätigkeit V 17
  Verlängerung XV 40
Kurzfristige Aufenthalte VI 6
  Forscher VI 20a
Kurzzeitige Beschäftigungsverhältnisse, Anrechnung auf SGB II-Leistungen IX 11
Länder, Verteilung von unerlaubt eingereisten Ausländern auf VI 15a
Länderübergreifende Verteilung V 51
Landesinterne Verteilung V 50

Landesregierung Bestimmungen zum AsylbLG IV 10
Landstreicher, Freiheitsentziehung III 5
Laufende Einnahmen
　Absetzbeträge **IX** 11b
　Anrechnung auf SGB II-Leistungen **IX** 11
Laufende Leistungen an Pflegestelle XII 39
Leben
　Recht auf L. **I** 2
　Schutz durch EMRK **III** 2
Lebensgemeinschaft, eheliche IX 7
Lebenspartner
　Bedarfsgemeinschaft **IX** 7, 9
　Regelbedarf **IX** 20
Lebenspartnerschaftsähnliche Partner
　Bedarfsgemeinschaft **IX** 7, 9
　Regelbedarf **IX** 20
　Zustimmung zum Visum **XV** 31
Lebensunterhalt des Ausländers, Haftung für VI 68
Lehre
　Freiheit der L. **I** 5
　Freiheit der L., Verwirkung **I** 18
Lehrgangskosten X 84, 85
Lehrkräfte, Niederlassungserlaubnis VI 19
Lehrling IX 7
Leibeigenschaft, Verbot durch EMRK III 4
Leistungen
　der Jugendhilfe **XII** 11 - 41
　Jugendhilfe **XII** 2
Leistungsarten in der Grundsicherung für Arbeitsuchende IX 4
Leistungsberechtigte in der Grundsicherung für Arbeitsuchende IX 7
Leistungserbringung
　Erbringung durch freie Träger **XII** 3
　Erbringung durch öffentliche Träger **XII** 3
Leistungsformen in der Grundsicherung für Arbeitsuchende IX 4
Leitende Angestellte, Arbeitserlaubnis XIV 4
Lernförderung IX 28
Lernmittel X 85
Lichtbild XV 60
Lohn bei Flüchtlingen II 24

Löschung personenbezogener Daten VI 91
Luftfahrt, Arbeitserlaubnis XIV 24
Maklergebühren IX 22
Mannequin, Arbeitserlaubnis XIV 22
Männer, Gleichstellung IX 1
Maßnahme zur Eingliederung, Zumutbarkeit IX 10
Maßnahmen gegenüber ausreisepflichtigem Ausländer VI 46
Maßnahmen zur Aktivierung und beruflichen Eingliederung X 45
Mazedonien, Arbeitserlaubnis XIV 26
Mehraufwandsentschädigung IV 7
Mehrbedarf
　Alleinerziehende **IX** 21
　Auszubildende **IX** 27
　behinderte Menschen **IX** 21, 23
　Grundsicherung für Arbeit suchende **IX** 21
　kostenaufwändige Ernährung **IX** 21
　Kumulation von Mehrbedarfszuschlägen **IX** 21
　Schwangere **IX** 21
Mehrkosten in der Kinder- und Jugendhilfe XII 52
Meinungsäußerung, Recht auf freie M. I 5, 18; **III** 10
Meldeauskünfte VII 2
Meldebehörden VII 1
　Aufgaben **VII** 2
　Mitteilungen an Ausländerbehörden **XV** 72
Meldegeheimnis VII 7
Meldepflicht V 22
　Aufnahme einer Erwerbstätigkeit **IV** 8a
Melderegister VII 2
　automatisierter Abruf **VII** 38
　Fortschreibung **VII** 6
　Ordnungsdaten **VII** 4
　Richtigkeit **VII** 6
　Vollständigkeit **VII** 6
　Zweckbindung der Daten **VII** 5
Menschenrechte III 1
　unverletzliche M. **I** 1
　Wahrung **III** 53
Menschenwürde
　Achtung und Schutz **I** 1

Grundsicherung für Arbeitsuchende **IX** 1
Menschlichkeit, keine Anwendung der GFK bei Verbrechen gegen M. II 1
Miete, therapeutische Geräte IX 24
Mietkaution IX 22
Mietrückstand IX 22
Mietschulden
Auszubildende **IX** 27
Übernahme in der Grundsicherung für Arbeitsuchende **IX** 22
Mietvertrag bei Flüchtlingen II 13
Minderjährige
Dublin III-VO **XVI** 2
Ehegatte **V** 26
Freiheitsentziehung **III** 5
Garantien **XVI** 6
Minderjährige Flüchtlinge
Altersfeststellung **XII** 42f
Eintragung in Pass eines gesetzlichen Vertreters **XV** 2
Erstscreening **XII** 42a ff.
Gebühren für Amtshandlungen **XV** 50
Handlungsfähigkeit **V** 12; **VI** 80
Medizinische Leistungen **IV** 6
Verteilung **XII** 42a ff.
Verteilungsverfahren **XII** 42b
vorläufige Inobhutnahme **XII** 42a ff.
Ministerkommitee, Befugnisse III 54
Missbrauch der Grundrechte I 18
Mittagsverpflegung IX 28
Mitteilung
Antrag auf Arbeitslosengeld II **VI** 87
Antrag auf Sozialhilfe **VI** 87
ICT-Karte **VI** 77
Mobiler ICT-Karte **VI** 77
Mitwirkung
der Beteiligten an der Hilfe zur Erziehung **XII** 36
Eingliederungsvereinbarung **IX** 2
minderjähriges Kind **IX** 16a
Mitwirkungspflicht
AsylbLG **IV** 9
des Ausländers bei Aufenthaltstitel **VI** 82
Grundsicherung für Arbeitsuchende **IX** 5
Mobiler ICT-Karte VI 19d
Antrag **VI** 81

Beteiligung der Bundesagentur für Arbeit **VI** 72
Ehegattennachzug **VI** 30
Familienangehörige **VI** 27
Familiennachzug VI 29
Kindernachzug **VI** 32
Mitteilung an Unternehmen **VI** 77
Versagung der Zustimmung zur Beschäftigung **VI** 40
Zustimmung zum Visum **XV** 31
Monaco XIV 26
Montenegro XIV 26
Musiker, Arbeitserlaubnis XIV 22
Musikunterricht IX 28
Muster für Aufenthaltstitel und sonstige Dokumente XV 58 f.
Mütter
Beratung und Unterstützung alleinerziehender M. **XII** 18
Unterbringung mit Kind in geeigneten Wohnformen **XII** 19
Mutter-Kind-Einrichtung, Angebot der Jugendhilfe XII 19
Mutterschaft, Flüchtling II 24
Mutterschutz I 6
Nachbetreuung junger Volljähriger durch die Jugendhilfe XII 41
Nachfluchttatbestände V 28
Nachgehende Hilfe, psychosoziale IX 16a
Nachrang
der Jugendhilfe **XII** 10
der Sozialhilfe **XII** 10
Nachranggrundsatz
Grundsicherung für Arbeitsuchende **IX** 3
Pflicht zum Einsatz der Arbeitskraft **IX** 2
Nachzug
der Eltern und sonstiger Familienangehöriger **VI** 36
der Kinder **VI** 32
Nahbereich IX 7
Nationale Herkunft, Diskriminierungsverbot III 14
Nationale Kontaktstelle, Bundesamt für Migration und Flüchtlinge VI 91b
Neuseeland XIV 26
Nichtbetreiben des Verfahrens V 81

Nichteheliche Kinder, Gleichstellung I 6
Nichtselbständige Arbeit, Flüchtling II 17
Niederlassungserlaubnis VI 9
  Erlöschen VI 51
  für Absolventen deutscher Hochschulen VI 18b
  für bestimmte Ausländergruppen VI 38
  für Hochqualifizierte VI 19
  für Hochschulabsolventen VI 18b
  Gebühren XV 44
Notfälle, Betreuung und Versorgung von Kindern in N. XII 20
Notreiseausweis XV 13, 48
Notsituationen, Betreuung und Versorgung von Kindern in N. XII 20
Notstand, Abweichung von EMRK III 15
Notwendige Ausgaben IX 11b
Nulla poena sine lege III 7
Oberste Landesbehörde, Aufenthaltsgewährung durch VI 23 f.
Öffentliche Träger der Jugendhilfe
  Leistungen XII 3
  Wahrnehmung von anderen Aufgaben XII 3
Öffentlichkeit, Verfahren III 6
Opferentschädigungsrente IX 11a
Ordnungsverfügungen durch Ausländerbehörde VI 46
Ordnungswidrigkeit IV 13; XV 77
Orthopädische Schuhe IX 24
Örtliche Zuständigkeit
  AsylbLG IV 10a
  Träger der Sozialhilfe XIII 24
  Zusicherung der Übernahme der Umzugskosten IX 22
Pachtvertrag, Flüchtling II 13
Pädagogische Begleitung im Bundesfreiwilligendienst VIII 4
Partnerschaft, Beratung in Fragen der P. XII 17
Pass, Herausgabe V 65
Passbehörden, Mitteilungen an Ausländerbehörden XV 72a
Passersatz XV 3, 4
Passpflicht
  Ausländer VI 3, 48
  Befreiung in Rettungsfällen XV 14
  für Ausländer XV 2 ff.
  Passersatz XV 3 f.
Pauschalbeträge, einmalige Leistungen IX 24
Pauschalierung IX 20
Pauschbeträge bei Pflegegeld XII 39
Pendelfahrten, Zumutbarkeit IX 10
Personalaustausch, Arbeitserlaubnis XIV 10
Personalausweis, Flüchtling II 27
Personalkosten bei Zurückweisung, Zurückschiebung oder Abschiebung VI 67
Personalstatut bei Flüchtling II 12
Personenbezogene Daten
  Erhebung VI 86
  Speicherung und Löschung VI 91
  Übermittlung nach AsylG V 8
Personensorge, Beratung und Unterstützung bei Ausübung der P. XII 18
Personensorgeberechtigter
  Begriff XII 7
  Bestimmung der Grundrichtung der Erziehung XII 9
Persönliche Bedarfe nach dem AsylbLG IV 3
Persönliche Bedürfnisse, Berücksichtigung beim Regelbedarf IX 20
Persönlicher Ansprechpartner IX 14
Persönliches Gespräch nach der Dublin III-VO XVI 5
Persönlichkeitsrecht I 2
Pflege
  häusliche IX 16a
  P. eines Angehörigen IX 10
Pflegebedürftige IX 12
Pflegegeld IX 11a, XII 23, 39
Pflegeversicherung
  Absetzung bei der Einkommensanrechnung nach dem SGB II IX 11b
  Übernahme von Beiträgen IX 26
Politisch Verfolgte V 1
  Asylrecht I 16a, 18
Politische Anschauungen
  Benachteiligungsverbot I 3
  Diskriminierungsverbot III 14
Politische Bestätigung eines Ausländers VI 47

Politische Gründe für Aufenthaltserlaubnis VI 22 ff.
Polizei, Aufgaben nach AsylG V 19
Postgeheimnis, Verwirkung I 18
Praktika, Arbeitserlaubnis XIV 15
Praktikum
  Ablehnungsgründe **VI** 20c
  Beteiligung der Bundesagentur für Arbeit **VI** 72
  EU, Aufenthaltserlaubnis **VI** 17b
  EU, Widerruf **VI** 52
  Widerruf der Aufenthaltserlaubnis **VI** 52
  Zustimmung der Bundesagentur für Arbeit **XIV** 15
  Zustimmungsfreiheit bei Visumerteilung **XV** 35
Presse, Freiheit der P. I 5, 18
Privatleben, Schutz durch EMRK III 8
Prozesskostenhilfe, Flüchtling II 16
Prüfungsgebühren X 85
Prüfungsstücke X 85
Psychisch Kranke, Freiheitsentziehung III 5
Psychosoziale Betreuung IX 16a
Quotenanrechnung V 52
Rasse
  Benachteiligungsverbot **I** 3
  Diskriminierungsverbot **III** 14
  Verbot unterschiedlicher Behandlung **II** 3
Ratifikation der Genfer Flüchtlingskonvention II 39
Rationierung bei Flüchtlingen II 20
Räumliche Beschränkung VI 61
  Aufenthaltsgestattung **V** 56 ff.
  Auswirkung auf Leistung nach dem AsylbLG **IV** 11
  Duldung **VI** 61
Räumungsklage, Information des Jobcenters IX 22
Rauschgiftsüchtige, Freiheitsentziehung III 5
Rechtsbehelf, Einlegung durch Jobcenter IX 5
Rechtseinschränkungen, Begrenzung durch EMRK III 18
Rechtsmissbrauch, Einschränkung durch EMRK III 17

Rechtsmittel
  Asylverfahren **V** 78
  Einlegung durch Jobcenter **IX** 5
Rechtsprechung, Bindung an Grundrechte I 1
Regelbedarf
  Alleinerziehende **IX** 20
  Alleinstehende **IX** 20
  Anpassung **IX** 20
  Arbeitslosengeld II **IX** 20
  eheähnliche Partner **IX** 20
  Ehegatten **IX** 20
  Inhalt **IX** 20
  Jugendliche **IX** 23
  Kinder **IX** 23
  Lebenspartner **IX** 20
  lebenspartnerschaftsähnliche Partner **IX** 20
  Pauschalierung **IX** 20
  Sozialgeld **IX** 23
  unter 25 jährige **IX** 20
Register über Ausländer beim Bundesamt für Migration und Flüchtlinge VI 91a
Reiseausweis XV 1
  Flüchtling **II** 28
  für Ausländer **XV** 5 ff.
  Gebühren **XV** 48
  Seeleute **II** 11
Reisebeihilfe, Aufenthalt außerhalb des zugewiesenen Bereichs IV 11
Reisekosten des Ausländers bei Zurückweisung, Zurückschiebung oder Abschiebung VI 67
Reiseleiter, Arbeitserlaubnis XIV 22
Religion, Verbot unterschiedlicher Behandlung II 3
Religionsausübung
  Freiheit der R. **II** 4
  ungestörte R. **I** 4
Religionsfreiheit, Schutz durch EMRK III 9
Religionsunterricht, Recht auf R. II 4
Religiös Beschäftigte, Arbeitserlaubnis XIV 14
Religiöse Anschauungen, Benachteiligungsverbot I 3
Religiöse Erziehung, Beachtung bei der Jugendhilfe XII 9

Rente, Einkommensanrechnung nach dem SGB II IX 4, 11, 11b
Reparatur
Eigenheim **IX** 22
Eigentumswohnung **IX** 22
orthopädische Schuhe **IX** 24
therapeutische Geräte **IX** 24
Rettungsfälle
Befreiung vom Erfordernis eines Aufenthaltstitels **IX** 29
Befreiung von Passpflicht **XV** 14
Revision der Genfer Flüchtlingskonvention II 45
Richter, Anforderungen beim Europäischen Gerichtshof für Menschenrechte III 21
Rückbeförderungspflicht des Beförderungsunternehmens VI 64
Rückführungs- und Weiterwanderungsprogramme IV 11; XIII 23
Rücknahme
Anerkennung als Asylberechtigter **V** 73
Asylantrag **V** 31
des Aufenthaltstitels **VI** 51
Verwaltungsakt nach AsylbLG **IV** 9
Rückzahlung
Haushaltsenergie **IX** 22
Unterkunft und Heizung **IX** 22
Ruhen
Asylverfahren **V** 80a
Krankenversicherung **XI** 16
Rundfunk, Freiheit der Berichterstattung I 5
Sachleistung
Alkoholabhängige **IX** 24
Angehörige der Bedarfsgemeinschaft **IX** 7
Drogenabhängige **IX** 24
einmalige Leistungen **IX** 24
Grundsicherung für Arbeitsuchende **IX** 4
unwirtschaftliches Verhalten **IX** 24
Saisonbeschäftigung
Arbeitserlaubnis **XIV** 15a
Widerruf der Aufenthaltserlaubnis **VI** 41
Zustimmung der BA **VI** 39; **XIV** 15a-
Zustimmung zum Visum **XV** 31
San Marino XIV 26

Satzung, Festlegung der Unterkunftskosten IX 22a, 22b
Schadenersatz, Freiheitsentziehung **III** 5
Vereinbarung in Eingliederungsvereinbarung **IX** 15
Schausteller, Arbeitserlaubnis XIV 15b
Scheidung, Beratung bei Sch. XII 17
Schengen-Staaten Begriff XV 1
Schengen-Visum VI 6
Schienenverkehr, internationaler, Arbeitserlaubnis XIV 20
Schifffahrt, Arbeitserlaubnis XIV 24
Schlichtung XVI 37
Schmerzensgeld
keine Anrechnung auf Leistungen nach dem AsylbLG **IV** 7
keine Einkommensanrechnung **IX** 11a
Schonvermögen
Grundsicherung für Arbeitsuchende **IX** 12
Schriftform, Verwaltungsakt VI 77
Schulausflug IX 28
Schulbedarf IX 28
Schulbesuch, Aufenthaltserlaubnis für VI 16b
Schuldnerberatung IX 16a
Schule
Vorrang gegenüber der J. **XII** 10
Zusammenarbeit der SGB-Träger mit S. **IX** 4
Schüler
Ablehnungsgründe **VI** 20c
Befreiung vom Erfordernis eines Aufenthaltstitels **VI**
SGB II-Leistung **IX** 7, 28
Schülerbeförderung IX 28
Schülerhort XII 22
Schülersammellisten XV 1
Schulpflicht, Leistungen zur Erfüllung der S. XII 21
Schulzugang, Flüchtling II 22
Schutz, vorübergehender, Aufenthaltserlaubnis für VI 24
Schutzimpfung IV 4
Schwangere
Erstausstattung **IX** 24
keine Einkommensanrechnung **IX** 9
Leistungen nach dem AsylbLG **IV** 4

Mehrbedarf **IX** 21
Schweigepflicht, Entbindung VI 88a
Schweiz, Befreiung vom Erfordernis eines Aufenthaltstitels XV 28
Schwer zu erreichende junge Menschen IX 16h
Seeleute
  Befreiung vom Erfordernis eines Aufenthaltstitels **XV** 24
  Flüchtling **II** 11
  Reiseausweis **II** 11
Seelisch behinderte Menschen XII 10, 35a, 41
Selbständige Arbeit, Selbständige Tätigkeit
  Aufenthaltserlaubnis für **VI** 21
  Darlehen **IX** 16c
  Flüchtling **II** 18
Selbstbeschaffungsgrundsatz in der Kinder- und Jugendhilfe XII 36a
Selbsthilfe, Unterstützung von Eltern bei selbstorganisierter Förderung von Kindern XII 25
Selbstinformationserwartungen X 35
Selbstorganisierte Förderung von Kindern, Unterstützung XII 25
Serbien XIV 26
SGB II IX
Sichere Drittstaaten V 26a
Sicherer Herkunftsstaat V 29
Sicherheit, Schutz durch EMRK III 5
Sicherheitsleistung
  Asylbewerberleistungen **IV** 7a
  für Kosten der Abschiebung **VI** 66
Sicherungshaft, Abschiebung VI 62
Sklaverei, Verbot durch EMRK III 4
Sofortangebot in der Grundsicherung für Arbeitsuchende IX 15a
Soldaten, Zustimmungsfreiheit bei Visumerteilung XV 36
Soziale Gruppenarbeit XII 29
Soziale Herkunft, Diskriminierungsverbot III 14
Soziale Teilhabe Berücksichtigung beim Regelbedarf IX 20
Soziales Leben, Teilhabe am s.L. in der Gemeinschaft IX 28
Sozialgeld IX
  Anspruchsgrundlage **IX** 19
  Höhe **IX** 19
  Leistungsinhalt **IX** 19
  Nachrang gegenüber Grundsicherung im Alter und bei Erwerbsminderung **IX** 5
  Vorrang gegenüber Hilfe zum Lebensunterhalt **IX** 5
Sozialhilfe
  Ausländer und Staatenlose **XIII** 23
  Deutsche im Ausland **XIII** 24
  Mitteilung des Antrags **VI** 87
  Nachrang der S. gegenüber Jugendhilfe **XII** 10
Sozialhilfeträger
  Datenübermittlung an **VI** 90
Sozialleistung
  Antragsrecht des Grundsicherungsträgers **IX** 5
  Einkommensanrechnung nach dem SGB II **IX** 11
  kein Ausschluss von S.-ansprüchen durch Grundsicherung für Arbeitsuchende **IX** 5
  Pflicht zur Inanspruchnahme **IX** 12a
Sozialpädagogisch betreute Wohnform XII 13
Sozialpädagogische Begleitung bei ausbildungsbegleitenden Hilfen X 75
Sozialpädagogische Einzelbetreuung, intensive XII 35
Sozialpädagogische Familienhilfe XII 31
Sozialversicherung bei Bundesfreiwilligendienst VIII 13
Sozialversicherungsbeiträge IX 11b
Sparsamkeit, Grundsatz der S. IX 3, 14
Spätaussiedler
  Integrationskurs **IX** 3
  Zustimmungsfreiheit bei Visumerteilung **XV** 33
Speicherung personenbezogener Daten VI 91
Spezialisten
  Arbeitserlaubnis **XIV** 4
  Niederlassungserlaubnis für **VI** 19
Spezialitätenkoch, Arbeitserlaubnis XIV 11
Sport, Jugendarbeit in S. **XII** 11
Sportler, Arbeitserlaubnis XIV 22
Sportveranstaltung, internationale, Arbeitserlaubnis XIV 23

Sprache
  Benachteiligungsverbot **I** 3
  Diskriminierungsverbot **III** 14
Sprachkenntnisse, IX 4
Sprachkurs
  Ablehnungsgrund **VI** 20c
  Asylbewerberleistungen **IV 5b**
  Aufenthaltserlaubnis für **VI** 16b
  Förderung **X** 421
Sprachlehrer, Arbeitserlaubnis XIV 11
Sprecher im Bundesfreiwilligendienst VIII 10
Staatenlose
  Befreiung vom Erfordernis eines Aufenthaltstitels **XV** 18
  Sozialhilfe an S. **XIII** 23
Staatliches Wächteramt XII 1
Staatsangehörigkeit, Täuschung
  Duldung **VI** 60a
Staatsgewalt I 20
Standardreisedokumente XV 1
Stationäre Einrichtungen, Ausschluss von SGB II-Leistungen IX 7
Steuer IX 11b
Steuergeheimnis VI 88
Steuern
  Absetzung vom Einkommen **IX** 11b
  Gleichbehandlung von Flüchtlingen **II** 29
Stiefkind, Bedarfsgemeinschaft IX 7
Stipendium für Flüchtling II 22
Straftat durch Ausländer, Ausweisung VI 53f.
Strafverfolgung
  kein Verbot der Abschiebung bei Gefahr der **VI** 60
  Nutzung von Daten für **VI** 89
Strafvollstreckungsbehörden, Mitteilungen an Ausländerbehörden XV 74
Strafvorschriften V 84 ff.; **VI** 95
Straßenverkehr, internationaler, Arbeitserlaubnis XIV 20
Streitbeilegung III 55
Studenten, Zustimmungsfreiheit bei Visumerteilung XV 34
Studienplatz, Flüchtling II 22
Studierende, Auszubildende IX 7
Studium VI 52
  Ablehnungsgründe **VI 20c**

Aufenthaltserlaubnis **VI** 16
  Mobilität **VI** 16a
  Visum **XV** 34
  Widerruf des Aufenthaltsrechts
Subsidiärer Schutz V 4
  Wohnsitzauflage **VI** 12a
Subsidiaritätsprinzip in der Jugendhilfe XII 4
Sucht
  Auszahlung der Unterkunftskosten an den Vermieter **IX** 22
  Beratung IX 16a
Südkorea XIV 26
Tageseinrichtungen
  Bereitstellung für SGB II-Berechtigte **IX** 10
  Einkommensanrechnung nach dem SGB II **IX** 11b
  zur Förderung von Kindern **XII** 22, 24
Tagespflege
  als Hilfe zur Erziehung **XII** 32
  Bereitstellung für SGB II-Berechtigte **IX** 10
  Einkommensanrechnung nach dem SGB II **IX** 11b
Taschengeld des Minderjährigen bei Hilfe zur Erziehung XII 39
Teilhabe am Arbeitsleben X 112 ff.
Teilhabe an der Gemeinschaft IX 28
Teilhabe an der Gesellschaft
  Antragsrecht des Grundsicherungsträgers **IX** 5
  Jugendliche **IX** 4
  Kinder **IX** 4
Therapeutische Geräte IX 24
Tod, Leistungen bei Tod eines Flüchtlings II 24
Todesstrafe III 2, Verbot der Abschiebung bei Gefahr der **VI** 60
Tötung III 2
Träger
  Jugendhilfe **XII** 3
  Maßnahmen Aktivierung und beruflichen Eingliederung **X** 45
Trainer, Arbeitserlaubnis XIV 22
Transit, Befreiung vom Erfordernis eines Aufenthaltstitels XV 26
Transitbereich XVI 15

Stichwortverzeichnis

Trennung
Beratung bei Trennung **XII** 17
Kinder von den Eltern **I** 6
Über 58-jährige, unverzügliche Vermittlung IX 3
Überbrückungshilfe
Sozialhilfe **XIII** 23
Übergangsgeld
Vorbeschäftigungszeit **X** 121
Vorschuss **IX** 25
Übergangsregelungen, Aufenthaltsgesetz, Zuwanderungsgesetz VI 104
Übergangsvorschrift, Verpflichtungserklärung VI 104
Überörtliche Träger, Zuständigkeit bei Sozialhilfe für Deutsche im Ausland XIII 24
Überschuldung, Auszahlung der Unterkunftskosten an den Vermieter IX 22
Überstaatliches Recht, Kinder- und Jugendhilfe XII 6
Überstellung XVI 29, 30
Überstunden, Flüchtling II 24
Überwachung nach Ausweisung XV 56
Übungsleiter IX 11b
Umgang mit dem Kind
Beratung und Unterstützung beim U. mit dem Kind **XII** 18
Leistungen unabhängig vom Aufenthaltsort **XII** 6
Umzug
Übernahme der Umzugskosten **IX** 22
Übernahme von Unterkunftskosten nach Umzug **IX** 22
Verringerung der Unterkunftskosten durch U. **IX** 22
Zusicherung des kommunalen Trägers **IX** 22
Unabweisbarer Bedarf
Darlehen **IX** 24
Mehrbedarf **IX** 21
Unbegleitete minderjährige Ausländer
Dublin III-VO **XVI** 2
vorläufige Inobhutnahme **XII** 42a ff.
Uneheliche Kinder I 6
Unerlaubte Einreise VI 14, 15a
Unfallversicherungsbeiträge, Absetzung vom Einkommen nach dem SGB II **IX** 11b

Unmittelbarer Zwang in der Kinder- und Jugendhilfe XII 42
Unschuldsvermutung III 6
Unter 25 jährige
Bedarfsgemeinschaft **IX** 7
Regelbedarf **IX** 20
Unterkunftskosten **IX** 22
unverzügliche Vermittlung in Ausbildung **IX** 3
Vermittlung von beruflichen Fähigkeiten und Kenntnissen **IX** 3
Unter gleichen Umständen, Definition II 6
Unterbringung
Inobhutnahme von Kindern und Jugendlichen **XII** 42
junger Volljähriger **XII** 41
zur Erfüllung der Schulpflicht **XII** 21
zur Erziehung **XII** 32 ff.
Unterbringungskosten bei Weiterbildung X 86
Unterhalt
Absetzung vom Einkommen nach dem SGB II **IX** 11b
Beratung und Unterstützung Alleinerziehender **XII** 18
Verhältnis zur Jugendhilfe **XII** 10
Vorrang vor Leistungen nach dem AsylbLG **IV** 9
Unterkunft
AsylbLG **IV** 3
Auszubildende **IX** 27
Grundsicherung für Arbeitsuchende **IX** 22
Guthaben **IX** 22
Rückzahlung **IX** 22
Übernahme nach Umzug **IX** 22
unangemessenen Unterkunftskosten **IX** 22
unter 25 jährige **IX** 22
Verringerung der U. **IX** 22
Zahlung an den Vermieter **IX** 22
Unterlagen
Verwahrung **V** 21
Weitergabe **V** 21
Unternehmensinterner Transfer XIV 10a
Unterricht in künstlerischen Fächern IX 28
Unterrichtung über Beschuldigung III 6

Unterstützung
alleinerziehender Elternteile **XII** 18
des Minderjährigen bei Inobhutnahme **XII** 42
junger Volljähriger bei Unterhaltsgeltendmachung **XII** 18
junger Volljähriger, Nachbetreuung **XII** 41
selbstorganisierter Förderung von Kindern **XII** 25
von Pflegepersonen **XII** 23
zur Erfüllung der Schulpflicht **XII** 21
Untervermietung IX 22
Unterzeichnung der Genfer Flüchtlingskonvention II 39
Unversehrtheit, körperliche I 2
Unwirtschaftliche Verwertung IX 12
Unwirtschaftliches Verhalten IX 24
Unzulässigkeit, Asylantrag V 29
Urheberrecht, Flüchtling II 14
Urkunde, Ausstellung bei Flüchtlingen II 25
Urlaub
Arbeitsgelegenheit **IX** 16d
Bundesfreiwilligendienst **VIII** 13
Flüchtling **II** 24
Väter, alleinstehende
Unterbringung mit Kind in geeigneten Wohnformen **XII** 19
Unterstützung und Beratung **XII** 18
Vater-/Mutter-Kind-Einrichtungen XII 19
Vaterschaftsanerkennung, missbräuchliche VI 81
Veranstaltung, kein Ausschluss von SGB II-Leistungen bei V.-teilnahme IX 7
Verbandmittel, Leistungen nach dem AsylbLG IV 4
Verbindlichkeit asylrechtlicher Entscheidungen V 6
Verbot
Ausweisung **II** 33
der Abschiebung **VI** 60
Zurückweisung **II** 33
Verbrechen
gegen den Frieden, keine Anwendung der GFK **II** 1
gegen die Menschlichkeit, keine Anwendung der GFK **II** 1
keine Anwendung der GFK **II** 1
Vereinbarung Bundesfreiwilligendienst VIII 8
Vereinigte Staaten von Amerika XIV 26
Vereinigungsfreiheit, Schutz durch EMRK III 11
Vereinigungsrecht, Flüchtling II 15
Vereinsbeitrag IX 28
Vereitelung der Ausreise, Leistungseinschränkungen nach dem AsylbLG IV 1a
Verfahrensvorschriften im Aufenthaltsgesetz VI 71 ff.
Verfolgte, Asylrecht für politisch V. I 16a, 18
Verfolgung
Akteure **V** 3c
Flüchtlinge **V** 3a ff.
Gründe **V** 3b
Vergütung bei Aktivierungs- und Vermittlungsgutschein **X** 45
Verhütung von Krankheiten, Leistungen nach dem AsylbLG IV 4
Verjährung der Ansprüche aus Kostenhaftung VI 70
Verkehrswert IX 12
Verlängerung
der Aufenthaltserlaubnis **VI** 8
des Aufenthaltstitels **XV** 39
eines Kurzaufenthaltes **XV** 40
für Kind **VI** 34
Verletztengeld, Vorschuss IX 25
Vermieter, Zahlung von Unterkunftskosten an den V. IX 22
Vermietung, Nachranggrundsatz IX 5
Vermittlung X 35
Begriff **X** 35
Inhalt **X** 35
Personen Ü 58 **IX** 3
Pflicht zur V. **X** 35
unverzügliche Vermittlung in Ausbildung von Personen U 25 **IX** 3
verstärkte vermittlerische U. **X** 35
Vermittlungsbudget X 44, 130
Vermögen
Altersvorsorge **IX** 12
Änderungen des Verkehrswertes **IX** 12
Anschaffungsfreibetrag **IX** 12

Antrag auf vorzeitige Altersrente **IX** 12a
Ausschluss von SGB II-Leistungen **IX** 7
Berücksichtigung bei Asylbewerberleistungen **IV** 7
Darlehen bei nicht verwertbarem Vermögen **IX** 24
Diskriminierungsverbot **III** 14
Eigentumswohnung **IX** 12
Einrichtungen **IX** 7
Einsatz bei SGB II-Leistungen **IX** 9, 12
Fahrtkostenzuschuss **IV** 7
Grundfreibetrag **IX** 12
Härte **IX** 12
Hausgrundstück **IX** 12
Hausrat **IX** 12
Kraftfahrzeug **IX** 12
Mehraufwandsentschädigung **IV** 7
unwirtschaftliche Verwertung **IX** 12
Verkehrswert **IX** 12
Vermögensfreibetrag IV 7
Vermögenswerte, Überführung bei Flüchtlingen **II** 30
Verpflegungskosten bei Weiterbildung X 86
Verpflichtungserklärung, Übergangsvorschrift VI 68a
Versagung der Ausländerbeschäftigung
Gründe **VI** 40
ICT-Karte **VI** 40
mobiler ICT-Karte **VI** 40
unternehmensinterner Transfer **VI** 40
Versammlungsfreiheit I 18, 11
Versicherungsbeiträge IX 11a
Versicherungspflicht bei Ausländern XI 5
Verstärkte vermittlerische Unterstützung X 35
Verteidigung III 6
Verteilung minderjähriger Flüchtlinge XII 42a ff.
Vertreter einer Person nach der Dublin III-VO XVI 2
Verwahrung von Unterlagen V 21
Verwaltungsakt
Rücknahme **IV** 9
Verwaltungsakt **Schriftform VI** 77

Verwaltungsgericht, Hinweis auf Verfahrensrechte XII 8
Verwaltungshilfe bei FlüchtlingenII 25
Verwaltungskosten bei Zurückweisung, Zurückschiebung oder Abschiebung VI 67
Verwaltungsmaßnahmen, Genfer Flüchtlingskonvention II 25 ff.
Verwaltungsverfahren
Aufenthaltsgesetz **VI** 77 ff.
Hinweis auf Verfahrensrechte **XII** 8
Verwandte im Sinne der Dublin III-VO XVI 2
Verwertung des Vermögens IX 12
Verwirkung von Grundrechten I 18
Verzicht auf Asylantrag V 31
Verzögerung, Haft VI 62
Visadatei XV 69
Visum VI 6; **XVI** 2
Ausstellung **XVI** 12
Beschränkung der Anfechtbarkeit **VI** 83
Beteiligung des Bundes **VI** 74
Ehegatte **XV** 31
Gebühren **XV** 46
ICT-Karte **XV** 31
Kind **XV** 31
Lebenspartner **XV** 31
Mobiler ICT-Karte **XV** 31
Saisonbeschäftigung **XV** 31
Studierende **XV** 34
Verfahren **XV** 31 ff.
Widerruf **VI** 52
Wissenschaftler **XV** 34
zuständige Stelle **XV** 30a
Zuständigkeit **VI** 71
Zustimmung der Ausländerbehörde zur Erteilung **XV** 31
Völkerrecht, Aufenthaltserlaubnis VI 22 ff.
Volljährige
Hilfe für junge V. **XII** 41
Hilfe für junge V. bei Unterhaltsgeltendmachung **XII** 18
Vollzeitpflege, Unterbringung in V. XII 33, 41
Vollziehende Gewalt
Bindung an Gesetz und Recht **I** 20
Bindung an Grundrechte **I** 1

Vollzug
 Abschiebungshaft **VI** 62a
Voraussetzungen für Erteilung eines Aufenthaltstitels VI 5
Vorbehalt zur Genfer Flüchtlingskonvention II 42
Vorbereitende Bildungsmaßnahme, betriebliche Praktika X 51
Vorbereitungshaft, bei Abschiebung VI 62
Vorbeschäftigungszeit, Übergangsgeld **X** 121
Vordrucke für Aufenthaltstitel in Ausnahmefällen VI 78a, 105b
Vorführung, Freiheitsentziehung **III** 5
Vorhaltepflicht für Plätze der Tagespflege und in Tageseinrichtungen XII 24
Vorläufige Maßnahmen
 Flüchtling **II** 9
 zum Schutz von Kindern und Jugendlichen **XII** 42 ff.
Vorschuss
 Übergangsgeld **IX** 25
 Verletztengeld **IX** 25
Vorsorge XVI 33
Vorsorgeuntersuchung, Leistungen nach dem AsylbLG IV 4
Vorübergehender Schutz, Aufenthaltserlaubnis für VI 24
Wächteramt des Staates I 6, **XII** 1
Wahlrecht in der Kinder- und Jugendhilfe XII 5
Warenzeichen eines Flüchtlings II 14
Warmwasser
 keine Berücksichtigung beim Regelbedarf **IX** 20
 Mehrbedarf **IX** 21
Weisungsbefugnis der Bundesregierung VI 74
Weiterbildung X 81
 betriebliche, Aufenthaltserlaubnis für **VI** 17
 Dauer **X** 81
 Fahrkosten **X** 85
 Förderung besonderer Arbeitnehmer **X** 82
 Kinderbetreuungskosten **X** 87
 Lehrgangkosten **X** 84
 nachträglicher Erwerb des Hauptschulabschlusses **X** 81
 Unterbringungskosten **X** 86
 Verpflegungskosten **X** 86
 W.-kosten **X** 83
 Zuschuss zum Arbeitsentgelt **X** 81
Weitergabe von Unterlagen V 21
Weiterleitung, Aufnahmeeinrichtung V 20
Weltanschauung, Freiheit der W. I 4
Werbungskosten, Absetzung bei der Einkommensanrechnung nach dem SGB II IX 11b
Werklieferungsverträge, Arbeitserlaubnis XIV 19
Werktag, Begriff XII 7
Widerruf
 Anerkennung als Asylberechtigter **V** 73
 Aufenthaltstitel **VI** 52
 der Aufenthaltstitels **VI** 51
 der Zustimmung der Bundesagentur für Arbeit zur Ausländerbeschäftigung **VI** 41
 ICT-Karte **VI** 52
 Verwaltungsakte nach dem AsylbLG **IV** 9
 Aufenthaltserlaubnis
  bei Freiwilligendienst **VI** 52
  bei Forschern **VI** 52
  bei Praktikum **VI** 52
  bei Praktikum EU **VI** 52
  bei Saisonbeschäftigung **VI** 41
  bei Studium **VI** 52
Widerspruch
 keine aufschiebende Wirkung bei W. gegen Ablehnung eines Aufenthaltstitels **VI** 84
 keine aufschiebende Wirkung bei W. nach AsylbLG **IV** 11
Widerspruchsgebühr XV 51
Wiederaufnahmeverfahren XVI 23 ff.
Wiederkehr, Recht auf VI 37
Wirtschaftlichkeit, Grundsatz der W. **IX** 3, 14
Wissenschaft, Freiheit der W. I 5
Wissenschaftler
 Arbeitserlaubnis **XIV** 5, 22
 Niederlassungserlaubnis für **VI** 19
 Visum **XV** 34

Zustimmungsfreiheit bei Visumerteilung **XV** 34
Wöchnerin, Leistungen nach dem AsylbLG IV 4
Wohlfahrt, Genfer Flüchtlingskonvention II 20 ff.
Wohlfahrtspflege, Zuwendungen der freien W. IX 11a
Wohnform
 betreute **XII** 13, 34
 gemeinsame für Mütter/Väter und Kinder **XII** 19
Wohngeld, Pflicht zur Inanspruchnahme IX 12a
Wohnsitz
 Asylberechtigte **VI** 12a
 auflage **V** 60; **VI** 12a, 61
 Flüchtlinge **VI** 12a
 subsidiär Schutzberechtigte **VI** 12a
 verlegung des Ausländers **XV** 42 ff.
Wohnung
 Erstausstattung **IX** 24
 Gleichbehandlung von Flüchtlingen **II** 21
Wohnungsbeschaffungskosten IX 22
Wohnungslosigkeit, Übernahme von Mietschulden bei drohender Wohnungslosigkeit **IX** 22
Wunsch- und Wahlrecht in der Kinder- und Jugendhilfe XII 5, 36
Zahnärztliche Behandlung
 Leistungen nach dem AsylbLG **IV** 4
 Vergütung bei Leistungen nach dem AsylbLG **IV** 4
Zensur, Verbot der Z. I 5
Zentralstellen, Bundesfreiwilligendienst VIII 7
Zertifikat, Einstiegsqualifizierung X 54a
Zeugnis im Bundesfreiwilligendienst VIII 11
Zumutbarkeit
 Arbeit **IX** 10
 Arbeitsgelegenheit **IV** 5
Zurückschiebung VI 57
 Einreise- und Aufenthaltsverbot **VI** 11
 Kosten **VI** 66
 Zuständigkeit **VI** 71
Zurückweisung
 bei Einreise **VI** 15
 Kosten **VI** 66

Verbot **II** 33
 verspätetes Vorbringen **V** 74
 Zuständigkeit **VI** 71
Zusammenarbeit der öffentlichen mit der freien Jugendhilfe XII 4
Zusatzbeitrag zur gesetzlichen Krankenversicherung IX 26
Zuschuss an Arbeitgeber bei Einstiegsqualifizierung X 54a
Zuschuss zum Arbeitsentgelt bei Weiterbildung X 81
Zusicherung vor Umzug IX 22
Zuständiger Mitgliedstaat für internationalen Schutz XVI 7
Zuständigkeit
 Anhörung **V** 29
 Bundesfreiwilligendienst **VIII** 14
 Entscheidung nach Aktenlage **V** 29
 für Anträge auf internationalen Schutz, Verordnung (EG) Nr. 604/2013 **XVI**
 für Maßnahmen nach Aufenthaltsgesetz **VI** 71
Zustimmung
 Beschränkung der Zustimmung der Bundesagentur für Arbeit **XIV** 34
 der Bundesagentur für Arbeit zu Praktikum **XIV** 15
 der Bundesagentur für Arbeit zur Ausländerbeschäftigung **VI** 39
 Saisonbeschäftigung **XIV** 15a
 Widerruf **VI** 41
Zuwanderung, Gestaltung VI 1
Zuwanderungsgesetz
 Anwendung bisherigen Rechts **VI** 103
 Fortgeltung ausländerrechtlicher Maßnahmen **VI** 102
 Fortgeltung bisheriger Aufenthaltsrechte **VI** 101
 Übergangsregelungen **VI** 104
Zuwendungen
 anderer **IX** 11a
 Einkommensanrechnung nach dem SGB II **IX** 11a
 freie Wohlfahrtspflege **IX** 11a
Zuzug, Steuerung und Begrenzung VI 1
Zwangsarbeit III 4
Zweckbindung, Daten im Melderegister VII 5, 41
Zwischenstaatliches Recht XII 6

Forum des Sozialen

Deutscher Verein für öffentliche und private Fürsorge e.V.

Der Deutsche Verein für öffentliche und private Fürsorge e.V. ist das gemeinsame Forum von Kommunen und Wohlfahrtsorganisationen sowie ihrer Einrichtungen, der Bundesländer und von den Vertretern der Wissenschaft für alle Bereiche der sozialen Arbeit und der Sozialpolitik. Er begleitet und gestaltet durch seine Expertise und Erfahrung die Entwicklungen u.a. der Kinder-, Jugend- und Familienpolitik, der Sozial- und Altenhilfe, der Grundsicherungssysteme, der Pflege und Rehabilitation.

Sozial – Recht – Caritas   LAMBERTUS

Gegenwärtig hat das Programm des Lambertus-Verlages drei Säulen: Soziales, Recht und Caritas. Insbesondere in den Bereichen der sozialen Fachbücher, der Bücher zum Sozialrecht und der Texte und Kommentare zum kirchlichen Arbeitsrecht – wie etwa der AVR, dem Freiburger Kommentar zur MAVO (inkl. KAGO) und dem Praxiskommentar zum Arbeitsrecht in der Caritas – zählt der Lambertus Verlag zu den renommierten deutschen Verlagen.

Zusätzlich besorgt der Verlag seit 2007 Vertrieb und Auslieferung der Titel des Verlags des „Deutschen Vereins für öffentliche und private Fürsorge" an Nichtmitglieder und den Buchhandel. Seit Anfang 2012 auch an die Mitglieder selbst. Damit werden Entwicklungen der Vergangenheit gebündelt und neu gewichtet. Die Publikationen im Feld aller sozialer Aufgabenfelder und zu den komplexen rechtlichen Rahmenbedingungen sowie zur Caritasarbeit können sich durchaus auf die Grundideen des Verlagsgründers Werthmann berufen, der bereits 1903 feststellte: „Also nicht zu einem trockenen, von der Praxis weggewandten Studium will der Charitasverband antreiben, nein, so sehr hat er beim Studium die praktische Tätigkeit im Auge, dass er in Wort und Schrift, in seinen Versammlungen und Publikationen immer und immer wieder zur praktischen Ausübung der Charitas ermuntert."